Hansjörg Probst (Hg.)

Mannheim vor der Stadtgründung

Verlag Friedrich Pustet Regensburg

Hansjörg Probst (Hg.)

Mannheim vor der Stadtgründung

Teil I Band 2

Die Frankenzeit: Der archäologische Befund

Aus der Mannheimer Namenkunde

Verlag Friedrich Pustet Regensburg

Das Erscheinen dieses vierbändigen Werks zum Jubiläumsjahr der Stadtgründung Mannheims 2007 wurde durch eine große Anzahl von Subskribenten und großzügige Spenden von Einzelpersonen, Institutionen und Firmen ermöglicht. Derer sei dankbar gedacht:

Institutionen und Firmen

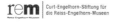 Curt-Engelhorn-Stiftung für die Reiss-Engelhorn-Museen Mannheim

 Fördergemeinschaft Rotary Mannheim e. V., Mannheim

 Fördergemeinschaft Rotary Club Mannheim-Friedrichsburg Mannheim

 Richard Grimminger, Mannheim

 Heinrich-Vetter-Stiftung, Ilvesheim

 Kurpfalz-Stiftung Franz Schnabel

 Karlheinz Lochbühler

 Montag-Club – Gesprächskreis Wirtschaft der Metropolregion Rhein-Neckar, Mannheim

 Roche Diagnostics GmbH, Mannheim

 Sax + Klee GmbH, Mannheim

Volksbank Rhein-Neckar eG, Mannheim

Inhaltsverzeichnis

Vorwort zu Teil I, Band 2

Ein Hauptteil dieses Bandes bringt die abschließende Darstellung der Ergebnisse der archäologischen Forschung. Der Titel unseres Gesamtwerks „Mannheim vor der Stadtgründung" wird in den beiden Bänden von Teil I geradezu handgreiflich. Unter den elf archäologischen Beiträgen ist der von Frau Dr.Koch „Die Franken" in Umfang sowie Materialerfassung und -erschließung unter den verschiedensten Fragestellungen ungewöhnlich aufschlussreich. Die riesige Anzahl von merowingisch-fränkischen Funden zeigt drastisch, was unter dem alten Begriff einer fränkischen Landnahme zu verstehen ist: Diese ist kein einmaliges Ereignis, sondern ein über mehr als zwei Jahrhunderte währender Prozess, der zur flächigen Aufsiedlung und tiefen Durchdringung des Rhein-Neckar-Landes durch die Franken geführt hat. Bis dato überblickten nur wenige Spezialisten, die in der lokalen Forschung tätig waren, die wahre Fülle der archäologischen Zeugnisse. Nun bestätigt, ergänzt und untermauert der archäologische Befund die Aussagen der Ortsnamen, die dadurch ihrerseits sprechender werden. Aber auch die urkundlichen Belege im Lorscher Kodex und anderen Quellenbeständen gewinnen vertiefte Evidenz.

Entgegen unserer Absicht können wir die Gesamtdarstellung der Mannheimer Stadtarchäologie an dieser Stelle noch nicht veröffentlichen. Die vorliegenden Funde aus allerjüngster Zeit sind noch nicht aufgearbeitet und eingeordnet. Das muss erst noch geleistet werden. Wir bitten um Verständnis. Doch können wir die Richtung schon aufzeigen:

Bis in die unmittelbare Gegenwart der modernen Stadtarchäologie sollten die Beiträge von Jensen und Wirth reichen. Gerade diese ermöglichen überraschende Aussagen zur frühen Stadtgeschichte. Spätmittelalterlich-frühneuzeitliche Befunde mitten in den Quadraten werfen darüber hinaus ein neues Licht auf die unmittelbare Vorgeschichte der Stadtgründung, indem sie die aus den schriftlichen Quellen bereits bekannte vorstädtische Entwicklung des Dorfes Mannheim und seiner zwei Burgen Rheinhausen und Eichelsheim in ihrer Tendenz zur Stadt archäologisch untermauern. (Vgl. dazu auch die Beiträge von Rainer Kunze und Ulrich Nieß in Teil II Band 1 unseres Werkes!) Daneben ermöglichen Funde aus den ersten beiden Jahrhunderten der engeren Stadtgeschichte Einblicke in Wirtschaft und Alltag der frühen Stadt. Damit ist einmal mehr der innere Zusammenhang von Dorf und Stadt über den Zeitpunkt des sehr punktuellen Gründungsaktes hinaus gegeben und erklärt die bemerkenswerte, aber nie reflektierte Kontinuität des Ortsnamens. Die neue Festungsstadt von 1607 hieß von Beginn an „Mannheim" und nicht nach dem Gründer der Festung „Friedrichsburg" wie in allen Parallelfällen, um aus der näheren Umgebung nur Philippsburg und Karlsruhe zu nennen.

Schließlich erscheint die archäologische Forschung ohne Rücksicht auf das Datum der Stadtgründung als ein in Methode und Ergebnissicherung geschlossenes Forschungsgebiet; deswegen bringen wir auch in diesem Zusammenhang die Mannheimer und kurpfälzische Forschungsgeschichte in der Academia Carolo Palatina und dem Mannheimer Altertumsverein von 1859. Für beide Institutionen bedeuteten Altertümer in erster Linie Bodenfunde.

Der Schlussbeitrag des Teils I „Aus der Mannheimer Namenkunde" von Hansjörg Probst, die im Rahmen dieses Sammelwerkes keine Vollständigkeit anstreben kann, öffnet dem Leser einen Zugang in dieses interessante Forschungsgebiet. Er ist methodisch durchaus verschieden. In einem ersten Teil erfolgt die historische Erschließung des jeweiligen Wortfeldes der Siedlungsnamen, aktueller und historischer Topoyme, in der Sammlung aller relevanten Zeugnisse; aus diesen ergibt sich in der Regel auch die Bedeutung der Namen. Denn alle Namen waren bei ihrer Erteilung Bedeutungsträger. Namen, die uns heute scheinbar sinnlos vorkommen, sind in ihrer sprachlichen Gestalt verballhornt und in ihrer Bedeutung in einem langen historischen Prozess verdunkelt worden. Das kann aus dem zweiten etymologisch-lexikalischen Teil erkannt werden, in dem Verstehenshilfen alter Wörter gegeben werden. Am Beispiel Neckaraus werden die inneren, tief in die Geschichte reichenden Zusammenhänge eines Namenkomplexes dargestellt. Schließlich wird die Praxis moderner Namengebung am Beispiel der Literierung der Mannheimer Innenstadt beschrieben.

Mannheim, im August 2007
Hansjörg Probst, Herausgeber

Ursula Koch

Mannheim unter fränkischer Herrschaft Die merowingerzeitlichen Grabfunde aus dem Stadtgebiet

1. Die rechtsrheinischen Gebiete im fränkischen Merowingerreich

1.1 Die schriftlichen Quellen zur Merowingerzeit

Die Landstriche an Rhein und Neckar waren dem einzigen fränkischen Chronisten des 6. Jahrhunderts, Gregor von Tours (etwa 540 bis 594), unbekannt. Gregor gehörte der mächtigen romanischen Adelsschicht im fränkischen Merowingerreich an und war wie viele Angehörige seiner Familie Bischof. Er schrieb seine Werke mit Blick auf das von der Bischofskirche vorgegebene lichte Ziel, und er beschrieb den dunklen, mit Freveltaten gepflasterten Weg der christlichen Gesellschaft, vornehmlich der fränkischen Elite, auf ihrem Weg dorthin.[1] Sein Werk ist also tendenziös, erlaubt aber subtile Aussagen über die Gesellschaft des 6. Jahrhunderts.[2] Doch die Gebiete rechts des Rheins blieben bis auf Thüringen namenlos, ungegliedert und unüberschaubar.

Auch der aus Italien stammende Venantius Fortunatus (etwa 530 bis um 600) besaß keine detaillierten Kenntnisse der rechtsrheinischen Gebiete, obgleich er zeitweilig am Hof des ostfränkischen Königs Sigibert I. lebte und später als Bischof von Poitiers die Biographie der thüringischen Königstochter Radegunde schrieb, die den Untergang des Thüringerreiches miterlebte, dann fränkische Königin und Klostergründerin wurde.[3] In der Vorrede zu seinen Gedichten erwähnt Fortunat die Flüsse, die er auf seinem Weg durch die Alpen nach Gallien überquerte, den Inn, den Lech, die Donau, den Rhein und

die Mosel; er dürfte einen guten Teil seiner Reise auf diesen Flüssen zurückgelegt haben. Seine Moselreise beschrieb er nach dem Vorbild der Mosella des Ausonius[4] in seinem Gedicht *De navigio suo*, es ist ein Preislied an Childebert II.

Für Marius, Bischof im burgundischen Avenches (530/31-594), blieben die rechtsrheinischen Gebiete außerhalb seiner Betrachtungen.[5]

Prokopios aus Caesarea begleitete zwischen 527 und 540 den byzantinischen Feldherrn Belisar und schrieb über die Kriege Justinians. Zwar waren ihm die Gebiete nördlich der Alpen persönlich unbekannt, doch schildert er so manche Hintergründe und fasst das Wissen seiner Zeit über die vom Kriegsgeschehen betroffenen Völker des Nordens zusammen.[6]

Das einzige größere Geschichtswerk des 7. Jahrhunderts wird unter dem Verfassernamen Fredegar zitiert. Auch die als Fredegar bezeichneten fränkischen Chronisten hatten keine Kenntnisse vom Oberrhein, dem Rhein-Neckarraum und den *ceteras gentes, que de ultra Renum*, den Stämmen jenseits des Rheins.[7]

1.2 Von Chlodwig I. bis Dagobert I. – fränkische Italien- und Ostpolitik

Oberrhein und unterer Neckarlauf gehörten seit dem Untergang des alamannischen Königreiches zum Reich der fränkischen Merowinger. Die kriegerische Auseinandersetzung – vermutlich bei Zülpich – war die Folge eines alamannischen Vorstoßes auf linksrheinische Gebiete, wo der Konflikt mit den Rheinfranken unumgänglich war. Die schriftlichen Quellen verraten nicht, was in den rechtsrheinischen Gebieten genau geschah, als die Franken unter König Chlodwig I. (482-511) in mehreren Schlachten über die Alamannen und ihre reges gesiegt hatten.[8] Nach allgemeiner Ansicht verloren die Alamannen ihren Besitz in den linksrheinischen Gebieten und zwischen Main und Neckar, wobei wohl nie zu klären sein wird, ob bereits 497 oder erst 506[9]. Nach den archäologischen Quellen ist gesichert, dass die führenden Familien in den nördlichen Gebieten der einstigen Alamannia ihre Wohnsitze verlassen hatten. Die

Höhensiedlungen werden zu Beginn des 6. Jahrhunderts aufgegeben, gleichzeitig bricht die Belegung vieler alamannischer Bestattungsplätze ab. [10]

Chlodwig I. zeigte nach seinem Sieg kein besonderes Interesse an den rechtsrheinischen Gebieten, vermutlich weil der Ostgotenkönig Theoderich seine Hand schützend über die Alamannen hielt und auch mit den Thüringern verbündet war. Nach Chlowigs Tod wurde das Merowingerreich geteilt. Der große östliche Reichsteil mit Ostaquitanien und der Champagne mit der Residenzstadt Reims, mit Metz, Trier, Mainz und Köln fiel an seinen ältesten Sohn, Theuderich I. (511 bis 533), dem damit die Aufgabe der Grenzsicherung in den rechtsrheinischen Gebieten zukam. [11] Mit Theuderich I. und dessen Sohn Theudebert I. (533 bis 547) erlebte das Ostreich die politisch wie militärisch fähigsten Herrscher unter den Merowingern. Sie weiteten das Reich noch nach Osten aus.

Die fränkische Expansion über den Rhein, über deren Ausmaß aufgrund schriftlicher Quellen allerdings keine Angaben möglich sind, wird als Voraussetzung der folgenden fränkisch-thüringischen Auseinandersetzungen angesehen. [12] Theuderich I. hatte – vermutlich weil eine Intervention 515 zugunsten des Thüringerkönigs Herminafred nicht ausreichend belohnt wurde [13] – die mit den Ostgoten verbündeten Thüringer 529 angegriffen, errang jedoch erst 531 mit Hilfe Chlothars I., seines jüngsten Bruders, einen Sieg über den thüringischen König Herminafrid. Der ostfränkische König Theudebert I. (533 bis 547) führte die Politik seines Vaters Theuderich weiter. Nach der Ermordung Herminafrids 534 in Tolbiacum unterstand Thüringen dann den Franken.

Die Herrschaft über die rechtsrheinischen Gebiete wurde von eingesetzten Herzögen nur locker ausgeübt. [14] Wie das geschah und wieweit sich die Amtsgewalt des dux Alamannorum, von dem stets im Singular die Rede war, über den rechtsrheinischen Raum erstreckte, ist mit direkten Zeugnissen nicht zu belegen. Nach den Überlegungen von Hagen Keller standen die Alamannen unter einheitlicher politischer Führung durch fränkische Amtsträger, deren Machtbasen auf linksrheinischem Gebiet lagen. [15]

Auch wenn eigenständige politische Zentren nicht geduldet wurden, war das rechtsrheinische Alamannien eine zwar von außen kontrollierte, aber von der fränkischen Herrschaft angeblich nicht sehr intensiv durchdrungene Zone. „Nur die mit romanischen Kontinuitätsinseln durchsetzten Siedlungszonen" waren „institutionell ganz in die Reichsorganisation eingegliedert" [16], das betraf wohl auch Worms und Speyer, aber kaum den Mannheimer Raum mit Ladenburg.

Als der Ostgote Theodahat seine Mitregentin und Cousine Amalaswintha 535 ermorden ließ, übertrug Kaiser Justinian dem in Reims residierenden rex Francorum und kaiserlichen Statthalter der nördlichen Francia auch die kaiserliche Statthalterschaft über die südlich der Donau gelegenen Provinzen Raetien und Noricum. [17] Justinian fügte seinem Schreiben Geldgeschenke hinzu und versprach bei Unterstützung im Krieg gegen die Goten mehr zu geben. [18] Der ostgotisch-byzantinische Krieg brach 535 aus. Witigis, König der Ostgoten, erkaufte sich 536/37 mit zwanzig Centenarien (über 60 kg) Gold und Abtretung der Provence die Waffenbrüderschaft des Frankenkönigs Theudebert I., der ihm Hilfstruppen unterworfener Völkerschaften versprach, da ein offenes Bündnis wegen des Vertrags mit Byzanz nicht möglich war. [19] Auch entließ Witigis die Alamannen aus ostgotischer Botmäßigkeit. [20]

Wo Theudebert I. jene Krieger für das fränkische Heer gewann, die er dann in den rechtsrheinischen Gebieten ansiedeln konnte, wurde bisher kaum beleuchtet. Die archäologischen Quellen, nämlich die Gräberfelder der neuen fränkischen Siedlungen zwischen Main, Rhein und Neckar liefern Hinweise auf Langobarden und Leute aus dem Küstenbereich. In diesem Zusammenhang wies Eva Stauch auf dem Sachsensymposion 2006 in Münster erstmals auf eine Stelle bei Prokop hin. Der schreibt, dass auf der Insel Britannien, wo Angeln, Friesen und Briten lebten, die Kopfzahl dieser Stämme so hoch sei, dass jedes Jahr große Mengen mit Weib und Kind von dort aufbrechen und zu den Franken hinüberziehen. Diese siedeln die Ankömmlinge in dem Teil ihres Gebietes an, der ihnen am wenigsten Einwohner zu haben scheint. [21]

539, als Byzantiner und Goten bereits durch den Krieg geschwächt waren[22], setzte sich Theudebert I. über alle Verträge hinweg, zog über die Westalpen nach Italien und war gegen Byzantiner und Ostgoten erfolgreich. Prokop macht auch einige genauere Angaben über das fränkische Heer: „Sie hatten nur wenige Reiter, diese bildeten die Leibwache des Führers und waren allein mit Lanzen bewaffnet. Alles andere war Fußvolk, das nicht mit Bogen und Lanze, sondern mit Schwert, Schild und einfacher Axt kämpfte". Die Wurfaxt war in den Augen eines Byzantiners wohl die ungewöhnlichste Waffe. Erst Versorgungsschwierigkeiten und Seuchen zwangen Theudebert zur Umkehr. Ein Drittel des Frankenheeres war der Ruhr zum Opfer gefallen, schrieb Prokop. Der in Italien zurückgelassene Teil der fränkischen Truppen eignete sich den größten Teil Venetiens an. Noch 548, als Theudebald die Regierung übernahm, waren Franken in Italien stationiert.[23] 553/54 zogen die schon von Theudebert I. eingesetzten duces Butilin und Leuthari, die in einer Quelle Alamannen genannt werden, plündernd durch Italien, bis das Heer Leutharis einer Seuche zu Opfer fiel und Butilins Heer von den Byzantinern völlig aufgerieben wurde.[24]

In der zweiten Hälfte des 6. Jahrhunderts fielen die östlichen Teile des Frankenreiches, für die nun der Name Auster, Austrien oder Austrasien üblich wurde, nach einer kurzen Gesamtherrschaft unter Chlothar I. (511-561) und einer neuerlichen Teilung an Chlothars Sohn Sigibert I. (561-575). Sigibert, der 566 die westgotische Prinzessin Brunichilde heiratete, und sein Sohn Childebert II. (575-596), knüpften noch einmal tatkräftig an die Reimser Italienpolitik ihrer austrasischen Vorgänger an.

Die Reichsteilung von 561 führte zu den fast 50 Jahre währenden Bruderkriegen, die erst 613 mit der Ermordung der Königin Brunichilde endeten. Besonders Sigibert I. griff 574 auf die *gentes illas quae Rhenum habentur* zurück, die der König in der Umgebung von Paris auch nach einem Friedensangebot seines Bruders nicht von Plünderungen abhalten konnte.[25] 575 drang Sigibert, wiederum von seinem Bruder Chilperich herausgefordert, nach Westen vor und immer zusammen mit Kriegern aus den rechtsrhei-

nischen Gebieten, deren *gentes* nie beim Namen genannt werden, da es sich offensichtlich um ziemlich zusammen gewürfelte Kontingente handelte.[26]

Sigibert I. rekrutierte von Worms aus die Krieger des ostfränkischen Heeres und nach seiner Ermordung 575 Königin Brunichilde im Namen ihres Sohnes Childebert II. 583 erhielten Childebert, seine Mutter und die austrasischen Großen 50 000 Solidi für einen Kriegszug gegen die seit 568 in Italien ansässigen Langobarden. Der fünfjährig auf den Thron gelangte Childebert II. schickte auf weiteres Drängen der Byzantiner endlich 585 ein Heer der Franken, d.h. mit fränkischen und alamannischen Kriegern, nach Italien.[27]

Die Franken erlitten eine empfindliche Niederlage, doch Childebert schickte bereits 589 ein weiteres, ziemlich umfangreiches Heer nach Italien. Und nach guter Nachricht aus Byzanz folgte Anfang 590 ein großes Heer unter 21 Herzögen[28] mit dem Childebert fränkische Übermacht demonstrierte.[29] Childebert muss über starke Gefolgschaften in den rechtsrheinischen Gebieten verfügt haben. An Heerzügen Sigiberts I. und Childeberts II. waren zweifellos Krieger aus dem Mannheimer Raum beteiligt. 28 Jahre zahlten die Langobarden hohe Tribute an die Merowinger, mit denen diese Gefolgschaften und Beamte finanzierten. Da Tribute zwar in Solidi berechnet, aber sicher auch in Naturalien und Produkten bezahlt wurden, gelangte im späten 6. und frühen 7. Jahrhundert eine Fülle von Erzeugnissen aus Werkstätten des langobardischen Italien in den Besitz von Franken und Alamannen.[30]

Brunichilde, die Frau Sigiberts I. übernahm noch einmal nach dem frühen Tod ihres Sohnes die Regentschaft, nun für beide Enkel, denn das Reich Childeberts II. wurde geteilt. Theuderich II. erhielt Burgund mit dem Elsass; zu dessen Gefolge gehörte auch der – linksrheinisch ansässige – Alamannenherzog Uncelin.[31] Theudebert II. (596-612) bekam Austrasien mit der Hauptstadt Metz.[32] Kaum selbständig geworden, kam es zu Zwistigkeiten unter den von Brunichilde schlecht beratenen Brüdern. Ein vor allem gegen Brunichilde gerichteter Aufstand des austrasischen Adels führte schließlich zum Untergang der zweiten austrasischen Dynastie.[33] Austrasien und Burgund fielen Chlothar II. (584-629) im 30. Jahr seiner Regierung zu.[34] Das Merowingerreich war wieder vereint. 617/618 verzichtete Chlothar II. – ebenso bestochen wie seine Ratgeber –auf den Zins, den die Langobarden seit 584 jährlich gezahlt hatten. Durch diesen unrühmlichen Handel wurde die fränkische Oberherrschaft in Italien vorerst beendet.

Chlothar regierte in Paris und sandte 623 seinen Sohn Dagobert als Unterkönig nach Metz, damit begann eine Phase intensiver Ostpolitik, denn Awaren und Slawen bedrohten die östlichen Grenzen. Unter König Dagobert I. (629-639) lag das Konfliktgebiet vor allem in Thüringen. Militärische Misserfolge im Osten lasteten die austrasischen Adelsfamilien allein dem wieder von Paris aus regierenden König an.[35] Daraufhin delegierte Dagobert die Macht in Austrasien, d.h. in der Alamannia, bei den Thüringern und Mainthüringern an seine Herzöge.[36] 631/32 marschierte das Heer des Alamannenherzogs Chrodobert siegreich gegen die Wenden Samos.[37] Dagobert ernannte seinen unmündigen zweijährigen Sohn Sigibert III. (633/34-656) zum Unterkönig in Austrasien mit Sitz in Metz und übertrug dem Bischof Kunibert von Köln und Herzog Adalgisel die Führung der Angelegenheit in Palast und Reich, so dass durch den Eifer der Austrasier das Reich vor den Wenden geschützt war.[38] Dann kam es offensichtlich zu Spannungen zwischen dem Regenten Herzog Adalgisel und dem in Thüringen eingesetzten Herzog Radulf.[39] Direkt betroffen waren von den Auswirkungen einer tiefen Kluft zwischen Königtum und austrasischen Adelsinteressen das Mittelrheingebiet und die Mainlande.[40] Das Heer mit dem Kindkönig Sigibert III. stieß 641, nachdem es den Rhein überschritten hatte und bevor es durch die Buchonia, das hessische Bergland, nach Thüringen zog, auf das Heer des mit Radulf verbündeten Fara aus der Familie der mächtigen Agilolfinger. Familienfehden spielten hier zweifellos eine Rolle, der Vater Faras war unter Mitwisserschaft von Dagobert in Trier ermordet worden.[41] Fara fiel im Kampf, doch der Feldzug Sigiberts III. gegen den Thüringerherzog Radulf scheiterte. Es war die letzte militärische Aktion eines Merowingerkönigs rechts des Rheins. Seit der Mitte des 7. Jahrhunderts verlagerte sich das Machtgefälle zwischen König und Adel zugunsten der großen Adelsfamilien, die in den links- wie auch rechtsrheinischen Gebieten ihre eigenen Interessen verfolgten. 642 greift der Alamannenherzog Leuthari in das Reichsgeschehen ein; er ermordet auf Betreiben Grimoalds den Erzieher des jungen Königs Sigibert III. und verhilft der Familie der Arnulfinger und Pippiniden zum Aufstieg. Die Merowingerkönige hatten die Macht an ihre Hausmeier abtreten müssen, ihnen standen nur repräsentative Funktionen zu bis auch der letzte Merowingerkönig Childerich III. 751 stirbt.[42]

1.3 Das 7. Jahrhundert im Zeichen des Kreuzes

Bereits Chlodwig I. hatte sich während der heftigen Auseinandersetzungen mit den Alamannen von seinen heidnischen Göttern abgewandt. Zusammen mit den Kriegern seines Heeres ließ er sich durch den Bischof Remigius von Reims taufen.[43] Obgleich sich die germanischen Völker dem Arianismus zugewandt hatten, bekannte sich Chlodwig zum römischkatholischen Christentum. Die Angehörigen des merowingischen Königshauses wurden von nun an in Kirchen beigesetzt.[44] Doch unter den ersten Merowingerkönigen fand keine aktive Christianisierung innerhalb des Merowingerreiches statt.

Wie unter Theudebert I. war der austrasische Königshof in Reims auch unter Sigibert I. geprägt vom romanischen Adel, er war konventionell und der Antike verhaftet. Eine Verschmelzung romanischer und germanischer Elemente fand hier nicht statt.[45] Erst sein Bruder Chilperich I. (561-584) von Soissons und Paris, der gebildetste unter den Merowingerkönigen[46], ließ sich mit fränkischem Selbstbewusstsein auf romanische Kultur ein und legte den Grundstein für eine dauerhafte germanisch-romanische Gemeinschaft.

Über die Neuanfänge in den Bistümern am Oberrhein, wo die Bischofssitze während der alamannischen Herrschaft nach dem Zusammenbruch der römischen Herrschaft 456 nicht besetzt worden waren, ist wenig bekannt, denn alle Bischofslisten sind unvollständig erhalten.[47] Allerdings holte bereits Theudebert I. Kleriker aus Aquitanien in den ostfränkischen Reichsteil; zu einer Reorganisation kam es in Mainz, wo der Bischofsstuhl mit Sidonius wieder besetzt wurde.[48] Im Elsass ist von einem Bistum seit der Mitte des 6. Jahrhunderts auszugehen, und mit Arbogast wieder ein Bischof in Straßburg belegt.[49] Ohne Kathedrale und Bischof ist auch Worms zur Zeit der Königin Brunichilde nicht vorstellbar. Ihren Aufenthalt dort erwähnt Fredegar.[50]

Als Chlothar II. (584-629), der Sohn Chilperichs I., a. 613 Alleinherrscher des Merowingerreiches wurde, begann im Frankenreich eine neue Phase der Christianisierung. Chlothar II. setzte die von seinem Vater begonnene Politik der Integration fort. Dies gelang ihm einerseits durch die Verbindung mit dem romanischen Adel, der gebildet, fromm und städtisch war, und andererseits durch die Offenheit für das neue irische Mönchtum. Der irische Mönch Columban, der 590 nach Gallien gekommen war und in Luxeuil in den südlichen Vogesen ein Kloster gegründet hatte, fand 610 nach der Vertreibung aus seinem Kloster durch Brunichilde am Hof Chlothars II. Aufnahme. Columban gewann zusammen mit anderen irischen Mönchen starken Einfluss auf die Merowinger und die großen herrschenden Familien des Frankenreiches.[51] Während das alte mediterrane Mönchtum asozial und weltabgewandt gelebt hatte, wurden die Klöster Columbans Mittelpunkt der ländlichen Adelsgesellschaft.[52] Die von Columban missionierten und beeinflussten fränkischen Adelsfamilien riefen 613 Chlothar II. nach Austrasien und standen ihm im Kampf gegen Brunichilde zur Seite.[53] Das Reich befand sich auf der Höhe seiner äußeren Macht und inneren Festigkeit. Die Adelsgruppen waren eingebunden in den Dienst am Herrscher. Bischöfe und weltliche Adelige besuchten gemeinsam die Reichsversammlung.[54] Die Klostergründungen zeigten aber auch deutlich, dass diese mit dem Hof in Paris verbundene fränkische Adelsschicht immer noch in den Grenzen des römischen Reiches dachte. Mit den neuen Klöstern wurden die Gebiete Nordgalliens und Belgiens erschlossen, sie überschritten aber nicht die Rheingrenze. Es wurden die antiken Bischofssitze erneuert, aber keine neuen Bistümer gegründet.[55] 614 rief Chlothar II. die Bischöfe seines Rei-

ches nach Paris, darunter die Bischöfe Ansoald von Straßburg, Hilderich von Speyer und Berthulf von Worms.[56] Die kirchliche Reorganisation beiderseits des Rheins wird erst seinem Sohn Dagobert I., König in Austrasien von 623-639, zugeschrieben.[57] Die Kirchen waren seit römischer Zeit am Staatshaushalt beteiligt und mit diesem eng verflochten.[58] Als Großgrundbesitzer zogen die Bischöfe Steuern ein verwalteten diese Einnahmen, somit kam ihnen in der weltlichen Verwaltung und in der Wirtschaft eine nicht zu unterschätzende Bedeutung zu. Etwa 15 Sakralbauten in der Zeit um 700 lassen vor allem die Größe und Bedeutung der Bischofsstadt Mainz[59] im kulturellen, kirchlichen und politischen Sinn und als Wirtschaftsstandort erahnen. Kaum viel geringer ist die Bedeutung von Worms einzuschätzen, wo vier Kirchengründungen in die spätrömische Periode und weitere sechs ins frühe Mittelalter zurückreichen (vgl. Teil II, Bd. 1, S. 19).

An der Missionierung des Mannheimer Raumes waren die Wormser Bischöfe seit Amandus von Worms (um 620/640) unbestritten beteiligt gewesen. Doch sollte der Einfluss der Bischöfe rechts des Rheins nicht allzu hoch angesetzt werden. Die Bischöfe saßen in Städten. Das Christentum war eine Religion der städtischen, überwiegend romanischen Bevölkerung. Auch die Reichskultur war noch von der Stadt geprägt. Denn solange die Merowinger herrschten, war die merowingische Verwaltung links des Rheins, wo nach wie vor gallorömische Adelsfamilie hohe Ämter bekleideten, in den Städten angesiedelt.[60] Eine verstärkte Missionierung der ländlichen Bevölkerung wurde erst durch die Klostergründungen unter Einfluss des columbanischen Mönchtums möglich.

Nach dem frühen Tod Dagobert I. im Jahr 639 verfällt die Macht der Merowinger; seine Söhne Sigibert III. und Chlodwig II. waren zu dem Zeitpunkt minderjährig und verstarben früh. Nanthilde übernahm a. 639 die Regentschaft, Balthilde a. 657 nach dem Tod Chlodwigs II. Die großen Adelsfamilien verloren zwar ihren Mittelpunkt, bestimmten aber von nun an Politik und gesellschaftliche Ordnung.[61] Und sie gründeten Klöster. Das Kloster Weissenburg, dessen Urkunden 661 einsetzen[62] und für dessen geistliche Belange der Speyrer Bischof Dragobodo auftrat, wurde von der austrasischen Familie der Chrodoine gegründet.[63] Es wirkte weit über die Speyrer Diözese hinaus. Unter dem Principat Pippin II. (687-697) wurde das Reich neu geordnet; eine wichtige Rolle spielten bei der Durchsetzung der Herrschaft die Klöster. Die Kirche wurde auch in den Randgebieten institutionalisiert. Aber erst im Jahre 764 folgte mit Kloster Lorsch die zweite für den Mannheimer Raum wichtige Klostergründung. Gern werden Patrozinien für die Datierung und Zuordnung von Kirchen und Pfarreien herangezogen, doch reichen die schriftlichen Quellen nicht über die Karolingerzeit zurück.

Anmerkungen

1 HEINZELMANN 1994.
2 WEIDEMANN 1982.
3 La Vie de Sainte Radegonde par Fortunat. Bibliothèque Municipale, Manuscrit 250. Édition du Seuil 1995. – SPRANDEL 1957, S. 79.
4 STAAB 1975, S. 106 f.
5 Quellen III, S. 9.
6 PROKOP, Vandalenkrieg Gotenkrieg. Aus dem Griechischen übertragen von D. Coste (München 1966).
7 Fredegar IV,38; 40.
8 GEUENICH 1997.
9 EWIG 1979, S. 285.
10 WIECZOREK 1996, S. 251 Abb. 178.
11 LÖWE 1973, S. 49; BUTZEN 1987, S. 27 ff.
12 SCHULZE 1984, S. 13 ff.
13 BUTZEN 1987, S. 28.
14 LÖWE 1973, S. 52.
15 KELLER 1976, S. 11 f.
16 KELLER 1976, S. 30.
17 FAUSSNER 1988, S. 32 ff.
18 Prokop, Gotenkrieg I,5.
19 Prokop, Gotenkrieg I,13.
20 Behr 1975, S 73.
21 Prokop, Gotenkrieg IV, 20.
22 Prokop, Gotenkrieg II,25.
23 Prokop, Gotenkrieg III,33; BEHR 1975, S. 78 f.
24 BEHR 1975, S. 80 ff.
25 BEHR 1975, S. 102f.; HARDT 2004, S. 171.
26 BEHR 1975, S. 106.
27 BEHR 1975, S. 107 ff.
28 HOLTZMANN 1962, S. 25 ff.

29 Greg. Tur. X,3.
30 KOCH 1997b.
31 GEUENICH 1997b, S. 205.
32 FREDEGAR IV,16.
33 STAAB 1996, 15 f.
34 Fredegar IV, 43.
35 BUTZEN 38 f.
36 EWIG 1993, S. 132.
37 Quellen III, S. 15 f.
38 Fredegar IV 75.
39 Fredegar IV 77.
40 BUTZEN 1987, S. 38 f.
41 Fredegar IV 87.
42 EWIG 1993, S. 202 f.
43 DIERKENS 1996.
44 MÜLLER-WILLE 1996.
45 SPRANDEL 1957, S. 24 f.
46 RICHÉ 1996, 369.
47 STAAB 1994, S. 139 ff.
48 EWIG 1979a, S. 154 f.
49 BEHR 1975, S. 57 f.
50 Fredegar IV,40.
51 EWIG 1993, S. 123 ff.
52 SPRANDEL 1957, S. 23; 41.
53 SPRANDEL 1957, S. 35.
54 SPRANDEL 1957, 41.
55 SPRANDEL 1957, S. 93 Anm. 129.
56 STAAB 1994, S. 141.
57 LORENZ 1999.
58 DURLIAT 1996.
59 EWIG 1979a, S. 15.
60 BUTZEN 1987, S. 218 f.
61 SPRANDEL 1957, S. 47.
62 EWIG 1979, S. 324.
63 PRINZ 1965, S. 183; 235.

Ursula Koch

2. Gemarkung – Siedlung – Gräberfeld: Siedlungsstrukturen im frühen Mittelalter

Städte gab es im frühen Mittelalter nur innerhalb der ehemaligen römischen Provinzen, wo die Kontinuität städtischer Einrichtungen durch eine romanische Bevölkerungsgruppe gewährleistet war. Kam es zur Einwanderung germanischer Bevölkerung, verlagerte sich aber auch hier das Schwergewicht von der städtischen auf eine eher ländliche Siedlungsform. Statt Steinbauten mit Heizung und künstlicher Wasserversorgung entstanden aus Holz errichtete Gehöfte mit jeweils mehreren Gebäuden in der Nähe natürlicher Wasservorkommen. Rechts des Rheins gab es in der Merowingerzeit ausschließlich ländliche, bäuerliche Siedlungen. Wie in ländlichen Gebieten des Rheinlandes[1] ist in Mannheim keine Siedlungskontinuität bis in römische Zeit nachzuweisen.

Zu einem Bild der frühmittelalterlichen Besiedlung im Mannheimer Raum verhelfen in erster Linie die archäologischen Quellen, d. h. die Siedlungs- und Grabfunde des 6. bis 8. Jahrhunderts. Ergänzend können Ortsnamen herangezogen werden. Ausschlaggebend für eine Besiedlung waren zu allen Zeiten die naturräumlich-ökologischen Gegebenheiten. Im frühen Mittelalter wurde offenes Gelände mit fruchtbaren Böden und günstigem Klima bevorzugt. Am deutlichsten zeigen sich die frühmittelalterlichen Siedlungsstrukturen auf Karten, die das Bodenrelief wiedergeben. Da moderne Karten aufgrund der dichten Bebauung im Mannheimer Stadtgebiet sowie des breiten Schienennetzes und der vielen Autobahnen das Bodenrelief nicht mehr erkennen lassen und somit die Landschaft im Neckarmündungsraum nicht mehr wiedergeben, wurde für die Darstellung der naturräumlichen Lage eine historische Karte gewählt (Abb. 1). Wegen der topographischen Ungenauigkeit dieser Karte können die blau eingetragenen Hinweise auf bisher bekannte Siedlungsfunde und Gräber des 6.-8. Jahrhunderts auch nur eine ungefähre Lage andeuten.

Die naturräumlichen Gegebenheiten im Neckarmündungsraum entsprachen den Bedürfnissen der damaligen Bevölkerung, bei der Viehzucht eine große Rolle spielte, denn die im Neckardelta und entlang der Altneckararme reichlich vorhandenen Feuchtgebiete boten genügend Raum für die Weidewirtschaft. Eine solche Lage bevorzugten Vieh- und Pferdezüchter.[2] Erst seit der jüngeren Merowingerzeit dringen die Siedlungen in unwirtlichere Regionen vor, das heißt im Rheintal auf die trockenen Sand- und Schotterflächen der Niederterrasse.

Solange nicht geklärt ist, wieweit sich Siedlungsareale im Laufe der Jahrhunderte verschoben oder ganze Siedlungen verlegt wurden, ist die namentliche Zuordnung einer archäologischen Fundstelle nicht immer einfach. Nicht alle Fundstellen merowinger- und karolingerzeitlicher Siedlungsreste oder Gräber sind eindeutig mit den seit der zweiten Hälfte des 8. Jahrhunderts in Schriftquellen erwähnten Ortsnamen zu verbinden. Geschah die Aufgabe einer Siedlung des 6. bis 7. Jahrhunderts, bevor die schriftlichen Quellen einsetzten, ist eine Benennung der Fundstelle überhaupt nicht möglich.

Wieweit die frühmittelalterlichen Siedlungskammern in den erst später fassbaren Ortsmarkungen aufgehen, ist gerade im Neckarmündungsraum, wo sich natürliche Landmarken öfter verschoben, nur schwer zu klären.[3] Da sich das heutige Besiedlungsbild im Mannheimer Raum gegenüber dem des 19. Jahrhunderts stark verändert hat, werden die Beziehungen ins frühe Mittelalter deutlicher, wenn Karten des späten 18. und 19. Jahrhunderts in die Untersuchungen mit einbezogen werden. Doch auch die auf den historischen Karten erkennbaren großen Dörfer sind erst das Ergebnis einer späteren Siedlungskonzentration. Dennoch lassen sich Siedlungsstrukturen ablesen, die in ihren Grundzügen auf die fränkische Landnahme im 6. Jahrhundert zurückgehen. Im frühen Mittelalter ist mit sehr viel mehr weilerartigen Gehöftgruppen zu rechnen und mit zahlreichen über die Gemarkung verteilten Wohnplätzen. Während in Rheinhessen zwischen Mainz und Worms

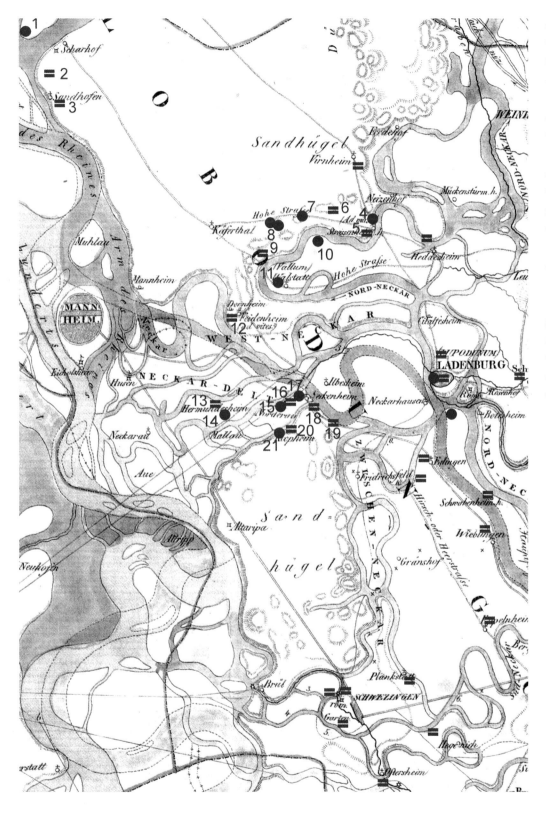

Abb. 1: Siedlungen (Punkte) und Friedhöfe (Rechtecke) des frühen Mittelalters eingetragen in eine „Charte des alten Flusslaufes im Ober-Rhein-Thal, erstes Blatt" erschienen bei „Braun in Carlsruhe 1850". Die Karte selbst gibt bereits die damals eruierten Stellen aufgelassener mittelalterlicher Orte und römischer Funde, sowie die frühmittelalterlichen Gaugrenzen wieder. Bei der als Altaripa bezeichneten Fundstelle handelt es sich um den Burgus von Neckarau.

bereits zur Zeit Chlodwigs I. Siedlungen gegründet wurden, um die fränkische Herrschaft abzusichern[4], setzten die Siedlungen am unteren Neckar in der Regel erst im zweiten Viertel des 6. Jahrhunderts ein, wahrscheinlich sogar erst unter Theudebert I. (533-548). Bisher wurde noch kein frühmittelalterliches Siedlungsareal vollständig ausgegraben. Eine bessere Quellensituation liegt jedoch bei den Friedhöfen vor, wo sich der Siedlungsbeginn ebenfalls abzeichnet, denn offensichtlich wurde zur gleichen Zeit wie die Siedlungsflächen auch das Gelände für das gemeinsame Gräberfeld ausgewiesen. Am Beispiel Niedererlenbach bei Frankfurt stellte Hermann Ament dar, wie knapp vor der Mitte des 6. Jahrhunderts fest etablierte, langfristig und kontinuierlich belegte Ortsgräberfelder beginnen, die so genannten Reihengräberfelder, und er rechnet mit einer ähnlichen auf Stabilität gerichteten Entwicklung im Siedlungswesen.[5] Nur vereinzelt wurden bereits bestehende Bestattungsplätze weitergeführt, wie in dem am Südufer des unteren Neckars gelegenen Edingen, was dann vermutlich mit einer Zusiedlung Fremder einherging.[6] Ähnliche Vorgänge sind in Westhofen bei Worms zu beobachten.[7] Mehrheitlich handelt es sich an Rhein und Neckar um Neugründungen von Siedlungen, die in dieser Fülle zweifellos auf Anweisung der königlichen Administration erfolgten. Der wichtigste Faktor für die planmäßig durch die königliche Administration vorgenommenen Ansiedlungen vor der Mitte des 6. Jahrhunderts war die Verkehrsanbindung, die im Rhein-Neckar-Raum durch das römische Straßennetz und die Wasserwege gewährleistet war, wobei Neckarau und Scarra unweit der römischen Ländeburgi sicher deren Rolle als Hafenort übernahmen. Ohne die von den Anwohnern geleisteten Fähr- und Gespanndienste sind schon die Feldzüge Theudeberts nicht denkbar.

Das politische Ziel des vorwiegend in Reims residierenden ostfränkischen Königs Theudebert I. (533-547) war Italien. Die Straßen Richtung Alpen mussten mit fränkischen Stützpunkten versehen werden, um das Heer auf dem Marsch mit Nahrungsmitteln zu versorgen und um den Transport zu Land und auf den Wasserwegen zu gewährleisten. Krieger des fränkischen Heeres wurden angesiedelt und mit landwirtschaftlichen Flächen ausgestattet, damit die Familien für einen Teil ihres Lebensunterhaltes sorgen konnten. Wie in den ehemals romanischen Gebieten fanden die neuen Besitzverhältnisse ihren Niederschlag in den Ortsnamen, im romanischsprachigen Raum mit den Appellativen *court* und *ville*, in den germanischsprachigen mit deren Entsprechung -heim, die dem Namen des Besitzers angefügt wurde.[8]

Im Neckar-Mündungsraum überwiegen die für Gründungen des 6. Jahrhunderts charakteristischen auf -heim endenden Ortsnamen, also Geroldisheim, Herimundesheim/Hermsheim, Mannenheim/Mannheim, Vitenheim/Feudenheim und Siccenheim bzw. Sigerichesheim/Seckenheim. Nach Wofgang Haubrichs ist nicht mehr daran zu zweifeln, dass die patronymischen heim-Namen frühe Beziehungen zwischen Siedlungen und Personen, durchweg wohl den Gründern bzw. Besitzern einer Siedlung spiegeln. Bei der Besiedlung der östlichen Reichsgebiete spielte die Politik der Merowinger zweifellos eine wichtige Rolle. Unter König Chlodwig waren die *trustis dominica* als sein berittenes Gefolge ein wichtiges Instrument königlicher Machtausübung. Die *Antrustio* waren durch einen als unlösbar geltenden Eid dem König zu Hilfe und Treue verpflichtet und dienten auf Feldzügen seinem persönlichen Schutz. Sie wurden mit Grundeigentum und abhängigen Arbeitskräften ausgestattet und wichtigen politischen Ämtern betraut.[9] Auch weiterhin beschenkten die merowingischen Könige ihre Getreuen und vergaben Land. Über das geschenkte Gut erhielten die Empfänger volle tatsächliche und rechtliche Sachherrschaft.[10] Nach den Untersuchungen von Heike Grahn-Hoek gab es im 6. Jahrhundert keine volksrechtliche Definition und Privilegierung des Adels.[11] Hans Steidle erkennt in den ostfränkischen Quellen noch in karolingischer Zeit unter den „freien Schichten" eine „sozial heterogene, meist bäuerliche Bevölkerung, die wegen vergleichbarer militärischer und fiskalischer Verpflichtungen vom Königtum terminologisch und administrativ einheitlich behandelt wurde.[12]

So kamen Gerold, Herimund, Manno, Vito und Sicco bzw. Sigerich wahrscheinlich zur Zeit Theudeberts I. in den Mannheimer Raum. Es kamen aber auch andere, deren Namen unbekannt bleiben, weil ihre Siedlungen vor der ersten schriftlichen Erfassung aufgegeben wurden, wie z. B. eine auf dem nördlichen Teil der großen Gemarkung Wallstadt im heutigen Stadtteil Vogelstang und zwei weitere nahe der Straßenheimer Gemarkungsgrenze.

Siedlungen, die erst im Laufe des 7. Jahrhunderts gegründet wurden, sind unschwer auch an ihren

Namen zu erkennen. Dazu gehören die schematisch nach der Lage, der Beschaffenheit des Bodens oder des Bewuchses bezeichneten -heim-Orte wie Straßenheim, Dornheim und Kloppenheim/Clopheim, oder Orte mit einem auf -hofen endenden Namen, wie Sandhofen/Sunthove.[13]

Die patronymischen Ortsnamen weisen auf Gutshofkomplexe hin, in deren Mittelpunkt der Herrenhof stand, dem Bauernstellen angegliedert waren, denn ohne Hintersassen war ein Herrenhof kaum denkbar. Die Franken lebten in der Regel auf größeren, von einem Zaun umgebenen Gehöften, die neben dem Wohnhaus auch eine Anzahl anderer Gebäude umfassten, wie Getreidespeicher, Stallungen und in den Boden eingetiefte Grubenhäuser für besondere Tätigkeiten.[14] Häufiger als Wohnhäuser sind im frühen Mittelalter die Wohnstallhäuser, die auf einer Seite Wohnbereiche hatten, während im anderen Teil das Vieh stand.[15]

Nach der *lex salica*, einer Aufzeichnung von Gewohnheitsrechten aus dem 6. Jahrhundert, stand die Hofstelle einer Groß- oder auch Kleinfamilie uneingeschränkt zur Nutzung zur Verfügung und war frei vererbbar.[16] Die Sicherheit und Unverletzlichkeit des Wohnhauses war besonders geschützt. Wald, Weide, Gewässer, Wege und Ödland unterstanden der Gesamtheit der bäuerlichen Gemeinde. Das von den einzelnen Höfen genutzte Ackerland konnte nur an männliche Nachkommen vererbt werden; fehlten diese, fielen die Nutzungsrechte an die bäuerliche Gemeinde zurück. Kauf und Verkauf von Land werden in der *Lex salica* noch nicht geregelt.

Ursprünglich konnten Siedlergemeinschaften, um ihre Nutzungsrechte nicht zu mindern, Einspruch gegen Neuankömmlinge erheben. Doch seit Chlodwig war der Zuzug Fremder, die einen Einweisungsbefehl des Königs aufwiesen, nicht zu verhindern.[17] Die archäologischen Quellen, d. h. vor allem die Gräber der ersten Generation, die in der ersten Hälfte und Mitte des 6. Jahrhunderts lebte, lassen die unterschiedliche regionale Herkunft der in einer Siedlung, teilweise sogar auf einem Hof zusammengetroffenen Personen erkennen.

Friedhöfe lagen in merowingischer Zeit in Sichtweite der Siedlung, in der Regel nicht mehr als 400 m entfernt. Auf dem Gräberfeld wurden alle Toten der Siedlungsgemeinschaft beigesetzt. Üblich war die Körperbestattung in gestreckter Rückenlage in einem West-Ost gerichteten Grab. Abweichende Bestattungssitten sind nur selten zu beobachten. Oft lassen sich durch Bodenverfärbungen Särge nachweisen, schmale Baumsärge oder breitere Sargkisten, auch Holzkammern. Kreisgräben um das Grab und einen Hügel über dem Grab leisteten sich nur privilegierte Familien. Offensichtlich gab es recht unterschiedliche Bestattungstraditionen, die sich teilweise mit der unterschiedlichen Herkunft der Familien erklären lassen, teilweise auch zeitlichen Moden entsprachen. Die Größen der Grabgruben und Grabkammern schwanken erheblich und geben so manchen Hinweis auf die soziale Stellung der Toten; offensichtlich ließ sich die Gesellschaft durch Größe und Tiefe eines Grabes beeindrucken. In der späten Merowingerzeit wurde wieder in schmalen Gruben bestattet. Eine Besonderheit der letzten Belegungsperiode merowingerzeitlicher Gräberfelder sind die mit Handquadern oder gar Steinplatten errichteten Gräber, die im Hermsheimer Bösfeld, in Seckenheim-Hochstätt für Kloppenheim/Clopheim und in Straßenheim „Links der Mannheimer Straße" sowie am Elkersberg im Stadtteil Vogelstang nachgewiesen wurden.

2.1 Siedlungen und Gräber auf dem Rheinhochufer nördlich des Neckars

2.1.1 Scarra, Germarkung Sandhofen

Auf dem Hochufer in einer alten Rheinschleife befand sich eine Siedlungskammer, die nach Osten durch ein großes Waldgebiet begrenzt wurde, im Westen durch die Veränderungen des Rheinbettes zweifellos manche Umgestaltung erfuhr. Heute werden das Hochufer ebenso wie die Feuchtgebiete, die im frühen Mittelalter noch von zahlreichen Wasserarmen durchzogen waren, von der großen Gemarkung Sandhofen eingenommen (Abb. 2). Das im 7. Jahrhundert gegründete Sandhofen erstreckt sich am südwestlichen Rand des Hochufers, das wesent-

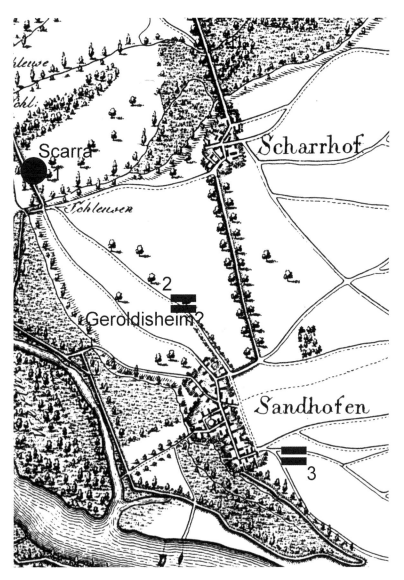

Auf der Gemarkung Sandhofen kamen 1971 beim Bau der Kläranlage und 1996/97 bei den Erweiterungen in der Flur Lorscher Wiesen Reste der mittelalterlichen Siedlung Scarra zu Tage (Abb. 1,1), die umfangreiche Grabungen erforderten.[21] Der 1585 aufgelassene Friedhof wurde bei Verlegung des Hochwasserdammes 1971 gefunden, die Fundstelle durch Erich Gropengießer für die Ortsakten des Reiss-Museums festgehalten. Die Anfänge der Siedlung sind erst zu beurteilen, wenn auch das merowingerzeitliche Ortsgräberfeld entdeckt und archäologisch untersucht wird. Das alte Schar wurde durch die Mönche des Zisterzienserklosters Schönau aufgelöst, die Ländereien dem Hofgut, dem Scharhof, zugewiesen.

2.1.2 Geroldisheim? – oder eine weitere Siedlung auf der Gemarkung Sandhofen

Auf der Gemarkung Sandhofen liegt ein merowingerzeitliches Gräberfeld nördlich der Groß-Gerauer Straße beiderseits des Hohen Weges in den Fluren „Durch den Grund" und „Steinäcker" (Abb. 1,2; 2,2). Es befindet sich 900 m vom Rhein-Hochuferrand entfernt, 900 m nördlich des Zentrums von Sandhofen und 1800 m südlich von Scarra auf der Flur Kirchenwasen/heute Klärwerk. Ähnliche Entfernungen, nämlich 1600-1900 m, sind zwischen Wallstadt und den benachbarten merowingerzeitlichen Siedlungen zu beobachten (s.u.). Eine Belegung des Friedhofes lässt sich vom zweiten Viertel des 6. Jahrhunderts bis in das dritte Viertel des 7. Jahrhunderts nachweisen. Im Umkreis von höchstens 400 m ist bisher weder eine alte Ortschaft noch eine Siedlungsstelle bekannt. Es muss also auf der Gemarkung von Sandhofen zwischen Sandhofen und Scarra noch eine weitere unbekannte Siedlung gegeben haben. Möglicherweise handelt es sich um Gerolfsheim/Geroldesheim.[22]

Der mit dem männlichen Personennamen Gerold und dem suffix heim gebildete Siedlungsname entspricht der Namenmode im 6. Jahrhundert[23], er würde auch zu der im Gräberfeld erkennbaren Sozialstruktur gut passen. Männergräber mit voller Waffenausrüstung, mit Pferdegeschirr sowie Pferdegräbern weisen auf eine von Reitern, Krieger des fränkischen Heeres, angeführte Siedlergemeinschaft hin.

Abb. 2: Gemarkung Sandhofen mit Scarra, dem merowingerzeitlichen Gräberfeld am Hohen Weg und den frühmittelalterlichen Gräbern von Sandhofen, eingetragen in einen Ausschnitt der Situationskarte, aufgenommen und gezeichnet durch Haaß, Artillerie Lieutenant zu Darmstadt 1801.

lich bedeutendere Schar (Scarra) lag am nordwestlichen Rand, im Flurstück Kirchwasen, wo bis 1712 die Ruinen der Scharer Kirche standen.[18] Bis 764 war ein ansehnlicher Teil von Scarra im Besitz von Williswinda, der Witwe des Grafen Rupert, und ihrem Sohn, dem Grafen Cancor (CL1)[19]. Der aus väterlichem und mütterlichem Erbe stammende Besitz der Williswinda in Scarra mit der Germanuskirche gehörte zur Grundausstattung des Klosters Lorsch (CL 1 und 598). Das Dorf Schar ist damit eine der am frühesten genannten Ortschaften in Mannheim. Die wenigen Schenkungen an Lorsch zeigen, dass Sarra ausschließlich in Adels- und Königsbesitz war (CL 1, 16, 53, 55, 77, 599). Der Ortsname rührt wahrscheinlich vom ahd. Wort scara her, das mit Fron und Schardienst zusammenhängt.[20]

Doch während das benachbarte Scarra bereits 764 aus Adelshand an das Kloster Lorsch gelangte, und vermögende Grundbesitzer und Grundbesitzerinnen aus Feudenheim, Hermsheim, Mannheim und Seckenheim zwei Jahre später die ersten Stiftungen an das Kloster machten, gab es in Geroldisheim keine Übereignungen an Lorsch. Die innerhalb der Gemarkung Schar im 13. Jahrhundert erwähnte Siedlung Gerolvesheim (1203) oder Geroldisheim (1285), und möglicherweise auch noch ein weiterer Ort unbekannten Namens zwischen Sandhofen und Schar, an dem im 6. und 7. Jahrhundert merowingerzeitliche Reiterkrieger lebten und der darum nicht unbedeutend war, fanden keine Erwähnung im Lorscher Kodex.

Weder die Lage noch der Grund des Unterganges von Geroldesheim sind bekannt. Es ist nicht auszuschließen, dass eine Flutkatastrophe das Ende herbeiführte, z. B. das Hochwasser von 1308, zumal wenn man wie Alfred Heierling den Ort nordöstlich von Scharhof lokalisiert.[24] Es ist aber ebenfalls nicht auszuschließen, dass Geroldesheim wie Scarra in den Besitz des 1142 gegründeten Zisterzienserklosters Schönau gelangte. Denn am 23. April 1227 kamen die beiden Verkäufer, der freie Grundbesitzer Dieterich von Oppau und seine Frau Adelheid um einen Kaufvertrag über Güter in Sandhofen unter Vermittlung des ersten wittelsbachschen Pfalzgrafen mit dem Kloster Schönau abzuschließen, *in die Kuntschaft* (zur Zeugenschaft) nach Geroldesheim und Scharra, wo das Kloster bereits Güter besaß.[25] Dann liegt es nahe, dass die Siedlung durch die Mönche aufgelassen wurde, um auch diese Ländereien dem Hofgut zuzuführen.

2.1.3 Sandhofen

888 wird Sandhofen erstmals als Sunthove im Lorscher Codex genannt. König Arnulf schenkt zum Andenken und Seelenheil seines Großvaters und Vaters an seinen Getreuen, den Probst Sigolf, Güter aus seinem rechtlichen Besitz, die nach dessen Ableben an das Kloster fallen sollen. Neben Grundstücken in der Grafschaft Worms, einer Insel südliche von Worms verschenkt er im Dorf Sunthove drei Huben mit Hofreiten, Gebäuden und allem was dazu gehört sowie drei Leibeigenen – einer Mutter mit zwei Söhnen (CL 47). Sunthove ist ein sogenannter orientierter Ortsname. Sunthove ist allerdings nicht, wie vielfach in Nachfolge von Rudolf Kraft auf Worms bezogen, eher auf das 2,5 km entfernte und damals recht bedeutende Scarra, wohin Sunthove auch eingepfarrt war.[26] Durch archäologische Quellen sind Ortsnamen mit der Endung -hofen ab dem 7. Jahrhundert nachzuweisen.[27] Es handelt sich bei Sandhofen also um eine Siedlung der in der jüngeren Merowingerzeit beginnenden Ausbau-Phase.[28] Diese Datierung stützt der archäologische Befund. In der NW-SO verlaufenden Spinnereistraße, die den neuen Marktplatz (Mönchplatz) an der Südseite begrenzt, wurden im Oktober 1953 bei Kanalisationsarbeiten neun Bestattungen des 7. Jahrhunderts angeschnitten, die eine Ansiedlung in der jüngeren Merowingerzeit bestätigen (Abb. 1,3; 2,3).

2.1.4 Mannheim

Das Dorf Mannheim lag auf dem Rheinhochufer, wo sich heute Schloss und Oberstadt befinden. Die Bewohner des Dorfes Mannheim wurden umgesiedelt, bevor Kurfürst Friedrich IV. 1606 den Grundstein zur Friedrichsburg legte. Das Dorf Mannheim befand sich in merowingischer Zeit nicht in unmittelbarer Nähe zum Neckar, der damals weiter südlich in den Rhein floss. In dem 1180 angelegten und noch vorhandenen Güterverzeichnis des Klosters Lorsch, das sich auf die alten Schenkungsurkunden stützte, wurden die Besitzungen nach Gauen und ihrer Lage angeordnet. Die Orte des Lobdengaus wurden in drei Gruppen gegliedert, in die Orte an der Bergstraße, in die rechts des Neckars gelegenen und die südlich des Neckars gelegenen. Mannheim (CL 548-589) wird nach den rechts am Neckar gelegenen Orten Feudenheim und Dornheim und vor den – damals noch – rechts des Rheins gelegenen Edigheim/Ottingheim, Oppau und Scarra genannt. Im Gegensatz zu Ilvesheim, Feudenheim und Dornheim wird Mannheim in keiner der zahlreichen Urkunden mit dem Neckar verbunden.[29]

Auf das ehemalige Dorf weisen karolingerzeitliche Scherben hin, die 1958 im Bereich des Schlosses gefunden wurden. Der patronymisch gebildete Ortsname spricht eher für einen Siedlungsbeginn im 6. Jahrhundert, gleichzeitig mit Geroldisheim (?), Feudenheim und Hermsheim.

2.2 Siedlungen und Gräber entlang des „Nordneckars"

2.2.1 Straßenheim

Der im 19. Jahrhundert nur aus drei Höfen bestehende Weiler Straßenheim liegt am westlichen Ufer der Rindlache (Abb. 1,4). Dieses Flussbett des bis in die Spätwürmzeit nach Norden entlang der Bergstraße abfließenden Nordneckars oder Urneckars zog hier stark mäandrierend von Wallstadt nach Heddesheim (Abb. 3-4). Es wird bei der Beschreibung der Viernheimer Markung a. 917 als Sol (Sumpf) bezeichnet. (CL 65).

Etwa 450 m südlich von Straßenheim überquerte die von Worms nach Ladenburg führende Römerstraße den Altneckarlauf, später an gleicher Stelle die von

Käfertal kommende Hohe Straße. Der weitere Verlauf der Römerstraße ist zwar unbekannt, doch besteht kein Zweifel, dass sie für den Weiler namengebend war. Da der Ortsname nicht mit einem Personennamen gebildet wurde, wie im 6. Jahrhundert üblich, sondern einen Hinweis auf die Lage der gewählten Siedlungsstelle enthält, dürfte es sich wie bei den schematischen heim-Namen[30] um eine erst im Laufe des 7. Jahrhunderts gegründete Siedlung handeln.

Während einer archäologischen Untersuchung innerhalb des Hofgutes hinter der Kirche im Jahre 1997 traten Siedlungsreste sowohl aus merowingischer wie karolingischer Zeit zu Tage. Karolingerzeitliche Siedlungsgruben wurden 1974 beim Bau von Beregnungsanlagen in den Flurstücken Rindlach und Salzgarten, Flurstücke 38112 und 38138, nachgewiesen. Demnach erstreckte sich die karolingerzeitliche Siedlung sowohl im Norden wie auch Süden über das Siedlungsareal des 19. Jahrhunderts hinaus. Ab der Mitte des 7. Jahrhunderts bestattete eine privilegierte Familie auf der Flur „Links der Mannheimer Straße" (Abb. 1,5; 3,1; 4,1). Die Flur liegt 450 m

Abb. 3: Frühmittelalterliche Siedlungen (Punkte) und merowingerzeitliche Gräberfelderfelder (Rechtecke) entlang des Nordneckars, eingetragen in einen Ausschnitt der Haaß'sche Karte von 1801.

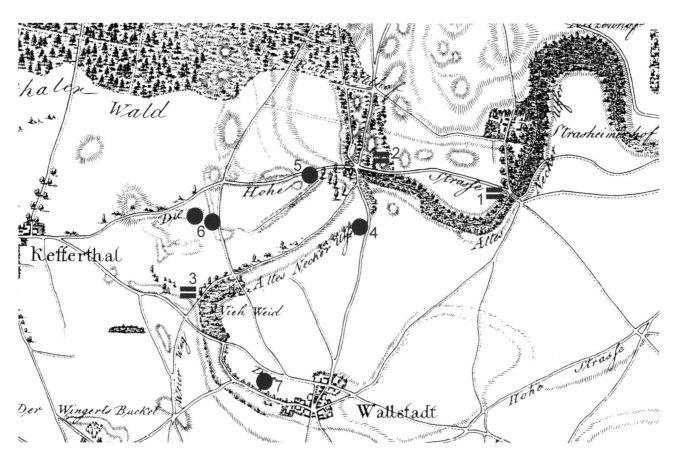

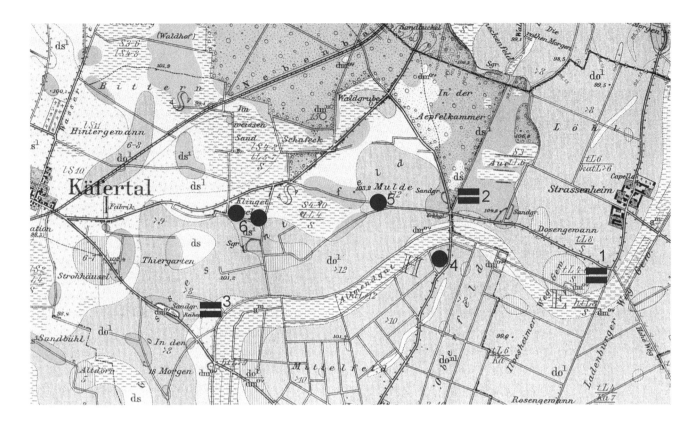

südlich der Straßenheimer Höfe in einer Schleife des Nordneckars und unmittelbar westlich der Römerstraße, die hier den Altneckar überquerte. Außer den Kammergräbern von zwei Reitern aus dem zweiten und dritten Viertel des 7. Jahrhunderts, von denen der jüngere den sozialen Rang eines Adeligen erreicht haben dürfte, sind keine weiteren Gräber der gleichen Periode bekannt geworden. Die Bestattungen von Angehörigen könnten sich noch unter dem Straßenheimer Weg befinden, vielleicht sogar auf das „Hofgewann" erstreckt haben. Erst als Steinplatten für den Grabbau verwendet wurden und die Beigabensitte aufgegeben war, folgten in der Flur „Links der Mannheimer Straße" bis in karolingische Zeit weitere Gräber.

Straßenheim befand sich lange in Adelsbesitz und fand in den schriftlichen Quellen relativ spät seine erste Erwähnung. 903 schenkte Frau Kunigunda aus ihrem weit gestreuten Besitz u.a. ihre Güter in Strazheim dem Kloster Lorsch (CL 58). 1071 werden dem zu Lorsch gehörenden Kloster Altenmünster 3 Huben in Strazheim bestätigt (CL 132) und 1059 der Zelle Michelstadt eine Halbe Hube (CL 141).

2.2.2 Gräberfeld Flur „Aue", Gemarkung Straßenheim

Ein Bestattungsplatz des 6.-7. Jahrhunderts lag auf einer Sanddüne unmittelbar nördlich einer Schleife des Urneckars im Gewann „Aue" auf Straßenheimer Gemarkung (Abb. 1,6). Die Flur „Aue" befindet sich am westlichen Rand der Straßenheimer Gemarkung, und 900 m von den Straßenheimer Höfen entfernt. Eine Zugehörigkeit des Gräberfeldes zur Siedlung Straßenheim ist daher mehr als unwahrscheinlich. Etwa 600 m westlich des Gräberfeldes ist eine frühmittelalterliche Siedlung in den Fluren „Hockersanwender" und „Muld" an der Chemnitzer Straße nachgewiesen. Eine weitere Siedlung in ähnlicher Entfernung ist durch das Feuchtgebiet des ehemaligen Neckar-Flussbettes die „Nachtweide" von dem Gräberfeld getrennt. Daher ist nicht eindeutig, zu welcher Siedlung das Gräberfeld gehörte. Die Bestattungen beginnen mit dem Männergrab 80/1966 vielleicht schon in den zwanziger Jahren des 6. Jahrhunderts (SD-Phase 4/5) und reichen mit Grab 39/1966 bis in den Beginn des 8. Jahrhunderts (SD-Phase 12).

Abb. 4: Frühmittelalterliche Siedlungen und merowingerzeitliche Gräberfelder entlang des Nordneckars, eingetragen in die geologische Karte des Großherzogtum Baden von 1899.

2.2.3 Siedlungsspuren an der Chemnitzer Straße, Flur „Hinter der Muld", ehemals Gemarkung Wallstadt / heute Stadtteil Vogelstang

Eine ehemalige Flussschleife des Nord-Neckars zieht im Bogen mitten durch die alte Gemarkung Wallstadt, ein Feuchtgebiet mit den Fluren „Wasenstücke", „Rottstücke", „Mittagsweide" und „Nachtweide" (Abb. 4). Während Wallstadt in der Flussschlinge rechts des Nord-Neckars liegt, befand sich der weitaus größere Teil seiner ehemaligen Gemarkung jenseits, d. h. nördlich und westlich der Feuchtgebiete. Hier ist schon von der Topographie her mit Fluren aufgelassener, in der Gemarkung aufgegangener Siedlungen zu rechnen.

Eine Siedlung der Merowinger- bis Karolingerzeit lag in den Gewannen nördlich der „Nachtweid", auf einem leicht nach NW geneigten Rücken mit Blick auf die Niederung des Nord-Neckars (Abb. 1,7; 3,5).

Als 1953 der Sportplatz innerhalb der Taylor-Barracks in der ehemaligen Flur „Hockers Anwender" hergerichtet wurde, beobachtete Franz Gember Siedlungsfunde der merowingischen und karolingischen Periode, dazu einen karolingerzeitlichen Backofen. Die Fundstelle befand sich 50 m nördlich einer 1958 beim Bau der Wasserleitung Käfertal-Straßenheim angeschnittenen karolingischen Siedlungsstelle in der Flur „Muld" und 40 m westlich der Straße Wallstadt – Viernheim. 1973/74 untersuchte Erich Gropengießer 19 Siedlungsfundstellen an der Chemnitzer Straße, darunter befanden sich vier Grubenhäuser mit Eck und Firstpfosten.[31] Ein großer Teil der Siedlung gehörte wie auch zwei Gräber an der Chemnitzer Straße in das 5. Jahrhundert. Erst nach einer genaueren Untersuchung der gesamten Keramikfunde, von der Uwe Gross[32] eine kleine Auswahl abbildete, werden sich die Areale der alamannischen und der merowingerzeitlichen Siedlungen trennen lassen und die Fragen nach einer Kontinuität oder nach der Dauer einer Unterbrechung der Siedlungstätigkeiten vielleicht beantworten lassen. Uwe Gross konnte immerhin schon feststellen, dass die typische karolingerzeitliche Ware fehlte und die Siedlung an der Wende zum 8. Jahrhundert aufgegeben oder verlagert wurde.

Die Fundstelle liegt etwa 600 m westlich des Gräberfeldes in der Straßenheimer Flur „Aue". Gut 1 km weiter westlich lag eine weitere frühmittelalterliche Siedlung am Schultheißenberg. Keine 400 m entfernt war die Siedlung an der Magdeburger Straße, doch getrennt durch das Flussbett des Nordneckars, das damals noch ein Feuchtgebiet mit Bach war.

2.2.4 Siedlungsspuren in den Fluren „Achselsack" und „Klingeleck", ehemals Gemarkung Wallstadt/heute Stadtteil Vogelstang

Eine von NW nach SO streichende 400 m lange Düne im heutigen Stadtteil Vogelstang zog sich über die ehemaligen Käfertaler Fluren „Achselsack" und „Klingeleck" sowie die Wallstadter Flur „Schultheißenbuckel" hin (Abb. 1,8; 3,6). Die Fluren lagen südlich des ehemaligen Kirchenweges, der von Käfertal nach Straßenheim führenden Straße, und westlich des von Wallstadt kommenden Weiherweges.

In der Flur „Achselsack" wurde durch die Sandgrube Kreiner der westliche Ausläufer einer frühmittelalterlichen Siedlung zerstört. 1953 beobachtete Franz Gember hier eine Grube sowie einen Brunnen, die er der karolingischen Periode zuordnete. 1958 kam Keramik des 6. und der ersten Hälfte des 7. Jahrhunderts zu Tage.[33] 80 m östlich der Sandgrube Kreiner wurde in der Flur „Klingeleck" die Sandgrube Mutz betrieben. Dort untersuchte Franz Gember 1952 einen trocken gemauerten Brunnen, einen Backofen und eine Grube, in der ein großer Mahlstein und typisch karolingerzeitliche gelbe Drehscheibenkeramik mit Rollstempeldekor zum Vorschein kam. Unmittelbar westlich des ehemaligen Weiherweges in der heutigen Jenaer Straße deckte Erich Gropengießer 1973 zwei mittelalterliche Siedlungsstellen auf.[34]

Der Name der frühmittelalterlichen Siedlung an der nördlichen Gemarkungsgrenze von Wallstadt, heute im Stadtteil Vogelstang, ist unbekannt. Etwa 600 m weiter südlich lag das Gräberfeld am Elkersberg. Wegen der relativ großen Entfernung – mehr als 400 m – ist auch hier eine Zugehörigkeit von Siedlung und Gräberfeld nicht sicher.

2.2.5 Gräberfeld „Unter dem Elkersberg", ehemals Gemarkung Wallstadt/heute Stadtteil Vogelstang

Das Gelände des merowingerzeitlichen Gräberfeldes in der Flur „Unter dem Elkersberg" auf der ehemaligen Gemarkung Wallstadt befindet sich in dem 1962 gegründeten Stadtteil Vogelstang (Abb. 1,9; 3,3) Heute steht dort das Geschwister-Scholl-Gymnasium. Viel eindrucksvoller konnte der Sinsheimer Stadtpfarrer Karl Wilhelmi 1834 die Lage des Bestattungsplatzes beschreiben; sein Text wurde nur orthographisch verändert und gekürzt: „Eine bis anderthalb Stunden unterhalb Ladenburg nämlich, nach dem Rhein zu, nimmt ein leichter, zum Teile durch den Wind bewegbarer Sandboden seinen Anfang und zieht sich vier bis fünf Stunden abwärts längs des Rheines. Auf dieser ganzen sandigen Fläche, sowohl auf dem Felde als in den Wäldern, kommen eine Menge Hügel vor, die offenbar nicht (alle wenigstens) von Menschenhänden aufgeschichtet sind, sondern größtenteils dem Wasser oder dem Wind ihren Ursprung verdanken. Sie haben oft mehrere 100 Schuhe in dem Umfang. Und von dieser Art sind in Sonderheit eine Reihe von Hügeln, welche von dem Straßenheimer Hofe an bis Feudenheim hinter Wallstatt weg in einem halben Bogen hinziehen und das ehemalige Ufer eines längst ausgetrockneten Neckararmes bildeten. In der Mitte des Bogens auf dem jetzt, jedoch erst seit 20 bis 25 Jahren so genannten Römerbuckel wurden damals Skelette ausgegraben".

Bernhard Fettinger aus Wallstadt, Leiter der archäologischen Untersuchungen ab 1859 beschreibt die Fundstelle der Gräber: „Wenn Sie über Käferthal gehen, haben Sie guten Weg von Käferthal die Straße nach Wallstadt bis an das große Sandloch links, und die Stelle liegt vor ihren Augen".

Die ältesten Gräber am Elkersberg enthalten Münzen der ostgotischen Könige und wurden frühestens in den dreißiger Jahren des 6. Jahrhunderts angelegt. Zu den jüngsten Bestattungen gehört ein 1861 entdecktes Steinplattengrab, wie sie im Rhein-Neckar-Raum kaum vor 700 gebaut wurden. Am Elkersberg bestatteten mehrere Familien; an deren sozia-

ler Spitze stand in der Mitte des 6. Jahrhunderts und auch im 7. Jahrhundert eine Familie berittener Krieger. Die zugehörige Siedlung könnte am Schultheißenbuckel gelegen haben, doch wegen der gut 600 m Entfernung ist das nicht gesichert. 1600 m südöstlich liegt Oberwallstadt. Aber auch ein Unterwallstadt kommt nicht in Frage, da der Charakter des Gräberfeldes einer Walchen-Siedlung, der Ansiedlung von Romanen, nicht entspricht. Der Name der Siedlung bleibt unbekannt, passen würde zur Datierung des Gräberfeldes und zu der dort erkennbaren sozialen Struktur ein patronymischer -heim-Name wie in Feudenheim, Hermsheim und Geroldisheim.

2.2.6 Siedlungsspuren in der heutigen Flur „Hinter der Nachtweide", Gemarkung Wallstadt

Eine bis 1989 unbekannte Siedlung wurde beim Ausbau der Magdeburger Straße, die den Stadtteil Vogelstang im Osten umgeht, entdeckt.[35] Sie liegt am Nordrand des Neckar-Schwemmfächers, am nordwestlichen Hang eines Geländerückens, der zur ehemaligen Wallstadter Gemarkung „Nachtweide" abfällt (Abb. 1,10; 3,4). Als Nachtweide wurde hier eine von SW nach NO ziehende Mulde bezeichnet, die auf das Bett des ehemaligen Nord-Neckars hinweist. Auf Karten des 19. Jahrhunderts, wie der Militärischen Situationskarte, aufgenommen und gezeichnet durch Haaß, Artillerie Lieutenant zu Darmstadt, 1801 oder Blatt Mannheim 1838 aus dem Atlas über das Großherzogtum Baden, durchquert der von Wallstadt nach Viernheim führende Weg an dieser Stelle das Feuchtgebiet. Erst in jüngeren Stadtplänen erhielt die ehemalige Wallstadter Flur „Bei der Spitze auf die Viernheimer Straße" den bis dahin – von Wallstadt aus gesehen – nur jenseits der Nachtweide gebrauchten und verständlichen Flurnamen „Hinter der Nachtweide". 1989/90 und dann wieder ab 2001 führte das Landesdenkmalamt hier bis 2006 mehrere Grabungskampagnen durch. Schon 1990 zeigten Luftbilder, dass sich die Siedlung mit ihren Grubenhäusern von der Magdeburger Straße bis an den alten Weg erstreckte. Die Keramik der ersten Kampagne datierte der Ausgräber Dietrich Lutz[36] von der späten Karolingerzeit bis in das 12. Jahrhundert. Neuere Untersuchungen der Altfunde und neuere Grabungen brachten auch ältere

Ware aus der Merowingerzeit und den Nachweis einer Siedlung des 6./7. Jahrhunderts.[37]

Lutz nahm noch 1997 an, dass es sich bei dieser Siedlung, von der er einen Plan des bis dahin bekannten Ausschnittes veröffentlichte[38], um das mit Wallstadt zusammen genannte Sigerichsheim handelt; doch ist Sigerichesheim im Lorscher Codex (CL 626-627) eine der beiden überlieferten Namensformen von Seckenheim. Der Name der Siedlung ist also unbekannt. Sie liegt in Sichtweite zur Siedlung an der Chemnitzer Straße (Abb. 3,5), keine 400 m entfernt, aber getrennt durch die „Nachtweide", die im frühen Mittelalter noch Wasser führte und eine natürliche Grenze bildete. Auch das merowingerzeitliche Gräberfeld in der Straßenheimer Flur „Aue" (Abb. 3,2) lag jenseits des alten Flussbettes. Die Entfernung zu Wallstadt beträgt 1600 m.

2.2.7 Wallstadt

766 ist Wallstadt als Uualahastat erstmals genannt. (CL 482) Schenkungsurkunden für das Kloster Lorsch nennen zwei Siedlungen auf der Gemarkungen, nämlich Walahastat superior et inferior – Ober- und Unterwallstadt. (CL 487; 501; 505) Kloster Lorsch erwarb zwischen 766 und 867 in 37 überlieferten Schenkungen etwa 350 Morgen Ackerland, wenige Wiesen und 12 mansi (Bauernhöfe) mit der gesamten Habe.[39]

Wallstadt liegt mit dem größten Teil des Mittelfeldes sowie des Oberfeldes in der alten Flussschlinge des Nordneckars. Der Ortskern mit Wegspinne und Kirche ist auf der Karte von 1801 deutlich erkennbar. Er befindet sich im oberen Teil der Gemarkung und ist identisch mit Walahastat superior, in dem die dem Hl. Sulpicius geweihte, 788 dort genannte Kirche stand (CL 505).

Durch zugehörige merowingerzeitliche Gräberfelder ist die Ortsnamenform mit der Endung statt im Gebiet zwischen Main und Neckar seit dem 6. Jahrhundert nachzuweisen.[40] Bei Walahastatt ist sie allerdings nicht mit einem Personennamen, sondern mit einer ethnischen Gruppe, nämlich den Walchen, verbunden. Ortsnamen auf -statt gehören nach Karl Schumacher[41] in die gleiche Zeit wie die

-ingen und -heim Orte, „wenn sie, wenigstens in der älteren Periode, auch mehr dynastische als volksmäßige Gründungen sind." Maria Diemer geht wegen der Singularform statt von einer anfänglichen Niederlassung nur einzelner Personen aus und betont ebenfalls – vermutlich unter dem Einfluss Schumachers – dass es sich um königliche, dynastische Gründungen in unmittelbarer Nähe von Königsgut u. a. zum Schutz von Straßen handelte.[42]

1955/56 kamen in Baugruben der beiden benachbarten Straßen, Amorbacher- und Ernstalerstraße, karolingerzeitliche Siedlungsfunde zu Tage (Abb. 1,11; 3,7). Die Fundstellen liegen ca. 500 m vom Ortszentrum entfernt, sodass es sich hier durchaus um einen zweiten Siedlungskern, d. h. um Unterwallstadt handeln kann. Die drei Siedlungen am nördlichen Rand der alten Wallstadter Gemarkung lagen von Oberwallstadt 1600 m, 1900 m und 1950 m entfernt, das Gräberfeld am Elkersberg 1600 m.

2.3 Siedlungen und Gräber am nördlichen Ufer des frühmittelalterlichen Neckars

2.3.1 Dornheim

766 schenkte Sigewin zum Heil seiner Seele dem Kloster Lorsch den dritten Teil einer Hube in Dornheim (Cl 533). Die genaue Lage dieser frühmittelalterlichen Siedlung ist unbekannt. Einige Hinweise ergeben sich bereits aus den Schenkungsurkunden im Lorscher Codex. Demnach lag Dornheim super fluvio Neckar (Cl. 533) und grenzte mit seinen Fluren einerseits an Mannheim (Cl 535), andererseits an Wallstadt (Cl 483). Einzelne Grundbesitzer verfügten über Grundstücke sowohl in Dornheim als auch Mannheim (Cl 535, 538, 582), bzw. Feudenheim (Cl 521) oder Wallstadt (Cl 483), in allen drei Fällen handelt es sich um Nachbargemarkungen zu Dornheim. Auf der Karte von 1850 (Abb. 1) ist die Wüstungssignatur von Dornheim am Westneckar sicher viel zu nah an Feudenheim eingetragen.

Nach weit verbreiteter Ansicht könnte das am Neckar-Hochufer gelegene Dorf Dornheim dem gewaltigen Hochwasser zum Opfer gefallen sein, das in der zweiten Hälfte des 13. Jahrhunderts (1278) nördlich von Mannheim nach Westen durchbrach und von da an beim Waldhof in den Rhein mündete.[43] An dem Flussbogen westlich von Feudenheim haftete noch um 1800, als er bereits ein Altneckar wurde, der Name „Dornhamm". Folglich ist Dornheim auf einer Karte, die Karl Baumann 1887 zur Urgeschichte von Mannheim anfertigte, an diesem Neckarbogen im heutigen Stadtteil Wohlgelegen eingetragen.

Hansjürgen Kessler zieht bei dem Versuch, die Lage Dornheims zu klären, außer Lorscher Urkunden auch eine Urkunde von 1236 heran, die eine Gemarkung Dornheim innerhalb der Käfertaler Gemarkung nennt. Einen weiteren Hinweis, dass Dornheim nicht bei Hochwasser unterging, sondern von seinen Bewohnern verlassen wurde, fand er im Weißenburger *liber possessionum* unter Nr. 121. Und schließlich enthält ein Amtsbuch der Gemeinde Käfertal das Stichwort „Der Sand oder Dornheimer Feld". Die Grundrisse der Sandgewanne gibt ein weiteres Amtsbuch wieder, demnach gehörten 20% der Markung Käfertal zu Dornheim. Kessler kommt zu dem Ergebnis, dass der Kefferthaler Sand, die ehemalige Gemarkung Dornheim, am Luzenberg und Waldhof lag[45], wo sich die schlechtesten Böden der Umgebung befinden. Dazu passen würde der Ortsname, der nicht mit einem Personennamen gebildet wurde, sondern einen Hinweis auf den Charakter der Siedlungsstelle beinhaltet und sich somit wie Straßenheim und Kloppenheim als ein Ort der im Laufe des 7. Jahrhunderts beginnenden Ausbauphase erweist. Doch Dornheim lag nach dem Lorscher Codex im Gegensatz zu Mannheim am Neckar und die Entfernung vom Luzenberg bis zu dem weit nach Norden ausholenden Neckarbogen westlich von Feudenheim betrug 3000 m. Die genaue Lage der frühmittelalterlichen Siedlung Dornheim ist also weiterhin unbekannt.

2.3.2 Feudenheim

766 wird Vittenheim erstmals genannt, als Frauhild ihren Drittelanteil an einer Mühle dort samt zwei Knechten dem Kloster Lorsch schenkte (CL 516). Ältere Schenkungen im Neckarraum gingen an das Kloster Weißenburg, dem in Feudenheim die Kirche gehörte.[46]

Feudenheim liegt auf dem Rhein-Hochufer nördlich des Neckars. Im Osten grenzte die Gemarkung an eine Niederung, die von dem nach Norden abfließenden Ur-Neckar (Abb. 1: Nord-Neckar) stammt. Im Norden schließt die Gemarkung Wallstadt an; die Siedlungen Feudenheim und Wallstadt liegen 1600 m voneinander entfernt. Die Gemarkungsgrenze nach Westen und Süden bildete bis Ilvesheim hin der Neckar, der sein Bett jedoch im Laufe der Jahrhunderte stark veränderte. Da nach den Lorscher Urkunden sowohl Feudenheim als auch Dornheim am Neckar lagen, wie übrigens auch Ilvesheim und Seckenheim, nicht jedoch Mannheim, muss in karolingischer und dann wohl auch in merowingischer Zeit ein Neckararm von Seckenheim her stark mäandrierend in einem weiten Bogen westlich von Feudenheim nach Norden vorbeigeführt haben.[47] Seit der Neckar den Mannheimer Sandrücken durchbrochen hatte und den Rhein beim Waldhof erreichte, befand sich ein beachtlicher Teil der Feudenheimer Gemarkung südlich des Flusses. Als eine der ersten Fluren wurde das Mühlfeld, wo sehr wahrscheinlich die 766 genannte Mühle stand, durch eine Änderung des Neckarbettes abgetrennt.[48]

Abb. 5: Das merowingerzeitliche Gräberfeld von Feudenheim, eingetragen in einen vergrößerten Ausschnitt der „Spezialkarte der Gegend von Mannheim", aufgenommen und gezeichnet von Ferd. Denis, kurpfälzischer Ingenieur Hauptmann, 1780. (vgl. Teil II Bd. 1 S. 375 Karte 19)

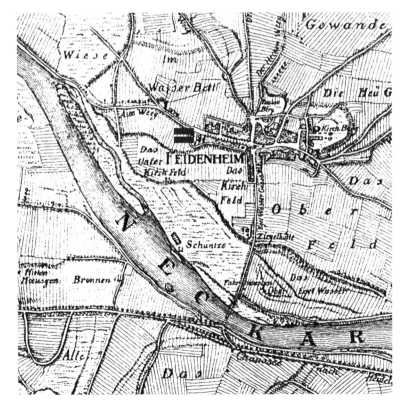

Das frühmittelalterliche Zentrum des Ortes ist nahe der St. Peter und Paul Kirche zu suchen, auch wenn diese Ende des 15. Jahrhunderts als außerhalb des Ortes gelegen bezeichnet wurde, weil sich die Siedlung Richtung Kirchberg verlagert hatte. [49] 400 m westlich der Kirche, an der Körnerstraße zwischen Schwanenstraße und Wilhelmstraße lag das merowingerzeitliche Gräberfeld (Abb. 5), in dem im 6. und 7. Jahrhundert eine Bevölkerung beigesetzt wurde, an deren sozialer Spitze eine Familie von Reitern stand.

2.4 Siedlungen im frühmittelalterlichen Neckardelta

2.4.1 Neckarau

Aus Neckarau liegen keine merowingerzeitlichen Grabfunde vor, denn das 1917 „bei Neckarau" geborgene Grab eines Mannes, in dessen Rücken eine Pfeilspitze steckte, könnte vom Hermsheimer Bösfeld stammen, das damals zu Neckarau gehörte. [50] Doch besteht kein Zweifel, dass die Siedlung Neckarau auf einer Neckarinsel im Mündungsdelta zum Rhein bereits in merowingischer Zeit bestand, und zwar in Nachfolge des von Kaiser Valentinian im späten 4. Jahrhundert südöstlich von Neckarau an der Mündung des Neckars errichteten Ländeburgus. [51] In der Karte von 1850 (Abb. 1) ist der Burgus mit der Signatur einer römischen Fundstelle gekennzeichnet und mit „Altaripa" beschriftet. So wie der spätrömische Burgus an der Neckarmündung mit dem Kastell in Altrip auf der anderen Rheinseite eine Einheit bildete, war auch Neckarau als Zubehör zur königlichen Domäne Altrip gegründet worden. Die ältesten Urkunden von 871 und 873, die Naucrauia bzw. Neckrauua nennen, lassen erkennen, dass Neckarau Königsgut blieb, auch nachdem Altrip 762 an das Eifelkloster Prüm verschenkt wurde. [52] In Neckarau waren Mannschaften angesiedelt, die – in Fortführung des römischen Verkehrswesens – Transporte zu Wasser durchführen mussten. [53] Ohne solche Mannschaften hätten schon im 6. Jahrhundert Theudebert I., Sigibert I. und sein Sohn Childebert I. ihre Italienfeldzüge mit rechtsrheinischen Truppen schwerlich durchführen können.

2.4.2 Hermsheim, heute Gemarkung Seckenheim

Hermsheim wird im Lorscher Codex erstmals zum Jahre 771 genannt, als Radulf dem Kloster Lorsch alles schenkte, was ihm Fraigher als rechtmäßiger Besitzer übergab (CL 600). Es handelte sich um Gehöfte von Hörigen (mansis), Felder, Ländereien (araturis), Wiesen, Weiden, Wege, Wälder und Gewässer in Herimundisheim und es war die umfangreichste Stiftung, die das Kloster an diesem Ort erhielt.

772 stiftet Albold/Albolf für seine Verwandte Mahsuind ein Joch Ackerland (CL 601).

775 stiftet Albold eine Hofstelle zum Seelenheim seiner Kinder Heriolf, Egilolf und Muotsuind (CL 602). Es liegt neben dem Gut aus der drei Jahre älteren Stiftung.

776 stiftete Heriolf, der älteste Sohn des Albold, für das Seelenheil seiner Mutter Ruotsuind ein Joch Ackerland und einen Hofanteil (CL 603).

Eine weitere Familie ist durch eine Stiftung sechs Jahre später bekannt. 781/782 stiften die drei Brüder Gerolt, Regilo und Hartger fünf Joch Ackerland, eine Wiese und einen Leibeigenen zum Seelenheil ihrer Eltern Liuthard und Ruotgard (CL 604).

790, schenkte das Ehepaar Herisuind und Rihhart alles, was es in Seckenheim besaß, nämlich Felder, Wiesen, Wege, Brunnen und Bäche, dem Kloster (CL. 641), dieses Gut dürfte einmal als Mitgift in den Besitz der Familie gelangt sein, die wahrscheinlich in Herimundisheim ansässig war. Denn nach dem Tod ihres Mannes, tritt Herisuind mit Sohn Hartger als Stifterin auf; sie stiften in Herimundisheim ein Gehöft (mansum) mit allen Baulichkeiten, acht Morgen Land und zwei Wiesen (CL 607).

Diese Familien, die nicht den Adelskreisen angehörten, aber kleinen Besitz vergaben, die nur in Herimundisheim und dem Nachbarort Seckenheim auftraten, dürften in den siebziger und achtziger Jahren des 8. Jahrhunderts an diesem Ort gelebt haben. Sie heirateten untereinander aber auch in Familien benachbarter Siedlungen ein.

Jahr der Stiftung

771		Radulf		für	Fraigher †		
772		Albolf für	Mahsuind † 772				
775		Albolf und	Ruotsuind	für			
	Heriolf	Egilolf	Muotsuind				
776	Heriolf	für	Ruotsuind† 776				
781/82			Für	Liuthard	und	Ruotgard	
			von	Hartger	Gerold	Regilo	
790	Herisuind		und	Rihhart			
vor 804	Herisuind		mit Sohn	Hartger			

Die ersten namentlichen bekannten Bewohner von Herimundesheim

Die Namen der einen Gruppe, darunter Herisuind und Heriolf, legen nahe, dass es sich noch immer um die Familie des 250 Jahre älteren Siedlungsgründers Herimund handelt.

Als 1180 das noch vorhandene Güterverzeichnis erstellt und die alten Schenkungsurkunden abgeschrieben wurden, beginnt mit Herimundesheim (CL 600-608) die Aufzählung der links des Neckars gelegenen Ortschaften, ihm folgen Klopheim und Seckenheim. Auf die Lage des wüst gefallenen Ortes Hermsheim weisen der Hermsheimer Brunnen und der Hermsheimer Kirchhof auf der Denis'schen Karte von 1801 hin. (Abb. 6)

Ein Alt-Neckararm begrenzte die Gemarkung nach Osten, gegen Klopheim und Seckenheim. Das im frühen Mittelalter stark mäandrierende Hauptbett des Neckars, das die nördliche Gemarkungsgrenze bildete, schied Hermsheim vom Feudenheimer Mühlfeld; östlich des Feudenheimer Mühlfeldes und nordöstlich von Hermsheim lag vermutlich Norderowa

Abb. 6: Hermsheim und Klopfheim in einem vergrößerten Ausschnitt der Denis'schen Karte von 1780, eingetragen sind die frühmittelalterlichen Gräberfelder.

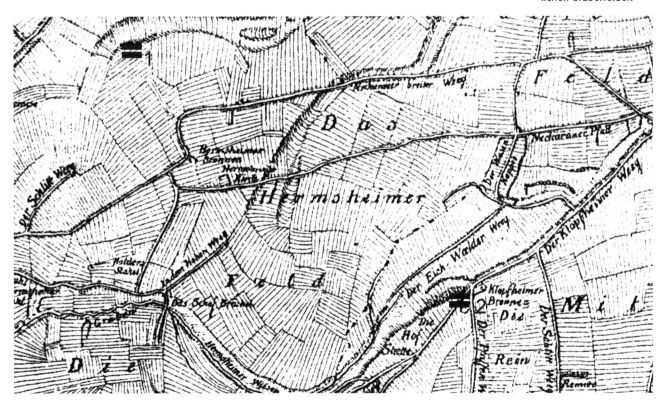

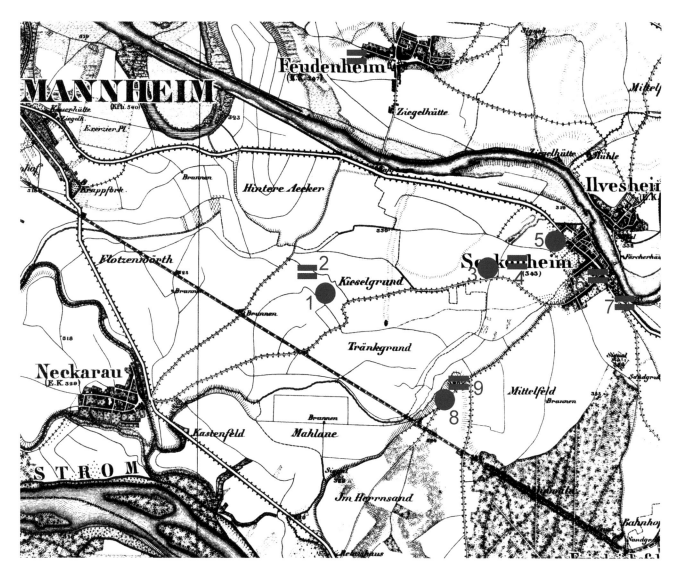

Abb. 7:
Siedlungsstellen und merowingerzeitliche Gräber im und am Rande des frühmittelalterlichen Neckardeltas, eingetragen in einen Ausschnitt der Topographischen Karte über das Grossherzogtum Baden von 1835.

auf dem Seckenheimer Niederfeld. Altneckarrinnen trennten die drei Felder von Hermsheim, das Kloppenheimer Feld im Süd-Osten, das Große Feld mit der Siedlung in der Mitte, und das dritte, Bösfeld genannte, mit dem Gräberfeld im Nord-Westen. Hermsheim war umgeben von Feuchtgebieten, die als Wiesen und Weideland hervorragend geeignet waren.

Bei Anlage einer Kiesgrube für einen Hausbau tauchten im Herbst 1933 zwischen Neckarau und Seckenheim weitere Hinweise auf die im Mittelalter verlassene Siedlung auf (Abb. 7,1). In einer dicken Schwemmlössschicht über dem Kies zeichneten sich Siedlungsgruben ab. Hermann Gropengießer führte darauf hin von Oktober 1933 bis April 1934 eine archäologische Untersuchung durch und fand 80 cm tief mehrere Hausgrundrisse und Gruben, einen

Backofen, einen trocken gemauerten Brunnen und ein Gebäude mit steinernem Fundament. Die Siedlungsreste aus dem von ihm aufgedeckten Ausschnitt datierte er in das 8.-10. Jahrhundert und vermerkte, dass nach Westen zu auch merowingerzeitliche Scherben auftauchten.[54] Die Flur trägt den Namen „Beim Karolinger Brunnen". Die Grabungsunterlagen sind verbrannt, die Scherben jedoch erhalten. Eine Auswahl bildete Uwe Gross unter der irreführenden Orts-Angabe „Mannheim-Neckarau" ab.[55]

400 m nordwestlich der Siedlung liegt auf dem Bösfeld das merowingerzeitliche Gräberfeld. Hier wurde vom zweiten Viertel des 6. Jahrhunderts bis in das 8. Jahrhundert bestattet. Reiterkrieger standen zu dieser Zeit an der sozialen Spitze der Hermsheimer Bevölkerung.

2.4.3 Norderowa, Gemarkung Seckenheim

Ganz offensichtlich hängt die außerordentliche Größe der Gemarkung Seckenheim, die vom Ortskern am Neckar bis zum 4500 m entfernten Rhein reichte, mit der Angliederung aufgelassener Siedlungen zusammen. Bereits in der zweiten Hälfte des 8. Jahrhunderts gehörten die von Altwassern umgebenen, inselartigen Fluren Norderowa und Mallau zu Seckenheim. Das Niederfeld, wo Norderowa lokalisiert wird, begrenzten Neckarläufe gegen Feudenheim im Nordwesten und gegen Hermsheim im Südwesten.[56] Mallau wurde zeitweilig (CL 605) zu Hermsheim gerechnet.

Die genaue Lage der 788 als *Sicchenheimero marca Norderowa* genannten Ansiedlung ist unbekannt. (CL 638) Norderowa könnte mit der 1993 untersuchten merowingerzeitlichen Siedlung im Wiesengewann (Abb. 7,3), das 1400 m westlich der Seckenheimer Kirche liegt, identisch sein.[57] Doch um Norderowa könnte es sich auch bei einer Fundstelle in der Renchener Straße, 850 m nordwestlich der Seckenheimer Kirche, handeln (Abb. 7,5). Dort wurde 1962 ein Brunnen untersucht, aus dem eine Röhrenausgusskanne nach Pingsdorfer Art stammt.[58] Die Gräber aus der später als Sportplatz genutzten Kiesgrube Volz im Pfadgewann (Abb. 7,4) lassen sich eher mit den 300 entfernten frühmittelalterlichen Siedlungsspuren im Wiesengewann verbinden, als mit den ca. 600 m entfernten an der Renchener Straße. Grabfunde wurden in der Kiesgrube Volz bereits 1903 geborgen, dann wieder ein Männergrab im Jahre 1937. Diese Fundstelle mit Gräbern des 7. Jahrhunderts identifizierte bereits Hansjörg Probst mit Norderowa, für das er das nördlich von Hermsheim gelegene Niederfeld in Anspruch nahm.[59]

2.5 Siedlungen und Gräber auf dem Rheinhochufer südlich des Neckars

2.5.1 Seckenheim

Das älteste Reichskloster, das Besitz am unteren Neckar erwarb und auch in Seckenheim begütert war, ist Weißenburg.[60] Doch fehlen die älteren, in das siebte Jahrhundert zurückreihenden Urkunden. Daher datiert die älteste Nachricht über Sikkenheim in den März des Jahres 766, weil Sigebert damals ein Joch Ackerland an das Kloster Lorsch schenkte (CL 617). Sigebert tritt im Mannheimer Raum sonst nicht weiter in Erscheinung. Der geringe Umfang der Schenkung als auch der aus der näheren Umgebung stammende Zeugen-Kreis sprechen dafür, dass Sigebert in Sikkenheim lebte. Von seinen drei Zeugen spendete Uodilbert 770 selbst ein Joch Ackerland in Sikkenheim (CL 619). Begüterter war zweifellos Adalman, der 771 in Sikkenheim zehn Joch Ackerland verschenkte, zusammen mit einer Hofreite und vier Morgen Land in Vitenheim (CL 620). Sicher kein Seckenheimer war Balduin, der im Jahr 768 zusammen mit Bernoin drei Joch Pflugland in Mannenheim (CL 559) stiftete.

Seckenheim liegt auf altem Rheinhochufer am Rand des Neckarschwemmkegels. Der Neckar hatte zwar in vor- und frühgeschichtlichen Zeiten sein Bett im Mündungsgebiet schon ab Ladenburg mehrfach verändert, doch erstreckte sich Seckenheim stets links des Flusses.[61] Das Zentrum Seckenheims befand sich zweifellos nahe der Kirche, die Ludwig I. 823 zu Ehren des Hl. Nazarius dem Kloster schenkte (CL 22). Auf dem gleichen Fleck hoch über dem Neckar steht noch heute die St. Ägidiuskirche (vgl. Teil II, Bd. 1 S. 113).

Das frühmittelalterliche Gräberfeld befindet sich nur 120 m von der Kirche entfernt (Abb. 7,6). Um 1900 tauchten die ersten Grabfunde auf. 1901 wurden Gräber an der Obergasse, in der Friedrichstraße und Luisenstraße, d. h. in der heutigen Kloppenheimer Straße nahe der Einmündung in die Hauptstraße zerstört. Das Gelände war damals schon völlig überbaut. Bei Ausschachtungsarbeiten hinter den einzelnen

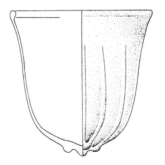

Abb. 8: Seckenheim. Tummler, gefunden 1961. M. 1:2.

Höfen tauchten hin und wieder weitere Gräber auf. Die erhaltenen Funde stammen überwiegend aus dem 7. Jahrhundert, der bisher älteste Fund, ein 1960 geborgener Schmalsax, ist in das späte 6. Jahrhundert zu datieren, ein rollrädchenverzierter Topf in das frühe 7. Jahrhundert. Damit gehört Seckenheim sicher nicht zu den Ausbauorten des 7. Jahrhunderts und kann – dem Ortsnamen entsprechend – in die Reihe der fränkischen Siedlungen des 6. Jahrhunderts eingeordnet werden. Von einer beachtlichen Qualität der Grabausstattungen zeugt ein Tummler mit senkrechten Rippen aus dunkel olivgrünem Glas (Abb. 8). Er wurde 1961 an der Hauptstraße nahe der Kloppenheimer Straße gefunden. Vergleichbare Tummler mit senkrechten Rippen sind im Gräberfeld von Vogelstang in das zweite Viertel des 7. Jahrhunderts datiert.

Auf einen zweiten merowingerzeitlichen Bestattungsplatz, eventuell eine Hofgrablege, weist ein 1928 beim Wasserleitungsbau am Alten Bahnhof angeschnittenes Männergrab hin, aus dem ein Sax des 7. Jahrhunderts geborgen wurde (Abb. 7,7).

2.5.2 Kloppenheim, heute Hochstätt, Gemarkung Seckenheim

Im Jahr 770, dem 2. Regierungsjahr Karls d. Großen, wird Cloppenheim erstmals im Lorscher Codex genannt, als die Adelige Herchenana dem Kloster ihren Besitz im Lobdengau schenkte und Graf Cancor ihr Zeuge war. (CL 386) 771 wird eine Wiese in der Clopheimero marca verschenkt (CL 609). Im gleichen Jahr vergaben Waltger und Ruotsuind größeren Besitz in Clophheim (CL 610). 822 erfolgte die letzte Stiftung in Clopheim an das Kloster (CL 616). Mit einer Ausnahme, nämlich der Schenkung des Bubo von 778 (CL 612), handelt es sich stets um Stiftungen von Familien, die sicher nicht am Ort lebten, sondern ihren Besitz von Hörigen (mancipia) bewirtschaften ließen. Die schriftliche Überlieferung bricht vor der Mitte des 9. Jahrhunderts ab. Als Dorf wird Kloppenheim nicht mehr erwähnt. Weitaus länger blieben Kapelle und Brunnen erhalten.

Aus der mittelalterlichen Flurbezeichnung „Auf den Hofstätten" wurde wegen der exponierten Lage auf dem ehemaligen Neckarhochufer seit 1754 der Name Hochstätt gebräuchlich. Bei der Flur „Hochstätt" erhebt sich das Hochgestade rund 7 m über die westlich anschließende Niederung. Der Flurname weist auf die ehemalige Siedlungsstelle hin, deren Name dann durch die benachbarten Flurbezeichnungen „Kloppenheimer Feld", „Klopfheimer Weg" und Klopfheimer Brunnen" (Abb. 6) festgehalten ist.[62] Der frühmittelalterliche Ort Clopheim lag auf der unfruchtbaren sandigen Hochfläche 1900 m südwestlich von Seckenheim und 1600 m südöstlich von Hermsheim. Die Lage ist typisch für Siedlungen, die erst in der im 7. Jahrhundert beginnenden Phase des Landesausbaus gegründet wurden. Kloppenheim/Clopheim ist auch kein patronymischer Ortsname, wie u. a. Hansjörg Probst annahm.[63] Nach brieflicher Expertise von Wolfgang Haubrichs, Saarbrücken 17.10.2006, in die auch Auskünfte von Hans Ramge, Gießen, einflossen, liegt bei Kloppenheim eine Angleichung an Namen wie Seckenheim vor, die mit schwach flektiertem PN gebildet sind. „Es mag merkwürdig erscheinen, dass sich der Prozess der Angleichung an mit schwachen Personennamen (Genitiv auf -en) komponierte Ortsnamen dreimal am Mittelrhein vollzog, Kloppenheim bei Seckenheim, Kloppenheim bei Vilbel und Kloppenheim bei Wiesbaden, doch ist der Befund durch die Masse der frühen Belege eindeutig. Alle drei heim-Namen sind eindeutig mit dem Appellativ klopp, auch klobb, hochdeutsch klopf «Fels, felsige Anhöhe, Felskopf» zusammengesetzt. Dittmaier, Rheinische Flurnamen 1965, S. 149 belegt es seit a. 1200 mehrfach als Berg- oder Anhöhennamen an Mosel und Mittelrhein zwischen Bitburg und Bingen." Die Siedlung auf dem Rheinhochufer bei Seckenheim dürfte nicht lange bestanden haben, denn schon bei Erstellung der im Lorscher Kodex erfassten Urkunden ließ sich die Clopheim Mark nicht mehr von der Seckenheimer Markung trennen. (CL 648-649) Archäologische Untersuchungen in Kloppenheim unternahm bereits Hermann Gropengießer. 1955-60 beobachtete Franz Gember westlich der Kloppenheimer Straße und an dem Weg nach Hermsheim karolingerzeitliche Gruben. 1967 wurden mehrere Grubenhäuser mit jeweils vier oder sechs Pfosten, die teilweise als Webhäuser genutzt wurden, ausgegraben. Die Lage des frühmittelalterlichen Gräberfeldes wurde 1931 durch zwei Steinplattengräber bekannt. Auf einen dicht belegten Friedhof stieß Erich Gropengießer während der Rettungsgrabungen im Zuge des Autobahnbaus und der Verlegung der Landstraße 542, der von Seckenheim kommenden Kloppenheimer Straße. Beigaben hatten die wenigsten Gräber, und keines dieser Gräber lässt sich vor die Mitte des 7. Jahrhunderts datieren.

Anmerkungen

[1] Vgl. u.a. Müssemeier 2004.

[2] DIEPOLDER 1988, S. 160-161.

[3] Vgl. die theoretischen Überlegungen von Michael Hoeper 2001, S. 25-37.

[4] WIECZOREK 1996, S. 241-260.

[5] AMENT 2005, S. 6.

[6] GROSS 2003.

[7] WIECZOREK 1996, S. 189-190.

[8] BERGENGRUEN 1958, S. 145; Haubrichs 2006, S. 4 f.

[9] BLEIBER 1988, S. 75 f.

[10] DORN 1991, S. 73 ff.

[11] GRAHN-HOEK 1976.

[12] STEIDLE 1989, S. 161 ff. bes. 164.

[13] HAUBRICHS 2006.

[14] GÖTZ 2006.

[15] STORK 1997, S.303 f.

[16] BERGENGRUEN 1958, S. 48 ff.

[17] BLEIBER 1988, S. 91 ff.

[18] Stadt- und Landkreis III, S. 169.

[19] HEIERLING 1986, S. 17 f. – Stadt- und Landkreis III, S. 169.

[20] HEIERLING 1987, 28; Haubrichs 2006, Nr. 117.

[21] BW 96/103; 97/102.

[22] Stadt- und Landkreis III, S. 161;169.

[23] KOCH 1990, S. 12 f.

[24] HEIERLING 1986, S. 17.

[25] Mannheimer Geschichtsblätter 2, 1901, 220.

[26] GOCKEL 1970, S. 19 f.

[27] R. KOCH 1967, S. 116.

[28] HEIERLING 1986, S. 17 f.; Stadt- und Landkreis III, S. 169.

[29] Heinrich MAURER, Alte Neckarläufe und das römische Kastell bei Mannheim. Mannheimer Geschbl. 8, 1907, 77-81.

[30] R. KOCH 1967, S. 116.

[31] Fundberichte Baden-Württemberg 5, 1980, S. 272.

[32] GROSS 1991, S. 177 Taf. 1-5.

[33] GROSS 1991, S. 177 Taf. 6-8.

[34] Fundberichte Baden-Württemberg 5, 1980, 280.

[35] LUTZ 1991.

[36] LUTZ 1991.

[37] DAMMINGER 2006.

[38] LUTZ 1997, S. 71 Abb. 51.

[39] Stadt- und Landkreis III, S. 193 ff.

[40] R. KOCH 1967, 114 f. Tabelle 4.

[41] SCHUMACHER 1925, S. 104 f.

[42] DIEMER 1967, S. 160 f.

[43] Stadt und Landkreis III S. 8: Badisches Generallandesarchiv GLA 213/564.

[44] Mannheimer Geschichtsbl. 8, 1907, 180.

[45] KESSLER 2002.

[46] Stadt und Landkreis I, S. 255.

[47] MAURER 1907.

[48] Stadt- und Landkreis III, S. 122 Abb.

[49] Stadt- und Landkreis III, S. 123.

[50] Mannheimer Geschbl. 18, 1917, 49 ff. Sp. 52.

[51] WIECZOREK 1995.

[52] Stadt und Landkreis III, S. 145 ff.

[53] STAAB 1975, S. 106 f.

[54] Originalbericht in den Akten des Süd- und Westdeutschen Verbandes für Altertumsforschung.

[55] GROSS 1991, S. 177 Kat. Nr. 3, Taf. 9-12.

[56] Stadt- und Landkreis III, S. 177.

[57] Inventar-Nr. BW 93/124; 93/133.

[58] GROPENGIESSER 1976, Taf. 98-99.

[59] PROBST 1981, S. 12 Abb. 7; S. 16.

[60] Stadt und Landkreis I, S. 255.

[61] MAURER 1907.

[62] LUDWIG 1943, Nr. 41.

[63] PROBST 1981, S. 3.

3. Die merowingerzeitlichen Friedhöfe

3.1 Feudenheim – Gräberfeld an der Körner- und Wilhelmstraße

3.1.1 Zerstörung eines Gräberfeldes von 1893 bis 1977

1893 begann der Mannheimer Altertumsverein am westlichen Ortsausgang von Feudenheim mit seinen Grabungen, zweifellos mit dem gleichen Ziel wie a. 1860 in Wallstadt „um der Altertümerkunde Material an die Hand zu geben, für ihre Forschungen in unserer Gegend eine möglich feste Grundlage zu haben". Die genaue Zahl der zwischen 1893 und 1911 in Feudenheim geborgenen oder erworbenen Funde lässt sich nicht ermitteln. Aus den wenigen Angaben in den Protokollen des Vereins und aus den bruchstückhaft überlieferten Inventarverzeichnissen zu erschließen sind 32 Gräber, nämlich sechs von 1893, sechs von 1897, mindestens ein reiches Grab von 1901, zwei Männergräber vom Dezember 1902, ein Männergrab von 1903, mindestens vier von 1905, ein Männer- und zwei Frauengräber von 1905/06, drei Gräber von 1905, ein Männergrab von 1905 und eines von 1909, drei Gräber vor 1912 und ein Grab von 1910/11. Darüber hinaus sind „Funde" von 1893 sowie „weitere Gräber" von 1901 und 1905 erwähnt.

Die 1959 bis 1965 von Kreisheimatpfleger Franz Gember beobachteten Gräber und die 1977 durch Inken Jensen und Mitarbeiter des Reiss-Museums geborgenen erhielten später die Grabnummern 1-23, wobei die Nummern 8 und 14 nicht vergeben wurden. Es gibt jedoch aus diesem Zeitraum Hinweise auf etwa acht weitere Gräber, nämlich vom Oktober 1959, März, August und September 1965 sowie August 1977; für das Frauengrab vom 25. 6. 1959 war vermutlich die Grabnummer 8 vorgesehen; die darin gefundenen Perlen gelangten aber nicht ins Museum. Insgesamt kamen in Feudenheim von 1893-1977

etwa 60 Gräber zu Tage. Wieweit sich das inzwischen vollständig überbaute Gräberfeld genau erstreckte, ist unbekannt. Nur der südliche Gräberfeldrand wurde 1977 in der Baugrube von Wilhelmstraße 1d beobachtet.

3.1.2 Die geborgenen Objekte

Die Menge der vor 1911 und der nach 1959 aufgedeckten Gräber ist ähnlich groß und dem entsprechend ähnlich ist die Zusammensetzung der Funde, die einerseits im Inventarverzeichnis des Mannheimer Altertumsvereins aufgeführt sind und die andererseits in den Notizen von Franz Gember festgehalten wurden.

Funde	Vor 1911	Nach 1959
Saxe	5	3
Lanzen	6	7
Pfeile	4	5
Schildbuckel / Schildfessel	2/1	2/3
Franziska	1	
Bronzesporn	1	
Bronzene Riemenzungen	2	
Eisenschnallen und Beschläge		
Feuerstahl	2	1
Eisenhaken mit Öse	1	
Schere		1
Kämme		2
Keramik	20	19

Die relativ hohe Zahl der Waffen hängt natürlich mit der Art der Auffindung zusammen, denn zu keiner Zeit fand eine Flächengrabung statt. Gräber ohne Beigaben oder mit unscheinbarem kleinteiligem Inventar stießen bei den Ausgräbern des Mannheimer Altertumsvereines auf wenig Interesse, waren sie doch in erster Linie um Vermehrung der Sammlungsbestände bemüht. Solche Gräber blieben auch in den Baugruben eher unbemerkt. Andererseits zeigt die Auswahl – 13 Lanzen, von denen acht noch vorhanden sind (Abb. 1), acht Saxe, 4 Schildbuckel, aber keine Spatha – dass ein guter Teil der

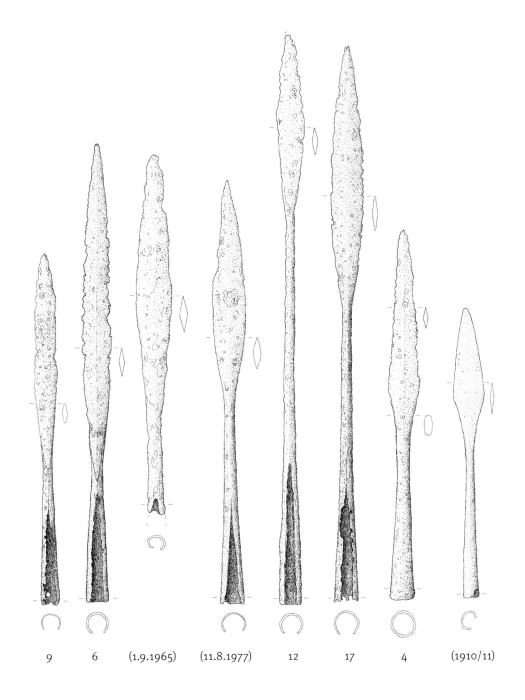

9   6   (1.9.1965)   (11.8.1977)   12   17   4   (1910/11)

Abb. 1: Zusammenstellung aller aus Feudenheimer Gräbern erhaltenen Lanzenspitzen, sechs stammen aus dem 6. Jahrhundert, die beiden letzten aus dem 7. Jahrhundert. M. 1:4.

Gräber alt geplündert war, wobei üblicherweise die in der Ecke steckende Lanze und der am Rande abgestellte Schild übersehen wurden und liegen blieben. Die Beigabe von Lanze und Schild ist rechts des Rheins meist an die Spatha gekoppelt, doch die dicht am Körper liegende Spatha wurde bei den Plünderungen fast nie übersehen. Auf eine ursprünglich mitgegebene Spatha weist ein 1939 gefundener bronzener Rautenbeschlag (Abb. 2) hin; derartige Beschläge sind typisch für das zur Spatha gehörige Wehrgehänge.

Aus Frauengräbern sind vor 1911 eine Bronzescheibenfibel, eine Bronzenadel, zwei bronzene Kreuzanhänger (Abb. 3), 15 Perlen, zwei bronzene Riemenzungen und ein Spinnwirtel genannt. Zwei Almandinscheibenfibeln aus Feudenheim sind darüber hinaus im Abgusskatalog des RGZM verzeichnet. Den Frauengräbern sind ebenfalls ein messerartiges Gerät – sicher eine Flachsbreche, wie sie in den Gräbern von Frauen und Mädchen der führenden Familien vorkommen (vgl. S. 135, Abb. 33,2) – sowie vier Eisenringe zuzuordnen.

Abb. 2: Der 2,1 cm lange Rautenbeschlag einer Spathagurtgarnitur des 7. Jahrhunderts wurde 1939 in Feudenheim gefunden.

Abb. 3: Die beiden bron-
zenen Kreuzanhänger
aus Feudenheim bildete
Ernst Wagner 1911 ab.

Sieben nach 1959 erfasste Gräber enthielten ein weibliches Inventar, darin fanden sich viermal einzelne Perlen, ein Ohrring mit aufgeschobener Blechperle und ein Ohrringpaar mit Blechanhängern, außerdem eine Bronzeschnalle mit Riemenzunge eventuell von einer Schuhgarnitur, eine bronzene Zierscheibe mit Elfenbeinring und ein Kamm. Aus den Gräbern
schlech⁺
tere Sc.

3.1.3 Die Zeitspanne der Friedhofsbelegung

Die Zeit, in der die Feudenheimer ihren ersten Friedhof belegten, bevor sie zu einem Begräbnis auf einem kirchlichen Friedhof übergingen, lässt sich über die Datierung der einzelnen Keramikformen und auch der Lanzen recht gut ermitteln. Das Chronologiemodell und die SD- (süddeutschen) Phasen sind im antiquarischen Überblick im folgenden Kapitel erläutert.

Bei den erhaltenen Lanzen (Abb. 1) überwiegen die aus dem letzten Drittel des 6. Jahrhunderts. Typisch für SD-Phase 7 ist das über 20 cm lange Weidenblatt, das stets mit geschlitzter Tülle und mit unterschiedlich langen Schäften kombiniert wurde, was zu sehr unterschiedlichen Gesamtlängen führte. Die mit 36 cm kürzeste Lanzenspitze stammt aus Grab 9, 60 cm lang ist die aus Grab 12. Zwei Lanzenspitzen wurden im 7. Jahrhundert gebraucht. Die Lanzenspitze mit spitzem, langem Rautenblatt aus Grab 4 ist eine typische Form der SD-Phase 9. Extrem

Abb. 4: Keramik aus
Feudenheim stellte Her-
mann Gropengießer
1927 für die Badische
Heimat zusammen; die
wenigsten Stücke sind
noch erhalten.

schlanke Schäfte wie bei dem 1910/11 geborgenen Stück kommen in SD-Phase 10 vor.

Unter den vor 1927 geborgenen Funden wurden 20 Gefäße aufgeführt, von denen Hermann Gropengießer neun in der Badischen Heimat abbildete (Abb. 4). „Zwei graue Töpfe" von 1893 lassen sich natürlichten Linien verziert war, handelt es sich um einen Becher mit Rechteckrollrädchenmuster; er wurde 1927 nicht abgebildet. Keine Abbildung gibt es von einer Schale mit Wellenverzierung, die der Altertumsverein 1903 geschenkt bekam; sie hatte 22 cm Randdurchmesser bei 14 cm Höhe und entspricht einer in der Mitte des 7. Jahrhunderts aufkommenden Gefäßform (vgl. S. 189 Abb. 111). Abgebildet ist dagegen die 16 cm hohe und 18 cm weite „schwarze Urne mit eingeritzter Wellenverzierung auf der Schulter" (Abb. 4,6). Der Topf ist eine typische Form der Mitte des 6. Jahrhunderts (SD-Phase 6) und gehörte zu einem 1903 gefundenen Männergrab mit Wurfbeil. Die Verwendung des Wurfbeiles, der so genannten Franziska, kam nach der Mitte des 6. Jahrhunderts aus der Mode. Der 21 cm „hohe Topf mit Henkel und Ausguss" (Abb. 4,7) wurde 1905 gefunden. Die „graue Urne mit halbmondförmiger und gitterförmiger Verzierung" von 18 cm Höhe (Abb. 4,8), die 1906 zu Tage kam, ist noch erhalten (Abb. 5); sie zeigt einen für die Region typischen Stempeldekor der Mitte des 7. Jahrhunderts (SD-Phase 9-10). Vorhanden ist das Miniaturgefäß mit Zierrollstempel aus der Augasse, das als eines der letzten Feudenheimer Stücke im Inventarverzeichnis des AV, aber ohne Datum eingetragen wurde (Abb. 4,1; 6). Im Abgusskatalog des RGZM¹ und auch in der Badischen Heimat ist ein Topf aus Feudenheim abgebildet, der trotz der auffälligen Verzierung in den Verzeichnissen des AV nicht zu finden ist, ein schwärzliches Gefäß mit Warzen und Rollstempeldekor (Abb. 4,3). Ähnliche Warzen auf der Oberwand finden sich auf einem wellenbandverzierten Topf aus Vogelstang-Elkersberg Kindergrab 143 (S. 299, Abb. 13). Beide Gefäße zeigen die für SD-Phase 9 typische hohe enge Form. Unter der um 1910 in Feudenheim – ohne nähere Angabe – gefundenen, angeblich aus mehreren

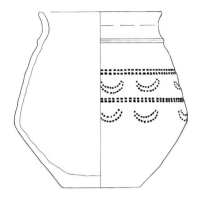

Abb. 5: Keramiktopf mit Stempeldekor der Mitte des 7. Jahrhunderts aus Feudenheim, gefunden 1906. M. 1:4.

Abb. 6: Keramikbecher mit Zierrollrädchen aus dem Gewann Augasse in Feudenheim. M. 1:4.

Aus den seit 1959 beobachteten oder geborgenen ungefähr 29 Gräbern liegen 19 Keramikgefäße vor, wobei ein Grab drei und zwei Gräber je zwei Gefäße enthielten. Darunter befanden sich mehrere Gefäße mit dem im späten 6. und frühen 7. Jahrhundert beliebten Zierrollrädchen, aber auch solche mit einfachem Rechteck-Rollrädchendekor.

3.1.4 Krieger, vermögende Bauern und Bäuerinnen

Für Gräber von gehobener Ausstattungsqualität gibt es einige Indizien. Eine herausragende Beigabe war der Holzeimer mit Henkel, Attachen und Zierbeschlägen aus Bronze (Abb. 8), der 1901 bei Kanalisationsarbeiten zu Tage kam. Ein ganz gleich-

Brandgräbern stammenden Keramik der Latènezeit befindet sich ein handgeformter mit Quarz und Keramikgrus gemagerter dunkelbrauner Topf (Abb. 7,1), der 1915 veröffentlicht wurde[2] und noch vorhanden ist. Auf dem hoch sitzenden Bauchumbruch laufen zwei horizontale Rillen, darüber sind Halbkreise eingestempelt, darunter schräg nach

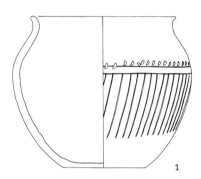

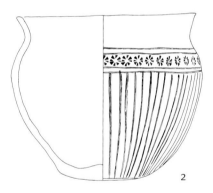

Abb. 7: Zwei ähnliche handgeformte Keramiktöpfe mit hängenden Riefen und Stempeleindrücken. 1 Feudenheim, angeblich aus latènezeitlichen Brandgräbern, gefunden um 1910. 2 Straßenheim Grab 57, münzdatiert t.p. 536. M. 1:4.

links ziehende vertikale Rillen gezogen. Aufgrund einer guten Parallele in Straßenheim Grab 57 (Abb. 7,2) dürfte er merowingerzeitlich sein und zur handgeformten Keramik nach sächsischer Art gehören, die in den ältesten Gräbern der neuen fränkischen Friedhöfe auftritt. Damit wäre in Feudenheim auch die SD-Phase 5 vertreten. Ebenfalls in die erste Hälfte des 6. Jahrhunderts gehört eine flache rote Schale aus einem von drei um 1912 zerstörten Gräbern, bei der es sich wie in den ältesten Gräbern von Straßenheim-Aue und Vogelstang-Elkersberg (S. 89, Abb. 93) um rot gestrichene Mayener Ware handelt.

artiges Stück wurde in Vogelstang-Elkersberg im Frauengrab 147 gefunden (S. 239, Abb. 22). Auch in Feudenheim könnte der Eimer aus dem Grab einer vornehmen Hofherrin der zweiten Hälfte des 6. Jahrhunderts stammen. Zwar wurden unter den 1901 geborgenen „ziemlich reichen Funden" in den Mannheimer Geschichtsblättern nur die Reste des Holzeimers mit ornamentiertem Bronzebeschlag genannt, doch im Abgusskatalog des RGZM sind zusammen mit dem Holzeimer auch zwei Almandinscheibenfibeln eingetragen. Die recht genauen Zeichnungen erlauben es sogar, eine der beiden Scheibenfibeln unter den 1951 im Schutt des ausge-

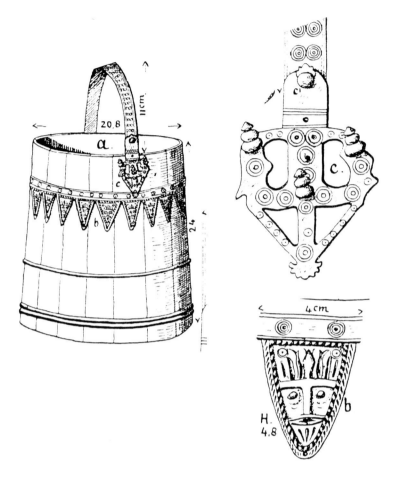

den. Vier Doppelzellen in Herzform schließen sich in der mittleren Zone an. Die Zwischenfelder sind durch Plättchen aus weißem und dunklem Glas gefüllt. Den äußeren Ring bilden 16 Zellen mit Granateinlagen. Bei den herzförmigen Hasten des Kreuzes handelt sich um ein äußerst ungewöhnliches Zellmotiv, das in der Zusammenstellung von Zellformen bei Granatscheibenfibeln durch Kathrin Vielitz nicht vorkommt. Ungeteilte herz- bzw. nierenförmige Zellen sind von mediterranen Formen bekannt und werden in das 5. Jahrhundert datiert.[5] Auf den Scheibenfibeln aus Achmim in Ägypten und aus vandalischen Gräbern in Bône/Hippo Regius in Algerien ist wie auf dem Feudenheimer Exemplar ein griechisches Kreuz dargestellt.[6] Eine mediterrane Herkunft der Feudenheimer Fibel ist nicht unwahrscheinlich. Dafür spricht, dass sie entsprechend mediterranen Trachtsitten als Einzelstück produziert wurde und erst im Rhein-Neckar-Raum wie in SD-Phase 5-6 üblich durch eine zweite Scheibenfibel zu einem Paar ergänzt wurde. Für das herzförmige Zellenmotiv der Feudenheimer Fibel wurden kreissegmentförmige Almandinplättchen gewählt, deren eine Spitze gekappt ist. Möglicherweise wurden in der gleichen Werkstatt auch cloisonnierte S-Fibeln wie in Straßenheim Grab 81 (S. 208, Abb. 12) hergestellt, denn auf jenen Fibeln fanden in den jeweils äußeren Zellen ähnliche Granatplättchen Verwendung. Wenn die kleine Feudenheimer Fibel älter ist als die großen engzellig cloisonnierten Scheibenfibeln und in SD-Phase 6 zu datieren, könnte sie auch in einer langobardischen Goldschmiede an der mittleren Donau angefertigt worden sein, bevor die Langobarden a. 568 nach Italien abwanderten, wo die großen engzellig cloisonnierten Scheibenfibeln dann mehrheitlich entstanden sind. So könnten die Funde von 1901, der

Abb. 8: Den 1901 gefundenen Holzeimer bildet E. Wagner mit genauen Maßangaben ab, dazu gibt er die Detailzeichnung einer bronzenen Attache und eines für diese prunkvollen Eimer charakteristischen Preßbleches mit Maskendarstellung.

brannten Schlossmuseum wieder gefundenen Stücken zu identifizieren (Abb. 9).

Die Feudenheimer Almandinscheibenfibel passt nicht in den Kanon fränkischer Almandinscheibenfibeln. Trotz des geringen Durchmessers von nur 2,6 cm muss sie zu den engzellig cloisonnierten Scheibenfibel gezählt werden, obgleich ihr außer der Größe auch die Qualität dieser Fibelgruppe fehlt, für die gerne Herkunft aus mediterranen, langobardisch-italienischen Werkstätten angenommen wird.[3] Die beiden inneren Zonen sind kreuzförmig gegliedert und alle an das Achsenkreuz anstoßenden Zellen mit Granat gefüllt. Die zu einem Quadrat zusammengefügten vier inneren Zellen sind nach außen durch einfach getreppte Stege begrenzt, wie sie gern bei engzellig cloisonnierten Fibeln verwendet wurden.[4] Als Zellfüllung wurden gestielte Granatplättchen benötigt, die sich von den häufiger verwendeten pilzförmigen durch einen dreieckigen Kopf unterschei-

Abb. 9: Silberne Scheibenfibel, 1901 in Feudenheim gefunden und in den frühen 50er Jahren im abgebrannten Schlossmuseum wieder ausgegraben. Rote Granateinlagen in den Zellen; die Glaseinlagen in den Zwickeln sind schlecht erhalten. M. 1:1.

Holzeimer und beide Scheibenfibeln, im dritten Viertel des 6. Jahrhunderts einer reichen Feudenheimer Hofherrin gehört haben, die wie einzelne Familien der Oberschicht in Hermsheim oder Vogelstang langobardischer Herkunft war.

In der ersten Hälfte des 7. Jahrhunderts dürfte sich eine vermögende Bäuerin mit Zierscheibe und Elfenbeinring (Abb. 10) geschmückt haben. In der zweiten Hälfte des 7. Jahrhunderts trug eine Frau eine Scheibenfibel mit einem Ziergehänge, von dem allerdings nur das angehängte Kreuz noch gefunden wurde (Abb. 3,e), weil die Gräber wie üblich beraubt, aber christliches Symbolgut liegen blieb. Das Kreuz kam im Schutt des Schlossmuseums wieder zu Tage. (S. 389, Abb. 29). Das zweite Kreuz mit zwei Nietlöchern ist nicht erhalten. Ein 1911 geborgener Bronzesporn deutet auf einen Mann aus der Schicht der Reiter hin; ohne die Form zu kennen, lässt er sich nur allgemein in das 7. Jahrhundert datieren.

3.2 Geroldisheim? – Gräberfeld am Hohen Weg, Gemarkung Sandhofen

3.2.1 Auffindung und archäologische Ausgrabung

Auffällige Bewuchsmerkmale in der Flur Steinäcker auf der Gemarkung Sandhofen gaben im Frühjahr 1992 den ersten Hinweis auf ein Gräberfeld, zu dem noch keine Siedlung bekannt und dessen Zuordnung zu Geroldsheim nicht mehr als eine Vermutung ist. Ein Suchschnitt im Herbst erbrachte sechs Bestattungen, von denen Grab 1-4 und Grab 6 merowingerzeitlich sind und das NS-gerichtete Grab 5, das von Grab 4 geschnitten wurde, aus spätrömischer Zeit stammt. Die Ausweisung eines Baugebietes nördlich der Groß-Gerauer Straße machte eine archäologische Untersuchung des Reihengräberfeldes notwendig, das sich beiderseits des Hohen Weges auf den Fluren „Durch den Grund" und „Steinäcker" erstreckt (Abb. 11).

Während der Archäologischen Ausgrabungen 1998-2000 wurden insgesamt 260 Befundnummern vergeben. Doch zeichneten sich die Grabgruben im ersten Planum oftmals noch nicht sehr deutlich ab,

zumal vorgeschichtliche Siedlungsgruben und Suchgräben späterer Plünderer das Bild erheblich störten. In zwölf Fällen wurde erst später erkannt, dass sich mehrere Bestattungen hinter einem Befund verbargen. Vereinzelt wurde ein älteres Grab durch eine jüngere Beisetzung gestört, wie bei den Befunden 3 oder 20; Grab 87A schnitt das spätrömische NS-Grab 87 ab. Grab 239 lag 10 cm über dem Kindergrab 239B. Häufiger befanden sich die Gräber so dicht nebeneinander, dass sich die Grubenumrisse nicht trennen ließen. Da sie aber in unterschiedliche Tiefen reichen, handelte es sich in keinem Fall um Doppelbestattungen: Grab 15A-B, 20A-B, Frauengrab 25A und Pferdegrab 25, 55A-D, 133A-B, 137A-C. Auch in Siedlungsgruben eingetiefte Gräber zeichneten sich im Boden nicht ab.

Es kamen durch die Grabungen 1998-2000 außer einem weiteren spätrömischen Grab noch 222 Einzelbestattungen und vier Doppelbestattungen zu Tage. Zusammen mit den fünf merowingerzeitlichen Gräbern von 1992 wurden 235 Bestattungen freige-

Abb. 10: Die bronzene durchbrochene Zierscheibe, Dm. 9,3 cm, umgeben von einem Ring aus Elfenbein trug die Frau aus Feudenheim Grab 15/1965 an einem langen Gürtelgehänge.

Abb. 11: Plan des Grä-
berfeldes am Hohen
Weg, nördlich von Sand-
hofen. Eingetragen sind
die Ergebnisse der an-
thropologischen Unter-
suchung durch Svenja
Partheil aus Gießen.
Männergräber sind in
dem untersuchten
Bereich deutlich in der
Überzahl.

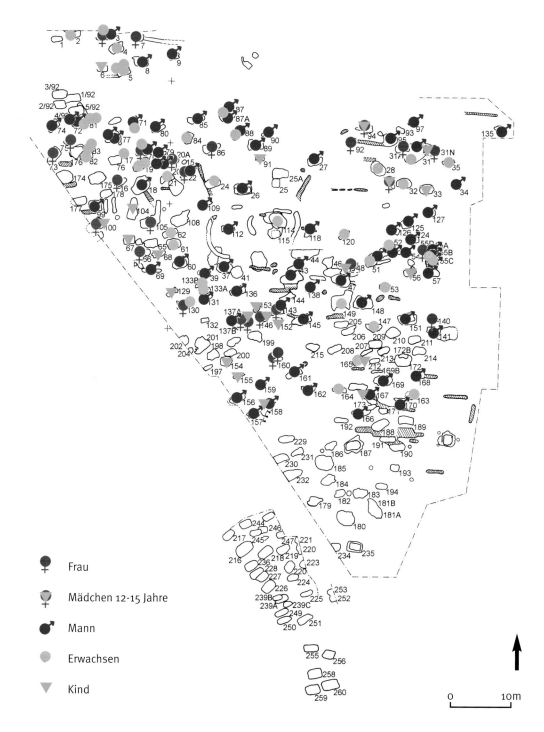

♀ Frau

♀ Mädchen 12–15 Jahre

♂ Mann

● Erwachsen

▼ Kind

0   10m

legt, somit liegen in Sandhofen abzüglich von 17 beigabelosen und nicht näher datierbaren Gräbern 218
datierbare merowingerzeitliche Bestattungen vor.

Das Gräberfeld ist zu knapp 93 % gestört. 16 Beigaben führende Gräber, das heißt nur gut 7 % der datierbaren Gräber sind ungestört, meist handelt es
sich zudem um Kindergräber, dazu kommen vier beigabelose unberaubte Gräber.

Das Gräberfeld ist nicht vollständig ausgegraben;
nur die Ostgrenze wurde einwandfrei erreicht. Im
Süden läuft das sehr wahrscheinlich dreieckige Gräberfeld spitzwinklig zu. Da sich innerhalb der Gra-
bungsflächen außer der Spitze im Süden auch eine
Ecke im Norden abzeichnet, ist die Größe des
Gräberfeldes abzuschätzen. Es erstreckt sich von
N nach S auf 110 m Länge, die größte Breite erreichte
es im Norden mit etwa 80 m. Ein etwa 20 m breiter

Streifen mit dem westlichen Friedhofsrand konnte bisher nicht untersucht werden, zum Teil liegt er unter dem noch genutzten Hohen Weg. Vorausgesetzt die westliche Begrenzung verlief geradlinig, was durchaus nicht der Fall sein muss, wären hier etwa 120 Gräber zu erwarten und eine geschätzte Gesamtzahl von ca. 350 Bestattungen anzunehmen. Damit wäre das Gräberfeld nördlich von Sandhofen kleiner als das am Elkersberg in Vogelstang und es hätte nicht einmal halb so viele Bestattungen wie das Gräberfeld auf dem Hermsheimer Bösfeld. Wie groß es tatsächlich war, ließe sich nur durch weitere Grabungen klären.

3.2.2 Anzahl und Geschlecht der Toten

Zur anthropologischen Untersuchung gelangte bisher das Skelettmaterial aus den Befunden 1-170.[7] Aus diesen Befunden sind 30 Individuen nur anthropologisch nachgewiesen. Zum Teil lagen wohl tatsächlich Doppelbestattungen vor, die aufgrund der starken Störungen während der Ausgrabung nicht auffielen, wie bei den drei Frauen mit Kind (Gräber 31N, 48 und 100) oder bei zwei Kindern (Grab 146). Aber auch Nachbestattungen blieben unerkannt. Beim Männergrab 20 aus der Mitte des 6. Jahrhunderts wurde zwar während der Ausgrabung keine zweite Bestattung bemerkt, doch gibt es nicht nur den anthropologischen Hinweis auf eine Frau, sondern mit zwei Glasperlen Teile eines typisch weiblichen Inventars aus der zweiten Hälfte des 7. Jahrhunderts. Von den meisten archäologisch nicht erkannten Individuen liegen allerdings derart wenige Skelettreste vor, dass außer für drei Frauen und einen Mann in diesen Fällen keine nähere Angaben zu Geschlecht und Alter möglich waren. Da es sich stets um gestörte Gräber handelte, ist nicht mehr zu entscheiden, wie es zu diesen Befunden kam. Entweder wurden ältere, eventuell sogar spätantike Gräber, durch die jüngere Bestattung gestört, sodass Skelettreste der älteren Gräber in die Einfüllung gerieten. Oder es wurden während der Plünderungen in spätmerowingischer Zeit Knochen gleichzeitig geöffneter Gräber vermengt.

Sehr unausgewogen ist das Verhältnis der Geschlechter: Im anthropologisch untersuchten Teil stehen 26 Frauen 66 Männern gegenüber (Abb. 11), aber auch im gesamten Areal bleibt anhand der archäologischen Bestimmung die Diskrepanz groß, hier sind es 47 Frauen gegenüber 91 Männern. Für 26 Individuen sind keinerlei Angaben möglich, in Grab 2 lag eine weibliche Person, doch lässt sich deren Alter nicht feststellen. Bei 19 Individuen ist wenigstens sicher, dass es sich um erwachsene Personen handelte. Insgesamt ist bei 45 Personen das Geschlecht nicht anzugeben; nur wenn diese Personen alle weiblich wären, gäbe es ebenso viele Frauen wie Männer. Aber selbst das wäre noch ungewöhnlich, wie ein Vergleich mit dem Gräberfeld von Vogelstang zeigt, wo sich unter den Toten 188 Frauen und 165 Männer befanden, da hier vor allem in der ersten Generation mit hohen Verlusten durch die Kriegszüge der Merowingerkönige zu rechnen ist.

Unter den nicht Erwachsenen befinden sich in Sandhofen drei Jugendliche und 25 Kinder, dazu 7 Knaben und 6 Mädchen; etwa vier Säuglingsbestattungen lassen sich rekonstruieren.

3.2.3 Die Belegungsabfolge im Gräberfeld

Gefäßkeramik ist in 40 % aller Gräber enthalten; sie ist daher für einen ersten Überblick über die zeitliche Abfolge gut geeignet. (Abb. 12-13)

Wie in den ältesten Gräbern vom Elkersberg in Vogelstang oder Straßenheim „Aue" standen auch in ältesten Gräbern am Hohen Weg handgeformte Keramikgefäße. Die unverzierten grobwandigen Kümpfe und Töpfe fanden sich in Vogelstang überwiegend und in Sandhofen ausschließlich in Kindergräbern.

Das qualitätvollere Geschirr zeichnete sich wie in Grab 129 durch reichen Stempeldekor aus, teilweise war der Stempeldekor wie in Grab 80 mit plastischem Dekor kombiniert, merkwürdigerweise kamen die anpassenden Scherben eines Gefäßes in den Gräbern 27 und 112 zum Vorschein; eine Verwechslung während der Grabung scheidet aus.

Die stempel- und riefenverzierte Ware, die am Oberrhein recht häufig vorkommt, hat sächsische bzw. nordseegermanische Wurzeln. Anders als in Herms-

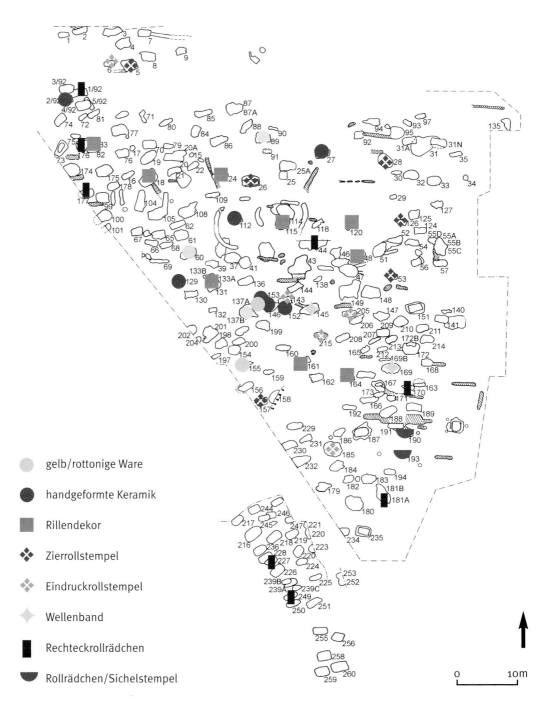

Abb. 12: Plan des Gräberfeldes am Hohen Weg nördlich von Sandhofen. Eingetragen sind Keramikgefäße, unterschieden nach Machart und Dekor. Die älteren Gräber lagen am westlichen Rand der untersuchten Fläche, die jüngeren schlossen nach Osten und Süden an.

gelb/rottonige Ware

handgeformte Keramik

Rillendekor

Zierrollstempel

Eindruckrollstempel

Wellenband

Rechteckrollrädchen

Rollrädchen/Sichelstempel

0   10m

heim, Straßenheim oder Vogelstang kommen östlich-merowingische, thüringisch-langobardische Formen in Sandhofen nicht vor; weder bei der Keramik, bei den Trachtbestandteilen noch in den Bestattungssitten ist hier langobardischer Einfluss nachzuweisen.

Außer handgeformter Keramik tritt in den ältesten Gräbern auch oxidierend gebrannte gelbliche oder rötliche scheibengedrehte Keramik auf, und zwar aus Werkstätten, die in römischer Tradition arbeiteten,

wahrscheinlich ist es Mayener Ware. In Sandhofen gehören dazu ein Wölbwandtopf mit Wulstrand in Grab 89, Schalen mit einziehendem Rand in den Gräbern 60 und 137 sowie ein Krug in dem Kindergrab 153, das auch einen grobwandigen Kumpf enthielt (Abb. 14). Am Elkersberg bestimmen die Gräber mit handgeformter Keramik und oxidierend gebrannter Scheibenware die älteste Phase, die durch Münzen von Theoderich bis Totila in das zweite Viertel des 6. Jahrhunderts datiert werden kann. In Sandhofen

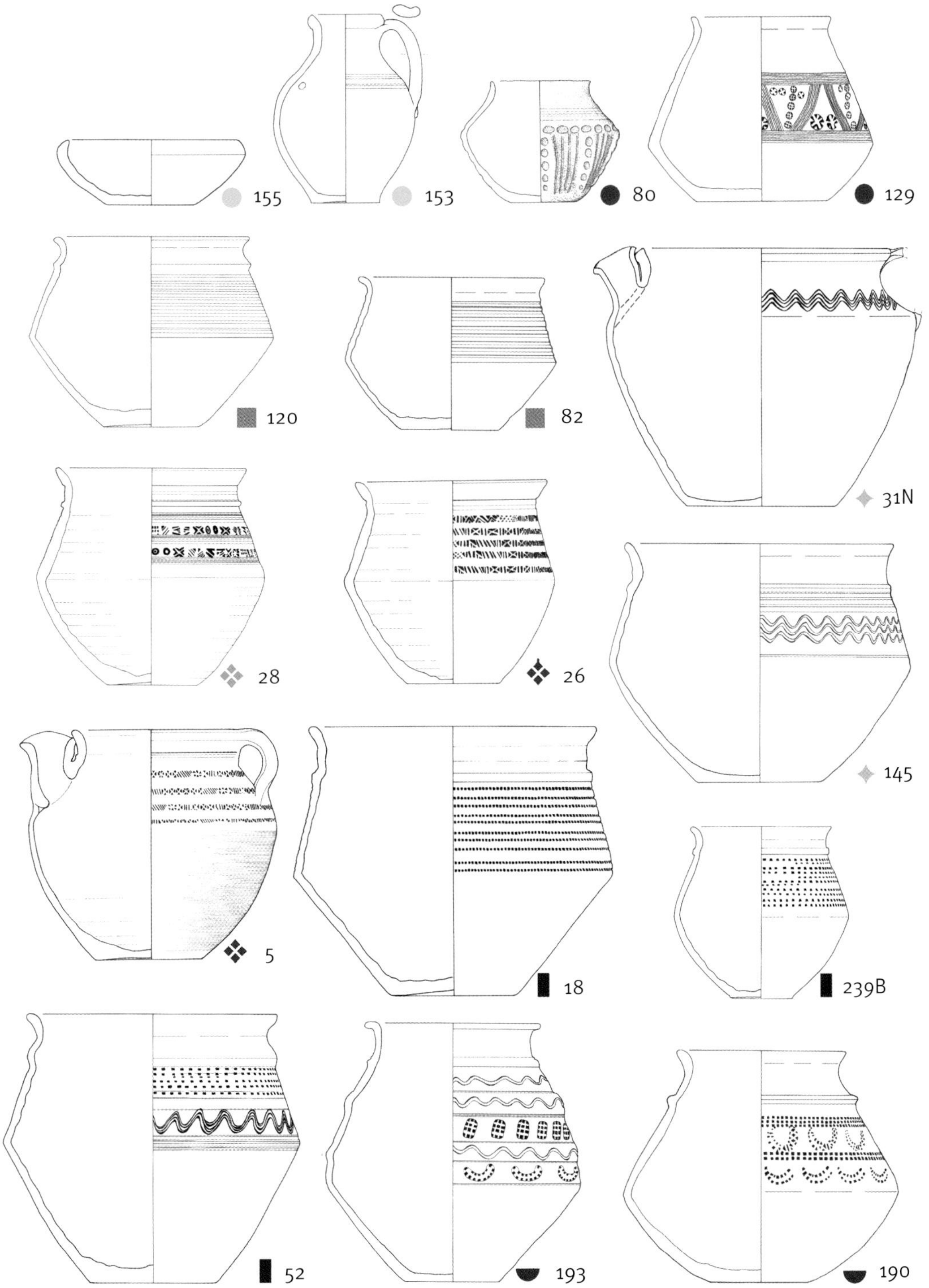

Abb. 13: Keramikgefäße aus dem Gräberfeld am Hohen Weg nördlich von Sandhofen. M. 1:4.

enthielt allerdings nur Grab 8 eine ostgotische Münze, und zwar eine Silbermünze des Theoderich (S. 328 Abb. 3,1).

Das handgeformte Geschirr wird noch vor der Mitte des 6. Jahrhunderts durch Drehscheibenware abgelöst. Auffallend zahlreich sind in Sandhofen die auf

der Oberwand flächig durch Rillen verzierten offenen doppelkonischen Töpfe. Der Kern des Gräberfeldes und die Belegungsrichtungen deuten sich damit bereits an.

Die sehr breiten offenen doppelkonischen Töpfe treten wie überall auch in Sandhofen zuerst mit

Abb. 14: Sandhofen. Kindergrab 153. Scheibengedrehter Krug und handgeformter Kumpf.

Wellenbanddekor, dann mit einfachem oder komplizierterem Rädchenmuster auf. Wellenbandverzierte Töpfe wie der aus Grab 145 sind eine Leitformen der SD-Phase 6[8], in Vogelstang taucht ein solches Exemplar in einem Inventar der SD-Phase 5 auf.

Die Gräber, die Gefäße mit Eindruckrollstempel oder Zierrollrädchen enthalten, schließen an die Gräber mit offenen rillenverzierten Töpfen an und liegen wie auf einem äußeren Ring um die Gräber mit handgeformter Ware. So lässt die Streuung der Keramik im Gräberfeld erkennen, dass die Rädchenmuster einsetzten, als auch rillenverzierte Ware auf dem Markt war; Rädchenmuster blieben dann aber länger im Gebrauch.

Das Rechteckrollrädchen, das schon in der Mitte des 6. Jahrhunderts auftaucht, bestimmt die Keramik des 7. Jahrhunderts bis hin zu den hohen engen Töpfen, die teilweise eine gewölbte Wandung aufweisen.

Zeitlich und regional gut eingrenzen lassen sich die Gefäße mit oben offenen Bogenstempeln, Rädchen- und Wellenbanddekor. In Sandhofen liegen sie am Rande des Gräberfeldes. In Vogelstang sind sie typisch für die SD-Phasen 9-10, gehören also in die Mitte des 7. Jahrhunderts.

3.2.4 Gräber unterschiedlicher Form und Größe

Für die insgesamt 232 Bestattungen wurden in Mannheim-Sandhofen unterschiedlich voluminöse Grabformen gewählt (Abb. 15). In den Bestattungsarten könnte sich das soziale Gefälle der Gesellschaft spiegeln, die Bestattungssitten sind aber auch einem zeitlichen Wandel unterworfen. Dass die Familientraditionen und damit die Herkunft der Familie bei der Wahl der Grabform eine besondere Rolle spielte, zeigt sich im Vergleich mit den anderen Gräberfeldern der Region. Denn die insgesamt zwölf Bestattungstypen, die sich im Mannheimer Raum unterscheiden lassen, treten nicht überall in den gleichen Relationen auf.

Bestattungstyp 1: das enge einfache Grab (Abb. 16)

Bei den schmalen Grabschächten schwanken die Längen zwischen 1,70 m und 2,30. Grab 90 war allerdings nur 1,65 m lang, die oder der Tote befand sich darin in leichter Seitenlage mit geneigtem Kopf. Noch kürzer war Grab 92, wo eine Frau mit angehockten Beinen beigesetzt wurde.

Die auf der Sohle nur bis 0,75 m breiten Gruben sind in Sandhofen mit 20 % relativ zahlreich. 47 Erwach-

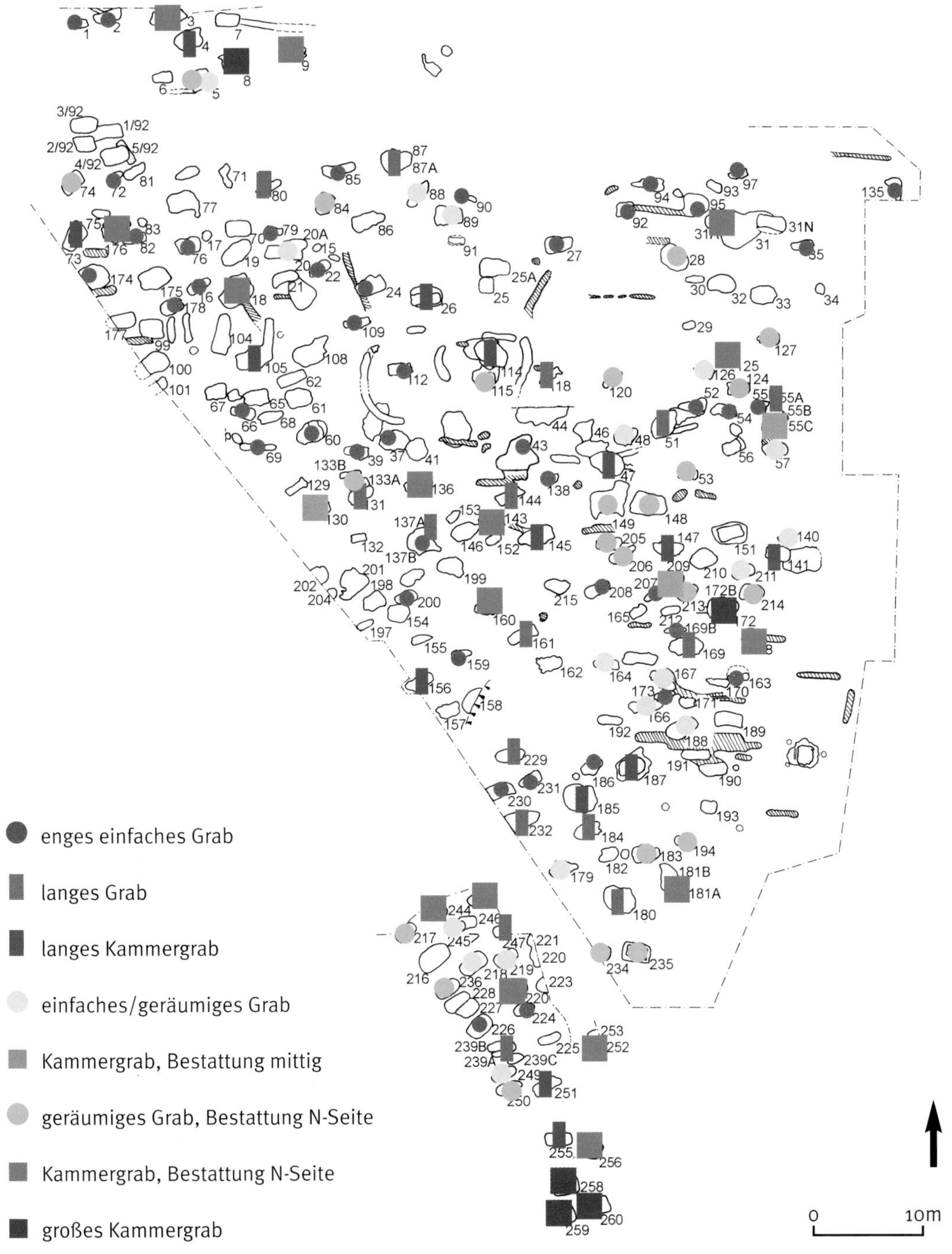

enges einfaches Grab
langes Grab
langes Kammergrab
einfaches/geräumiges Grab
Kammergrab, Bestattung mittig
geräumiges Grab, Bestattung N-Seite
Kammergrab, Bestattung N-Seite
großes Kammergrab
0
10m

Abb. 15: Plan des Gräberfeldes am Hohen Weg nördlich von Sandhofen. Eingetragen sind acht Bestattungsarten.

sene lagen in den einfachen schmalen Grabschächten. Von ihnen lassen sich acht als weiblich, 23 als männlich bestimmen. Zwar ist in Sandhofen oft nicht klar, ob es sich bei der nur im unmittelbaren Bereich des Skelettes dokumentierten dunkleren Verfärbung um Sarg oder Grube handelt, doch spricht in vielen Fällen auch die Lage der Beigaben für eine geringe Grubengröße. Davon kann zum Beispiel ausgegangen werden, wenn die Keramik zu Füßen stand oder neben die Unterschenkel gequetscht wurde wie in Grab 207. Sobald eine breitere Grube vorhanden war, stand das Geschirr auf der Südseite. Die engen Gräber gehören überwiegend zu den ältesten Bestattungen, sind aber nicht auf die erste und letzte Belegungsphase beschränkt, wie am Elkersberg in Vogelstang, wo der Bestattungstyp lediglich 2,5 % ausmacht.

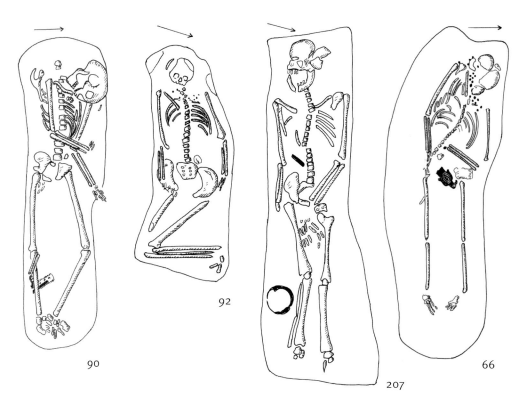

Abb. 16: Sandhofen,
Bestattungstyp 1, das
enge einfache Grab.
M. 1:20.

90

92

207

66

Die meisten der einfachen Grabschächte waren total beraubt (52, 54, 76, 95, 97, 137B, 138, 163, 173, 174, 178, 200, 224, 230). Es gab wenige Personen ohne Beigaben. Die übrigen vermitteln den Eindruck recht unterschiedlicher Ausstattungen. Ein bescheidenes Inventar enthält Grab 90; bei der Person mit geneigtem Kopf lagen Schnalle, Messer und Kamm am Unterschenkel. Die in Hockerstellung beigesetzte 50-60jährige Frau in Grab 92 schmückten nur Perlen am Hals. Zwar ist das Skelett in Grab 109 als männlich bestimmt worden, doch das schlichte Gürtelgehänge am linken Oberschenkel gehörte eher zu einer Frauentracht. Der Glasbecher neben dem Kopf der jungen Frau in dem einfachen schmalen Grab 133B weist sie als Angehörige einer wohlhabenden Familie aus.

Anders als am Elkersberg sind in Sandhofen auch Krieger in den schmalen Grabschächten zu finden. Zwölf Gräber enthielten Waffen. In Grab 27 ist die Spatha die einzige erhaltene Waffe. In Grab 85 ist die Spatha durch einen Rostabdruck nachgewiesen. In Grab 174 blieb der obere Teil einer Spatha mit kleinem Bronzeknauf im Raubschacht stecken. In Grab 112 ist von einer Spatha ein eisernes Scheidenrandstück erhalten und vom Schild ein Fragment der

Schildfessel. Im beraubten Grab 37 könnte außer der Lanze am Fußende und dem Schild am Kopf noch eine Spatha zum Inventar gehört haben. In dem ungestörten Grab 208 (Abb. 17) lag ein Krieger mit einer Spatha auf der linken Seite, einem langen Schmalsax neben dem linken Becken, einer Bartaxt an der rechten Hand, daneben befanden sich drei Pfeile und in der SW-Ecke eine Lanze. Zur vollständigen Bewaffnung fehlte nur der Schildbuckel. Von einem rechts der Unterschenkel abgestellten Holzeimer stammen zwei Eisenreifen. In der Hand hielt er offensichtlich einen Glasbecher, auf den Scherben im Becken hinweisen. Wegen des 43 cm langen Schmalsaxes mit kleinem Knauf gehört das Grab in SD-Phase 7, das letzte Drittel des 6. Jahrhunderts. Die Datierung stützt die Lanze mit langem Schaft und Ganztülle (Typ 11). Auch in den Gräbern 43 und 85 war je eine Lanzenspitze in der SW-Ecke ebenso wie in Grab 159 die Lanzenspitze neben dem linken Oberarm sicher nicht die einzige Waffe, im Gegensatz zum Kurzsax in Grab 72.

Frauen sind in den einfachen schmalen Grabschächten stark unterrepräsentiert. In drei Gräbern wurde Fibelschmuck gefunden. Zu den ältesten Gräbern in Sandhofen zählt zweifellos das ungestörte Grab 66

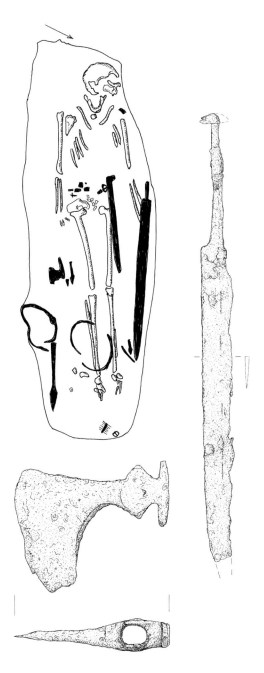

Abb. 17: Sandhofen,
Männergrab 208.
Axt und Sax M. 1:4,
Plan M. 1:20.

(Abb. 16). Die 40-50jährige Frau trug in Höhe der Oberschenkelköpfe eine westgotische aus Bronze gegossene Adlerfibel, der ein eigenes Kapitel (S. 192 f. mit Abb. 1) gewidmet ist. Sie befestigte die große Adlerfibel mit grobem Zellendekor nicht mehr nach gotischem Habitus in Schulterhöhe an einem Peplos, sondern steckte sie, wie fränkische Frauen ihre Bügelfibeln etwa ab der Mitte des 6. Jahrhunderts verwendeten, an eine Schärpe unterhalb des Gürtels. Die Frau besaß Halsschmuck mit Perlen aus opakem Glas und zwei aus Golddraht gewickelten Perlen (Abb. 18); am Oberrhein gibt es keine vergleichbare Perlenkombination.

Etwas jünger ist Grab 82 (Abb. 19), das durch das Perlenensemble mit Millefioriperlen und den langzylindrischen roten gelb umwickelten Perlen ebenso wie durch den rillenverzierten offenen kleinen Topf (Abb. 13) in SD-Phase 6 zu datieren ist. Die 25-35jährige Frau trug eine bronzene Scheibenfibel mit gradlinigem, in Kittmasse eingedrücktem Zellwerk und eingelegtem Fensterglas. Es handelte sich um ein einzelnes Stück, das durch einen ähnlich aussehenden D-förmigen bronzenen Gürtelbeschlag zu einem Paar ergänzt wurde. Da der fein gekerbte Rand an der geradlinigen Partie unterbrochen ist, gab es hier wohl eine Laschen-Verbindung zum Schnallenbügel, die entfernt wurde. Dass eine Lasche nicht zwingend notwendig war, zeigt der bronzene D-förmige Beschlag in Saint Sulpice Grab 48, dessen dünnes Zellwerk wie bei der Sandhofener Scheibenfibel einfach in die Kittmasse gedrückt ist.[9] Von der sekundären Nadelkonstruktion sind auf dem Sandhofener Beschlag noch die Lötspuren auf der Rückseite erkenn-

Abb. 18: Sandhofen,
Grab 66, Perlen aus
Glas und Gold. M. 1:1.

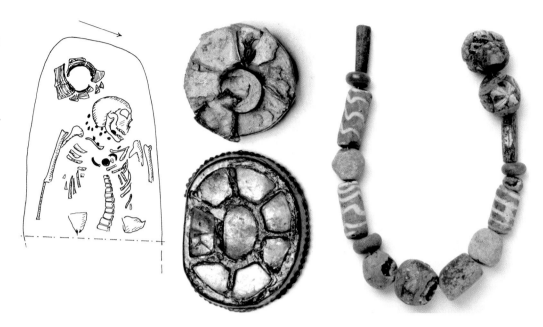

Abb. 19: Sandhofen, Grab 82. Scheibenfibel und zu einer Fibel um-gearbeiteter Beschlag sowie Perlenkette M. ca. 1:1; Plan M. 1:20.

bar. Scheibenfibeln mit Glaseinlagen in den Zellen treten östlich des Rheins erst gegen Ende des 6. Jahrhunderts auf, in diesem Fall ist die kleine Scheibenfibel sicher älter. Um ein fremdes Stück handelt es sich auch bei dem D-förmigen Beschlag mit gegossenem Zellwerk, in das wie bei der Adlerfibel farbloses Glas eingelegt war. Nierenförmige, halbrunde oder D-förmige cloisonnierte Schnallenbeschläge sind im gesamten byzantinischen Reich verbreitet[10]. Auch im Merowingerreich trugen zahlreiche Krieger des fränkischen Heeres in der Chlodwigzeit mediterrane Schnallen mit cloisonniertem Schnallenbeschlag[11]. Zwar gibt es kein genaues Gegenstück, doch von einem solchen Gürtel der Chlodwigzeit dürfte der zu einer Scheibenfibel umgearbeitete Beschlag aus Sandhofen Grab 82 stammen.

Gefäßbeigaben waren in vierzehn Gräbern, d. h. in 29% der einfachen schmalen Grabschächte vorhanden. Meist standen die Gefäße im Bereich der Füße oder Unterschenkel, nur in Grab 82 am Kopf. Dabei fällt auf, dass in den älteren einfachen Grabschächten Keramik selten ist, dagegen Glasgeschirr überproportional häufig vertreten ist. Der einfache Grabschacht ist also kein Indiz für geringes soziales Ansehen, sondern die übliche Bestattungsform einer aus dem rechtsrheinischen Merowingerreich zugezogenen Bevölkerungsgruppe.

Bestattungstyp 2: das einfache Grab

Zehn Männer, fünf Frauen und drei nicht bestimmbare Erwachsene in einfachen bis 0,95 m breiten Grabschächten lagen wahrscheinlich in einer Sargkiste. Vier dieser einfachen Gräber enthielten Waffen, darunter befinden sich ein Sax, zwei Lanzen und ein Schild, zweimal sind Pfeile vorhanden. Es handelt sich um eine Weiterentwicklung der engen Grabschächte.

Bestattungstyp 3: das geräumige Grab mit der Bestattung in der Mitte

Das geräumige Grab war bis 2,45 m lang und wies eine Breite zwischen 1 und 1,25 m auf; ab 1,25 m Breite werden Grabgruben als Kammergräber bezeichnet. Der geräumige Grabtyp ist in Sandhofen mit sieben Vorkommen selten und stammt überwiegend aus dem 7. Jahrhundert. In zwei Gräbern lagen Männer, keiner von ihnen hatte Waffen; in drei Gräber waren Frauen beigesetzt, zwei blieben unbestimmt.

Bestattungstyp 4: das lange Grab (Abb. 20)

Bis 1,1 m breite Grabschächte fallen in Sandhofen durch außergewöhnliche Länge auf, wie sie bei dieser Grubenbreite in Vogelstang nie vorkam, daher wurden die 16 über 2,45 m langen Gräber unter einem Grabtyp zusammengefasst. Ungestört war keines von ihnen. In den 16 langen Gräbern befanden sich elf Männer und vier Frauen, sowie eine nicht bestimmbare Person. Wie in allen vorzugsweise im 6. Jahrhundert üblichen Grabformen ist der Männerüberschuss auffallend hoch. Von der Bewaffnung blieb in vier Fällen die Lanzenspitze zu Füßen übrig (Gräber 51, 55A, 161, 232). In Grab 60 stand ein Schild am Fußende, in Grab 118 lehnte er an der Nordwand. In Grab 184 hat sich von der Spatha ein Abdruck erhalten, der Schild stand rechts vom Kopf. Pferdegeschirr befand sich in Grab 247A oberhalb des Kopfes. Demnach wurden in den ersten Belegungsphasen Angehörige der örtlichen Oberschicht in einer langen, nur für einen Sarg vorgesehenen Grube beigesetzt. Keramik tauchte selten auf und war in vier Gräbern enthalten, in Grab 80 befanden sich ein

handgeformter Topf, in Grab 169 ein wellenbandverzierter Topf; am Fußende von Grab 131 stand ein rillenverzierter Topf. Durch Grab 51 mit einer Lanzenspitze mit kräftiger Mittelrippe (Abb. 29, Typ 13) ist die Grabform bis in das frühe 7. Jahrhundert nachgewiesen.

Bestattungstyp 10: das lange Kammergrab
(Abb. 21-23)

Sehr bald schon wurde der Sarg mit einer privilegierten Person nicht mehr im einfachen Grabschacht versenkt, sondern in einer langen Grabkammer vor der N-Wand niedergestellt. Während sich in den meisten Gräbern nur die Kammerwände abzeichneten, wie bei Grab 255 und 187, waren in Grab 4 (Abb. 23) auch Spuren des Sarges oder eines Totenbettes erkennbar. Grabkammern mit deutlicher Überlänge,

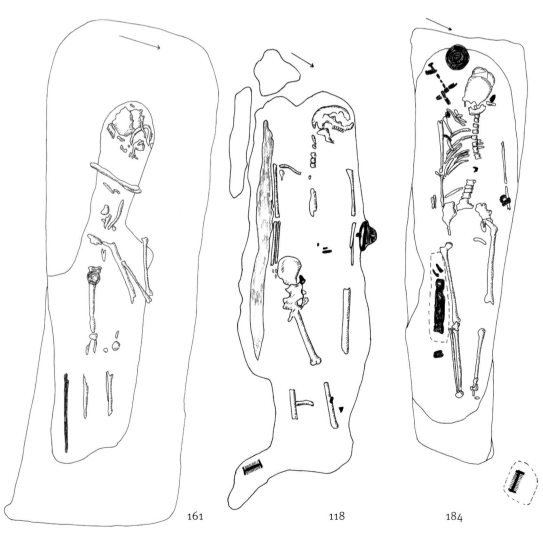

Abb. 20: Sandhofen. Bestattungstyp 4, das lange Grab. M. 1:20.

161

118

184

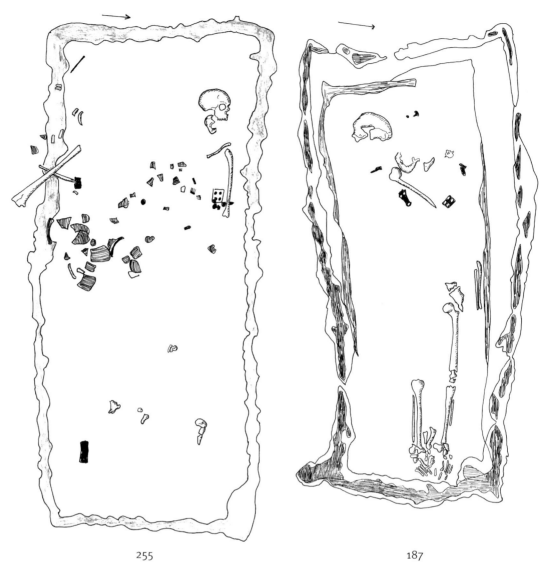

Abb. 21: Sandhofen,
Bestattungstyp 10, das
lange Kammergrab.
M. 1:20.

255

187

Abb. 22: Sandhofen,
Männergrab 4.
Bronzene Gürtelgarni-
tur. M. 1:2.

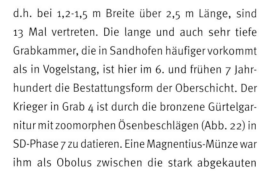

d.h. bei 1,2-1,5 m Breite über 2,5 m Länge, sind
13 Mal vertreten. Die lange und auch sehr tiefe
Grabkammer, die in Sandhofen häufiger vorkommt
als in Vogelstang, ist hier im 6. und frühen 7 Jahrhundert die Bestattungsform der Oberschicht. Der
Krieger in Grab 4 ist durch die bronzene Gürtelgarnitur mit zoomorphen Ösenbeschlägen (Abb. 22) in
SD-Phase 7 zu datieren. Eine Magnentius-Münze war
ihm als Obolus zwischen die stark abgekauten

Zähne gesteckt worden. Erst in SD-Phase 9 wird das
lange Kammergrab durch das große tiefe Kammergrab (Bestattungstyp 9) abgelöst.

Bestattungstyp 7 und 8: Kammergäber (Abb. 24)

In Vogelstang und Sandhofen gleich selten sind Kammergräber, in denen entsprechend Bestattungstyp
7 mittig bestattet wurde. In Sandhofen sind es drei
Männer und eine Frau. Während jedoch das Kammergrab mit der Bestattung an der N-Seite, der Bestattungstyp 8, in Vogelstang für ein Viertel aller Gräber gewählt wurde und ab der zweiten Generation
eine gängige Grabform ist, sind es in Sandhofen nicht
einmal 7%. Zwar lässt sich die Form mit Grab 18
schon in SD-Phase 6 nachweisen, bleibt im 6. Jahr-

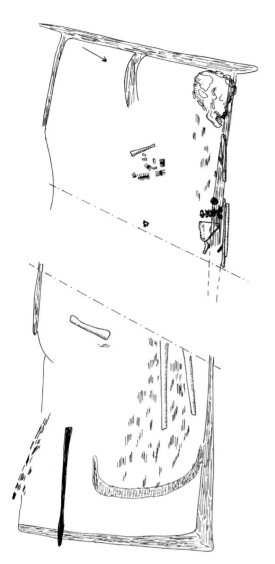

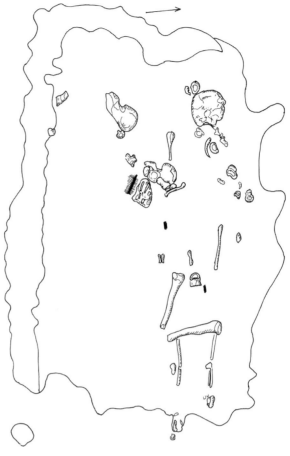

Abb. 24: Sandhofen, Bestattungstyp 8,
Kammergrab 256. M. 1:20.

Abb. 23: Sandhofen, Bestattungstyp 10, das lange
Kammergrab 4. M. 1:20.

hundert aber vereinzelt. In den 16 Kammergräbern
lagen 10 Männer und zwei Frauen sowie vier Personen, deren Geschlecht sich nicht bestimmen lässt.
Bestattungstyp 5 – das geräumige Grab mit der Bestattung an der N-Seite (Abb. 25)

Im 7. Jahrhundert hat sich die einfache Variante des
Kammergrabes, das geräumige, aber unter 1,2 m
breite Grab mit der Bestattung an der N-Seite auch
in Sandhofen etabliert. Dass es sich um große Kis-
ten oder kleine Holzkammern handelte, zeigte
Grab 84, wo sich das weit überstehende Brett der
W-Wand und Reste der beiden Langseiten im Boden
abzeichneten. Der Gräbertyp ist 25 Mal vertreten, mit

13 Männern, sechs Frauen und sechs nicht näher bestimmbaren Individuen. Keramik stand wie in den
Kammergräbern in der südlichen Grubenhälfte (Grab
28, 53, 74, 84, 115, 124, 205, 206, 213, 215) nur in
Grab 120 befand sich der Topf rechts der Füße. Grab
28 belegt, dass diese Bestattungsform auch für
bewaffnete Krieger in Frage kam.

Bestattungstyp 9: das große Kammergrab (Abb. 26)

Das Kammergrab mit einer Breite zwischen 1,5-1,8 m
bei einer Länge bis 2,5 m taucht in Sandhofen erst
ab der Mitte des 7. Jahrhunderts auf und ist dadurch
schon wesentlich seltener als in Vogelstang. Drei
große Kammergräber nehmen die südliche Spitze
ein. Dort lag in Grab 260 eine vornehme Frau. Das
vierte große Kammergrab 172 befand sich nahe
dem östlichen Friedhofsrand.

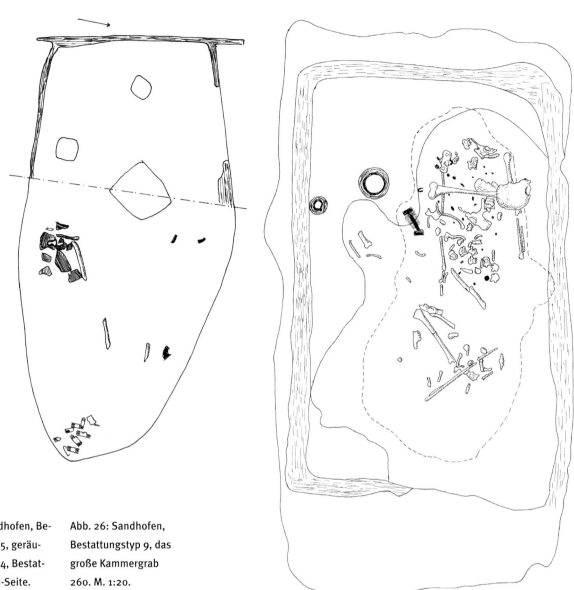

Abb. 25: Sandhofen, Bestattungstyp 5, geräumiges Grab 84, Bestattung an der N-Seite. M. 1:20.

Abb. 26: Sandhofen, Bestattungstyp 9, das große Kammergrab 260. M. 1:20.

3.2.5 Ein Gräberfeld mit Männerüberschuss

Von den 91 anthropologisch oder archäologisch identifzierten Männern waren 44 bewaffnet, die Pfeile nicht mit gezählt. In 20% aller Gräber sind beigegebene Waffen nachzuweisen, am häufigsten überstand die in einer Ecke steckende Lanzenspitze die Plünderungen. Lanzenspitzen kommen in den unterschiedlichsten Formen vor und können wie in Feudenheim, Straßenheim oder Vogelstang zur Datierung herangezogen werden (Abb. 27-29). Von den 25 Gräbern mit Lanzenspitze enthielten vier noch Hinweise auf eine Spatha. Nachweislich waren elf Krieger mit der Spatha gerüstet. In Grab 28 ist die

Spatha die einzige erhaltene Waffe. In Grab 174 blieb der obere Teil einer Spatha mit kleinem Bronzeknauf im Raubschacht stecken. In Grab 85 ist die Spatha durch einen Rostabdruck nachgewiesen. In Grab 112 ist von einer Spatha ein eisernes Scheidenrandstück erhalten und vom Schild ein Fragment der Schildfessel. Zehnmal wurden Schildbeschläge in Gräbern mit Lanze oder Spatha gefunden. Auf Grund der starken Beraubung war der Schild sechsmal die einzige nachweisbare Waffe, in den Gräbern 27, 60 und 118 durch den Buckel, in den Gräbern 77, 137 und 252 allerdings nur noch durch Teile der Schildfessel nachgewiesen.

In den Gräbern, die Spatha, Lanze oder Schild enthielten, lässt sich der Sax mit drei Exemplaren nur selten nachweisen, er kommt aber noch in acht weiteren Gräbern vor.

Auffallend zahlreich sind unter den Lanzen die in der Mitte und zweiten Hälfte des 6. Jahrhunderts bevorzugten Formen (Abb. 27-28, Typ 3-11). Ebenso zahlreich sind die Schildbuckel mit Spitzenknopf und flachen oder gewölbten Nieten am Schildrand (Abb. 30). In Grab 37 (Abb. 31) wies sogar der Spitzenknopf eine gewölbte bronzene Nietkappe auf, was äußerst ungewöhnlich ist.

Der in Sandhofen zu beobachtende Männerüberschuss entstand offensichtlich im 6. Jahrhundert. Ein beachtlicher Teil der im 6. Jahrhundert in Sandhofen Verstorbenen war mit mehreren Waffen ausgestattet, wie es für die Fußkämpfer des fränkischen Heeres üblich war. Bei der hohen Zahl der als Krie-

ger in Frage kommender Männer erstaunt es wenig, dass in dem Gräberfeld auch Reiter beigesetzt wurden (Abb. 32). Ein 25-35jähriger lag am nördlichen Rand des Gräberfeldes in Grab 8. Die als Obolus mitgegebene ostgotische Silbermünze wurde zwar unter Theoderich geprägt (S. 328, Abb. 3), gelangte sehr wahrscheinlich wie viele weitere ostgotische Münzen aus den Mannheimer Gräbern erst während des Italienfeldzuges Theudeberts I. in die Hände des fränkischen Reiters. Das Grab ist beraubt, von der Qualität der ursprünglichen 6Ausstattung zeugt der doppelreihige ungewöhnlich reich verzierte Kamm (Abb. 33)

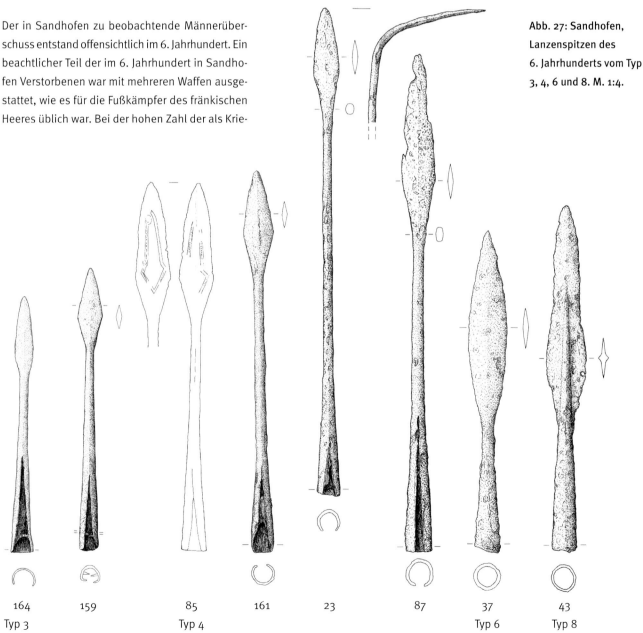

Abb. 27: Sandhofen, Lanzenspitzen des 6. Jahrhunderts vom Typ 3, 4, 6 und 8. M. 1:4.

164   159   85   161   23   87   37   43

Typ 3   Typ 4   Typ 6   Typ 8

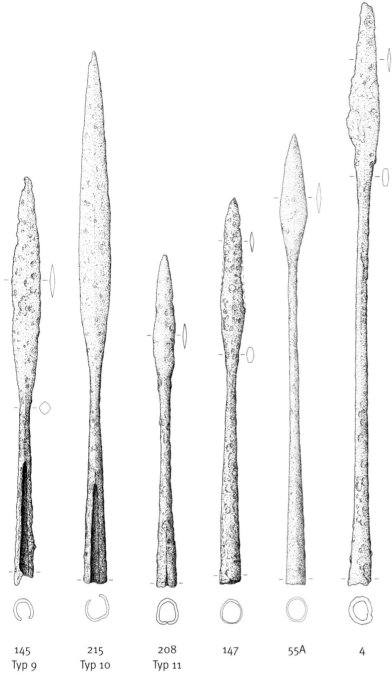

| 145 | 215 | 208 | 147 | 55A | 4 |
| Typ 9 | Typ 10 | Typ 11 | | | |

Abb. 28: Sandhofen, Lanzenspitzen des 6. Jahrhunderts vom Typ 9, 10 und 11. M. 1:4.

hölzernen Knebel eingeschlagen. Genaue Gegenstücke gibt es in Beckum/Westfalen und Schretzheim, Kr. Dillingen a. d. Donau[12]. Ungewöhnlich ist bei diesen drei Trensen, dass Eisen mit Bronze im Überfangguss verarbeitet wurde, wie es in Skandinavien beim Pferdegeschirr üblich war. Reiter und Pferd in Schretzheim gehören in SD-Phase 6.

Der zweite Reiter in dem langen Kammergrab 26 dürfte eine oder zwei Generationen jünger sein, verstarb aber mit kaum 30 Jahren ähnlich früh. Sein Pferd wurde östlich von ihm beigesetzt, die einfache eiserne Ringtrense und das Sattelzeug, wovon noch die große ovale Schnalle des Baugurtes zeugt, lagen ihm zu Füßen (Abb. 35).

Da sich am Hof der Reiter in den ersten drei Generationen mindestens vier voll bewaffnete Gefolgsleute aufhielten, hatte ein Schmied hier zweifellos ausreichend zu tun. Einer wurde im Gräberfeld mit seinen Werkzeugen beigesetzt (S. 338, Abb. 16).

Trotz der niedrigen Frauenquote lassen sich zwei Frauen identifizieren, die auf dem Hof der Reiter gelebt haben dürften. Über Grab 86 einer 30-40jährigen ist wenig bekannt, alle Funde stammen aus dem Aushub. Vorhanden ist allerdings eine recht qualitätvolle Almandinscheibenfibel mit blauen Glaseinlagen in den Kreissegmentförmigen Zellen (Abb. 36). Von den zweizonigen Fibeln mit granatbelegter Innenzone konzentrieren sich die Varianten C5 mit zwei Halbbögen sowie die mit blauen Einzelzellen in den Rheinlanden[13]; die Sandhofener Fibel dürfte aus einer mittelrheinischen Werkstatt stammen. Grab 86 gehört zeitlich zu Grab 8, die Frau lebte nur einige Jahre länger.

Von der Trense ist nur ein Fragment erhalten (Abb. 34). Die achtkantig facettierte Gebissstange ist über einem Eisenkern in Bronzeüberfangguss gearbeitet. Am äußeren Ende befinden sich zwei Ösen. In der großen Öse steckte ursprünglich der nicht erhaltene, wohl hölzerne Knebel. In der kleinen Öse ist die trapezförmige bronzene Schlaufe mit einem eisernen Scharnierstift befestigt. Durch die Trapezschlaufe führte der Zügelriemen. Der bronzene Bügel, in dem eine lange, gerippte Zwinge für den Backenriemen hängt, war über die große Öse gespannt und in den

Südlich des Reitergrabes 26 wurde das Frauengrab 115 gefunden, auch dieses war total gestört, die Skelettreste kamen alle in der Verfüllung des Raubschachtes zum Vorschein. Leider befanden sie sich nicht unter dem in die Anthropologie überführten Komplex. Nicht geraubt wurde der kostbare Halsschmuck mit vier Filigrananhängern und zwei Goldblechperlen (Abb. 37). Durch die kleinen kugeligen rot- und dunkelgrüngrundigen Glasperlen mit den blau- weiß-roten Schichtaugen (Abb. 38) ergibt sich

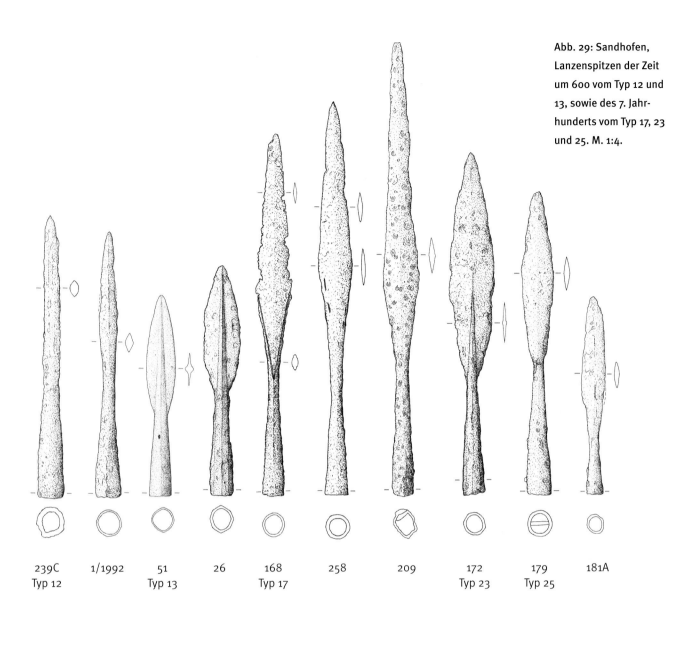

Abb. 29: Sandhofen, Lanzenspitzen der Zeit um 600 vom Typ 12 und 13, sowie des 7. Jahrhunderts vom Typ 17, 23 und 25. M. 1:4.

239C	1/1992	51	26	168	258	209	172	179	181A
Typ 12		Typ 13		Typ 17			Typ 23	Typ 25	

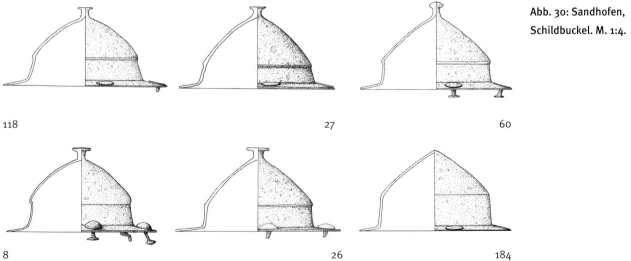

Abb. 30: Sandhofen, Schildbuckel. M. 1:4.

118

27

60

8

26

184

Abb. 31: Sandhofen, noch nicht restaurierter Schildbuckel mit einem ungewöhnlichen bronzenen Spitzenknopf aus Grab 31.

für Grab 115 eine Datierung in das letzte Viertel des 6. Jahrhunderts. Von einer mehrzonigen Scheibenfibel[14] wurden noch vier Almandinplättchen geborgen.

Die im 6. Jahrhundert erkennbare Sozialstruktur der Siedlergemeinschaft würde zu einer Siedlung Geroldisheim gut passen.

Wie sich die Siedlung im 7. Jahrhundert weiter entwickelte, ist noch offen, hier macht sich das Fehlen der Gräber am westlichen Gräberfeldrand bemerkbar. Auch wenn später erheblich weniger Krieger vor Ort ansässig waren, und die Siedlung nicht die Größe von Hermsheim erreichte, ganz unbedeutend war sie nicht, wie eine sehr qualitätvolle tauschierte eiserne Gürtelgarnitur der ersten Hälfte des 7. Jahrhunderts zeigt (Abb. 39). Eine wohlhabende Hofherrin wurde nach der Mitte des 7. Jahrhunderts im großen Kammergrab 260 an der Südspitze des Friedhofareals beigesetzt. Dort hatte ein kostbarer Tummler in einem Keramikgefäß die Störung überstanden (Abb. 40). Die Frau aus Grab 260 trug einst eine Scheibenfibel, die bei der Plünderung jedoch brutal herausgerissen wurde, denn nur Achshalter und Nadelrast blieben an dem damals vermutlich noch vorhandenen Gewand haften. Die Scheibenfibel trug das Pektorale mit der bronzenen kugeligen Amulettkapsel (S. 389, Abb. 30).

Beobachtete Bewuchsmerkmale westlich des Hohen Weges und nördlich der bisher freigelegten Fläche lassen hier auch größere Grabanlagen mit Kreisgräben erwarten. Derartige Anlagen wurden in Vogelstang und Straßenheim, links der Mannheimer Straße, in der zweiten Hälfte des 7. Jahrhunderts für privilegierte Personen angelegt.

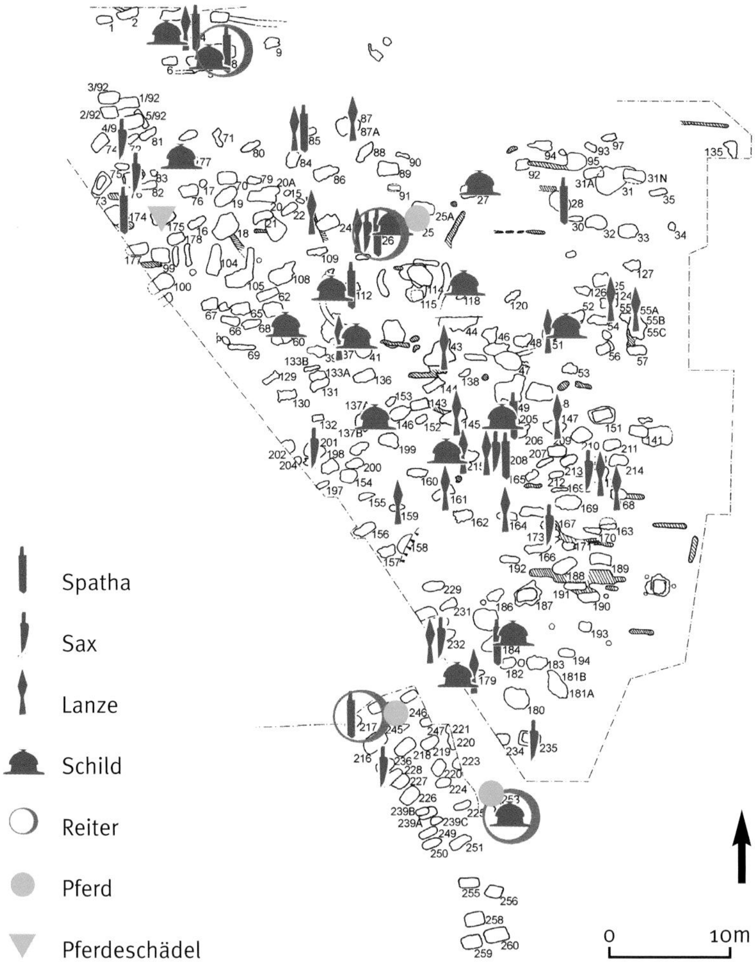

Spatha

Sax

Lanze

Schild

Reiter

Pferd

Pferdeschädel

0   10m

Abb. 32: Sandhofen. In den Gräberfeldplan sind alle noch vorhanden Waffen eingetragen.

Abb. 33: Sandhofen. Reitergrab 8. Kamm. M. 2:3. 1:2.

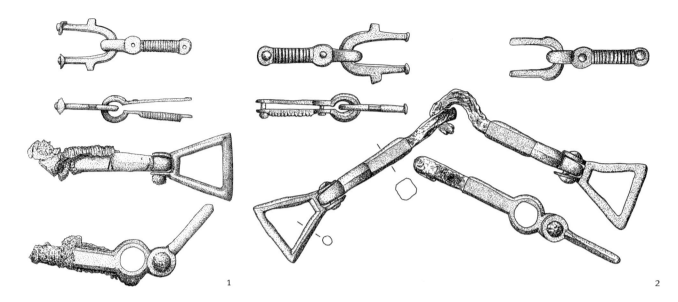

1   2

Abb. 34: 1 Sandhofen, Reitergrab 8. Trensen-
fragment aus Bronze und Eisen. 2 Schretzheim,
Kr. Dillingen a.d.Donau, Pferdegrab. Trense,
nicht erhalten sind die hölzernen Knebel.
M. 1:2.

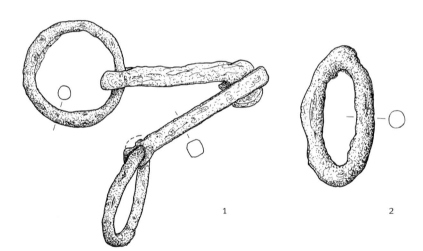

1   2

Abb. 35: Sandhofen, Reitergrab 26. Eiserne
Ringtrense und Schnallenbügel vom Bauchgurt.
M. 1:2.

Abb. 36: Sandhofen,
Frauengrab 86. Ganzflä-
chig cloisonnierte sil-
berne Scheibenfibel. In
den Zellen sind Granat-
plättchen (Almandin)
auf gegitterter Metallfo-
lie und blaues Glas ein-
gelegt. M. 1:1.

Abb. 37: Sandhofen,
Frauengrab 115. Vier
goldene Filigrananhän-
ger und zwei Goldblech-
perlen. M. 1:1.

Abb. 38: Sandhofen,
Frauengrab 115.
Glasperlen. M. 1:1.

Abb. 39: Sandhofen, eiserne Gürtelschnalle mit Silbertauschierung. M. 1:2.

Abb. 40: Sandhofen, Frauengrab 260. Tummler mit umgeschlagenem Rand, Dm. 10 cm.

3.3 Hermsheim – Gräberfeld auf dem Bösfeld, Gemarkung Seckenheim/ehemalige Gemarkung Neckarau

3.3.1 1902-1937: Grabungen des Altertumsvereins und Zufallsfunde

1901 war der frühmittelalterliche Friedhof von Hermsheim noch unbekannt. [15] Allerdings gab es zwei römische Reliefbilder aus Neckarau, die in der Toreinfahrt des Hauses von Altbürgermeisters Gund „seit alter Zeit" eingemauert waren und die aus dem ausgegangenen Dorfe Hermsheim stammen sollen. Die Reliefplatten von 110 cm Höhe, 74 cm Breite und 15-20 cm Dicke mit der Darstellung der Fortuna mit Teilen von Apoll und Merkur auf der einen und des Vulkan auf der anderen Seite wurden 1902 vom Altertumsverein aus der Wand heraus gebrochen und in die Sammlung aufgenommen. [16] Die Größe der Platten lässt vermuten, dass diese römischen Spolien von einem der spätmerowingischen Gräber auf dem Bösfeld stammen. Ähnliche römische Reliefs wurden auch bei einem 2002 geöffneten, aus Steinplatten errichteten Grab (Abb. 41) gefunden.

Der frühmittelalterliche Friedhof des aufgelassenen Dorfes Hermsheim wurde im Winter 1906-07 auf dem Bösfeld entdeckt. Sechs in zwei Reihen nebeneinander angeordnete Gräber mit Skeletten ließ der Mannheimer Altertumsverein unweit des Punktes, wo die Gemarkungen Feudenheim, Seckenheim und Neckarau zusammentrafen, ausgraben. Das erste Grab enthielt keine Beigaben. Bei dem zweiten handelte es sich um ein Männergrab aus der Mitte des 7. Jahrhunderts. Zur Bewaffnung gehörte eine 34 cm lange Lanzenspitze und ein schwerer Breitsax von knapp 53 cm Länge und 5 cm Breite. Von der Saxscheide stammen 59 kleine Bronzeniete und drei Saxscheidenniete mit den üblichen dreimal durchbohrten Köpfen. Der Mann trug einen Gürtel mit einer eisernen Schnalle und mehrteiliger Garnitur. Die eisernen Beschläge waren silbertauschiert, mit „verschlungenen Bändern und daneben herlaufenden feineren Linien". Rechteckige Bronzebeschläge und stangenförmige bronzene Ösenbeschläge ergänzten das Ensemble. Das Kindergrab 3 enthielt acht Perlen aus opakem Glas und einen 7,8 cm hohen Becher mit Rollrädchendekor. Im Frauengrab 4 streuten am Hals 44 lange und sechs halbe Perlen aus opakem Glas, in den alten Veröffentlichungen üblicherweise als „Tonperlen" bezeichnet. An der rechten Schulter wurde die bronzene runde Scheibenfibel mit Preßblechauflage und einem halbkugelförmigen Stück Glas in der Mitte gefunden (Abb. 42). Vom Nadelhalter und der Spirale auf der Rückseite war nur wenig erhalten. Da der mitgegebene Kamm in mehreren Stücken angetroffen wurde, könnte das Grab gestört und beraubt gewesen sein. Grab 5 enthielt nur Keramikscherben.

In der Fachliteratur gut bekannt ist das 1908 freigelegte Männergrab, das Joachim Werner 1935 ohne Autopsie in seine münzdatierten Grabfunde aufnahm [17] und dabei die Umzeichnung eines in der Badischen Heimat veröffentlichten Photos [18] abbildete (Abb. 43). Bei dem mit seinen Waffen beerdigten fränkischen Krieger fand sich neben dem Skelett eine Goldmünze mit dem Brustbild des Kaisers Justinian, die Gustav Christ 1911 genauer beschrieb: „Die etwas beschnittene, aber wenig abgenützte Münze hat einen Durchmesser von 10/11 mm, eine Dicke von ca. 1 mm und ein Gewicht von 4,5 gr. Sie besteht nicht aus reinem Gold." Die nach 538 geprägte Münze hat trotz des geringen Durchmessers

Abb. 41: Hermsheimer Bösfeld. Sandsteinplatte mit römischen Gottheiten, wieder verwendet bei einem Steinplattengrab.

Abb. 42: (links) Hermsheimer Bösfeld, Scheibenfibel von 1907.

das Gewicht von einem Solidus. Den Gürtel verschloss eine einfache ovale Eisenschnalle. Die Spatha war mit einem silbertauschierten Knauf versehen und steckte in einer Scheide mit bronzenen Randschienen. Auf dem schmalen Blatt der 22 cm langen Lanzenspitze ist ein leichter Grat erkennbar. Auf dem Rand des Schildbuckels mit zylindrischem Kragen und konischem Oberteil waren vier Niete mit gewölbten Bronzeköpfen erhalten. Zwei Pfeile mit Blattspitzen ergänzen die Waffenausstattung. Als Gefäßbeigabe ist nur eine Holzschale durch den zungenförmigen Randbeschlag aus versilberter Bronze nachgewiesen.

Diese älteren Funde sind nicht erhalten. Es existieren auch nur die schon genannten beiden Abbildungen von dem münzdatierten Männergrab und der Preßblechscheibenfibel. Dorothea Renner veröffentlich eine vor 1943 gesehene vom „Hermsheimer Bös-

Abb. 43: Hermsheimer Bösfeld, Männergrab von 1908.

feld" stammende durchbrochene Zierscheibe von 8,6 cm Durchmesser (Abb. 44) [19], für die es sonst keinen Hinweis gibt. Allerdings steht in den Akten des Altertumsvereins auch nur „Herr Kammerer aus Seckenheim grub im Jahre 1908 im Hermsheimer Bösfeld, wobei fränkische Reihengräber gefunden wurden".

Möglicherweise ist ein Grabfund von 1917 auf das Bösfeld zu beziehen, denn damals gehörte es noch zur Gemarkung Neckarau [20]: „In der Nähe von Neckarau wurde von Mannschaften einer Abwehrbatterie das Skelett eines Mannes, in dessen Rückgrat noch eine Pfeilspitze steckte, aufgefunden und von Professor Wörner nebst Beigaben ausgehoben."

Im Mai 1936 wurde auf dem Hermsheimer Bösfeld durch den zum Peilhäuschen führenden Kabelgraben ein „gestörtes merowingisches Grab" angeschnitten. Kurzsax, Messer und kleine bronzene Taschenschnalle sind noch vorhanden.

3.3.2 2002-2005: Archäologische Untersuchungen im größten Reihengräberfeld der Stadt

Die neuen archäologischen Untersuchungen fanden vom Frühjahr 2002 bis Januar 2005 statt, sie begleiteten den Bau der SAP-Arena und die Umgestaltung des Geländes an der Xaver-Fuhr-Straße. Vor den archäologischen Untersuchungen wurden ca. 15 Gräber durch den Minenräumdienst erfasst und von ehrenamtlichen Helfern geborgen. Dabei kamen auch Funde aus einigen zerstörten Gräbern zu Tage; auf dem Gräberfeld stand im zweiten Weltkrieg eine Flakstation. 2002 wurden im locker belegten nördlichen Areal 56 Gräber mit 64 Individuen unter den Befundnummern 101-169 geborgen. 2003 wurden die Be-

fundnummern 170-566 vergeben und 327 Gräber freigelegt. Wenn sich hinter jeder Fundnummer von 2004 bis Januar 2005 ein Grab verbirgt, wären es in diesem Zeitraum 466 Gräber und insgesamt seit 1906 etwa 873 Gräber (Abb. 45). Gemessen an dieser hohen Zahl ist der Anteil der zerstörten Gräber z. B. im Bereich der Flakstation vergleichsweise gering. Die genaue Zahl der Gräber wird aber erst nach der archäologischen Auswertung der Grabungsbefunde vorliegen und die Anzahl der bestatteten Personen erst nach der anthropologischen Untersuchung, denn besonders in spätmerowingischer Zeit wurden Gräber auch mehrfach belegt.

Die Belegungsdichte war auf dem Gräberfeld sehr unterschiedlich, die südliche Hälfte war außergewöhnlich dicht belegt. Auf engstem Raum, aber in unterschiedlichen Tiefen befanden sich die Bestattungen, bis zu viermal übereinander. Das hängt mit der Lage des Fundplatzes im Neckardelta zusammen; der Friedhof war schon während der Nutzung überschwemmt worden und die alten Grabstätten nach der Überflutung sicher nicht mehr kenntlich gewesen. Daher kamen auf der 160 m langen und 70 m breiten Fläche wesentlich mehr Gräber zu Tage, als zu erwarten waren.

Der extrem lehmige Boden zeigte kaum Verfärbungen, was die Suche nach den Bestattungen erschwerte. Erst tiefer im Sand oder Kies zeigten sich die Kammergräber, dann allerdings auch mit schönen Holzbefunden. In viele Grabkammern muss, als sie noch einen Hohlraum bildeten, Wasser eingedrungen sein. Diese Gräber sahen ziemlich verwüstet aus, waren aber nicht beraubt.

Wesentlich seltener als in den anderen Mannheimer Gräberfeldern wurde später geplündert, nur 20% der Gräber sind beraubt. [21] Vermutlich war es nicht nur für die Ausgräber schwierig, die Gräber zu finden, auch die Plünderer hatten Mühe, die Gräber zu orten, um das im 6. und 7. Jahrhundert mit ins Grab gegebene kostbare Metall wieder herauszuholen. Vor allem bei den Gräbern des 6. Jahrhunderts gelang ihnen dies nicht mehr. 7339 Datensätze zeigt die schon während der Grabungszeit vom Restaurator Bernd Hoffmann angelegte Datenbank, mit der die Funde im Magazin

Arbeitsplan des Gräberfeldes

Maßstab
0   10   20   30   40m

und Restaurierungsatelier verwaltet werden. Die Zahl der Fundstücke ist wesentlich höher, zu rechnen ist mit ca. 9500 Fundstücken, denn 680 Partien wurden im Block geborgen. Dies war vor allem notwendig, wenn sich durch die Metalloxide auch organische Materialien erhalten haben. Die Blockbergungen im Atelier unter restauratorischer Aufsicht freizulegen, wird noch viel Zeit kosten. Bevor eine Auswertung der Funde ernsthaft in Angriff genommen werden kann, müssen die Funde geröntgt und freigelegt sein und die Skelette anthropologisch untersucht. Ein Teil der Funde muss restauriert werden, denn ein Röntgenphoto verrät nicht alle Details.

Der digitalisierte Plan des Gräberfeldes, Grundlage aller Auswertungen, liegt allerdings schon vor (Abb. 45).

3.3.3 Beobachtungen zum Belegungsbeginn auf dem Bösfeld

Die Belegung auf dem Friedhof beginnt vor der Mitte des 6. Jahrhunderts. Im nördlichen Teil des Bestattungsareals befanden sich acht Gräber mit Axtwaffen, darunter die Gräber 132, 150 und 407 mit einer Franziska. In Grab 132 lag sie neben dem rechten Unterschenkel des Mannes. Auf dem rechten Unter-

Abb. 45: Hermsheimer Bösfeld, Plan des 2002-2005 ausgegrabenen Gräberfeldes in der graphischen Bearbeitung von Simone Tesch.

schenkel kam die Franziska in Grab 150 (Abb. 46) zu liegen, während der Kurzsax unter den Gürtel geschoben war. Nur einmal wurde eine Franziska im Grab eines voll bewaffneten Kriegers gefunden, nämlich in Bösfeld Grab 985. Axtwaffen waren im westlich-merowingischen Kulturkreis, d. h. bei Alamannen und Franken im späten 5. und 6. Jahrhundert üblich, während sie im östlich-merowingischen Kulturkreis bei Thüringern und Langobarden in dieser Zeit wenig verwendet wurden. Typisch fränkisch ist die Kombination von Franziska und Kurzsax wie in den Gräbern 132 und 150. Im östlich-merowingischen Kulturkreis der Thüringer kommt diese Kombination selten, in Weimar bei einem von 29 Kriegern vor.[22] Bei Langobarden gibt es diese Kombination nicht, schon weil Kurzsaxe hier im Gegensatz zum westlichen Merowingerreich nicht allgemein üblich waren.[23] Bald nach der Mitte des 6. Jahrhunderts kamen Axtwaffen aus der Mode. Der Mann aus Grab 150 trug einen Gürtel mit massivem bronzenem Schnallenrahmen und dickem Kolbendorn. Mit drei runden Hefteln war der um den Bügel geschlagene Riemen fixiert. Eine solche Schnalle, ebenfalls mit Kolbendorn und drei Hefteln wurde in Pleidelsheim Grab 15 bei einem 20-30 Jahre alten Krieger zusammen mit einer stempelfrischen, nach 542 geprägten Münze des Kaisers Justinian gefunden[24]. Auch der Hermsheimer Mann, der nach dem vollständigen Gebiss zu urteilen, ebenfalls nicht sehr alt wurde, dürfte im zweiten Viertel des 6. Jahrhunderts gelebt haben.

Die Frau aus Grab 403 (Abb. 47) war in der im 6. Jahrhundert üblichen Vier-Fibeltracht beigesetzt. Zwei kleine Scheibenfibeln mit radialem Kerbschnitt und einem roten Granat in der Mitte wurden in etwa 15 cm Abstand am Hals und auf der Brust neben der Wirbelsäule gefunden. Sie gehören zu den Leitformen der SD-Phase 4, dem ersten Viertel des 6. Jahrhunderts, tauchen aber auch im zweiten Jahrhundertviertel noch auf. Oberhalb des rechten Beckens wurden zwei Bügelfibeln mit einer gleichbreiten Fußplatte gefunden. In den fünf Knöpfen an der halbrunden Kopfplatte waren rote Granate eingelegt. Den Gürtel, der locker über der Hüfte hing, schloss eine Bronzeschnalle mit Kolbendorn, die auf dem Steißbein gefunden wurde.

Zwischen den Fibeln und dem rechten Ellenbogen streuten eine ganze Reihe Perlen, aus Bernstein, aus transluzid blauem und opak rotem Glas sowie der Glaswirtel aus grünlichem Glas mit opaker weißer gekämmter Fadenauflage.

Zu dem Bügelfibelpaar liegt eine sehr gute Parallele aus Grab 209 von Mannheim-Vogelstang vor (S. 217, Abb. 21). Die bronzene Bügelfibel stimmt im Kerbschnittmuster sowie den Kreisaugen auf dem Mittelsteg überein und zeigt ebenso Almandine in den ausgedrehten Knöpfen. Diese Fibeln wurden in Serien produziert, wahrscheinlich am Mittelrhein. Wie in Bösfeld Grab 403 trug auch die Frau vom Elkersberg in Vogelstang eine Bronzeschnalle mit Kol-

Abb. 46: Hermsheimer Bösfeld, Männergrab 150. 1 bronzene Gürtelschnalle, dahinter die Hefteln, 2 bronzene Taschenschnalle, 3 Franziska, 4 Krug.

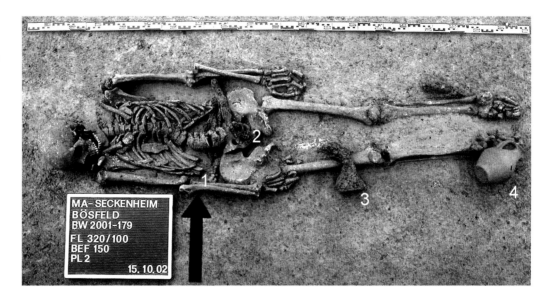

bendorn. Etwas qualitätvoller ist das Fibelpaar einer alten, etwa 6ojährigen Frau aus Mannheim-Vogelstang Grab 189 (S. 210, Abb. 13). Wegen einer dort mit gefundenen ostgotischen Münze des Totila (541-552) kam es nicht vor den vierziger Jahren des 6. Jahrhunderts in die Erde.

Im Fall von Bösfeld Grab 403 wäre das Sterbealter höchst interessant. Die brüchigen Knochen, die typisch sind für ältere Personen, sind schon auf den Photos zu erkennen. Und bei einem zahnlosen Unterkiefer fällt es nicht schwer, zu behaupten, dass es sich auch hier um eine sehr alte Frau handelt. Sie trug in Hermsheim den ältesten Fibelschmuck und sie steckte ihre Fibeln wie keine weitere oberhalb des Beckens, d. h. in einer Art, die schon aus der Mode gekommen war, als die Siedlung gegründet wurde. In allen anderen Frauengräbern lagen die Bügelfibeln bereits im Becken oder gar auf den Oberschenkeln.

Einzelne alte Personen, die einer Generation angehörten, die mehrheitlich noch an einem anderen Ort beigesetzt wurden und nicht an der Umsiedlung beteiligt waren, sind immer wieder in Gräberfeldern zu beobachten.[25] Da nun Siedlungsgründungen schwerlich von einzelnen Frauen vorgenommen werden, kam die Frau zweifellos in Begleitung wesentlich jüngerer Familien.

Der aktiven Gründergeneration von Hermsheim dürfte die Frau aus dem benachbarten Grab 416 angehört haben (Abb. 48). Sie trug am Oberkörper zwei kleine mit rotem Granat eingelegte Vogelfibeln, schon draußen auf der Grabung war das weiß eingelegte Auge, der hoch gebogene Schnabel, der kleine kreissegmentförmige Flügel und der sichelförmige Fuß zu erkennen, ähnlich einem Paar aus Arcy-Ste-Restitue (Dép. Aisne).[26] Die Datierung ergibt sich durch einen beim Reinigen des Schädels gefundenen Triens, vom Ostgotenkönig Athalarich auf den Kaiser Justinian geprägt (526-534). Aber auch das zugehörige knapp 9 cm große Bügelfibelpaar ist für die Datierung wichtig. Gute Parallelen liegen vor in Hüfingen Grab 318, Zöbingen an der oberen Jagst und Schretzheim an der Donau.[27] Die Frauen aus Schretzheim Grab 40 und 487 gehörten ebenfalls zur

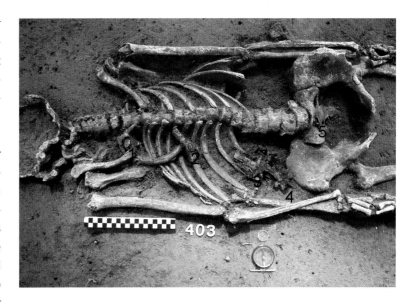

Gründergeneration[28], während die Frau aus Hüfingen eine langobardische S-Fibel der Zeit um 568 trug, dem Jahr der langobardischen Einwanderung nach Italien.

Einer der vornehmsten Krieger aus der Generation, die an der Siedlungsgründung beteiligt war, lag in Grab 356 (Abb. 49), unmittelbar südlich von Grab 132, in dem der mit Kurzsax und Franziska ausgerüstete Mann lag. Der Krieger in Grab 356 war bewaffnet mit der Spatha, die an seiner rechten Seite niedergelegt war und mit dem Griff an die Schulter stieß, sowie einer Lanze; ihm fehlte der typisch frän-

Abb. 47: Hermsheimer Bösfeld, Frauengrab 403. 1-2 Scheibenfibeln, 3-4 Bügelfibeln, 5 Schnalle.

Abb. 48: Hermsheimer Bösfeld, Frauengrab 416. Unter dem Kinn eine Vogelfibel, ganzflächig cloisonniert mit rotem Granat im silbernen Zellwerk.

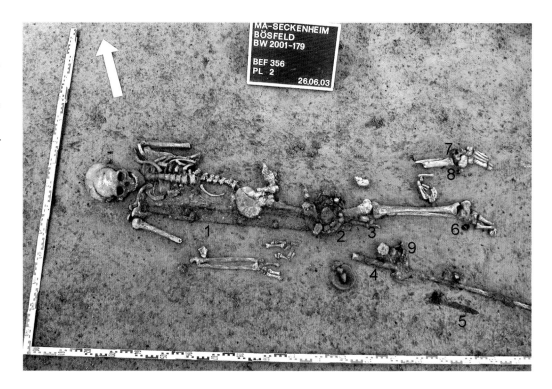

Abb. 49: Hermsheimer Bösfeld, Männergrab 356. 1 Spatha, 2 Schildbuckel, 3 Schildfessel, 4 Ango, 5 Lanzenspitze, 6-7 Schuhschnallen, 8 Plattensporn, 9 Sturzbecher.

kische Kurzsax. Der Schildbuckel mit flachen bronzeplattierten Nieten und die lange Schildfessel befanden sich auf dem rechten Oberschenkel.

Schuhe mit kleinen bronzenen Schnallen trugen im 6. Jahrhundert nur wenige Männer. In diesem Fall haben sie kleine rechteckige Laschen. Sporen waren im 6. Jahrhundert noch sehr unscheinbar, hier bestanden sie aus einem Bronzeknopf mit Stimulus. Es handelt sich um einen so genannten Plattensporn, der an der linken Schuhferse steckte. Das Fehlen eines Kurzsaxes spricht zusammen mit dieser Sporenform für eine Herkunft des Kriegers aus dem östlich-merowingischen Kulturkreis[29]; dennoch besaß der Krieger das Attribut eines Reiters im fränkischen

Heer, den langen Ango, der parallel zur Südwand gefunden wurde. Der Ango lag wie die Lanze daneben zweifellos auf dem Sarg, während der Glasbecher und eine mit Bronzebändern beschlagene Holzschale darin standen und sich nun unter dem langen eisernen Angoschaft befanden.

Unter den ersten Siedlern gab es zweifellos zahlreiche Familien, die aus dem westlichen Kulturkreis stammen, teilweise gehörten sie wie die nur mit der Axt bewaffneten Männer der Unterschicht an. Möglicherweise handelt es sich um Einheimische. Dass auch privilegierte Familien aus dem Westen kamen, zeigen z. B. zwei Frauen in westfränkischer Fibeltracht, die im Gegensatz zu der alten Frau aus Grab 403 eher in jungen Jahren an der Umsiedlung beteiligt waren.

Die Frau aus Grab 270 erreichte kein sehr hohes Alter; die Zähne sind alle noch vorhanden. Auf den Halswirbeln, ursprünglich wohl unter dem Kinn, steckte eine Scheibenfibel. Die Bügelfibeln kamen am unteren Beckenrand unmittelbar hintereinander zum Vorschein (Abb. 50). Beide Fibeln lagen mit der Schauseite nach unten und den Kopfplatten fußwärts; sie stießen etwa in Oberschenkelkopfhöhe zusammen. Die Schauseiten der 8,4 cm langen Fibeln waren zwar nicht sichtbar, aber schon auf den Gra-

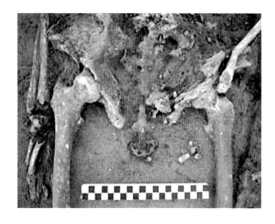

Abb. 50: Hermsheimer Bösfeld, Frauengrab 270. Zwischen den Schambeinen liegen hintereinander die beiden Bügelfibeln.

bungsphotos verrät die Fibelform mit den Vogelköpfen an der kleinen halbrunden Kopfplatte und den Vogelköpfen beiderseits des ovalen Fußes, dass es sich um einen aus dem Zentrum des Merowingerreiches stammenden Fibeltyp handeln muss. Das Röntgenphoto gab dann die Gewissheit, es ist ein Vorkommen des Typs Bréban[30]. Die halbrunde Kopfplatte bedeckt eine Zone mit radialem Kerbschnittdekor, die ovale Fußplatte ist zweizonig verziert mit spitzovalem Feld auf der Achse und seitlichen Leiterbändern. Almandine befinden sich in den Knöpfen und dem zungenähnlichen Abschluss der ovalen Fußplatte.

Der Fibeltyp Bréban, der auf dem Bösfeld außer in Grab 270 auch noch in Grab 267 und zwar zusammen mit cloisonnierten S-Fibeln gefunden wurde (Abb. 51) ist etwa in die Mitte des 6. Jahrhunderts zu datieren und kommt hauptsächlich zwischen Maas und oberer Seine vor. Am Rhein war er bisher außer in Bonn[31] nur durch ein Paar ohne Grabzusammenhang aus Eppstein bei Frankenthal bekannt[32]. Ein Neufund ohne Almandineinlagen in den Vogelköpfen und mit einem Tierkopfabschluss stammt aus Lauchheim an der oberen Jagst (S. 362, Abb. 57).[33]

Hinweise auf eine Herkunft aus dem östlich merowingischen Kulturkreis der Langobarden fanden sich auf dem Bösfeld vorzugsweise unter Angehö-

rigen der Oberschicht. Die Frau in Grab 148 (Abb. 52) lag wie die nach langobardischer Mode gekleidete Hofherrin in Vogelstang Grab 152B (vgl. S. 204) in einer aus Bohlen oder Brettern und Eckfosten konstruierten Holzkammer. Das Holz war noch erstaunlich gut erhalten. Die Frau trug kleine runde Scheibenfibeln, die mit Almandinen im einzonigen silbernen Zellwerk eingelegt sind. Ein Perlenstrang zog sich entlang der Wirbelsäule bis zum Becken hin. Auf dem Becken sichtbar war während der Ausgrabung nur die Bronzeschnalle, unter organischen Resten verborgen blieb das Bügelfibelpaar mit rechteckiger Kopfplatte, ovaler Fußplatte und Tierkopfende. Der gesamte Komplex wurde im Block geborgen und ist bisher nur durch Röntgenphotos bekannt. Zu diesem Bügelfibelpaar gibt es aber ein ähnliches Paar aus dem oberbayerischen Waging am See, wo der fränkische König Langobarden angesiedelt hatte.[34] Wie die Waginger Fibeln sind auch die aus Hermsheim mit einer Flechte auf der Kopfplatte verziert, abweichend zeigen die Hermsheimer das gleiche zweisträhnige dreizeilige Kerbschnittflechtband auf der Fußplatte.

Dazu gehörte in Hermsheim dann entsprechend östlich merowingischer, d. h. thüringisch-langobardischer Mode, ein kostbares mit silbernen Doppel-

Abb. 51: Herrnsheimer Bösfeld Grab 267. S-Fibeln mit Almandineinlagen unter dem Kinn und neben dem Brustbein.

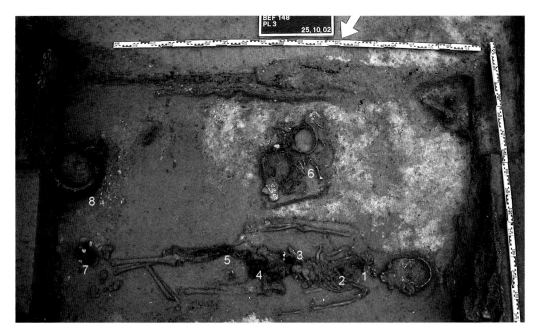

Abb. 52: Hermsheimer Bösfeld, Frauengrab 148. 1-2 Scheibenfibeln, 3 Ende des vom Hals bis zum Beckenrand reichenden Perlenschmucks, 4 Gürtelschnalle und verborgen unter organischen Resten ein Bügelfibelpaar, 5 Fibelgehänge, 6 Speise- und Gefäßbeigaben, 7 Glasbecher, 8 Holzeimer mit Eisenreifen.

beschlägen besetztes Ziergehänge[35], das in einer großen Bergkristallkugel endete. Solche Ziergehänge sind sowohl aus Straßenheim (Abb. 92) wie vom Elkersberg in Vogelstang bekannt.

Die nach langobardischer Mode gekleidete Frau in Bösfeld Grab 148 war offensichtlich Herrin auf dem Hof eines Kriegers im fränkischen Heer. Um die Verstorbene als Gastgeberin darzustellen, erhielt sie einen Schankeimer mit vier eisernen Reifen, gegabelter Attache und eisernem Henkel, der vor der Ostwand stand. Derartige Holzeimer sind in den Gebieten rechts von Mittel- und nördlichem Oberrhein häufig, stammen aber sehr wahrscheinlich aus den fränkischen Industrieregionen an der Maas, wo die ältesten Vorkommen zu verzeichnen sind[36]. In Straßenheim wurden zwei solcher Holzeimer gefunden (Abb. 53), auf dem Bösfeld ca. acht. Zu Füßen lag in Grab 148 ein geschweifter Sturzbecher. Rechts der Toten befanden sich die Speisen auf Holztellern, dort stand auch das Keramikgefäß, wie in Vogelstang Grab 152B ein nach langobardischen Vorbildern handgeformter Topf mit Riefen und plastischem Dekor.

3.3.4 Speisen und Getränke

Gefäße mit Speisen und Getränken standen in den Gräbern auf dem Bösfeld genauso häufig wie in Sandhofen oder Straßenheim, wo ebenfalls etwa

40 % der Gräber mindestens ein Keramikgefäß enthielten. Das Gräberfeld von Vogelstang ist wegen der Plünderungen im 19. Jahrhundert nur bedingt zu vergleichen: zu den 1965-1968 dort ausgegrabenen 148 Gräbern mit Gefäßen, etwa 32 %, müssen ca. 82 Gefäße aus den Grabungen des Altertumsvereins hinzugezählt werden, doch stammen diese zum Teil wiederum aus einer unbekannten Zahl von Gräbern, die später nicht mehr gefunden wurden. Bei den Glasgefäßen wird deutlich, dass ein Vergleich der Gräberfelder nur möglich ist, wenn die entsprechenden Zeitschichten ausgewählt werden. 9% aller Gräber vom Bösfeld enthielten ein Glasgefäß; in dem unvollständig erfassten Gräberfeld von Sandhofen liegt der Prozentanteil höher, weil dort der Anteil an Gräbern des 6. Jahrhunderts wesentlich höher liegt. Insgesamt entsprechen die Beigabensitten auf dem Bösfeld denen in Sandhofen, Straßenheim und Vogelstang.

Das Fleisch wurde wahrscheinlich auf Holztellern ins Grab gestellt, übrig blieben dann nur die Knochen. Häufig standen Schwein und Geflügel auf dem Speisezettel, nur vereinzelt wurden auch die sehr feinen kleinen Knochen von Fröschen beobachtet. Genauere Angaben wird erst die archäozoologische Untersuchung bringen. Zum Fleisch kamen Eier hinzu, von Hühnern, Enten und ganz sicher auch von Gänsen, denn einige Eier waren auffallend groß. In

18 % der Gräber wurden Eierschalen geborgen; in etwa einem Drittel davon waren Eier die einzige Speise. Sehr selten gab es Fisch; Fischgräten oder Fischwirbel wurden nur in neun Gräbern entdeckt, bei einem Kind, drei Frauen und fünf Männern. Da sich unter den fünf Männern drei Ango-Träger befanden, wird deutlich, dass Fisch trotz der Lage der Siedlung im Neckardelta eine exquisite Speise war. Nicht jedermann hatte das Recht zu fischen.

Die Beisetzung eines Toten war eine Handlung, die offensichtlich nach festen Regeln erfolgte, der vornehmste Krieger musste sich in allen Kategorien abheben, so bekam er in seiner Generation nicht nur die größte Kammer und die meisten Waffen sondern auch die vielfältigsten und kostbarsten Speisen.

3.3.5 Einige Anmerkungen zu den spätmerowingischen Gräbern

Ein deutlich sichtbarer Wandel zeichnet sich ab dem ausgehenden 7. Jahrhundert im Bestattungswesen ab. Die Beigaben wurden reduziert und bald gänzlich aufgegeben; nur Trachtaccessoires gelangten noch in die Gräber der Reichen. Doch auch als die Beigabensitte fast aufgegeben war, gab es für die führenden Familien Möglichkeiten, sich durch eine repräsentative Bestattung hervorzutun.

Zwei spätmerowingischen Gräbern auf dem Bösfeld lässt sich jeweils ein kreisförmiger Graben von ca. 8 m Durchmesser zuordnen. Im Allgemeinen werden die Kreisgräben wie bei dem wesentlich größeren Kreisgraben in Straßenheim als Relikte von Hügeln angesehen, es kann sich aber auch nur um eine Einhegung handeln. In einem dieser beiden auf dem Bösfeld besonders hervorgehobenen Gräber, Grab 118, lag eine Frau, die für spätmerowingische Verhältnisse auffällig reich ausgestattet war. Das Grab war zwar beraubt und stark durchwühlt, aber an der Perlenkette waren die Plünderer nicht interessiert. Die Lage der Perlen weist auf ein dreireihiges Collier hin (Abb. 54). Das Ensemble setzt sich zusammen aus monochromen doppelkonischen und flach mandelförmigen Perlen sowie vereinzelten polychromen mit der einfachsten Art des Dekors, nämlich aufgetropften Punkten. Als typisch spätmero-

Abb. 53 Straßenheim „Aue". Die Eisenbeschläge aus Grab 43 wurden auf einem neuen Holzeimer fixiert; die eisernen Eimerteile davor stammen aus einem Grab vom 24.2.1937.

wingisches Element treten kleine durchbohrte Molluskenscheibchen hinzu.

In dem gestörten Frauengrab 118 lag die 2,4 cm große Scheibenfibel mit gefasstem, einseitig geprägtem Silberblech (Abb. 55) nicht mehr im ursprünglichen Kontext. Sie blieb erhalten, weil Beigaben mit christlichen Symbolen – wozu auch Schrift im weitesten Sinn gehörte und der in diesem Fall ausgebrochene Herrscherkopf – bei Beraubungen oft im Grab belassen wurden.

Wohlhabende Familien, die über genügend Arbeitskräfte verfügten, ließen die Grabgruben ausmauern (Abb. 56). Das Baumaterial, so genannte Handquader, das die Hermsheimer nach den Beobachtungen von Hermann Gropengießer 1933/34 auch für die Fundamente ihrer Häuser verwendeten, bezogen sie aus römischen Ruinen. Der spätantike Burgus von Neckarau lag in erreichbarer Nähe, für dessen Bau wiederum Steine aus Ladenburg verwendet wurden. Oft klebte an den, also schon zu dritter Verwendung gekommenen handquaderförmigen Steinen römischer Mörtel; im 8. Jahrhundert wurden die Steine trocken versetzt, die Fugen in der Regel nicht mit Mörtel ausgestrichen. Nur einmal waren sich die Ausgräber sicher, dass die Steine des Grabes in Mörtel gesetzt waren.

Abb. 54: Hermsheimer Bösfeld, Frauengrab 118. Perlenkette in Fundlage.

Für zwei Gräber wurden große Sandsteinplatten gewählt (Abb. 57). Platten lagen auf dem Boden, standen an den Seiten und deckten ursprünglich die Gräber ab. Auch bei diesen Steinplatten handelt es sich um römische Spolien. Da die gemauerten Gräber nur wenig tief lagen, gingen die Deckplatten allerdings im Laufe der Zeit verloren, wie die schon erwähnten, bis 1902 in der Toreinfahrt eines Neckarauer Hauses eingemauerten Steine. Zum Teil waren die Wandplatten schon vom Pflug erfasst und bewegt worden. Die gemauerten Gräber hatten den Vorteil, dass sie ohne Mühe für eine Nachbestattung geöffnet werden konnten. In solchen Fällen wurden die Knochen der älteren Beisetzung in die Ecke geschoben. Nur über Verwandtschaftsanalysen der Anthropologie und mit naturwissenschaftlichen Datierungsmethoden könnte geklärt werden, ob und wie lange die alten Familien im 8. Jahrhundert noch auf dem Reihengräberfeld bestatteten.

3.3.6 Die besondere Quellensituation in Hermsheim

Das Gräberfeld auf dem Bösfeld ist außergewöhnlich groß, ist nahezu vollständig ausgegraben und erheblich weniger beraubt als die anderen Gräber-

felder. Den guten Erhaltungsbedingungen im feuchten feinen Schwemmlehm des Neckardeltas wurden die Grabungsmethoden angepasst, an vielen Stellen auch Holz und Textilien geborgen.

Das Gräberfeld vom Bösfeld dürfte einmal zum Maßstab werden, an dem sich alle anderen Gräberfelder am nördlichen Oberrhein messen müssen, und es wird stets bei der Interpretation der üblicherweise gestörten Befunde als Parallele heranzuziehen sein.

Abb. 55: Hermsheimer Bösfeld, Grab 118. Silberne Brakteatenfibel mit Umschrift. Durchmesser 2,4 cm.

Abb. 56 Hermsheimer Bösfeld, Grab 174. Aus römischen Handquadern trocken gemauertes Grab.

Dass sich die Bestattungssitten auf dem Bösfeld nicht von denen der übrigen Gräberfelder im Rhein-Neckar-Raum unterscheiden, zeigen z. B. die Gefäß- und Speisebeigaben, die stets von der Beraubung verschont blieben. Der prozentuale Anteil der Gefäße entspricht dem in anderen Gräberfeldern des Rhein-Neckar-Raumes.

Die Zahl der erhaltenen Metallfunde ist auf den ersten Blick enorm hoch, doch waren die benachbarten Gräberfelder einst ähnlich ausgestattet. 4% der Gräber auf dem Bösfeld enthielten eine Spatha, das sind 35 Schwerter. In Vogelstang sind aus 443 Gräbern nur vier Spathae erhalten, doch Reste von Spathascheiden und Spathagurtgarnituren zeigen, dass dort ursprünglich sogar 5 % der Gräber eine solche Waffe enthielten. Den 51 Schildbuckeln vom Bösfeld stehen in Vogelstang 13 Gräber mit Schildbuckeln und 18 weitere mit Fetzen von Schildbeschlägen gegenüber, das heißt dass in Hermsheim 5,8 % der Gräber einen Schild enthielten, in Vogelstang ursprünglich jedoch 7 %. Hier wird wiederum deutlich, dass die Zahlen so ungefiltert nicht verwendet werden können, denn auf dem Bösfeld sind die letzten Belegungsphasen mit den zahlreichen beigabelosen Gräbern wesentlich umfangreicher als in Vogel-

stang. Am deutlichsten zeigen aber die 54 Frauengräber vom Bösfeld, die Fibelschmuck enthielten, den enormen Quellenverlust in den anderen Mannheimer Gräberfeldern, in Vogelstang lässt sich Fibelschmuck nur in acht Gräbern nachweisen, in Sandhofen sind es fünf und in Straßenheim sechs.

Das Gräberfeld des alten Hermsheim ist für die Geschichte der Region ein Glücksfall. Es gibt vorzügliche archäologische Quellen und sehr frühe schriftliche Nachrichten. Die archäologischen Quellen vermitteln im wahrsten Sinn des Wortes ein Bild von Herimunt, dem Siedlungsgründer, seiner Familie, seinen Gefolgsleuten und deren Nachkommen. Nur anhand der neuen Gräber vom Bösfeld lässt sich das Bild einer Hofherrin im 6. (S. 140 f.) und auch im 7. Jahrhundert (S. 143 f.) zeichnen. Es ist davon auszugehen, dass die Vorfahren von Heriolf und Herisuind in dem Gräberfeld beigesetzt wurden. Diese Familie hob sich im 8. Jahrhundert durch besonderen Wohlstand hervor, der gleiche Wohlstand ist auch bei einem Siedlungsgründer vorauszusetzen. Wer also im 8. Jahrhundert für sein Seelenheil dem Kloster eine abhängige Bauernstelle (Hofraite, mansus) mit den zugehörigen Äckern, Wiesen und Weiden verschenkte, entstammte wahrscheinlich einer Fami-

Abb. 57: Hermsheimer Bösfeld, Grab 108. Ein im frühen 8. Jahrhundert aus römischen Spolien errichtetes Steinplattengrab, das mehrfach verwendet wurde und wegen der geringen Tiefe bereits vom Pflug erfasst war.

lie, die im 6. Jahrhundert ihre Männer mit Sporn, Ango, Spatha, (Sax), Lanze und Schild beisetzte und noch 7. Jahrhundert auch die Pferde mit bestattete. Ob dieses Bild stimmt, wird sich allerdings erst nach einer interdisziplinären Untersuchung aller 2002-2005 ausgegrabenen Funde zeigen.

3.4 Kloppenheim – Gräberfeld in Seckenheim-Hochstätt

Ein zu Kloppenheim/Clopheim gehörendes Gräberfeld war 1901 noch nicht bekannt.[37] Der erste Hinweis kam 1931, als zwei gemauerte Gräber entdeckt wurden, und zwar nordöstlich der Ansiedlung Hofstätt, die sich hier seit der Eröffnung des Bahnhofes Seckenheim a. 1876 als Wohnplatz entwickelte. Ein Skelett kam im Mai 1963 bei Polygonierungsarbeiten im Rahmen des Autobahnbaus zu Tage. „Grab neben Grab, zum Teil zwei- bis dreifach belegt" lag dann 1966/67 in einem 25 m langen Baggerschnitt, den Erich Gropengießer 1966/67 bei den Rettungsgrabungen im Zusammenhang mit dem Autobahnbau zog. Da die Bestattungen alle beigabelos waren, unterblieb eine genauere Dokumentation. Planskizzen fertigte Gropengießer nur für fünf Gräber an, die im November 1966 nordwestlich der Landstraße aufgedeckt wurden.

Das Männergrab 1 war alt gestört, der Schädel war bis zum linken Oberschenkel gerollt, nur die Beine befanden sich noch in ursprünglicher Lage; sie lagen relativ weit auseinander. Dass ein knapp 57 cm langer Breitsax außen parallel zum rechten Bein abgelegt war, konnten die Plünderer nicht wissen, üblicherweise steckte ein Sax am oder unter dem linken Arm. Zwei eiserne Saxscheidenniete mit leicht gewölbten Köpfen auf bronzenem Unterlegblech mit geperltem Rand sind für die Datierung wichtig, denn gleichartige sind aus Calw-Stammheim Grab 18 bekannt[38], so kann das Hochstätter Grab in SD-Phase 11 (ca. 670-690) datiert werden. Dazu passt sehr gut der dreieckige Feuerstahl mit aufgebogenen Enden und auch ein auf beiden Seiten gleich dicht gezähnter sehr langer Kamm.

Zu den charakteristischen Formen der spätmerowingischen Phasen gehört der Kamm mit dreieckig vorspringenden Seitenplatten vom Typ Wenigumstadt aus Grab 9 (Abb. 58).

Die Gräber 2-3 waren beigabelos, doch das unter Grab 3 angetroffene Grab 4, das nicht vollständig geborgen wurde, enthielt einen 68,2 cm langen Sax mit einem Messer (Abb. 59). Die sogenannten Langsaxe treten ab SD-Phase 12 (ca. 690-710) auf[39].

Die spätmerowingischen Gräber enthalten kaum noch Beigaben, so wurden in Grab 5 ein Messer und ein Bronzering gefunden, in einem weiteren ebenfalls als Grab 5 bezeichneten Grab ein dünnes Bronzeblech. Von Grab 6 gibt es keine Dokumentation, nur eine Auflistung der Funde. Demnach gehörten zwei Pfeilspitzen, eine mit rautenförmigem Blatt und eine mit Widerhaken, das Fragment eines doppelreihigen grob gezähnten Kammes und ein enger doppelkonischer Topf mit Rollrädchendekor zur Ausstattung (Abb. 60). Ähnliche Inventare finden sich häufig in Knabengräbern. Ein Messer und ein Topf mit Rollrädchen und Gitterstempeln wurden in Grab 7 gefunden.

Zu einem der ältesten Gräber im Gräberfeld von Clopheim in der Flur Hochstätt auf der Gemarkung Seckenheim gehört Grab 8 (Abb. 61). Der Mann war mit einem schweren Breitsax gerüstet, 17 cm lang war allein die Griffangel. Von der Scheide haben sich vier bronzene Niete erhalten mit hohen, hohlen Köpfen, die durch ein mitgegossenes Dreipassmuster verziert sind. Die Form von Sax und Nieten ist typisch für SD-Phase 10 (ca. 650-670). Der Gürtel war mit einer mehrteiligen bronzenen Garnitur bestückt. Bronzegarnituren mit dreieckigen Beschlägen sind zwar recht langlebig, typisch für die jüngeren Varianten sind die relativ schlanken Beschläge. Ein doppelreihiger Kamm ergänzt die Ausstattung. Der hohe doppelkonische Topf mit Rollrädchendekor auf der durch Wülste gegliederten Oberwand hat gute Parallelen in Gräbern der SD-Phasen 9-10 von Vogelstang und vom Hermsheimer Bösfeld.

Die prächtigste Ausstattung hatte Grab 10, das am 17.11.1966 zu Tage kam (Abb. 62). Leider beschränkt sich die Dokumentation auf knappe Angaben in einer Liste. Wahrscheinlich war das Grab alt gestört, denn es fehlt die Spatha, obgleich Teile des Wehrgehänges gefunden wurden. Dazu gehörten eine eiserne Schnalle mit hohem silber- und messingtauschiertem Bügel und trapezoidem messingtauschiertem Beschlag sowie ein ebenfalls mit Silber- und Messingfäden tauschierter Rautenbeschlag; zu erkennen sind zwei verschlungene Leiber und beißende Tierköpfe im Stil stark vereinfachter Tierornamentik.

Außer der Spatha war der Krieger mit einer Lanze bewaffnet, die etwa 40 cm lange Spitze mit rautenförmigem, unverziertem Blatt und abgerundet achtkantiger Tülle dürfte in der Ecke gesteckt haben.

Der Schildbuckel mit gewölbter Haube und dreiflügeligem stempelverziertem Kuppenbeschlag aus rötlicher Bronze (oder Kupfer) trägt seit der – schon bald nach der Auffindung erfolgten – Restaurierung auf dem Rand acht stempelverzierte Bronzeniete mit gewölbten Köpfen und Spuren von Vergoldung. Da bei einem Schildbuckel üblicherweise fünf, vereinzelt auch vier Niete auf dem Rand sitzen, war ursprünglich wohl der Schild mit den überzähligen Knöpfen verziert. Zwei Niete aus der gleichen rötlichen Bronze mit flachen Köpfen und abgeschrägtem Rand gehörten zu einer kurzen, bandförmigen Schildfessel.

Die hohen Schildbuckel mit kreuzförmigem oder dreiarmigem punzverziertem Kuppenbeschlag lehnen sich in Form und Verzierung eng an die langobardischen Schildbuckel an. Ob derartige Schildbuckel auch aus mittelrheinischen Werkstätten stammen können, da sie hier relativ zahlreich vorkommen, und lediglich Imitationen langobardischer Vorbilder sind, steht schon seit über 50 Jahren zur Diskussion[40].

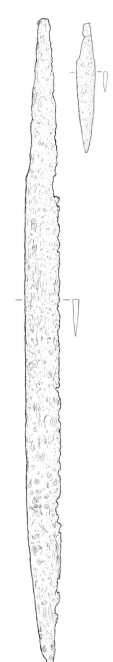

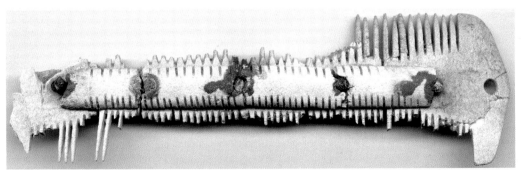

Abb. 58: Seckenheim-Hochstätt, Grab 9. Doppelreihiger Kamm. L. 14,6 cm.

Abb. 60: Seckenheim-
Hochstätt, Grab 6.
Zwei Pfeile und ein Topf.
M. 1:4.

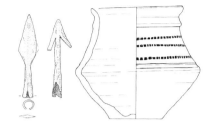

Gute Parallelen zu dem 8,5 cm hohen Schildbuckel
aus Seckenheim-Hochstätt stammen aus Osterburken [41], Dietersheim in Rheinhessen [42] und Eppstein
bei Frankenthal Grab 316 [43]. Nur die Endplatten der
dreiarmigen Kuppenverzierungen sind unterschiedlich geschnitten, der Punzdekor stimmt dagegen
überein. Gemeinsam haben alle vier Schildbuckel
die Niete mit gewölbten Köpfen. Bisher liegt für diese
kleine Gruppe noch keine Parallele aus Italien vor.

Das Grab von Osterburken enthält ein typisches Inventar der SD-Phase 10 [44]. Eppstein Grab 316 datiert
Christoph Engels aufgrund der vielteiligen Gürtelgarnitur mit schmalen plattierten Beschlägen in SD-
Phase 11. In Hochstätt Grab 10 wird diese Datierung
durch eine vielteilige eiserne Gürtelgarnitur mit langen schmalen Beschlägen und Riemenzungen ge-
stützt; allerdings bestehen erhebliche Zweifel, ob
bei der 1967 erfolgten Restaurierung immer die
passenden Teile zusammengefügt wurden. Die Reiter von Osterburken und Eppstein waren mit Spatha,
Sax und Lanze gewaffnet, wie die Spatha dürfte in
Hochstätt Grab 10 auch der auf dem Oberkörper ab-
gelegte Sax geraubt sein. Um einen Reiter handelt
es sich hier allerdings nicht.

Wenige Beigaben führende Gräber neben einer Fülle
beigabeloser Bestattungen zeigen eindringlich, dass
in Seckenheim-Hochstätt ein spätmerowingischer
Friedhof aufgedeckt wurde. Die Belegung beginnt mit
zwei Männergräbern in SD-Phase 10, d.h. bald nach
der Mitte des 7. Jahrhunderts. Es gibt keine Hinweise,
dass in dem Ausbauort Clopheim eine vermögende
Familie mit einem Reiter an der Spitze lebte. Hier gab
es keine Gruppe, die den alten Familien aus Feudenheim, Geroldisheim, Hermsheim oder beim Elkersberg vergleichbar ist.

Abb. 61: Seckenheim-
Hochstätt, Grab 8.
1 Sax, 2 Saxscheiden-
niete, 3 Topf, 4 bron-
zene Gürtelgarnitur,
5 Doppelreihiger
Kamm. M. 1.3 M. 1:4;
2.4 M. 1:2; 5 M. 1:1.

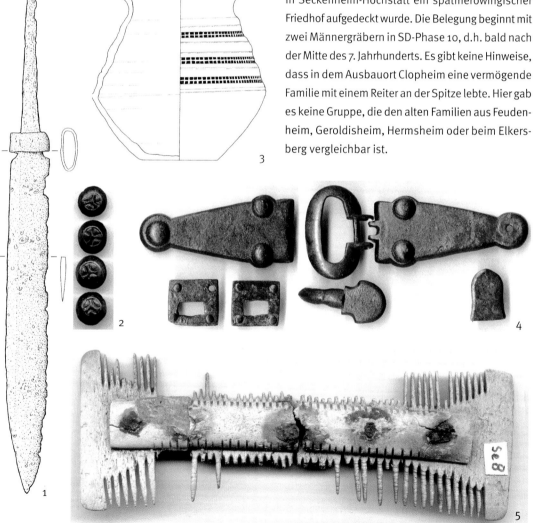

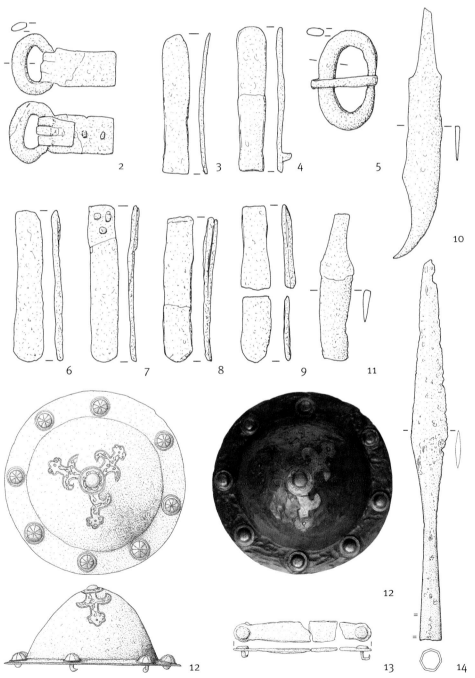

Abb. 62: Seckenheim-
Hochstätt, Grab 10.
1 eiserne Spathagurt-
garnitur mit Messing-
tauschierung, 2-9
vielteilige eiserne Gür-
telgarnitur, 11 Messer,
10 Rasiermesser, 12 ei-
serner Schildbuckel mit
Nieten und Beschlägen
aus kupferhaltigem
Metall; 13 Schildfessel,
14 Lanzenspitze.
1 M. 1:1; 2-11 M. 1:2;
12-14 M. 1:4.

3.5 Sandhofen – Gräber in der Spinnereistraße

Im Oktober 1953 wurden bei Kanalisationsarbeiten in der WO verlaufenden Spinnereistraße, nördlich der Häuser Nr. 18 bis 22 neun Bestattungen angeschnitten[45]. Da der 1,1 m breite Kanalisationsgraben jeweils sofort eingeschalt werden musste, war nur in einem Fall eine vollständige Freilegung des Grabes möglich. Franz Gember fertige von diesem beigabelosen Grab 3 eine Befundskizze an (Abb. 63). Das Grab war ungefähr S60°W-N60°O gerichtet. Die erwachsene Peson lag gestreckt auf dem Rücken und hatte die Hände im Schoß gefaltet. In merowingerzeitlichen Gräberfeldern ist es üblich, die Arme seitlich anzulegen. Grab 3 hatte eine Bestattung aus dem späten 7. Jahrhundert gestört. Dieses ältere Grab 3a enthielt eine spätmerowingische Keramikschale mit abgesetztem Fuß und Rädchendekor auf der steilen Oberwand. Zu den ältesten Funden an der Spinnereistraße gehört der in Grab 4 enthaltene hohe engmundig Topf mit Rädchendekor auf der durch umlaufende Wülste gegliederten Oberwand (Abb. 64). Vergleichbare Formen liegen aus dem Gräberfeld von Vogelstang vor und sind dort in die Mitte des 7. Jahrhunderts zu datieren. Der Mann in Grab 2 war mit schwerem Breitsax und 33 cm langer Lanze mit Weidenblatt und kurzer geschlossener Tülle bewaffnet. Von dem frühmittelalterlichen Friedhof liegt zwar nur ein sehr kleiner Ausschnitt vor, doch lässt sich

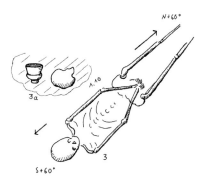

Abb. 63: Sandhofen, Spinnereistraße Grab 3. Befundskizze von Franz Gember.

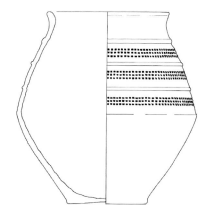

Abb. 64: Sandhofen, Spinnereistraße Grab 4. Topf mit Rollrädchendekor. M. 1:4.

durch die erhaltenen Beigaben eine mäßige Ausstattungsqualität und eine Belegung von der Mitte des 7. Jahrhunderts an nachweisen. Die von Gember angefertigte Skizze des beigabelosen Grabes zeigt darüber hinaus, dass der Friedhof auch in nachmerowingischer Zeit noch belegt wurde.

3.6 Straßenheim – Gräber in der Flur „Links der Mannheimer Straße"

Durch zwei Steinplattengräber und zwei einfache Körpergräber wurde die Fundstelle bereits 1968 bekannt. 2000-2001 erforderte darum der Bau eines Aussiedlerhofes eine archäologische Untersuchung der betroffenen Fläche. Zum Vorschein kamen insgesamt zwei große Kammergräber, von denen eines von einem Kreisgraben mit drei Erdbrücken umgeben war und unter einem Hügel lag, ein Grab mit drei Pferden, sieben Sandsteinplattengräber mit mindestens 12 Bestattungen und 23 Erd- bzw. Sarggräber (Abb. 65). Wurde in einem Steinplattengrab mehrmals bestattet, lag die jüngere Bestattung dabei entweder unmittelbar auf der älteren oder das Skelett des zuvor Verstorbenen war zur Seite, bzw. am Fuß- oder Kopfende zusammen geschoben. Auf einem Steinpflaster ruhte der oder die Bestattete in Grab 22A (Abb. 66). Grab 22A war in die Grube des großen Kammergrabes 22B eingetieft, dessen Umriss sich im Boden deutlich abzeichnete. In Grab 36 war ein kaum 1 m großes Kind mit dem Kopf und mit den Füßen auf zwei Teilen eines zerborstenen Mühlsteines gebettet. Die

Steinplattengräber waren wie auch die einfachen Erdgräber nicht sehr tief ausgehoben, es ergab sich eine maximale Differenz von 45 cm. Nur das dreifach belegte Grab 32 (Abb. 67) reichte einen Meter tiefer als das Plattengrab 11, das die geringste Tiefe aufwies. Ganz bewusst wurden 13 Tote in den älteren Kreisgraben gebettet, und zwar in den nordöstlichen und den südlichen Grabenabschnitt, dadurch lagen sie tiefer als die meisten Steinplattengräber. Eine Bestattung kam im nordwestlichen Grabenabschnitt zu Tage. Obgleich dieser Grabenabschnitt flacher war als die beiden anderen, wurde die Grabgrube hier tiefer als alle anderen einfachen Gräber ausgeschachtet. So konnten sich in Grab 27D deutliche Spuren eines Baumsarges erhalten. Außer einfachen Schnallen, einem Messer, einzelnen Perlen oder Gefäßböden aus Keramik gab es keine Beigaben in diesen Gräbern.

90 cm unter dem Steinplattengrab 22A befand sich die etwa in der Mitte des 7. Jahrhunderts angelegte 1,9 m breite und 2,3 m lange Holzkammer von Grab 22 (Abb. 68). Die Bestattung war bis auf die Unter-

schenkel gestört. Am linken Fuß steckte der eiserne Sporn. Von einem langobardischen Schildbuckel, der sicher auch eine bronzene Kuppenzier aufwies, haben sich nur die beiden bronzenen vergoldeten Zierniete mit eingraviertem und gepunztem Kreuz erhalten (Abb. 69). Gleichartig verzierte Nietköpfe liegen aus Gammertingen vor[46] und zusammen mit jeweils einem vierarmigem Kuppenbeschlag aus Westernhausen im Hohenlohekreis[47] und aus einem langobardischen Grab in Boffalora d'Adda.[48] Bei einem Schildbuckel mit unbekanntem Fundort im Museum Speyer[49], dem die Kuppenzier fehlt, sind die Kreuze mit Punktstempel ausgeführt.

Neben dem rechten Knie blieb der größte Teil einer bronzenen Garnitur des einst um die Schwertscheide gewickelten Wehrgehänges liegen (Abb. 70), es fehlt die größere Schnalle. Vorhanden sind die für Spathagurtgarnituren typischen beiden ungleich großen Riemenzungen, die kleinen rechteckigen und rautenförmigen Beschläge und der lange, sogenannte Schlaufenbeschlag, bei dem die vorderen

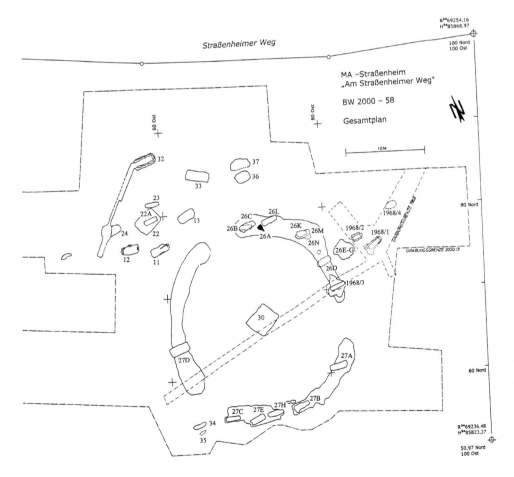

Abb. 65: Straßenheim „Links der Mannheimer Straße", Gräberfeldplan, graphische Bearbeitung von Oliver Klaukien.

Abb. 66: Straßenheim „Links der Mannheimer Straße", Grab 22A mit Steinpflaster in der großen Grube von Grab 22B.

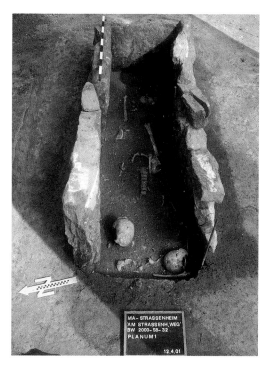

Abb. 67: Straßenheim „Links der Mannheimer Straße", Steinplattengrab 32.

Nieten weit zurückgesetzt sind und auf der Unterseite eine breite Schlaufe angebracht ist, in diesem Fall aus zwei Stegösen mit einem durchgezogenen Eisenstift. Die Niete sind durch gewölbte Köpfe mit tordiertem Silberdraht an ihrer Basis beton. Die gegossenen Beschläge sind kerbschnittartig verziert. Sie zeigen bis auf die kleinen Beschläge germanische Tierornamentik im Stil II, die auf dem Schnallenbeschlag und dem langen Riemenbeschlag durch zwei schmale Leisten zwischen den vorderen und dem hinteren Niet gegliedert ist. Das Mittelfeld weitet sich vor den vorderen Nieten. In das Ornament ist kein Flechtband integriert, es besteht ausschließlich aus Tierdetails. Die Köpfe sind durch ein Punktauge mit schwungvoller Augenumrandung gekennzeichnet, an die lange Kiefer anschließen; erkennbar sind lange Schenkel mit kurzen Krallen. Alle Details sind mit den fadenartigen Körperlinien verflochten. Gut erkennbar sind die Tierköpfe, die den Dekor des trapezoiden langen Schlaufenbeschlages rahmen:

Vor den beiden Nietköpfen sind je ein Tierkopf mit rundem Auge und geöffnetem Kiefer sowie nach außen gerollter Unterlippe erkennbar; die ausgerollte Unterlippe könnte auf ein Pferd hinweisen. Hinter den Nietköpfen folgt an jeder Seite ein Eberkopf, der wegen des durch den Oberkiefer hindurch stoßenden Hauers leicht zu identifizieren ist. Im Mittelfeld des Schlaufenbeschlags sind die verflochtenen Tierdetails ebenso wie auf den Riemenzungen und dem Schnallenbeschlag kaum noch zu identifizieren, hier fallen die Krallen in den Ecken besonders auf. Vergleichbare aus Bronze gegossene kerbschnittverzierte Spathagurtgarnituren mit Tierornamentik sind kaum zu finden. Da in den Zentren des Merowingerreiches die Beigabensitte bereits aufgegeben war, geben nur wenige Grabfunde aus den Randgebieten Hinweise, dass derartige Schwertriemenbeschläge in den linksrheinischen Gebieten verwendet wurden, z. B. aus Grab 364 von Nouvionen-Ponthieu im Dép. Somme[50], die der Garnitur aus Straßenheim aber schon in der Form wenig ähnlich ist. Auch mit einer Garnitur aus dem weiter nördlich gelegenen Anderlecht bei Brüssel[51] gibt es trotz ähnlicher Gliederung in der Auswahl und den Formen der Tierköpfe keine Übereinstimmung. Bedeu-

tende Werkstätten, die tierornamentierte Kerb-
schnittbronzen für Gürtel- Wadenbinden- und Schuhgarnituren herstellten, gab es in der Alamannia. Bei
den Schwertgurtgarnituren kommen Schlaufenbe-
schläge mit breiter, gerade abschließender Vorderkante wie in Deißlingen Grab 43[52] vor, die kaum von
Gürtelbeschlägen zu unterscheiden sind und zu
denen wohl auch der Beschlag von Gammertingen[53]
gehört. Die Tierornamentik ist ähnlich fadenartig aufgelöst wie auf der Straßenheimer Garnitur.

Bei einer zweiten Gruppe passt sich der vordere Teil
des Schlaufenbeschlags wie in Straßenheim im Umriss dem Tierornament an. In Buggingen-Weckers-
graben Grab 20 rahmen an dieser Stelle zwei Vogelköpfe eine menschliche Maske.[54] Wie in Straßenheim
stoßen auch in Neuhausen ob Eck (Kr. Tuttlingen)
Grab 1 an der Vorderkante des Schlaufenbeschlags
zwei Tierköpfe mit geöffneten Kiefern und nach
außen gerollten Unterlippen zusammen.[55]

Bei der regionalen Zuordnung der Straßenheimer
Garnitur gemahnt eine schon von Bernhard Salin[56]
abgebildete Riemenzunge aus „Rheinhessen" mit
einem ähnlich fadenartig aufgelösten Tierornament
und Köpfen aus hakenförmig umrandeten Punkten
zur Vorsicht. Aus der Mitte des 7. Jahrhunderts,
Menghins Zeitgruppe F der merowingischen Schwert-
gräber[57], sind die Spathagurtgarnituren der Krieger
vom Mittel- und nördlichen Oberrhein weitgehend
unbekannt.

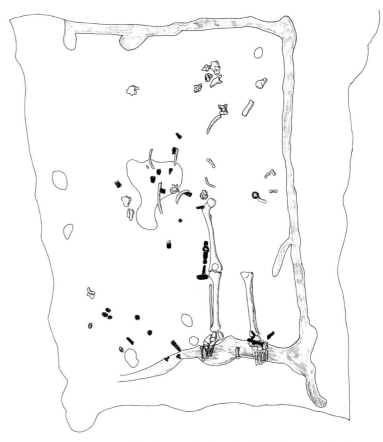

Abb. 68: Straßenheim „Links der Mannheimer Straße", Kammergrab 22B.

Abb. 69: Straßenheim
„Links der Mannheimer
Straße", Grab 22B.
Bronzene vergoldete
Schildniete. M. 1:1.

Abb. 70: Straßenheim
„Links der Mannheimer
Straße", Grab 22B.
Bronzene Spathagurt-
garnitur und zwei Pyra-
midenknöpfe.

3.6.1 Der Grabhügel eines adeligen Herrn

Beeindruckend muss die Anlage des etwas jüngeren Grabes 30 aus dem dritten Viertel des 7. Jahrhunderts gewesen sein. Der mächtige Kreisgraben hatte einen äußeren Umfang von 25 m. An drei Stellen war er unterbrochen. Die Sohlen der Grabenabschnitte schwankten erheblich, und reichten etwa 1 m bis 1,80 unter den Humus.

Das zentrale Grab 30 lag 2 m tief unter dem Humus; in der etwa 18 m³ großen Grabgrube stand eine 2,5 m lange und 1,9 m weite hölzerne Grabkammer (Abb. 71), die nur wenig größer war als die Kammer des älteren Grabes. Sie war mit einem Holzboden ausgelegt, dünne Pfosten standen außen an den Ecken, und die mindestens 90 cm hohen Wände waren aus 5 cm starken Holzdielen errichtet. Außerhalb der Kammer war die Grube zunächst bis zu 50 cm über der Sohle wieder aufgefüllt worden. Von diesem Laufhorizont hatten die Trauernden vermut-

lich die Beisetzung vorgenommen. Über dem Grab dürfte sich der Aushub der Grabenabschnitte und der großen Grube zu einem Hügel aufgewölbt haben. Auf dem Hügel stand offensichtlich in zweiter Verwendung die Bekrönung einer römischen Viktoria-Säule, ein 0,9 m hoher Sandsteinzapfen mit Pflanzendekor und einem profilierten Knopf auf der Spitze (Abb. 72). Einen vergleichbaren Dekor zeigt das Kopfstückfragment einer Inschriftsäule aus dem Badegebäude des Kohortenkastells in Miltenberg[58] Die Säulenbekrönung von Straßenheim war später in den Graben gerollt und gut erhalten.

Der Platz für Grab 30 und den Hügel darüber war in Straßenheim „Links der Mannheimer Straße" mit Bedacht gewählt. Er befand sich unmittelbar über der Niederung des Nordneckars, und zwar genau an der Stelle, wo sie von der Römerstraße Ladenburg-Worms (vgl. S. 17, Abb. 1) überquert wurde. Von Ladenburg kommend erschien der Hügel dadurch noch mächtiger.

Spätmerowingische Grabhügel haben öfter eine in der Landschaft herausragende Lage, auf einer Anhöhe, einer Terrassenkante oder einem Bergsporn, oder stehen in Beziehung zu alten Wegen[59]. Sie stehen zwar im krassen Gegensatz zu den etwa gleichzeitigen separaten Bestattungen in oder bei Kirchen, doch bezweifelt Hermann Ament, dass sie Bekundung eines ausgeprägten Heidentums waren und einen sicheren Aufschluss über das religiöse Bekenntnis geben. Mit dem vertieften Verständnis der christlichen Lehre wird diese Bestattungsform dann allerdings aufgegeben[60]. Nach Heiko Steuer waren Grabhügel keinesfalls Ausdruck wieder belebten Heidentums, sondern sollten besondere Repräsentationswirkungen haben[61].

Zur Ausstattung des Herrn von Straßenheim gehört ein kleiner Beschlag in Form eines lateinischen Kreuzes (Abb. 73), dessen Verwendungszweck zwar unbekannt ist, der aber zumindest unterstreicht, dass die Beisetzung im Grabhügel kein Ausdruck einer antichristlichen Einstellung ist.

Die Bestattung war beraubt, sie war so total durchwühlt, dass kein Knochen am ursprünglichen Platz

Abb. 71: Straßenheim „Links der Mannheimer Straße", Grab 30. In der großen hölzernen Grabkammer bot sich ein Bild totaler Verwüstung. M. 1:20.

liegen blieb. Dennoch waren bei der Ausgrabung über 100 Fundzettel notwendig, um alle in der Grabeinfüllung verstreuten Relikte zu erfassen. Der Tote in Straßenheim Grab 30 war in einem Gewand mit Goldbrokatborten bestattet worden. Die in der Grubenfüllung vorgefundenen Goldlahne (Abb. 74) geben allerdings keinen Hinweis mehr, ob sie zu Borten eines Mantels gehörten, ähnlich dem von Großhöbing[62], oder die Beinkleidung schmückten wie bei einem Herrn in Straubing-Alburg[63].

Als Obolus hatte man dem Straßenheimer Herrn eine kleine Goldmünze, einen Triens im Wert eines Drittelsolidus (Abb. 75), mitgegeben, vermutlich auf den

Mund gelegt. Zur Münze gibt es noch keine Parallele. Als Vorbild für die stark stilisierte Darstellung eines spitzbärtigen Herrschers in Frontalansicht kommen Münzen des byzantinischen Kaisers Phokas (607–608) in Betracht. Mit der dreieckigen Kopfform, dem spitzen von Phokas kreïrten Bart und den langen Haaren passt das Porträt zu den Abbildern langobardischer Adeliger der ersten Hälfte des 7. Jahrhunderts, wie sie uns u.a. von ihren Siegelringen aus Trezzo bekannt sind[64]. Die Straßenheimer Abbildung zeigt jedoch keine Gesichtsflächen, die Darstellung ist ausschließlich linear aus Graten aufgebaut.

Die gescheitelten seitlich lang herabfallenden Haare hat das Porträt mit den alamannischen Christusbildern des 7. Jahrhunderts, z. B. auf den Brakteatenfibeln von Sirnau[65] und Gammertingen[66] oder einem Saxscheidenniet aus Weingarten, Kr. Ravensburg, Grab 148[67] gemeinsam. Die Christus-Bärte sind allerdings nicht dreieckig, eher als halbrund zu bezeichnen. Eine ähnliche strähnige Haartracht lassen auch die Porträts auf den Siegeln der letzten Merowingerkönige von Theuderich III. bis Chilperich II. aus dem späten 7. und frühen 8. Jahrhundert erkennen[68]. Die Rückseite entspricht fränkischen Münzen mit der Angabe des Monetars in der Umschrift und dem Kürzel des Ateliers, Mettis/Metz[69], neben einem lateinischen Kreuz.

Der vornehme Tote in Straßenheim hatte quasi als Rangabzeichen seine Waffen mit ins Grab erhalten. Vom Schildbuckel ist ein goldplattierter flacher runder Nietkopf vorhanden, der am Rand durch gegenständige, dreifach gepunktete Dreiecks- sowie kleine Ringstempel verziert ist (Abb. 76). Zwei etwas kleinere goldplattierte Schildniete mit graviertem Dekor kamen in dem nördlich benachbarten Grab 22 zu Tage

Abb. 79: Straßenheim „Links der Mannheimer Straße", Grab 30. Röntgenaufnahme eines silber- und messingtauschierten Riemenverteilers vom Pferdegeschirr.

(Abb. 69). Derartige Nietköpfe gehörten zu Schildbuckeln mit hochgewölbter Kalotte. Es ist nicht unwahrscheinlich, dass es sich um langobardische Schilde mit bronzenem Kuppenbeschlag handelte, die Joachim Werner 1951 zum ersten Mal zusammenstellte. Im Gegensatz zu den gewölbten Nietköpfen wie bei dem Schildbuckel mit Kuppenzier aus Seckenheim-Hochstätt (Abb. 62,12), sind die flachen punzverzierten Niete vielfach in Italien belegt.[70]

Unter den zahllosen Eisenfragmenten befinden sich tauschierte Teile von ausgesuchter Qualität. Zu einer eisernen tauschierten Spathagurtgarnitur gehört die schlanke Riemenzunge mit einem großen Niet, streifentauschierten Seiten und einem Rankenornament in der Mitte (Abb. 77). Die vielteilige Gürtelgarnitur, von der eine Riemenzunge mit zwei Nieten erhalten ist, zeigt ein aus der flächigen Silbertauschierung ausgespartes Tiergeflecht mit vier beißenden Köpfen (Abb. 78). Typischer Bestandteil von Pferdegeschirr ist der Vier-Riemen-Verteiler (Abb. 79). Er ist mit Messing und Silber tauschiert. Die aufwendige Grabanlage, die Reste der Ausstattung mit Goldfäden eines Brokatgewandes (Abb. 79) sowie drei geopferte Pferde, die ohne Kopf am östlichen Grabenrand in einer Grube beigesetzt worden waren, weisen den Herrn von Straßenheim als Angehörigen der sozialen Oberschicht aus. Es ist das einzige bekannte frühmittelalterliche Adelsgrab am unteren Neckar.

Abb. 76: Straßenheim „Links der Mannheimer Straße", Grab 30. Bronzener vergoldeter Schildniet. M. 1:1.

Abb. 77: Straßenheim „Links der Mannheimer Straße", Grab 30. Röntgenaufnahme einer eisernen silbertauschierten Riemenzunge vom Wehrgehänge. M. ca. 1:1.

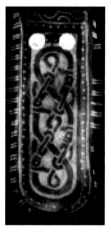

Abb. 78: Straßenheim „Links der Mannheimer Straße", Grab 30. Röntgenaufnahme einer eisernen tauschierten Riemenzunge von der vielteiligen Gürtelgarnitur. M. ca. 1:1.

3.7 Gemarkung Straßenheim – Gräberfeld Flur „Aue"

3.7.1 Erste Entdeckungen im 19. Jahrhundert

Wahrscheinlich stammt ein im Jahre 1834 im vierten Jahresbericht an die Mitglieder der Sinsheimer Gesellschaft zur Erforschung der vaterländischen Denkmale der Vorzeit[71] von Stadtpfarrer Karl Wilhelmi in Sinsheim genanntes, etwa 1831 gefundenes Grab von der Flur „Aue"; die Zeitstellung des Fundes ist jedoch nicht gesichert. Wilhelmi beschreibt eine Reihe von Sandhügeln, „welche von dem Straßenheimer Hofe an bis Feudenheim hinter Wallstatt weg in einem halben Bogen hinziehen und das ehemalige Ufer eines längst ausgetrockneten Neckararmes bildeten. Auf dem äußersten linken Flügel dieses Bogens, bei Straßenheim, wurde vor drei Jahren zufällig das Skelett eines Mannes entdeckt, der eine ungewöhnliche Länge hatte und bei dem eine Speerspitze lag."

Das Grab ist noch einmal in seinen posthum herausgegebenen Schriften erwähnt[72]: „Bei dem Straßenheimer Hofe, nordöstlich von Feudenheim unfern Mannheim: ein Grab eines ungewöhnlich langen männlichen Skelettes nur mit einer Speerspitze, in der bloßen Erde."

Auf ein Grab mit Schwert und weiteren Gegenständen weist ein Brief des Lehrers Bernhard Fettinger an den Schriftführer des Mannheimer Altertumsvereins vom 7.11.1859 hin; der Fund kam 1853 auf dem Gut des Herrn Maas in Straßenheim, am sogenannten Waldbuckel, jetzt Hopfenacker zu Tage. Auch hier ist die Zeitstellung unbekannt. Vom Acker Maas ist im Inventarverzeichnis des Mannheimer Altertumsvereins außerdem ein beschädigter grauroter Henkelkrug aufgeführt.

Und schließlich wurde 1882 in einer Mulde am Straßenheimer Buckel ein Frauengrab gefunden, aus dem eine Cyprae tigris, eine Bernsteinperle und ein Messer in die Sammlung des Altertumsvereins gelangten, während die Bronzenadel in fremder Hand verblieb. In diesem Fall erlaubt die Beigabenkombination eine Datierung in die merowingische Periode.

3.7.2 1930-1943: Gräber vom Rande der Sandgrube

Das Gräberfeld im Gewann „Aue" auf der Gemarkung Straßenheim wurde erst im Januar 1930 beim Sandabbau wieder entdeckt, als der Feudenheimer Goldschmied Eduard Künzler einen Befunde am Rande der Sandgrube beim Straßenheimer Hof notierte. „Das Grab muss gestört worden sein, beide Arme waren ausgestreckt; der Schädel vollständig kaputt; nur Ober- und Unterschenkelknochen lagen richtig. Die ganzen Knochen waren sehr zersetzt". Drei weitere Befunde skizzierte Künzler am 1. Februar 1930, darunter ein Männergrab mit Spatha, Wehrgehänge und dreiteiliger Gürtelgarnitur sowie drei Pfeilspitzen. Auf dem heute zerfressenen löchrigen Blatt Papier sind Teile eines Frauengrabes (Abb. 80) erkennbar: unter dem Kinn eine Scheibenfibel, von der die Grundplatte noch vorhanden ist, oberhalb der linken Schulter 34 Perlen und am linken Unterarm ein Armring. Erkennbar sind einige im Verhältnis zum Skelett vergrößert heraus gezeichnete Stücke, unter der linken Hand der Polyederohrring, links vom Unterschenkel Teile einer Wadenbindengarnitur mit Quadratbeschlag und Riemenzunge und etwas vergrößert über den Beinen angedeutet eine durchbrochene Zierscheibe mit Gabelspeichen vom Gürtelgehänge. Diese ersten Funde übergab Bürgermeister Moos im Dezember dem Schlossmuseum.

Zwischen 1930 und 1943 wurden gegen 145 Gräber nachweislich durch den Grubenbetrieb zerstört, Funde daraus u. a. von Hermann Gropengießer und Franz Gember geborgen. Nur die Hälfte der Gräber konnte Gember einmessen. Es existieren zwei in we-

Abb. 80: Straßenheim „Aue", Skizze eines Frauengrabes von Eduard Künzler, 1930.

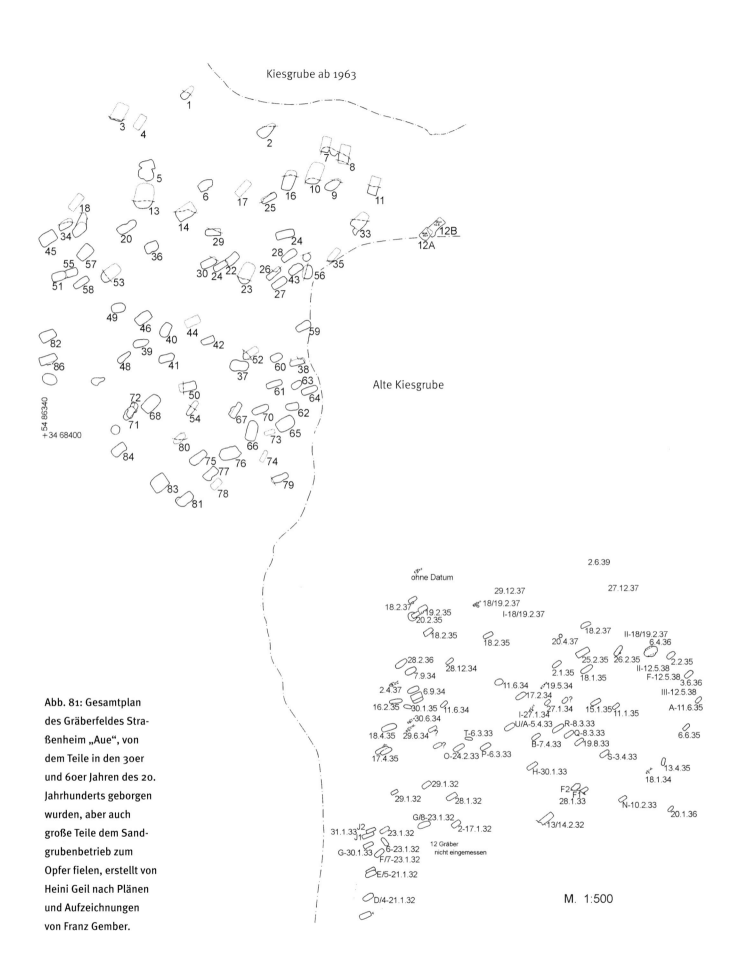

Kiesgrube ab 1963

Alte Kiesgrube

2.6.39

ohne Datum

29.12.37   27.12.37

18.2.37   18/19.2.37
        19.2.35   I-18/19.2.37
        20.2.35
                                                    18.2.37   II-18/19.2.37
    18.2.35   6.4.36
                 18.2.35   20.4.37
                                        25.2.35   26.2.35   2.2.35
    28.2.36   28.12.34   II-12.5.38
        7.9.34   2.1.35   18.1.35   F-12.5.38
2.4.37   6.9.34   11.6.34   19.5.34   III-12.5.38
16.2.35   30.1.35   11.6.34   17.2.34   A-11.6.35
              30.6.34   I-27.1.34 27.1.34 15.1.35 11.1.35
18.4.35   29.6.34?   U/A-5.4.33 R-8.3.33   6.6.35
                    T-6.3.33   B-7.4.33 Q-8.3.33
17.4.35   O?   19.8.33
        O-24.2.33 P-6.3.33   S-3.4.33   13.4.35
                        H-30.1.33   18.1.34
        29.1.32   F2
29.1.32   28.1.32   F1
                              28.1.33   N-10.2.33
        G/8-23.1.32   13/14.2.32   20.1.36
31.1.33 J2   23.1.32   2-17.1.32
    J1
G-30.1.33 6-23.1.32   12 Gräber
    F/7-23.1.32   nicht eingemessen
    E/5-21.1.32

    D/4-21.1.32   M. 1:500

Abb. 81: Gesamtplan des Gräberfeldes Straßenheim „Aue", von dem Teile in den 30er und 60er Jahren des 20. Jahrhunderts geborgen wurden, aber auch große Teile dem Sandgrubenbetrieb zum Opfer fielen, erstellt von Heini Geil nach Plänen und Aufzeichnungen von Franz Gember.

nigen Details abweichende Lagepläne, die Grabungstechniker Heini Geil dann mit den Gräbern der 1960er Jahre in einen Gesamtplan vereinigte (Abb. 81). Die kleinen Grabsignaturen Gembers machen im Vergleich zu den Gräbern der ab 1965 untersuchten Fläche deutlich, dass er damals lediglich die Skelette beachtete, die Begrenzungen von Grabgruben, besonders von geräumigen Gräbern und Kammergräbern, aber gar nicht erkannt hatte. Die Grabungsnotizen von Gropengießer gingen beim Schlossbrand verloren. An den Bergungen war ebenfalls der seit 1929 im Schlossmuseum als technischer Sekretär beschäftigte Fritz Rupp († 1963) beteiligt, von dem ein paar Notizen in einem Tagebuch existieren. So beruhen fast alle Angaben zu den Grabfunden vor 1939 auf den Notizen, die Gember in seinen zahlreichen Tagebüchern festhielt. Von insgesamt 51 Gräbern aus den Jahren 1930-35 liegen Planskizzen vor, die Künzler, Rupp und überwiegend Gember anfertigten.

Dessen dürftige Skizzen sind erstaunlich detailreich und lassen den großen Verlust erahnen (Abb. 82), denn in Straßenheim „Aue" wurden in den 1930er Jahren keine archäologischen Untersuchungen im heutigen Sinn unternommen, sondern durch den Sandgrubenbetrieb angeschnittene Befunde freigelegt und die Funde eingesammelt.

Vor 1943 wurden in Straßenheim „Aue" einschließlich der beiden Gräber, in denen von einem Kindersax die Rede war, 42 Gräber mit Waffen gefunden. In vier Gräbern wurde eine Spatha geborgen, auch bei zwei Schwertern handelt es sich wohl um die Spatha mit zweischneidiger Klinge, zumal in einem Fall ein Dolch hinzukam. Eine volle

Bewaffnung mit Spatha, Sax, Lanze und Schild enthielt das Grab vom 13/14.2.1932 (Abb. 83), während in einem Kriegergrab vom 4.1.1931 Spatha, Lanzenspitze und Schildbuckel angetroffen wurden, vom Sax aber nur die Saxscheidenniete. Außerdem war die Spatha einmal mit einem Breitsax kombiniert, einmal mit einer Lanzenspitze. In sechs Gräbern lagen Sax und Lanze, im Grab vom 16.2.1935 (Abb. 82) war ein Kurzsax mit einer Axtwaffe kombiniert, in sechs Gräbern von Erwachsenen sowie zwei Kindergräbern war nur ein Sax vorhanden. Drei Gräber enthielten Schild und Lanze und 16 Gräbern lediglich die in der Ecke steckende Lanzenspitze. Einmal blieb ein Schild, einmal eine Schildfessel von der Bewaffnung übrig. Von ursprünglicher Bewaffnung ist sicher auch bei Grab 2 vom 11.6.1934 auszugehen, das Teile einer punzverzierten Gürtelgarnitur und Spathagurtbeschläge vom Typ Weihmörting enthielt (Abb. 84-85).

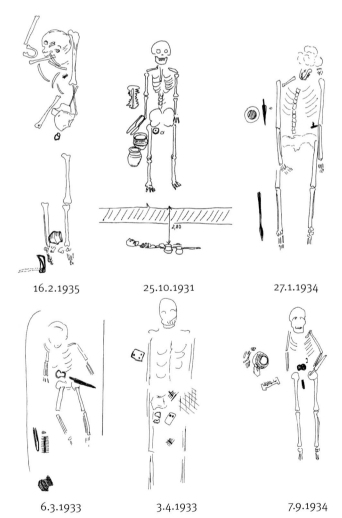

| 16.2.1935 | 25.10.1931 | 27.1.1934 |

| 6.3.1933 | 3.4.1933 | 7.9.1934 |

Abb. 82: Straßenheim „Aue". Skizzen aus Gembers Tagebüchern, 1931-1933.

Abb. 83: Straßenheim
„Aue", Männergrab
13/14.2.1932.

Abb 84: Straßenheim
„Aue", Männergrab 2
vom 11.6.1934. Teile
einer bronzenen punz-
verzierten Gürtelgarni-
tur. M. 1:2.

Abb. 85: Straßenheim
„Aue", Männergrab 2
vom 11.6.1934. Vier kas-
tenförmige Beschläge
einer Spathagurtgarni-
tur. M. 1:2.

Von den Waffen aus den 1930er Jahren sind noch vorhanden zwei Spathen, sieben Saxe, 13 Lanzenspitzen.

Schmuck und Trachtaccessoires aus Frauengräbern liegen vergleichsweise seltener vor; am 31.1.1933 kamen in Grab J2 (S. 387 Abb. 26) zwei als Paar getragene Bügelfibeln zu Tage. Eines der umfangreichsten Inventare blieb das schon erwähnte von Künzler geborgene Frauengrab I vom 1.2.1930 (Abb. 80). Perlen, die selbst in gestörten Gräbern liegen blieben, wurden nur in drei weiteren Gräbern gefunden. Acht weibliche Personen waren mit einem Spinnwirtel aus Keramik ausgestattet, einer Frau wurden zwei Wirtel ins Grab gelegt. Nur die mit zwei Bügelfibeln geschmückte Frau besaß einen aus Geweih geschnitzten Spinnwirtel, während ein Glaswirtel als Amulett und Schmuckstück zum Fibelgehänge gehörte. Viermal waren die Spinnwirtel mit einer Schere kombiniert, zweimal lag eine Pinzette mit im Grab. Kein Wirtel, aber ein Webschwert fand sich in einem Grab vom 19.5.1934.

Zu 54 Fundkomplexen gehörte je ein Keramikgefäß (Abb. 86), in vier weiteren waren je zwei Keramikgefäße enthalten. Vier von sechs Glasgefäßen waren mit einem Keramikgefäß kombiniert. Zweimal wurden die Eisenreifen von Holzeimern geborgen. In einem Grab, das Arbeiter am 24.2.1937 geborgen und an Gropengießer gemeldet hatten, stand ein Holzeimer rechts des Toten; mehr ist darüber nicht bekannt (Abb. 53). Bei Grab H vom 30.1.1933 handelt es sich um ein Frauengrab, denn zur weiteren Ausstattung gehörten Wirtel und Schere. Wirtel und Schere fanden sich auch in dem einzigen Frauengrab, in dem die eisernen Beschläge eines Holzkastens (Abb. 87) beobachtet wurden.

Überwiegend gehören die in den 1930er Jahren zerstörten Gräber dem 7. Jahrhundert an, typisch für diese Zeit sind die großen mehrteiligen eisernen Garnituren von Gürteln und Wehrgehängen. Das reiche Männergrab vom 13/14.2.1932 enthält mit einer eisernen tauschierten dreiteiligen Gürtelgarnitur, bronzenen Ösenbeschlägen und bronzener Spathagurtgarnitur (Abb. 83) ein typisches Inventar der SD-Phase 9 und liegt mittig am südlichen Rand des im

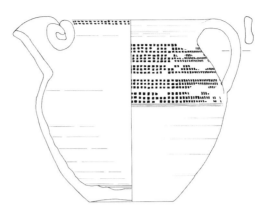

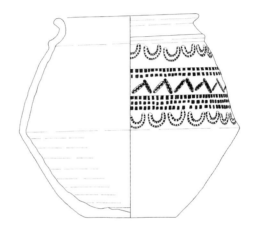

Abb. 86: Straßenheim „Aue". 1 GrabT/1934. Tüllenausgusskanne mit Rollrädchendekor; 2 Grab F/28.1.1933. Hoher Topf mit Rollrädchen und Sicheldekor. M. 1:4.

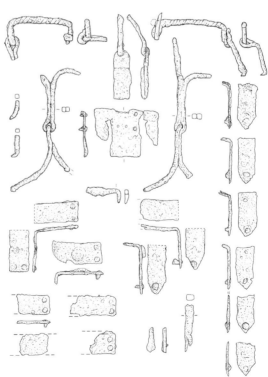

Abb. 87: Straßenheim „Aue", Frauengrab J2 vom 31.1.1933. Eiserne Kastenbeschläge. M. 1:4.

Abb. 88: Straßenheim „Aue", Grab vom 27.2.1937. Durchbrochener Gegenbeschlag einer mehrteiligen Gürtelgarnitur, aus Bronze mit Weißmetallüberzug, punzverziert und mit Preßblech hinterlegt.

Plan festgehaltenen Areals. Älter sind die punzverzierten bronzenen Gürtelbeschläge und bronzenen Spathagurtbeschläge vom Typ Weihmörting aus dem Männergrab vom 11.6.1934 (Abb. 84-85), das weiter nordwestlich gefunden wurde. Eine mit Preßblech hinterlegte punzverzierte Schnalle enthält das Grab vom 27.2.1937 (Abb. 88). Diese Gräber sind in SD-Phase 7, das letzte Viertel des 6. Jahrhunderts zu datieren. Wesentlich älter ist die 37 cm lange Lanzenspitze mit kurzem lanzettförmigem Blatt (Abb. 89, Typ 3) aus einem am 4.5.1937 abgestürzten Grab; sie gehört zu den Leitformen der SD-Phase 5.

Abb. 89: Straßenheim „Aue". Lanzenspitzen des 6. Jahrhunderts. M. 1:4.

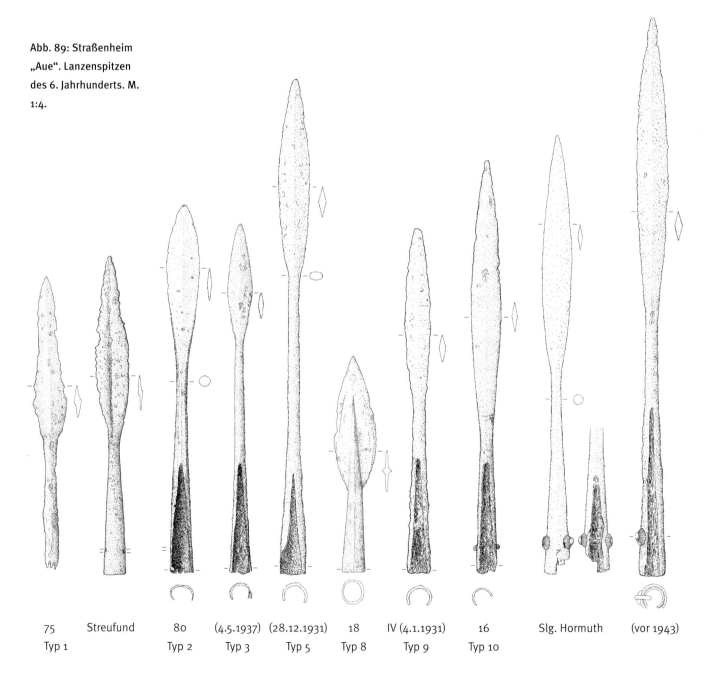

| 75 | Streufund | 80 | (4.5.1937) | (28.12.1931) | 18 | IV (4.1.1931) | 16 | Slg. Hormuth | (vor 1943) |
| Typ 1 | | Typ 2 | Typ 3 | Typ 5 | Typ 8 | Typ 9 | Typ 10 | | |

(15.1. 1935)   (2.1. 1935)   (2.6. 1939)   (13/14.2. 1932)   68   (30/31.12. 1932)   (5.1937)   (vor 1943)

Typ 12   Typ 13   Typ 14   Typ 16   Typ 19   Typ 21   Typ 23   Typ 27

Beide Gräber von 1937 fehlen zwar auf dem Plan, doch lässt dieser unschwer erkennen, dass der Sand damals am nördlichen Rand des markierten Gräberareals abgebaut wurde. Weitere Gräber des 6. Jahrhunderts kamen in der alten Sandgrube nur in der westlichsten Reihe zu Tage. Dazu zählt das Frauengrab J2 vom 31.1.1933 (S. 387, Abb. 26) mit zwei Bügelfibeln. Die Lage der Fibeln im Becken sprechen für eine Datierung in SD-Phase 5, die Ungleichheit des Fibelpaares sowie die sieben Knöpfe der einen eher für SD-Phase 6. Weiter nördlich wurde das Männergrab vom 16.2.1935 gefunden, das angeblich eine Franziska, nach der Skizze jedoch eine wenig geschweifte Axt, enthielt (Abb. 82). Axtwaffen kamen nach der Mitte des 6. Jahrhunderts aus der Mode. Diese wenigen genannten Gräber lassen vermuten, dass nach Westen zu Bestattungen

des 6. Jahrhunderts anschließen. Andererseits wurden auch 1931 schon Gräber der zweiten Hälfte des 6. Jahrhunderts erfasst, aus denen zwei Lanzenspitzen mit geschlitzter Tülle stammen (Abb. 89, Typ 5 und Typ 9). Diese Gräber sind im Plan nicht eingetragen. Bei dem größeren Teil der vor 1943 geborgenen Lanzenspitzen handelt es sich um Lanzenformen, die für das 7. Jahrhundert charakteristisch sind (Abb. 90).

Gembers letzten Notizen aus Straßenheim „Aue" stammen aus dem Sommer 1939; Sand wurde auch während des Krieges weiter abgebaut, so dass sich auf dem Gesamtplan eine große Lücke mitten durch das Gräberfeld zieht. Hier dürften vor allem Gräber der zweiten Hälfte des 6. Jahrhunderts zerstört worden sein.

3.7.3 1965-1966: Gräber aus der neuen Sandgrube

Seit 1963 war in der Flur „Aue" eine neue Sandgrube in Betrieb. Sie lag 50 bis 60 m nördlich der alten, aus der Teile eines Gräberfeldes geborgen wurden. Die Betreiber arbeiteten nun mit Großgerät und enormer Leistung von Nord nach Süd. Gember machte schon 1964 darauf aufmerksam, dass bald das nördliche Ende des fränkischen Gräberfeldes angeschnitten würde. Bei einem flüchtigen Besuch am 19. Juni 1965 entdeckte er drei Stellen, an denen menschliche Knochen aus der Wand herausragten.

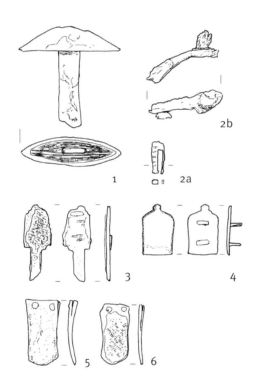

Abb. 91: Straßenheim „Aue", Grab 78. 1-6 M. 1:2.

91 Gräber wurden vom 25.8. 1965 bis 12.7. 1966 gegraben, am ständig wandernden Sandgrubenrand geborgen oder auch nur eingesammelt, die Dokumentation ist unterschiedlich. Zu fünf Gräbern fehlen jegliche Angaben; zehn Gräber waren abgestürzt, wurden aber eingesammelt, darunter auch das reiche Männergrab 80 (Abb. 104). Nähere Angaben liegen vor zu den Gräbern von 35 Frauen, 15 Männern, vier Erwachsenen und 16 Kindern, davon sieben Knaben und drei Mädchen. Einschließlich des abgestürzten Grabes 80 waren 14% der Gräber unberaubt. In

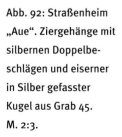

Abb. 92: Straßenheim „Aue". Ziergehänge mit silbernen Doppelbeschlägen und eiserner in Silber gefasster Kugel aus Grab 45. M. 2:3.

diesen 13 ungestörten Gräbern lagen fünf Frauen und drei Männer, drei kleine Kinder, ein Mädchen sowie zwei weibliche Personen, deren Alter unbekannt ist. Neun Männer waren bewaffnet, einschließlich der Pfeile waren es zwölf. Aus den Männergräbern 75 (Abb. 103) und 80 (Abb. 104) wurde je eine Spatha geborgen; Hinweise auf eine solche Waffe gab es in fünf weiteren beraubten Gräbern mit zwei abgebrochenen Spathaknäufen, einem Pyramidenknopf oder Randschienen von der Spathascheide. Außer einem Kurzsax und einem Breitsax ist eine weitere Saxbeigabe durch einen Scheidenniet gesichert. In fünf Männergräbern und einem Knabengrab lag eine Lanzenspitze. Fünfmal ist die Beigabe eines Schildes gesichert, vorhanden sind noch zwei Schildbuckel. Einzig der Krieger in Grab 78 (Abb. 91) ist durch die Beigabe eines Sporns als Reiter ausgewiesen. Das Grab war stark geplündert, doch einige aussagekräftige Stücke sind noch vorhanden. Von dem Sporn sind ein Teil des Bügels mit dem Stimulus und ein Schenkelende mit Schlaufe erhalten (Abb. 91, 2a-b). Von der Spatha blieb der Knauf übrig. Zwei Beschläge und zwei kurze Riemenzungen gehörten zu einer für das zweite Viertel des 7. Jahrhunderts typischen bronzenen vielteiligen Gürtelgarnitur (Abb. 91, 3-6).

30 Gräber enthielten Perlenschmuck, allerdings wurde in neun Gräbern nur je eine Perle gefunden und in sechs Gräbern waren es je zwei Perlen, was als Hinweis auf ein weibliches Geschlecht bei Kindern nicht ausreicht. Etwas reichhaltigere Colliers besaßen die Frau in Grab 8 mit 12 Perlen und das Mädchen in Grab 46 mit 16 Perlen. Vier Frauen und ein wohl juveniles Mädchen trugen Fibeln, doch nur bei der Frau in dem ungestörten Grab 43 war noch ein vollständiges vier-Fibel-Ensemble vorhanden (S. 142, Abb. 43). Die aus Bronze angefertigten Fibeln waren allerdings von geringer Qualität. In Grab 45 blieb ein Fibel-Gehänge mit Silberplättchen liegen, das Gehänge endete in einer schweren gefassten Kugel aus Meteoreisen (Abb. 92). Die zugehörigen, aber geraubten Fibeln waren sicher etwas qualitätvoller als die in Grab 43.

Spinnwirtel, zweimal aus Geweih geschnitzt, sonst aus Keramik, fanden sich bei 15 erwachsenen Frauen und einem Mädchen, zweimal ist das Alter unbekannt. In einem Grab waren zwei Wirtel vorhanden. In zwei Frauengräbern wurde je eine Schere gefunden. Dem Mädchen in Grab 46 wurden Spinnwirtel und Schere, dem Mädchen in Grab 12A Flachsbreche und Feuerstahl mitgegeben. Durch eine besonders reiche Geräte-Ausstattung mit Spinnwirtel, Schere und Webschwert fällt die mit vier Bronzefibeln geschmückte Frau in Grab 43 auf (vgl. S. 142). Eine der vornehmsten Frauen aus Straßenheim lag in dem 2 m tiefen Grab 53. Bedauerlicherweise wurde nur das westliche Ende der Grabgrube gerettet. Die Bestattung war zweifellos schon alt gestört. Gefunden wurden außer einem römischen Denar, kleinteiligen Scherben von einem olivgrünen Glasbecher und Scherben einer rotgestrichenen Keramikschale (Abb. 93) eine 15 cm lange Flachsbreche, eine 16 cm lange Schere, deren eine Klinge bereits abgebrochen war, und ein Eisenpfriem (Abb. 94). Da

der große eiserne Ring in Verlängerung der Flachsbreche lag, könnte er am Ende eines kräftigen Holzgriffes gesteckt haben, ein Zwinge ist allerdings nicht erhalten, auch sind die zugehörigen Eisenringe üblicherweise etwas kleiner.

Abb. 93: Straßenheim „Aue", Grab 57 und Grab 53. Feintonige rotgestrichene Keramik in römischer Tradition. Der große Teller aus Grab 53 hat einen Randdurchmesser von 19-20 cm.

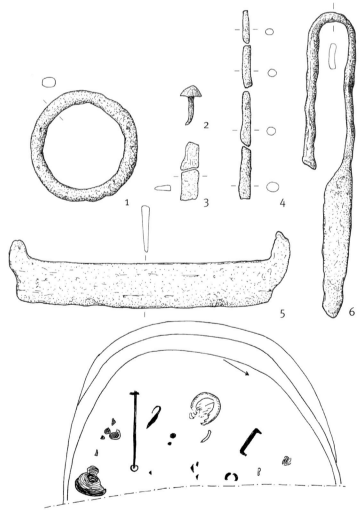

Abb. 94: Straßenheim „Aue", Grab 53. M. 1-6 M. 1:2; Pl. M. 1:20.

Abb. 95: Straßenheim „Aue", Grab 53. Eiserne Achse eines Faltstuhles. M. 1:4.

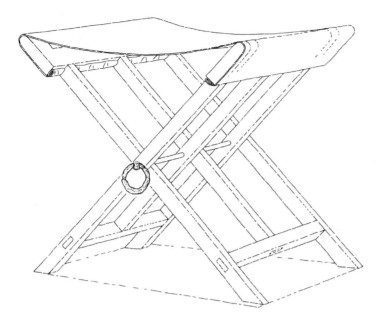

Abb. 96: Rekonstruktion eines Faltstuhles nach dem Befund von Schleitheim-Hebsack Grab 551 (Burzler u.a. 2002, Bd. 2 Taf. 63) – Endknopf ersetzt durch einen kleinen Ring.

Ein ganz besonderer Fund im Grab 53 ist der 42,2 cm lange, abgerundet vierkantige Eisenstab, dessen flach geschmiedete Enden gegenläufig zu Haken eingerollt sind, in denen an jeder Seite ein Eisenring hing (Abb. 95). Es handelt sich um die durchgehende eiserne Achse eines hölzernen Faltstuhles. Erst ein im Block geborgener gut beobachteter Fund mit Holzresten aus Schleitheim-Hebsack machte es möglich, diese im späten 5. und der ersten Hälfte des 6. Jahrhunderts wiederholt in reichen Frauengräbern Süddeutschland beobachteten 37-52 cm langen Eisenstangen mit kleinen Knöpfen oder Ösen an den Enden zu interpretieren[73]. Faltstühle mit durchlaufender Achse können sowohl mit zwei als auch mehreren Scheren konstruiert sein. Der Klappstuhl aus Schleitheim-Hebsack hatte aufgrund anhaftender Holzreste neben den äußeren Scheren auch noch eine innere (Abb. 96). Gesichert ist außerdem, dass sich die hölzernen Beinscheren wie im Mittelalter vorn und hinten befanden und nicht wie in der Antike an den Seiten. Die Beigabe eines Sitzmöbels darf als Rangabzeichen gewertet werden. Die Datierung von Grab 53 kann außer über den Faltstuhl selbst nur über die benachbarten Gräber erfolgen. Bedauerlicherweise wurde aber die Grabungstätigkeit 1966 vom 19.3. bis 26.3. unterbrochen, in jener Woche dürften nicht nur Teile der Gräber 52 und 53 in die Sandgrube gestürzt sein, sondern auch einige dazwischen liegende Gruben.

So bleibt zur Stützung einer Datierung von Grab 53 das westlich benachbarte Frauengrab 57, das ebenfalls einen rotgestrichenen Teller (Abb. 93, links) enthielt und durch einen Solidus, eine Nachprägung des Ostgotenkönigs Witigis auf Justinian, nicht vor a. 536 angelegt worden sein kann. Grab 57 enthielt außerdem einen handgeformten durch Stempel und Riefen verzierten Topf (Abb. 7,2).

Groß ist der Anteil der handgeformten Keramik an den Gefäßen im Areal der 1960er Jahre (Abb. 97), dazu gehören flache kalottenförmige Teller in den Gräbern Grab 25, 48, der dickwandige Kumpf in Grab 76 sowie die glattwandigen und vielfach stempelverzierten Töpfe in den Gräben 13, 14, 28, 57, 58, 66 und 71. Zusammen mit den rot gestrichenen Tellern in Grab 53 und 57 (Abb. 93) sowie der rauhwandigen gelbtonigen Schale mit einziehendem Rand aus Grab 45 markieren sie den älteren Teil des Gräberfeldes.

3.7.4 Der frühe Belegungsbeginn in Straßenheim „Aue"

Wegen der Lücke zwischen den Gräbern der 1930er Jahre und denen der 1960er Jahre ist nicht sicher, ob tatsächlich die ältesten Bestattungen erfasst sind. Gesichert ist jedoch eine Belegung bereits in der SD-Phase 4 oder spätestens in der Übergangszeit der SD-Phasen 4 und 5. Somit beginnt die Belegung in der Flur „Aue" mindestens ein oder zwei Jahrzehnte früher als am Elkersberg in Vogelstang, wo mit einem Beginn erst in den späten dreißiger, eher in den vierziger Jahren des 6. Jahrhunderts zu rechnen ist.

In der Orientierung schwanken die Gräber der ersten Belegungsphase in Straßenheim „Aue" erheblich. Das Frauengrab 66 ist eindeutig SN gerichtet und ist eine der ältesten Bestattungen. Den wichtigsten Anhaltspunkt für die Datierung gibt der gut 13 cm lange Kamm mit kantigen Leisten, die durch Rillen verziert sind (Abb. 98). Die Niete sind unregelmäßig und auch nicht auf Mitte gesetzt. Er ist mit 16 Zähnen auf 2 cm in der einen Reihe und 12 Zähnen auf 2 cm in der anderen sehr fein gezähnt. Kämme, deren Mittelleisten über einen rechteckigen

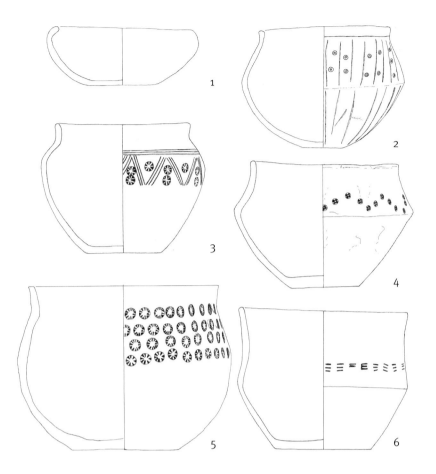

Abb. 97: Straßenheim „Aue". 1 Grab 48; 2 Grab 38; 3 Grab 71; 4 Grab 66; 5 Grab 13; 6 Grab 58. M. 1:4.

Querschnitt verfügen und mit Rillen verziert sind, gehören zu den typischen Formen der SD-Phase 3-4, leben aber bis in das 6. Jahrhundert hinein fort. In SD-Phase 5 tauchen sie nicht mehr auf.

Eine Datierung in SD-Phase 4 widersprechen weder zwei kleine Überfangperlen, wie sie in Perlengruppe A vorkommen, noch der handgeformte Topf mit Stempeldekor auf der eingeschwungenen Oberwand (Abb. 97,4).

Östlich daneben befindet sich das ähnlich ausgerichtete Grab 67. Die Frau darin trug eine Bronzeschnalle, deren schmaler Dorn durch Wülste profiliert ist (Abb. 99). Ihr Gürtelgehänge war bestückt mit einem hellgrünen Glaswirtel, dem Bruchstück eines Bronzeschlüssels und einem Geweihrosenring (S. 373, Abb. 3). Geweihrosenringe waren als Amulett weit über den elbgermanischen Kulturkreis hinaus beliebt war und sind bis in das frühe 6. Jahrhundert nachgewiesen[75]. Ein zweiter Geweihrosenring hing zusammen mit einem Glaswirtel am Gürtel eines Mädchens in Grab 12A (Abb. 100), das am nördlichen Rand der alten Sandgrube zu Tage kam. Zwei weitere Glaswirtel mit Rosettenmuster kamen in den Gräbern 22 und 25 zu Tage. Diese Glaswirtel

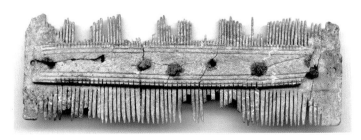

Abb. 98: Straßenheim „Aue", Grab 66. Doppelreihiger Kamm, M. 2:3.

Abb. 99: Straßenheim „Aue", Frauengrab 67, Bronzeschnalle, M. 1:2.

Abb. 100: Straßen-
heim „Aue",
Mädchengrab 102.
Geweihrosenring,
Glaswirtel und
Bärenzahn als
Amulette. M. 1:2.

wurden seit dem späten 5. Jahrhundert in Glashütten an der Maas in großen Mengen produziert; sie
gelangten als Handelsgut bis an den Alpenrand
und waren in der ganzen ersten Hälfte des 6. Jahrhunderts am Gürtelgehänge von Mädchen und
Frauen zu finden[76].

Unmittelbar nördlich von Grab 66 befand sich das
Männergrab 70 (Abb. 101). Der gut 10 cm lange Kamm
war mit 17 Zähnen auf 2 cm in der feinen Reihe und
9 Zähnen auf 2 cm in der groben extrem fein gezähnt.
Er hat flache ebenfalls rillenverzierte Leisten, jedoch

mit abgeschrägten Kanten; die profilierten Schmalseiten stehen in spätrömischer Tradition. Kämme mit
abgeschrägten Kanten an der Mittelleiste und profilierten Schmalseiten fasst Markus Blaich in seiner
Gruppe 1 zusammen, die er in das späte 4. und beginnende 5. Jahrhundert datiert[77]. In seiner Liste ist
aber auch Eltville Grab 147 aus SD-Phase 4 enthalten, dessen flache Kammleisten wie bei dem Kamm
aus Straßenheim zu den Kanten leicht gerundet ab-
fallen. Die unverzierte Glasschale mit geschweifter
Wand aus Straßenheim Grab 70 ist eine im späten
5. und frühen 6. Jahrhundert übliche Form, sie blieb
bis in SD-Phase 5 gebräuchlich[78]. Für die Datierung
von Grab 70 in Straßenheim entscheidend sind
weder Kamm noch Glasschale, sondern die jüngste
Form in diesem Inventar. Der Mann trug bereits
eine Schilddornschnalle, die zu den Leitformen der
SD-Phase 5 zählt.

In erheblich größerem Abstand folgt weiter nördlich
das Frauengrab 43 (S. 142, Abb. 43), das ebenfalls
in die Übergangsphase 4-5 gehört. Analogien zu dem
bronzenen Bügelfibelpaar treten zwischen Niederrhein und Schelde be-
reits in der Generation
von König Chlodwig
auf[79]. Das östlichste Vorkommen der Bügelfibeln
vom Typ Junkersdorf ge-
langte in Kleinlangheim,
Kr. Kitzingen, Grab 150
wegen mit gefundener
Amethystperlen erst in
der zweiten Hälfte des
6. Jahrhunderts ins
Grab[80]. Das in Straßen-
heim Grab 43 am Kinn
und auf der Brust
gelegene silberne Schei-
benfibelpaar von 1,9 cm
Durchmesser mit Alman-
dineinlagen in den elf
Zellen der Außenzone
und zwei doppelten Fili-
granbögen im Mittelfeld
ist eine Schmuckform
der SD-Phase 5.

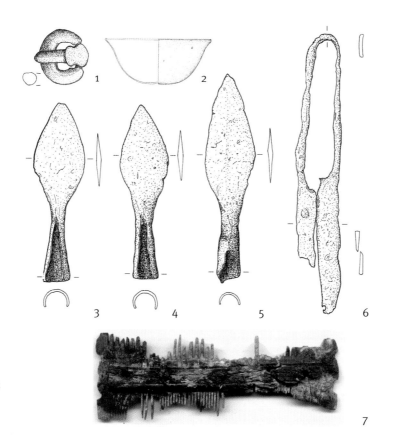

Abb. 101: Straßenheim
„Aue", Männergrab 70,
1.3-6 Bronzeschnalle,
Pfeile und Schere
M. 1:2; 2 hell grünlich-
gelbe Glasschale M. 1:4;
7 doppelreihiger Kamm
M. 2:3.

Zwischen den Gräbern 66 und 43, aber an der Abbruchkante zur alten Sandgrube lag Grab 59, bei dem ebenfalls eine frühe Zeitstellung in Frage kommt. Es enthält einen Glasbecher (Abb. 102), der möglicherweise aus dem 5. Jahrhundert stammt. Bei dem bauchigen Glasbecher mit ausbiegendem Rand und eingedelltem Boden handelt es sich um eine seltene Form, die in merowingerzeitlichen Zusammenhängen kaum auftritt und von Birgit Maul auch nicht erfasst wurde[81]. Das Straßenheimer Stück steht den kesselförmigen Bechern mit Fadendekor nahe, von denen mehrere beim Untergang der Siedlung auf dem Runden Berg um 500 in Gebrauch waren[82]. Ein ebenfalls unverziertes Exemplar liegt in Cutry, Dép. Meurthe-et-Moselle, Grab 871 vor; das Grab wird aufgrund seiner Lage in die Phase ABCII datiert, die mit den absoluten Daten 470/80-520/530 versehen ist[83].

In der NW-Ecke der alten Straßenheimer Sandgrube, zwischen Grab 59 am westlichen Rand und Grab 12A am nördlichen Rand könnte noch das eine oder andere Grab aus der ersten Hälfte des 6. Jahrhunderts gelegen haben.

Südwestlich von Grab 66 und getrennt durch das wesentlich jüngere Grab 76 folgen die beiden Männergäber 75 und 80 mit voller Waffenausrüstung. Der Mann in Grab 75 war mit Spatha, Kurzsax, Lanze und Schild ausgestattet (Abb. 103). Vom Schild haben sich ein Buckel mit der für das späte 5. und frühe 6. Jahrhundert typischen niedrigen Form und die Schildfessel erhalten. Zwei spitzovale Eisenbeschläge (Abb. 103,6), von denen einer 33 cm vom Buckel entfernt gefunden wurde, dürften am Rande der Schildoberfläche gesessen haben, vergleichbar den silbernen und bronzenen Schildbeschlägen aus reichen Gräbern des 5. Jahrhunderts[84]. Vorhanden ist das Fragment eines extrem fein gezähnten Kammes mit Rillendekor auf den gewölbten Leisten, der eine Datierung des Grabes ab SD-Phase 4 unterstreicht.

Schwieriger ist die Einordnung der Lanzenspitze aus Straßenheim Grab 75 (Abb. 89, Typ 1), bei der es sich um eines der ältesten Exemplare aus den Mannheimer Gräberfeldern handeln dürfte; leider

Abb. 102: Straßenheim „Aue", Grab 59. Glasbecher, M. 1:4.

ist sie nicht vollständig. Das Blatt weist einen versetzten Mittelgrat auf, wie er von Pfeilspitzen häufiger bekannt ist; der schmale lange Schaft ist – soweit erhalten – geschlossen. Eine ähnliche Blattform, aber eine geschlitzte Tülle liegt aus Langenlonsheim Grab 200 mit einem Inventar der SD-Phase 4 vor.[85] In die gleiche Periode gehört ein Reitergrab aus dem thüringischen Stössen, dessen Lanze nach der veröffentlichten Zeichnung ebenfalls einen versetzten Mittelgrat aufweist.[86] Mit dem unten leicht ausschwingenden Blattumriss steht die Straßenheimer Lanzenspitze zudem einer Gruppe aus dem frühen 6. Jahrhundert nahe, die unter Typ Dünzling zusammengefasst wurde.[87]

Grab 80 war mit einer großen Sandscholle abgestürzt, wurde aber relativ komplett geborgen (Abb. 104). Der Mann war mit Spatha, Lanze und Schild sowie drei Pfeilspitzen bewaffnet und auch mit Gefäßen, nämlich Topf, Napf und bronzenem Perlrandbecken, reichhaltig ausgestattet. Der niedrige Schildbuckel und die Lanzenspitze mit dem kurzen, aber relativ breiten Blatt (Typ 2) fügen sich gut in SD-Phase 4. Bei dem Topf handelt es sich um eine typisch rheinfränkische Form des frühen 6. Jahrhunderts.[88] Nur vereinzelt und am Rande ihres Verbreitungsgebietes taucht die Form noch in SD-Phase 5 auf, wie in Speyer Germansberg.[89] Das Perlrandbecken mit außen geperltem Rand und Standring ist das Erzeugnis eines fränkischen Handwerksbetriebes mit langer römischer Tradition.[90] Es kann im späten 5. Jahrhundert angefertigt worden sein; die starken Flickungen verraten lange Nutzungszeit. So alt wurde der Krieger aus Grab 80 keinesfalls. Nach der Untersuchung der Zahn-, Kiefer- und Schädelbefunde durch Dr. Rolf Will war er kaum älter als 25 Jahre. Grab 80 ist eines der ältesten Gräber in der Flur „Aue". Dieser Krieger wurde durch das Bronzebecken als Hofherr ausgezeichnet, doch offensichtlich starb er kurze Zeit nach Gründung eines fränkischen Herrenhofes in der Siedlung unweit von Straßenheim.

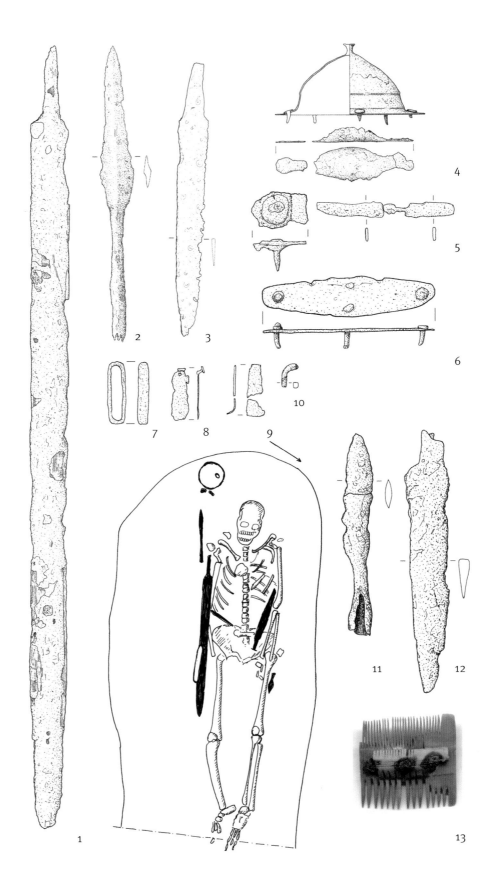

Abb. 103: Straßenheim
„Aue", Grab 75. 1-4
M. 1:4; 5-12 M. 1:2;
13 M. 2:3; Plan M. 1:20.

1

2

3

4

5

6

7

8

9

10

11

12

13

Abb. 104: Straßenheim „Aue“, Grab 80. 1-3. 14-16 M. 1:4; 4-8, 10-13 M. 1:2; 9-10 M. 1:1.

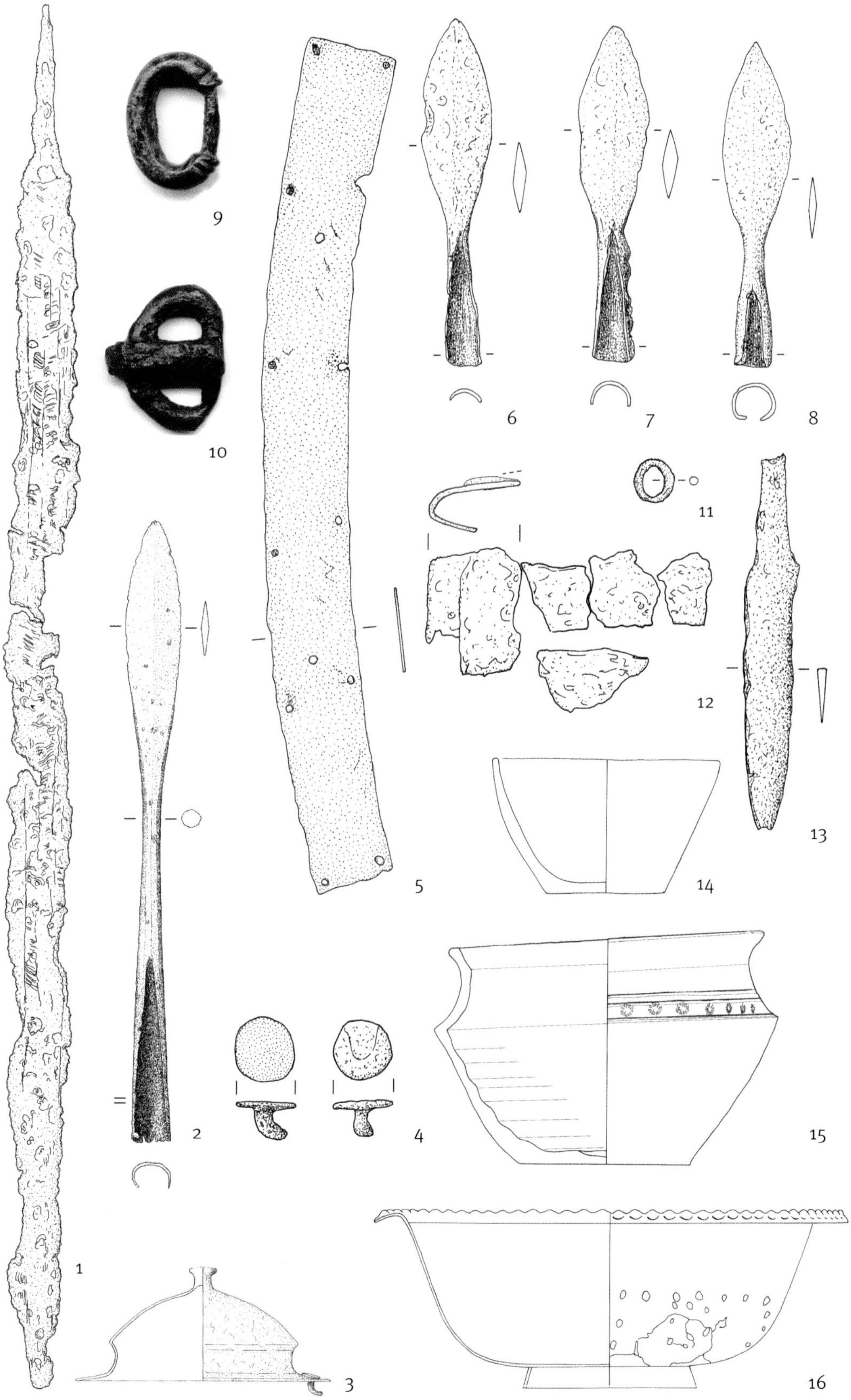

3.8 Stadtteil Vogelstang/einst Gemarkung Wallstadt – Gräberfeld am Elkersberg

3.8.1 1809-10: Grabungen des Herrn von Villers und von Pfarrer Paniel aus Käfertal am Sandbuckel

Merowingerzeitliche Gräber vom Elkersberg erwähnt Chr. Ludwig Fecht bereits 1813 unter dem Titel Die Gräber von Wallstadt [91]: „Es fügte sich im Jahre 1809, dass Georg Peter Eberle von Wallstadt, um einen Acker am Sandbuckel auszufüllen, Sand grub, und unversehens allerlei altertümliche Dinge erbeutete. Darauf veranlasste der Altertumsfreund von Villers aus Käfertal im Jahre 1810 die Hauptuntersuchung: „und es eröffnete sich in diesen zwei Jahren 1809 und 10 eine ganze reiche Totensaat". Von 66 Toten ist die Rede, deren starker Knochenbau auffiel. Die Gräber waren WO gerichtet. 14 Keramikgefäße wurden gezählt, bei einigen „unstellbaren Balsamgefäßen" könnte es sich um Sturzbecher oder Tummler aus Glas handeln, die einen runden Boden haben. Weiter werden etwa 12 Perlen (Halskügelchen) aufgeführt, allerlei Waffen, Schildbuckel, 8-10 Pfeilspitzen, ein zweischneidiges Schwert und einzelne Saxe, sowie ein Pferdeskelett.

Offensichtlich war von Villers nicht der einzige Interessierte, denn auf die 1809-10 freigelegten Gräber von der Düne Elkersberg bezieht sich auch Stadtpfarrer Karl Wilhelmi aus Sinsheim, als er von „den sehr interessanten Ausgrabungen, welche Herr Pfarrer Paniel in Käfertal bei Mannheim, auf seine Kosten, unternommen, und deren sämtliche Ausbeute mir nebst Bericht übersandt und unsrer Gesellschaft zum Geschenk gemacht hat. Auf dem Römerbuckel wurden damals, als man daselbst Sand zum Behufe eines Hausbaues holte, sechs Skelette ausgegraben, die in einer Reihe, mit dem Antlitz gegen Morgen gerichtet, nebeneinander ruhten, und 2 bis 2½' [60-75 cm[92]] hoch mit Erde bedeckt waren. Bei ihnen lagen, angeblich, eine Menge von Lanzen und Pfeilspitzen, Haften und Zierrat mancherlei Art; „ein ganzer Korb voll", wie ein noch lebender, der bei dem Auffinden der Skelette zugegen war, sich ausdrückte. Und diese zufälligen Entdeckungen waren die Veranlassung, dass später der damals in Käfertal wohnende Herr von Villers für den in dem Jahre 1823 ge-

storbenen Grafen Franz von Erbach, diesen eifrigen Sammler von Altertümern jeder Art, weitere absichtliche Nachgrabungen auf demselben Hügel anstellen ließ. Die Arbeiter waren von Käferthal und von Wallstatt, und nach ihrer Versicherung wurde eine Menge, gegen dreißig, wie einer derselben behauptete, Skelette gefunden, die gleichfalls sämtlich in Reihen neben einander lagen und das Angesicht gegen Morgen richteten. Entweder an dem Haupte oder zwischen den Armen hatte ein jeder ein Krüglein von roter Erde mit weiterem oder engerem Bauche stehen, das entweder offen oder an der Öffnung dicht mit Draht überflochten war. Und an ihrer Seite lagen Lanzenspitzen, Messer oder Schwerter. Auch an eine Menge von Schmucksachen, z. B. an um den Hals oder die Brust gereihten Perlenschnüren von Stein fehlt es nicht. Und die Skelette waren sämtlich weit länger als die größten der anwesend gewesenen Arbeiter. Die Schädel mit sehr wohl erhaltenen Zähnen hatten eine ausnehmende Breite" [93].

3.8.2 Funde von 1809-10 in den Gräflich Erbachischen Sammlungen

Abb. 105: Grabfunde vom Römerbuckel auf der Gemarkung Wallstadt (heute Mannheim-Vogelstang) in den Gräflich Erbachischen Sammlungen.

Im Schloss Erbach im Odenwald hängen im sogenannten zweiten römischen Zimmer große achtkantige Tableaus in den Fensterleibungen (Abb. 105), auf denen frühmittelalterliche Objekte aus Bronze und Eisen befestigt sind. Darunter befinden sich Funde aus Ladenburg und Schwetzingen, aber auch aus den Gräbern von Wallstadt, u.a. ein Schildbuckel und drei Lanzenspitzen, wie sie bereits der im Jahre 1868 veröffentliche Generalkatalog der Gräflich Erbachischen Sammlungen im Schlosse zu Erbach, ausgestellt von Sr. Erlaucht dem Grafen Eberhard zu Erbach-Erbach, nennt. Weitere Objekte, auch Keramikgefäße werden im Raum davor in einem Schrank aufbewahrt. Im Katalog 4 der Gräflich Erbachischen Sammlungen sind die Funde „der an die Käfferthaler Gemarkung stoßenden Wallstädter Gemarkung" verzeichnet und skizziert.

3.8.3 1859-1863: Grabungen des Mannheimer Altertumsvereins am Römerbuckel

In den beiden Protokollbüchern des 1859 gegründeten Mannheimer Altertumsvereins, die in den Jahren 1859-1894 geführt wurden, sind ab 1860 zahlreiche Angaben über die Ergebnisse der Unternehmungen in Wallstadt enthalten. Für die Jahre 1867-1873 gibt es keine Eintragungen. Das 1861 angelegte sogenannte „Schmierbuch des Mannheimer Altertumsvereins" wurde nur kurze Zeit geführt, es enthält vereinzelte Befundskizzen, so zu dem am 28.1.1862 geborgenen Männergrab (Abb. 106), in dem eine dreiteilige bronzene Gürtelgarnitur sowie ein Messer gefunden wurde. Die Gürtelgarnitur wurde wiederum im Protokollbuch detailliert skizziert (s.u.). Im Schmierbuch ist auch eine sehr gute Bleistiftzeichnung des 1862 gefundenen Steinplattengrabes zu finden, das die – allerdings bereits abgeräumte – Bestattung eines Kindes enthielt (Abb. 107). Ergänzungen zu den Angaben im Protokoll- und Schmierbuch liefert die zweibändig erhaltene Korrespondenz des Mannheimer Altertumsvereins, vor allem die Briefe des Lehrers Bernhard Fettinger, der die Grabarbeiten in Wallstadt leitete. Inventarverzeichnisse des Mannheimer Altertumsvereins liegen in Einzelblättern vor, für Wallstadt gibt es zwei unterschiedliche Verzeichnisse. Eines ist geordnet nach Gewann-Nummern. Die Objekte sind beschrie-

Abb. 106: Wallstadt. Verkleinerte Wiedergabe einer Befundskizze im „Schmierbuch" des Mannheimer Altertumsverein. Sie hält das 6' [1,8 m] lange Skelett vom 28.1.1862 in gestreckter Rückenlage mit seitlich liegenden Armen fest. Die dreiteilige Gürtelgarnitur wurde oberhalb des rechten Beckens eingetragen, wobei die Gürtelschnalle mit dreieckigem Beschlag rechts lag, mit dem Bügel nach links ausgerichtet zum dreieckigen Gegenbeschlag; oberhalb der beiden befand sich der trianguläre Rückenbeschlag – vgl. Abb. 110. Über dem rechten Becken lag längs gerichtet das Messer.

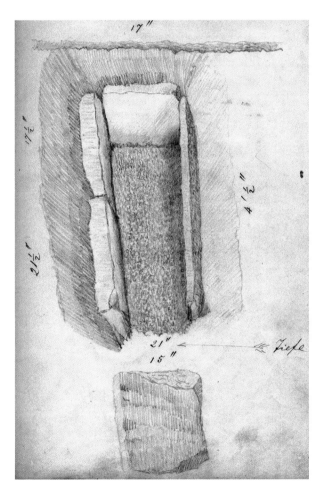

ben, teilweise mit Maßangaben in Zentimetern versehen. Zugefügt ist eine mit zwei Buchstaben beginnende Inventarnummer; diese Inventarnummern wurden nach Sachgruppen geordnet vergeben. Das andere Verzeichnis gibt Flurnamen, Flurnummer und Gewann-Nummer an, sowie den Besitzer des Flurstückes, derartige Hinweise fehlen in den Pro-

Abb. 107: Wallstadt. Steinplattengrab für ein Kind, freigelegt 1862 und im „Schmierbuch" des Mannheimer Altertumsverein dokumentiert.

tokollen weitgehend. Die Objekte sind kurz benannt, in Einzelfällen wird auf mitgefundene Gegenstände hingewiesen oder ein Funddatum mitgeteilt. Außer der sich auf die Sachgruppe beziehenden Inventarnummer ist eine Nummer mit dem vorangestellten G nachgetragen, G steht für Wallstadt. Nicht jedes im Protokoll genannte Objekt ließ sich in den Inventarverzeichnissen identifizieren; andererseits ließ sich nicht jeder im Inventar aufgeführte Fund in den Protokollen nachweisen.

3.8.4 Funde von 1854-1863 in der Sammlung des Altertumsvereins

Funde aus einem im Jahr 1854 in einer Sandgrube entdeckten Männergrab erhielt der 1859 neu gegründete Altertumsverein im Jahre 1862 als Geschenk. Acht Gräber grub der Altertumsverein 1859 aus. Weitere Grabungen folgten 1860, die ergiebigsten fanden 1861 statt, dann wurde noch 1862 und 1863 mit geringerem Erfolg gegraben.

Die Genauigkeit der Angaben schwankt erheblich, da selten Angaben zu den Skeletten gemacht und nur die Funde mehr oder weniger deutlich aufgelistet wurden. Zwar ist oft erkennbar, welche Stücke aus dem gleichen Grab stammen, doch könnte es

sich z. B. bei so manchem Grab mit Pfeilspitzen auch um die Bestattung eines Knaben gehandelt haben. 1860 ist von einer Masse sowie 15 Gräbern die Rede, darunter ein Grab mit weiblichem Inventar, sechs Gräber mit männlichem und ein tiefes. 1861 wurden Funde aus mehreren und aus 22 Gräbern geborgen, darunter fünf Gräber mit Hinweisen auf eine Frau, neun Gräber mit Waffen, zwei Kindergräber, davon ein Steinplattengrab (Abb. 107). 1862 wurden mindestens sieben Gräber geöffnet, darunter zwei mit weiblichem Inventar, zwei mit männlichem und ein Kindergrab. In einem Doppelgrab wurde ein Erwachsener mit einem Kind vorgefunden. 1863 wurden mindestens fünf Gräber freigelegt, identifizieren lassen sich eine Frau, zwei Männer und ein Kind. Ermitteln lassen sich außer der „Masse" und „mehreren" Gräbern also noch 58 zwischen 1859 und 1863 freigelegte Bestattungen. Da mindestens 82 Keramikgefäße geborgen wurden, dürften es sich aber um weit mehr als 80 damals gestörte Gräber handeln, von denen manche zwar mehr als ein Gefäß, andere aber gar keines enthielten. Dazu wurden zwischen 1859 und 1863 etwa zwei ohne Kopf beigesetzte Pferde beobachtet. Ganz sicher sind sowohl die Protokolle als auch die Verzeichnisse im Hinblick auf die eingegangenen Funde nicht vollständig.

Funde	Protokoll und Inventarliste	Nur Protokoll	Nur Inventarliste	Insgesamt mindestens
Schwert		1		1
Breites Schwert			1	1
Sax	5	1		6
Lanze	4	3	5	9
Schild	1	1	2	3
Pfeil	10	6	4	16
Messer	13	16	16	29
Schere	3	2	1	5
Flachsbreche	1			1
Schlüssel	1			1
Tonwirtel	6	1	Beinwirtel	7
Kamm	12	3	4	16
Kamm mit Futteral	1			1
Pinzette	1	1		1
Keramik	59	20	23	82

Abb. 108. Wallstadt Flur 667b. Funde aus einem Männergrab vom 1.3.1861, Protokollbuch Skizzen 32-34.

Abb. 109. Wallstadt Flur 667b. Funde aus einem Männergrab vom 8./9.3.1861. Protokollbuch Skizzen 38, 39, 41.

Abb. 111: Wallstadt Flur 669. Funde aus einem Frauengrab vom 4.2.1862. Protokollbuch Skizze 71-72.

Abb. 112: Wallstadt Flur 670. Frauengrab vom 6.2.1862. Bronzebeschlag von einer eisernen Schnalle. Protokollbuch Skizze 75.

Aus Männergräbern stammen eine Ösennadel sowie zahlreiche eiserne und bronzene Schnallen oder Gürtelbeschläge, die sowohl in den Protokollen wie Inventarlisten verzeichnet waren und von denen auch das eine oder andere Stück skizziert wurde (Abb. 108-109).

Nach den Protokollen wurden auf der Flur 666 bereits im Dezember 1860 ein Bronzeschnällchen und ein Bronzering gefunden, während die von Flur 666 im Inventarverzeichnis genannten zehn bronzenen sowie drei eisernen Teile erst im März 1861 aus dem Boden kamen. Aus Flur 670 stammen eine mt ihren triangulären Beschlägen sehr genau gezeichnete dreiteilige bronzene Gürtelgarnitur (Abb. 110) sowie ein Eisenring, die im Inventarverzeichnis nicht zu identifizieren sind, während dort von Flur 667 zwei Bronzebeschläge und ein Drahtring und von Flur 670 zwei Eisenstücke genannt sind.

In den Protokollen und Inventarverzeichnissen konn-

ten folgende Stücke aus Frauengräbern ermittelt werden: ein bronzener Ohrring, ein offener bronzener Arm- und ein Fingerring. Zur Ausstattung einer vornehmen Frau gehörten eine bronzene Haarnadel, eine Menge Perlen, Bronzering und Riemenzunge und eine als Amulett verwendete Cypraea vom Gürtelgehänge sowie zwei kleine Bronzeschnällchen von den Schuhen (Abb. 111). Eine weitere Cypraea aus einem anderen Frauen- oder Mädchengrab ist nur im Inventarverzeichnis erwähnt.

In den Protokollen sind außer schön verzierten fränkischen Scherben insgesamt 59 Keramikgefäße aufgeführt, von denen teilweise kleine Skizzen (Abb. 113-114) beigefügt wurden. Außer einem handgeformten Topf mit senkrechten Riefen (Skizze 4) gehörten alle übrigen zur scheibengedrehten Ware, darunter – typologisch sortiert – zwei hohe glatte Gefäße (Skizzen 7; 10), ein graugelbes Töpfchen (Skizze 15), ein zerbrochenes graues Gefäß (Skizze 16), ein zerbrochenes schwarzes doppelkonisches Gefäß, ein fränkischer Topf, ein schwärzlicher doppelkonischer Topf (Skizze 65), ein riefenverzierter Topf (Skizze 3), ein rötlicher Topf mit Spiralriefen (Skizze 57), ein schwarzer Topf mit ungenauen Spiralstreifen (Skizze 58), ein schwarzes Gefäßes mit horizontalen Riefen unter dem Hals bis an den Bauch (Skizze 77), zwei schiefergraue Gefäße mit eingedrücktem Stempel ?-Dekor (Skizzen 19; 20), ein schwärzliches Gefäß mit eingedrücktem Dekor (Skizze 48), ein Gefäß mit Riefen und Stempelein-

Abb. 110: Wallstadt Flur 670. Männergrab vom 28.1.1862 – vgl. Abb. 106. Die aus drei Teilen bestehende Gürtelgarnitur, gesamt Länge 22,5 cm. Protokollbuch Skizze 68.

Abb. 113: (links) Wall-
stadt. Protokollbuch
Skizzen 4, 7, 10, 15, 16,
65, 3, 57, 58, 77, 19-20
von Keramikgefäßen
aus den Grabungen
1860-1862.

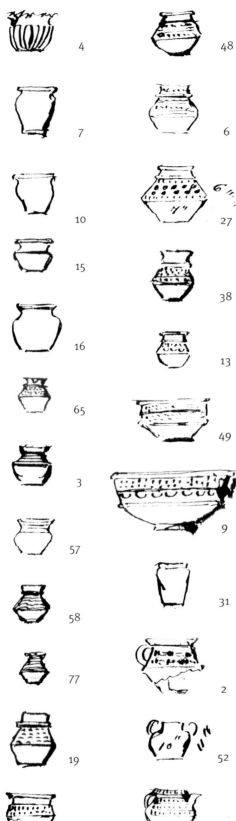

Abb. 114: (rechts) Wall-
stadt. Protokollbuch
Skizzen 48, 6, 27, 38,
13, 49, 9, 31, 2, 52, 36
von Keramikgefäßen
aus den Grabungen
1860-1862.

drücken (Skizze 6), ein dunkel schieferfarbener
Topf mit großen und kleinen Stempeleindrücken, d.
h. wohl Rädchendekor (Skizze 27), ein schwarzblauer
stempel- oder rädchenverzierter Topf (Skizze 38),
Scherben eines schwarzen Schüsselchens (Skizze
46), eine schwärzliche Schüssel mit Rädchendekor
(Skizze 49), eine weite Schüssel mit Karo- und Halb-
mondverzierungen (Skizze 9), ein ähnlich verzierter Topf (Skizze 13) und Scherben eines mit Halb-
mond- und Blumen verzierten Gefäßes, ein 12 cm
hoher Wölbwandtopf (Skizze 31), ein Henkelgefäß
(Skizze 2), ein Henkeltopf (Skizze 52), ein riefen- und
rädchenverziertes Gefäß mit Ausgusstülle, eine Tüllenausgusskanne mit Rädchendekor (Skizze 36). Um
römische Gefäßformen, die hin und wieder auch in
frühmittelalterlichen Gräbern auftauchen, handelt
es sich bei einem Krüglein, einem kleinen Krügel-
chen (Skizze 14), einem Tränenkrügelchen ohne Hals
und Henkel und einem Terra Sigillata-Näpfchen.

Nur in den Protokollen ist eine dünnwandige Me-
tallschüssel genannt. Sowohl durch die Protokolle
wie durch das Inventarverzeichnis sind die Eisenreifen eines Holzeimers, ein grünliches Glasgefäß,
das in einem Topf stand, ein mit Bronzeblech beschlagenes Holzkästchen aus Flurstück 666 und
eines mit eisernen Eckbeschlägen aus Flurstück
667b nachgewiesen.

Bereits 1861 pflegte der Mannheimer Altertumsverein Kontakte zu dem 1852 gegründeten Römisch-Germanischen Zentralmuseum in Mainz, wo einzelne
Stücke der Mannheimer Sammlung abgeformt wurden. Von einem durch vier Doppelkreise verzierten
Beinwirtel und einem mit Zirkelornament verzierten
Kammfutteral und einer Bronzepinzette aus den Gräbern von Wallstadt blieben Skizzen im Mainzer In-
ventarbuch erhalten. In qualitätvollen Zeichnungen veröffentlichte Ludwig Lindenschmit einen
verzierten offenen Bronzearmring von 7,6 cm Durchmesser (Abb. 115)[94], eine 51 cm lange Lanzenspitze
mit Weidenblatt und geschlitzter Tülle[95], eine zweite
mit Kreisaugen verzierte bronzene Pinzette (Abb.
116)[96] und die bronzenen reich mit eingedrehten
Kreisornamenten und eingepunzten Sternen und
Linien verzierten Beschläge eines 26 cm breiten
Holzkastens (Abb. 117)[97].

Zu den Beschlägen einer Spathagurtgarnitur mit niellierten Ornamenten auf der silbernen Schauseite gibt Lindenschmit allerdings nur an, dass sie in fränkischen Gräbern bei Mannheim gefunden seien [98] und auch von einer abgerundeten Beschlägplatte aus Erz ist nur bekannt, dass sie aus dem Museum von Mannheim stammt [99].

Trotz der hohen Zahl von über 80 geöffneten Gräbern sind nur zu wenigen Inventaren nähere Angaben vorhanden. Aus 19 männlichen Bestattungen stammen eine Spatha, etwa sechs Saxe, neun Lanzen und drei Schildbuckel. Höchstens ein Mann wurde also voll bewaffnet angetroffen. Bei den Frauen wurde lediglich Ohr- und Ringschmuck erwähnt, wie er im 7. Jahrhundert üblich ist, aber keine Fibeltracht des 6. Jahrhunderts. Dass Gräber von einer privilegierten Schicht innerhalb der dörflichen Gemeinschaft angetroffen wurden, verraten außer dem 1854 zerstörten Reitergrab eine Schüssel aus dünnem Blech, die Eisenreifen eines Holzeimers und vor allem das mit Bronzeblech beschlagene Holzkästchen, das auf dem Flurstück 666 gefunden wurde. Es stammt aus einem vornehmen Frauengrab des 6. Jahrhunderts. Von den 1966 in diesem Areal noch einmal aufgedeckten Gräbern kommt deshalb nur das Frauengrab 89 (S. 202, Abb. 8) in Frage. Geräte wie Flachsbreche (Abb. 118), gefunden 1861 auf Flurstück 667b, oder Schere gaben lediglich wohlhabenderen Familien ihren Angehörigen mit ins Grab. Es besteht also der starke Verdacht, dass die im 19. Jahrhundert geöffneten Gräber bereits beraubt waren, denn wenigstens die Frau, die einen mit Bronzeblech beschlagenen Holzkasten besaß, hätte mit Fibeln geschmückt sein müssen.

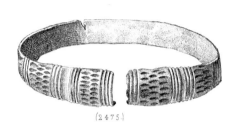

Abb. 115: Wallstadt. Bronzener Armring nach L. Lindenschmit, AuhV 1859ff.

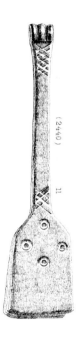

Abb. 116: Wallstadt. Bronzene Pinzette nach L. Lindenschmit 1870 ff.

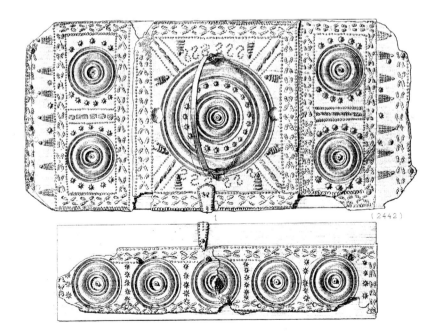

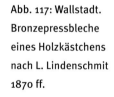

Abb. 117: Wallstadt. Bronzepressbleche eines Holzkästchens nach L. Lindenschmit 1870 ff.

Abb. 118: Wallstadt. Flachsbreche. Protokollbuch Skizze 44.

3.8.5 Die Fundstellen des 19. Jahrhunderts

In Wallstadt am Römerbuckel wurden entsprechend den Angaben in den Protokollen und Verzeichnissen des Mannheimer Altertumsvereines im Gewann 36, Flurstücke 664, 665 (Schaaf und Becker Wwe.), 666 (Fr. Hecker; Siegfried), 667a (Joh. Siegfried), 667b (Jak. Becker Wwe.), 668 (Beck. Wwe.) und 668b-c (Ad. Sohn), im Gewann 37, Flurstücke 669 (Joh. Collectur Gutsbesitzer; Jak. Biret Pächter) und 670 (Joh. Bohrmann bzw. Joh. Mich. Bormann von Feudenheim), Gewann 42, Flurstück 748 (Joh. u. Jak. Hill) vornehmlich fränkische Grabfunde geborgen. In den Protokollen wurden die Fluren 372b, auf der angeblich eine Tüllenausgusskanne, sowie 405b, wo vier ornamentierte und eine gelbliche „Urne" geborgen wurden, überhaupt nicht erwähnt. Flurstück 372b liegt soweit entfernt von den übrigen, dass es sich in diesem Fall sehr wahrscheinlich um ein Versehen handelt.

Die in der Mitte des 19. Jahrhunderts verwendeten Gewann- und Flurstücksnummer sind auf Karte A167 des Mannheimer Altertumsvereins, die Lehrer Bernhard Fettinger von Hand gezeichnet hatte, festgehal-

ten (Abb. 119). Sie gibt die Situation vor der großen Flurbereinigung von 1869 wieder. Die Denis'sche Karte von 1780 deutet zwar schmale Flurstücke an (Abb. 120), doch stimmen sie in der Ausrichtung nicht genau mit der Karte von Fettinger überein. Auf dieser Karte ist östlich der Vicenalstraße auf halber Strecke von Käfertal (im Norden) nach Wallstadt (im Süden) sowie nördlich des von Südwesten kommenden Weiherweges eine Sandgrube eingetragen. Diese Sandgrube ist auf Blatt 1072 der um 1900 im Maßstab 1:1500 angefertigten Handrisse der stückweisen Aufnahme der Gemarkung Wallstadt als Sandgrube Elkersberg leicht wieder zu finden; sie lag 170 m nordwestlich der Wegkreuzung. Auch die Bezeichnung „Römerbuckel" war um 1900 noch bekannt, denn auf dem Handriss der Wallstadter Gemarkungskarte ist er westlich der Vicenalstraße und nördlich des Weiherweges klein eingeschrieben. Gewann-Nummern gab es um 1900 nicht mehr, und die Flurnummern hatten sich geändert. Auf der älteren Karte schloss nach Osten an die Sandgrube das 21. Gewann mit WO verlaufenden Flurstücken an, von denen das dritte von Norden farbig markiert und mit Nr. 405b bezeichnet war. Nördlich vom 21. Gewann lag das 36. Gewann mit NS verlaufenden Flurstücken, von denen nur sechs mittlere skizziert und farbig markiert sind. Die westlichsten dieser sechs Flurstücke sind von W nach O mit 665, 666, 667a und b beschriftet. Dem 36. Gewann entspricht auf der Wallstadter Gemarkungskarte die Flur „Am Elkersberg". Keilförmig schiebt sich auf der älteren Karte von NW her das 37. Gewann mit NW-SO streichenden Flurstücken an das 36. heran; in dem Zwickel zwischen 36. Gewann und Gewannweg 248 lagen die markierten Flurstücke 669 und 670.

Die damals geborgenen Funde gingen unter der Bezeichnung Wallstadt in die Literatur ein.

3.8.6 1965-1968: Archäologische Ausgrabungen in einem geplünderten Gräberfeld

Im Oktober 1960 stieß Kreisheimatpfleger Franz Gember im Gewann „Am Elkersberg", auf dem Acker von Georg Will (Flur Nr. 7114) auf ein Grab mit schöner Speerspitze, damit hatte er den 1887 von Karl

Abb. 119: Mannheimer Altertumsverein Karte A167 der Gemarkung Wallstadt, gezeichnet von Bernhard Fettinger. Markiert sind die Flurstücke am Römerbuckel/Elkersberg, auf denen Grabfunde geborgen wurden.

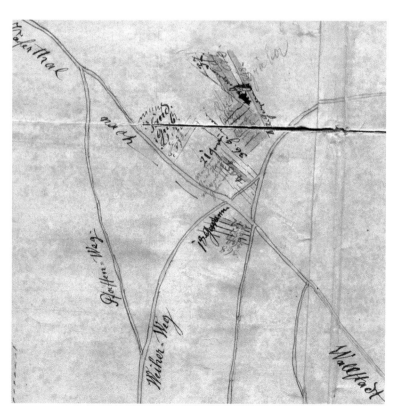

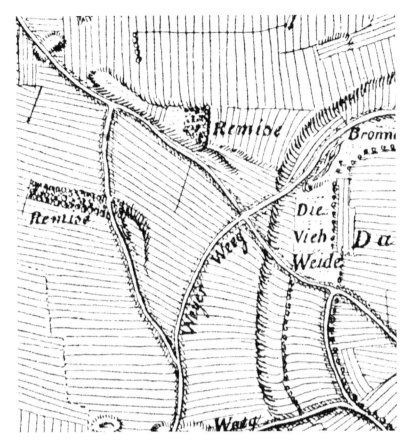

Abb. 120: Der gleiche Ausschnitt aus der Denis'schen Karte von 1780.

Fall auch die Trense. Die Entfernung zwischen den ehemaligen Flurstücken 670 und 405b entspricht ungefähr der Ausdehnung des 1964-68 freigelegten Gräberfeldes. Obgleich sich die über 60 um 1809/10 sowie die über 80 zwischen 1859 und 1863 nach Altertümern durchsuchten Gräber nicht mehr genau lokalisieren lassen, muss man davon ausgehen, dass damals bereits in allen Arealen des Friedhofes Eingriffe unternommen wurden.

Das 1965-1968 archäologisch untersuchte Gräberfeld am Elkersberg

Baumann, Kustos des Antiquariums, in einer Karte zur Urgeschichte von Mannheim eingetragenen fränkischen Friedhof wieder gefunden. Am 15. 7. 1965 beobachtete Gember auf dem nämlichen Acker vier weitere Gräber. Zur gleichen Zeit hatten die systematischen Grabungen des Museums begonnen, die unter der Leitung von Erich Gropengießer und dem Grabungstechniker Heini Geil bis 1968 andauerten. Nachdem 1964 mit der Grundsteinlegung der neue Mannheimer Stadtteil Vogelstang aus der Gemarkung Wallstadt ausgegliedert war, wurden die Grabbeigaben und Skelette dieser Grabung unter Mannheim-Vogelstang veröffentlicht[100].

Das Gräberfeld war bis zu 55 m breit und 165 m lang, umfasste aber wegen seiner lang ausgezogenen Dreiecksform nur etwa 5,4 ha (Abb. 121). Der Abstand zur Sandgrube, in deren Nähe um 1854 ein Männergrab mit Lanze, Schildbuckel und Pferdezaumzeug geborgen wurde, betrug etwa 100 m. Es könnte sich um das total geplünderte Grab 370 handeln, denn dem Reiter dort fehlen die meisten Teile des ursprünglich beigegebenen Pferdegeschirrs und in jedem

war also zuvor schon dreimal geplündert worden. Im frühen Mittelalter, zu einer Zeit, als die Beigabensitte erlosch, wurden aus den Gräbern mehr oder weniger systematisch die wieder verwertbaren Dinge, d. h. Waffen, Gerät und Schmuck aus Metall herausgeholt. Keramik war in keinem Fall wieder verwertbar, Spinnwirtel aus Keramik oder Bein wurden nicht aufgehoben. Liegen blieben Kämme, wohl weniger, weil sie nicht mehr zu gebrauchen waren, sondern eher weil sie als Symbol ewigen Lebens galten. Auch christlich gezeichneter Schmuck wurde nicht entwendet, wie besonders deutlich das Gehänge mit dem Kreuz im ansonsten stark geplünderten Grab 355 zeigt (Abb. 122). Die Skelette wurden durch die Sucherei auseinander gezerrt, teilweise wohl bis in den Raubschacht gezogen. Wenn sich der Raubschacht noch innerhalb der Grubenfüllung abzeichnete, wird deutlich, dass im frühen Mittelalter der Körperbereich das Ziel der Plünderer war. Die Grabarbeiten zu Beginn und in der Mitte des 19. Jahrhunderts gingen sicher nicht sorgfältiger vonstatten als die in endmerowingischer Zeit, aber es galt alles zu bergen, was sich nur einigermaßen

■ ungestört
■ wenig gestört
■ alt beraubt
  Beraubungszeit unklar
■ Beraubung 19. Jh.

Abb. 121: Vogelstang, Gräberfeldplan. Übersicht der alt gestörten und durch den Mannheimer Altertumsverein geplünderten Gräber. Eingetragen sind die Parzellennummern aus der Mitte des 19. Jahrhunderts, deren Lage sich ungefähr erschließen lässt.

transportieren ließ; Keramik wurde reichlich und auch in Scherben mitgenommen. Die vielen mitgegebenen Kämme spiegeln sich jedoch nicht im damals geborgenen Fundmaterial wieder, sie zerbrachen leicht, wahrscheinlich wurden sie auch oft übersehen. Skelette fanden nur selten das Interesse der Ausgräber des Altertumsvereins, denn die Funde wurden vom Altertümerpeter im Korb zu Fuß nach Mannheimer getragen. So schreibt der Wallstadter Lehrer Bernhard Fettinger am 9.2.1860: „Die anfallenden Knochen, dabei ein gut gehaltener Schädel, liegen noch versteckt auf dem Platz und harren auf Wiederversenkung, wenn nicht ein oder der andere nach Mannheim wandern muss."

Die im 19. Jahrhundert geöffneten Gräber müssten sich den Ausgräbern 1965-1968 also als total gestört präsentiert haben, von allen Funden befreit, aber teilweise mit angehäuften oder zur Seite geschobenen Knochen.

Nach diesen Kriterien dürften von den 46 als total gestört klassifizierten Gräbern jene, die noch Keramik enthielten, bereits in frühmittelalterlicher Zeit geplündert worden sein, wurden aber kaum im 19. Jahrhundert geöffnet. In diesen Gräbern waren oft auch Schädel, Becken und Langknochen sowie noch weitere Funde vorhanden. Teilweise waren die Skelettteile aber auch gänzlich ausgeräumt. Traf der Raubschacht das Ziel direkt, blieben die Beine ungestört, denn im Bereich der Beine waren keine wertvollen Metallteile zu erwarten. In den Ecken und am Rande einer Kammer deponierte Dinge wurden nicht beachtet, auch größere Dinge übersehen, z. B. ein Sax (Grab 33), Lanzen (Grab 77, 92, 352) oder die Beschläge eines Kastens, die in Grab 335 völlig auseinander gezerrt wurden (Abb. 123).

Es kam aufgrund der gezielten Beraubung häufiger vor, das Arme und Beine oder Kopf und Beine in ursprünglicher Lage verblieben.

Wenn die Skelette völlig durcheinander oder in der Einfüllung lagen und lediglich kleinteilige oder nicht verwertbare Dinge auf der Grabsohle zurückblieben, ist schwer zu entscheiden, in welcher Zeit die Be-

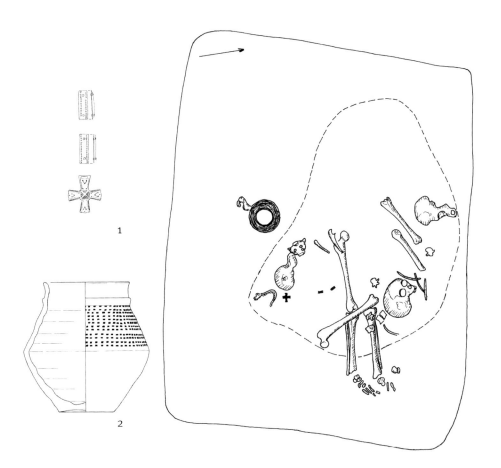

Abb. 122: Vogelstang, Grab 355: Keramik und christliche Symbole wurden nicht geplündert. 1- 2 M. 1:4; Plan M. 1:20.

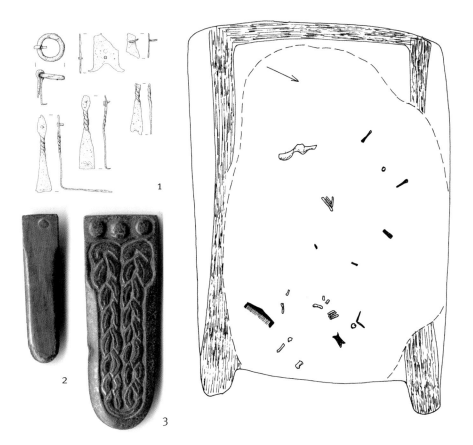

Abb. 123: Vogelstang, Grab 335: Die Kastenbeschläge lagen auf der ganzen Fläche verstreut, unversehrt blieb nur der Kamm. 1 M. 1:4, 2-3 M. 1:1; Plan M. 1:20.

raubung stattfand. Meist wurden Kämme zurück gelassen, Perlen sowie Spinnwirtel, Teile vom Gürtel, Scheren, Beinringe, Amulette u. a. vom Gehänge, Schuhgarnituren und sogar Glasgefäße. Ausnahmsweise blieb eine Scheibenfibel (Grab 242), ein Triens (Grab 339) oder eine bronzene Pinzette (Grab 384) liegen.

Die im 19. Jahrhundert angewandte Grabungsmethode ist unbekannt, d. h. es ist nicht bekannt, ob nur im näheren Bereich der Skelette nach Objekten gesucht oder bei größeren Grabkammern die ganze ehemalige Grabgrube freigelegt wurde. Darum ist die Plünderung zeitlich nicht einzuordnen, wenn das Skelett abgeräumt war, aber die in den Ecken oder in größerer Entfernung vom Verstorbenen deponierten Waffen oder abgestellten Gefäße und Kästen übersehen waren. Ganz sicher vom Altertumsverein geöffnet waren die total ausgeräumt vorgefundenen Gräber. Auf die Tätigkeit des Altertumsvereins gehen

die Störungen in jenen Gräbern zurück, in denen die Knochen verschobenen oder auf einen Haufen geworfen waren (Abb. 124) und alle Beigaben bis auf ein paar Perlen oder andere unscheinbare Dinge ausgeräumt waren.

Während sich die Gräber im frühen Mittelalter noch durch eine lockere Füllung vom anstehenden Boden unterschieden und durch Sondieren mit einer langen Stange unschwer zu lokalisieren waren, war die Grubenfüllung im 19. Jahrhundert verfestigt, sodass schmale Suchgräben gezogen werden mussten. Ein 35 cm breiter und etwa 0,7 m tiefer Suchgraben durchschnitt Grab 359. Da es sich um ein Kindergrab handelte, begnügte man sich mit dem Ausschnitt. Der Graben wurde gut 100 Jahre später im Grabplan dokumentiert (Abb. 125).

Würden die sehr wahrscheinlich und möglicherweise durch Aktivitäten im frühen und mittleren 19. Jahrhundert geöffneten Gräber im Gräberfeldplan durch fiktive Gräben verbunden (Abb. 121), zeigt sich eine deutliche Dreiteilung. Im Norden verliefen die hypothetischen Gräben parallel zur 42. Gewanngrenze, d. h. Flurstück 670 wurde in Längsrichtung

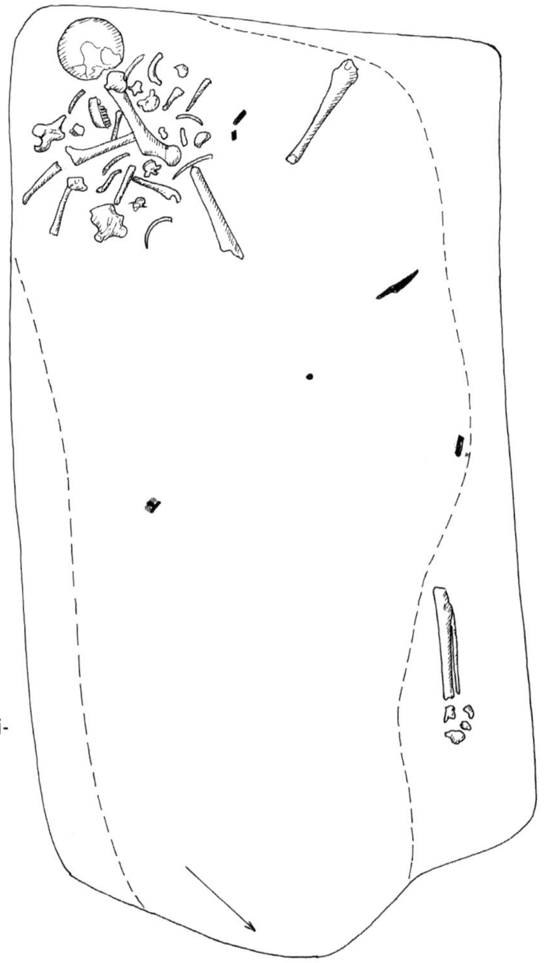

Abb. 124: Vogelstang, Grab 317. Hier war zweifellos der Mannheimer Altertumsverein 1861/62 tätig. Wenn niemand die Knochen nach Mannheim trug, wurden sie wieder vergraben.

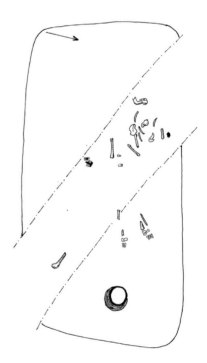

Abb. 125: Vogelstang Grab 359. Ein Suchgraben führte durch die Grube. M. 1:20.

durchsucht, der äußere Suchgraben lief vermutlich
bereits auf dem 42. Gewann über Flurstück 748. Den
großen mittleren Bereich des Gräberfeldes überspan-
nen die Gräben wie ein Gitternetz, das parallel und
etwa rechtwinklig zur 37. Gewanngrenze ausgerichtet ist. Dass die Gräben quer über mehrere Flurstücke verlaufen, passt zu den Berichten, nach denen
die Flurstücke 665-667 in einem Zug untersucht wurden. Auf den Flurstücken 668a-c wurde offensichtlich nur im Süden gegraben; wahrscheinlich hatte
die große gräberfreie Fläche in der Mitte für Verwir-
rung gesorgt.

Eine andere Art zu graben, zeigt sich dann im Süden,
im 21. Gewann, wo der Altertumsverein nur auf Flurstück 405 tätig war und worauf vermutlich zwei parallele Reihen hinweisen. Der größere Teil der Gräber wurde aufgespürt, indem wahrscheinlich von
wenigen langen Schnitten viele kurze Quergräben
gezogen wurden. In diesem Areal dürften Pfarrer Paniel und Herrn von Villers tätig gewesen sein.

Nicht alle der im 19. Jahrhundert geöffneten Gräber
wurden wieder gefunden. Das auf Flurstück 667b,
vermutlich am östlichen Rand der gräberfreien Mitte,
entdeckte Plattengrab (Abb. 107) mit einer Kinder-
bestattung war nicht mehr vorhanden.

Das Flurstück 668c befand sich östlich der Gra-
bungsgrenze von 1965-68, so dass dort mit einzelnen unentdeckten Gräbern zu rechnen ist. Hier lag
auch das am 29.11.1861 geborgene Knabengrab, dessen Inventar mit zwei großen Pfeilspitzen, Schere und
zwei Töpfen angegeben wurde (Abb. 126). Es dürfte
noch ein Kamm im Grab verblieben sein.

3.8.7 Pferdegräber

Ob die Pferdegräber vom Altertumsverein gänzlich
freigelegt und geborgen wurden, ist unbekannt.
Eines wurde auf Flur 670 gefunden. Nur wenn es
schon vor einer Freilegung wieder zugeschüttet worden sein sollte, könnte es mit dem 1966 gefundenen Grab G identisch sein; das kopflose Pferd lag
noch ungestört im Boden (S.282, Abb. 99). Ausgegrabene Pferdegräber wurden 1965-1968 nicht gefunden, doch tauchten Tierknochen in 1,1 m Tiefe

Abb. 126: Wallstadt
29.11.1861, Knabengrab
auf Flur 668c. Protokoll-
buch vergrößerte
Skizzen 57-61, ohne
Maßstab.

über dem total beraubten Frauengrab 307 auf, die
von den Ausgräbern als „wahrscheinlich nicht alt"
bezeichnet wurden (Abb. 127). Nach der archäozoologischen Bearbeitung der Tierknochen durch Thomas Becker handelt es sich um 32 Knochen eines
equiden. Es dürfte sich um die nicht nach Mannheim
getragenen Reste des 1861 auf „dem Acker der
Witwe Becker" (= Flur 668) gefundenen Pferdes
handeln, die von dem Grabungsarbeiter wieder ein-
gefüllt wurden. Grab 307 liegt am Rande der untersuchten Fläche und 5 m östlich des Reitergrabes 313.

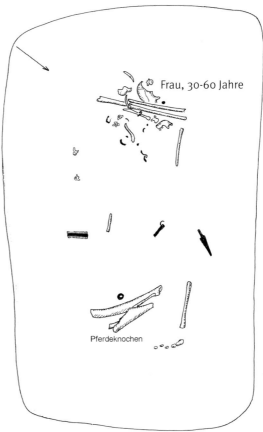

Frau, 30-60 Jahre

Pferdeknochen

Abb. 127: Frauengrab
307 mit den Resten
einer Pferdebestattung.
M. 1:20.

3.8.8 Anzahl und Geschlecht der Toten

Die Zählung der Gräber von 1965-1968 reicht bis 443. Darunter befanden sich elf doppelt belegte Gräber (189, 199, 218, 244, 281, 306, 352, 389, 404, 406, 417); wie die drei Individuen in Grab 20 zueinander lagen, ist unbekannt. Bei dem extrem breiten Grab 393 handelt es sich sehr wahrscheinlich um eine Dreifachbestattung. Manche Gruben überschnitten sich, so dass sie zunächst als eine gemeinsame galten und nur eine Grabnummer erhielten. Es kann sich hier auch um Nachbestattungen in älteren Schächten handeln.

Unter den Toten befanden sich 188 Frauen, 165 Männer, eine junge erwachsene Person, 112 Kinder von 2-16 Jahren, einschließlich einem unausgegrabenen, und 24 Säuglinge von 0-2 Jahren, einschließlich der archäologisch nicht nachgewiesenen fünf. Die folgenden Untersuchungen gehen von 490 Individuen in Mannheim-Vogelstang aus, obgleich gewiss ist, dass es einige mehr waren. 60 dieser Individuen wurden nicht beraubt, das sind 12%.

Abb. 128: Bestattungstyp 1 – Vogelstang, Männergrab 44. M. 1:20.

Aus den 1965-1968 geöffneten Gräbern vom Elkersberg wurden 533 Individuen anthropologisch bestimmt[101], keine anthropologischen Daten liegen für 8 Bestattungen vor (Grab 14, 16, 22, 65, 85A, 186, 268, 335), ein sehr wahrscheinlich unter Grab 149 gelegenes Kindergrab wurde auch archäologisch nicht untersucht. 482 Individuen wurden archäologisch erkannt und 59 zwar anthropologisch aber nicht archäologisch nachgewiesen. Abgesehen von den 5 Säuglingen, dürfte die Diskrepanz ihre Ursachen zum großen Teil in den Grabstörungen haben. Es ist davon auszugehen dass bei der systematischen Beraubung mehrere Gräber gleichzeitig geöffnet waren. Da keinerlei Rücksicht auf die Toten selbst genommen wurde, gerieten die Skelettteile durcheinander, und sie gerieten auch in benachbarte Gruben. Vom Ausgräber des Altertumsvereins wurden Teile der Skelette zunächst aus den Gruben genommen, dann wenn die Knochen nicht abgeholt wurden, auch wieder vergraben.

3.8.9 Vom einfachen Grab bis zur großen Grabkammer

Auf dem Bestattungsplatz am Elkersberg sind bei insgesamt 471 Bestattungen recht unterschiedliche Grabformen zu beobachten. Wie in Sandhofen spielen die Bestattungsformen bei der zeitlichen Einordnung der Gräber, bei der Interpretation von Herkunft und sozialer Stellung eine nicht unwesentliche Rolle. Von 13 Gräbern erwachsener Personen waren Länge und Breite nicht mehr feststellbar und von insgesamt 52 Bestattungen (11%) konnte die Grabform nicht mehr ermittelt werden, auch die 124 Kinderbestattungen (26%) lassen sich nur schwer mit den Maßen der Erwachsenengräber vergleichen.

Bestattungstyp 1: Einfacher Grabschacht mit engem Sarg (Abb. 128)

Die Grabgrube war nicht größer als für den Sarg erforderlich, d. h. bis etwa 0,75 m breit. Möglicherweise waren es Baumsärge, denn die Toten lagen sehr beengt mit hochgezogenen Schultern und eng anliegenden Armen sowie gestreckten Füßen. Da die Toten in ihrer Tracht beigesetzt wurden, kommt eine Tuchbestattung wie im Mittelalter kaum in Frage. Insgesamt sind sechs Frauengräber und fünf Männergräber sowie das Grab eines Jugendlichen diesem Grabtyp zuzuordnen. Die mit 2,5% seltene Bestattungsform ist viermal in der ersten Generation nachzuweisen (Grab 31, 44, 209, 283), wobei in dieser Phase auch einige mit einer Ausstattung von mittlerer Qualität zu verzeichnen sind. Dagegen gehörten die in engen Schächten meist beigabelos beigesetzten Individuen mehrheitlich erst der letzten Belegungsphase an, sie befinden sich überwiegend am südlichen Ende des Gräberfeldes. Einige waren – nicht sehr tief – in die Grabgruben älterer Gräber gebettet.

Bestattungstyp 2: Einfacher Grabschacht für eine Sargkiste (Abb. 129)

Die Grabgrube war nicht größer als für einen Sarg erforderlich, doch der bot ausreichend Platz. Die Gruben waren bis 0,95 m breit; selbst in den weniger breiten Gruben lagen die Toten keineswegs so beengt, wie es für die Gräber vom Bestattungstyp 1 charakteristisch ist. In den schmalen und nur bis 1,35 m tiefen Grabschächten, die am Elkersberg 5,3 % ausmachen, waren 14 Frauen, davon zwei ohne Beigaben, und elf Männer beigesetzt. In der ersten Belegungsphase wurde diese Grabform bei geringer und mittlerer Ausstattung gewählt. In den folgenden Belegungsphasen ist die Grabform wie bereits in der ersten Phase nur in der nördlichen Grä-

berfeldhälfte zu beobachten. Gegen Ende der Belegungszeit kommt der einfache Grabschacht in der südlichen Gräberfeldhälfte vor, überwiegend am südlichen Ende, und ist mit Beigabelosigkeit oder geringer Ausstattung kombiniert.

Bestattungstyp 3: Geräumiges Grab, Bestattung in der Mitte (Abb. 130)

In der Mitte geräumiger, 1 m bis 1,25 m breiter Grabschächte waren 13 Frauen und 12 Männer beigesetzt; insgesamt 5,3 %. In 1,35 m Tiefe zeichnete sich im 1,3 m breiten Frauengrab 45 eine dunkler verfärbte Kiste, L. 1,9 m, B. 0,85 m, ab, sodass es sich auch hier nicht um ein breites Kammergrab handeln kann. Die Grablängen reichten von ca. 1,9 m bis 2,45 m. In geringer Tiefe von 0,6-0,8 m lagen vier Männer (Grab 74, 342, 378, 383). Tiefen von 1,4-1,5 m erzielten die beiden Frauengräber 124, 338; die größte Tiefe mit 1,75 m wurde bei den Frauengräbern

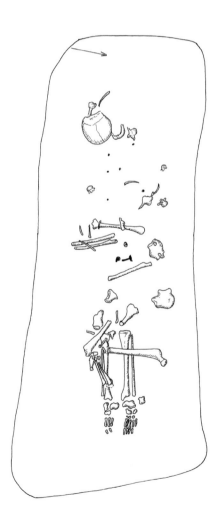

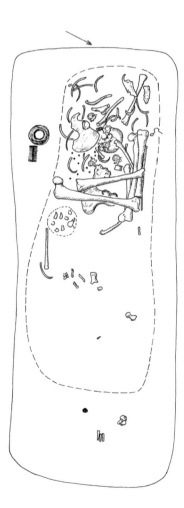

Abb. 129: (links) Bestattungstyp 2 – Vogelstang, Frauengrab 206. M. 1:20.

Abb. 130: (rechts) Bestattungstyp 3 – Vogelstang, Frauengrab 222. M. 1:20.

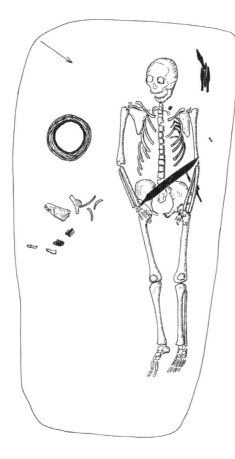

Abb. 131: Bestattungs-
typ 5 – Vogelstang,
Männergrab 175.
M. 1:20.

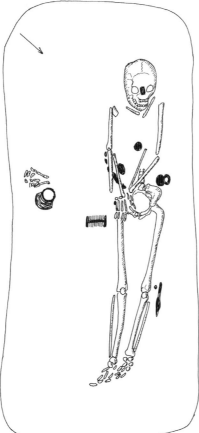

Abb. 132: Bestattungs-
typ 5 – Vogelstang,
Männergrab 295.
M. 1:20

122 und 164 beobachtet; vergleichbare Tiefe mit 1,65 m erreichte von den Männern nur der 18-19jährige aus Grab 77. Die Ausstattungsqualität war meist gering, sieben Personen waren beigabelos. Nur das sehr tief ausgehobene Grab 164 einer adulten Frau fällt durch die Beigabe eines Sturzbechers mit geriefter Wand und weißer Fadenauflage auf.

Bestattungstyp 4: Lange Gräber

Die in Sandhofen beobachteten über 2,45 m langen, aber schmalen Grabschächte haben am Elkersberg keine Parallelen.

Bestattungstyp 5: Geräumiges Grab, Bestattung an der N-Seite (Abb. 131-132)

Nach dem Vorbild der über 1,2 m breiten Kammergräber wurde auch in geräumigeren, unter 1,2 m breiten Grabschächten auf der N-Seite bestattet. Diese Bestattungsform tritt in Mannheim-Vogelstang erst seit SD-Phase 7 auf, kommt aber insgesamt auf 7%. In einem geräumigen Grab auf der Nordseite waren 17 Frauen, 16 Männer und ein Jugendlicher beigesetzt. Die Länge der Gräber schwankt zwischen 1,72 und 2,5 m, 60% der Gräber waren zwischen 1,85 und 2,25 m lang. Eine geringe Tiefe von nur 0,5 m wies lediglich das beigabelose Frauengrab 146A auf, nicht einmal 1 m erreichten die beiden Männergräber 145 und 388, letzteres war ebenfalls beigabelos. 23 Gräber lagen zwischen 1 und 1,5 m tief. Tiefer reichten fünf Frauengräber, von den Männergräbern waren nur zwei tiefer als 1,5 m, davon war das Männergrab 424 in SD-Phase 9 mit 2,45 m zwar auffallend tief, doch mag dies auch geländebedingt sein, denn hier am östlichen Rand des Gräberfeldes befanden sich weitere ähnlich tiefe Gräber. Die Grabausstattungen waren von mittlerer bis geringer Qualität.

Bestattungstyp 6: Geräumiges Grab, Bestattung an der S-Seite

Die Bestattungsform ist außerordentlich selten, nur zwei Frauen und ein Mann wurden an der Südseite ihrer bis 1,3 m breiten Grabgruben niedergelegt. Diese Gräber waren alle nur um 1 m tief.

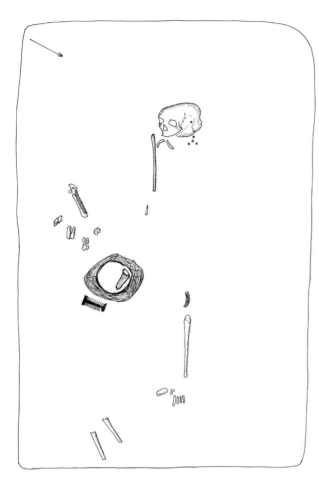

Abb. 133: Bestattungstyp 7 – Vogelstang, Frauengrab 259. M. 1:20.

Bestattungstyp 7: Grabkammer, Bestattung in der Mitte

Vier Frauen und vier Männer lagen möglicherweise in der Mitte großer über 1,3 m breiter Grabkammern, insgesamt 1,7 %. Alle Gräber waren sehr stark bis total gestört, die Unterschenkel wurden jedoch in den Gräbern 60, 68, 228 und 315 nahe der Mittelachse angetroffen, sowie Kopf, rechter Oberarm und linker Unterschenkel mit Fuß in Grab 259 (Abb. 133). In Grab 70 wurden die beiden Füße nebeneinander beobachtet, demnach lag der Mann diagonal in der Grabkammer. In den Gräbern 79 und 137 ist eine eindeutige Lage in der Mitte nicht nachzuweisen, allerdings streuten die Knochen auch nicht schwerpunktmäßig an der N-Seite.

Fünf der acht 1,4 m bis 1,75 m breiten Gräber erreichten eine Tiefe zwischen 1 m und 1,2 m, die größte

Tiefe wies Grab 259 mit 1,65 m auf; folglich unterschied sich das Grabvolumen erheblich. Das Männergrab 228 erzielte ein Volumen von 6,82 m³, die beiden Frauengräber 259 und 79 folgten mit 6,34 m³ bzw. 6,31 m³. Die Volumina der übrigen Gräber schwanken zwischen 3,29 m³ und 4,41 m³. Wohl nicht zufällig lässt sich in Grab 259, das durch die volumenreichste Grube auffiel, die qualitätvollste Ausstattung nachweisen.

Bestattungstyp 8: Grabkammer, Bestattung an der N-Seite (Abb. 134-135)

Eine Grabkammer hat nach der Definition von M. Martin eine Mindestbreite von 1,2 m. In Grabkammern von 1,2 bis 1,5 m Breite, sowie von 1,8 bis 2,5 m Länge wurden 74 Frauen und 50 Männer beigesetzt. Mit 25 % ist dieser Bestattungstyp am Elkersberg am häufigsten vertreten. Hinweise auf eine Wand aus Holzbohlen gab es in

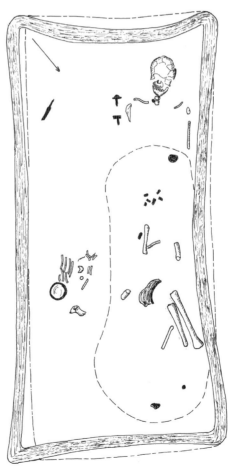

Abb. 134: Bestattungstyp 8 – Vogelstang, Männergrab 320. M. 1:20.

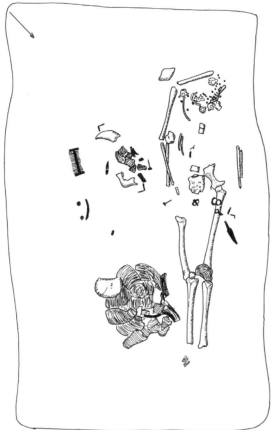

Abb. 135: Bestattungs-
typ 8 – Vogelstang,
Frauengrab 428.
M. 1:20.

sechs Gräbern, aber auch wenn winklige Gruben-
ecken erkannt wurden, handelt es sich eher um die
Holzkammer als um die eigentliche Grabgrube. Die
Grubenlänge schwankt bei den Frauengräbern zwischen 1,95 und 2,5 m. Die genaue Tiefe von Grab 14
ist unbekannt. Die geringste Tiefe wurde mit 0,7 m
bei Grab 443B beobachtet. Weitere neun Gräber blieben unter einem Meter. 17 Gräber erreichten eine
Tiefe zwischen 1,5 und 2 m. Mit Abstand die größte
Tiefe erzielte Grab 428 mit 2,6 m. Eine Abhängigkeit von Grabtiefe und Ausstattungsqualität ist nicht
erkennbar. Eher lassen sich Relationen zwischen
dem Gesamtvolumen und der Ausstattung erkennen.
Weniger als 3 m³ Aushub kamen bei 12 Gräbern vor.
In den drei Gräbern 169, 186 und 348 war dennoch
als Qualitätsmerkmal u.a. Glasgeschirr vorhanden.
25 Gräber hatten ein durchschnittliches Volumen.
Die acht Holzkästen, die für den sozialen Stand einer
Frau einen hohen Aussagewert haben, befanden sich
nur in Gräbern mit Aushubvolumen ab 3,41 m³. Für
zehn der Grabkammern wurden 5-6 m³ ausgehoben,
von diesen enthielten die Gräber 266 und 428
einen mit Metall beschlagenen Holzkasten.

Abb. 136: Bestattungstyp 9 – Vogelstang,
Frauengrab 300. M. 1:20.

Bestattungstyp 9: Große Grabkammer, Bestattung
auf der N-Seite (Abb. 136)

In den größeren Grabkammern, die 2 bis 2,5 m lang
waren und 1,5 m bis 1,9 m breit, lagen 15 Frauen und
sieben Männer. In dem 1,1 m tiefen Grab 69 wurde
anthropologisch zwar eine Frau diagnostiziert, doch
die Eisenstücke sprechen eher für ein Männergrab.
Von den Frauengräbern fallen fünf durch geringere,
d. h. 1 m bis 1,2 m Tiefe auf (Grab 3, 61, 181, 325,
355) bei den Männern sind es – außer Grab 69 – drei,
die nur 0,8 und 1,15 m Tiefe erzielten (Grab 75A, 193,
230). Drei Männergräber waren 1,4 m tief, Grab 413
erreichte 1,7 m und wurde noch von Grab 117 mit 1,85
m übertroffen. Bei den Männern erzielte Grab 422
mit 6,22 m³ das größte Volumen.

Bei den Frauen befanden sich zwei im mittleren Bereich der Grabtiefen (Grab 203, 339) und fünf Frau-

engräber (248, 286, 300, 420, 427) übertrafen das tiefste Männergrab. Die größte Tiefe wurde mit 2,3 m bei Grab 420 gemessen. Deutlich zeigt auch das Aushubvolumen, dass für die Beisetzung der Frauen ein enormer Aufwand erforderlich war. Grab 427 erreichte ein Volumen von 9,19 m³. Auf hölzerne Kammerwände wiesen Spuren in Grab 300 hin. Die Ausstattungen in diesen Gräbern waren von mittlerer und gehobener Qualität.

Bestattungstyp 10: Lange Grabkammer, Bestattung an der N-Seite (Abb. 137)

Grabgruben mit einer Länge über 2,5 m bei einer Breite zwischen 1 m und 1,5 m werden als lange Grab-

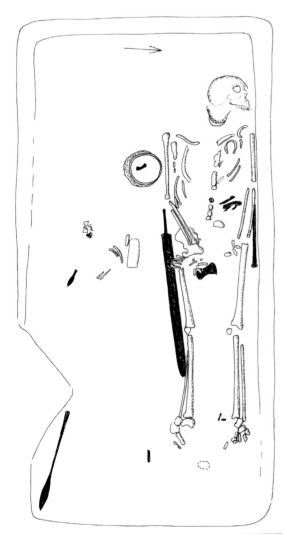

Abb. 137: Bestattungstyp 10 – Vogelstang, Männergrab 8. M. 1:20.

kammer bezeichnet. Den Maßen nach entspricht diese Form dem Bestattungstyp 12 von Pleidelsheim, aber die Bestattungen lagen am Elkersberg nicht so explizit in der NW-Ecke wie in Pleidelsheim. Nur in dem angeblich 2,8 m langen Grab 149 (SD 9) befand sich der Kopf nahe der W-Wand. Das Grab fällt jedoch weder durch besondere Tiefe, noch durch größere Breite auf; wegen der leichten Einsattelung in der S-Wand und den unterschiedlichen Grubenbreiten – östlich der Einsattelung 1,25 m – ist hier von zwei sich schneidenden Grabgruben auszugehen. Das Frauengrab 149 gehört offensichtlich nicht in die Gruppe der langen Kammergräber. Die lange Grabkammer wurde für acht Frauen und elf Männer errichtet. Die Grabtiefen waren bei den Frauengräbern allerdings sehr unterschiedlich, die beiden Gräber 224 und 405 erreichten nicht einmal 1 m Tiefe, Grab 53 mit 1,4 m und 215 mit 1,7 m die größte Tiefe. Grab 215 wies gegenüber den nicht einmal 1 m tiefen Gräbern mit über 6 m³ mehr als das doppelte Aushubvolumen auf. Spuren der hölzernen Kammerwand fanden sich in Grab 155 am Fußende und in Grab 215 an den Langseiten. Bei den meisten Gräbern gibt es Hinweise auf eine gehobene Ausstattungsqualität, nur Grab 405 war so total gestört, dass keine Beurteilung möglich ist.

Bestattungstyp 11: Große lange Grabkammer, Bestattung an der N-Seite (Abb. 138-139)

15 Männer und 12 Frauen waren an der N-Seite in außergewöhnlich großen Gruben beigesetzt. Die Grabgruben erzielten Längen zwischen 2,5-3,45 m und Breiten zwischen 1,5-2,1 m. Abgesehen von dem insgesamt 3,45 m langen Grab 393 mit drei Individuen, das in 2 m Tiefe allerdings nicht mehr ganz so lang war (vgl Doppelgräber), erreichte das Männergrab 64 mit 3,15 m die größte Länge am Elkersberg, es war allerdings nur 1,55 m breit. Daher war die Grube des Frauengrabes 58 bei 3 m Länge aber 2,1 m Breite etwas größer; in 1,55 m Tiefe zeigte sich dann die Holzkammer, sie wies mit 1,4 m Breite und 2,3 m Länge wieder normale Kamme-Maße auf. Breiter als Grab 58 waren nur das Doppelgrab 189 und das vermutliche Drillingsgrab 393. Beachtliche Länge erreichte auch das Männergrab 372 mit 2,9 m bei 1,6 m Breite, nur wenig kürzer waren das 1,8 m

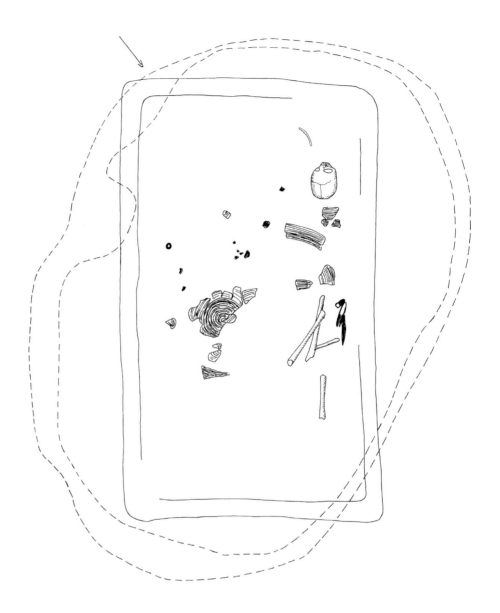

breite Frauengrab 52 und das 2 m breite Frauengrab
273. 13 Gräber waren über 1,5 m tief, 15 Gräber erreichten Tiefen zwischen 1 und 1,5 m, und vier noch nicht
einmal 1 m Tiefe.

Bei dem Frauengrab 58 fiel ein Aushubvolumen
von über 10 m3 an, über 9 m³ erzielten die Frauengräber 52 und 273. Bei den Männergräbern lag Grab
235 mit knapp 8 m³ an der Spitze, gefolgt von Grab
267 mit 7,4 m³. Sieben Frauengräber und sieben Männergräber wiesen in der Gruppe der großen langen
Grabkammer ein Volumen zwischen 4 und 6 m³ auf.
Darunter befanden sich wegen geringer Tiefe nur das
Frauengrab 159 sowie die beiden Männergräber
160 und 381.

Hinweise auf Kammerwände aus Holzbohlen zeigten sich in den Frauengräber 52, 58 und 350, sowie
in den Männergrabern 338 und 429 an allen vier Seiten; Spuren von Holzbohlen waren im Frauengrab
324 und im Männergrab 235 an S-, O- und N-Wand
erkennbar und wurden im Männergrab 171 an der
N-Seite dokumentiert. Alle 13 Frauengräber waren
gestört, davon vier stark und neun total.

Bestattungstyp 12: Große Grabkammern mit Pfosten in den Ecken

Zwei Frauengräber und ein Frauen-Doppelgrab haben
wegen der vier Pfosten in den Ecken der Grabkammer eine am Oberrhein ungewöhnliche Grabform.
(Vgl. S. 204 ff.)

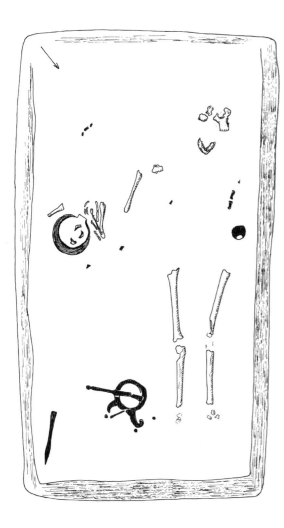

Abb. 139: Bestattungstyp 11 – Vogelstang,
Männergrab 338. M. 1:20.

In Vogelstang lagen 110 Gräber keinen Meter tief und
127 Gräber zwischen 1 m und 1,2 m tief; weitere 130
Gräber erreichten bis 1,5 m. Dagegen waren nur 92
Gräber über 1,5 m tief, in diese Gruppe gehören auch
die beiden Einzelgräber mit Eckpfosten. Grab 89 war
mit 1,3 m nicht außergewöhnlich breit und fällt mit
2,25 m auch nicht durch größere Länge auf, auffällig ist allerdings die SN-Ausrichtung. Grab 152B, das
sowohl länger, als auch breiter und tiefer war, hatte
mit einem Volumen von über 10 m³ eine außergewöhnlich große Grabkammer. Grab 189 war etwas
kürzer als Grab 152B, jedoch wesentlich breiter, da
es als Doppelgrab ausgelegt war. Die geringe Tiefe
von nur 1,1 m hängt wenigstens teilweise mit seiner Lage am Rande der Freifläche, die wahrscheinlich eine Geländekuppe war, zusammen.

Doppelgräber: Doppelbestattungen von Kindern
oder Mitbestattungen von Kindern in den Grabgruben, die nur für einen Erwachsenen angelegt wurden, gibt es häufiger als Doppelgräber von Erwachsenen. Grab 199 hatte mit 1,2 m Breite die üblichen
Ausmaße eines Kammergrabes, es wurde zweifellos für den über sechzigjährigen alten Mann ausgehoben, der an der N-Seite lag. In Schulterhöhe
stand die Tüllenausgusskanne, unterhalb dieser
wurde jedoch noch ein kleines Kind beigesetzt
(Abb. 140)

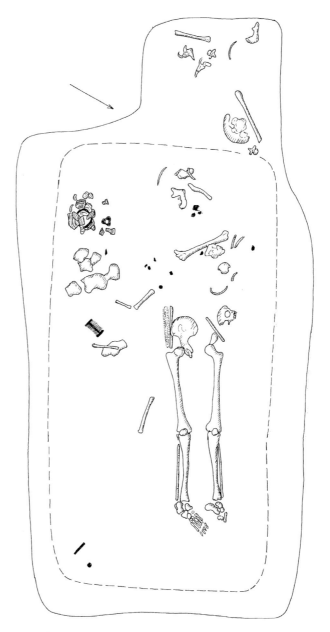

Abb. 140: Vogelstang, Doppelgrab 199. M. 1:20.

Ein zwölf- bis vierzehnjähriges Kind war in Grab 406 zusammen mit einem vier- bis fünfjährigen bestattet worden. In dem 1,4 m breiten Grab 306 (SD-Phase 9) lag ein etwa 19 bis 28 Jahre junger Mann zusammen mit einem zehn- bis elfjährigen Kind, das Kind befand sich in der Nordhälfte. Zu Füßen des Kindes stand der Topf. Nur in zwei Doppelgräbern waren zwei Erwachsene beigesetzt. Grab 189 lag im nördlichen Teil des Gräberfeldes. Das über 2 m breite Grab 189 (SD-Phase 5) fällt zudem durch Eckpfosten auf, die auch bei zwei Einzelgräbern der gleichen Periode gesetzt wurden, s. Bestattungstyp 12.

Grab 417 (SD-Phase 11) befand sich im Süden des langen Gräberfeldes, und zwar am westlichen Rand. Da sich in dem stark gestörten Grab beide Schädel an der ursprünglichen Stelle befanden, ist gesichert, dass die beiden Toten nebeneinander lagen. In Grab 389 ist der Befund aufgrund der Störung nicht eindeutig. Anthropologisch sind drei Individuen nachgewiesen. Archäologisch wurde während der Grabung nicht geklärt, ob hier zwei unterschiedlich lange, aber nicht zu trennende Grabgruben vorliegen. Die Ausbuchtung an der Westwand könnte mit dem Raubschacht zusammenhängen, könnte aber auch mit der unterschiedlichen Länge von zwei Grabgruben zu erklären sein. Die Bestattungen waren total gestört; kein einziger Knochen von den drei Skeletten befand sich noch in situ.

Nicht eindeutig ist der Befund von Grab 393, das sich südlich des großen Kreisgrabens befand, wo sich auch die schmalen Grabgruben der jüngsten Belegungsphase häufen. In dem 2,25 m breiten Grab 393 könnten drei Individuen zusammen beigesetzt worden sein. Es hatte bei etwa 3 m Länge ein Aushubvolumen von gut 13 m³. Wegen der totalen Störung ist aber eine Nachbestattung nicht ganz auszuschließen. Skelettreste tauchten zwischen 0,7 und 1,75 m Tiefe auf, Funde zwischen 1,4 und 2 m Tiefe. Anthropologisch wurden ein 19–20 Jahre alter Mann, ein 23–40 Jahre alter Mann und eine 40–60 Jahre alte Frau erkannt. Nach Dr. med. dent. R. Will besteht aufgrund der Zahnformen eindeutig eine enge Verwandtschaft. Es dürfte sich um eine Frau mit ihren Söhnen handeln.

3.8.9 Das Friedhofsgelände war markiert

Das Gräberfeld zerfällt bei genauerer Betrachtung in mehrere Teile. Die nördliche Hälfte mit unterschiedlich ausgerichteten und sowohl schmalen wie breiten Gräbern gliedert sich in einen breiten Streifen parallel zur westlichen Gräberfeldgrenze und einen ebenso breiten Streifen parallel zur östlichen Grenze, beide Areale stoßen dann im Norden im spitzen Winkel zusammen. Die einmal abgesteckten Gräberfeldgrenzen wurden im Norden durch alle Perioden hindurch respektiert, eine Erweiterung war hier offensichtlich nicht möglich. Nach Süden zu klafft zwischen diesen beiden Arealen eine große Lücke. Eine Analyse der Belegungsabfolge zeigt, dass hier im Zentrum des gesamten Gräberfeldes eine Fläche tatsächlich von Gräbern frei gehalten wurde. Da sich am Rande der gräberfreien Fläche überdurchschnittlich häufig Gräber mit geringer, d. h. unter 1 m Tiefe, befanden, handelte es sich wohl um eine Geländekuppe, die im Laufe der Zeit stärker erodierte als die Umgebung. Möglicherweise spielte diese einem Grabhügel ähnliche Geländekuppe eine entscheidende Rolle bei der Wahl des Bestattungsplatzes.

Der breite Korridor, der sich von SW nach NO südlich der Freifläche mitten durch das Gräberfeld zieht, ist mindestens teilweise bedingt durch Zerstörungen im Rahmen der Erschließungsarbeiten, die 1965 Anlass für die archäologische Untersuchung des Gräberfeldes waren. Er trennt aber auch unterschiedlich belegte Gräberfeldareale. Die südliche Hälfte des Gräberfeldes unterscheidet sich von der nördlichen Hälfte durch eine gleichmäßigere und doch kompakte Anordnung der Gräber mit relativ breiten Gruben und vielen Kammergräbern. Zwar bestatteten einzelne Familien weiterhin im alten Areal, doch hatten offensichtlich eine im 7. Jahrhundert führende Familien eine Friedhofserweiterung durchgesetzt. So ergab sich der nur locker belegte Korridor erst durch eine Vergrößerung des Friedhofsareals mit Beginn der Phase 8.

Anmerkungen

[1] Nr. 24717; Neg. 5198.

[2] Ber. RGK 1912 (1915) 137 Abb. 62,1.

[3] VIELITZ 94, Gruppe H.

[4] VIELITZ 2003, Abb. 116.

[5] QUAST 2006, Abb. 3; 5,6; Anm. 11.

[6] QUAST 1999, Abb. 2; 4,1.

[7] TEICHMANN 2004; PARTHEIL 2005.

[8] KOCH 2001.

[9] MARTI 1990, 82 Abb. 48.

[10] QUAST 1996, Abb. 6 mit Liste 2; SCHULZE-DÖRRLAMM 2002, 84 ff. Gruppe C1-7.

[11] BÖHME 1994, Abb. 23.

[12] KOCH 1999, S. 188 Abb. 10.

[13] VIELITZ 2003, 85 f. Abb. 31-32.

[14] VIELITZ 2002 Abb. 111 Typ C5.33/6.33.

[15] Mannheimer Geschbl. 2, 1901, Sp. 165.

[16] Mannheimer Geschbl. 3, 1902, 184.

[17] WERNER 1935, S. 58; 97 f. Kat-Nr. 40; S. 135 Münzkatalog II (nur aus der Literatur bekannte Prägungen!) Nr. 25; Taf. 25B.

[18] Bad. Heimat 1927, 29-38, bes. 34 Abb. 7.

[19] RENNER 1970, S. 136 Nr. 309; Taf. 14.

[20] Mannheimer Geschbl. 18, 1917, 49 ff. Sp. 52.

[21] Zahlenangabe vom örtlichen Grabungsleiter Benedikt Stadler M.A.

[22] BEHM-BLANCKE 1970, Abb. 1.

[23] MARTIN 2000, 152-156.

[24] KOCH 2001, Taf. 9.

[25] KOCH 2004a.

[26] Picardie 1986, 141 ff. Abb. 107.

[27] FINGERLIN/FISCHER/DÜWEL 1998.

[28] KOCH 2004a.

[29] RETTNER 1997.

[30] A. KOCH 1998, 217-221.

[31] KÜHN 1940, Taf. 13,45.

[32] POLENZ 1988, Taf. 190,3-4.

[33] STORK 1997, Abb. 318 re unten.

[34] KNÖCHLEIN 1996, S. 27.

[35] GRAENERT 2000.

[36] KOCH 2001, S. 243 ff. Abb. 100.

[37] Mannheimer Geschbl. 2, 1901, Sp. 166.

[38] DAMMINGER 2002, Taf. 43.

[39] KOCH 1993.

[40] WERNER 1951; R. Koch 1967, S. 63.

[41] R. KOCH 1967, Taf. 83.

[42] ZELLER 1992, Taf. 22,10.

[43] ENGELS 2002.

[44] KOCH 1967, Taf. 48.

[45] Bad. Fundber. 20, 1956, 254 f. Taf. 60 C.

[46] STEIN 1991, S. 125 Abb. 30.

[47] PAULSEN/SCHACH-DÖRGES 1978, S. 59, Abb. 22,2.

[48] Anna Ceresa MORI, Boffalora d'Adda. Soprintendenza Arch. della Lombardia Notizario 1987, 195, Abb. 199.

[49] POLENZ 1988, Taf. 182.

[50] PITON 1985, Taf. 78.

[51] ROOSENS 1983.

[52] ADE-RADEMACHER 1997, Abb. 31.

[53] Frauke Stein danke ich für zahlreiche Hinweise.

[54] JANSEN 2003, S. 224, Abb. 4.

[55] Fundber. Schwaben N.F. 7, 1930-1932, Taf. 17,1.

[56] SALIN 1935, S. 316, Abb. 681.

[57] MENGHIN 1983, Kat. 139-151.

[58] BECKMANN 1975.

[59] AMENT 1975, S. 79.

[60] AMENT 1975 S. 90 f.

[61] STEUER 2004.

[62] BARTEL 2002/03.

[63] BARTEL / NADLER 2002/03.

[64] Longobardi 1990, S. 161, IV,6-IV,7; v. HESSEN 1982.

[65] R. KOCH 1969, S. 61, Abb. 11.

[66] MARTIN/SENNHAUSER/VIERCK 1980, Abb. 19.

[67] ROTH/THEUNE 1995, Taf. 45.

[68] DALAS/FAVIER 1991, II S. 82-87.

[69] Vgl. z. B. STAHL 1994, Nr. 240.

[70] Corsten 1995, S. 66-68.

[71] Sinsheim 1834 oder 1835.

[72] ECKERLE / WILHELMI 1986, S. 74.

[73] BURZLER u.a. 2002, Bd. 1, S. 193-195.

[74] KOCH 2001, S. 572 Liste 28.

[75] KOCH 2002, S. 222; 558 Liste 15 zu Abb. 96.

[76] KOCH 2001, S. 206; 550 ff. Liste 9.

[77] BLAICH 1999, S. 312.

[78] KOCH 1987, S. 200.

[79] A. KOCH 1998, S. 196-200; S. 699 Fundliste 15C, Karte 15.

[80] PESCHECK 1996 Taf. 33; 115.

[81] MAUL 2002.

[82] KOCH 1987, S. 60 ff.

[83] LEGOUX 2005, S. Taf. 62.

[84] QUAST 1993, S. 52.

[85] ZELLER 2002 Abb. 2.

[86] SCHMIDT 1970, Taf. 9.

[87] KOCH 2002, S. 278; 573 Liste 30.

[88] ENGELS 1995.

[89] POLENZ 1988, Taf. 158-162.

[90] KOCH 1998a.

[91] FECHT 1813, S. 51-53. – Text orthographisch verändert und gekürzt.

[92] Maße in badischen Fuß (') = 10 Zoll (")=100 Linien ('") angeben. Der badische Fuß enthält nach Meyers Konservationslexikon 7 (Leipzig/Wien 1908) S. 229 genau 300 Millimeter.

[93] WILHELMI 1934.

[94] AuhV I (Mainz 1859 ff.) H. 12, Taf. 6,1 Mainz Inv. Nr. 2475.

[95] LINDENSCHMIT 1889, S. 173 f. Abb. 68.

[96] AuhV II (Mainz 1870 ff.) H. 5, Taf. 6,11 Mainz Inv. Nr. 2440.

[97] AuhV II (Mainz 1870 ff.), H. 9 Taf. 6,1 Mainz Inv. Nr. 2442.

[98] AuhV III (Mainz 1881 ff.) H. 10, Taf. 6,6-7 Mainz Inv. Nr. 5062-5063. LINDENSCHMIT 1880-1889, S. 376 Abb. 389.

[99] LINDENSCHMIT 1889, S. 364 Taf. 3, 333; Mannheimer Geschbl. 8, 1907, Abb. S. 183-184.

[100] RÖSING 1975.

[101] RÖSING 1975.

Ursula Koch

4. Die Grabfunde – Bausteine der Chronologie – Indikatoren der sozialen Stellung

4.1 Anmerkungen zur relativen und absoluten Chronologie

Im Laufe der letzten 150 Jahre ergab sich bei den archäologischen Funden aus den so genannten Reihengräberfeldern durch Erforschung der typologischen Entwicklung von Formen sowie durch Beobachtungen des wiederholten Zusammentreffens unterschiedlicher Formen – wobei diese Beobachtungen in den letzten Jahrzehnten mit Hilfe von Seriationen erfolgten – eine feste Vorstellung, welche Formen einander ablösten und welche stets miteinander auftraten. Darauf beruht die relative Chronologie. Durch mitgefundene Herrschermünzen, durch Dendro-Daten und vereinzelt auch historische Ereignisse wurde das relative Zeitgerüst mit absoluten Daten versehen.

Für die Merowingerzeit gibt es ungleich fein entwickelte Chronologie-Modelle. Hier wird das für das Gräberfeld von Pleidelsheim erstellte Modell verwendet, bei dem die Phasen ungefähr die Länge einer Generation haben[1]. Unter Einbeziehung geschlossener süddeutscher Grabinventare wurde die Zeit von etwa 430 – 680 n. Chr. in die SD (=Süddeutschen) Phasen 1-10 unterteilt, wobei die jüngsten Phasen 9 und 10 inhaltlich den Schretzheimer Stufen 5 und 6[2] bzw. Bargen 2 und 3[3] entsprechen. Die Mannheimer Gräberfelder beginnen überwiegend in SD-Phase 5 (ca. 530-555) und enthalten dabei vereinzelt noch Formen der SD-Phase 4. Ein Belegungsbeginn bereits in SD-Phase 4 ist allein für Straßenheim-„Aue" zu erwägen. Im Rhein-Neckarraum wurden die Gräbrfelder über die SD-Phase 10 (ca. 650-680) hinaus belegt, besonders deutlich wurde dies auf dem Hermsheimer Bösfeld. Hier kann nun auf das bis in das 9. Jahrhundert reichende Chronologiemodell von Wenigumstadt zurückgegriffen werden, mit dem Eva Stauch das der Süddeutschen (SD-) Phasen fortsetzte. In den SD-Phasen 9 und 10 unterschied sie jeweils eine ältere und eine jüngere Phase und schloss dann die WU-Phasen 11-15 an[4]. Hilfreich ist auch die von Frank Siegmund für den linken Niederrhein erarbeitete Chronologie mit den NR-Phasen[5]. Für das gesamte Gebiet vom Niederrhein bis zur Eifel korrelierte die Arbeitsgruppe Franken AG Bonn 1991/92 die merowingerzeitliche Chronologie und teilte den Zeitraum vom Anfang des 5. bis in die Mitte des 8. Jahrhunderts in 10 Phasen[6].

4.2 Schmuck und Accessoires weiblicher Kleidung

4.2.1 Glasperlen – eine chronologisch belangvolle Fundgruppe

Für die zeitliche Einordnung der Frauengräber sind die am Hals- und Brustschmuck verwendeten Glas- und Bernsteinperlen von besonderer Bedeutung. Einerseits besaßen viele Frauen solche Perlen, auch zahlreiche Mädchen waren damit geschmückt. Andererseits war es für die Plünderer entweder zu mühsam, die Perlen der längst zerrissenen Ketten herauszuklauben, oder sie hatten an dem aus der Mode gekommenen und auch nicht wieder verwertbaren Schmuck kein Interesse.

Zahlreiche Perlenensembles wurden offensichtlich über einen großen Zeitraum hinweg zusammengestellt, andere – vor allem die von Kindern – sind einheitlicher. Mit Hilfe der Seriation und anschließender Sortierung in einer Kombinationstabelle wurden die Perlen aus Vogelstang-Elkersberg auf sechs einander ablösende Modephasen verteilt. Ein für das frühe 6. Jahrhundert typisches Ensemble der Kombinationsgruppe A[7] fehlt in Vogelstang.

Für Kombinationsgruppe B sind die gedrückt kugeligen weißen, roten und gelben Glasperlen von dichter Konsistenz und mattem Glanz charakteristisch; dazu treten die aus Kombinationsgruppe A bekannten kleinen gewickelten schwarzen Perlen sowie Per-

len aus farblosem oder rotem geblasenem und gezogenem Überfangglas auf. Relativ zahlreich sind die
kleinen, unregelmäßig geformten, flachen rundlichen
Bernsteinperlen. Typische Ensembles dieser Kombinationsgruppe, die in SD-Phase 5 zu datieren ist,
enthielten die Gräber 57 und 58 von Straßenheim
„Aue" (Abb. 1,1-2) und in Vogelstang die Gräber 31
(S.216, Abb. 20) und 121B (Abb. 1,3). Perlen mit auf-
gelegtem Fadendekor treten wie in Grab 31 nur vereinzelt auf.

Die Perlenkombinationsgruppe C[8] lässt sich anhand der Mannheimer Perlen in zwei Gruppen trennen; um die bisherigen Bezeichnungen beizubehal-
ten, werden sie mit C1 und C2 benannt. In Gruppe
C1 sind die Perlen der Gruppe B alle noch vertreten,
bei den gedrückt kugeligen wird die Farbpalette um
blaue und grüne erweitert. Neu sind in dieser Phase
die langen, fünfflächig prismenförmigen Perlen aus
weiß, gelb, rot oder grünem Glas. Die Perlen sind
sorgfältig geformt und das Glas ist von gleicher
Qualität und Farbe wie das der gedrückt kugeligen
Perlen. Nur aus monochromen Perlen bestehen die
Ensembles von Vogelstang Grab 107 (S. 229,
Abb. 6) und Grab 254 (Abb. 2,2) in SD-Phase 6. Unter
den polychromen Perlen fallen solche aus Mosaik-
oder Millefioriglas auf. Eine aus blau-weiß-rotem Millefioriglas zusammengesetzte kugelige Perle mit
rotem Rand lag in Vogelstang Grab 124 (Abb. 2,1).
Zwei kugelige Millefiorperlen enthielt dort das Säuglingsgrab 129, vier Perlen aus blau-weiß-rotem Strei-
fenmosaik und Fragmente von zwei langen Millefioriperlen fanden sich im Grab 153 eines kleinen
reichen Mädchens. Die Kindergräber lagen neben
den Frauengräbern der SD-Phase 5.

In Kombinationsgruppe C2 treten kurzzylindrische
Perlen in den Farben weiß, gelb, rot, blau und grün
neben die immer noch häufigen monochromen gedrückt kugeligen sowie langen prismenförmigen
Perlen. Charakteristisch für diese Modephase sind
aber die zahlreichen polychromen Perlen mit aufgeschmolzenem Faden- und Punkt-Dekor; die Klassifizierung der polychromen Perlen von 1977 hat sich
bewährt und wird weiter benutzt[9]. Das Ensemble aus
Vogelstang Grab 114 in SD-Phase 7, das einer über
60-jährigen Frau gehörte, zeigt die neue Vielfalt, dop-

Abb. 1: Perlen Kombina-
tionsgruppe B.
1-2 Straßenheim „Aue"
Grab 57-58;
3 Vogelstang, Grab 121.
M. 1:1.

pelkonische Perlen mit aufgetropften Punkten der
Typengruppe 3 oder aufgesponnenen Fäden der
Typengruppe 42 sowie kugelige Perlen mit Schichtaugen in der Farbkombination weiß-rot-blaugrün,
wobei der Perlkörper entweder aus rotem bei Typengruppe 6 oder blaugrünem Glas bei Typengruppe 7
hergestellt wurde (Abb. 3,1). Lange zylindrische Perlen mit aufgetropften Punkten der Typengruppe 3 und
aufgesponnenen und gekämmten Glasfäden der
Typengruppe 49 prägen die Kette eines sieben bis
achtjährigen Mädchens in Grab 173 (Abb. 3,3). Eine
Kombination von Faden- und Punktdekor wie bei den
Typengruppen 16 und 20 findet sich auf den Perlen
eines kleinen Kindes aus Grab 229 in SD-Phase 7.
Die Kette einer etwa vierzigjährigen Frau aus Grab
273 in SD-Phase 7 enthält sowohl eine größere Anzahl der neuen kurzzylindrischen Perlen als auch polychrome Perlen (Abb. 3,2), und zwar doppelkoni-

Abb. 2: Perlen Kombina-
tionsgruppe C. Vogel-
stang. 1 Grab 124;
2 Grab 254. M. 1:1.

sche mit Punktdekor der Typengruppe 3, kugelige Perlen mit in Schleifen aufgesponnenen Fäden der Typengruppe 34 oder mit Punkten und Fäden verzierte der Typengruppe 16.

In Kombinationsgruppe D werden die zylindrischen Formen länger, ein gutes Beispiel ist die Perlenkette des fünf- bis sechsjährigen Mädchens aus Grab 50 (S. 303, Abb. 19) mit kurzzylindrischen weißen, gelben und grünblauen Perlen sowie bis 10 mm langen zylindrischen roten Perlen, die weniger sorgfältig gearbeitet sind, was sich besonders an den abge-

men tauchen gerippt kugelige Perlen in den Farben weiß, rot und grünblau auf sowie tonnenförmige weiße von 7-10 mm Durchmesser. Die Perlenkette eines 7-8jährigen Mädchens in Vogelstang Grab 133 der SD-Phase 8 enthält mit den gedrückt kugeligen, den prismenförmigen roten und den beiden Millefioriperlen typische Stücke der Kombinationsgruppe C, dann etwas jüngere kurzzylindrische Perlen aber auch einige der in Kombinationsgruppe D neuen Formen, nämlich tonnenförmig weiße und kugelig gerippte in den Farben weiß, rot und grünblau (Abb. 4,4). Unter den polychromen Perlen blieben

Abb. 3: Perlen Kombinationsgruppe C2. Vogelstang 1 Grab 114; 2 Grab 273; 3 Grab 173. M. 1:1.

1

2

3

sprengten Rändern bemerkbar macht. Die geringere Qualität ist ein weiteres Merkmal dieser Phase. Bei den kugeligen Perlen bleiben die aufgewickelten Glasdrähte sichtbar, wie bei den kugeligen roten in Grab 100 der SD-Phase 8 (Abb. 4,1). Als neue Formen

die kleinen kugeligen mit Schichtaugen noch recht beliebt, wie in der Kette aus Grab 141 der SD-Phase 8 (Abb. 4,2). Perlen mit Schleifenauflage der Typengruppe 34 nehmen zu und neu sind lange quaderförmige grüne mit gelben Punkten der Typengruppe

4 wie in Grab 39. Und wohl kaum später kommen auch die rotgrundigen der gleichen Typengruppe auf; diese Perlen sind dann besonders typisch für Gruppen E-F. Das kleine Perlenensemble der jungen Frau aus Grab 39 in SD-Phase 9 enthält keine Perlen der Kombinationsgruppen B und C aber zahlreiche neue Typen der Kombinationsgruppe D (Abb. 4,3).

Abb. 4: Perlen Kombinationsgruppe D. Vogelstang. 1 Grab 100; 2 Grab 141; 3 Grab 39; 4 Grab 133. M. 1:1.

Die Perlenketten der Kombinationsgruppe E sind äußerst variantenreich, es mehren sich die kugelig gewickelten Perlen, gelbe und blaugrüne und grünblaue treten hinzu. Der Anteil der kalten Farben von blau bis grün nimmt zu, wie z. B. im Ensemble aus Grab 40 in SD-Phase 9, das bereits die neuen kantigen Bernsteine enthält (Abb. 5,1). Von minderer Qualität sind die kleinen kugelig, zum Teil gereihten Perlen aus porösem gelbem Glas, die zum Teil als Reihenperle auftreten. Tonnenförmig-doppelkonische blaugrüne, rote und orangefarbene Perlen befinden sich ebenfalls unter den neuen Formen, z. B. in der Kette aus Grab 59 der SD-Phase 9 (Abb. 5,2), sie sind aber noch nicht dominierend.

In Kombinationsgruppe E2 sind die kugelig gerippten Perlen noch recht zahlreich, z. B. in Grab 239 der SD-Phase 9 (Abb. 6,1), es dominieren aber die tonnenförmig-doppelkonischen Perlen. In den Farben rot, blaugrün und orange haben sie anfänglich Durchmesser von 8-9 mm, dann von 9-10 mm und erreichen schließlich bis 12 mm Durchmesser. Die schon bekannten weißen tonnenförmig-doppelkonischen Perlen laufen weiter. Ein typisches Ensemble der Kombinationsgruppe E2 stammt aus Vogel-

stang Grab 35 der SD-Phase 9 (Abb. 6,3), das keine Perlen der Kombinationsgruppen B und C enthielt, ein ähnliches Ensemble enthält dort auch Grab 312 in SD-Phase 9. Einzelne Formen sind seit Gruppe C2 belegt, wie die kurzzylindrisch und zylindrisch weißen, die meisten Formen sind seit D bekannt, neu in Gruppe E2 sind die doppelkonisch orangefarbenen, grünen und roten Perlen, sowie die zylindrischen Doppelperlen. Die Kette enthält nur wenige, aber für diese Periode typische polychrome Perlen, nämlich die quaderförmigen mit den gelben Punkten der Typengruppe 4 sowie eine große grüne mit weiß-roten Schichtaugen. Kugelige Perlen mit Schichtaugen der Typengruppen 6, 7 und der weißgrundigen Gruppe 15, von denen zumindest die rot- und grüngrundigen bereits seit Kombinationsgruppe C2 auftreten, blieben nicht nur beliebt, sie wurden offensichtlich auch über eine längere Zeit hergestellt. Nur die Größe änderte sich erheblich, wie z. B. die Perlen in Grab 169 der SD-Phase 9 (Abb. 6,2) zeigen. Weitere in Kombinationsgruppe E auftretende polychrome Perlen enthält das Ensemble aus Grab 52 der SD-Phase 10 (Abb. 7). Die langzylindrischen Perlen mit Punktauflage der Typengruppe 3 unter-

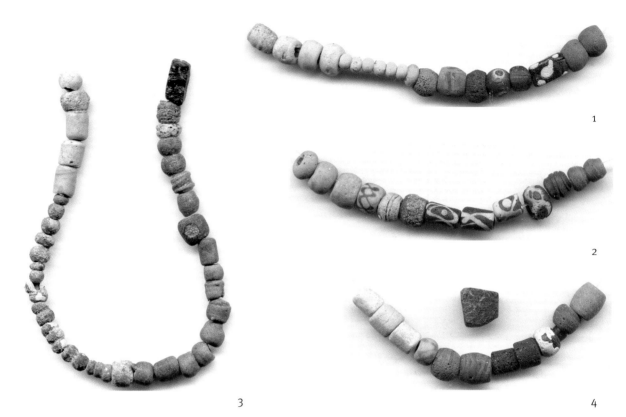

Abb. 5: Perlen Kombinationsgruppe E. Vogelstang. 1 Grab 346; 2 Grab 344, 3 Grab 439; 4 Grab 59; 5 Grab 40. M. 1:1.

scheiden sich in der Qualität ganz erheblich von den älteren Formen. Die Perlen mit aufgelegten Schleifen gehören der langlebigen Typengruppe 34 an, die von sehr unterschiedlicher Qualität sein können und offensichtlich in ganz unterschiedlichen Werkstätten hergestellt wurden, sind in dieser Kette von beachtlicher Qualität. Daneben fallen fünf tonnenförmig-kugelige aus ebenfalls qualitätvollem dichtem glänzendem Glas auf, die nach alter Glashüttentechnik mit einem spiralig aufgesponnenen Faden verziert sind, nämlich dreimal grünblau auf weiß und zweimal weiß auf rot wie in Typengruppe 42. Aus

ähnlich qualitätvollem Glas ist auch eine rotgrundige Perle der Typengruppe 32 gefertigt, bei der ein breites weißes Band aufgespult und wellenartig darüber ein blauer Faden gelegt ist. Perlen der Typengruppe 32 mit der immer wiederkehrenden Farbkombination rot-weiß-blau kommen nur in den Kombinationsgruppen D und E vor. Ein Exemplar enthält auch Grab 35, der obere blaue Faden ist jedoch ausgefallen.

Für Kombinationsgruppe F, die in Gräbern ab SD-Phase 10 zu beobachten ist, sind die großen dop-

1

2

Abb. 6: Perlen
Kombinationsgruppe
E2. Vogelstang.
1 Grab 239; 2 Grab 169;
3 Grab 35. M. 1:1.

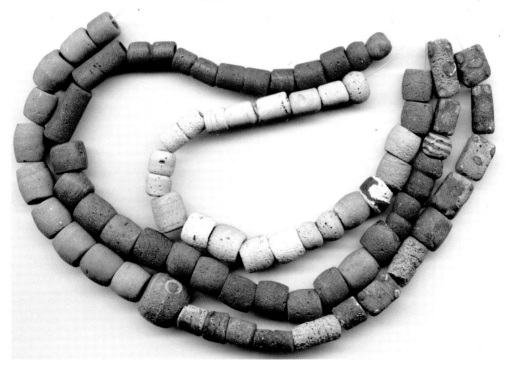

3

pelkonischen Perlen charakteristisch. Grünblaue, weiße, rote und grüne Perlen mit einem Durchmesser zwischen 10 und 12 mm kommen neu hinzu. Das Glas der großen doppelkonischen Perlen ist wesentlich dichter und glänzender als das der kleineren älteren Formen, z. B. in der Kette aus Grab 60. Charakteristisch sind große kantige Bernsteine, wie in Grab 159 der SD-Phase 11 (Abb. 8,7). Als Leitform der jüngsten Phase im Perlenschmuck von Vogelstang

können die flachen mandelförmigen Perlen gelten. Im Gegensatz zu den doppelkonischen Perlen kommen sie aber immer nur in kleiner Stückzahl vor; sie zeigen viele Blau- und Grüntöne von milchigem Weiß über grünblau bis olivgrün; sie sind meist opak aber auch transluzid, wie in Grab 276 der SD-Phase 10. Nur vereinzelt gibt es in SD-Phase 11 rote mandelförmige Perlen wie in Grab 159 und Grab 366 oder gelbe Perlen wie in der farbenfreudigen, bunten Kette

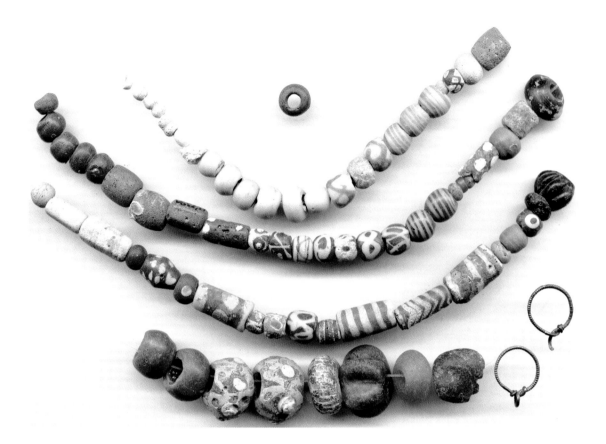

Abb. 7: Perlen Kombinationsgruppe E2. Vogelstang, Grab 52. M. 1:1.

aus dem Mädchengrab 382 (S. 314, Abb. 30). Die mandelförmigen Perlen sind meist gut erhalten, das matt glänzende Glas ist von dichter Konsistenz. Dagegen sind die in den jüngsten Perlenensembles, z. B. in Grab 443B (Abb. 8,1), ebenfalls zu findenden kleinen gelben Reihenperlen aus einem sehr porösem Material mit nur geringem Glasanteil gefertigt. Sie hatten sich oft schon im Grab aufgelöst und wurden sicher nicht vollzählig geborgen.

Von den polychromen Perlen tauchen in den weniger qualitätvollen Ensembles vor allem einfach gepunktete oder die quaderförmigen Perlen mit Punkten an den Ecken auf. Große Schichtaugenperlen gehören zwar zu den neuen Formen in Kombinationsgruppe E, doch zahlreicher sind sie erst in Kombinationsgruppe F zu finden, z. B. in der Kette aus Grab 363 der SD-Phase 11 (Abb. 8,2). Das relativ einheitliche Perlenensemble, in dem fast jeder Perlentyp in größerer Stückzahl auftritt, gehörte einer etwa siebzigjährigen Frau.

Eva Stauch unterschied im Gräberfeld von Wenigumstadt noch drei weitere Kombinationsgruppen. Die

Perlenkombinationsgruppe G in SD-Phase 11[10] wird dominiert von den Farben orange – weiß – blau; unter den tonnenförmigen oder gedrückt doppelkonischen Perlen überwiegen die orangefarbenen, deren Durchmesser deutlich über der Fadenlochlänge liegt. Beliebt sind die großen kantigen, rautenförmigen Bernsteine, die in Mannheim bereits in Perlenketten der Kombinationsgruppe F enthalten sind. Neu treten Molluskenscheibchen in den Ketten auf.

Kleine asymmetrisch doppelkonische Perlen aus poröser, schlieriger orangefarbener Glasmasse charakterisieren die Kombinationsgruppe H, auch schwarze Perlen mit bunten Flecken, die in Gruppe G vereinzelt auftauchen, fehlen nun in keiner Kette. In Mannheim sind Perlenketten der Gruppen G und H lediglich vom Hermsheimer Bösfeld bekannt.

4.2.2 Die Kleidung der Frauen – rekonstruiert an Hand von Accessoires

Der Stoff für die Tunika, das seit römischer Zeit übliche Kleid, wurde in einem Stück gewebt und an den Seiten zusammengenäht. Die an Metall haftenden

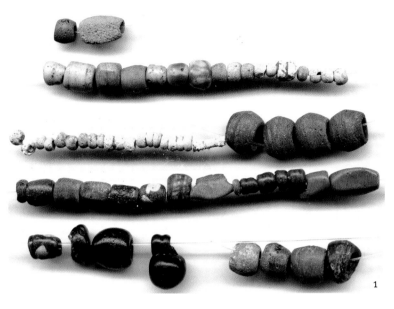

organischen Reste ver-
raten zwar Art und Qua-
lität des Kleiderstoffes,
lassen wie im Frauen-
grab 147 von Vogelstang
gewebte Muster erken-
nen oder wie in Grab
300 gerippte und gefäl-
telte Stoffe (Abb. 9),
doch Weite, Länge und
Schnitt des Kleides blei-
ben unbekannt.

In der Regel hielt ein Gürtel die Tunika zusam-
men. Der Gürtel konnte

**Abb. 8: Perlen Kombina-
tionsgruppe F. Vogel-
stang. 1 Grab 443B;
2 Grab 159; 3 Grab 363.
M. 1:1.**

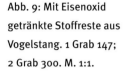

Abb. 9: Mit Eisenoxid getränkte Stoffreste aus Vogelstang. 1 Grab 147; 2 Grab 300. M. 1:1.

einfach geknotet oder mit einer Schnalle verschlossen werden. Im 6. und frühen 7. Jahrhundert fanden meist einfache eiserne Schnallen Verwendung. Die Schnallen blieben unverziert, und es gab auch keine speziell für die Frauentracht entworfenen Formen. Der Gürtel der Frauen war also kein Schmuckelement und dürfte von einem Stoffbausch verdeckt getragen worden sein. Am Gürtel befestigten Frauen und Mädchen auf der linken Seite das Gehänge aus Leder- oder Textilbändern, die mit Ringen aus Bronze oder Eisen verbunden waren und Geräte und Amulette trugen.

Der über der Tunika getragene weite ärmellose Mantelumhang ist durch die am Hals oder auf der Brust gefundenen Mantelfibeln nachweisbar. Diese kleinen, im 6. Jahrhundert meist paarig getragenen Fibeln, steckten in Schlaufen, die an den Kanten des Umhanges angenäht waren[11]. Notwendig waren die Fibeln nicht, die meisten Frauen dürften den Mantel ohne Fibelbesatz getragen und mit Bändern zugebunden haben, die ebenso durch die angenähten Schlaufen gezogen werden konnten.

Bügelfibeln waren Schmuck und Statussymbol und nahezu obligatorisch mit einem Ziergehänge verbunden. Es gibt keine zeitgenössischen Darstellungen der Vier-Fibeltracht; wie Bügelfibeln getragen wurden ist letztlich unbekannt. Nach den Untersuchungen von Max Martin wurden sie an einer breiten, über den Gürtel oder um die Hüfte gelegten, in jedem Fall vor dem Rock weit herunter hängenden Schärpe befestigt[12]. Bis in die Mitte des 6. Jahrhunderts steckten Bügelfibeln in Gürtelhöhe, später rutschten sie bis in die Höhe der Oberschenkel. Im letzten Drittel des 6. Jahrhunderts kamen Bügelfibeln allmählich aus der Mode.

Gewebte Tücher als Beinkleidung mussten durch Lederriemen oder mit brettchengewebten Bändern gehalten werden. Nachzuweisen sind sie allerdings nur, wenn die Riemen mit metallenen Beschlägen

und Riemenzungen versehen waren. An Schnallen und Beschlägen von Schuhen könnten Reste von Leder konserviert sein, Schuhschnallen trugen jedoch nur wenige Frauen.

Die Menge des metallenen Schmucks, ob an Kopf und Hals, an Mantel und Kleid in Form von Fibeln oder Nadeln, am Gürtelgehänge oder an der Beinkleidung, hing vom Wohlstand der Familie, vom Alter und vom sozialen Stand der Frau ab. Es gab in jedem archäologisch gut untersuchten Gräberfeld auch eine ganze Reihe Frauen, die keinerlei Accesoires aus Metall besaßen.

SD-Phase 5 – ca. 530-555

Von dem im 6. Jahrhundert charakteristischen Fibelschmuck haben sich in den Gräbern vom Elkersberg in Vogelstang ebenso wie in Sandhofen und Straßenheim „Aue" aufgrund der starken Beraubung keine besonders qualitätvollen Exemplare erhalten; nur durch Reste von Fibelgehängen lassen sie sich noch nachweisen. Vielfach sind die erhaltenen Fibeln aus Bronze angefertigte Serienprodukte fränkischer Werkstätten (vgl. S. 361), und im Hinblick auf die in den SD-Phasen 5-6 als optimal geltende vier-Fibeltracht handelt es sich meist um unvollständige Fibelsätze.

Beim Fibelschmuck zeichnen sich in den SD-Phasen 5-6 mehrere Qualitätsstufen ab:

1 Ein Paar silberner Kleinfibeln und ein Paar silberner Bügelfibeln: z. B. Bösfeld 267, 270, 348

2 Eine silberne Kleinfibel und ein Bügelfibelpaar aus einer Serienproduktion: Vogelstang Grab 189B

3 Mehrere Fibeln, teils Silber, teils aus Bronze: Straßenheim „Aue" Grab 43, 77

4 Eine oder zwei bronzene Fibeln: Vogelstang Elkersberg 31, 209, Straßenheim Aue 54, 58

5 keine Fibeln

In SD-Phase 5 trug die Frau in dem ungestörten Grab 31 vom Elkersberg in Vogelstang nur eine Rautenfibel (S. 216, Abb. 20), die Frau in Straßenheim Grab 61 eine bronzene Vierpaßfibel (Abb. 10,1). Ein Paar bronzener S-förmiger Fibeln mit Almandinaugen wurde in Straßenheim „Aue" Grab 54 gefunden

(Abb. 10,2), ein bronzenes Z-förmiges Fibelpaar mit zwei Tierköpfen und Kerbschnittwinkeln auf dem Leib in dem Mädchengrab 58 von Straßenheim „Aue" (Abb. 10,3). Es handelt sich stets um typische Formen der ersten Belegungsphase in den neuen fränkischen Gräberfeldern rechts des Rheins. Auch Bügelfibeln konnten einzeln getragen werden, wie das aus Bronze gefertigte Stück wie in dem ungestörten Grab 209 vom Elkersberg in Vogelstang (S. 217, Abb. 21).

Grab 77 in Straßenheim „Aue" war vermutlich gestört, vorhanden sind eine kleine ganzflächig cloisonnierte silberne Granatscheibenfibel und eine bronzene Bügelfibel mit rechteckiger Kopfplatte, gerahmt von elf mit gegossenen Knöpfen, ovaler Fußplatte und verkümmertem Tierkopfende (Abb. 11). Kopfplatte, Bügel und Fußplatte sind mit geradlinigen Kerbschnittgraten gefüllt. Das sehr einfache kleinflächig wechselnde Muster ist typisch für Fibeln mit rechteckiger Kopfplatte und mit gegossenen Knöpfen, die überwiegend zwischen Mainz und Worms gefunden wurden[13]. Es handelt sich demnach um eine am Oberrhein einheimische Fibeltracht.

In Straßenheim Grab 43 ergab ein silbernes Almandinscheibenfibelpaar zusammen mit einem älteren linksrheinischen bronzenen Bügelfibelpaar eine vollständige Vier-Fibel-Tracht, getragen von einer Frau, die sehr wahrscheinlich die zweite Frau, die Wirtschafterin auf einem Herrenhof war (s. u. Abb. 43).

Mit einer Kleinfibel und einem Bügelfibelpaar nicht ganz vollständig ist das jedoch wesentlich qualitätvollere Ensemble aus Grab 189B in Vogelstang-Elkersberg. Auch dieses Ensemble gehörte einer Frau, die in abhängiger Position auf einem Herrenhof lebte.

Vollständige Vier-Fibeltrachten mit silbernen Kleinfibeln und silbernen Bügelfibeln liegen nur aus dem Gräberfeld vom Bösfeld vor, z. B. in den Gräbern 267 und 270 mit Bügelfibeln vom Typ Bréban (S. 362, Abb. 57) und Grab 148 mit einem langobardischen Bügelfibelpaar.

Abb. 10: Straßenheim „Aue". Bronzefibeln. 1 Grab 61; 2 Grab 54; 3 Grab 58. M. 1:1.

Abb. 11: Straßenheim „Aue", Grab 77. Drei Glasperlen, eine silberne Granatscheibenfibel und eine bronzene Bügelfibel. M. 1:1.

SD-Phase 6 – ca. 555-575

Die reichen Frauengräber der SD-Phase 6 sind in Sandhofen und Vogelstang beraubt, in Straßenheim fielen sie der Sandgrube zum Opfer, daher ist Fibelschmuck der SD-Phase 6 nur vom Bösfeld bekannt. Die Granatscheibenfibeln der SD-Phase 6 sind etwas größer als die der vorangegangenen Phase. 14 Zellen zeigt die ganzflächig cloisonnierte Almandinscheibenfibel aus Sandhofen Grab 86 im Außenring (S. 57, Abb. 36). Ein sehr qualitätvolles Paar mit 18 Zellen in der Außenzone und gemischter Zwischenzonenverzierung[14] liegt aus Bösfeld Grab 348 vor. Die Frau trug eine Vier-Fibeltracht und kombinierte das Scheibenfibelpaar mit einem Bügelfibelpaar vom nordischen Typ (s.u. Abb. 39; 41).

Neu treten in SD-Phase 6 bronzene Haarpfeile auf. Bei der Hofbäuerin in Vogelstang Grab 107 wurde die Nadel hinter dem Schädel gefunden. Im Kopfbereich lag sie in dem gestörten Grab 220 von Vogelstang. Gegenüber den schlichten Nadeln aus den Gräbern 107 und 220 fällt dort das Exemplar aus Grab 96 (S. 226, Abb. 3) wegen des durchbrochenen Schaftes und der starken Profilierung besonders auf. Die in Vogelstang Grab 96 mit den Symbolen einer Herrin auf einem größeren Hof beigesetzte Frau bewahrte die Nadel in einem Kasten auf.

SD-Phase 7 – ca. 575-600

Ab SD-Phase 7 genügte eine Scheibenfibel, um den Umhang zu verschließen, die Bügelfibeln werden selten, ihre Ziergehänge kommen aus der Mode.

In die Gruppe der zweizonigen Scheibenfibeln mit gemischter Innenzonenverzierung gehört die im Durchmesser 3,1 cm große Scheibenfibel aus Vogelstang Grab 147 (S. 239, Abb. 22). Vierzehn Zellen mit Granateinlagen befinden sich im äußeren Ring, auf dem in der Mitte drei kreissegmentförmige Zellen

stehen, das tiefer liegende Feld dazwischen ist filigranverziert. Der Verbreitungsschwerpunkt der von Krefeld am Niederrhein bis Straubing an der Donau verbreiteten Fibelgruppe liegt im Rheinland[15].

In Sandhofen Grab 115 wurden vier Granatplättchen gefunden, die eindeutig von einer zwei- oder dreizonigen Scheibenfibel stammen (Abb. 12). Die drei schmalen Plättchen saßen in den Zellen der Außenzone, die Fibel war rund und sicher nicht rosettenförmig wie die vom Bösfeld Grab 348. Das Plättchen mit den konkaven Langseiten gehört in eine kreuzförmig gegliederte Mittelzone mit vier auf dem Außenring stehenden Bögen[16], wie z. B. bei einer Fibel aus Rübenach[17]. Sandhofen Grab 115 ist durch Perlen der Gruppe C2 in SD-Phase 7 zu datieren.

Eine der späten Bügelfibeln lag in Sandhofen Grab 231 (Abb. 13). Die knopflose rechteckige Kopfplatte und die Bögen innerhalb der tropfenförmigen Fußplatte deuten an, dass sich unter den Vorlagen Fibeln vom nordischem Typ mit seitlich herabhängenden Vogelköpfen befanden. Fibeln vom Typ Crailsheim mit einem ähnlichen einfachen strich- gemusterten rechteckigen Rahmen an der Kopfplatte aus Mainz-St. Alban, Weinheim und Crailsheim-Ingersheim lassen die nordischen Vorlagen noch besser erkennen[18]. Zu den mit der Sandhofer Fibel enger verwandten Stücken sind die mit rechteckigem Rahmen und tropfenförmiger Fußplatte zu zählen, die allerdings alle sehr unterschiedlich gemustert sind. Holger Göldner fasste sie unter der Variante A des Typs Andernach/Nordendorf zusammen[19]. Die Andernacher Fibel hat eine ovale Fußplatte und gehört streng genommen nicht dazu[20]. Die besser vergleichbaren Stücke stammen vom Mittelrhein, nämlich aus Kärlich und Schwarzrheindorf[21], und mit Freilaubersheim aus Rheinhessen[22]. Mosel aufwärts gelangte eine Fibel nach Luxemburg, der genaue Fundort ist allerdings unbekannt[23]; weiter versprengt ist von der am Mittelrhein beheimateten Gruppe nur das Paar in Nordendorf bei Augsburg[24].

Ein in SD-Phase 6 erstmals auftretendes, aber in SD-Phase 7 häufigeres Schmuckelement vornehmer Frauen sind die Colliers mit Goldanhängern. In Vogelstang Grab 147 ist sicher nur ein Teil des Hals-

Abb. 12: 1 Sandhofen, Grab 115. Almandinplättchen einer mehrzonigen Scheibenfibel. M. 1:1. – 2 Granatscheibenfibel aus Rübenach bei Koblenz mit ähnlich geformten Almandinplättchen. M. 1:2.

schmuckes erhalten, ein kleiner filigranverzierter Anhänger mit Mittelbuckel und ein ganzflächig cloisonnierter Anhänger, dessen Granateinlagen bis auf eine
ausgefallen sind (S. 239, Abb. 22). Vier runde Anhänger aus dickem Goldblech wurden in Sandhofen Grab 115 gefunden (Abb. 14). Die Vorderseiten
waren mit Filigran bedeckt. Als Öse wurde eine auf-
geschnittene gerippte Blechperle über den Rand geschoben und verlötet. Zwei Anhänger stimmen im
Muster überein. Eine mehrzeilige Borte rahmt das
Mittelfeld mit den drei dreisträngigen Schleifen und
kleinen Kringeln. Ein weiterer Anhänger zeigt ein
zweisträngiges Omega umgeben von dicken Granalien sowie Kringeln und Doppelspiralen aus einfachen Filigrandrähten. Ein zweisträngiges Kreuz fällt
beim vierten Anhänger auf, wiederum ist die Fläche
mit einfachen Kringeln gefüllt.

Der reiche Goldschmuck aus Bösfeld Grab 578 setzt
sich aus vier kleinen und drei großen Filigranschei-
ben zusammen, davon zeigen zwei kleine und eine
große einen Mittelbuckel, wie sie vor allem auf
kleinen einfachen Anhängern vorkommen (S. 271,
Abb. 80). Vierfach gerahmt ist nur die große Scheibe
mit Mittelbuckel, wobei die beiden mittleren sichtbar tordierten Drähte ein Flechtband vortäuschen.
Das Muster aller Anhänger bilden Doppelspiralen,
Kringel und einfache Bögen (Abb. 15).

Colliers mit Schmuckanhängern gehen auf Vorbilder
am byzantinischen Kaiserhof zurück[25] und fanden
bereits im frühen 6. Jahrhundert im östlich-merowin-

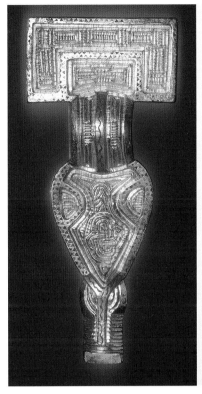

**Abb. 13: Sandhofen, Grab 231. Vorder- und Rückseite einer silbernen, vergolde-
ten Bügelfibel mit eiserner Nadel. M. 1:1.**

gischen Kulturkreis Eingang[26]. Die unter dem Kölner
Dom beigesetzte – wahrscheinlich langobardische
– Prinzessin trug schon in der ersten Hälfte des
6. Jahrhunderts ein umfangreiches Collier[27]. Im letzten Drittel des 6. Jahrhunderts fanden die goldenen
Anhänger zwischen Rhein und Donau weitere Verbreitung, wahrscheinlich durch Vermittlung der ab
568 in Italien siedelnden Langobarden. In den links-

**Abb.14: Sandhofen,
Grab 115. Goldene Fili-
grananhänger.
Dm. maximal 1,63 cm.**

Abb. 15: Hermsheimer Bösfeld, Grab 578. Goldene Filigrananhänger.

rheinischen Gebieten, d. h. im Zentrum des Frankenreiches, wo auf Scheibenfibeln reichlich Filigrandekor zu finden ist, tauchen Filigrananhänger nur vereinzelt auf[28].

Ein wichtiges Schmuckelement waren in allen Perioden die linksseitigen Gürtelgehänge, die im 7. Jahrhundert immer aufwendiger verziert wurden. Neu sind in rechtsrheinischen Gebieten seit SD-Phase 7 Gürtelgehänge mit durchbrochenen Zierscheiben. Von diesen Zierscheiben, die meist ein Radkreuz mit einfachen und getreppten Speichen aufweisen, wie z. B. in Weinheim Grab 18[29], hat sich nur in Straßenheim Grab 20 ein Exemplar mit sechs kurzen Speichen und eingestempelten Kreisaugen erhalten (Abb. 16), es zeigt kräftige Abnutzungsspuren am inneren Ring. Ein ähnliches Stück ist in Klepsau Grab 12 für SD-Phase 7 nachgewiesen[30]. Eine sehr einfach gegliederte bronzene Zierscheibe, die von einem bronzenen Knotenring umgeben war, gehörte in Bösfeld Grab 163 zu einem mehrgliedrigen Gehänge.

Abb. 16: Straßenheim „Aue", Grab 20. Durchbrochene Zierscheibe. M. 1:1.

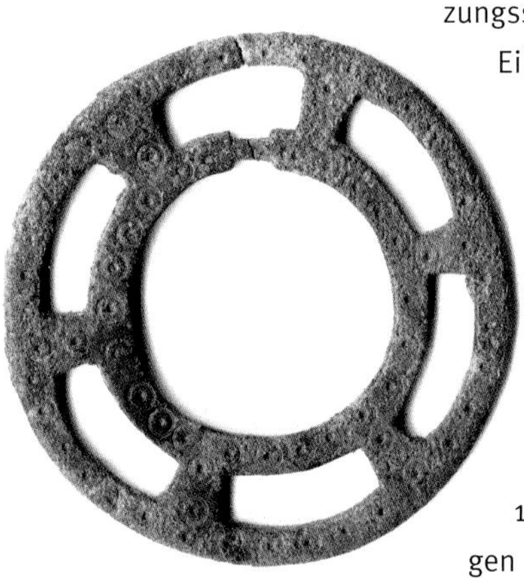

SD-Phase 8 – ca. 600-620

In Vogelstang waren alle 18 Frauengräber der SD-Phase 8 beraubt. Bis auf Schuhgarnituren mit festen triangulären Beschlägen in Grab 339 sowie zwei Riemenzungen von der Beinkleidung in den Gräbern 350 und 351 haben sich keine erwähnenswerten Trachtaccessoires erhalten.

Ohrschmuck, der im 5. Jahrhundert eine Rolle spielte, kam erst im 7. Jahrhundert wieder in Mode. Kleine Ohrringe mit Polyederende wie in Sandhofen Grab 3 (Abb. 17,1) oder Vogelstang-Elkersberg Grab 242 (Abb. 17,2) stehen im frühen 7. Jahrhundert am Beginn der neuen Mode; die Ringe werden im Laufe der Jahre weiter.

Die Frau aus Vogelstang Grab 242 trug zwar außer dem kleinen Ohrring mit Polyederende auch eine eiserne zellentauschierte Scheibenfibel (Abb. 18), die beide zu den neu in SD-Phase 8 auftretenden Formen gehören, doch die mit gefunden Perlenkette (S.270, Abb. 78) verrät, dass sie wohl erst wesentlich später ins Grab gelangten.

Bei der Scheibenfibel aus Vogelstang-Elkersberg Grab 242 fixiert ein zentraler Niet mit großem Messingkopf die tauschierte Eisenplatte auf einer bron-

Abb. 17: Polyederohrringe. 1 Sandhofen, am Hohen Weg, Grab 3; 2 Vogelstang, Grab 242. M. 1:1.

zenen Grundplatte von 3,85 cm Durchmesser. Die Fibel ist in drei Zonen tauschiert, davon sind die beiden äußeren mit Silber, die mittlere mit Kupferfäden eingelegt. Für das Zellmuster wurden halbe, mit einem Punkt gefüllte Pilzzellen und kurze Treppen verwendet. Die Fibel aus Grab 242 gehört zu einer Gruppe, die sich in der Gliederung eng an cloisonnierte Goldscheibenfibeln des späten 6. Jahrhunderts anlehnt. Die nach Sprendlingen benannte Gruppe ist in Rheinhessen und der Pfalz besonders zahlreich vertreten, von dort gelangten einzelne Exemplare über den Main bis in den Erfurter Raum [31].

Eine für SD-Phase 8 typische gegossene bronzene Scheibenfibel mit Mittelbuckel befand sich am Elkersberg eine Generation später in der Tasche des sehr alten Mannes von Grab 228 (Abb. 19). Wegen einer guten Parallele im rheinhessischen Dietersheim [32], ist anzunehmen, dass es sich um einheimischen Schmuck handelt.

SD-Phase 9 – ca. 620-650

Ohrringe mit Polyederende erreichten in SD-Phase 9 über 4 cm Weite, wie je ein Exemplar in Vogelstang-Elkersberg 312 und Straßenheim-Aue Grab A/6. 9. 1934. Beide waren mit neuen Ohrringformen kombiniert, in Vogelstang wurde ein Ring mit aufgeschobenem Polyeder hinzugefügt, in Straßenheim ein Drahtohrring mit angehängten Klapperblechen (Abb. 20). Ein Ohrringpaar mit ähnlichen angehängten Blechplatten stammt aus Feudenheim Grab vom 8.9.1965 (Abb. 21).

Federringe gab es im 5. Jahrhundert aus Silber gefertigt, im 7. Jahrhundert taucht dieser Drahtschmuck, nun vorzugsweise aus Bronzedraht angefertigt, er-

neut auf [33]. In Straßenheim Grab 85 (Abb. 22) und Vogelstang Grab 97 haben sie die übliche Ringform, in Vogelstang Grab 40 (Abb. 23) sind die Drahtringe zu zwei- und dreiblättrigen Gebilden aufgebogen. Wegen der starken Plünderungen in den Gräbern von Feudenheim, Sandhofen, Straßenheim und Vogelstang ist hier vom Fibelschmuck der SD-Phase 9 wenig bekannt. Aus dem 1930 in Straßenheim „Aue" geborgenen Frauengrab ist nur noch das Fragment von der eisernen Deckplatte einer Scheibenfibel erhalten (Abb. 24); die ursprünglich durch einen bronzenen Mittelniet und vier randlich sitzende Niete mit

Abb. 18: Vogelstang, Grab 242. Eiserne, silbertauschierte Scheibenfibel mit Zellendekor. M. 1:1.

Abb. 19: Vogelstang, Grab 228. Bronzene Scheibenfibel. M. 1:1.

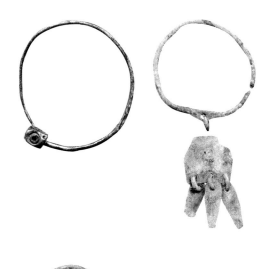

Abb. 20 Straßenheim „Aue", Grab A/6.9.1934. Ohrringe. M. 1:1.

Abb. 21 Feudenheim 8.9.1965, Ohrringe. M. 1:1.

Abb. 22: Straßenheim „Aue", Grab 85. Feder-ringe. M. 1:1.

Abb. 23: Vogelstang, Grab 40. Federringe. M. 1:1.

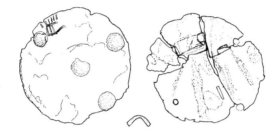

Abb. 24: Straßenheim „Aue", Grab von 1930. Reste der eisernen Deckplatte mit wenigen Tauschierfäden und der bronzenen Grundplatte von einer Scheibenfi-bel. M. 1:2.

gewölbten Köpfen mit einer bronzenen Grundplatte verbunden war. Von der silbernen Tauschierung sind nur noch wenige Fadenreste vorhanden. Die bei-den Achshalter und die Nadelrast aus Bronzeblech-streifen waren durch die Grundplatte gesteckt.

Mit einer durchbrochenen Zierscheibe, die von einem Elfenbeinring gerahmt war, endeten die Gür-telgehänge einer adulten Frau in Vogelstang Grab 301 (S. 264, Abb. 68) und einer 40-45jährigen Frau in Grab 312 (S.272, Abb. 81). In Grab 301 lagen zwei stempelverzierte bronzene Riemenzungen nahe bei der Zierscheibe, in Grab 312 befand sich nur eine stempelverzierte Riemenzunge mit einem zugehö-rigen Quadratbeschlag in der Nähe der Zierscheibe, die zweite größere und reicher verzierte Riemen-zunge war eher Teil des Gürtels, der mit einer ein-fachen ovalen Eisenschnalle verschlossen wurde. In dem total durchwühlten Grab 13 wurden eine mit Punkten verzierte Riemenzunge und ein unverzier-ter Quadratbeschlag gefunden. Die Teile könnten ebenfalls von einem Gürtelgehänge stammen, die Kombination ist jedoch auch bei Wadenbinden-

garnituren üblich. Ebenfalls in SD-Phase 9 ist die durchbrochene Zierscheibe aus Feudenheim Grab 15 (S. 39, Abb. 10) zu datieren.

SD-Phase 10 – ca. 650-675

In SD-Phase 10 erhielten die weiten Drahtohrringe eine Schleife für das angehängte Klapperblech. In Vogelstang-Elkersberg Grab 15 sind die triangulären Bleche durch eingestempelte Punktkreise verziert (Abb. 25). In Vogelstang-Elkersberg Grab 443B wurde zusammen mit den Fragmenten eines Drahtohrrin-ges eine kleine runde Glasscheibe gefunden, in diesem Fall war einst ein filigranes, mit der Glas-scheibe bedecktes Blechkörbchen auf den Ring ge-schoben (S. 280, Abb. 96). Gleichzeitig wurden aber auch weite Drahtringe mit aufgeschobenen Blechperlen getragen. Von einem solchen Ohrring haben sich Fragmente in Feudenheim Grab 22 er-halten.

Die tauschierten eisernen Scheibenfibeln treten in SD-Phase 10 letztmalig auf. Am Elkersberg gab es zwei Frauen, die noch große eiserne Scheibenfibeln trugen. In Grab 433 blieb allerdings nur ein kleines Fragment übrig (Abb. 27); vollständig ist die Fibel aus Grab 443B (S.280, Abb. 96). Durch fünf Niete

Abb. 25: Vogelstang, Grab 15. Bronzene Ohrringe. M. 1:1.

Teil I, Band 2   132

mit großen gewölbten Bronzeköpfen ist die Eisenplatte auf der dosenartigen bronzenen Grundplatte
fixiert. Der silberne tauschierte Dekor ist konzentrisch
angeordnet, wobei die einzelnen Zonen durch Messingfäden von einander getrennt werden. Es beginnt
mit einem äußeren Band aus wabenartigen Zellen,
von außen nach innen folgen ein breites quer ge-
streiftes Band, ein metopenartig gegliedertes Band
und ein einfacher dünner Zickzackfaden; die Zone
um den Mittelniet bildet ein Leiterband mit breiten
Rändern und dünnen Strichen in der Mitte. Das
Muster ist ausschließlich geradlinig-geometrisch,
zeigt weder Flechtband noch Tierornamentik. In anderer Reihenfolge finden sich die Muster auf einer
Scheibenfibel aus Ladenburg wieder (Abb. 26). Fünf
Niete und die konzentrische Anordnung von unterschiedlich gemusterten Bändern mit einfach tauschierten Waben- und Leiterbändern sowie flächig
tauschierten metopenartig gegliederten Bändern
kennzeichnen eine Gruppe von Scheibenfibeln, die
ausschließlich in Rheinhessen und den benachbarten Landschaften auftritt, im Kreis Alzey-Worms
mit Albig, Flonheim, Gumbsheim und Wörrstadt
Grab 10, im Kreis Mainz-Bingen mit Laubenheim,
Oberolm Grab 3 sowie Pfaffenschwabenheim und
im Saarland mit Walsheim[34].

Die Scheibenfibel aus Vogelstang Grab 433 (Abb.
27,1) zerbrach bei der Plünderung, erhalten ist ein
Segment, dass aber genügt, um das Aussehen zu
rekonstruieren, zumal eine sehr gute Parallele aus
Freiweinheim im Museum Mainz vorliegt (Abb.
27,2)[35]. Durch die regional sehr begrenzte Streuung
ähnlich gemusterter tauschierter Scheibenfibeln ist
gesichert, dass es in Mainz und wohl auch Worms
Werkstätten gab, die die Kunst der Tauschierung beherrschten.

Die großen Mantelfibeln waren häufig mit einem Pek-
torale, einem Brustgehänge verbunden. Eine gute
Vorstellung von diesem Schmuck gibt das reiche
Frauengrab 428 vom Bösfeld (s. u. Abb. 48-49). In
Vogelstang Grab 355 haben sich außer dem Anhän-
ger auch die Beschläge des Riemens erhalten
(S. 399, Abb. 45). Das Pektorale trug in der Regel ein
christliches Amulett, wie die kugelige Kapsel in
Sandhofen Grab 260 (S. 389, Abb. 30) oder Kreuze

wie in Feudenheim (S. 389, Abb. 29)
oder Vogelstang Grab 355 (S.
389, Abb. 28). Derartige
Kreuze, die in gleicher
Form und Größe als Fi-
beln, im langen Ket-
tengehänge oder im
Pektorale Verwendung
fanden, sind durch
Bargen Grab 26 für SD-
Phase 10 nachgewie-
sen[36], kommen als Fibeln
aber auch in SD-Phase 11
noch vor[37]. Vogelstang Grab 355
dürfte aufgrund seiner unregelmäßigen
Lage zwischen Gräbern der SD-Phase 9 eher zu den
rückbelegten Gräbern der SD-Phase 11 gehören.

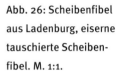

Zunehmend beliebter werden Preßblechscheiben-
fibeln, die eindeutig christlich geprägt sind und regional nicht so eng begrenzt sind wie die eisernen
Scheibenfibeln. Hergestellt wurden sie in Werkstätten am Mittelrhein. Die Bischofsstadt Mainz war sicher ein wichtiger Standort, aber auch in Worms ist
mit Werkstätten zu rechnen. Zu der nur in einer Abbildung noch nachweisbaren Scheibenfibel mit
Preßblechauflage und kreuzförmig angeordneten
Glaseinlagen aus Grab 4/1907 vom Hermsheimer
Bösfeld (Abb. 28), die in der Literatur auch unter
Mannheim-Neckarau aufgeführt wird[38], gibt es einige
ähnliche Stücke aus Gräbern mit einem typischen
Inventar der SD-Phase 10. Dazu gehören die untereinander modelgleichen Stücke von Obrigheim,
Worms-Pfifligheim und Wallersheim, Kr. Bitburg-
Prüm[39] sowie die mit diesen eng verwandte Schei-
benfibel von Kraichtal-Oberöwisheim, Kr. Karls-

Abb. 26: Scheibenfibel
aus Ladenburg, eiserne
tauschierte Scheiben-
fibel. M. 1:1.

Abb. 27: Vogelstang,
Grab 433. Röntgen-
photo vom Fragment
einer tauschierten
Scheibenfibel. M. 1:1. –
2 Scheibenfibel von
Freiweinheim. M. 1:2.

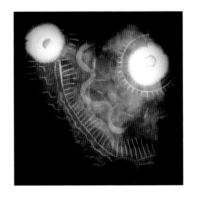

ruhe[40]. Trapezförmige Stein-Fassungen wie auf der Bösfelder Scheibenfibel sind auch auf einem Gondorfer Exemplar[41] zu finden.

Die Gürtelmode änderte sich in SD-Phase 10. Eines der letzten Gehänge mit Zierscheibe, Elfenbeinring, Bronzebeschlägen und Riemenzunge trug die Frau in Vogelstang Grab 425 (S.277, Abb. 91). Statt der Gehänge rückten die Gürtel, die im 6. und auch noch im ersten Drittel des 7. Jahrhunderts kein Schmuckelement der Frauentracht waren, in den Blickfang. In Sandhofen Grab 181B trug die Frau einen Gürtel mit einer aus Bronze gegossenen Schnalle und einer Riemenzunge mit Perlrandnieten (Abb. 29). Die Riemenzunge und der feste Schnallenbeschlag waren im Kerbschnitt mit einem verflochtenen, kaum noch erkennbaren Tierornament verziert.

Abb. 28: 1 Hermsheimer Bösfeld. Preßblechscheibenfibel von 1907.

SD-Phase 11 (ca. 675-700)

Ab SD-Phase 11 ließ die Beigabensitte in den Mannheimer Gräberfeldern merklich nach, es gibt nur noch wenige Beispiele für Schmuck und metallenes Zubehör an den Kleidungsstücken.

Auf die Ohrringe mit Häkchenende wurden ab SD-Phase 11 lange Blechbommeln aufgeschoben, die aus mehreren Stücken zusammengesetzt und durch einen hindurch gesteckten Draht gehalten wurden. Ein Paar mit zylindrischem Zwischenstück lag in Vogelstang-Elkersberg Grab 411, eines mit zweiteiliger Blechperle und zweiteiligem eiförmigem Anhänger in Straßenheim-„Aue" Grab 39 (Abb. 30).

Scheibenfibeln mit Preßblechauflage, so genannte Brakteatenfibeln, sind in Bösfeld Grab 118 (S. 68, Abb. 55) und 466 (S. 391, Abb. 33) belegt.

Die in SD-Phase 10 einsetzende Gürtelmode wurde beibehalten. Eine Bronzeschnalle mit festem Beschlag und Riemenzunge zierte den Gürtel der Frau aus Vogelstang Grab 20 (Abb. 31). Typisch für SD-Phase 11 ist vor allem die beachtliche Länge der Riemenzunge.

Abb. 29: Sandhofen, am Hohen Weg, Gürtelgarnitur. M. 1:1.

Abb. 30: Bronzene Ohrringe mit Bommelanhänger. Vogelstang, Grab 411; Straßenheim „Aue", Grab 39. M. 1:1.

Abb. 31: Vogelstang, Grab 20. Bronzene Gürtelschnalle mit festem Beschlag und langer Riemenzunge. M. 2:3.

4.3 Die Stellung der Frauen in einer ländlichen Siedlung

4.3.1 Geräte in Frauengräbern – Rangsymbole

Zum Aufgabenbereich der Frauen gehörte die Versorgung der gesamten Familie mit Textilien. Jeder Faden wurde von Hand mit der Spindel gesponnen. Die Spindel betätigten zweifellos alle Frauen und Mädchen in ihren Mußestunden, doch nicht jede bekam die Spindel mit ins Grab. Die Spindel im Grab ist ein Zeichen von Wohlstand, von Besitz und Verfügungsgewalt über die Vorräte. Erhalten hat sich dann ein kleiner, aus Ton gebrannter (Abb. 32,1) oder aus Hirschgeweih gedrechselter Wirtel (Abb. 32,2), der von unten auf die Spindel geschoben wurde, um ihr beim Drehen mehr Schwung zu geben.

Eine Besitz anzeigende Beigabe war die Flachsbreche (Abb. 33), ein flaches langes Eisenstück, das mit seinen Fortsätzen in einem langen Holzstab steckte. Sie lag immer in Gräbern von Frauen und Mädchen, die auch sonst aufwendig ausgestattet waren.

Die Beigabe eiserner Webschwerter ist eine östlich merowingische Sitte; die typischen Webschwerter haben flache Klingen und eine kurze, ausgezogene Spitze. Doch können auch andere Dinge zu einem Webschwert umfunktioniert werden, wie z. B. in Klepsau ein Schmalsax[42] und in Pleidelsheim ein 17 cm langer bandförmiger Eisenstab[43]. In Straßenheim Grab 43 diente sehr wahrscheinlich das bolzenartige Gerät mit langer Griffangel als Webschwert (s. u. Abb. 43).

Die übliche Schere hatte einen breiten Bügel, selten ist dieser geköpft (Abb. 34). Die Längen der Bügelscheren schwanken zwischen 14 und 26 cm. Eiserne Bügelscheren lagen am Elkersberg nur in acht Frauengräbern (Abb. 35). Mit einer Schere ausgestattet waren in den Gräbern 58, 96, 147 und 286 adulte Frauen, in Grab 100 eine im spätmaturen und in Grab

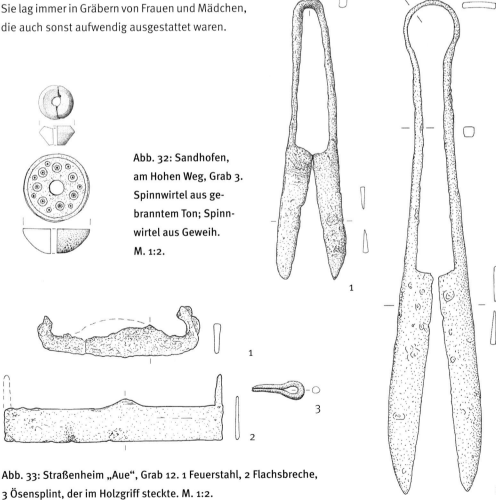

Abb. 32: Sandhofen, am Hohen Weg, Grab 3. Spinnwirtel aus gebranntem Ton; Spinnwirtel aus Geweih. M. 1:2.

Abb. 33: Straßenheim „Aue", Grab 12. 1 Feuerstahl, 2 Flachsbreche, 3 Ösensplint, der im Holzgriff steckte. M. 1:2.

Abb. 34: 1 Straßenheim „Aue, Grab 20. Übliche Form der Bügelschere. 2 Vogelstang, Grab 336. Bügelschere mit dem seltenen, gekröpften Bügel. M. 1:2.

A1　B　C　D　E

215 gar eine im senilen Alter; die Beigabe einer Schere war also nicht altersabhängig.

Öfter gehörten Scheren zum Inhalt von Holzkästchen. Zu Beginn der SD-Phase 6 wurde in Grab 215 eine 14,5 cm lange Schere zusammen mit der Flachsbreche im Kästchen beigegeben (S. 236, Abb. 20). Ebenfalls in SD-Phase 6 lagen eine mindestens 18 cm lange Schere und drei Spinnwirtel im Kästchen der Frau aus Grab 96 (S. 226, Abb. 3). Nur wenig jünger ist das stark gestörte Grab 147 mit den Resten einer sehr qualitätvollen Ausstattung der frühen SD-Phase 7, darunter ein mit Bronzeblech beschlagenes Holzkästchen. Ob sich die Schere darin befand, ist nicht mehr zu entscheiden, denn diese wurde im Gegensatz zum Frontblech des Kastens von der Störung erfasst. Bei den Frauen in Grab 215, 96 und 147, die in den SD-Phasen 6 und 7 mit Schere und Kästchen beigesetzt wurden, handelt es sich um die vornehmsten und reichsten Frauen der Siedlung; deren Scheren waren Geräte zur Textilverarbeitung. In SD-Phase 7 stand in Grab 286 ein Kästchen mit Eisenbeschlägen, darin befand sich eine 18,9 cm lange Schere (S. 240, Abb. 23). In SD-Phase 8 gehört Grab 100 mit einer 18,8 cm langen Schere und einem Spinnwirtel in der SW-Ecke (S. 251, Abb. 44); dort könnte ein Kästchen ohne Metallbeschläge gestanden haben. Auch in diesen Fällen waren die Scheren Geräte zur Textilverarbeitung. In den Gräbern 286 und 100 lagen Frauen, die nacheinander einem Bauernhof vorstanden.

In der SW-Ecke des sonst völlig ausgeräumten Grabes 336 befand sich die 25,5 cm lange Schere mit gekröpftem Bügel (Abb. 34,2). Nach Lage, Größe und Tiefe der Grabkammer zu urteilen, war die mature Frau Angehörige, aber keinesfalls Herrin eines größeren Hofes. Auf diesen Höfen ist mit Arbeitsteilung zu rechnen, sodass Frauen hier durch eine besondere Aufgabe auch eine besondere Stellung erhielten. Neben die Herrin eines größeren Hofes trat im Gräberfeld am Elkersberg schon ab der ersten Generation stets die Wirtschafterin. Es handelt sich um die Frau, der ebenfalls mehrere Geräte zur Textilverarbeitung mitgegeben waren, die deutlich über den Mägden stand. Um eine solche Wirtschafterin dürfte es sich in Grab 336 handeln.

Legende:

Schere im Männergrab

Schere im Frauengrab

Kasten mit Metallbeschlägen

SD-Phase 5
SD-Phase 6
SD-Phase 7
SD-Phase 8
SD-Phase 9
SD-Phase 10
SD-Phase 11

Abb. 35: Vogelstang. Streuung der Scheren in den Gräbern Erwachsener und der Holzkästchen mit Metallbeschlägen, die nur in Frauengräbern vorkommen.

In SD-Phase 8, d. h. im frühen 7. Jahrhundert hing bei der Frau im großen langen Kammergrab 58 eine Schere zusammen mit Messer und Kamm am Gürtelgehänge, während ein Spinnwirtel vor der südlichen Kammerwand lag (S. 250, Abb. 41). Da dieser Frau trotz eines großen und tiefen Kammergrabes die Statussymbole einer Hofherrin fehlten, dürfte sie die Stellung der Wirtschafterin eingenommen haben.

Hinweise auf andere Tätigkeiten, mit denen eine Frau identifiziert wurden und die ihr innerhalb der Familie zu einer besonderen Stellung verhalfen und die zur Folge hatten, dass ihr die damit in Zusammenhang stehenden Geräte mit ins Grab gegeben wurden, sind noch seltener. Daher sind Meißel, kräftige Eisenspitze und zwei Stecheisen in Grab 87 einer 23-40jährigen Frau der SD-Phase 8 (S. 250, Abb. 42) außergewöhnlich.

Auf irgendeine Tätigkeit soll wohl auch die Schere hinweisen, die in SD-Phase 5 von der Frau aus Grab 283 zusammen mit einem großen Schlüssel am Gürtelgehänge getragen wurde (S. 220, Abb. 25). Die Frau, die keine weiteren Geräte für die Textilverarbeitung mit bekam, war weder Hofbäuerin, noch Wirtschafterin auf einem großen Hof; möglicherweise war sie die Frau eines Händlers (vgl. S. 340).

4.3.2 Holzkästchen in Frauengräbern – Symbol für Besitz

Eine mit gehobener Ausstattung kombinierte Beigabe ist durch alle Perioden hindurch das stets auf der S-Seite abgestellte, mit Metall beschlagene Holzkästchen (Abb. 35). Frauen aller Altersstufen konnten mit einem solchen beigesetzt werden, wie am Beispiel Vogelstang-Elkersberg deutlich wird: Nur 21-26 Jahre alt wurde die jüngste Besitzerin eines Holzkastens in Grab 351, 20-40 Jahre die Frauen in Grab 147, 286 und 350, 23-40 Jahre in 266, 25-45 Jahre in Grab 96, 30-60 Jahre in Grab 428, 42-47 Jahre in Grab 179, 40-60 Jahre alt war die Frau in Grab 393, 40-80 Jahr alt in Grab 427, 52-61 Jahre in Grab 89. Selbst im senilen Alter erhielten Frauen noch ein Kästchen: 63-69jährig war die Frau aus Grab 215. Die älteste, eine 66-71 Jahre alte Frau lag in Grab 363.

In merowingischer Zeit traten Holzkästchen nie in Mädchengräbern auf; daher ist anzunehmen, dass Kästchen zu den Symbolen einer verheirateten Frau gehörten und auch nur diesen ein solches ins Grab gestellt wurde. Das Kästchen als Symbol der vermögenden Frau hat zweifellos römische Wurzeln. Auf zahlreichen Grabsteinen wurde die Frau mit dem Kästchen im Arm dargestellt, meist zusammen mit ihrem Ehemann[44].

Besonders kostbar waren die Kästchen, deren Frontseite gänzlich mit Bronzeblech verkleidet waren. Eines wurde am 14.2.1861 geborgen und ging unter der Fundortbezeichnung Wallstadt in die Literatur ein[45].

Dieses auf dem Flurstück 666 gefundene Kästchen dürfte aus dem reichen Frauengrab 89 vom Elkersberg in Vogelstang stammen und wäre dann in SD-Phase 4-5 zu datieren.

Der zweite Kasten kam am Elkersberg in Grab 147 zum Vorschein; das erhaltene Inventar ist in die frühe SD-Phase 7 datiert. Ein weiteres Kästchen wurde im Hermsheimer Bösfeld Grab 348 gefunden und ist dort in SD-Phase 6 datiert.

Die römische Tradition der Kästchen zeigt sich besonders deutlich bei den bronzenen Frontblechen mit eingepresstem Dekor. Die Bleche variieren in den Füllmustern; gemeinsam haben sie alle die schon von römischen Kästchen bekannte Gliederung mit einem großen Medaillon in der Mitte und mehreren kleineren Medaillons in den beiden schmälere Seitenfeldern. Darum wird angenommen, dass diese Kästchenbeschläge, von denen mittlerweile über 40 bekannt sind, in Köln und anderen römischen Städten produziert wurden[46].

Die Frontseite des „Wallstadter" Kästchens (Abb. 101, Abb. 117; S. 202, Abb. 8) war 25,3 cm lang und 14,3 cm hoch; der an der rückwärtigen Kastenwand durch eiserne Ösensplinte befestigte Deckel ist 8 cm hoch.

Das Blech wurde sowohl bei der 1861 im RGZM vorgenommenen Restaurierung als bei der durch das

Reiss-Museum 1964 veranlassten Montierung der nach dem Krieg wieder aufgefundenen Blechreste falsch zusammengesetzt. Durch die guten Erhaltungsbedingungen in Bösfeld Grab 348, die sorgfältige Bergung und Restaurierung des Fundes ließen sich dort Form und Schließmechanismus eines Kästchens mit bronzenem Frontblech (Abb. 36) genau rekonstruieren[47].

ein Band, in dem der aus den Ecken der Mittelplatte bekannte schraffierte Rechteckstempel verwendet wurde. Die seitlichen Frontbleche führen um die Kante herum. Auf dem 2,4 cm breiten Streifen an der Kastenseite wiederholen sich die auf der Vorderseite nur noch unvollkommen erhaltenen gegitterten hohen Dreiecke mit einem dicken Punkt auf der Spitze. Das Frontblech des Deckels ist durch fünf

Abb. 36: Hermsheimer Bösfeld, Grab 348. Bronzenes Frontblech eines Holzkästchens, vom geborgenen Block abgelöst und teilrestauriert. Am oberen Rand erkennbar die Schlossfeder mit dem Splint. M. 1:2.

Das Frontblech des „Wallstadter" Kastens bestand aus drei Teilen. Alle Bronzebleche waren von hinten durch eingedrückte Stempel verziert. Das 12,6 cm breite Mittelblech wird beherrscht von dem großen Medaillon, dessen Mittelzone mit einem Ring von siebenstrahligen Sternen gefüllt ist. Die beiden Glaseinlagen beiderseits des Medaillons sind nicht erhalten. In die Ecken führen Bänder aus schmalen schraffierten Rechteckstempeln begleitet von Punktbändern; gegitterte hohe Spitzbogen und Z-Stempel aus 9 Punkten füllen die Flächen. Ein 1,25 cm breites Band aus zwei Reihen kleiner Punkte mit einer Zone von gepunkteten Kreuzen rahmt das Mittelblech. Ebensolche Bänder rahmen auch die beiden kleinen Medaillons auf den Seitenblechen, umgeben sind sie von Stern-Stempeln und getrennt durch

kleine Medaillons gegliedert, der Platz reichte nicht ganz für das Rahmenband mit den Kreuzen, es überschneidet die Medaillons. Getrennt werden die Medaillons durch Reihen von Stern-Stempeln.

Die Stempelmuster, speziell die gegitterten Spitzbogen wiederholen sich auf dem Kästchen aus Köln-St. Severin Grab V, 217[48] und Deersheim, Kr. Halberstadt, Grab 14[49], die beide in das erste Viertel des 6. Jahrhunderts datiert werden. Diese Datierung stützt die Zuordnung des „Wallstadter" Kästchens an das älteste Grab einer vornehmen Frau in Vogelstang.

Der Kasten aus Grab 147 gehört einer jüngeren Serie an. Er war 24 cm breit und 14 cm hoch, der Deckel 5,7 cm hoch. Die Tiefe des Kastens ist in diesen Fällen unbekannt, da für die Maße nur die Frontbleche zur Verfügung stehen, beide Bleche, sowohl das des Kastens wie auch das des Deckels waren an den Seiten umgelegt. Der Dekor ist stets von hinten eingestempelt. Bänder aus gestempelten Doppelhaken rahmen und gliedern das Bild in drei Zonen; im breiten Mittelfeld umgeben konzentrische Kreise mit einem Kreis aus eingestempelten Rosetten den mittleren Nietkopf; die Winkel außerhalb der Kreise sind gefüllt mit radialen gerippten Bändern und fein gegitterten dreieckigen Stempeln; in den beiden schmalen Seitenfeldern sind je zwei konzentrische Kreise eingestempelt, getrennt durch ein geripptes Kreuz-Band, die Zwickel füllen flache Z-Haken. Das schmalere Frontblech ist gefasst durch ein Band mit gestempelten Doppelhaken und gegliedert durch fünf konzentrische Ringe mit je einem flachkugeligen Nietkopf; fein gegitterte Dreiecksstempel füllen die Zwickel. Von der Befestigung sind noch zwölf bronzene spitzdreieckige 1 und 1,4 cm lange Blechnägel vorhanden.

Dass der üblicherweise auf dem Deckel angebrachte Henkel viel zu zierlich ist, um ein gefülltes Kästchen damit zu tragen, fiel bereits 1861 auf. Der Henkel wurde zweifellos nur zum Aufklappen des Deckels verwendet. Wie an dem Kästchen vom Hermsheimer Bösfeld gut zu beobachten war, steckte die beweglich von einem Splint gehaltene Schlossfeder unmittelbar hinter der vorderen Deckelkante. Hinter der Kastenfront war das Schlossblech angebracht, dazwischen ließ sich die Schlossfeder schieben und einrasten. Das Schlüsselloch ist bei den beiden in den sechziger Jahren des 20. Jahrhunderts falsch restaurierten Kästchen vom Elkersberg nicht mehr erkennbar, üblicherweise saß es unterhalb des Kastenrandes nicht ganz in der Mitte und war ohne Rücksicht auf den Dekor des Frontbleches durchgestochen.

Die nur durch eiserne Scharniere oder Eckbeschläge nachgewiesenen Holzkästen vom Elkersberg in Vogelstang sind gleichmäßig über die gesamte Belegungszeit verteilt je zwei gehören in SD-Phase 6 (Grab 96, 215), SD-Phase 7 (Grab 179, 286) und SD-Phase 9 (Grab 266, 428), drei in SD-Phase 8 (Grab 335, 350, 351) und SD-Phase 10 (Grab 393, 427, 443B) und zwei

noch in SD-Phase 11 (Grab 343, 363). Da viele Gräber in antiker Zeit gestört oder im 19. Jahrhundert geöffnet wurden, sind nicht immer alle Teile noch vorhanden. Im März 1861 wurde in einem Frauengrab auf Flurstück 667b ein Kasteneckbeschlag und ein Schlüssel mit Ringgriff gefunden; da auch Eimerreifen, Messer, Kamm und Spinnwirtel erwähnt werden, aber keinerlei Schmuck, dürfte es sich um ein schon alt beraubtes Frauengrab gehandelt haben.

Aus Eisen geschmiedet sind Griff, Schlossblech, Schlossfeder mit Splint, Scharniere sowie Winkelbeschläge. Nur selten lässt sich etwas über die Größe des Kastens sagen, in Grab 215 hatte er eine Grundfläche von ca. 30 zu 20 cm, in Grab 427 eine Grundfläche von 30 zu 40 cm (S. 236, Abb. 20). Die Winkelbeschläge mit endständigen Nieten variieren. Bandförmige Schenkel mit spitzem Ende sind in Grab 286 (S. 240, Abb. 23) zu beobachten, bandförmige Schenkel mit gerundeten Enden in Grab 350 (S. 257, Abb. 58); schmale Schenkel mit einer ovalen Nietplatte am Ende kommen in Grab 179 (Abb. 37) vor, die trapezoiden Schenkel der Winkelbeschläge in Grab 335 (S. 258, Abb. 60) und Grab 393 (S. 289, Abb. 112) sind vor der endständigen ovalen Nietplatte tordiert. Diese besonders aufwendige Verarbeitung findet sich auch nur bei den Kästchen der vornehmsten Frauen, die in SD-Phase 8 und 10 auf dem Hof der Reiter lebten. Beschläge mit triangulären Schenkeln kommen in Grab 351 (S. 258, Abb. 59) sowie Grab 266 (S. 263, Abb. 67) vor und Beschläge

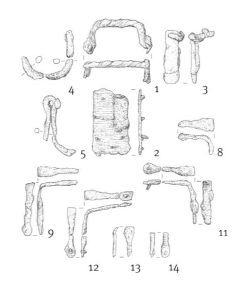

Abb. 37: Vogelstang, Grab 179. Eiserne Beschläge eines Holzkasten. 1 Griff, 2 Schlossblech, 3 Schlossfeder mit Splint, 4 Fragment eines Hakenschlüssels, 5 Scharnier (das zweite fehlt), 6-14 Eckbeschläge und Fragmente von Eckbeschlägen. M. 1:4.

mit stumpfen Enden und zwei auf Achse stehenden Nieten in Grab 427 (S. 278, Abb. 93). Trapezoide Schenkel mit endständigen Nieten weisen die Eckbeschläge der Kästen in Grab 428 (S. 261, Abb. 63) und Grab 363 auf. In Grab 96 sind vom Holzkasten nur die Scharniere erhalten und in Grab 443B (S. 280, Abb. 96) ist der Kasten durch Schlossblech, Schlossfeder und Fragmente von Ösensplinten nachgewiesen.

In Grab 286 gehörte ein 18,8 cm langer – vermutlich ankerförmiger – Hakenschlüssel dazu. Einen eisernen Ankerschlüssel trug die Frau in Grab 428 am Gürtelgehänge. In den Gräbern 147, 215 und 428 wurden Fragmente von eisernen Schlüsseln gefunden. Einen 18 cm langen Hakenbartschlüssel hatte die Frau aus Grab 443B am Gürtel hängen.

Die Holzkästchen enthielten überwiegend die Symbole hauswirtschaftlicher Tätigkeiten. In den 30 cm breiten Kasten von Grab 215 passten Schere, Spinnwirtel vermutlich mit Spindel sowie die Flachsbreche, die üblicherweise einen über die Eisenklinge hinausreichenden Griff aufweist (S. 236, Abb. 20). Im Kasten von Grab 96 lagen drei Wirtel, Schere und Schmucknadel, in Grab 286 eine Schere, in Grab 179 Spinnwirtel, Bronzenadel und ein Knochenröhr-

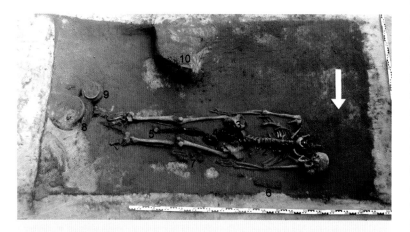

Abb. 38: Hermsheimer Bösfeld, Grab 348. Von der Grabkammer zeichneten sich im Boden die hölzernen, an den Ecken überstehenden Wände ab. In der Nordhälfte lag die Hofherrin. 1 zwei Rosettenscheibenfibeln, 2 Perlenstrang, 3 Gürtelschnalle, 4 zwei Bügelfibeln, 5 Gehängeende mit Kristallkugel, 6 Flachsbreche, 7 Gürtelgehänge mit Eisenringen, Messer, Schere, Kamm, 8 Bronzebecken mit Keramikschale, 9 Topf, 10 Kästchen.

chen, in Grab 147 ein Beinwirtel und in Grab 427 ein Keramikwirtel. In Gab 428 (S. 261, Abb. 63) wurden zwei halbe Glasperlen im Kasten gefunden; ob die beiden Eberzähne in Kastennähe mit dem Kasten oder doch eher mit einem geschnitzten Schutzsymbol auf dem Sargdeckel zu verbinden sind, sei dahin gestellt.

4.3.3 Die Hofherrin im 6. Jahrhundert – zum Beispiel in Bösfeld Grab 348

Die ranghöchste Frau in einer Dorfgesellschaft war die Herrin des Hofes, der dem Reiterkrieger gehörte. In der zweiten Generation war dies in Hermsheim sehr wahrscheinlich die Frau aus Grab 348 (Abb. 38).

Die Hierarchie der Frauen auf einem Hof lässt sich deutlich an den Kleidungsaccessoires ablesen. Eine Hofherrin trug keinen in Serie produzierten Schmuck, für sie wurden die Accessoires eigens angefertigt, zwei Fibelpaare waren im 6. Jahrhundert üblich. Die etwa im dritten Viertel des 6. Jahrhunderts in Grab 348 auf dem Hermsheimer Bösfeld beigesetzte Frau verschloss einen Mantelumhang mit einem Paar Rosettenscheibenfibeln (Abb. 39), die mit roten Granatplättchen, den Almandinen, im Zellwerk und Filigran in den vertieften Feldern verziert waren. Die Scheibenfibeln trugen einen Teil des umfangreichen Perlenschmucks (Abb. 40) mit zahlreichen ungeformten Bernsteinen, kleinen ringförmigen bis kugeligen Perlen aus opak gelbem, rotbraunem oder schwarz scheinendem Glas. Einzelne Perlen waren von blauen oder roten Glasröhrchen abgeschnitten. Kostbarer sind die fünf Millefioriperlen in den Farben blau-weiß-rot sowie zwei zylindrische rotbraune gewickelte Glasperlen mit gekämmten gelben Bändern. Zwei Prunkperlen sind in Reticellatechnik aus tordierten Glasstäben hergestellt, eine grob gemusterte und eine mit feinen Zickzackstreifen in den Farben rotbraun-gelb-dunkelgrün. Kleinere Perlen waren auf eine Halskette gefädelt, deren besonderer Blickfang ein goldener Anhänger mit aufgelöteten Filigrandrähten ist. Die beiden Bügelfibeln waren mit den Kopfplatten abwärts weisend untereinander in Höhe der Oberschenkel befestigt, wahrscheinlich auf einer Schärpe. Es handelt sich um Bügelfibeln vom

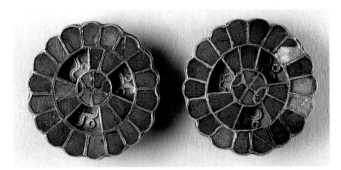

Abb. 39: Hermsheimer Bösfeld, Grab 348. Rosettenscheibenfibel-
paar aus vergoldetem Silber mit Granateinlagen auf gewaffelten
Goldfolien und Filigranauflagen. M. 1:1.

Abb. 40: Hermsheimer Bösfeld, Grab 348. Perlenschmuck vom Brustgehänge, willkürlich aufgefädelt. M. ca. 1:2.

Abb. 41: Hermsheimer
Bösfeld, Grab 348. Eine
der beiden silbernen
Bügelfibeln mit germa-
nischer Tierornamentik
im Stil I; die Vergoldung
ist stark abgerieben.
M. 1:1.

nordischen Typ mit germanischen Tierstil-I-Darstel-
lungen in den Randpartien (Abb. 41). Das Fibelpaar
steht einer nach dem Vorkommen von Langweid benannten Fibelgruppe nahe[50], obgleich es diesen in
keinem Detail genau entspricht. Es ist offensichtlich
eine Einzelanfertigung, wie sie einer Hofherrin zusteht. Die Mäanderswastiken oder Hakenkreuze
auf der Kopfplatte und der Fußplatte der Hermsheimer Fibel sind auf skandinavischen Fibeln ungewöhnlich, aber von langobardischen Fibelformen,
z. B. in Klepsau Grab 7, durchaus bekannt[51].

Das mit den Bügelfibeln kombinierte Band war mit
kleinen silbernen Doppelbeschlägen bestückt; es endete mit einer schweren Kristallkugel (Abb. 42) zwischen den Unterschenkeln. Nicht ganz so lang wie
das Fibelgehänge war das Gürtelgehänge an der linken Seite. Zwei Eisenringe dienten als Riemenverteiler; angehängt waren Messer, Schere und ein
Kamm mit Futteral.

Als vornehmste Frau des Hofes war die Verstorbene
auch Gastgeberin. Das Bewirten von Gästen war stets
ein Zeichen von Wohlstand. Die Hofherrin erhielt
daher wie der Hofherr Teile der Hallenausstattung
mit ins Grab. Zu Füßen der Frau in Bösfeld Grab 348
stand ein Perlrandbecken und darin eine offene
rottonige Schale. Daneben waren Speisen und Getränke mit einem Keramiktopf und einem Glasbecher
nieder gestellt.

Ein Bronzebecken zum Händewaschen stand ebenfalls im Frauengrab 152B von Vogelstang Grab 152B.
Als Teil der Hallenausstattung hätte statt des Bronzebeckens auch ein Schankgefäß mitgegeben sein
können, wie die mit Bronzeblechen beschlagenen
Holzeimer in Vogelstang Grab 147 oder Feudenheim (S. 38, Abb. 8).

Wohlstand und häusliche Macht verraten die Geräte,
wie die Schere am Gehänge, die Flachsbreche neben
dem linken Arm, und vor allem der Holzkasten (Abb.
36) auf der rechten Seite, dessen Vorderfront gänzlich mit Bronzeblech verkleidet war.

Die Hofherrin hob sich bei der Grabausstattung
stets durch die Kombination von kostbarem

Abb. 42: Hermsheimer
Bösfeld, Grab 348.
Schwere Kugel aus
Bergkristall, gefasst von
Silberbändern. M. 1:1.

Schmuck, auffallendem Gerät, reichem Tischge-schirr und einem Kästchen ab. Sowohl in Bösfeld wie am Elkersberg wurde sie stets in einem Kammergrab beigesetzt. Zum Haushalt eines großen Hofes gehör-ten jeweils weitere Frauen, deren Trachtbestandteile und Schmuck deutlich eine abgestufte Rangfolge er-kennen lassen bis hin zur Magd, die keinerlei me-tallenen Schmuck besaß.

4.3.4 An zweiter Stelle die Wirtschafterin – zum Beispiel in Straßenheim „Aue" Grab 43

Die Frau in Straßenheim „Aue" Grab 43 (Abb. 43-44) trug am Kinn und auf der Brust ein kleines silber-nes Scheibenfibelpaar mit Almandineinlagen und

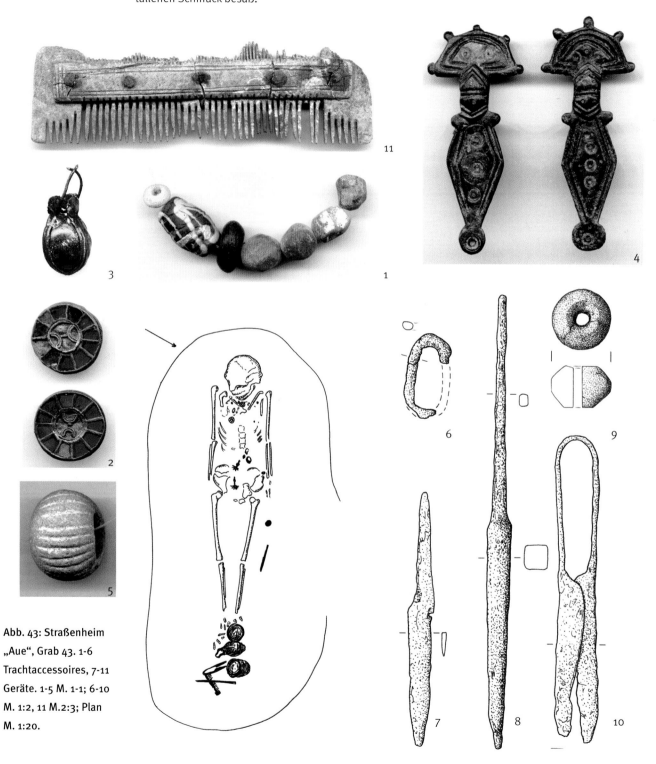

Abb. 43: Straßenheim „Aue", Grab 43. 1-6 Trachtaccessoires, 7-11 Geräte. 1-5 M. 1-1; 6-10 M. 1:2, 11 M.2:3; Plan M. 1:20.

filigranverzierter Mittelzelle und damit eine Schmuckform der SD-Phase 5. Sie kombinierte es mit einem älteren bronzenen Bügelfibelpaar am Rock oberhalb des Beckens. Die halbrunde Kopfplatte mit fünf verkümmerten Knöpfen und die rautenförmige Fußplatte sind durch randbegleitende Rillen und eingedrehte Kreisaugen verziert; der gekerbte Bügel greift spitzwinklig auf beide Platten über. Solche Fibeln sind durchgängig aus Bronze gefertigt, sie sind trotz weiter Streuung recht einheitlich und lassen keine regionalen Gruppierungen erkennen, d. h. sie waren Massenware[52].

Als Halsschmuck trug die Straßenheimer Frau ein paar Perlen aus Bernstein und Glas, dazu eine kostbare von Bronzebändern gefasste Metallkugel, vermutlich Meteoreisen. Die gerippte große römische Perle aus Fayence hing an einem eigenen Strang.

Die Frau hatte als Zeichen der Gewalt über Textilvorräte einen Spinnwirtel, den sehr wahrscheinlich als Webschwert dienenden Eisenstab und eine Schere mit ins Grab bekommen. Zu Füßen standen gemäß fränkischem Brauch Topf, Teller und Krug (Abb. 44). Die Frau aus Grab 43 war nicht ganz so vornehm wie die Frau aus Straßenheim Grab 45, der ein Holzeimer mit Eisenattachen ins Grab gestellt wurde. In der Hierarchie innerhalb einer familia oder Hofgesellschaft fiel ihr die Rolle der zweiten Frau, der Wirtschafterin auf dem fränkischen Hof zu. Eine veraltete Bezeichnung für diese Frau ist Schaffnerin, im angelsächsischen Bereich ist housekeeper / Haushälterin gebräuchlich.

4.3.5 Die reiche christliche Bäuerin im 7. Jahrhundert – zum Beispiel in Bösfeld Grab 428

Auf dem Hermsheimer Bösfeld erhielt im dritten Viertel des 7. Jahrhunderts die Frau aus Grab 428 die reichste Grabausstattung (Abb. 45). Seitlich am Kopf wurden die großen Drahtohrringe gefunden, von denen das mehrreihige Collier seinen Ausgang nahm (Abb. 46). Überwiegend waren die Perlen oberhalb der Schlüsselbeine zusammengerollt, darunter die in dieser Periode besonders großen Bernsteine sowie die charakteristischen flach mandelförmigen und tonnenförmigen Perlen aus dichtem

glänzendem Glas. Unter den polychromen Perlen dominieren die gepunkteten sowie die quaderförmigen. Die Perlenstränge hingen bei der Frau aus Grab 428 möglicherweise von den großen Drahtohrringen frei herunter. Wegen des Gewichts der Kette sind die Drahtringe mit der Kette auch als Teil einer Haube oder eines Stirnbandes denkbar, doch scheint dies nach Mechthild Schulze-Dörrlamm wenig wahrscheinlich, denn spätantike und frühmittelalterliche Bildnisse bezeugen, das Kettenohrringe im Mittelmeerraum im Ohrläppchen getragen wurden[53]. Einen ähnlichen Befund wie in Bösfeld Grab 428 beobachtete sie bei einer Frau aus Iversheim Grab 142[54]. Diese Kettenohrringe haben zweifellos mediterrane Schmuckvorbilder.

Abb. 44: Straßenheim „Aue", Grab 43. Topf, Teller und Krug für Speisen und Trank.

Abb. 45: Hermsheimer Bösfeld, Grab 428. Grabungsdokumentation vom 16. 9. 2003. Grün, Edel- und Buntmetall; Rot – Eisen; Violett – Glas- und Bernsteinperlen; Blau – Glas; Gelb – Knochen und Geweih.

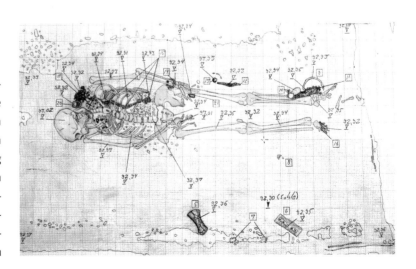

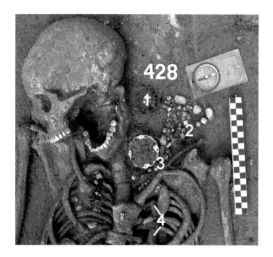

Abb. 46: Hermsheimer Bösfeld, Grab 428. Detailaufnahme mit großem Drahtohrring (1), mehrreihigem Perlencollier (2) und Goldscheibenfibel (3) sowie den oberen Beschlägen (4) eines langen Pektorale links der Wirbelsäule.

Abb. 47: Hermsheimer Bösfeld, Grab 428, Scheibenfibel mit bronzener Grundplatte, darauf ein gepresstes Goldblech mit Tierköpfen am profilierten Rand sowie Filigranverzierung. Die aufgelöteten Zellen mit braunen und grünen Glassteine sind kreuzförmig angeordnet.

Abb. 48: Hermsheimer Bösfeld, Grab 428. Silberbeschläge eines Pektorale mit kreuzförmigem Anhänger. Ohne Maßstab.

Die Frau aus Iversheim und die wohlhabende Bäuerin aus Grab 428 vom Hermsheimer Bösfeld lebten etwa zur gleichen Zeit in der Mitte des 7. Jahrhunderts, waren relativ ähnlich gekleidet und gehörten der gleichen sozialen Schicht an. Beide verschlossen einen Mantelumhang mit einer kreuzförmig gegliederten Goldscheibenfibel, von der ein langes Pektorale herabhing[55]. Die Goldscheibenfibel mit der kreuzförmigen Gliederung der Steineinlagen sowie den im Preßblech angelegten Tierköpfen am Rand (Abb. 47) steht einer runden Goldscheibenfibel aus Abenheim, Kr. Alzey-Worms[56] nahe

und stammt wie jene wohl aus einer Werkstatt in Mainz oder Worms.

Entlang der Wirbelsäule und über die Rippen hinweg zogen sich in Grab 428 Spuren des Lederbandes, das wechselnd mit langen rechteckigen und kurzen quadratischen stempelverzierten Beschlägen aus Silber besetzt war. Mit einem Drahtring war am Ende ein 8 cm langer kreuzförmiger Anhänger befestigt (Abb. 48). Die Länge und die Form des Kreuzes mit einem vierpaßförmigen Ausschnitt in der Mitte und ankerförmigen Kreuzarmen sind ungewöhnlich[57].

Am linken Handgelenk steckte ein schlichter offener Armring aus Bronze.

Besonders aufwändig war das Gürtelgehänge auf der linken Seite. Bereits in Oberschenkelhöhe und jederzeit gut erreichbar befanden sich das Messer und daneben der ebenfalls angehängte Spinnwirtel. Das Amulett- und Ziergehänge reichte dagegen bis in Knöchelhöhe, dazu gehörte zuoberst eine an einem Bronzedrahtring aufgehängte Cypraea. Neben der rechten Wade bis hinab zum Fuß befanden sich

Abb. 49: Hermsheimer Bösfeld, Grab 428. Rekonstruktion der Tracht mit den vorhandenen Accessoires, wobei die Möglichkeit einer Kombination von Kette und Ohrringen allerdings nicht übernommen wurde.

Abb. 50: Rekonstruktion von Tracht und Bewaffnung eines Kriegers aus dem 7. Jahrhundert. Vorbild war die Ausstattung des Männergrabes von 1932 aus Straßenheim „Aue" (S. 84 Abb. 83).

zahlreiche Bronzebeschläge in dicken Lederschichten, die teilweise zu den Wadenbinden oder Schuhen gehörten. Das Gehänge schloss hier mit der von einem Beinring umgebenen durchbrochenen Zierscheibe sowie einer stempelverzierten Riemenzunge (Abb. 49). Zur Beinkleidung gehörten ein Ösenbeschlag und zwei Quadratbeschläge, die parallel zur linken Wade beobachtet wurden, sowie eine Riemenzunge, die über der großen Gehänge-Riemenzunge lag. Von den Schuhen stammen ein kleiner Quadratbeschlag und eine Riemenzunge, die quer über der Zierscheibe gefunden wurde. Quer über dem rechte Fuß lagen eine rechteckiger Ösenbeschlag und zwei Quadratbeschläge.

Die südliche Hälfte der Grabkammer war sicher nicht leer, doch Gefäße oder gar Möbel aus Holz lassen sich nicht mehr nachweisen. Gefunden wurden hier ein alter Sturzbecher und ein doppelreihiger Kamm mit der im 7. Jahrhundert üblichen relativ groben Zähnung. Eierschalen sind der einzige Hinweis, dass Speisen beigegeben wurden.

4.4 Metallbeschläge von Männergürteln und Wehrgehängen

Von der gesamten Männerkleidung ist nur der Gürtel gut bekannt, da er mit Metall beschlagen war. Die Gürtelbreite, die Form der Schnalle und die Größe der Beschläge sind einem stetigen Wandel unterworfen[58]. Wegen der relativ rasch wechselnden Gürtelmode spielten die metallenen Gürtelbeschläge in der relativen Chronologie stets eine große Rolle, vor allem im Chronologiemodell von Rainer Christlein[59], der allerdings das zeitliche Nebeneinander von Gürteln unterschiedlicher Herkunft zu wenig beachtete[60]. Mittlerweile bedarf es kaum weiterer Untersuchungen. Eine kurze Zusammenstellung der Leitformen, die zur chronologischen Gliederung der Mannheimer Gräberfelder wichtig sind, soll nur den Überblick erleichtern.

Der Leibgürtel wurde dem Toten meist umgelegt, sodass sich die Anordnung der Gürtelbeschläge rekonstruieren lässt. Am Rücken hing üblicherweise die

Abb. 51: Schilddorn-schnallen aus Vogels-tang. 1 Grab 236; 2 Grab 227. M. 1:2.

Bronzeschnallen mit Schilddorn wie in Straßen-heim Grab 70 (S. 92, Abb. 101) und Vogelstang-El-kersberg Grab 213 (S. 213, Abb. 17) sind Leitformen der SD-Phase 5. Daneben kommen Bronzeschnal-len mit einfachem Dorn vor, wie in Vogelstang-Elkers-berg Grab 216. Diese Schnallen hängen weder von der Ausstattungsqualität noch Art der Bewaffnung ab. Selbst verzierte Schnallen, wie die mit facettier-tem Bügel, gekerbtem Rand und eingestempelten Kreisaugen aus Vogelstang Grab 236 (Abb. 51,1) haben eine auffallend weite Verbreitung, so dass von einer Herstellung der Männergürtel in zentralen Werkstätten auszugehen ist[61].

Abb. 52: Straßenheim „Aue", Grab 14. Eisenschnalle mit rechteckigen eisernen Beschlagplatten. M. 1:2.

In SD-Phase 6 wurden teilweise noch Schilddorn-schnallen getragen, vor allem von alten Männern, wie in Vogelstang Grab 236 und 227 (Abb. 51,2). Häu-figer kommen einfache Eisenschnallen vor, aber auch Gürtel, die mit weiteren rechteckigen Eisenplat-ten beschlagen sind, wobei die Schnalle nicht immer wie in Schretzheim Grab 25 mit einer eisernen La-

Gürteltasche herab. Der Sax wurde seitlich am Gür-tel befestigt, aber zur Grablegung mit der Spitze kopf-wärts eher unter den Gürtel geschoben.

Die Gürtel der ersten Hälfte des 6. Jahrhunderts waren bis auf die Schnalle beschlaglos. Massive

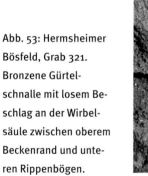

Abb. 53: Hermsheimer Bösfeld, Grab 321. Bronzene Gürtel-schnalle mit losem Be-schlag an der Wirbel-säule zwischen oberem Beckenrand und unte-ren Rippenbögen.

Abb. 54: Straßenheim „Aue", Grab 8/1930-40. Punzverzierte Gürtel-garnitur. Schnalle L. 7,3 cm.

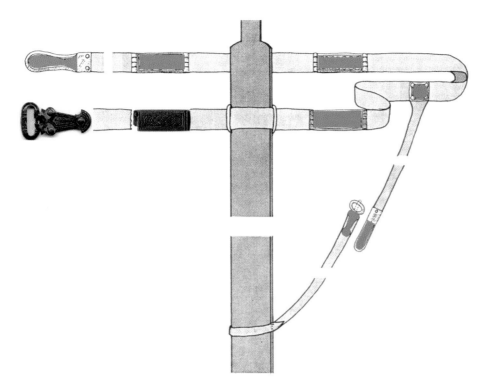

Abb. 56: Straßenheim „Aue", Grab 2. Schnalle und Kastenbeschlag einer Spathagurtgarnitur Typ Weihmörting, eingefügt in die Rekonstruktion eines Wehrgehänges mit Zweipunktaufhängung nach H. Ament.

sche versehen wurde[62]. Eine solche Gürtelgarnitur mit einfachen Eisenplatten stammt aus Straßenheim „Aue" Grab 14 (Abb. 52).

Zwar kommen in SD-Phase 6 eher Gürtelgarnituren vor, bei denen Schnalle und Beschlag noch nicht verbunden sind, wie in Bösfeld Grab 321 (Abb. 53) schon auf dem Grabungsphoto zu erkennen ist, doch treten in dieser Phase auch die ersten punzverzierten Gürtelgarnituren mit triangulären Beschlägen auf, wie in Vogelstang Grab 202 (S. 233, Abb. 17). Die ältesten Garnituren haben runde Platten für den Endniet, so kann auch die Garnitur aus einem zwischen 1930 und 1940 geborgenen so genannten Grab 8 von Straßenheim „Aue" zu den ältesten Vorkommen gerechnet werden (Abb. 54).

Vom Leibgurt zu unterscheiden ist das Wehrgehänge. Da dieses immer um die Spatha gewickelt niedergelegt wurde, ist umstritten, ob das Wehrgehänge mit Schultergurt oder mit einem um die Hüften gelegten Riemen verbunden war; von diesem Trageriemen, der etwa 10 cm unterhalb der Heftplatte durch einen Durchzug auf der Spathascheide geführt wurde, zweigte ein Schleppriemen ab, der in einer Schlaufe endete, durch die das untere Ende der Spathascheide gesteckt war (Abb. 56).

Abb. 55: Die beiden Beschläge eines Wehrgehänges aus Wallstadt. Zeichnungen von Ludwig Lindenschmit, ca. 1880.

Zu einem zweiteiligen Wehrgehänge mit Schleppriemen gehören die langrechteckigen Beschläge mit abgestuften Nietleisten an den Schmalseiten[63]. Durch Grabungen des Mannheimer Altertumsvereins gelangten im 19. Jahrhundert zwei Beschläge in die Sammlungen, die Ludwig Lindenschmit bald nach 1880 veröffentlichte (Abb. 55)[64]. Die Fundortbezeichnung Wallstatt ist allerdings erst seit 1907 durch Kare Baumann überliefert. Weitere Beschläge wurden in Straßenheim, Aue gefunden (S. 84, Abb. 85). In Straßenheim „Aue" Grab 2 hat sich zwar nur ein kastenförmiger Beschlag erhalten, doch ist dort auch noch eine Schnalle mit dreieckigem Beschlag vorhanden; sie ist etwas zierlicher als bei den Gürtelgarnituren üblich (Abb. 56). Die ältesten Beschläge dieser Wehr-gehänge vom Typ Weihmörting sind aus Bronze ge-gossenen und vergoldet, wobei das auf der Rückseite hohle und überhöhte Zierfeld mit einer niellierten dünnen Silberplatte bedeckt ist. Die Form ist von der Kanalküste bis Italien verbreitet und taucht bereits in Gräbern von Langobarden auf, als diese noch (bis a. 568) an der mittleren Donau siedelten[65] seit 1907 durch Kare Baumann überliefert. Bronzene ver-zinnte Beschläge mit graviertem Dekor und mit einer gerippten Leiste statt Nietkopfreihe wie die Mannheimer Funde (Abb. 55) sind offensichtlich etwas jünger und dürfen als typische Form der SD-Phase 7 angesehen werden; sie blieben vereinzelt bis ins frühe 7. Jahrhundert in Gebrauch und waren nur nördlich der Alpen bis hin zur Kanalküste üb-lich.

In SD-Phase 7 tauchten die ersten Gürtelgarnituren mit rundem Schnallenbeschlag und rechteckigem Ge-genbeschlag auf. Die Vorbilder kamen aus dem Westen, wo derartige Gürtelgarnituren auch aus Bronze gegossen wurden, wie die fremde Gürtelgar-nitur aus Vogelstang Grab 170 (S. 334, Abb. 10) zeigt. In SD-Phase 8 wurden die Garnituren mit Schnallen- und Gegenbeschlag um einen Rückenbeschlag, der stets oberhalb der Gürteltasche saß, erweitert. Die mehrteiligen Gürtelgarnituren der SD-Phase 8 sind überwiegend aus Eisen gefertigt und unverziert wie die dreiteilige Gürtelgarnitur mit rundem Schnallen-beschlag aus dem Knabengrab 157 von Vogelstang (Abb. 57) Die Gürtel werden zunehmend breiter. Typisch sind große gewölbte Nietköpfe, vier auf den rechteckigen, drei auf den trapezoiden Be-schlägen. Vereinzelt wurden gegossene Bronze-schilddorne verwendet, wie in Feudenheim Grab 12 (Abb. 58). Ein Schnallenbeschlag mit fünf bronze-nen Nietköpfen aus Straßenheim ist ungewöhn-lich, erhalten hat sich dazu ein rechteckiger Rücken-beschlag (Abb. 59).

Abb. 57: Vogelstang, Knabengrab 157. Dreiteilige eiserne Gürtelgarnitur mit rundem Schnallenbe-schlag. M. 1:2.

Abb. 58: Feudenheim, Grab 12. Bronzener Schilddorn und eiserner Beschlag mit gewölbten Bronzenieten von einer dreiteiligen Gürtelgarni-turen. M. 1:1.

Abb. 59: Straßenheim „Aue". Rückenbeschlag, Schnallenbügel und Schnallenbeschlag einer eisernen Gürtel-garnitur mit Bronzenie-ten aus einem vor 1943 zerstörten Grab. M. 1:2.

Ab SD-Phase 9 trugen die Krieger überwiegend tauschierte Gürtelgarni-turen. Von einer der äl-testen und prächtigsten hat sich in Vogelstang allerdings nur ein Frag-ment des Schnallenbe-schlags erhalten, der auch erst durch das Röntgenphoto identifi-ziert wurde (Abb. 60). Auf dem Gürtelbeschlag blieb die D-förmige un-verzierte Fläche für die Auflage eines Dornschil-des unverziert. Zwei Niete mit großen Köp-fen sind erhalten, und zwar von einem vorde-ren und einem mittle-ren Paar, abgebrochen ist der Endniet. Es han-delt sich wie in Straßen-heim (Abb. 59) um einen fünfnietigen Schnallen-

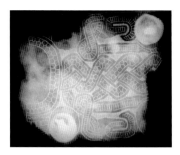

Abb. 60: Vogelstang, Streufund. Fragment eines eisernen Gürtelbeschlags mit Silbertauschierung und zwei von ursprünglich fünf bronzenen Nietköpfen. Form und Dekor sind am Rhein außergewöhnlich. M. 1:2.

Abb. 61: Vogelstang, Grab 49. Eiserne Gürtelschnalle mit den Resten einer Silber- und Messingtauschierung. M. 3:4.

beschlag. Die Form ist am Oberrhein nicht üblich, beide Garnituren stammten aus dem Westen. Die seitlichen großen Vogelköpfe des tauschierten Beschlags sind durch Leiterbänder gezeichnet, während in das flächig tauschierte Mittelfeld ein Geflecht aus zellengefüllten Bändern eingefügt ist. Zellenmuster kommen schon in SD-Phase 7 auf und sind typisch für SD-Phase 8. In Kombination mit Bändern ist das Zellenmuster jedoch sehr selten, z. B. auf einem runden Schnallenbeschlag und einem Rechteckbeschlag in Lezéville [66] und auf einem Rechteckbeschlag aus Marktoberdorf Grab 147, wo der Schnallenbeschlag der zweiteiligen Gürtelgarnitur Pilzzellendekor aufweist. [67]

In SD-Phase 9 besonders beliebt waren punktgefüllte Flechtbandmuster vor gestreiftem Hintergrund. In Vogelstang Grab 308 hat sich davon nur ein Rückenbeschlag erhalten (S. 273, Abb. 83), in Grab 49 die Schnalle mit Beschlag und Resten der Tauschierung (Abb. 61). Bei der dreiteiligen eisernen tauschierten Gürtelgarnitur aus dem Straßenheimer Grab vom 13.-14.2.1932, deren Beschläge durch Schwalbenschwanzende auffallen, fehlt nur die Schnalle

(Abb. 62). Die eiserne Gürtelgarnitur wird ergänzt durch vier stangeförmige bronzene Ösenbeschläge (Abb. 63). Schmale Riemen ließen sich durch die Ösen ziehen, so konnten Tasche und Saxscheide befestigt werden. Das Wehrgehänge des Straßenheimer Kriegers war mit einer bronzenen Garnitur versehen (Abb. 64). Diese war wie auch bei Gürtelgarnituren üblich, z. B. in Vogelstang Grab 185 (S. 267, Abb. 74), hohl gegossen und unverziert. Zu einem Wehrgehänge gehörten im 7. Jahrhundert zwei unterschiedlich große Schnallen mit eingehängten Beschlägen (Abb. 64: b), zwei dazu passende Riemenzungen (c, d), ein kleiner Rautenbeschlag (e), ein gestreckter Beschlag mit Schlaufe auf der Rückseite (f), ein oder zwei Rechteckbeschläge (g) und zwei Pyramidenknöpfe (h), die wie in diesem Fall auch mit einem Beschlag gekoppelt sein können.

Abb. 62: Straßenheim „Aue", Grab vom 13.-14.2.1932. Eiserne tauschierte Gürtelgarnitur. Der Schnallenbeschlag ist nur als Fragment erhalten, Dorn und Schnallenbügel fehlen. M. 3:4.

Abb. 63: Straßenheim „Aue", Grab vom 13.-14.2.1932. Bronzene Ösenbeschläge zur Gürtelgarnitur Abb. 62. M. 1:2.

Abb. 64: Straßenheim „Aue", Grab vom 13.-14.2.1932. Vollständige bronzene Spathagurtgarnitur. M. 1:2.

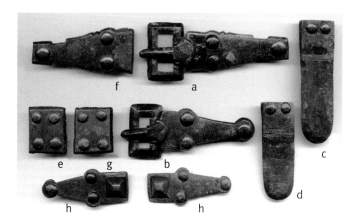

Abb. 65: Straßenheim „Links der Mannheimer Straße", Grab 22. Paar bronzener Pyramidenknöpfe. M. 1:2.

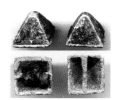

starken Beraubungen in den Gräberfeldern von Vogelstang oder Straßenheim ist dort kaum eine Garnitur vollzählig erhalten, denn das Schwert, die Spatha, war vor allem Ziel der späteren Plünderungen; beim Herausziehen der Waffe blieben jedoch oft Teile der Scheide mit dem Gehänge liegen. Dass eine Spatha mitgegeben wurde, lässt sich dann über einzelne charakteristische Garniturenteile des Wehrgehänges nachweisen. Charakteristische, nur beim

Niemals wurde das Wehrgehänge dem Toten umgelegt beigegeben. Stets war es um die Schwertscheide gewickelt worden und mit dieser neben dem Toten abgelegt. Wegen der

Wehrgehänge vorkommende Formen sind der Rautenbeschlag wie in Feudenheim (S. 35, Abb. 2), der die Verbindung von Gurt und dem schräg abgehenden Schleppriemen sicherte, und der gestreckte große Beschlag mit einem breiten Durchzug auf der Rückseite, wo der Schleppriemen hindurchführte und eine um das untere Ende der Schwertscheide liegende Schlaufe bildete. Auch zwei unterschiedlich große Riemenzungen sind in Männergräbern ein wichtiger Hinweis auf ein Wehrgehänge. Bei den tauschierten eisernen Beschlägen vom Wehrgehänge kommt zur Form auch noch eine nur den Wehrgehängen eigene Fadentauschierung hinzu (S. 274, Abb. 85,1) Unverwechselbar sind die pyramidenförmigen Knöpfe, die über der hohlen Unterseite einen Quersteg aufweisen und im Straßenheimer Grab von 1932 mit einem zusätzlichen festen Beschlag versehen sind. Die ältesten Pyramidenknöpfe tauchen schon im 6. Jahrhundert auf und sind aus Geweih geschnitzt, im 7. Jahrhundert wurden sie wie in Vogelstang Grab 409, in Straßenheim Aue

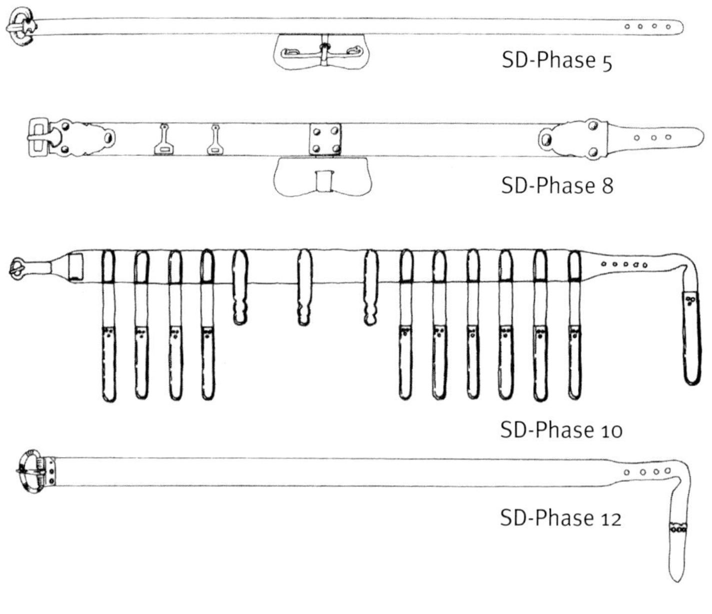

SD-Phase 5

SD-Phase 8

SD-Phase 10

SD-Phase 12

Abb. 66: Entwicklung der Gürtelmoden in einer Rekonstruktion von Rainer Christlein: Gürtel mit beschlagloser Schnalle, hier einer Schilddornschnalle, in SD-Phase 5. – Mehrteilige Gürtelgarnitur mit Schnalle, Schnallenbeschlag, Ösenbeschlägen, Rückenbeschlag und Gegenbeschlag der SD-Phase 8. – Vielteilige Gürtelgarnitur in der für SD-Phase 10 typischen Variante mit schmalen zungenförmigen Riemenbeschlägen und langen Riemenzungen. – Gürtelschnalle mit rechteckiger Lasche und langer Riemenzunge in SD-Phase 12.

Grab 84 oder in Grab 22 vom Straßenheimer Weg aus Bronze gegossen (Abb. 65); erheblich seltener sind eiserne tauschierte Pyramidenknöpfe. Bei ungestörten Befunden werden die Pyramidenknöpfe am oberen Teil der Schwertscheide, neben der Scheidenkante liegend aufgefunden. Der Schwertgurt wurde hier durch einen auf der Schwertscheide befindlichen Steg geführt und um die Scheide gewickelt. Die Knöpfe sollten das Verrutschen der Schwertscheide verhindern.

Mit Beginn der SD-Phase 9 tauchten die ersten vielteiligen Gürtelgarnituren auf. Diese neue Gürtelmode wurde im byzantinischen Reich entwickelt. Die in Italien ansässigen Langobarden vermittelten die Gürtelform den fränkischen Kriegern. Die Männer im Rhein-Neckarraum verwendeten in den SD-Phasen 9-10 sowohl Gürtel mit großen dreiteiligen oder mehrteiligen Garnituren, die sich aus den schon in SD-Phase 8 bekannten Formen weiterentwickelten, als auch Gürtel mit vielen an Nebenriemen herabhängenden Riemenzungen (Abb. 66). Einige der vielteiligen Gürtelgarnituren, vor allem die älteren mit den profilierten Beschlägen und der Spiraltauschierung (S. 273, Abb. 82) ebenso wie die jüngeren mit flächiger Tauschierung und Tierornamentik (S. 282 ff., Abb. 98; 103-108) sind Import aus Italien[68]. Diese tauschierten vielteiligen Garnituren waren offensichtlich kostbar; in Vogelstang hatten nur die zum Herrenhof zählenden Krieger sowie der Reiter aus Grab 201 (S. 282, Abb. 98) die Möglichkeit zum Erwerb eines solchen Gürtels. Vielleicht standen auch nur sie in einem Gefolgschaftsverhältnis zu jenen Großen, die über diese Importe oder die langobardischen Tribute verfügten. Vielteilige Gürtelgarnituren wurden aber auch nördlich der Alpen angefertigt, wie die bronzene Garnitur[69], die in Straßenheim durch zwei kurze Beschläge und zwei Riemenzungen (Abb. 67) im Grab 78 eines Reiters nachgewiesen ist. Die Entwicklung der vielteiligen Gürtelgarnituren führte von denen mit kurzen profilierten Beschlägen, über jene mit kurzen breiten zu denen mit schmalen langen Beschlägen. Unverzierte eiserne Garnituren mit längeren Beschlägen und Riemenzungen wurden wie in Vogelstang Grab 86 gern auch mit Bronzeschnallen mit festem Beschlag (Abb. 68) kombiniert.

Abb. 68: Vogelstang, Grab 86. Vielteilige eiserne Gürtelgarnituren werden gern mit einer Bronzeschnalle mit festem Beschlag kombiniert. M. 1:1.

Abb. 67: Straßenheim „Aue", Reitergrab 7. Beschläge und Riemenzungen einer bronzenen vielteiligen Gürtelgarnitur, bedeckt mit Geweberesten in Köperbindung. M. 1:1.

4.5 Ausrüstung von Reitern und Kriegern

Das militärische Aufgebot der freien fränkischen Bauern bildete den Kern der bewaffneten Macht des Königs. Als populus Francorum traten diese Krieger bei den Heeresversammlungen politisch handelnd auf, Chlodwig und seine Söhne benötigten noch vor jedem Feldzug deren Zustimmung und mussten ihre „Franci" regelrecht umwerben[70]. Die freien Bauern, Krieger des fränkischen Heeres erhielten in den eroberten Gebieten ausreichend Grundbesitz, um sich dort niederzulassen und selbst zu versorgen. Dadurch erwuchs Chlodwigs Nachfolgern die Möglichkeit von ihren Bauernkriegern weiterhin Leistungen einzufordern[71], die Einberufung des Heeres wurde eine Aufgabe der Territorialverwaltungen.

Kriegsdienst war im 6. Jahrhundert für die meisten Männer der fränkischen Siedlungen im Osten des Merowingerreiches der wichtigste Aufgabenbereich. Die Zugehörigkeit zu einer Gefolgschaft bestimmte ihr Ansehen in der Gesellschaft. Die Beigabe von Waffen in den Gräbern macht deutlich, dass diese Männer auch im Jenseits als Gefolgschaftskrieger auftreten sollten; ihrem Rang entsprach Auswahl und Anzahl der Waffen. Da es sich um eine Beigabensitte handelt, kann sie regional unterschiedlich gehandhabt werden, auch muss die Auswahl der Waffen nicht der im Kampf üblichen Kombination entsprechen.

Die merowingerzeitlichen Gräber spiegeln eine sozial stark gegliederte Gesellschaft. Männergräber können kostbare Gürtelbestandteile, Waffen, Reitausrüstung, Tafelgerät und mehrere Speisen enthalten. Die Qualität der Ausstattungen schwankt erheblich. Auch die Grabanlagen sind unterschiedlich aufwendig. In der Regel stimmen Beigabenreichtum und Bestattungsaufwand überein. Die Familien waren offensichtlich bestrebt, ihre Angehörigen standesgemäß beizusetzen. Leicht lassen sich in den bäuerlichen Siedlungsgemeinschaften die Gräber der führenden Familie, der selbständigen Hofbesitzer, aussondern. Doch da einerseits die soziale Stellung von Angehörigen innerhalb der Familie abgestuft ist, andererseits der Besitzstand der Familien sehr unterschiedlich ausfallen kann, ist eine Gliederung der unteren sozialen Schichten schwieriger.

Die fränkischen Siedlungsgemeinschaften in den rechtsrheinischen Gebieten wurden im 6.-7. Jahrhundert in der Regel von einem Reiter angeführt, der sich durch volle Bewaffnung mit Spatha, Sax, Lanze und Schild auszeichnete, zunächst mit dem Ango kombiniert, im 7. Jahrhundert mit Trense, Zaum- und Sattelzeug. Und sogar manches Pferd folgte seinem Reiter in den Tod. Wohlstand und gehobene Lebensart demonstrierten sie als Hofherren mit Beigaben, die zur Hallenausstattung gehörten, wie Bronzebecken und metallbeschlagene Holzeimer.

Dem römischen Heer der Spätantike entsprechend bestand auch das fränkische Heer aus Reiterei und Fußtruppen[72]. Zu den Fußkämpfern gehörten offensichtlich alle Männer, die mit der langen zweischneidigen Spatha, dem Schild mit eisernem Buckel sowie der Lanze beigesetzt wurden.

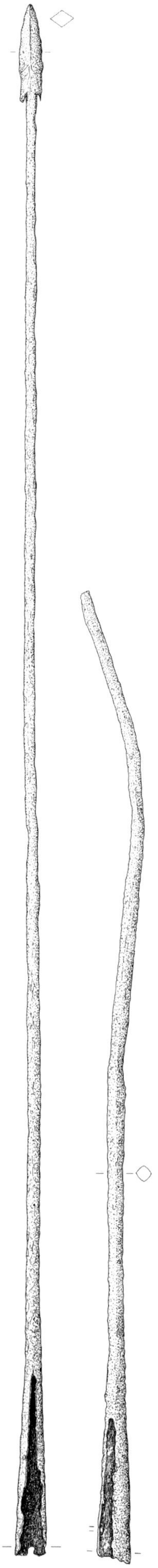

Abb. 69: Angones aus dem Schlossmuseum. M. 1:4.

Da Feldzüge in den Jahreszeiten stattfanden, in den auch von Bauern höchster Einsatz gefordert wurde, ließen sich beide Tätigkeiten sicher nicht so einfach vereinigen. Heiko Steuer geht davon aus, dass eine altersmäßig normal zusammengesetzte Bevölkerung ein Fünftel ihrer Zahl als Krieger abstellen konnte und geht von zwei Kriegern pro Gehöft aus[73]. Bis zu fünf oder sechs Fußkämpfer befanden sich in der Gefolgschaft eines Reiters.

4.5.1 Der Ango – die Waffe der Elite im fränkischen Reich

Der Ango mit einem knapp 1 m langen Eisenschaft und einer geflügelten Spitze (Abb. 69) ist nach schriftlichen und archäologischen Quellen eine spezifisch fränkische Waffe[74]. Die Angones sind in linksrheinischen Gebieten sehr viel häufiger, obgleich dort insgesamt sehr viel weniger Gräber mit Waffen vorkommen als rechts des Rheins. Sie treten zahlreich in der erst durch Clodwig dem Frankenreich angegliederten Picardie auf, einem Kerngebiet des Merowingerreiches, sie verdichten sich entlang der Mosel und im ehemaligen Gebiet der Rheinfranken und sind besonders zahlreich im Mittelrheingebiet anzutreffen, gleichmäßig streuen sie über die einstige Alamannia, halten sich hier aber auffällig an das bekannte römische Straßennetz[75]. Demnach wurden im 6. Jahrhundert in den östlichen Teilen des Merowingerreiches an den strategisch bedeutenderen Plätzen Personen angesiedelt, die in direkter Beziehung zum fränkischen König standen. Zu diesem Personenkreis sind nach Barbara Theune-Großkopf jene Krieger zu zählen, die voll bewaffnet und zusätzlich mit dem Ango ausgestattet waren, denn der Ango wurde im fränkischen Reich ausschließlich von sozial hochgestellten Männern geführt.

Auf den Verbreitungskarten, deren Grundlage die Liste von Siegmar von Schnurbein ist[76], fällt gegenüber der dichten Kette von Angones links des Rheins eine Lücke im Neckar-Mündungsraum auf. Sie ist noch größer, wenn der angebliche Ango aus Heidelberg-Kirchheim gestrichen wird, denn dann verbleiben rechts des Rheins nur die Angones aus Weinheim und Schwetzingen. Einer der beiden in den Altbeständen der Archäologischen Sammlung der

REM aufbewahrten Angones (Abb. 69) dürfte mit dem schon 1911 erwähnten Stück aus Schwetzingen[77] identisch sein.

Nach den bisherigen Kenntnissen lebten in der ersten Hälfte des 6. Jahrhunderts in Hofheim bei Lampertheim gegenüber von Worms zwei Angoträger[78], einer in Schwetzingen und dann folgte erst 25 km weiter einer in Russheim, Kr. Karlsruhe. Zweifellos aber hatte der fränkische König den strategisch wichtigen Neckar-Mündungsraum wesentlich dichter mit Kriegern besetzt, wie nun die Neufunde vom Gräberfeld auf dem Hermsheimer Bösfeld zeigen. Über drei Generationen hinweg bis an das Ende des 6. Jahrhunderts gab es in Hermsheim ein oder zeitweilig sogar zwei Krieger, die den Ango mit ins Grab erhielten. Die Männer in den Gräbern 321 (Abb. 70), 356 (S. 64, Abb. 49), 985, 1003 und 1010 waren voll bewaffnet. Drei von ihnen sind durch kostbare Gefäße als Hofherren und großzügige Gastgeber ausgewiesen.[79]

Keineswegs unbedeutender als der Hermsheimer Herrenhof war anfangs der zum Elkersberg gehörige. Doch wurde hier nur die Herrin in Grab 152B, umgeben von ihren Kindern beigesetzt, der Herr des Hofes fehlt. Er dürfte wie viele Krieger dieser Generation vom Kriegszug nicht zurückgekehrt sein, es ist anzunehmen, dass auch er ein Angoträger war. Den Verlust des Hofherrn in der ersten Generation konnte die Familie dann allerdings nicht so schnell ausgleichen, in den beiden folgenden Generationen gab es hier sicher keinen Angoträger.

4.5.2 Waffen im Wandel der Zeit: Saxe und Lanzen

Der fränkische Krieger war mit dem zweischneidigen Schwert, der Spatha bewaffnet. Während der gesamten Merowingerzeit gehörten Lanzen mit eiserner Spitze und Schilde mit eisernem Buckel und einer eisernen Fessel zur Ausstattung von Kriegern. Axtwaffen, darunter als Wurfwaffe die Franziska, waren

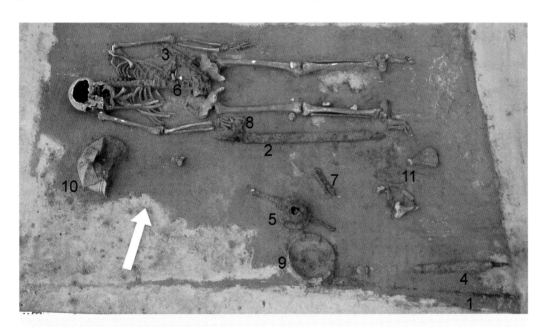

Abb. 70: Hermsheimer Bösfeld, Grab 321. Im hellen Sand grenzten sich Grabgrube und Holzkammer deutlich ab. Der Ango (1) erstreckte sich unmittelbar vor der Südwand, daneben steckte die Lanze mit der eisernen Spitze (4). Die Spatha (2) befand sich neben dem rechten Bein, der Kurzsax war mit der Spitze aufwärts unter den Gürtel geschoben, die Gürtelschnalle ist neben der Wirbelsäule zu erkennen (vgl. Abb. 53). Der Schild (5) lag in der südlichen Grubenhälfte. Ursprünglich befanden sich Kamm und Schere (7) und Bronzebecken (9) unter dem Schild. In Schulterhöhe war das Keramikgeschirr (10) umgekippt, die rechte Hand hielt einen Sturzbecher. Die Speisebeigaben mit Schweineschulter und Fisch waren neben dem rechten Fuß abgestellt.

nur bis in das 6. Jahrhundert üblich. Im 6. Jahrhundert wurden Saxe, große einschneidige Messer oder Dolche, als Stichwaffe verwendet, aus denen sich im 7. Jahrhundert der als Hiebwaffe einsetzbare schwere Scramasax entwickelte. Im 7. Jahrhundert trugen selbst die Männer der unteren sozialen Schichten einen Sax am Gürtel.

In Vogelstang kommen Saxe viermal in SD-Phase 6 vor (Grab 8, 223, 227, 434), fünfmal in SD-Phase 7 (Grab 157, 161, 170, 175, 418) und sechsmal in SD-Phase 8 (Grab 37, 75B, 90, 137, 243, 296), siebenmal in SD-Phase 9 (Grab 92, 185, 271, 310, 312, 331, 334) und in SD-Phase 10 (Grab 21, 95, 117, 201, 399, 409, 443). Grab 358 mit einem Leichtsax sowie Grab 33 und 42 mit kurzen Breitsaxen könnten in SD-Phase 11 gehören.

Saxe wurden in allen Altersgruppen mitgegeben. Um einen kleinen Dolch, einen Kindersax, handelt es sich bei dem Kleinkind in Grab 296. Mit einem verzierten Schmalsax war ein 12-14 Jahre alter Knabe in Grab 37 beigesetzt. Im beraubten Grab 243 eines 14-15jährigen wurden von einem Schmalsax noch Griff und kleine Knaufplatte gefunden. 14 und 16 Jahre alte Knaben waren in Grab 157 mit längerem Kurzsax und in Grab 334 mit Breitsax ausgestattet. Noch unter 20 Jahre war der junge Mann mit leichtem Breitsax und Lanze in Grab 21. Mit je einem Sax wurden auch vier der über 60jährigen Männer beigesetzt, meist handelt es sich um Kurzsaxe wie in den Gräbern 227, 418, in Grab 175 um einen Schmalsax. Ungefähr zwischen 50 und 60 Jahre alt waren die Männer in den gestörten Gräbern 137, 331, 399, 401, um die 50 der Mann in Grab 201.

Weitgehend lässt sich eine von Jo Wernard [80] vorgenommen Klassifizierung anwenden. Doch weil diese nicht allen Saxen aus Vogelstang gerecht wird, sind Bezeichnungen hinzugefügt. Die in Pleidelsheim für SD-Phase 5 typischen bis 24 cm langen Kurzsaxe und die „massiven Kurzsaxe" mit 3,5-4 cm breiter und 22-30 cm langer Klinge [81] fehlen in Vogelstang wegen der wenigen Männergräber in der ersten Generation.

Abb. 71: Vogelstang. Schmale Kurzsaxe aus den Gräbern 161, 227, 418, 157, 170; Schmalsaxe aus den Gräbern 37, 223, 8, 175, 434, leichter Breitsax aus Grab 90. M. 1:4.

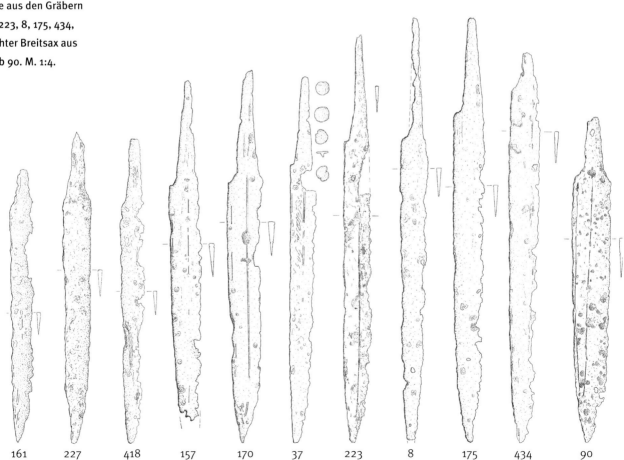

| 161 | 227 | 418 | 157 | 170 | 37 | 223 | 8 | 175 | 434 | 90 |

Ebenso fehlen dort die spätmerowingischen Lang-saxe mit über 48 cm langer Klinge, da in SD-Phase 12 kaum noch Waffen ins Grab gelangten. Ein solcher Langsax liegt aus Seckenheim-Hochstätt Grab 4 vor (S. 71, Abb. 59).

Schmale Kurzsaxe (Abb. 71) mit einer Klingenbreite unter 3 cm treten in SD-Phase 6 mit Vogelstang Grab 227 und in SD-Phase 7 mit Grab 161 und 418 auf. Lange Kurzsaxe mit bis 3,5 cm breiten und bis 30 cm langen Klingen kommen in Vogelstang Grab 157 und 170 in SD-Phase 7 vor.

Schmalsaxe (Abb. 71) haben Klingen von 2,8-3,5 cm Breite und 30-36 cm Länge, sie treten erstmals in SD-Phase 6 auf, und zwar in den Vogelstang-Gräbern 8, 223 und 434, sie sind auch in SD-Phase 7 noch gebräuchlich, im Knabengrab 37 und in Grab 175.

Leichte Breitsaxe haben eine 4-5 cm breite und 26-43 cm lange Klinge, dazu eine kurze Griffangel, in SD-Phase 8 ist die Form durch Grab 90 (Abb. 71) vertreten.

Breitsaxe (Abb. 72) haben die gleichen Klingen-maße, aber eine lange Griffangel. Sie kommen in SD-Phase 9 mit den Gräbern 185 und 334 sowie Phase 10 mit den Gräbern 21, 95 und K vor.

In SD-Phase 10 gehören auch die schweren Breitsaxe (Abb. 72) aus Vogelstang Grab 409 und 443A mit 5-5,8 cm breiter und 34-46 cm langer Klinge.

Abb. 72: Vogelstang. Breitsaxe aus den Gräbern 95, 21, 185, 334, K; schwere Breitsaxe aus Grab 409 und mit Messer aus Grab 443A. M. 1:4.

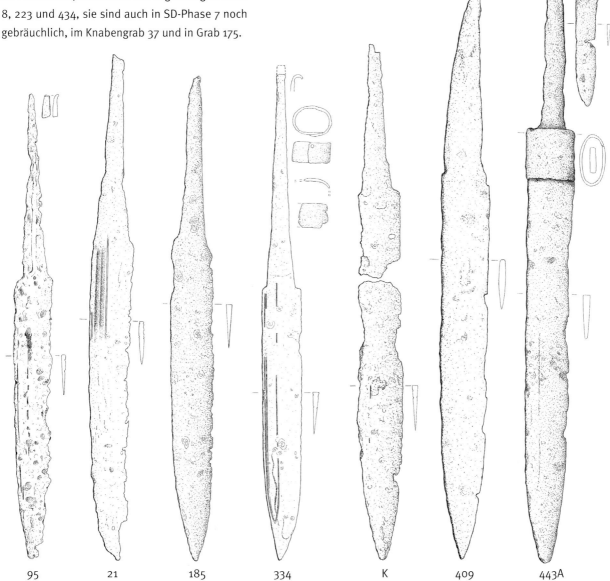

95   21   185   334   K   409   443A

Kurze Breitsaxe sind der Form nach eine Variante der Breitsaxe, denn sie zeigen auf den 3,5-4,3 cm breiten und 22-26 cm langen Klingen Rillendekor. Die geringen Ausmaße der Klinge sind einerseits eine Zeiterscheinung, hängen andererseits auch mit der sozialen Stellung des Waffenträgers zusammen. Die drei kurzen Breitsaxe von Vogelstang (Abb. 73) wurden von Angehörigen eines kleineren Bauernhofes verwendet; nur der Krieger in Grab 271 gehört in SD-Phase 9; die beiden in ältere Gruben nach bestatteten Männer von Grab 33 und Grab 42, die den Sax als einzige Waffe führten, sind eher in SD-Phase 11 zu datieren.

Leichtsaxe haben eine 3,5-4 cm breite, 30-37 cm lange Klinge; in SD-Phase 11 weist der Sax aus Grab 358 (Abb. 73) ähnliche Maße auf.

Unter den Waffen zeichnen sich außer Saxen auch Lanzenspitzen durch große Vielfalt und einen raschen Wechsel der Formen aus. Die eisernen Lanzenspitzen ließen sich aufgrund zeittypischer Merkmale zwar in wenige Gruppen zusammenfassen, doch um einer genaueren Chronologie willen ist es nützlicher auf die Fülle von Varianten einzugehen, insgesamt sind es im Mannheimer Raum 27 Typen, die sich auf die SD-Phasen 4-11 verteilen. 31 Lanzenspitzen liegen aus Vogelstang vor (Abb. 74-77). Hier zeigt sich, dass Lanzen bei allen Altersklassen vorkommen, sie wurden auch Kindern mit ins Grab gelegt: 7-8 Jahre alt war der Knabe in Grab 116. Sehr jung, d. h. noch unter 20 waren die Männer mit Lanze in den Gräbern 21, 77 und 441. Aber auch über sechzigjährige Männer erhielten eine Lanze ins Grab, wie in den Gräbern 161, 195, 228, 383, 413, 426. Da im Gräberfeld am Elkersberg in Vogelstang die Männer in der ersten Generation weitgehend fehlen und die wenigen vorhandenen Männergräber dieser Periode stark geplündert wurden, muss auf die Gräberfelder von Sandhofen und Straßenheim zurückgegriffen werden, um die Entwicklung der Lanzenspitzen vollständig darzustellen. Aus dem Gräberfeld von Sandhofen stammen 25 Lanzenspitzen (S. 53 ff., Abb. 27-29), aus Straßenheim sind 15 Lanzenspitzen erhalten (S. 86 f., Abb. 89-90), aus Feudenheim noch acht Exemplare (S. 35, Abb. 1). 88 Lanzenspitzen wurden in den Gräbern vom Hermsheimer Bösfeld gefunden.

Die fränkischen Lanzenspitzen des 6. Jahrhunderts haben geschlitzte Tüllen, nur vereinzelt kommen in den ersten Belegungsphasen auch Lanzen mit geschlossener Tülle vor. Zu der 33 cm langen Lanze mit spitzovalem Blatt und geschlossener Tülle aus Sandhofen Grab 37 (Typ 6, SD-Phase 5) gibt es in den anderen Mannheimer Gräberfeldern keine Parallele.

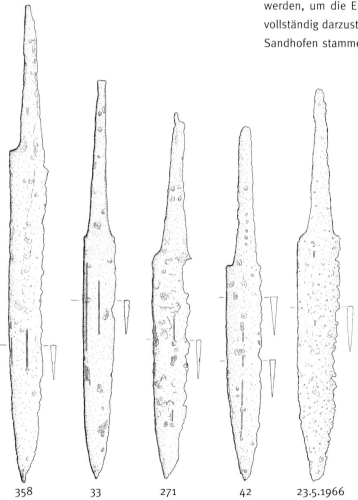

Abb. 73: Vogelstang. Leichtsax aus Grab 358; kurze Breitsaxe aus den Gräbern 33, 271, 42 und Streufund vom 23.5.1966. M. 1:4.

358   33   271   42   23.5.1966

Die Form mit Ganztülle und Weidenblatt[82] ist jedoch in den rechtsrheinischen Gebieten eine geläufige Form.

Bei den stempelverzierten Lanzenspitzen, die im Raum Mannheim selten sind, nur mit je einem Exemplar in Straßenheim und Sandhofen Grab 43 vorliegen und hier unter Typ 8 zusammengefasst wurden[83], wird noch deutlicher, dass es sich bei der Ganztülle im 6. Jahrhundert um ein östlich-merowingisches Erbe handelt. Die älteste stempelverzierte Lanzenspitze mit durchlaufendem Mittelgrat stammt aus Obermöllern[84]. In den fränkischen Waffenschmieden fand erst um 600 ein genereller Wechsel statt; im 7. Jahrhundert sind dann ausschließlich geschlossene Tüllenformen üblich.

Eine Besonderheit der ältesten Lanzenspitzen aus Straßenheim ist der versetzte Mittelgrat (S. 86, Abb. 89: Typ 1). Die ältesten Lanzenspitzen in den übrigen Gräberfeldern der fränkischen Periode fallen durch ein kleines spitzovales bis rautenförmiges Blatt und eine geschlitzte Tülle auf. Am Anfang steht die 39 cm lange Lanzenspitze aus Straßenheim Grab 80 mit einem kurzen, aber relativ breiten Blatt (S. 86, Abb. 89: Typ 2); eine vergleichbare Lanzenspitze stammt z. B. aus Grab 4 der Gräbergruppe von Eberfingen bei Waldshut, das zu den Leitgräbern der SD-Phase 4 gehört.[85]

Abb. 74: Vogelstang. Lanzenspitzen vom Typ 4, Typ 5 und Typ 9-11. M. 1:4.

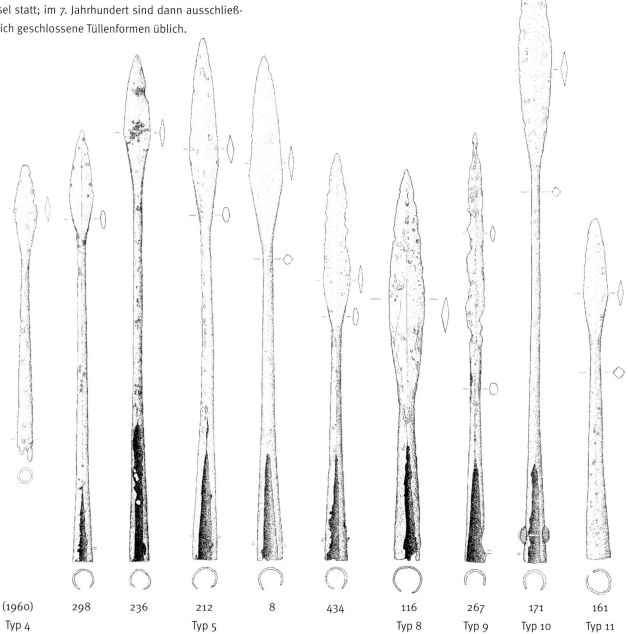

(1960)	298	236	212	8	434	116	267	171	161
Typ 4			Typ 5			Typ 8	Typ 9	Typ 10	Typ 11

Die für SD-Phase 5 typische, unter 40 cm lange Variante der Lanzenspitze mit kurzem rauten- bis lanzettförmigem Blatt und Schlitztülle (Typ 3) liegt zweimal in Sandhofen (S. 53, Abb. 27) vor sowie in einem Grab von 1937 aus Straßenheim (S. 86, Abb. 89).

Die über 40 cm langen Exemplare mit kurzem Blatt treten sowohl in Vogelstang (Abb. 74: Typ 4) wie in Sandhofen (S. 53, Abb. 27) in den Gräbern der SD-Phase 6 auf. Die Blattlängen nehmen bereits in SD-Phase 6 zu (Abb. 74: Typ 5).

Eine Neuerung sind gegen Ende der SD-Phase 6 lange schmale spitzovale Blattformen, die so genannten Weidenblattlanzen. Sie kommen in Vogelstang Grab 116 bei einer Lanze mit kurzer Schäftung vor (Abb. 74: Typ 8). Durch Feudenheim Grab 9 (S. 35, Abb. 1) ist Typ 9 für SD-Phase 7 nachgewiesen. Vor allem aber ist ein über 20 cm langes Weidenblatt typisch für 45 bis 66 cm lange Lanzen, die aufgrund unterschiedlicher Längenverhältnisse von Blatt und Schaft sehr variabel auftreten (Abb. 74: Typ 10). Bei einer Gesamtlänge von 66 cm scheint das etwa 24 cm lange Blatt aus Vogelstang Grab 171 ähnlich klein wie das knapp 20 cm lange Blatt der 60 cm

langen Lanzenspitze aus Feudenheim Grab 12. Bei zwei Lanzenspitzen aus Straßenheim und einer aus Feudenheim Grab 17 (S. 35 Abb. 1) nähern sich die Längen von Blatt und Schaft. Dennoch werden diese sehr langen Lanzen mit großem Blatt zu einem Typ zusammengefasst (Typ 10), es handelt sich um die Leitform der SD-Phase 7. Ein charakteristisches Zubehör sind Niete mit gekerbten bronzenen Köpfen. Durch eine geschlossene Tülle fallen in SD-Phase 7 drei 40 bis über 60 cm lange Lanzenspitze mit kurzem rautenförmigem Blatt aus Sandhofen auf (S. 54, Abb. 28: Typ 11); mit knapp 36 cm etwas kleiner ist ein Exemplar aus Vogelstang Grab 161 (Abb. 74). Auch das Inventar von Vogelstang Grab 161 gehört in SD-Phase 7. Diese Lanzenspitzen vom Typ 11 stehen in der fränkischen Formentradition des 6. Jahrhunderts, zeigen aber mit der geschlossenen Tülle bereits ein technisches Detail des 7. Jahrhunderts.

Byzantinische Waffen waren Vorbild für die schmalen Spieße, dem Lanzen-Typ 12, zu denen ein sorgfältig geschmiedetes Exemplar aus Vogelstang (Abb. 75) zählt, eines aus Straßenheim (S. 87, Abb. 90) und eine schlichte Variante aus Sandhofen (S. 55, Abb. 29). Da ein sinnvoller Einsatz dieser panzerbrechen-

Abb. 75: Vogelstang. Lanzenspitzen vom Typ 12, 14-16. M. 1:4.

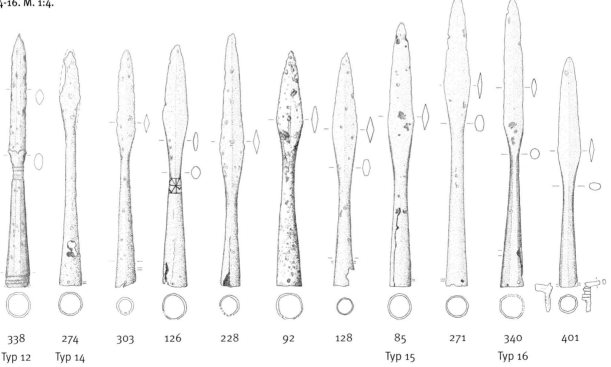

| 338 | 274 | 303 | 126 | 228 | 92 | 128 | 85 | 271 | 340 | 401 |
| Typ 12 | Typ 14 | | | | | | Typ 15 | | Typ 16 | |

den Waffe im fränkischen Heer nicht gegeben war, verschwand die Form schon nach kurzer Zeit.[86] Nach den extremen Längen der Lanzenspitzen in SD-Phase 7 ist der Unterschied zu den nur 20-25 cm langen Stücken der SD-Phase 8 besonders krass. Sie haben von nun an auch alle die Ganztülle. Auf langobardische Vorbilder gehen die 20-25 cm langen Lanzenspitzen mit kräftiger, bis in die Spitze durchlaufender Mittelrippe zurück, Typ 13. Diese als Typ Dorfmerkingen in die Literatur eingegangene Lanzenform ist nur in Sandhofen (S. 55, Abb. 29) und Straßenheim (S. 87, Abb. 90) vertreten. Am Elkersberg bestimmen die ungefähr 25 cm langen Lanzenspitzen, deren Rautenblatt kürzer ist als der Schaft (Abb. 75: Typ 14) das Lanzenbild des frühen 7. Jahrhunderts. Die Form ist mit etwas kräftigeren Blättern auch in SD-Phase 9 noch gebräuchlich und in Vogelstang Grab 92, 126 und 128 zu finden. Die Entwicklung führt bei den 26-30 cm langen Lanzenspitzen mit geschlossener Tülle und schmalem rautenförmigem Blatt zu einer Verlängerung des oberen Blattteiles, d. h. des Schneidenteiles (Abb. 75: Typ 15).[87]

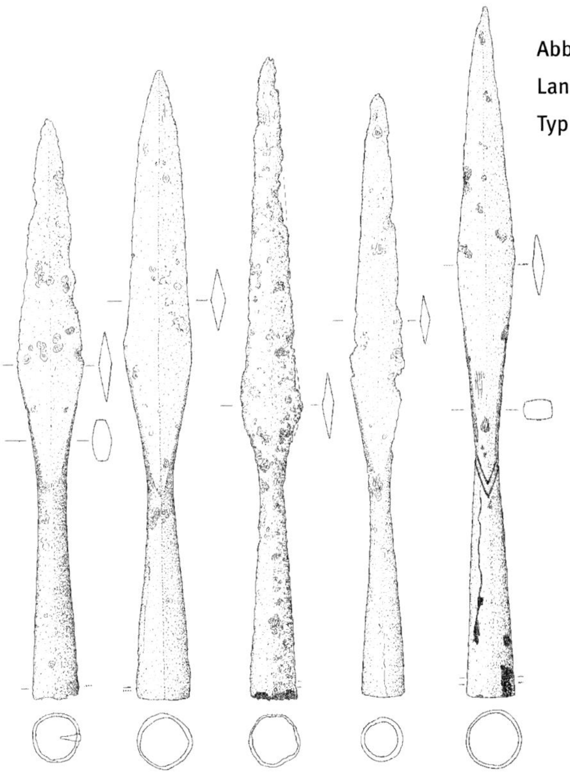

Um vorzügliche Schmiedearbeiten handelt es sich bei den Lanzen mit schmalen langen Blättern, die nur kurz zum Schaft hin einziehen, eine facettierte Tülle aufweisen (Abb. 75: Typ 16)[88] und in Vogelstang Grab 401 sowie in Straßenheim im Grab vom 13./14.2.1932 (S. 87, Abb. 90) mit Aufhaltern und eiserner Schaftumwicklung kombiniert sind. Derartige Lanzen tauchen bereits in SD-Phase 8 auf, sind aber überwiegend aus SD-Phase 9 bekannt.

Bei den losen Aufhaltern, die in der Regel mit Schaftbeschlägen kombiniert sind und in SD-Phase 8-9 bei verzierten wie unverzierten Lanzenspitzen auftreten, ist zwischen einer geraden Form wie Vogelstang Grab 401 und einer gerollten wie in Straßenheim zu unterscheiden.[89] Die gerollte Form war am Mittelrhein üblich, unter den Lanzen mit unverzierten Blättern ist das Straßenheimer Vorkommen eines der südlichsten. Die gerade Form kommt in alamannischen und langobardischen Gräbern vor.

Die 30-35 cm langen Lanzenspitzen mit Rautenblatt und langen Schneiden sind durch vier Vorkommen am Elkersberg für SD-Phase 9 belegt (Abb. 76: Typ 17), nur bei einer Lanze ist die untere Blatthälfte verlängert und durch bescheidenen Rillendekor am Blattansatz betont (Abb. 76: Typ 18).

Die Serie der Lanzenspitzen mit rautenförmigem Blatt endet mit sehr schlanken Formen, dem Typ 19. Sowohl die 39 cm lange Lanze in Vogelstang Grab 75A (Abb. 77) als auch das 37 cm lange Exemplar aus Straßenheim Grab 68 (S. 87, Abb. 90) haben eine sorgfältig facettierte Tülle. Um eine auffallend große schwere Waffe handelt es sich bei der 44,2 cm langen Lanzenspitze mit rautenförmigem Blatt, geschweifter kurzer Schneide an der obere Blatthälfte und einer deutlich verstärkten Spitze (Abb. 77: Typ 20), bedauerlicherweise wurde die Lanzenspitze 1967 am Elkersberg nur als Streufund geborgen. Durch eine Parallele in Calw-Stammheim Grab 66 ist sie in SD-Phase 9 datiert.[90]

Neben den Lanzen mit rautenförmigen Blättern kommen weiterhin auch einige mit spitzovaler Blattform vor. Bei einem Exemplar aus Vogelstang

Abb. 76: Vogelstang. Lanzenspitzen vom Typ 17-18. M. 1:4.

188   426   195   442   77

Typ 17   Typ 18

Grab 441 mit extrem breitem Blatt ist das untere Blattdrittel auffallend flach geschmiedet, umso deutlicher tritt der bis in diese Fläche durchlaufende Schaft als Rippe in Erscheinung (Abb. 77: Typ 22). Diese Lanzenform wird weiterentwickelt, in SD-Phase 10 ist sie, wie das Stück aus Vogelstang Grab 413 zeigt, viel schlanker (Abb. 77: Typ 23). Zum gleichen Typ gehört ein Exemplar aus Sandhofen Grab 172 (S. 55, Abb. 29); ein weiteres Stücke wurde im Mai 1937 in Straßenheim gefunden (S. 87, Abb. 90). Keine Mittelrippe, sondern eine tiefe Kerbe kennzeichnet das spitzovale Lanzenblatt aus Vogelstang Grab 409 (Abb. 77: Typ 24). Die jüngsten Lanzenformen sind unscheinbar, charakteristisch ist ein sehr schlanker Schaft in Kombination mit einem spitzovalen Blatt, wie bei den Lanzespitzen aus Vogelstang (Typ 25-26) oder einem vor 1943 gefundenem Stück aus Straßenheim (S. 87, Abb. 90: Typ 27).

4.5.3 Reitzubehör: Sporen

Üblich war es, nur einen Sporn mit zu geben, der oft – wie in den Gräbern 134, 356, 402 und 641 vom Hermsheimer Bösfeld, in Straßenheim Grab 22 oder in Grab 201 von der Vogelstang – am linken Fuß befestigt wurde. Mit einer Reit- oder Kampftechnik hängt das sicher nicht zusammen[91]; eher mit der Beigabensitte, die sich linksrheinisch, z. B. in Cutry, Dép. Meurthe-et-Moselle, auch schon im frühen 6. Jahrhundert nachweisen lässt[92]. In Vogelstang Grab 361 der SD-Phase 8 lag der Sporn 15 cm rechts vom Schädel; angeblich innerhalb der Störungszone. Doch da die Füße nicht von der Störung betroffen waren, kann der Sporn sicher nicht dort gesteckt haben. In den total gestörten Gräbern 333 der SD-Phase 8 (S.256, Abb. 54) und 370 der SD-Phase 10 lässt sich die Lage der Sporen nicht mehr rekonstruieren. In Bösfeld Grab 985 wird sich erst bei der Restaurierung zeigen, ob es sich um ein Sporenpaar handelt oder um zwei Henkel, die über dem Angoschaft

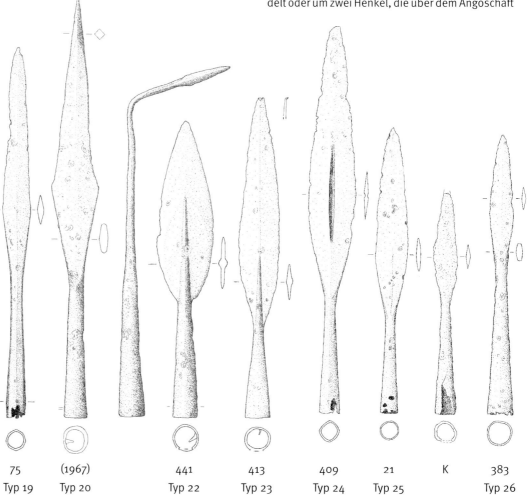

Abb. 77: Vogelstang. Lanzenspitzen vom Typ 19-20, 22-26. M. 1:4.

| 75 | (1967) | | 441 | 413 | 409 | 21 | K | 383 |
| Typ 19 | Typ 20 | | Typ 22 | Typ 23 | Typ 24 | Typ 25 | | Typ 26 |

niedergelegt worden waren. Entscheidend ist, was in den Ösen steckte und ob ein kleiner Stimulus vorhanden war.

Sporen waren im 6. Jahrhundert noch sehr unscheinbar. In Bösfeld Grab 356 (S. 64, Abb. 49) bestand der Sporn aus einem Bronzeknopf mit Stimulus. Dieser so genannte Plattensporn steckte an der linken Schuhferse; die Schuhe wurden mit Bronzeschnallen verschlossen. Der kleine unscheinbare Sporn ist ein erster Hinweis, dass der Krieger nicht aus dem fränkischen Westen kam, wo Bügelsporen üblich waren, sondern aus rechtsrheinischen Gebieten.[93]

Vom späten 6. Jahrhundert an wurde der Reitsporn zum Statussymbol. Daher entwickelte sich der seit der zweiten Hälfte des 5. Jahrhunderts gebräuchliche, unscheinbare und relativ kurze Bügelsporn im 7. Jahrhundert zu einem repräsentativen Reitutensil mit langen reich verzierten Schenkeln.[94]

Bei den merowingerzeitlichen Bügelsporen waren unterschiedliche Konstruktionen üblich. Gemeinsam waren ihnen die der Ferse angepassten bandförmigen Bügel mit kurzem eingezapftem Stachel. Sie waren meist aus Eisen geschmiedet, nur in Feudenheim wurde 1902 ein bronzener Sporn gefunden. Aufgrund der unterschiedlichen Befestigungen endeten die schmalen Schenkel dann entweder in einem Haken, in einer Öse oder in einer Schlaufe. Seit dem späten 7. Jahrhundert wurden Nietplatten bevorzugt.[95]

In Vogelstang Grab 361 der SD-Phase 8 wurde ein 12,6 cm langer, dünner bandförmiger Sporn mit eingenietetem Stimulus und schmalen Schenkeln gefunden (S. 255, Abb. 53); ein Schenkelende ist drahtförmig ausgeschmiedet und zu einer Öse aufgerollt; das andere Ende ist abgebrochen. In den beiden Ösen hingen vier Laschen mit drahtförmigen Schlaufen; nur eine ist vollständig erhalten, demnach hatten alle Laschen zwei axiale Niete mit flachen Köpfen.

Die im 7. Jahrhundert häufigen Schlaufensporen gelangten offensichtlich erst durch langobardische Vermittlung in die Gebiete nördlich der Alpen.[96] Unverziert waren die eisernen Schlaufensporen der SD-Phase 8 in Vogelstang Grab 333, der SD-Phase 9 in Straßenheim „Aue" Grab 78, der SD-Phase 10 in den Gräbern 201 und 370 in Vogelstang. Nur der Sporn aus Bösfeld Grab 134 (Abb. 78) ist wie auch die Eisenbeschläge des Wehrgehänges aus diesem Grab flächig mit Silber tauschiert, die Ornamentik im Tierstil II ist ausgespart und durch Messingfäden hervorgehoben. Erkennbar sind Flechtbänder mit integrierten Tierköpfen, Flechtbänder mit hinein beißenden Raubvogelköpfen und aufgereihte Köpfe mit geöffneten Kiefern.

Bei dem jüngsten Sporn im Hermsheimer Bösfeld handelt es sich um einen Nietsporn, die unverzierte vielteilige Gürtelgarnitur mit sehr langen Riemenzungen und gut 13 cm langer Hauptriemenzunge datiert das Grab 402 in SD-Phase 11.

Abb. 78: Hermsheimer Bösfeld, Grab 134. Eiserner Sporn, flächig mit Silber tauschiert, die ausgesparte Ornamentik durch tauschierte Goldfäden hervorgehoben.

4.5.4 Reitzubehör: Trensen

Ringtrensen haben einfache, einmal gebrochene Gebissstangen, die mittig durch zwei Innenösen verbunden sind. Die in den Außenösen spielenden unterschiedlich großen Ringe, an denen Backenstücke und Zügel befestigt waren, verhinderten ein Durchrutschen durch das Pferdemaul. Je eine Ringtrense befand sich in den Reitergräbern 26 (S. 57, Abb. 35) und 247 nördlich von Sandhofen. Eine Trense mit Ringen von etwa 6 cm Durchmesser kann durch Bösfeld Grab 505 ins späte 6. Jahrhundert datiert werden; jünger dürfte eine Ringtrense mit nur wenig größeren Ringen aus Grab 880 sein; in das zweite Viertel des 7. Jahrhunderts gehört eine Ringtrense aus Grab 636, deren Ringe knapp 9 cm Durchmesser haben.

Häufiger als Ringtrensen wurden in merowingischer Zeit Knebeltrensen verwendet. Um eine solche dürfte es sich auch bei dem „Teil eines großen Zaumes" handeln, der 1854 im Gräberfeld von Vogelstang – damals noch unter der Bezeichnung Wallstadt – zusammen mit Schildbuckel und Lanze aus einem Männergrab geborgen wurde und 1862 als Geschenk in die Sammlungen des Mannheimer Altertumsvereins gelangte. Möglicherweise handelt es sich um die Trense aus dem total geplünderten Reitergrab 370.

Anhand technischer Details lassen sich Knebeltrensen in drei Formengruppen untergliedern[97]. Schon seit dem 5. Jahrhundert nachweisbar ist Form I der Knebeltrensen. In den einfachen Außenösen steckten die Knebel, während Zügelende und Backenstück an einem in den Knebel eingelassenen D- oder B-förmigen Bügel befestigt waren[98]. Form I war lange

gebräuchlich, denn in Vogelstang gelangte eine eiserne Knebeltrense mit abgerundet vierkantiger Gebissstange, geschlossener Innenöse und zusammengebogener Außenöse noch in der Mitte des 7. Jahrhunderts ins Grab 409 (Abb. 79). Das obere Ende der in den Außenösen steckenden Knebel bog stumpfwinklig zur Gebissstange ab, die unteren Enden waren schaufelförmig ausgeschmiedet. Jeweils in Knebelmitte war ein über die Außenösen gespannter B-förmiger Bügel aus den Knebeln herausgeschmiedet. Von den eingehängten Riemenzwingen sind nur die Ringe erhalten.

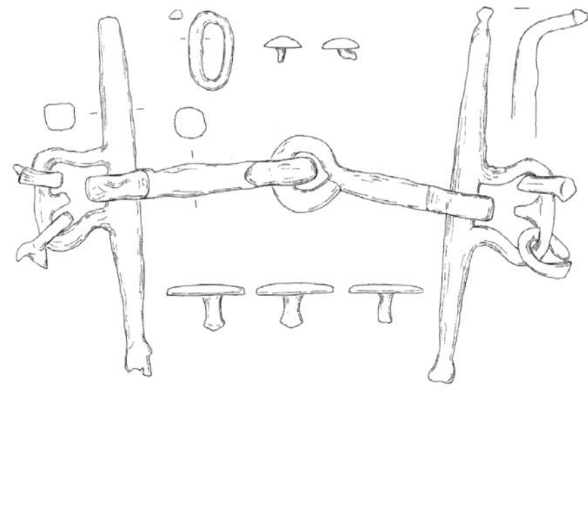

Für Knebeltrensen der Form II sind achterförmige Doppelösen an den äußeren Enden der Gebissstangen typisch[99]. Die Zügelenden waren in den äußeren Ösen, die Backenriemen mit einem Bügeln an den Knebeln befestigt, die in den inneren Ösen steckten. Diese Form der Knebeltrensen wurde im mediterranen Raum entwickelt und gelangte während der Ostgotenkriege ab der Mitte des 6. Jahrhunderts über die Alpen nach Norden. Die Langobarden, die in Pannonien nur Ringtrensen verwendet hatten, lernten die Knebeltrensen Form II erst nach 568 in Italien kennen.

Der Form II ist die Trensenhälfte aus dem alt beraubten Grab 8 von Mannheim-Sandhofen zuzuordnen (S. 57, Abb. 34,1). Es ist das älteste Exemplar unter den Mannheimer Knebeltrensen und aufgrund seines Materials, nämlich Eisen und Bronze, zudem ein außergewöhnliches, weil im 6. und 7. Jahrhundert eiserne Trensen üblich waren. Angesichts der für kontinentale Trensen ungewöhnlichen, in Skandinavien aber üblichen Herstellungstechnik wurde für die genau entsprechende Schretzheimer Trense nordische Herkunft erwogen, zumal der Reiter dort eine silberne Gürtelgarnitur mit Tierstil I verziertem Bügel trug[100].

Eine eiserne Knebeltrense der Form II besaß der Reiter mit dem Silberknaufschwert aus Bösfeld Grab 641 im ausgehenden 6. Jahrhundert und ebenso der Reiter aus Grab 646 in der ersten Hälfte des 7. Jahrhunderts.

Im ausgehenden 6. Jahrhundert tritt Form III der Knebeltrensen nördlich wie südlich der Alpen auf. Die

Abb. 79: Vogelstang, Grab 409. Knebeltrense der Form I, dazu Schnallenbügel und Nieten vom Zaumzeug. M. 1:4.

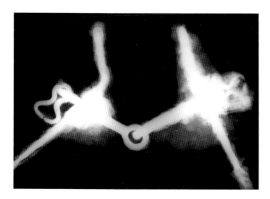

Abb. 80: Hermsheimer Bösfeld, Grab 788. Röntgenaufnahme einer eisernen Trense Form III mit achterförmigen Ringen in den Außenösen und Knebeln in den inneren Ösen, dazu Steckzwingen in den Knebeln. M. 1:4.

charakteristischen Merkmale sind die achterförmigen äußeren Enden der Gebissstangen, an denen die Zügel mittels eiserner Schlaufen oder Ringe befestigt wurden, und die Zweipunktbefestigung der Backenriemen mit Steckzwingen in den Knebeln[101].

Knebeltrensen der Form III lagen in Bösfeld Grab 788 (Abb. 80) und Sandhofen Grab 217. Beide Trensen zeigen die winklig abgebogenen oberen Knebelenden und schaufelförmigen unteren Enden, wie sie bei dieser Trensenform häufiger zu beobachten sind, auch die achterförmig zusammengebogenen Schlaufen für die Zügelriemen in den Außenösen sind typisch.

4.5.5 Zaum- und Sattelzeug

Vielfach gehörten zum Zaumzeug nur einige Zierniete mit flachen runden Köpfen, wie in Bösfeld Grab 505. Auch in Vogelstang beschränkte sich das Pferdegeschirr in dem einzigen vollständig geborgenen Reitergrab 409 auf die funktional notwendigen Teile, die Trense, ein paar Niete mit großen Köpfen und eine einfache ovale Eisenschnalle vom Kopfgestell sowie eine große Schnalle vom Bauchgurt (Abb. 81).

Abb. 81: Vogelstang, Grab 409, Sattelschnalle. M. 1:2.

Aus Bronze gegossen und kerbschnittverziert sind die Beschläge des Zaumzeugs aus Bösfeld Grab 641. Der Vier-Riemen-Verteiler ist ebenso wie die langovalen Beschläge durch ein deutliches Kreuz gezeichnet (Abb. 82). Ähnlich dekorierte Beschläge in gepresster Form liegen vor in Niederstotzingen Grab 3a, Salgen und im langobardischen Castel Trosino Grab 90 und 119[102]. Sie sind in das späte 6. Jahrhundert zu datieren. Sehr wahrscheinlich wurden die Beschläge in Italien produziert und zwar nach byzantinischen Vorbildern, die mit pflanzlichen Motiven verziert und in der gesamten byzantinischen und mediterranen Welt verbreitet waren. Aus Bronze gegossen wie in Bösfeld Grab 641 sind die Beschläge aus Fridingen Grab 109, die noch in der zweiten Hälfte des 7. Jahrhunderts verwendet wurden[103].

Lange profilierte stempelverzierte Riemenzungen wie in Grab 641 am Kopfgestell treten auf dem Kontinent überwiegend in Zusammenhang mit Pferdegeschirr auf, z. B. in Altlußheim, Beckum und Bremen in Westfalen[104] während diese ausgefallene Riemenzungenform in Skandinavien weiter verbreitet ist[105].

In Bösfeld Grab 646 gehören Zierniete und ein relativ kleiner Quadratbeschlag als Vier-Riemen-Verteiler zum Zaumzeug. In die gleiche Periode ist das total geplünderte Grab 370 von Vogelstang zu datieren, in dem außer Teilen eines Schlaufensporns auch wenige Stücke von Zaum- und Sattelzeug erhalten blieben (Abb. 83). An der Kreuzung von Stirn und Kinnriemen könnte der eiserne, flächig silbertauschierte quadratische Riemenverteiler gesessen haben. Die im Wirbel angeordnete ausgesparte Ornamentik ist mit Fäden und -Leiterbändern aus Messing unterlegt, es sind Schlingen, aber keine Tierdetails zu erkennen. Die viertelkreisförmigen Nietplatten an den Ecken sind fächerförmig verziert.

Stilistisch passen die drei langovalen eisernen Beschläge mit silber- und messingtauschierten Doppelspiralen (Abb. 83,4-5) nicht dazu. Zwar kommt es immer wieder vor, dass Garniturenteile ausgetauscht und ergänzt wurden, und es ist nicht auszuschließen, dass die spiralverzierten Beschläge Riemen des Kopfgestells geschmückt hatten, wahrscheinlicher aber ist, dass die drei spiraltau-

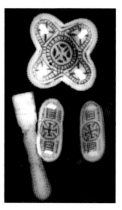

Abb. 82: Hermsheimer Bösfeld, Grab 641. Röntgenaufnahme von gegossenen kerbschnittverzierten bronzenen Beschlägen des Pferdegeschirrs, einem Vier-Riemen-Verteiler und zwei Ovalbeschlägen sowie einer punzverzierten Riemenzunge. M. 1:2.

Abb. 83: Vogelstang, Grab 370. Beschläge von Zaum- und Sattelzeug. 1 Silber- und messingtauschierter Vier-Riemen-Verteiler, 4-5 tauschierte Ovalbeschläge; 2 Bronzeschnalle, 3 Fragment einer bronzenen Riemenzunge, Nietplatte ist abgebrochen; 6 Eisenschnalle; 7 Fragment des Widerastes. 1-5 M. 1:1; 6-7 M. 1:2.

Riemen-Verteiler aus Eisen mit reicher Tauschierung (Abb. 84). Die geometrische Verzierung ist bei allen drei Stücken konzentrisch. Die Fortsätze tragen Doppelspiralen. Zaumzeug mit in Form und Verzierung genau entsprechenden Beschlägen besaßen die Reiter aus Giengen Grab 26, Pfahlheim Grab 9/1883 und 4/1891, Pfullingen und Mindelheim Grab 97 in der Alamannia, aber auch aus Flomborn im fränkischen Rheinhessen [108].

Oft ist die Mitgabe eines hölzernen Sattels nur durch die große Schnalle vom Bauchgurt nachzuweisen. In Vogelstang Grab 409 ist die Schnalle mit eingezogenen Seiten eine ganz markante Form (Abb. 79). Ein ähnliches Stück fand sich in Bösfeld Grab 636. Bei den einfachen, zwar relativ großen ovalen Eisenschnallen, ist eine Zuordnung zum Bauchgurt nur möglich, wenn andere für Pferdegeschirr typische Formen auftreten, wie in Vogelstang Grab 370 (Abb. 83,6).

Ein unscheinbares, aber typisches Stück vom Pferdegeschirr ist der Widerrast (Abb. 83,7), das aufgefaltete Eisenband, das auf einem zweiten aufgenietet war. In Vogelstang Grab 370 ist nur ein Fragment vorhanden, vollständig, aber nicht restauriert ist ein Widerrast aus Bösfeld Grab 756.

In Bösfeld Grab 646 dürfte ein eventuell als Drei-Riemen-Verteiler dienender Beschlag ebenso wie ein breiter Beschlag mit zwei Nieten entlang einer Kante und Wulst sowie Ösen an der gegenüberliegenden zum Sattelzeug gehören.

Ähnlich zu beurteilen ist ein kurzer, breiter Beschlag mit drei Nieten auf einer Seite und zwei Stegösen auf der anderen, der weder zu einer Gür-

schierten Stücke nicht zum Zaum- sondern zum Sattelzeug gehörten, wie sechs genau entsprechende Stücke in Gammertingen Grab 4 [106]. Von den Verschlüssen der Kopfriemen dürfte eine bronzene Schnalle mit festem breitem Beschlag stammen sowie die punzverzierte Riemenzunge, deren Nietplatte abgebrochen war (Abb. 83,2-3). Riemenzungen mit einer Einschnürung zwischen Nietplatte und Zungenteil sind seit dem 6. Jahrhundert immer wieder beim Pferdegeschirr zu beobachten [107].

Pferdegeschirr von beachtlicher Qualität besaß der in Straßenheim im Kammergrab 30 unter einem Hügel beigesetzte Reiter. Das Grab war stark gestört und total durchwühlt. Zum Zaumzeug gehörten zwei Vier-Riemen-Verteiler (S. 80, Abb. 79) und ein Drei-

Abb. 84: Straßenheim „Links der Mannheimer Straße", Grab 30. Röntgenphoto von einem eisernen, silbertauschierten. Drei-Riemen-Verteiler.

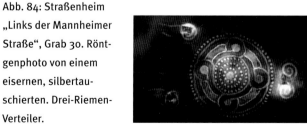

telgarnitur noch zu einem Wehrgehänge passt und in Vogelstang Grab 201 gefunden wurde (Abb. 85). Da der Beschlag in dem sonst völlig leeren SO-Viertel der Grabkammer lag, könnte er zu einem hier abgestellten Sattel gehört haben, dessen Bauchgurt dann allerdings geknotet und nicht mit einer Schnalle verschlossen wurde. Der bronzene Beschlag ist sehr grob im Tierstil II verziert. Obgleich die Bestattung in Grab 201 nur in der Westhälfte stark gestört war, gibt es keinen Hinweis auf ein Zaumzeug mit Trense, das zu erwarten wäre, denn das zugehörige Pferd lag unweit in Grab G.

In Bösfeld Grab 636 fallen drei großen Bronzeringe auf, die hier in SD-Phase 10 beim Sattelzeug als Riemenverteiler dienten. Die eingehängten Riemen

Abb. 86: Vogelstang, Grab 313. 1-2 Bronzebeschläge vom Sattelzeug; M. 2:3. 3 eiserner Steigbügel. B. 11,7 cm.

Abb. 85: Vogelstang, Grab 201. Bronzebeschlag vom Sattelzeug. M. 2:3.

waren durch lange dreieckige Bronzebeschläge, wie sie auch von Gürtelgarnituren bekannt sind, verstärkt; in diesem Fall haben die Beschläge jedoch keine Schlaufen an der vorderen Kante wie die sonst üblichen langen Zwingen, mit denen Riemen an Ringen befestigt wurden, z. B. bei einem Riemenverteiler aus Bösfeld Grab 788 im ersten Viertel des 7. Jahrhunderts.

4.5.6 Der Steigbügel in Vogelstang Grab 313

Bis auf den Bereich der Beine war das 1,6 m breite Kammergrab 313 von Vogelstang, in dem ein adulter Mann beigesetzt war, gestört und durchwühlt (S. 273, Abb. 84). Außen neben dem rechten Knie lag ein Steigbügel (Abb. 86,3) zusammen mit dem bronzenen verzinnten und punzverzierten Rechteckbeschlag (Abb. 86,1). Auch eine durch ein graviertes Kreuz verzierte Bronzeplatte mit zwei langen Stiften auf der Rückseite (Abb. 86,2) darf dem

Pferdegeschirr zugeordnet werden, sie lag innerhalb der gestörten Zone. Die wenigen erhaltenen Beschläge vom Wehrgehänge und der vielteiligen Gürtelgarnitur datieren das Grab in die frühe SD-Phase 9. Das zugehörige Pferdegrab wurde bereits durch die Aktivitäten des Altertumsvereins 1861 auf dem Acker der Witwe Becker, Flur Nr. 668, ausgegraben. Die nicht nach Mannheim transportierten Knochen hatte der damalige Grabungsarbeiter in etwa 1 m Tiefe über dem Frauengrab 307, 5 m östlich des Reitergrabes, vergraben.

Bei dem runden eisernen Steigbügel mit Schlaufenöse, mit gerader Trittfläche und leichtem Mittelsteg auf der Unterseite handelt es sich wegen der sorgfältig tordierten Schenkel um eine seltene Form, das heißt bisher ist nur eine Parallele aus Grab 7 von Eschwege-Niederhohne bekannt[109].

Im späten 6. Jahrhundert tauchten die ersten Steigbügel in Mitteleuropa auf[110]. Zur gleichen Zeit breiteten sie sich im Osten nach China und Korea aus[111]. Steigbügel sind eine Erfindung zentralasiatischer Reiter. In den Gräbern der späten Steppennomaden im zentralen Hochaltai[112], die ungefähr in der Zeit des ersten türkischen Khaganats ab 552 zu datieren sind, lässt sich außer der Trense auch stets ein Sattel zum Beispiel durch Gurtbeschläge nachweisen. Und stets hingen am Sattel runde Steigbügel mit breitem, auf der Unterseite durch eine Rippe verstärkten Tritt. Dabei fällt auf, dass es zwei unterschiedliche Formen der Aufhängung gab und zwar mit aufgebogener Öse, wie bei dem Mannheimer Stück, oder mit einer gestielten kastenförmige Öse, wie sie zum Beispiel im rheinhessischen Budenheim gefunden wurde[113]. Als Türken vom mittelasiatischen Sogdien und seiner Hauptstadt Samarkand aus die Herrschaft über die gesamten Steppennomaden an sich rissen, flohen die Awaren, ein zentralasiatisches Reitervolk, nach Westen. Kern der awarischen Streitmacht bildete die gepanzerte schwere Reiterei, eine Waffengattung die man in Europa seit der Römerzeit nicht mehr gesehen hatte[114]. Eine damals überwältigende Neuerung war der Sattel mit hoher Vorder- und Hinterseite sowie Steigbügeln, wobei auch die Awaren beide Steigbügelformen verwendeten. Die Awaren schickten 558 Gesandte nach Konstantinopel, verbündeten sich mit den Byzantinern und übernahmen die Verteidigung der nordöstlichen Reichsgrenze. Für ihre militärische Hilfe erhielten sie nicht nur hohe Tributzahlungen[115], auch die Waffenschmiede im Byzantinischen Reich arbeiteten in der zweiten Hälfte des 6. Jahrhunderts für die Awaren. Auf diese Weise übernahmen die Byzantiner Steigbügel, Stoßlanze, Lamellenpanzer und -helm der Nomaden[116]. Die fränkischen Reiter lernten die neuen Waffen der Byzantiner sehr wahrscheinlich in Italien kennen.

4.5.7 Bartpflege – nicht für jedermann

Ein besonderes Privileg war die Schere im Grab. In Sandhofen konnte, da viele eiserne Kleinfunde luftdicht in Plastikfolie eingeschweißt sind oder im Gipsblock ruhen und noch nicht geröntgt wurden, bisher erst eine Schere einem Männergrab zugeordnet werden (Abb. 87).

Am Elkersberg in Vogelstang wurden 13 Scheren in Männergräbern gefunden; sie sind hier anders als in Straßenheim „Aue" in Männergräbern etwas häufiger als in Frauengräbern anzutreffen. Überwiegend gehören sie in die älteren Belegungsphasen, mit den Gräbern 185, 279 und Grab 370 ist die Beigabe einer Schere aber auch in den jüngeren Belegungsphasen SD-Phase 9 und SD-Phase 10 nachgewiesen.

Im adulten Alter verstarb nur ein Mann mit Schere (Grab 8), drei im adult bis frühmaturen Alter (Grab 185, 246, 261), fünf gehörten der maturen Altersstufe an (Grab 170, 212, 223, 230, 370), etwas ungenauer sind die Altersangaben für vier Männer der maturen bis senilen Altersstufe (Grab 108, 290, 288, 333). Überwiegend hatten die Männer mit der Schere im Grab also ein höheres Alter erreicht.

Die meisten Scheren in Frauen- und Männergräbern sind zwischen 17 und 20 cm lang. Nur vereinzelt sind in Männergräbern längere zu finden, wie die beiden 23,5 cm langen Exemplare in den Reitergräbern 333 und 370. Die Größe hängt also eher von der sozialen Stellung des Besitzers als von der Art des Gebrauchs ab. Die 16,2 cm lange Schere aus Grab 290 gehört zu den kleinsten Exemplaren.

Bei den Frauen handelt es sich aufgrund der Fundvergesellschaftungen meist um Tuch-Scheren. Bei den Männern waren sie eher Toilettegeräte. Darauf weist die Lage der Scheren am Kopf, neben dem Kamm oder neben den Speisen hin. Auch wenn die Schere in der Tasche steckte, kann es sich um einen Toiletteartikel handeln, besonders wenn sich eine Pinzette daneben befand. Die letzte Verwendung als Toilettenartikel fand möglicherweise erst während der Aufbahrung statt. Zur Leichenpflege gehörte noch im 8. Jahrhundert das Schneiden des Bartes; dem Toten erkannte man die in seiner Lebzeit gebräuchliche Barttracht zu[117]. Scheren in Männergräbern stehen in einem anderen Zusammenhang als die Geräte in Frauengräbern.

Im Hermsheimer Bösfeld ist die Schere mit einer Ausnahme nur in den Gräbern voll bewaffneter Männer zu finden.

Auch am Elkersberg in Vogelstang fanden sich Scheren in den Reitergräbern 333, 370 sowie in den Gräbern 8, 185, 246 und 261 voll bewaffneter Krieger (Abb. 35).

In Kammergrab 230, das sich im Zentrum des älteren Friedhofsareales befand, lag eine 17,2 cm lange Schere (S. 214, Abb. 18) in der NO-Ecke, d. h. in der Nähe des Kopfes. Das Grab des 52-61jährigen Mannes war total geplündert, doch die Größe der Kam-

Abb. 87: Sandhofen, am Hohen Weg, Grab 112. Außer Kamm und Schere wurden in dem stark beraubten Männergrab der SD-Phase 5 abgeplatzte Reste einer Spathaklinge und die Seitenstange einer Schildfessel gefunden. M. 1:2.

mer und die reichen Fleischbeigaben lassen auf eine privilegierte Stellung schließen, wie sie nur einem voll bewaffneten Krieger zukam. Am südlichen Rand des älteren Friedhofareales war in SD-Phase 6 der Krieger in Grab 8 mit Spatha, Sax und Lanze bewaffnet; eine Schere gehörte zum Tascheninhalt (S. 227, Abb. 4).

In der Nordgruppe waren in SD-Phase 7 zwei Männer mit Schere mindestens mit Spatha und Schild gerüstete: Der Mann in Grab 261 (S. 243, Abb. 28) verwahrte seine gut 20 cm lange Schere in der Tasche, während die Schere in Grab 246 zusammen mit dem Kamm (Abb. 100) bei den Speisen lag. In SD-Phase 8 lag die 23,6 cm lange Schere des 50-70jährigen Reiters aus Grab 333 ebenfalls bei den Speisen, wo üblicherweise auch die Kämme gefunden werden.

Zwei Männer mit einer Schere in ihrer Gürteltasche gehörten nur scheinbar nicht in die Gruppe der privilegierten Krieger. Eine 17 cm lange Schere steckte in der Tasche des 37-42jährigen Mannes in Grab 223 in SD-Phase 6, eine gut 18 cm lange Schere trug der 52-61jährige in Grab 170 in SD-Phase 7 zusammen mit einer Pinzette in der Tasche.

Bei dem Mann in Grab 223 wurden Sax und eine randlich stempelverzierte Tüllenaxt (S. 234, Abb. 18), bei einem 52-61jährigen in Grab 170 lediglich ein Sax, aber eine sehr qualitätvolle westliche Gürtelgarnitur (S. 334, Abb. 10) gefunden. Beide Männer lebten auf dem Herrenhof. Tüllenäxte mit symmetrischem Blatt und Endzacken sind eine typisch fränkische Form, die zwischen Seine und Rhein vorkommt[118] Einige Tüllenäxte weisen mit randlichem Stempeldekor auf besondere Schmiedequalität hin. In Elgg, Kt. Zürich, Grab 193 lässt sich trotz starker Störung nachweisen, dass die verzierte Tüllenaxt einem der vornehmsten, ursprünglich voll bewaffneten fränkischen Krieger der SD-Phase 7 gehörte[119]. Auch der Krieger von Elgg war mit einer Schere ausgestattet, wobei Renata Windler ausdrücklich darauf hinwies[120], dass Scheren im südwestdeutschen und schweizerischen Raum sonst kaum beigegeben wurden. Eine ältere Tüllenaxt ohne Endzacken, deren Dekor erst nach der Restaurierung zum Vorschein

kam[121], war in Lavoye Grab 191 in SD-Phase 5 alleinige Waffe. Zwischen Seine und Mosel war bereits in der ersten Hälfte des 6. Jahrhunderts nur noch eine reduzierte Waffenbeigabe üblich.

Teile der Ausstattungen in den Gräbern 223 und 170 kamen aus einer Gegend, wo es im 6. Jahrhundert nicht mehr üblich war, die Spatha ins Grab zu legen. Wir haben es offensichtlich auch hier am Elkersberg mit einer reduzierten Waffenbeigabe zu tun. Das heißt, es kamen in der Mitte und zweiten Hälfte des 6. Jahrhunderts vereinzelte Krieger aus anderen Teilen des Reiches als Gefolgsleute an den Oberrhein. Der fränkische Krieger und Träger des kostbaren Gürtels aus Grab 170 hatte sich ebenso wie eine Generation zuvor der Krieger mit der stempelverzierten Bartaxt in die Gefolgschaft eines Herren in Vogelstang eingegliedert.

Schwer zu beurteilen sind zwei weitere Männergräber am Westrand des Gräberfeldes in Vogelstang, im Bestattungsareal einer Bauern-*familia*. Grab 108 mit einem maturen oder senilen Mann ist nur teilweise geborgen und gehört vermutlich in SD-Phase 7. Im Kammergrab 288 eines 30-60jährigen Mannes der SD-Phase 7 wurde eine 17,3 cm lange Schere bei den Speisen vor der Ostwand gefunden. Es handelt sich hier ganz sicher nicht um den Hofbauern, denn der lag in SD-Phase 7 in dem großen Kammergrab 281. Andererseits spricht die Beisetzung in einer Kammer ebenso wie die Beigabe eines Glasgefäßes in Grab 288 für eine privilegierte Stellung, sodass davon auszugehen ist, dass sich auf dem Bauernhof ein zweiter Krieger aufhielt, was den oben zitierten Berechnungen von Heiko Steuer entspricht. Gerade Glasgeschirr befindet sich in Vogelstang auffallend häufig in den Händen von Kriegern.

Zwei Ausnahmen von der Regel, dass Scheren nur in Kriegergräbern zu finden seien, gibt es in Vogelstang.

Im Männergrab 290 lag eine Schere quer oberhalb vom Kopf, war also eindeutig ein Toilettgerät zur Haar- und eventuell auch Bartpflege. Bei dem mit einer Feinwaage ausgestatteten unbewaffneten Mann ist anzunehmen, dass er Händler oder Steuereintreiber war, und somit in einer den Kriegern vergleichbaren Position (s.u. S. 341 ff.).

In SD-Phase 9 wurde in Grab 185 am östlichen Friedhofsrand ein nur mit dem Sax bewaffneter 30-50jähriger Bogenschütze beigesetzt, bei dem die 19,5 cm lange Schere in einem eigenen, vernieteten Futteral steckte (S. 266 f., Abb. 73-74). Da Pfeil und Bogen in den merowingischen Gräbern nicht zu den Waffen gezählt werden, sondern als Jagdgerät gelten, folglich bei dem Mann aus Grab 185 die Jagd eine entscheidende Rolle spielte, könnte die in diesem Fall sogar in einem speziellen Futteral steckende Schere eher ein Arbeitsgerät darstellen.

4.6 Die modische und technologische Entwicklung der Kämme

Die Kämme der Merowingerzeit sind aus Hirschgeweih geschnitzt und Material bedingt dreilagig konstruiert. Da die Geweihstangen nur eine begrenzte Breite bei den Zinkenplättchen erlauben, benötigte ein Kammmacher mehrere Pättchen, die er zwischen zwei lange Leisten klemmte und vernietete, erst dann sägte er die Zähne, wobei die Sägeschnitte bis an die Leisten reichten. Kämme sind Erzeugnisse von Spezialisten. Sie wurden seriell angefertigt und waren dadurch Moden und technologischen Entwicklungen unterworfen. Zwar wurden einzelne Kammformen des 5. Jahrhunderts bereits eingehender untersucht[122] und zur Datierung herangezogen[123], doch wies erst Michel Petitjean 1995 auf die Zähnung als chronologisches Indiz hin. Eindrucksvoll zeigte Eva Stauch 2004 auf, dass die Kämme vor allem im 7. und 8. Jahrhundert ein wichtiges Hilfsmittel für die Datierung sind[124].

Die Feinheit der Zähnung ist ein besonderes Qualitätsmerkmal, vor allem aber zeitbedingt[125]. Um hier einen Vergleich anzustellen[126], werden die auf 2 cm Länge gezählten Zähne als Zähnungswert angegeben. Bei fast allen doppelreihigen Kämmen sind die beiden Zahnreihen unterschiedlich; auf der fein gezähnten Reihe wurden maximal 18 und mindestens acht Zähne auf 2 Zentimeter gezählt. Bei der gröber gezähnten Reihe sind es maximal 12 und mindestens 6, der Unterschied zwischen den beiden Werten ergibt die Zähnungsdifferenz. Sie hat für die Chronologie größere Relevanz als der Zähnungswert; die Zähnungsdifferenz liegt bei den ältesten am höchsten, bei den jüngsten tendiert sie gegen Null.

In Straßenheim „Aue" wurden in den 1930er Jahren 43 Kämme beobachtet, erhalten sind davon 20 doppelreihig gezähnte und vier einreihige Kämme. In den 1960er Jahren kamen nur doppelreihig gezähnte vor, zwei davon mit Futteral (Abb. 88). Die Kämme stammen aus den Gräbern von 17 Frauen, d. h. aus 50% aller Frauengräber, von sechs Männern, drei Mädchen und fünf Knaben sowie von fünf weiteren Personen deren Geschlecht oder Alter nicht näher zu bestimmen war. Somit enthielten 40% der untersuchten oder zerstörten Gräber einen Kamm, bzw. 50% aller Frauengräber, 40% aller Männergräber.

Kämme blieben von der antiken Beraubung verschont und wurden von den Ausgräbern des 19. Jahrhunderts meist übersehen. Daher wurde in dem zu über 90% beraubten Gräberfeld vom Elkersberg in Vogelstang den Kämmen besondere Aufmerksamkeit geschenkt. Dort liegen 248 Kämme vor, davon sind fünf keiner bestimmten Bestattung mehr zuzuordnen, d. h. bei 492 archäologisch akzeptierten Bestattungen erhielten 50% der Toten einen Kamm mit ins Grab. Die Kämme verteilen sich auf 109 Frauen, 71 Männer, eine jugendliche Person, 61 Kinder, darunter vier Jugendliche und sechs Säuglinge, d. h. 58% aller Frauen, 43% aller Männer, 49% der Kinder und 20% der Säuglinge waren mit dem Kamm ausgestattet. Von diesen 243 Käm-

Abb. 88: Straßenheim „Aue", Grab 71. Doppelreihiger Kamm im Futteral. M. 2:3.

men sind 17 Exemplare einreihig gezähnt, davon steckte eines in einem Futteral. Von 211 doppelreihig gezähnten Kämmen besaßen zehn ein Klappfutteral. In fünf Fällen lässt sich zwar ein Futteral, aber kein Kamm mehr nachweisen. Neun Kämme sind auf Grund ihres Erhaltungszustandes nicht näher zu beurteilen[127].

Wenn die Kämme wenig korrodiert sind, zeigen sich sehr deutlich die unterschiedlichen Gebrauchsspuren. Der frisch gesägte Kamm hat kantige Zähne, die Spitzen sind abgeschrägt. Durch Gebrauch entstehen zunächst winzige Kerben an den Kanten, dann schleifen sich die Kanten gänzlich ab und es bilden sich schließlich die typischen Ringe an den Zähnen. Ein oft verwendeter Kamm hat runde, stark gerillte, oft schon verkürzte Zähne. 25 Kämme vom Elkersberg waren fast neu, als sie ins Grab gelegt wurden. Sie zeigten noch keinerlei oder fast keine Gebrauchsspuren. Diese ungebrauchten Kämme tauchten relativ häufig in Kindergräbern auf, nämlich acht Mal; sie kommen außerdem in neun Frauengräbern und acht Männergräbern vor und fanden sich dabei sogar in Gräbern alter Personen[128]. Ein Kamm musste also von Zeit zu Zeit erneuert werden. Die Beigabe eines Kammes war in jedem Fall so wichtig, dass auch ein schon abhanden gekommenes Stück für die Beisetzung ersetzt werden musste. 30 Kämme waren viel oder lange in Gebrauch, die Zähne waren stark gerillt und völlig rund gerieben. Derartige Kämme fanden sich zu einem hohen Prozentsatz in Gräbern über 50jähriger Pesonen[129], erstaunlicherweise aber nicht nur in den Gräbern dieser Altersgruppe, sondern auch in den Gräbern kleiner[130] oder größerer Kinder[131]. Sogar zwei Säuglingen hatten die Eltern Kämme mitgegeben, deren Zähne bereits durch Gebrauch gerillt waren. Kindern wurde der Kamm folglich nicht mit ins Grab gelegt, weil er schon deren Eigentum war, sondern weil er als Grabbeigabe unerlässlich war. Dem Kamm kommt eine hohe symbolische Bedeutung zu.

4.6.1 Doppelreihige Kämme mit kantigen oder abgeschrägten Leisten

Nur zwei Kämme aus Straßenheim „Aue" haben nicht die bei merowingerzeitlichen Kämmen üblichen gewölbten Leisten, sondern kantige, bzw. kantig abgeschrägte Leisten; sie gehören in dem merowingerzeitlichen Gräberfeld zu den ältesten Fundstücken. (vgl. S. 91, Abb. 98; S. 92, Abb. 101)

4.6.2 Doppelreihige Kämme mit gewölbten Leisten

Die 201 eindeutig bestimmten doppelreihigen Kämme in Vogelstang stammen aus 85 Frauengräbern, 63 Männergräbern, 51 Kindergräbern; in letzteren befanden sich ein Jugendlicher, acht Knaben, 23 Mädchen, zwei Säuglinge. In zwei Frauen- und zwei Männergräbern wurden Fragmente gefunden, die von doppelreihigen Kämmen stammen könnten. 10 doppelreihige Kämme im Futteral und 4 Futteralfragmente stammen in Vogelstang ausschließlich aus Gräbern von Frauen[132] und Mädchen[133]. Mit SD-Phase 10 kamen diese Kamm-Futterale offensichtlich außer Gebrauch. Sie waren stets verziert, entweder mit Zirkelornament und Kreisaugen oder mit geradlinigem geometrischem Dekor.

124 doppelreihige Kämme sind soweit erhalten, dass sich ihre Längen bestimmen ließen. Mit 7,4 cm Länge den kleinsten Kamm enthielt das Knabengrab 6. Er war aber sicher nicht für den Knaben angefertigt, denn er war stark abgenutzt. Die junge Frau in Grab 222 besaß einen 8,5 cm langen Kamm (Abb. 92). Weitere 14 Kämme sind unter 10 cm lang. Mit 64 Exemplaren besonders häufig sind 10 bis 12 cm lange Kämme; über 12 cm lang sind 43 Kämme, davon 19 sogar über 14 cm lang. Der längste Kamm misst 17,7 cm (Abb. 97), er gehörte dem Mann aus Grab 413 in SD-Phase 10. Besonders große, über 15 cm lange Kämme, tauchten in den vier Männergräbern 1, 95, 213 und 413 auf sowie in den beiden Frauengräbern 181 und 283. Erstaunlicherweise wurde der 16,5 cm lange, und damit zweitgrößte doppelreihige Kamm jedoch in einem Mädchengrab gefunden; dieser Kamm in Grab 126 (Abb.100) war bereits häufig gebraucht und sicher nicht nur von dem erst dreijährigen Kind.

Um die Breite der doppelreihigen Kämme zu messen, genügte oft schon ein gut erhaltenes Zinkenplättchen, darum liegen die Maße der Kammbreite

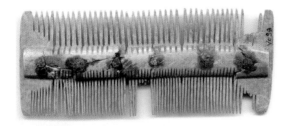

für 154 Kämme vor; die Kammbreite schwankt zwischen 3,6 und 6,5 cm. Die meisten Kämme – 123 Exemplare – sind zwischen 4 und 5 cm breit; über einen längeren Zeitraum korrespondierte die größere Breite mit einer größeren Länge, doch lässt sich das Längen-Breiten-Verhältnis auch chronologisch auswerten (vgl. Abb. 98).

99

In SD-Phase 5 sind unterschiedliche Kammgrößen zu beobachten. Der Kamm aus dem Männergrab 213 (S. 213, Abb. 17) fällt durch eine Länge von 15,1 cm bei einer Breite von 5 cm auf, während die anderen Kämme nur zwischen 10 und 11,2 cm lang sind. Die Datierung von Grab 213 ist aufgrund einer kleinen Schilddornschnalle, aber auch durch den Rillendekor auf dem Kamm selbst, gesichert. 5 cm breit ist in SD-Phase 5 noch das Fragment eines unverzierten Kammes aus dem Männergrab 230, sodass dort ebenfalls mit einem großen Kamm zu rechnen ist. In beiden Fällen handelt es sich um bewaffnete Männer in Kammergräbern; die ungewöhnliche Kammgröße hängt hier wohl mit einer privilegierten Stellung zusammen.

Abb. 89: Vogelstang. Kämme der SD-Phase 5   138
vom Zähnungs-Typ A in Grab 99 und Zähnungs-Typ B in Grab 138. M. 2:3.

In der zweiten Gruppe hat der 11,25 cm lange Kamm aus Grab 138 (Abb. 89) mit 4,75 cm auch die größte Breite, alle anderen schwanken zwischen 3,8 und 4,6 cm[134].

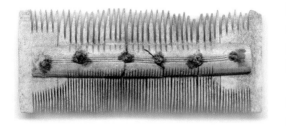

Abb. 90: Vogelstang, Grab 155. Kamm vom Zähnungs-
Typ A, auf den Leisten mittige Rillengruppe. M. 2:3.

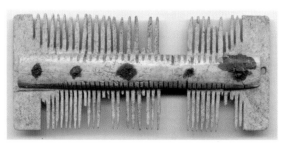

152B

Abb. 91: Vogelstang.
Grob gezähnte Kämme
der SD-Phase 5 aus
Frauengrab 152B und
Kinder-Doppelgrab 218.
Der einreihige Kamm
lag in einem Bronzebe-
cken und ist durch die
Patina verfärbt. M. 2:3.

218

Vier Kämme aus den Gräbern 99 (Abb. 89), 213, 230 und 155 (Abb. 90) fallen durch extrem feine Zähnung mit 17-18 Zähnen auf 2 cm und sehr hohe Differenz zwischen der feinen und groben Reihe auf (Zähnung Typ A). Es überwiegen die Kämme mit dem Zähnungswert 14-16 und einer Zähnungsdifferenz von 5-7 (Zähnung Typ B). Typisch für SD-Phase 5 sind am Elkersberg Kämme mit hoher Zähnungsdichte (Zähnung Typ A-C) und je einem längs laufenden Rillenbündel auf den Leisten, sie kommen vor in den Gräbern 31, 89, 122, 129, 148, 155 (Abb. 60), 209, 213, 283 vor. Am mittleren Neckar ist der Kammtyp bei einem sechzigjährigen Mann in Pleidelsheim Grab 42 mit einer für SD-Phase 3 typischen Ausstattung erstmals nachgewiesen [135]. In SD-Phase 4 ist er auch am Mittelrhein zu finden [136]. Für SD-Phase 5 sind die Kämme mit stark differierender feiner und grober Zähnung und einer Gruppe Längsrillen auf den gewölbten Leisten sowohl am mittleren Neckar [137] als auch in der Pfalz [138], in Rheinhessen [139] und im Rhein-Maingebiet [140] belegt. Kämme mit Rillen in zwei Gruppen parallel zu den Kanten treten sowohl in den Gräber 122 und 213 der SD-Phase 5 wie Grab 236 (Abb. 61) der SD-Phase 6 auf, sind aber anderwärts auch schon in SD-Phase 4 zu belegen [141].

Nicht durch seine Größe, aber durch die grobe Zähnung fällt der Kamm aus dem reichen Frauengrab 152B in SD-Phase 5 völlig aus dem Rahmen (Abb. 91). Seine Zähnungswerte mit geringer Zähnungsdifferenz, nämlich 10:8, passen zum Typ G, der erst ab SD-Phase 9 vorkommt. Es könnte eine Verwechslung auf dem Grabungsgelände oder im Museumsdepot passiert sein; der Aussagewert von Kämmen wurde lange Zeit als gering eingeschätzt. Die vornehme Frau wahrscheinlich langobardischer Herkunft in Grab 152B könnte sich aber auch eine Sonderanfertigung geleistet haben, mit einer Zähnungsdichte, wie sie es von den einreihigen langobardischen Kämmen kannte; denn Kämme mit extrem feiner Zähnung sind beim Gebrauch unangenehm, vor allem bei lockigem Haar. Einen Zähnungswert von 10 hatte der schlecht erhaltene, einreihige Kamm aus dem benachbarten Mädchengrab 153, einen Zähnungswert 9 der einreihige Kamm aus dem dahinter liegenden Kinderdoppelgrab 218.

222

199

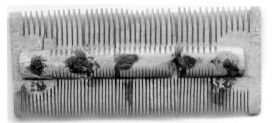

124

236

Abb. 92: Vogelstang. Kämme der SD-Phase 6. Zähnungs-Typ A in Grab 222, Zähnungs-Typ B in Grab 199, Zähnungs-Typ C in Grab 124 und 236. M. 2:3.

Abb. 93: Vogelstang, Kämme der SD-Phase 7. Zähnungs-Typ C in Grab 170, sowie vom Zähnungstyp E in Grab 172. M. 2:3.

170

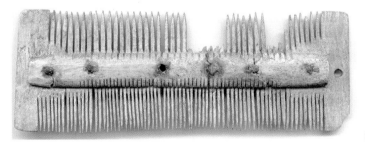

172

In SD-Phase 6 sind 12 Kämme messbar, abgesehen von einem kleinen nur 8,5 cm langen Kamm in Grab 222 (Abb. 92) sind die Kämme zwischen 9 und 11,5 cm lang [142]; diese Kämme sind zwischen 4 und 5 cm breit. Die Zähnungswerte liegen bei 14-16, die Zähnungsdifferenz zwischen 6 und 8 entsprechend dem Typ A-B. Bei einer kleineren Gruppe ist die Zähnungsdifferenz geringer und beträgt 4-6 entsprechend Typ C. Zwei Kämme sind mit 11,7 cm geringfügig länger, davon ist der aus dem Frauengrab 225 unverziert, während bei dem Kamm aus Männergrab 236 die Leisten verziert sind durch Querrillen an den Enden und zwei längs laufende Doppelrillen (Abb. 92).

In SD-Phase 7 (Abb. 93) ist bei 16 Kämmen die Größe messbar, bei weiteren sieben ist die Zähnungsdichte bekannt. Die Längen schwanken überwiegend zwischen 9 und 12 cm und die Breiten zwischen 4,1 und 4,8 cm. [143] Die Kämme aus den Gräbern 3, 132, 172A und 229 sind zwischen 13 und 14 cm lang und etwa 4,5 bis 5 cm breit. Die Zähnungsdichte liegt in SD-Phase 7 überwiegend zwischen 14 und 16, die Differenz bei 6 und 7, sie kennzeichnet den Typ B [144], während bei Typ C die Differenz 5 beträgt. [145] Neu in SD-Phase 7 ist der Kammtyp E mit dem Zähnungswert 12 in Grab 172 (Abb. 93); durch die geringere Zähnungsdichte der feinen Reihe schwindet die Differenz, es sind nur noch 3-5 Zähne Unterschied. [146] Bei den Kämmen Typ E sind alle Größen vertreten.

Verziert ist der relativ kleine, 9,7 cm lange Kamm vom Typ C aus Grab 171 durch drei quer liegende Rillenbündel, das nur 9,2 cm lange Exemplar vom Typ E aus Grab 235 (S. 244, Abb. 31) durch Längsrillen; der längere Kamm aus Grab 43 sowie das Fragment aus Grab 431 zeigen Fischgrät-Muster. Bei dem 10,6 cm langen Kamm vom Typ B aus Grab 164 fällt eine leicht gebogene Seite auf, wie sie ähnlich bei einem Kamm in Grab 87 in SD-Phase 8 noch einmal vorkommt.

In SD-Phase 8 (Abb. 94) ist die Größe von 21 doppelreihigen Kämmen messbar, bei sechs weiteren ist die Zähnungsdichte bekannt. Auffallend ist die große Spannweite der Kammlängen. Bei zehn Kämmen schwankt die Länge zwischen 9,3 und 11,3 cm und die Breite zwischen 4,2 und 4,95 cm; drei dieser kleinen Kämme aus den Gräbern 101, 243, 284 295 haben einen Zähnungswert wie bei den älteren Kämmen der Zähnungs-Typen A-C. Sehr fein gezähnte Kämme, deren Größe nicht bekannt ist, stammen aus den Gräbern 87, 144, 303, 350, 359. Bei den übrigen kleinen Kämmen der Gräber 112, 133, 141, 241, 327 und 339 liegt der Zähnungswert zwischen 12 und 14 und die Differenz bei 4-5, entsprechend den Typen D und E. Sechs der insgesamt zehn kleinen Kämme stammen aus Kindergräbern.

Eine zweite Gruppe [147] ist wesentlich größer, bei einer Länge zwischen 12 cm und 14 cm und einer Breite zwischen 4,4 und 5,4 cm. Der Zähnungswert liegt zwischen 10 und 13, bei einer Differenz von 2-4 und entspricht den Zähnungs-Typen E-F. Schlichten Dekor durch Querrillen an den Enden weisen der Kamm aus Grab 75B (Abb. 94) und ein Fragment aus Grab 55 auf.

Zwei Kämme vom Zähnungs-Typ E, d. h. mit Zähnungswert 13 und Zähnungsdifferenz 4, sind mit 15-16 cm Länge und 5,8 cm Breite auffallend groß (Abb. 94). Davon ist der Kamm aus dem Frauengrab 181 unverziert, während auf dem großen Kamm aus dem Mädchengrab 139 auf einer Seite zwei im Fischgrätmuster verzierte Leisten vernietet sind und auf der Gegenseite eine mit Rillen und Kreisaugen verzierte Leiste. Der Kamm vom Typ F aus Frauengrab 322 ist nicht vollständig erhalten, doch allein die Breite von 6,5 cm deutet an, dass es sich um ein außergewöhnlich großes Exemplar handelte. Verziert sind die Leisten durch Längs- und Querrillen sowie die erhaltene Seitenplatte durch Kreisaugen.

In SD-Phase 9 (Abb. 95) liegen in Vogelstang die Maße von 30 Kämmen vor. Wenige Kämme haben noch einen hohen Zähnungswert [148], meist schwanken die Werte zwischen 10 und 12, und die Differenzen von 2 bis 4 wie bei Typ E, F oder G. Außer den ca. 14 cm langen Exemplaren aus dem Frauengrab 428 sind die noch relativ fein gezähnten Kämme vom Typ E kurz, zwischen 9,6 und 11,5 cm lang [149]. Kürzere Kämme mit 10-11,4 cm Länge, gibt es ebenso bei den grob gezähnten Kämmen mit größerer Zähnungsdifferenz vom Typ F in den Gräbern 17B, 437 und 440, bzw. mit geringer Zähnungsdifferenz entsprechend Typ G in den Gräbern 70, 94, 312, 330. Seltener sind große Kämme. 13,5-14,5 cm lange Kämme kommen beim Typ F in den Gräbern 64, 266 und 426 vor und vom Typ G in den Gräbern 115, 301 und 329. Die Kammbreiten liegen zwischen 4,6 cm und 5,5 cm, die längeren sind vielfach auch die breiteren. Außer Querrillen an den Enden auf dem Kamm aus Grab 17B (Abb. 95) sind die Kämme unverziert.

In SD-Phase 10 (Abb. 96) schwanken die Kammgrößen zwischen 9 und 16 cm Länge sowie zwischen 4 und 5,5 cm Breite, die Kämme erreichen extreme Werte und werden schlanker. Außer dem 9 cm kurzen Kamm von mittlerer Breite aus dem Kindergrab 423 gibt es sieben kleinere, 10-11,2 cm lange Kämme [150]. Fünf Kämme sind 13,5 bis 15 cm groß [151]; noch länger ist der Kamm aus Grab 95 mit 15,9 cm.

Einige Kämme der SD-Phase 10 zeigen noch eine relativ feine Zähnung, allerdings bei geringer Differenz zwischen den beiden Zahnreihen, entsprechend Typ E [152]. Etwas häufiger treten Kämme vom Typ F mit grober Zähnung und einer Zähnungsdifferenz von 3-4 auf [153]. Es überwiegen die grob gezähnten Kämme mit Zähnungswerten von 10 bis 11 und Zähnungsdifferenzen von 1-2, d. h. die Kämme vom Typ G [154]. Zähnungswerte unter 10 bei Zähnungsdifferenzen zwischen 1 und 3 kennzeichnen den Kammtyp H, der mit Grab 308 erstmals in SD-Phase 9 auftrat, aber erst ab SD-Phase 10 mehrmals vorkommt, nämlich in den Vogelstang Gräbern 63, 250, 413, 425.

Auffallend groß ist der Kamm aus Grab 413 mit 17,7 cm Länge und 6,1 cm Breite. Er weist wie Typ H einen Zähnungswert von 9 bei ganz geringer Differenz auf und ist außergewöhnlich reich verziert (Abb. 97). Über den Doppelleisten der einen Seiten liegt ein Fischgrätmuster mit Kreisaugen entlang den äußeren Kanten, auf der breiten Leiste der anderen Seite sind in einem gerahmten Mittelfeld einfache Zirkelbögen ineinander geschoben und in die äußeren Zwickel Kreisaugen eingefügt. Sonst beschränkt sich der Dekor in SD-Phase 10 auf ein paar Querrillen an den Enden wie am Kamm Typ G im Kindergrab 367.

Abb. 94: Vogelstang. Kämme der SD-Phase 8. Zähnungs-Typ E in Grab 133, 139 und Grab 181, Typ D in Grab 112, Typ F in Grab 75B. M. 2:3.

133

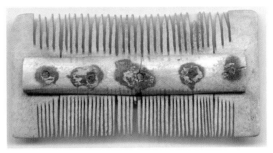

112

75B

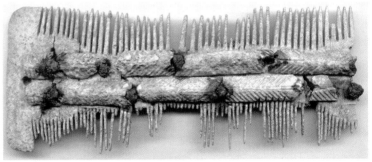

139

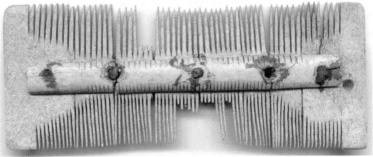

181

165

17B

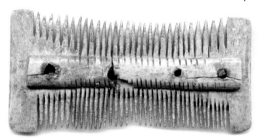

94

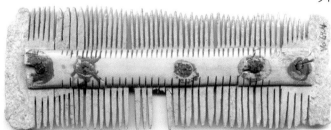

64

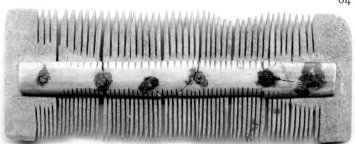

115

Abb. 95: Vogelstang. Kämme der SD-Phase 9. Zähnungs-Typ E in Grab 165, Typ F in Grab 17B und 64, Typ G in Grab 94 und 115. M. 2:3.

In SD-Phase 11 schwankt die Länge der Kämme zwischen 10,55 cm bei Typ E in Grab 80 und 15 cm bei Typ H in Grab 1 und die Breite zwischen 3,8 und 5,2 cm, die meisten Kämme sind zwischen 4 und 5 cm breit. In der Graphik (Abb. 98) sind die relativ schmalen Kämme der SD-Phase 11 gut erkennbar. In der letzten Belegungsphase SD-Phase 11 sind fast alle Zähnungsarten vertreten, von den feiner gezähnten jedoch nur der Kamm Typ C aus Grab 149 (Abb. 99). Ab Zähnungs-Typ E sind dann jeweils mehrere Exemplare vorhanden [155].

Neu tritt in SD-Phase 11 Kammtyp J auf, bei dem keine Zähnungsdifferenz mehr feststellbar ist; seine Zähnungswerte liegen zwischen 12 und 8. Kämme ohne Zähnungsdifferenz sind in Vogelstang Grab 4 (Abb.99), 85A, 163, 366 und 390 sowie in Seckenheim-Hochstätt Grab 1 zu finden.

Unter den grob gezähnten Kämmen Typ G fällt das Fragment aus Grab 404 (Abb. 99) mit Zähnungswerten 11:9 wegen einer dreieckig vorspringenden Seitenplatte heraus. Es gehört einer Gruppe von Kämmen an, die Eva Stauch in ihrer Kammgruppe 9 unter Typ Wenigumstadt zusammenstellte [156]. Dieser durch eine dreieckige Seitenplatte charakterisierten spätmerowingischen Kammgruppe ist außerdem der sehr schmale Kamm aus Seckenheim-Hochstätt Grab 9 mit einem Zähnungswerte von 12:8 zuzuweisen; er dürfte noch etwas jünger sein als der Kamm vom Elkersberg. Die späte Zeitstellung dieser Kämme unterstreicht ein Vorkommen in dem gemauerten Grab 248 vom Hermsheimer Bösfeld.

4.6.3 Einreihige Kämme (Abb. 100)

Einreihige Kämme besaßen am Elkersberg in Vogelstang sechs Frauen, fünf Kinder, d. h. sowohl Knaben- wie Mädchen, und vier Männer. Nicht bestimmt ist die Person aus Grab 255A.

Abgesehen von dem mit 11,1 cm sehr kurzen Exemplar aus dem Säuglingsgrab 129 (S. 299, Abb. 14) schwankt die Länge der einreihigen Kämme zwischen 12,7 cm im Knabengrab 226 der SD-Phase 8 und 19,1 cm im Frauengrab 323 der SD-Phase 11 (Abb. 100). Wenige einreihige Kämme sind fein ge-

zähnt, sie haben einen Zähnungswert von 12, d. h.
12 Zähne auf 2 cm, wie die beiden Kämme aus Grab
246 in SD-Phase 7 und Grab 226 in SD-Phase 8. Einen
Zähnungswert von 10 haben vier Kämme, von denen
einer aus dem Mädchengrab 153 der SD-Phase 5
stammt, die anderen aber wesentlich jünger sind,
nämlich in Grab 126 der SD-Phase 9 sowie in Grab
240 und Grab 432A der SD-Phase 11. Von den beiden Kämmen mit dem Zähnungswert 9 stammt
einer aus dem Kindergrab 218 der SD-Phase 5, der
andere aus dem Männergrab 429 der SD-Phase 8.
Die grob gezähnten Kämme mit einem Zähnungswert von 8 stammen alle aus der jüngeren Merowingerzeit. Der älteste und größte fand sich im Frauengrab 335 (Abb. 100) der SD-Phase 8; die Gräber 14,
85 (Abb. 100), 427 (S. 278, Abb. 93) und 442 sind
in SD-Phase 10 und Grab 255A und Grab 323 in
SD-Phase 11 zu datieren. Von den Kämmen in Grab
429 und 442 sind die Fragmente zu klein, um deren
Form näher beurteilen zu können.

Relativ kurze, aber breite, reich mit Zirkelornament
verzierte Leisten mit geknickter Rückenlinie sind charakteristisch für einen weit verbreiteten Kammtyp der
Mitte des 6. Jahrhundert. Ein kleiner Fortsatz am Rücken erleichtert es, den kurzen Kamm aus dem
stets zugehörigen ebenfalls reich verzierten Futteral zu ziehen[157]. Am Elkersberg in Vogelstang wurde
dieser kostbare 11 cm lange Kamm im Futteral in Grab
129 einem Säugling mitgegeben (S. 299, Abb. 14).
Eine zweite markante Gruppe sind die schmalen
Kämme mit endständiger Griffplatte und bis an den
Rand gezähntem vorderem Ende, wobei die Zahn-
reihe nach außen hochgezogen ist. Bei dem Kamm
aus einem Grab vom 25.2.1935 in Straßenheim
„Aue" ist die Griffplatte abgebrochen. Die Exemplare
mit dem Zähnungswert 12 aus Grab 246 der SD-
Phase 7 (Abb. 100) und dem etwas schlechter erhaltenen, aber ähnlichen Stück in Grab 226 der SD-
Phase 8 sind wie das Straßenheimer Exemplar durch
Rillen reich verziert. Die drei Kämme gehören zu den
ältesten Vorkommen mit endständiger Griffplatte,
sie sind in der Form gedrungener als die schmalen
langen spätmerowingischen Exemplare[158].

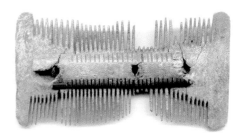

423

353

62

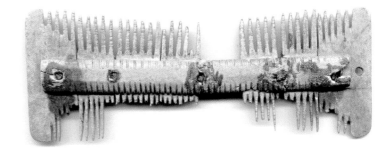

358

95

Abb. 96: Vogelstang, Kämme der SD-Phase 10. Zähnungs-Typ E in Grab 423, Typ F in Grab 353, Typ G in
Grab 62 und Grab 95, Typ H in Grab 358. M. 2:3.

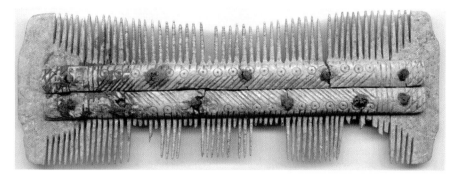

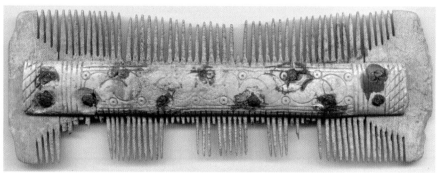

Abb. 98: Kammgrößen

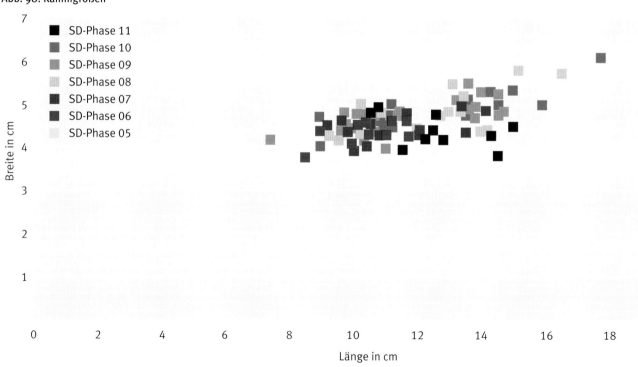

■ SD-Phase 11
■ SD-Phase 10
■ SD-Phase 09
■ SD-Phase 08
■ SD-Phase 07
■ SD-Phase 06
■ SD-Phase 05

Breite in cm

Länge in cm

Die Kämme mit leicht gebogenen bis schmal-giebel-förmigen Leisten lassen sich zwar aufgrund unterschiedlicher Längen in zwei Gruppen gliedern, doch ist das chronologisch nur teilweise relevant. Von den 16-19 cm langen einreihigen Kämmen gehören die Exemplare aus den Kindergräber 153 und 218 (Abb. 91) vom Elkersberg in SD-Phase 5. In Grab 153 sind die langen Leisten mit gebogener Rückenlinie flächig mit Zirkelornament verziert (S. 306, Abb. 23). In Grab 218 trägt der 18,4 cm lange, grob gezähnte Kamm auf jeder Seite eine breite und eine sehr schmale, jeweils verzierte Leiste. Da die Kindergrä-

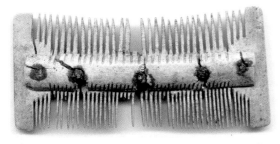

80

348

307

305

404

4

ber im Umkreis der reichen Hofherrin aus Grab 152 lagen, hängen die großen einreihigen Kämme in diesem Fall sicher mit der Herkunft der Familie zusammen. Langobarden bevorzugten im 6. Jahrhundert die einreihige Kammform [159].

Dann kommen einreihige Kämme mit geknickter Rückenlinie erst in der jüngeren Merowingerzeit wieder zahlreicher vor. Unverziert blieb in SD-Phase 8 der 16,8 cm lange einreihige Kamm mit geknickter Rückenlinie aus Vogelstang Grab 335 (Abb. 100). In SD-Phase 9 zeichnen einfacher Rillendekor auf den Griffleisten und Kreuzschraffur am Rücken den feiner gezähnten 16,5 cm langen Kamm aus Vogelstang Grab 126 aus (Abb. 100). Der Kamm aus Feudenheim Grab 15 ist durch geradlinige Rillen und Kreisaugen flächig verziert und in SD-Phase 11 der 19,1 cm lange Kamm aus Vogelstang Grab 323 durch längslaufende Rillengruppen (Abb. 100). Ähnlichen Dekor trug wohl auch der nur als Fragment erhaltene

Kamm aus Vogelstang Grab 326 in SD-Phase 8.

Kürzere, nicht mehr als 14,2 cm lange Kämme mit geknickter Rückenlinie treten ab SD-Phase 10 auf. Grob mit Rillen und Kreisaugen verziert ist ein Exemplar aus Grab 432A in SD-Phase 11, hier schließen Leisten und Zinkenplättchen am Rücken deckungsgleich. Bei den grob gezähnten einreihigen Kämmen der SD-Phase 10 in den Gräbern 85 (Abb. 100) und 427 (S. 278, Abb. 93) ragen die Zinkenplättchen am Rücken über die mit Rillen an den Enden verzierten gewölbten Leisten hinaus. Auch bei den beiden 13-14 cm langen Kämmen der SD-Phase 11 aus Grab 240 und Grab 255A stehen die mittleren Zinkenplatten vor; zusätzlich sind hier die Eckplatten hervorgehoben.

Abb. 99: Vogelstang. Kämme der SD-Phase 11. Zähnungstyp E in Grab 80, Typ G in Grab 307, 348 und 404, Typ H in Grab 305, Typ J in Grab 4. M. 2:3.

246

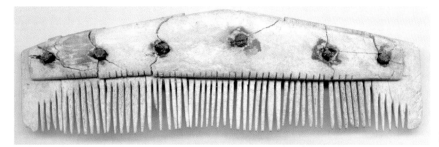

335

126

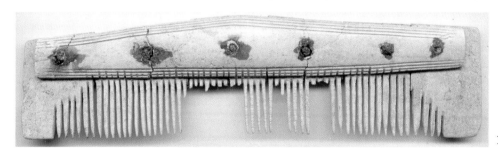

85

323

240

Abb. 100: Vogelstang,
einreihig gezähnte
Kämme der jüngeren
Merowingerzeit. Grab
246 – SD-Phase 7; Grab
335 – SD-Phase 8; Grab
126 – SD-Phase 9; Grab
85 – SD-Phase 10;
Gräber 323, 240, 253 –
SD-Phase 11.

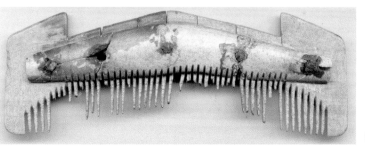

253

4.7 Keramik – eine gut datierbare Quelle für die Siedlungs- und Wirtschaftsgeschichte

Aus dem merowingerzeitlichen Gräberfeld von Feudenheim wurden 39 Keramikgefäße geborgen, die Hälfte davon ist noch erhalten.

Am Hohen Weg in Sandhofen kamen 72 Keramikgefäße in 69 von 235 Bestattungen zu Tage. In 50 weiteren Gräbern sind zwar Keramikscherben in der Grabungsdokumentation erwähnt, doch handelt es sich oft um älteres Siedlungsmaterial, das in die Grubeneinfüllung geriet. In ca. 40% der Gräber ist mit einer Keramikbeigabe zu rechnen.

In Straßenheim Aue enthielten 39% der in den 1930er Jahren geborgenen Grabkomplexe Keramikgefäße, vorhanden sind davon jedoch nur noch wenige Stücke. In den 1960er Jahren wurde Keramik in 36% der Gräber gefunden; sechs Gräber enthielten zwei oder drei Gefäße.

In der Mitte des 19. Jahrhunderts wurde aus etwa 80 Gräbern am Römerbuckel, heute Elkersberg in Vogelstang, Gefäße entnommen. Von den 1965-1968 freigelegten Gräber enthielten noch 148 Bestattungen mindestens eine Keramikbeigabe. Für die Datierung der in antiker Zeit beraubten Gräber ist die Keramik, neben Perlen und Kämmen die umfangreichste Quellengattung. Mit handgeformter Kermik waren in Vogelstang acht Frauen, fünf Kinder, zwei Säuglinge und ein Mann ausgestattet. Scheibengedrehte Ware fand sich dort in 49 Frauengräbern, 41 Männergräbern, 30 Kindergräbern und sieben Säuglingsgräbern. Keinerlei Keramik, aber doch ein Gefäß aus Glas erhielten am Elkersberg in Vogelstang zehn Frauen, drei Männer, drei Kinder und ein Säugling.

In den Mannheimer Gräberfeldern verwendete die erste beigesetzte Generation überwiegend handgeformte Keramik. Unverziert waren flache kalottenförmige Teller, wie in Straßenheim Grab 25 (Abb.101) und 48, grobwandige Näpfe oder Kümpfe (Abb. 102) wie in Vogelstang Grab 24, 123, 151, 290, Straßenheim Grab 80 (S. 95, Abb. 104,14) und Sandhofen Grab 146, 153 (S. 44, Abb. 14) und auch grobwandige Töpfe (Abb. 102) wie in Vogelstang Gräber 105 und 222 sowie Sandhofen Grab 152.

Glattwandige Töpfe sind durch Riefen, Kerben oder Stempel verziert, zum Teil weisen sie auch plastischen Dekor auf. Diese Keramk liegt aus Sandhofen Grab 80, 129 (S. 43, Abb. 13) und 112, mehrfach aus Straßenheim (S. 91, Abb. 97: Grab 13, 28, 58, 66, 71) und Vogelstang vor (vgl. S. 196 ff.,

Abb. 101: Straßenheim „Aue". Handgeformte Schale Grab 25; scheibengedrehte Schale aus Grab 45 der SD-Phase 5.

Abb. 3; 8; 16; 19; 20; 22)[160]. Nur in Grab 147 (S. 239, Abb. 22) wurde ein solcher Topf erst quasi als Erinnerungsstück viel später ins Grab gestellt.

Die ältesten Gefäße liegen aus Straßenheim „Aue" vor. So ist Grab 66 noch in SD-Phase 4 zu datieren. Der doppelkonische Topf mit einziehender Oberwand (S. 91, Abb. 97,3) imitiert scheibengedrehte Keramik, die in SD-Phase 4 in Rheinhessen und am nördlichen Oberrhein nämlich in Lampertheim-Hofheim Grab 2[161] vorkommen und sogar in Straßenheim Grab 80 (S. 95, Abb. 104,15) gefunden wurde.[162]

Der doppelkonische Topf aus Vogelstang Grab 122 (S. 218, Abb. 22) zeigt mit schraffierter Ober- und Unterwand sowie Kerben am Umbruch Zierelemente, die auf den gleichen langobardischen Einfluss aus Böhmen und Mähren hinweisen, der bereits für die gut vergleichbaren handgeformten Gefäße zwischen Tauber und Jagst[163] nachgewiesen wurde.[164] Auch beutelförmige engmundige Becher und Töpfe mit Riefenbündeln wie in Vogelstang Grab 152B (S. 207, Abb. 11) und Bösfeld Grab 148 haben langobardische Wurzeln.

Stempeldekor, der die handgeformte Ware am Oberrhein häufig auszeichnet, z. B. in Straßenheim Grab 13 und 71 (S. 91, Abb. 97,3) und Sandhofen Grab 112 (Abb. 102) ist im elbgermanischen, bzw. östlichmerowingischen Kulturkreis der Thüringer und Langobarden fremd. Hier sind nordseegermanische, auch angelsächsische Einflüsse wahrscheinlicher.[165] Dies

trifft ebenso für die „hallow-necked biconical bowls" zu, deren eingeschwungene Oberwand durch eine Welle in dreieckige Flächen gegliedert und flächig punktverziert ist. Drei Gefäße, von gleicher Hand getöpfert und verziert wurden in Vogelstang Grab 31, 218 und Straßenheim Grab 14 gefunden (S. 196, Abb. 3). Die Vorbilder für diese Ware, die mit Riefen, Stempeln auf Ober- wie Unterwand verziert sein kann, auch plastischen Dekor trägt, brachten Leute mit, die aus den Küstengebieten des fränkischen Reiches kamen. So erstaunt es nicht mehr, wenn zu einem Topf aus Straßenheim Grab 57 und einem ähnlichen Stück in Feudenheim (S. 37, Abb. 7), die besten Parallelen unter der Keramik vom „type saxon" an der Kanalküste auftauchen.[166]

Feintonige rotgestrichene Schalen oder Teller aus Töpfereien, die in römischer Tradition arbeiteten, und scheibengedrehte gelbtonige rauhwandige Gefäße nach Mayener Art gelangten schon im frühen 6. Jahrhundert an den Mittel-, und bald auch an den nördlichen Oberrhein. Vor allem in SD-Phase 5 ist diese Ware im Rhein-Neckarraum zu finden. Rotgestrichene Schalen mit steilem Rand wurden in Feudenheim, Hermsheimer Bösfeld Grab 1003, Straßenheim Grab 53 und 57 (S. 89, Abb. 93) sowie in Vogelstang Grab 152B gefunden. Niedrige rauhwandige gelbtonige Schalen mit einziehendem Rand vom Typ Gellep 168 in Nachfolge vom Typ Alzey 29 liegen vor aus Sandhofen Grab 155, Straßenheim Grab 45 (Abb. 101), Vogelstang Grab 220 und 264. Die Schalen mit Wulstrand, die als späte Nachfolger des Typs Alzey 29 gelten, sind durch Vogelstang Grab 96 (S. 226, Abb. 3) zwar schon für SD-Phase 6 nachgewiesen, treten aber wohl mehr im 7. Jahrhundert auf. Dem Straßenheimer Exemplar entspricht ein Vorkommen aus Niedernberg, das zusammen mit dem Beschlagteil einer Vielteiligen Gürtelgarnitur gefunden wurde.[167]

In SD-Phase 6 ist scheibengedrehte Keramik wieder allgemein zugänglich, charakteristisch sind sehr breite, offene Töpfe mit ausbiegendem Rand und gratigem Halswulst aus fein geschlämmtem, wenig gemagertem, teils blättrig porösem Ton, seltener aus feinsandigem oder auch grobem, porösem Ton (Abb. 103). Diese Gefäße sind dunkel bis schwarz von

Abb. 102: Typische handgeformte Keramik der SD-Phase 5. 1-4 Vogelstang. 1-2 Grab 105, 3 Grab 222, 4 Grab 24. 5 Sandhofen, am Hohen Weg, Grab 112. M. 1:4.

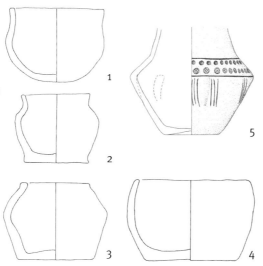

grauer und brauner Tönung. In Vogelstang sind sehr breite, offene Töpfe mit hoher Unterwand in den Gräbern 8, 236 und 259 zu finden, aber häufiger mit etwa gleich hoher oder etwas niedrigerer Unterwand zu beobachten.[168] Von den sehr breiten offenen Töpfen ist ein Exemplar mit Grab 129 in SD-Phase 5 und ein Topf mit Grab 359 in SD-Phase 8 zu datieren. In Sandhofen sind sie vorzugsweise durch Rillen verziert, in Vogelstang kommt Rillendekor seltener vor, auf Töpfen aus Grab 191 und 264 sowie einem Becher aus Grab 249 (Abb. 103). Drehrillen können die verzierte Partie auf der Oberwand rahmen, zum Beispiel

den Stempeldekor auf einem sehr breiten, weitmundigen Topf mit hoher Unterwand in Grab 107 (S. 229, Abb. 6). Wie in Sandhofen sind auch in Vogelstang Wellenbänder[169] häufiger zu beobachten; ebenso sind sehr breite offene Töpfe in Straßenheim „Aue" und Vogelstang mit Kleinrechteckrollrädchen verziert.[170] Wellenbänder und Rollrädchendekor können auch kombiniert sein.

In SD-Phase 6 treten die ersten Tüllenausgusskannen auf (Abb. 104). In Vogelstang Grab 224 stand eine rauhwandige Kanne mit geknickter Schulter, in

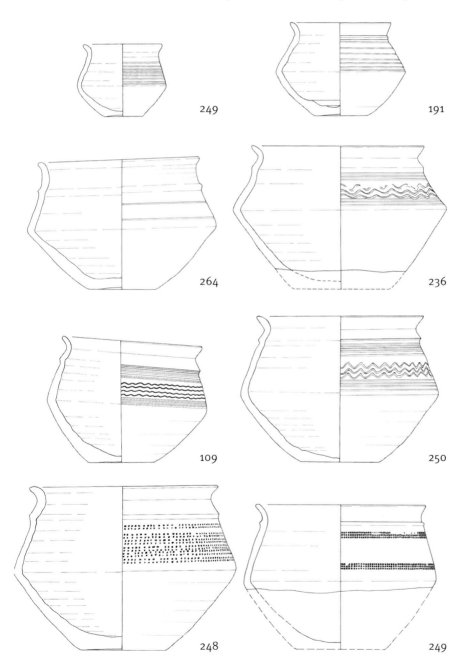

249

191

264

236

109

250

248

249

Abb. 103: Vogelstang. Typische scheibengedrehte Keramik der SD-Phase 6: Becher aus Grab 191 und 249, Töpfe aus den Gräbern 109, 236, 248, 249, 250, 264. M. 1:4.

Grab 199 eine kugelige Kanne. Die Besitzer dieser beiden Kannen stammen vom Herrenhof. Zur reichen Gefäßausstattung der Herrin eines zweiten großen Hofes gehörte die dreihenklige Tüllenausgusskanne in Grab 96 (S. 226, Abb. 3). Im Besitz dieser zweiten wohlhabenden Familie war auch der Topf aus Grab 46, der zwar einen Tüllenausguss, aber keinen Henkel aufwies.

Abb. 104: Vogelstang. Die ältesten Tüllenausgusskannen aus Grab 199 und 224, SD-Phase 6. M. 1:4.

In SD-Phase 7 (Abb. 105) kommen in Vogelstang sehr breite, weitmundige Töpfe mit hoher Unterwand und abgesetztem ausbiegendem Rand vor.[171] Diese weitmundigen Töpfe sind ein wenig geschlossener als die typischen breiten offenen Töpfe in SD-Phase 6, während der breite weitmundige Topf in SD-Phase 6 erst einmal mit Grab 107 auftritt. In SD-Phase 7 werden die breiten, weitmundigen Töpfe mit etwa gleich hoher Ober- und Unterwand aus Vogelstang 182, 211 und 285 datiert. Von den breiten, bauchig-doppelkonischen, engmundigen Töpfen mit höherer Unterwand ist einer mit Rillendekor in Grab 179 in SD-Phase 7 zu datieren. Stempeldekor

findet sich in Vogelstang Grab 175 und 251, Zierrollrädchen in Grab 285 und Rechteckrollrädchen in den Gräbern 171, 182, 211. Eindruckrollstempel tauchen in Kindergrab 37 und 207 am Übergang von SD-Phase 7 zu 8 auf.

Breite, bauchig-doppelkonische, engmundige Töpfe mit höherer Unterwand sind mit Vogelstang Grab 171 sowie zwei Exemplaren in Grab 179 in SD-Phase 7, aber mit Grab 100 und Grab 318 auch in SD-Phase 8 zu finden.

Bauchige Tüllenausgusskannen (Abb. 106) kommen in den Gräbern 22, 161, 255 vor. Sie sind in SD-Phase 7 auf drei verschiedene Familiengruppen verteilt; nur in der Familie des Bauernhofes sind weiterhin keine Kannen nachzuweisen.

Viele Gräber der SD-Phase 8 wurden bereits vom Altertumsverein 1860-62 ausgeräumt, sodass die Keramik dieser Periode schlecht vertreten ist (Abb. 107). Langlebig sind in Höhe zu Breite ausgewogene, weitmundige Töpfe mit hoher Unterwand, die in SD-Phase 7 erstmals auftreten und zwar in Vogelstang Gräber 173 und 430, dann häufiger in SD-Phase 8 (Abb. 107)[172] und mit Grab 53 vereinzelt noch in SD-Phase 9 vorkommen.

Der breite, bauchig-doppelkonische, engmundige Topf aus Vogelstang Grab 100 ist verziert mit Rillen und Wellenbändern. Die Töpfe in SD-Phase 8 sind verziert mit Rechteckrollrädchen in Vogelstang Grab 112 und 438 oder Zierrollrädchen in Vogelstang Grab 101 und 241. Der sehr große Topf aus Grab 58 ist flächig stempelverziert und zeigt bereits eine für SD-Phase 9 typische Wulstgliederung (S. 250, Abb. 41).

Die doppelkonischen Tüllenausgusskannen der SD-Phase 8 in Vogelstang Grab 133 (Abb. 107) und 141 haben hoch sitzende Schultern und über 5 cm lange Tüllen, kugelig ist die aus Grab 322 (Abb. 107). Verziert sind sie mit dem Zierrollrädchen oder Rechteckrollrädchen. Mit der Kanne aus Grab 279 (S. 265, Abb. 70) kommt diese Keramikform nun auch auf dem Bauernhof vor.

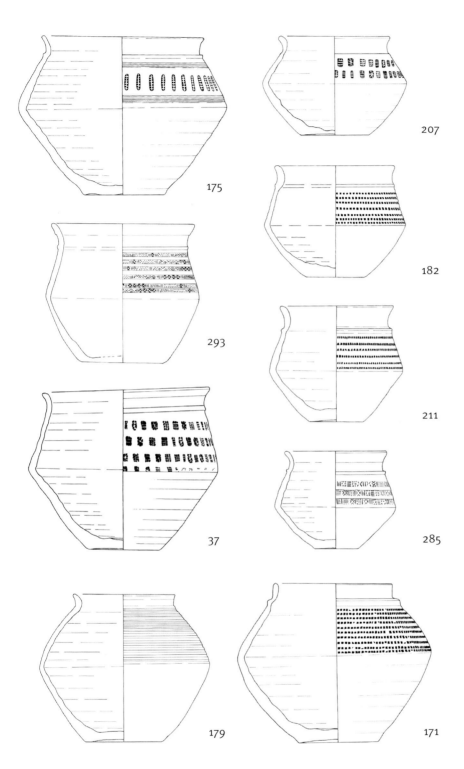

Abb. 105: Vogelstang.
Typische Töpfe der SD-
Phase 7-8 aus Vogel-
stang Gräber 37, 171,
175, 179, 182, 207, 211,
285, 325. M. 1:4.

207

175

182

293

211

37

285

179

171

In SD-Phase 9 fällt vor allem die Beigabe extrem großer Gefäße auf, und zwar sowohl bei der rauwandi-
gen wie auch glattwandigen Ware. Bei der feintonigen, verzierten Keramik (Abb. 108) sind in SD-Phase
9 breite, weitmundige Töpfe mit hoher bauchiger Unterwand zu finden[173] und ebenso hohe, engmundige

Töpfe mit etwas höherer Unterwand,[174] von denen das
Exemplar aus Grab 355 auch jünger sein kann.
Hohe, engmundige Töpfe mit niedriger Unterwand
kommen gleich häufig in SD-Phase 9 mit Vogelstang
Grab 143 und Grab 145 sowie in SD-Phase 10 mit den
Gräbern 276 und 412 vor. Vergleichbare Gefäße lie-

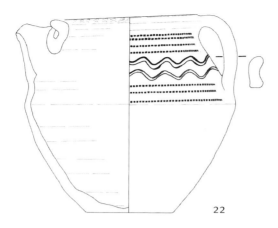

22

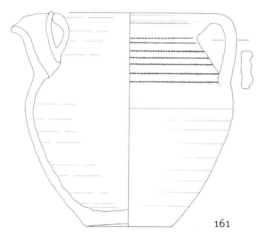

161

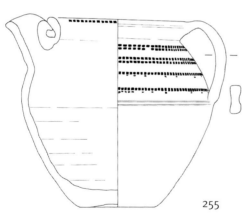

255

bern 115 und Grab 190 (S. 320, Abb. 42). Erstmals tritt der nach oben offene Bogenstempel auf, in Vogelstang auf einem Topf in Grab 6, auf einem niedrigen, schalenartigen Topf in Grab 40. Rechteckrollrädchen mit Bogen- und Rechteckstempeln sind in Vogelstang Grab 145 kombiniert. Der oben offene Bogenstempel kommt auch in SD-Phase 10 häufiger vor. Das Gefäß in Vogelstang Grab 145 hat wie auch der Topf in Grab 412 der SD-Phase 10 eine durch Wülste profilierte Oberwand. Der hohe enge Topf aus Grab 143 (S. 299, Abb. 13) ist durch Wellenlinien und Buckel verziert.

Neu sind in SD-Phase 9 (Abb. 109) große engmundige Wölbwandgefäße mit ausbiegendem Rand, wie in Vogelstang Grab 35 (Abb. 109) und 312 (S. 272, Abb. 81). Als neue Form tritt die Keramikflasche auf.[176] Die Flaschen mit langem Hals in Vogelstang Grab 39 (Abb. 109) und Grab 439 (S.301, Abb. 16) sind rauwandig, wie auch ein Exemplar der SD-Phase 10 in Vogelstang Grab 377. Die Flasche aus Vogelstang 439 ist verziert mit Wellenbändern, die aus Grab 39 mit Rechteckrollrädchen. Rechteckrollrädchendekor findet sich in SD-Phase 9 ebenfalls auf den doppelkonischen Kannen mit ungefähr gleich hoher Ober- und Unterwand und großem Tüllenausguss aus Vogelstang 271 (Abb. 109) und 439 ebenso wie auf der mit gewölbter Oberwand in Grab 279 (S. 265, Abb. 70).

Extrem selten sind Gefäße mit zwei oder drei Henkeln; nachdem nur einmal in SD-Phase 6 ein Dreihenkelgefäß im Grab einer Hofherrin auftrat, kommen solche Gefäße erst in SD-Phase 9 wieder vor. Der Zweihenkeltopf in Vogelstang Grab 188 ist verziert durch Wellenbänder (Abb. 109), der in Vogelstang Grab 428 (S. 261, Abb. 63) durch Rechteckrollrädchen; die doppelkonischen Tüllenausgusskannen mit drei Henkeln in Vogelstang Grab 424 (S. 262, Abb. 64) und Hermsheimer Bösfeld Grab 558 wurden mit dem gleichen Zierrollrädchen D2 bearbeitet (S.354, Abb. 48).

Typisch in SD-Phase 10 sind hohe, engmundige Töpfe mit hoher bis gleich hoher Unterwand verziert durch Rillen in Vogelstang Grab 372, durch Rechteckrollrädchen in Grab 397 und durch Rechteckrolläd-

gen aus Feudenheim Grab 22, Seckenheim und Seckenheim-Hochstätt Grab 7 und 8 vor.

Als Verzierung wurden Rillen in Vogelstang Grab 53 und 85, Gitterstempel in den Gräbern 185 und 432B gewählt. Besonders häufig sind Rechteckrollrädchen[175], in Grab 428 auch kombiniert mit Rillen (S. 261, Abb. 63). Zierrollrädchen kommen letztmalig vor, auf einer zweihenkligen Tüllenausgusskanne in Grab 424 (S. 262, Abb. 64), auf Töpfen in den Grä-

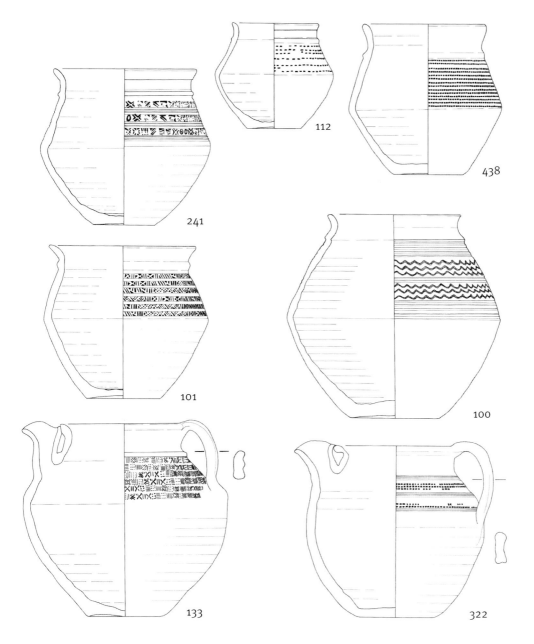

chen in Kombination mit nach oben offenen Bogenstempeln in Grab 18, bzw. Sichelstempel in Grab 21.

Die schon seit SD-Phase 9 bekannten hohen, engmundigen Töpfe mit niedriger Unterwand finden
sich auch in den Gräbern 276 und 412 der SD-Phase
10. Der Topf aus Grab 276 ist verziert durch Rechteckrollrädchen kombiniert mit Rillen, der Topf in Grab
412 zeigt eine durch Wülste profilierte Oberwand
(Abb. 110). Ein hoher doppelkonischer Topf der SD-
Phase 10 aus Seckenheim-Hochstätt Grab 8 ist
ebenfalls durch Rollrädchendekor und umlaufende

Wülste auf der Oberwand verziert (S. 72, Abb. 61).
Wölbwandtöpfe, deren größte Weite in der Mitte liegt,
oder auch solche mit hochsitzender abgesetzter
Schulter treten vereinzelt in SD-Phase 10 auf (Abb.
110): Durch Eindruck-Rollstempel verziert ist der
Topf mit gewölbter Wandung aus Grab 19B. Zur rau-
wandigen Ware zählen ein enghalsiger und mit gut
40 cm Höhe extrem großer Wölbwandtopf aus Grab
420 sowie ein breiter Topf mit hochsitzender Schulter in Vogelstang Grab 93. Auf der hoch sitzenden
Schulter wellenbandverziert ist der knapp 23 cm
hohe rauwandige Topf aus Grab 52.

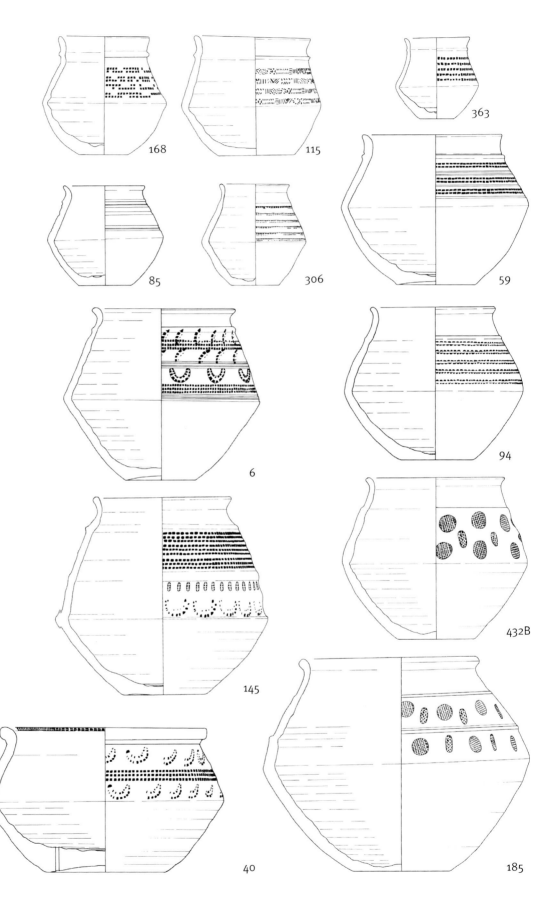

Abb. 108: Vogelstang. Typische Keramik der SD-Phase 9, Becher aus den Gräbern 363. 85, 306, kleine Töpfe aus den Gräbern 268 und 115, größere Töpfe aus den Gräbern 6, 59, 94, 145, 185, 432B und ein niedriger Topf aus Grab 40. M. 1:4.

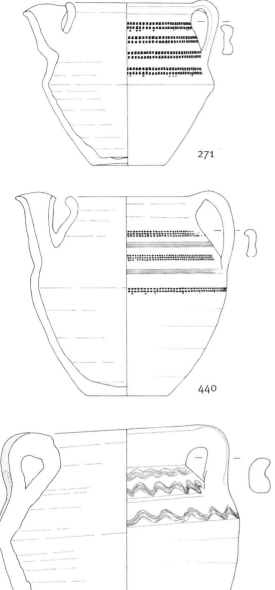

271

440

188

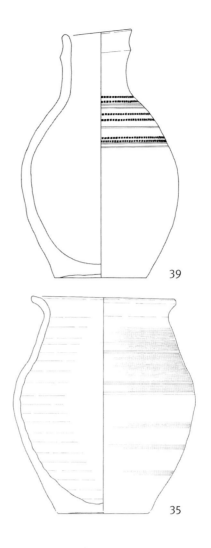

39

35

Abb. 109: Vogelstang. Keramik der SD-Phase 9, Tüllenausgusskannen aus den Gräbern 271 und 440, Henkeltopf aus Grab 188, Flasche aus Grab 39 und hoher Wölbwandtopf aus Grab 35. M. 1:4.

Neu ist in SD-Phase 10 die Fußschale mit steiler Oberwand, belegt durch das Exemplar aus Grab 398, das durch Rollrächen und nach oben offene Bogenstempel verziert ist.

Wölbwandtöpfe mit der größten Weite in der Mitte sind durch Vogelstang Grab 49A und Grab 66 für SD-Phase 11 belegt, ebenso breite Wölbwandtöpfe mit deutlich abgesetzter Schulter, wie in Vogelstang Grab 146A (Abb. 111). Bauchige, weitmundige Töpfe treten mit Vogelstang Grab 19B erstmals in SD-Phase 10 auf, sind aber durch die mit Rillen verzierten Exemplare aus Vogelstang Grab 30 und 152A auch in SD-Phase 11 nachgewiesen.

Offene Schalen mit steiler Oberwand und abgesetztem Fuß, 22 bis 23 cm weit und 11 bis 15,8 cm hoch sind nur einmal durch Vogelstang Grab 398 in

Von den Flaschen gehören eine mit langem Hals in Vogelstang Grab 377 und eine mit kurzem Hals in Grab 275 (S. 297, Abb. 6) in SD-Phase 10.

Tüllenausgusskannen kommen in SD-Phase 10 nicht mehr vor. Der 22 cm hohe Zwei-Henkel-Topf aus Grab 420 besitzt einen aus dem Rand heraus gefalteten Ausguss (Abb. 110).

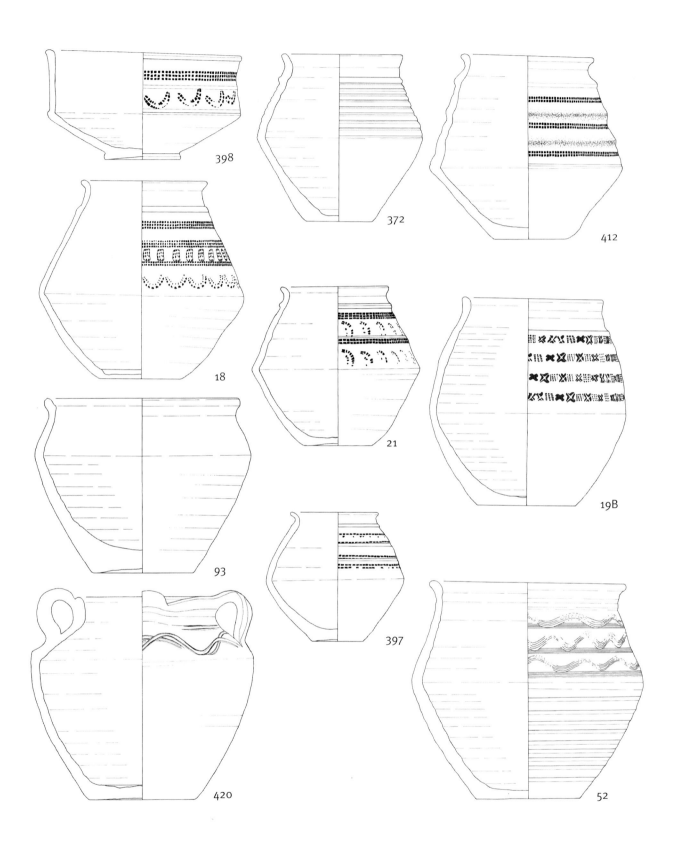

Abb. 110: Vogelstang. Keramik der SD-Phase 10, Fußschale aus Grab 398, hohe und engmundige Töpfe aus den Gräbern 18, 19B, 21, 52, 93, 372, 397, 412, Zwei-Henkel-Ausgusstopf aus Grab 420. M. 1:4

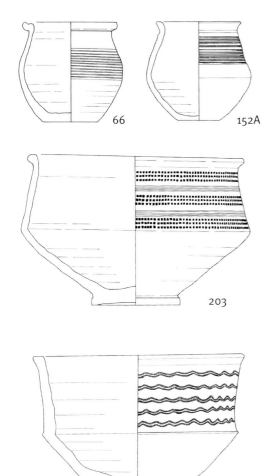
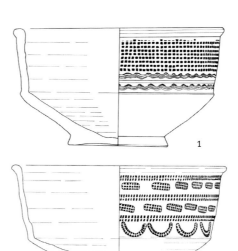
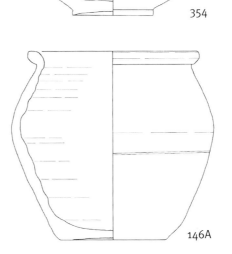

Abb. 111: Vogelstang. Keramik der SD-Phase 11. Zwei kleine Töpfe aus den Gräbern 66 und 152A, großer Wölbwandtopf aus Grab 146A, Fußschalen aus den Gräbern 1, 203, 354, 421. M. 1:4.

SD-Phase 10 belegt, dann aber in SD-Phase 11 häufiger zu finden, nämlich in Vogelstang Grab 1, 203, 354 und 421 (Abb.111). Sie sind auf der Oberwand und teilweise auch auf dem Rand verziert durch Wellenbänder, Rechteck- und Bogenstempel sowie Rechteckrollrädchen; meist wurden zwei Dekorarten kombiniert.

Anmerkungen

[1] KOCH 2001, S. 26 ff.

[2] KOCH 1977.

[3] KOCH 1982.

[4] STAUCH 2004, S. 20.

[5] SIEGMUND 1998, S. 196 ff.

[6] MÜSSEMEIER u.a. 2003.

[7] KOCH 2001, S. 162.

[8] KOCH 2001, S. 162. – STAUCH 2004, S. 82.

[9] KOCH 1977, Farbtafeln 1-6; Fortsetzung KOCH 2001, Farbtafel 1-8.

[10] STAUCH 2004, S. 85.

[11] BARTEL/KNÖCHLEIN 1993.

[12] MARTIN 1991.

[13] KÜHN 1974, Taf. 1,2; 27,74; 66,204; 105,330; 129,400; 135,418.

[14] VIELITZ 2003, Abb. 114, Typ F7.

[15] VIELITZ 2003, S. 231 Abb. 91; Abb. 114 Typ F3,13.

[16] VIELITZ 2003, Abb. 111, Typ C5.33; C6.33.

[17] NEUFFER-MÜLLER/AMENT 1973, Taf. 9,5.

[18] KÜHN 1974, Taf.10,28; 128,399. – GÖLDNER 1987, S. 237 f.

[19] GÖLDNER 1987.

[20] KÜHN 1940, Taf. 4,18.

[21] KÜHN 1940, Taf. 25; 54.

[22] KÜHN 1974, Taf. 28,77.

[23] A. KOCH 1998, Taf. 49,1.

[24] KÜHN 1974, Taf. 85,262.

[25] SCHULZE-DÖRRLAMM 1990, S. 213.

[26] HANSEN 2004, S. 60 f.

[27] Franken 1996, S. 215 Abb. 153.

[28] Vgl. z. B. KLEIN-PFEUFFER 1993, Karte 8 mit Liste.

[29] WERNER 1935, Taf. 23.

[30] KOCH 1990, Taf 14.

[31] R. KOCH 1967, Liste S. 211: Typ Niederbrechen. – Zu ergänzen sind POLENZ 1988, Taf. 203,3: Erpolzheim – PESCHECK 1996, Taf. 42,1: Kleinlangheim Grab 181. – VIELITZ 2003, S. 55 Abb. 25,a.b.

[32] ZELLER 1992, Taf. 44,8.

[33] J. LEICHT in: BURZLER u.a. 2002, S. 88 f.

[34] AMENT 1970, S. 38 Anm. 54-56 Taf.36,2.

[35] LINDENSCHMIT 1889, Taf. 22,10.

[36] KOCH 1982, Taf. 16.

[37] MARTI 2000, Taf. 19.

[38] KLEIN-PFEUFFER 1993, S. 217 Nr. 192.

[39] KLEIN-PFEUFFER 1993, S. 218 Abb. 71.

[40] DAMMINGER 2002, Taf. 38,2.

[41] KLEIN-PFEUFFER 1993, Abb. 71,4.

[42] KOCH 1990, Taf. 28,22.

[43] KOCH 2001, Taf. 58,11.

[44] MARTIN-KILCHER 1976, S. 60 f. mit Anm. 244.

[45] AuhV II (Mainz 1870 ff.) H. 9 Taf. 6,1. – LINDENSCHMIT 1889, S. 471 Abb. 455.

[46] KOCH 2001, S. 241 ff.

[47] Restaurator Bernd Hoffmann, Vortrag anlässlich der Restauratoren-Tagung 2006.

[48] PÄFFGEN 1992, S. 473 ff.

[49] SCHNEIDER 1983, S. 190 ff. Abb. 20-21. – HANSEN 2004, S. 128.

[50] HASELOFF 1981, Teil II, S. 325 ff.

[51] KOCH 1990, S. 146 f.

[52] A. KOCH 1998, S. 196-200; S. 699 Fundliste 15C, Karte 15 Typ Junkersdorf.

[53] SCHULZE 1984.

[54] Ebd. Abb. 7.

[55] SCHELLHAS 1994, Abb. 4.

[56] THIEME 1978, Gruppe I.5 Taf. 10,1.

[57] Vgl. KNAUT 1994. – THEUNE-GROSSKOPF 2002.

[58] SIEGMUND 1996.

[59] CHRISTLEIN 1966, S. 19 ff.

[60] KOCH 1982, S. 19.

[61] KOCH 2001, S. 330 f. Anm. 500-502.

[62] KOCH 1977, Taf. 7,3.

[63] AMENT 1974.

[64] AuhV III (Mainz 1881 ff.) H. 10, Taf. 6,6-7: Mainz Inv. Nr. 5062-5063. –LINDENSCHMIT 1889, S. 376 Abb. 389.

[65] MENGHIN 1983, S. 145-149.

[66] SALIN 1922, Taf. 5.

[67] CHRISTLEIN 1966, Taf. 38.

[68] KOCH 1997b, Karte der Verbreitung nördlich der Alpen Abb. 466.

[69] R. KOCH 1967, Verbreitungskarte Taf. 90.

[70] WEIDEMANN 1982, S. 238 f.

[71] BLEIBER 1988. S. 75.

[72] WEIDEMANN 1982, S. 251.

[73] STEUER 2006, S. 26.

[74] SCHNURBEIN 1974.

[75] THEUNE-GROSSKOPF 1997a, S. 238 Abb. 250-251.

[76] SCHNURBEIN 1974.

[77] WAGNER 1911, S. 204.

[78] MÖLLER 1987, Taf. 61-62.

[79] KOCH 2003; KOCH/WIRTH 2004.

[80] WERNARD 1998, Abb. 3.

[81] KOCH 2001, Abb. 22 MCode 5 und 7.

[82] KOCH 2001, 298 MCode 58.

[83] Zur weiteren Differenzierung zuletzt DAMMINGER 2002, S. 66 ff.

[84] SCHMIDT 1961, Taf. 82.

[85] GARSCHA 1962, Taf. 48,4. – KOCH 2001, S. 65: MCode 31.

[86] FREEDEN 1991, S. 610 ff.

[87] GARSCHA 1970, Taf. F,13.

[88] GARSCHA 190, Taf. F,13b.

[89] KOCH 1982, S. 43 Abb. 6.

[90] DAMMINGER 2002, Taf. 58.

[91] NAWROTH 2001, S. 59 f.

[92] LEGOUX 2005, S. 91.

[93] RETTNER 1997.

[94] SCHLEMMER 2004.

[95] NAWROTH 2001, S. 48-72.

[96] SCHLEMMER 2004.

[97] CHRISTLEIN 1973, Abb. 5 Typ B-D = Form I-III nach OEXLE.

[98] OEXLE 1992, S. 34-46.

[99] OEXLE 1992, S. 47-60.

[100] KOCH 1999.

[101] OEXLE 1992, S. 60-77.

[102] PAULSEN 1967, S. 64 Abb. 29,1-4.

[103] SCHNURBEIN 1974, Taf. 25.

[104] OEXLE Taf. 2,7; 155,341; 166,370; 179,381; 182,382.

[105] KOCH 1999, S. 191.

[106] PAULSEN 1967, Abb. 46. – OEXLE 1992, Taf. 13.

[107] OEXLE 1992, Taf. 37,82,7-8.

[108] OEXLE Taf. 23; Taf. 58; 60; Taf. 71,124; Taf. 95,207; Taf. 126,273.

[109] SIPPEL 1987, Abb. 5.

[110] QUAST 1993, 451 mit Liste 3.

[111] WERNER 1988.

[112] KLENK 1982.

[113] ZELLER 1974, 257 f. Taf. 68,3.6.

[114] HOFER 1996.

[115] POHL 1996.

[116] FREEDEN 1991.

[117] KYLL 1972, S. 20 f.

[118] WINDLER 1994, S. 47 Abb. 63.

[119] WINDLER 1994, S. 221 Taf. 54-56.

[120] Ebd. S. 80.

[121] Freundl. Mitt. FRANÇOISE VALLET, Saint-Germain-en-Laye.

[122] BLAICH 1999, S. 311-315.

[123] KOCH 2001, S. 212 FCode 23; S. 272 MCode 4.

[124] STAUCH 2004, S. 170-204.

[125] Vgl. die Graphik bei LEGOUX 2005, Abb. 104.

[126] STAUCH 2004, S. 172.

[127] Vogelstang Grab 21, 228, 297, 380; 058; 108A; 121, 382.

[128] Vogelstang Grab 17B, 124; 299; 172A; 333.

[129] Vogelstang Grab 1, 49, 86, 114, 141, 198, 245, 303, 308, 352, 358, 413, 426, 428.

[130] Vogelstang Grab 221, 357, 183, 305, 132,353, 423.

[131] Vogelstang Grab 6, 367, 243, 437.

[132] Vogelstang. SD-Phase 5: Grab 31, SD-Phase 6: Grab 46, SD-Phase 7: Grab 114, 179, 258, 278, 280, SD-Phase 8: Grab 339, SD-Phase 9: Grab 169, 304, 432B.

[133] Vogelstang. SD-Phase 7: Grab 136, 285; SD-Phase 9: Grab 284.

[134] Vogelstang Grab 31, 89, 99, 129, 152B, 155, 206, 290.

[135] KOCH 2001, S. 280.

[136] Rübenach, Kr. Mayen-Koblenz, Grab 48: NEUFFER-MÜLLER/AMENT

1973, Taf. 3.

[137] Fellbach-Schmiden Grab 1 und 36: **ROTH** 1982, S. 198, Abb. 32; 40.

[138] Römerberg-Heiligenstein I Grab 2: **POLENZ** 1988, Taf. 146.

[139] Mainz-Hechtsheim Grab 140, 232, 254, 258, 277: Veröffentlichung in Vorbereitung. – Mainz-Münchsfeld: Mainzer Zeitschr. 67/68, 1972/73. – Oberolm Grab 52: **ZELLER** 1992, Taf. 115.

[140] Nieder-Erlenbach Grab 8, 16: **DOHRN-IHMIG** 1999, Taf. 2; 5.

[141] Cutry Grab 831, 867: **LEGOUX** 2005, Taf. 86; 96. – Weingarten Grab 766: **ROTH/THEUNE** 1995 Taf. 274 B.

[142] Vogelstang Grab 8, 109, 124, 199, 202, 236, 249, 259 und 267.

[143] Vogelstang Grab 43, 114, 160, 164, 170, 171, 175, 211, 212, 235, 365.

[144] Typ B: Vogelstang Grab 136, 164, 175, 229, 273, 278, 282, 293.

[145] Typ C: Vogelstang Grab 114, 170, 171.

[146] Typ E: Vogelstang Grab 3, 43, 132, 160, 172, 211, 235, 365, 431.

[147] Vogelstang Grab 45, 75B, 87, 90, 150, 318, 333, 350, 361.

[148] Vogelstang. Typ B: Grab 59, 140, Typ C: Grab 6, 53, 271; Typ D: Grab 35, 128.

[149] Typ E: Vogelstang Grab 143, 165, 177, 239, 302, 324, 424, 439.

[150] Vogelstang Grab 62, 86, 93, 276, 353, 375, 397.

[151] Vogelstang Grab 358, 367, 370, 398, 412.

[152] Typ E: Vogelstang Grab 86, 93, 397, 420.

[153] Typ F: Vogelstang Grab 47, 118, 353, 368, 370, 375, 384, 433.

[154] Typ G: Vogelstang Grab 20A, 28, 62, 71, 95, 117, 276, 367, 371, 387, 398, 412.

[155] Vogelstang. Typ E: Grab 80, 146A, 203, 245; Typ F: Grab 113, 281, 363, 421; Typ G: Grab 158A, 307, 348, 354, 357, 404; Typ H: Grab 1, 154, 305, 317, 358.

[156] **STAUCH** 2004, 187 ff. Abb. 78 und Karte Abb. 79.

[157] **CHRISTLEIN** 1966, Anm. 228. – **KOCH** 1971, S. 92; 1990 Taf. 1A,2.

[158] **STAUCH** 2004, S. 183 f.

[159] **KOCH** 1990, S. 196.

[160] Vogelstang Grab 31, 89, 105, 116, 122, 134, 147, 152B, 153, 155, 218.

[161] **MÖLLER** 1987, Taf. 60,11.

[162] **KOCH** 2000, S. 61.

[163] **KOCH** 1990, Abb. 125.

[164] **GROSS** 1993.

[165] Vgl. **MYRES** 1977.

[166] **KOCH** 2000, Abb. 14.

[167] **GROSS** 1992, S. 433 Abb. 4.

[168] Vogelstang Grab 96, 109, 191, 248, 249, 250, 264, 267.

[169] Vogelstang Grab 8, 109, 236, 250,259, 267.

[170] Straßenheim „Aue" Grab von 1931, Grab 15 von 1965; Vogelstang Grab 96, 248, 249.

[171] Vogelstang Grab 175, 207, 251, 325.

[172] Vogelstang Grab 58, 101, 112, 231, 241, 438.

[173] Vogelstang Grab 6, 53, 59, 94, 185, 432B.

[174] Vogelstang Grab 168, 306, 355, 428.

[175] Vogelstang Grab 6, 59, 94, 168, 252, 306.

[176] Vgl. **KOCH** 2001, S. 185; 343 ff.

Ursula Koch

5. Einheimische und Fremde werden Franken

5.1 Fremdes Trachtaccessoire am Oberrhein – die Adlerfibel von Sandhofen

Die Herrschaftssicherung durch flächendeckende Aufsiedlung entlang der Fernstraßen und in den strategisch wichtigsten Regionen ist im 6. Jahrhundert ohne die Unterstützung nicht-fränkischer Bevölkerungsgruppen kaum denkbar.

Am augenfälligsten werden Fremde durch mitgebrachte, am Oberrhein ungewöhnliche Trachtaccessoires, wie z.B. die westgotische Adlerfibel aus Sandhofen, am Hohen Weg, Grab 66 (Abb. 1).

Als große Fibel trug die mature Frau aus Sandhofen Grab 66 einen 10 cm großen Adler mit nach rechts gerichtetem gebogenem Schnabel, zwei seitlichen

Abb. 1: Sandhofen, Grab 66. Bronzene, vergoldete Adlerfibel mit Einlagen aus Glas und Perlmutter. M. 1:1.

Schwingen und einem gewölbten Brustschild auf dem gedrungenen, trapezoiden Körper. Wie im mediterranen Kunsthandwerk üblich war die Grundplatte aus Bronze gegossen und das grobe Zellwerk mit gebogenen und geraden Stegen sowie vier kleinen runden Zellen im Schwanz aufgelötet. An den Zellwänden sind Reste der Vergoldung erkennbar. Die mit Kitt gefüllten Zellen enthielten bis auf wenige Ausnahmen farblose, transparente Glasplättchen, die nur zum Teil noch vorhanden waren. Ursprünglich schimmerte das Glas golden, denn die Plättchen lagen auf dünnen Kupferfolien; doch sowohl das Glas wie auch die Metallfolien sind stark korrodiert und die ursprüngliche Farbgebung ist nur noch schwer vorstellbar. Im runden Auge war ein breiter Ring aus Perlmutt eingelegt, auch die Flügelspitzen trugen Einlagen aus weißem Perlmutt, eine davon ist erhalten.

Herbert Kühn bezeichnete die Adlerfibeln als die großartigsten Schmuckstücke der Völkerwanderungszeit, als er 1939 die Fibelgruppe wegen aufgetauchter Fälschungen erneut behandelte, nachdem sie 1935 schon einmal von ihm selbst, 1934 von Hans Zeiß, 1936 von Julio Martínez Santa-Olalla und 1939 umfassend von Gertrud Thiry abgehandelt worden waren. Den 1939 von Kühn zusammengestellten Adlerfibeln mit Zellendekor, darunter sieben Paare, einem Einzelstück, dessen Pendant verloren ging, und zwei fundortlosen Einzelstücken aus dem Kunsthandel, sind nur wenige Neufunde hinzuzufügen. Von 13 Fundorten in Spanien, Italien und Frankreich liegen mittlerweile cloisonnierte Adlerfibeln mit Brustschild vor; einige Fundortbezeichnungen wurden im Laufe der Jahre korrigiert. Rechts des Rheins ist die Sandhofener Adlerfibel die einzige (Abb. 2). Dass Adlerfibeln in Gebieten der gotischen Stämme besonders beliebt sind, aber außerhalb nur vereinzelt auftreten, ist seit langem bekannt. Eine weitere Verbreitung haben die seltenen kleinen Adlerfibeln. In Weingarten, Kr. Ravensburg enthielten Grab 473 einen 3,4 cm langen silbernen Adler mit Almandineinlagen und nach links gerichtetem Schnabel sowie Grab 736 ein Paar silberne 3,4 cm lange, sich anblickende Adler mit goldenem Stegwerk und Glaseinlagen; dazu liegen aus Grab 769 die silbernen Grundplatten von zwei in die gleiche Richtung schau-

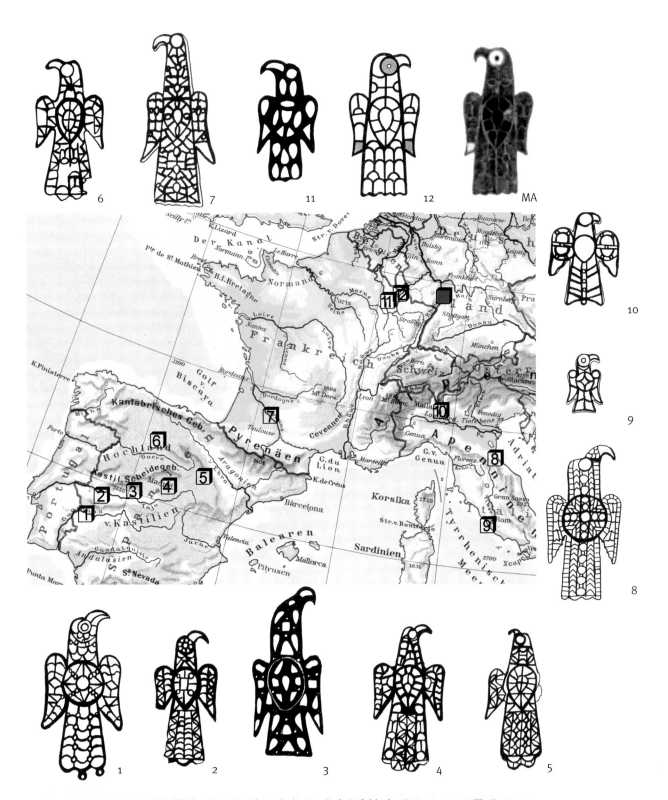

Abb. 2: Verbreitung von Adlerfibeln, deren Fundorte bekannt sind. Es fehlt das Fragment von Villa Torre Águila bei Barbaño, Prov. Badajoz. 1 Tierra de Barros, Prov. Badajoz; 2 La Jarilla in Galisteo, Prov. Cacéres; 3 Talavera de la Reina, Prov. Toledo; 4 Alovera, Prov. Guadalajara; 5 Espinosa de Henares; 6 Herrera de Pisuerga, Prov. Palencia; 7 Castelsagrat, Dép. Tarn-et-Garonne; 8 Domagnano, San Marino; 9 Rom; 10 Mailand; 11 Ville-sur-Cousance im Dép. Meuse; 12 Cutry, Dép. Meurthe-et-Moselle. – Roter Punkt: Mannheim-Sandhofen Grab 66.

ender nur 2,6 cm langer Adler vor.[1] Den kleinen Fibeln nahe steht das 4,6 cm lange goldene Adlerpaar, das zusammen mit einer silbernen Gürtelschnalle mit rechteckigem Beschlag in einem gotischen Frauengrab in Rom gefunden wurde (Abb. 2,9).[2] Bei der Zellgliederung fällt ein großer Kreis zwischen den Flügeln auf, der dem bei den großen Adlerfibeln deutlich hervorgehobenen, oft gewölbten runden oder mandelförmigen Schild entspricht und der letztendlich auf die dem kaiserlichen Adler umgehängte Bulla zurückgeht.

Zu der Gruppe kleiner cloisonnierter Adlerfibeln mit zwei Flügeln gehört ebenso ein nach rechts blickendes goldenes Exemplar mit gewellten Stegen und Almandineinlage auf gewaffelter Folie aus einem ostgotischen Grabfund in Novae in Bulgarien.[3] Auf der cloisonnierten Fibel aus Novae in Bulgarien ist die Bulla unter dem Hals als kleine runde Zelle schon angedeutet.

Die großen Adlerfibeln weisen alle den runden oder mandelförmigen Schild auf. Cloisonnierte Adlerfibeln mit rundem Schild sind selten. Einen solchen hat das 12 cm große goldene Paar aus Domagnano, San Marino, das in der Literatur auch unter Cesena, Prov. Forli zu finden ist (Abb. 2,8).[4] Ein Adlerpaar mit rundem Schild wurde 1930 in Gräbern bei einer westgotischen Kirche in der Estremadura in Spanien gefunden wurde, der erst später ermittelte Fundort soll Tierra de Barros, Prov. Badajoz, sein (Abb. 2,1).[5] Die Angaben zu Material und Größe sind widersprüchlich: aus massivem Gold und 12,5 cm hoch[6] oder aus Bronze mit Gold-Cloisonné und 14,5 cm hoch.[7]

Adler mit mandelförmigem Brustschild und Zellendekor sind häufiger; sie wurden alle aus vergoldeter Bronze gefertigt und sind zwischen 9,5 und 13 cm groß. Aus dem westgotischen Spanien stammen das 9,5 cm große Adlerpaar aus Alovera, Prov. Guadalajara (Abb. 2,4)[8], der nach rechts blickende 11 cm große Adler aus Espinosa de Henares, Prov. Guadalajara (Abb. 2,5)[9], auch unter Calatayud bzw. Prov. Zaragosa veröffentlicht[10], sowie der nach rechts blickende Adler aus Herrera de Pisuerga, Prov. Palencia (Abb. 2,6)[11]. Als Fibelpaar zusammen mit einer Schnalle mit großem rechteckigem Beschlag

mit Steineinlage wurden die beiden 10 cm großen Adler im westgotischen Gräberfeld von La Jarilla in Galisteo, Prov. Cacéres, gefunden (Abb. 2,2)[12]. Als Neufund aus einem antik gestörten Gräberfeld bei der römischen Villa Torre Águila bei Barbaño, Prov. Badajoz (Abb. 2, nahe Punkt 1), liegt eine fragmentierte, 9,5 cm lange Adlerfibel mit Almandineinlagen vor.[13] Die beiden 13,5 cm großen Adler aus Castelsagrat, Dép. Tarn-et-Garonne, veröffentlicht auch unter Castel-d'Agen, gehören ebenfalls in westgotische Zusammenhänge (Abb. 2,7)[14]; dieses Fibelpaar wurde mit einer Schnalle mit großem rechteckigem Beschlag kombiniert.

Bei dem von Joachim Werner 1961 so genannten groben Cloisonné handelt es sich im eigentlichen Sinn nicht mehr um Zellwerk, die Einlagen waren einzeln eingelassen und durch unterschiedlich breite Stege voneinander getrennt. Diesen Dekor zeigt der nach links blickende 13,3 cm große Adler, der meist ohne Fundortangabe abgebildet ist, vereinzelt mit der Angabe „aus Elche?" erwähnt wird und der nach Julio Santa-Olalla aus Talavera de la Reina, Prov. Toledo, stammt (Abb. 2,3).[15] Sehr ähnlich sind ihm die beiden Adler aus Ville-sur-Cousance im Dép. Meuse (Abb. 2,11), von denen eines in die Sammlung Diergardt gelangte, das andere in das Mittelrheinische Landesmuseum nach Mainz.[16] Lange Zeit war das 9,7 cm große Adler-Paar aus Ville-sur-Cousance das einzige Paar großer Adlerfibeln außerhalb des einstigen gotischen Gebietes, als Neufunde kamen dann die Einzelstücke in Cutry und Sandhofen hinzu. In Grab 859 von Cutry, Dép. Meurthe-et-Moselle, wurde der nach links blickende 10,8 cm große Adler im Becken gefunden, d.h. er wurde wie eine Bügelfibel in der ersten Hälfte des 6. Jahrhunderts getragen[17], obgleich er noch mit einer für die gotische Frauentracht üblichen, ebenfalls cloisonnierten Schnalle kombiniert war. Insofern handelt es sich in Cutry ganz sicher um eine aus dem Westgotenreich stammende Frau.

In Sandhofen ist nur der nach rechts blickende Adler noch vorhanden, den die Frau ebenfalls wie eine Bügelfibel trug, und zwar, wie seit der Mitte des 6. Jahrhunderts üblich, in Oberschenkelhöhe. Die cloisonnierte Adlerfibel aus Sandhofen mit nach rechts gewandtem Kopf, zwei eng anliegenden

Schwingen an einem breiten achsensymmetrisch gegliederten Rumpf mit relativ kurzem Schwanz und einem mandelförmigen Schild vor der Brust gehörte ursprünglich zu einem Fibelpaar der westgotischen Frauentracht. Das beste Gegenstück zur Sandhofener Fibel stammt aus Cutry. Gemeinsam sind den beiden Fibeln von Cutry und Sandhofen die gedrungene Form, die Verwendung gerader und gebogener Zellwände, das große Auge mit weißem Ring und die weißen Flügelspitzen. Abweichend ist nur die Anordnung der Zellen, auch fehlen der Fibel von Cutry die runden Zellen auf dem Schwanz. Gerade und gebogene Stege und eine ähnliche Zellgliederung zeigt eine Adlerfibel der Sammlung Diergardt[18]; sie ist jedoch schlanker, die Schwingen sind weiter geöffnet und das Zellwerk ist wesentlich reicher gegliedert, verwandt mit letzterer ist das Exemplar aus Espinosa de Henares, früher Calatayud (Abb. 2,5). Vergleichbare runde Zellen wie auf dem Schwanz der Sandhofener Fibel finden sich im Brustschild der beiden Fibeln von Galisteo, La Jarilla (Abb. 2,2) und im wesentlich engeren Zellwerk des Fibelpaares von Sagrat (Abb. 2,7) über den ganzen Vogelkörper verteilt. Bei dem Fibelpaar von Tierra di Barros (Abb. 2,1) mit rundem Schild sind die runden Zellen kleiner und mit mugeligen Steinen gefüllt.

Die Westgoten des Königreiches von Toulouse (419-507) südlich der Loire hinterließen praktisch keine archäologischen Spuren, d. h. weder Gräber noch Trachtaccessoires, anhand derer sie von der romanischen Bevölkerung zu unterscheiden wären. Vielleicht seit 483, spätestens seit 494/497 wanderten Westgoten in Spanien ein, das seit 469/73 unter gotischer Herrschaft stand. Einen Höhepunkt der Einwanderung gab es nach der verlorenen Schlacht von Vouillé 507. Erst die ab Ende des 5. Jahrhunderts landnehmenden Goten sind archäologisch wieder fassbar. „Man kennt die Generation, die in Spanien einwanderte, aber nicht die, die aus dem westgotischen Gallien auswanderte."[19] Die älteste Phase in den westgotischen Gräberfeldern datiert in die Zeit um 500, die Adlerfibeln gehören in diese Periode. Impulse aus dem Donauraum lösten offensichtlich das neue gotische Bewusstsein aus, das Bekenntnis der gotischen Herkunft zeigt sich in den Trachtaccessoires und Bestattungssitten.

Die ältesten gotischen Fibeln auf der iberischen Halbinsel sind vom gleichen Typ wie die donauländischen der zweiten Hälfte des 5. Jahrhunderts, d.h. in dieser Zeit wurde die typisch gotische Frauentracht bei den Westgoten wieder eingeführt. Außer auf der iberischen Halbinsel tauchen diese donauländischen Fibeln der gotischen Frauentracht aber auch im Syagriusreich nördlich der Seine auf. Offensichtlich waren Kontingente von Ostgermanen aus dem Donauraum nach dem Untergang des Hunnenreiches sowohl im westgotischen Heer wie im Heer des Syagrius zu finden.[20] Das Heer des Syagrius mit den gotischen Kontingenten integrierte Chlodwig 486 in sein fränkisches Heer.

Die Fibeln in Adlergestalt haben ihre Wurzeln zwar im Donauraum, doch handelt es sich bei den im Cloisonné-Stil gefertigten, bronzenen vergoldeten Adlerfibeln um Produkte mediterraner Werkstätten, die im westgotischen Spanien zu suchen sind. Von dort kam zweifelsfrei auch der Sandhofener Adler.

In Sandhofen fehlte der zur gotischen Frauentracht gehörende Gürtel mit Schnalle und großem rechteckigem Schnallenbeschlag. Dass es sich dennoch um eine fremde Frau handelt, legen die mit gefundenen Glasperlen nahe (S. 47, Abb. 18), die nicht in das am Oberrhein bekannte Spektrum passen.

5.2 Die multikulturelle Gesellschaft der neuen fränkischen Siedlungen

Die westgotische Adlerfibel aus Sandhofen ist das auffälligste fremde Schmuckstück in Mannheim. Die weitere Untersuchung wird zeigen, dass weitere Kleidungsaccessoires aus dem fränkischen Westen mitgebracht wurden, aber auch aus dem östlich-merowingischen, wahrscheinlich langobardischen Kulturkreis stammen. Nur in Sandhofen, wo es Hinweise auf den Zuzug von Leuten aus dem Westen gibt, fehlen alle Hinweise auf einen langobardischen Bevölkerungsanteil.

Die ältesten Gräber in den neuen fränkischen Friedhöfen enthalten handgeformte Keramik, die in der Entwicklung nicht an die zuvor an Rhein und Neckar übliche alamannische Keramik anschließt, sondern ihre Wurzeln einerseits im sächsischen, andererseits im elbgermanischen thüringischen oder langobardischen Formenkreis hat.[21] In Grab 31 vom Elkersberg in Vogelstang stand ein doppelkonischer Becher mit steiler, konkav geschwungener Oberwand und schwach bauchiger Unterwand, verziert mit schwach eingezogener Welle und flächigem Punktdekor sowie gebündelten senkrechten Riefen auf der Unterwand (Abb. 3,2). Eine gute Parallele, die zweifellos von der gleichen Hand gefertigt wurde, stand in Grab 218 (Abb. 3,3). Dort waren zwei Kinder beigesetzt, die einer gänzlich anderen sozialen Schicht angehörten als die Frau aus dem einfachen Grab 31. Eine weitere Parallele stammt aus Grab 14 des benachbarten Gräberfeldes von Straßenheim (Abb. 3,1). Dieses Beispiel zeigt, dass handgeformte Ware nicht auf jedem Hof in Eigenproduktion erfolgte, also nicht in jedem Fall ganz unmittelbar die Herkunft ihres Besitzers erkennen lässt. Dennoch zeigt die Keramik eindringlich, dass fremde Menschen an den Oberrhein kamen, wo offensichtlich die Versorgung mit allem, was nicht im Eigenbetrieb produziert wurde, erst neu organisiert werden musste. Die handgeformte Keramik entsprach den mitgebrachten Formen oder traditionellen Vorstellungen von Zugezogenen.

Kamen die Siedler als geschlossene Gruppe oder trafen Familien unterschiedlicher Herkunft in den neu gegründeten Siedlungen zusammen? In welcher sozialen Stellung befanden sich die einzelnen Gruppen? Wer nahm die Führungsposition ein und setzte damit die militärische, politische und kulturelle Frankisierung[22] durch?

Viele Fragen lassen sich trotz der massiven Beraubungen vorerst nur in dem archäologisch und anthropologisch vollständig untersuchten Gräberfeld von Vogelstang-Elkersberg beantworten. In Kenntnis der Untersuchungsergebnisse von Vogelstang werden sich dann auch Details aus den anderen nur unvollständig bekannten Gräberfeldern interpretieren lassen.

5.3 Die erste Generation im Gräberfeld am Elkersberg in Vogelstang

Die ältesten Schmuckstücke, Glasperlen, Trachtaccessoires und Waffen aus dem Gräberfeld von Vogelstang-Elkersberg fügen sich in das für SD-Phase 5 (530-555) typische Spektrum ein, nur wenige Formen gehören der SD-Phase 4 an. Mit diesen Formen lässt sich das Belegungsareal der ersten Generation abstecken. Die Belegung beginnt mit ca. 25 Gräbern von Erwachsenen der SD-Phase 5 (Abb. 4).

Die drei Frauengräber 89, 277 und 289 sowie das Kindergrab 142 waren SN-gerichtet. Diese Gräber streuten in großen Abständen über die Mitte des gesamten Gräberfeldes und befanden sich am südlichen Rand des im 6. Jahrhundert belegten Areals. 10 Gräber, alle nahe der westlichen Nord-Süd verlaufenden Friedhofsgrenze, waren ziemlich genau WO gerichtet. 14 weichen von der Orientierung um 20°-30° ab und liegen mit dem Kopf im SSW. Sie schlossen nach Osten an und lagen offensichtlich rechtwinklig zur östlichen Friedhofsgrenze; beide Grenzen liefen im Norden spitzwinklig zusammen. Auch in jüngeren Perioden ist immer wieder zu beobachten, dass die Ausrichtung der Gräber wechselte. Da in der ersten Generation unterschiedlich ausgerichtete Gräber auch in einer Reihe nebeneinander lagen, spielte bei der Ausrichtung des Gra-

Abb. 3: Handgeformte Keramik, Produkte einer Werkstatt. 1 Straßenheim „Aue", Grab 14. 2-3 Vogelstang, Grab 31 und Grab 218. M. 1:4.

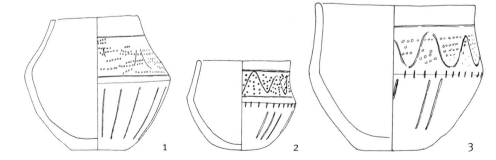

1   2   3

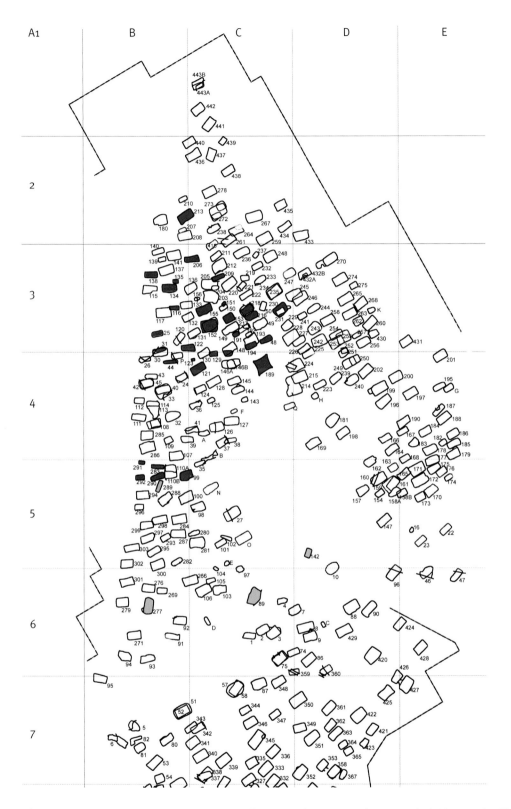

Abb. 4: Vogelstang, Ausschnitt aus dem Gräberfeldplan mit den Bestattungen der ersten Generation. Rot: WO-gerichtete Gräber; blau: Gräber ausgerichtet nach der östlichen Friedhofsgrenze; grün SN-gerichtete Gräber.

bes weniger die Entfernung zur einen wie anderen Grenze eine Rolle. Die erste Änderung in der Grabausrichtung erfolgte innerhalb der ersten Belegungsphase und zu einem Zeitpunkt, der frühestens in die vierziger Jahre des 6. Jahrhunderts fiel. Das

orientierte Grab 152B enthält Münzen des Theodahad (534-536), die zwar als Anhänger verwendet wurden, aber nicht abgenutzt waren, und das daneben liegende abweichend ausgerichtete Grab 155 enthielt eine Viertelsiliqua des Baduila (542-549), das ebenso

Abb. 5: Vogelstang, Ausschnitt aus dem Gräberfeldplan mit den Bestattungen der ersten Generation, unterschieden nach dem Geschlecht.

1. Belegungsschicht

◼ Männer
◼ Frauen

ausgerichtete Doppelgrab 189 eine Halbsiliqua des nämlichen Ostgotenkönigs.

In der ersten Generation fällt ein Ungleichgewicht der Geschlechter auf, denn 17 oder 18 Frauen ste-

hen nur sechs Männer gegenüber (Abb. 5). In der folgenden Generation, d. h. in SD-Phase 6 ist das Verhältnis mit 15 Frauen und 15 Männern ausgewogen. Es liegt also nicht an der Chronologie, die wegen der üblichen geschlechtsgebundenen Aus-

Abb. 6: Vogelstang. Ausschnitt aus dem Gräberfeld mit den Bestattungen der ersten Generation, unterschieden nach den Grabformen.

stattung für Männer und Frauen getrennt erfolgen muss.

Ungewöhnlich ist außerdem, dass in der ersten Generation fast nur alte Männer vor Ort verstarben, drei in den Gräbern Grab 44, 213 und 230 waren weit über 50, kaum jünger waren zwei Männer in Grab 25 und Grab 290, deren Alter anthropologisch ungenau mit 30-60 Jahre, bzw. 40-60 Jahre bestimmt wurde. Lediglich der Mann in Grab 216 erreichte nicht mehr als etwa 25 Jahre. In SD-Phase 6 verstarben Männer in allen Altersgruppen, es gab vier adulte[23], fünf mature[24], zwei senile[25] und drei allgemein erwachsene, einen 30-60 Jahre alten in Grab 10 bzw. 40-80 Jahre alte in Grab 127 und 267. Die adulten Männer der ersten Generation waren sehr wahrscheinlich vom Italienfeldzug Theudeberts I. nicht mehr zurückgekehrt.

Bei den Frauen verstarben drei juvenile, d. h. zwei 16-18-jährige in Grab 121B und Grab 289 und eine 14-20-jährige in Grab 277, sechs im adulten[26], sieben im maturen Alter[27]; die Frau in Grab 138 wurde über 60 Jahre alt. Die Altersverteilung der Frauen ist in der folgenden Phase SD 6 ähnlich, ihr gehören fünf adulte[28], drei mature[29], eine senile in Grab 225 und drei allgemein erwachsene, d. h. eine 20-80-

jährige in Grab 144 bzw. 40-80-jährige Frauen in Grab 124 und 259, an.

Zwischen den ältesten Gräbern aus Vogelstang befanden sich auffallend viele Kindergräber, nicht alle stammen allerdings aus den ersten Belegungsphasen. Der ersten Belegungsschicht gehören die Kindergräber mit handgeformter Keramik[30], das Kindergrab 151 mit Glockenbecher und die Kindergräber 116, 129, 153 mit geschweiften Sturzbechern vom Typ A1a an.

Die Gräber der ersten Generation zeigen eine große Vielfalt an Bestattungsformen (Abb. 6). Weil Bestattungssitten einerseits Hinweise auf die Herkunft der Siedler geben können, andererseits auf die soziale Stellung, die diese in der neuen Gemeinschaft einnahmen, spielen die Grabformen bei den Untersuchungen eine wichtige Rolle.

5.4 Eine Familie vom Niederrhein? – Drei SN-gerichtete Gräber in Vogelstang

Drei Holzkammergräber fallen durch eine an Rhein und Neckar im 6. Jahrhundert nicht übliche Konstruktion mit Eckpfosten auf, davon war eines SN gerichtet (Abb. 7). Dieses für eine fast 60-jährige Frau tief ausgehobene SN-Grab 89 mit der 80 cm breiten Holzkammer lag im Zentrum des gesamten Gräberfeldes, bzw. am südlichen Rand des in den ersten drei Generationen genutzten Areals. Die 15 cm starken Pfosten reichten bis 45 cm unter die Grabsohle, insgesamt 2,25 m tief in den Boden. Die schiefwinklige mindestens 1,4 m breite und bis 2,7 m lange Grabgrube befand sich am Rande einer vom Bagger abgetragenen Fläche, dadurch waren die O-Wand und der Pfosten in der Südost-Ecke schon zerstört. Zwei der drei erhaltenen Pfosten standen 15 cm bzw. 50 cm vor der Nordwand und einer unmittelbar in der Südwest-Ecke. Die drei Pfosten bildeten einen Winkel von 98°, darum ist anzunehmen, dass sie in erster Linie zum Abstützen einer Kammerdecke dienten.

Die SN-Ausrichtung, die in einem merowingerzeitlichen Gräberfeld am Oberrhein ebenso ungewöhn-

Abb. 7: Vogelstang, Frauengrab 89. Plan des Grabes mit drei noch erkennbaren Eckpfosten. M. 1:20.

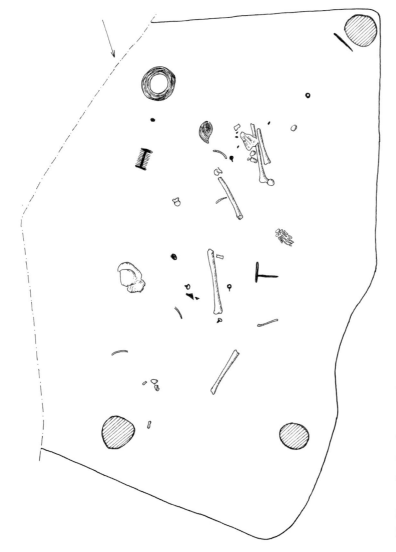

lich ist wie die Eckpfosten, verbindet Grab 89 mit dem 10 m nordöstlich von ihm gelegenen Mädchengrab 142 sowie dem 15 m westlich gelegenen Grab 277. Die drei Gräber lagen weiträumig gestreut und relativ isoliert, so ist Grab 277 nur von weitaus jüngeren Gräbern umgeben. Lediglich das SN-Grab 289 befand sich dicht neben einem Gräberpaar 283/290 der ersten Belegungsphase.

SN-ausgerichtete Gräber sind am Niederrhein im 5. Jahrhundert noch eine regelmäßige Erscheinung und begegnen unter den ältesten Gräbern von Köln-Müngersdorf und Köln-Junkersdorf[31]. Bei den rechtsrheinisch Franken herrschten im 5. Jahrhundert ebenfalls SN-Gräber vor[32], an denen im 6. Jahrhundert festgehalten wurde. Frank Siegmund streicht die SN-Gräber als charakteristisch für „eine Gruppe Nord" heraus, die von Westfalen bis Niedersachsen reicht.[33] Zwar sind auch Vierpfostensetzungen bei den rechtsrheinisch Franken anzutreffen[34], doch dabei handelt es sich zumindest in Beckum II nicht um Gräber[35]. In Thüringen, Böhmen, im Donauraum und im alamannischen Siedelraum waren SN-Gräber im späten 5. und frühen 6. Jahrhundert nicht üblich.

Aufgrund starker Beraubung sind in Grab 89 nur wenige Zeugnisse einer ursprünglich sehr qualitätvollen Ausstattung erhalten (Abb. 8). Drei spindelförmige Bernsteinperlen vom Halsschmuck streuten bei den Skelettresten in der südlichen Grubenhälfte. Eisenstücke, vermutlich von Messer und Schere als Bestandteil eines Gürtelgehänges befanden sich in der Grubenmitte unterhalb der linken Hand, dem einzigen noch in situ befindlichen Skelettteil. Eine eiserne Gürtelschnalle lag rechts des Oberschenkelfragmentes. Um den Oberschenkel herum streuten die drei im Durchmesser bis 2,5 cm großen laibförmigen Bernsteinperlen; sie hingen in verknoteten Silberdrahtringen und gehörten zweifellos zu einem Zier- oder Fibelgehänge und nicht zum Halsschmuck. Die Glasscherben daneben stammen von einem Glockenbecher, der wie häufig neben der rechten Hand gestanden haben dürfte. In der SW-Ecke neben dem Pfosten lag eine Flachsbreche, 30 cm entfernt ein Spinnwirtel, diese Dinge waren demnach oberhalb vom Kopf links niedergelegt worden. In der öst-

lichen Hälfte der Grabkammer stand am S-Ende – also ursprünglich rechts vom Kopf – ein doppelkonischer Topf, daneben lag ein Tierknochen. Es folgten ein zweiter Spinnwirtel, dann der Kamm.

In der späten Kaiserzeit waren große Silberdrahtringe und große Bernsteinperlen an umfangreichen Halsketten und Brustgehängen eine weiträumig beliebte Mode.[36] Diese Mode setzte sich in fränkischen Gräbern der älteren Merowingerzeit fort.[37] In Köln, St. Severin trug eine Frau außer der Halskette u.a. Glas-, Gold- und Edelsteinperlen auch spindelförmige Bernsteinperlen wie in Vogelstang Grab 89, und dazu über der Brust fünf Silberdrahtringe mit aufgeschobenen Glasperlen.[38] In zwei weiteren Gräbern von St. Severin kommen Drahtringe mit Perlen aber auch am Gürtelgehänge vor.[39] Ebenso gehören in Cutry, Dép. Meurthe-et-Moselle, Grab 900 Perlen aus Glas und Bernstein an Drahtringen eindeutig zu einem Fibelgehänge.[40]

Im mittleren Donauraum sind große laib- oder scheibenförmige Bernsteinperlen charakteristisch für die reicheren Gräber der spätkaiserzeitlichen Phasen D2 und D3[41], mit Silberdrahtringen kombiniert waren sie möglicherweise Appliken an den Ärmeln und Kleidersäumen.[42]

Unter starkem donauländischen Einfluss wurden in der Alamannia in der zweiten Hälfte des 5. Jahrhunderts Perlen an Silberdrahtringen Bestandteil eines Gürtel-Gehänges[43], das teilweise mit Bügelfibeln fixiert wurde. Eines der frühesten Beispiele ist Basel-Gotterbarmweg Grab 6[44], eines der kostbarsten Basel-Kleinhüningen Grab 126[45]. Seit dem späten 5. Jahrhundert trugen vornehme Frauen auch in Straubing an der Donau an Drahtringen befestigte kleinere Perlen an einem von der rechten Schulter herabhängend Band sowie größere Perlen an ihrem Fibelgehänge, meist aus Glas, vereinzelt aus Bernstein[46]. Eine große Bernsteinperle an einem verknoteten Silberdrahtring wurde zu Beginn des 6. Jahrhunderts am Runden Berg bei Urach zusammen mit Fibelschmuck deponiert[47]. Dieser Schmucktyp überlebte den Untergang des alamannischen Königreiches, wie das Gehänge einer reichen Frau aus Mengen am Kaiserstuhl zeigt, das nicht nur Perlen an

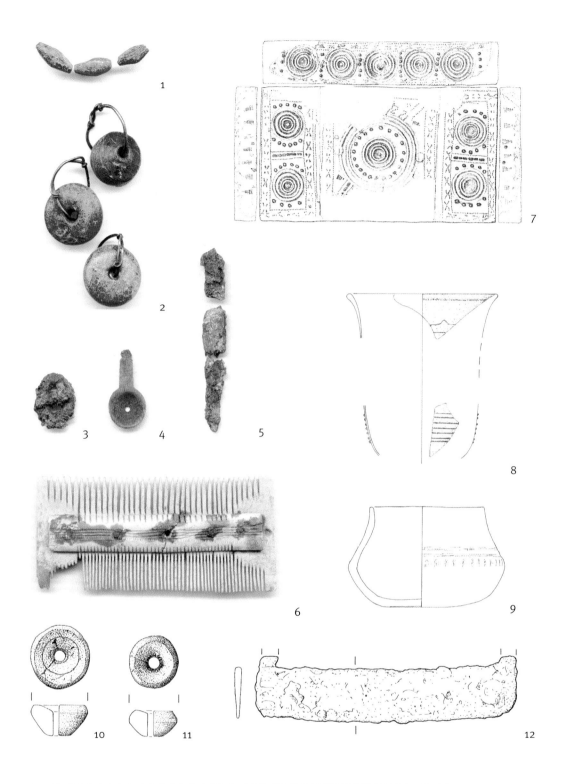

Abb. 8: Vogelstang, Frauengrab 89. 1 Bernsteinperlen; 2 große Bernsteinperlen an Drahtringen; 3 Eisenschnalle; 4 Fragment eines Bronzelöffelchens; 5 Messer; 6 Kamm; 7 das wahrscheinlich zugehörige Kästchen, das 1861 geborgen wurde, als der Fundort noch Wallstadt hieß; 8 Scherben eines Glockenbechers; 9 handgeformte Keramik; 10-11 Spinnwirtel; 12 Flachsbreche. 1-2.6 M. 2:3; 3-5. 10-12 M. 1:2; 7-9 M. 1:4.

Silberdrahtringen sondern auch sieben ostgotische Halbsiliquen, die jüngsten unter Justin I (518-527) geprägt, enthielt[48].

Große laib- oder scheibenförmige Bernsteinperlen sind aus Mitteldeutschland[49] und Böhmen[50] bekannt, aber keine Perlen an silbernen oder bronzenen Drahtringen.

Die Dame aus Vogelstang-Elkersberg Grab 89, die im zweiten Viertel des 6. Jahrhunderts über 50jährig starb, besaß also ein Perlengehänge mit Silberdrahtringen, wie es noch zu ihren Lebzeiten vornehme alamannische und bajuwarische Frauen trugen. Da weder Grabform noch das übrige Inventar in die Alamannia passt, ist für die Interpretation wichtiger, dass der Gehängeschmuck auch in Lothringen oder am Niederrhein bei den Frauen der Oberschicht vorkommt. Unbekannt war er nur in thüringischen und langobardischen Siedelgebieten.

Perlen an Drahtringen als Halsschmuck wie bei der senilen Frau im Doppelgrab 189 sind eine in linksrheinisch fränkischen Gebieten häufige Erscheinung. Offensichtlich trug auch die juvenile Frau in dem SN-Grab 277 ein Gehänge mit Perlen an Drahtringen, jedoch von geringerer Qualität. Von der Ausstattung blieb einzig eine große schwarze, mit weißer Fadenauflage verzierte Glasperle mit einem Stück Bronzedraht im Fadenloch erhalten (S.318, Abb. 39).

Die Ausstattung alamannischer Frauen im späten 5. und frühen 6. Jahrhundert mit Geräten und Gefäßen variiert zwar von Gräberfeld zu Gräberfeld, gemeinsam ist ihnen allerdings ein sehr geringer Anteil dieser beiden Beigabengruppen.[51] Mit Messer, Schere, zwei Spinnwirteln und einer Flachsbreche passt Grab 89 von der Vogelstang so gar nicht in dieses Bild alamannischer Gräber. Da auch die Grabanlage hinsichtlich Ausrichtung und Eckpfosten keine Parallelen in Südwestdeutschland hat, scheidet eine alamannische Herkunft der Frau aus. Sie war keine Einheimische.

So verbleibt die Region am Niederrhein, wo SN-Gräber üblich waren, wo der Gehängeschmuck mit Perlen an Drahtringen in den vornehmsten Familien bekannt war, wo Frauen ihre Scheren am Gürtelgehänge trugen[52] und Wirtel und Flachsbreche in den Frauengräbern auftauchen.[53]

Die beste Parallele zu dem handgeformten Topf mit zwei breiten eingeglätteten Riefen auf der geschweiften Oberwand und den eng gestellten, schwach eingedrückten kurzen Dellen am Umbruch und der breiten Unterwand stammt dann wohl nicht zufällig aus Rill bei Xanten.[54] Albert Steeger wies auf ein ähnlich breitbodiges Gefäß aus Widdig hin, und schrieb dazu: „Eine befriedigende Erklärung ihres augenfälligen Zusammenhanges mit sächsischer, thüringischer und alamannischer Keramik ist noch nicht zu geben".[55] Und in der Tat weisen auch Töpfe aus Böhmen ein ähnliches Profil, umlaufende Rillen und Kerben am Umbruch auf.[56] Nur eine Analyse der im Ton enthaltenen Magerung könnte klären, wo der Topf hergestellt wurde.

Der Kamm mit stark differierender feiner und grober Zähnung, verziert durch Längsrillen auf den gewölbten Leisten war relativ gut erhalten; obgleich die Frau aus Grab 89 überwiegend die fein gezähnte Seite verwendet hatte, nur selten die grobe, war noch kein Zahn ausgebrochen. Dieser somit erst in den letzten Lebensjahren erworbene Kamm ist das Produkt eines am Mittel- oder Oberrhein tätigen Kammmachers.

Das stark gestörte Frauengrab 89 lag sehr wahrscheinlich im Areal des ehemaligen Wallstadter Flurstückes 666, auf dem 1861 die Bronzeblechverkleidung eines Holzkästchens ausgegraben wurde (S. 101, Abb. 117). Da es dort kein zweites Inventar gibt, das Hinweise auf eine gehobene Ausstattung enthält, die zu einem Grab mit kostbarem Kästchen passen könnte, war die vom Niederrhein stammende Frau in Grab 89 wohl auch die ehemalige Besitzerin des „Wallstadter" Kästchens (Abb. 8,7).

Der Schmuck der über 50jährig verstorbenen Frau entsprach noch der Mode von SD-Phase 4; durch ihr hohes Alter hatte sie die Umsiedlung ihrer Familie erlebt und war dann wohl – wie ihr Kamm verrät – einige Jahre nach der Umsiedlung im neuen Friedhof beigesetzt worden.

In den ebenfalls SN-gerichteten Gräbern 277 und 147 dürften Angehörige der nämlichen vom Niederrhein stammenden Familie liegen. Zugehörige Männer sind nicht bekannt, nur das total zerstörte Grab 10, aus dem noch wenige Fragmente einer Schildfessel und eines Holzeimers geborgen wurden, könnte auf Grund seiner Lage ca. 15 m östlich von Grab 89 ebenfalls in die erste Generation gehören.

5.5 WO-gerichtete Kammergräber mit Eckpfosten

In dem genau WO gerichteten Grab 152 war eine adulte Frau beigesetzt worden (Abb. 9). Das Doppelgrab 189 mit einer 40-60-jährigen wahrscheinlich schon spätmaturen und einer vielleicht noch adulten 30-50-jährige Frau zeigte bereits die jüngere

Abweichung in der Orientierung und war etwas später angelegt worden.

Die Holzkammer von Grab 152B war doppelt so breit wie das SN-Kammergrab 89. Sie reichte mit vier tiefgründigen Eckpfosten bei einer lichten Weite von 2,2 m zu 1,6 m in über 2 m Tiefe. Grab 189 war noch breiter, aber auch für zwei Personen angelegt (Abb. 10). Die Seitenwände der etwa 2,6 m langen und 2,5 m breiten Holzkammer des Doppelgrabes waren stark eingedrückt. Da die Sohle bereits 1,1 m unter der Oberfläche beobachtet wurde, war es nur halb so tief wie die anderen beiden Gräber mit Eckpfosten. Die geringe Tiefe hängt sicher mit der Lage zusammen, denn bei der freien Fläche südlich des Grabes dürfte es sich um eine Geländekuppe gehandelt haben.

Abb. 9: Vogelstang. Frauengrab 152B mit Eckpfosten. M. 1:20.

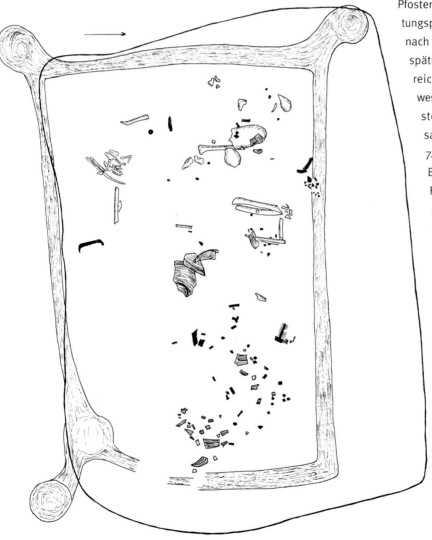

Pfostenspuren auf frühmittelalterlichen Bestattungsplätzen stellte Niklot Krohn auf der Suche nach einer Interpretationsmöglichkeit eines spätmerowingischen Befundes als facettenreiches Phänomen zusammen[57]. Im südwestdeutschen Raum sind demnach Pfostenstellungen im unmittelbaren Grabzusammenhang mehrheitlich dem 7.-8. Jahrhundert zuzuweisen. Für die Beurteilung der mit Eckpfosten gebauten Frauengräber von der Vogelstang sind jedoch Parallelen aus der ersten Hälfte des 6. Jahrhunderts entscheidender. Holzkammern mit Eckposten sind von der späten Kaiserzeit bis in das frühe 6. Jahrhundert in Mitteldeutschland, Böhmen und Mähren zu beobachten.[58] Die mitteldeutschen Gräber mit Eckpfosten waren über 2 m tief, die Gruben relativ breit, daher nimmt Berthold Schmidt an, dass die Pfosten der größeren Festigkeit einer waagerechten Abdeckung dienten.[59] Als kryptaartige Grabkammer, die mit einem obertägig aufgehenden Bau verbunden waren, rekonstruierte Ludwig Wamser Grab 25 von Zeuzleben an der Wern, da hier Firstpfosten vorhanden waren.[60] Daneben gab es in

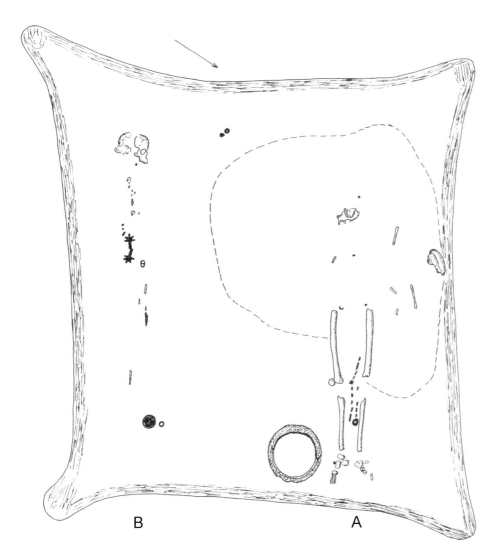

Abb. 10: Vogelstang. Doppelgrab 189 mit Eckpfosten und stark eingedrückten Seiten. M. 1:20.

B   A

Zeuzleben auch Gräber mit nur je vier tiefgründigen Eckpfosten, die ein Zwischengeschoss für Gefäß und Speisebeigaben trugen. Gebaut wurden die Pfosten-konstruktionen in Zeuzleben im zweiten Viertel des 6. Jahrhunderts von einer sozial gehobenen, aus dem thüringischen Raum stammenden Bevölkerung.[61]

Die Gräberfelder von Mochov[62] und Záluží in Böhmen, die Gräber mit Eckpfosten aufweisen, werden einer von der unteren Elbe eingewanderten und daher als langobardisch angesehenen Bevölke-rungsgruppe zugeschrieben.[63] Eckpfosten von kleineren Einbauten scheinen bei langobardischen Gräbern an der mittleren Donau häufiger aufzutreten.[64] Auf langobardischen Einfluss könnte der Pfostenbau in Straubing-Alburg, Grab 786 zurückgehen.[65]

Bereits das SN-Grab 89 zeigte, dass Pfostenkonstruk-tionen im 6. Jahrhundert nicht mehr auf den östlich-

merowingischen Kulturkreis beschränkt sind. Auch in gut gegrabenen fränkischen Gräberfeldern sind sie zu beobachten. Etwa gleich alt mit den drei Grä-bern vom Elkersberg in Vogelstang sind die Vorkom-men in Nieder-Erlenbach, Stadt Frankfurt a. M, sie befinden sich in einem nur kurze Zeit in AM II be-legten Areal abseits des späteren Reihengräberfel-des.[66] In dem 0,75 m breiten Grab 7 von Nieder-Er-lenbach reichten die vier Pfosten in den Ecken bis auf die Grabsohle in 1,84 m Tiefe. Darin war im zwei-ten Viertel des 6. Jahrhunderts eine 21-25 Jahre alte Frau in einem Sarg bestattet, mit Schlüsselbund, Per-len und Drahtringen an der Halskette, Hackeisen, Pin-zette, Sturzbecher und Topf, aber ohne Fibel-schmuck.[67] Der gleichen Periode gehört dort das Grab 15 eines 45-55 jährigen Mannes an[68], in dem eben-falls Eckpfosten und ein Sarg beobachtet wurden. Der Mann trug einen Gürtel mit Schilddornschnalle und Heffeln, war mit einer Tüllen-Axt bewaffnet sowie einer reichen Gefäßauswahl ausgestattet. Beide Gräber fallen innerhalb der kleinen separat liegenden Gruppe mit ausschließlich Sarggräbern durch Beigabenfülle bzw. das einzige Glas auf, zeigen aber keine Verbindung in den östlich-merowingischen Kulturkreis.

Aus Eick, Kr. Moers, sind zahlreiche Holzkammergräber bekannt; bei Grab 15, 21, 35 und 54 beobachtete Hermann Hinz Verdickungen der Eckverfärbungen, die von Eckpfosten herrühren dürften, auch wenn diese in keinem Fall an allen vier Ecken zu erkennen waren.[69] Die Gräber sind in die Niederrhein-Phasen 6 bis 8 zu datieren[70] und somit jünger als die Gräber von der Vogelstang.

In Saint-Vit in Burgund, dessen Belegung mit der zweiten Hälfte des 6. Jahrhunderts einsetzt, herrschen zwei Grabtypen vor, das seltenere Grab im einfachen Schacht und das Kammergrab. Häufig sind Holzwände und in 14 Gräbern auch Eckpfosten zu beobachten. Für die großen Grabanlagen gibt es keine Beispiele in Burgund, darum werden sie dort auf fränkischen Einfluss zurückgeführt, der mit der Ausweitung fränkischer Herrschaft einherging.[71]

Ob in Vogelstang-Elkersberg für drei Frauen der ersten Generation WO-gerichtete Grabkammern mit Eckpfosten aufgrund einer östlich-merowingischen, d. h. thüringischen oder langobardischen, Bestattungstradition errichtet wurden, oder ob sich hier eine einheimische oder fränkische Oberschicht bereits neue aufwendige Grabformen angeeignet hatte, ist als nächste Frage zu untersuchen.

5.6 Eine Langobardin – die Hofherrin in Vogelstang Grab 152B

Das WO-Grab 152B mit einer adulten Frau war total gestört. Die Bestattung befand sich sehr wahrscheinlich in der nördlichen Kammerhälfte, denn Teile des Skelettes wurden überwiegend in der NW-Ecke angetroffen. Dort lag beim Schädel eine Silbermünze mit Silberdraht neben Scherben eines Keramikgefäßes und Fragmenten des Bronzebeckens. Unmittelbar anschließend streuten von der Mitte bis

zur N-Wand zwei weitere Münzen sowie eine Perle und das Goldröhrchen. Obgleich die Teile des Bronzebeckens (Abb. 11,15) zweifellos vom Fußende stammen und auf ziemliche Verwerfungen hinweisen, darf angenommen werden, dass die an kleinen Silberdrahtringen befestigten ostgotischen Münzen wie die zylindrische Goldblechperle (Abb. 11,1-4) zum Halsschmuck gehörten. Die silbernen Gehänge-Doppelbeschläge (Abb. 11,7) wurden bei den verlagerten Langknochen gefunden und hatten ursprünglich zwischen den Oberschenkeln gelegen. Die zu einem Fibelgehänge gehörenden silbernen Gehängedoppelbeschläge sind wegen ihrer Filigranauflage außergewöhnlich qualitätvoll; mit der Filigranauflage heben sie sich deutlich von den üblicherweise stempelverzierten oder gänzlich unverzierten Stücken ab. Silberbeschlagene Gehängeriemen sind seit dem frühen 6. Jahrhundert ein typisches Zubehör der östlich-merowingischen Fibel-Tracht.[72] In Süddeutschland sowie am Rhein tauchten die Gehänge mit den silbernen Doppelplättchen häufiger im mittleren Drittel des 6. Jahrhunderts auf, weiter westlich tritt dieser Gehänge-Schmuck nur ganz vereinzelt auf, wie z. B. in Cutry, Dép. Meurthe-et-Moselle, Grab 994 mit zwei ungleichen fränkischen Bügelfibeln[73]. An Rhein, Neckar und oberer Donau ist er meist mit weiterem östlich-merowingischen Formengut verbunden. Ein Viertel dieser Bestattungen mit silberbeschlagenen Gehängeriemen aus dem mittleren Drittel des 6. Jahrhunderts, darunter die Dame aus Grab 139 von Westhofen, weist Gabriele Graenert gar zugezogenen Langobardinnen zu; Westhofen liegt jenseits des Rheins, aber nur 30 km nordwestlich von Mannheim.

Das Gehänge mit den silbernen Doppelbeschlägen war vermutlich auch bei der Frau in Grab 152B mit einem adäquaten Bügelfibelpaar östlich-merowingischer Form verbunden. In Grab 152B liegt mit dem durch Riefen und Rippen verzierten Becher noch eine weitere östlich merowingische Komponente vor (Abb. 11,14). Wegen der Beutelform steht er den langobardischen Bechern und Töpfen aus Neu-Ruppersdorf im nördlichen Niederösterreich näher[74], als den thüringischen Schalen, die am Mittel- und nördlichen Oberrhein schon ab dem frühen 6. Jahrhundert auftreten.[75]

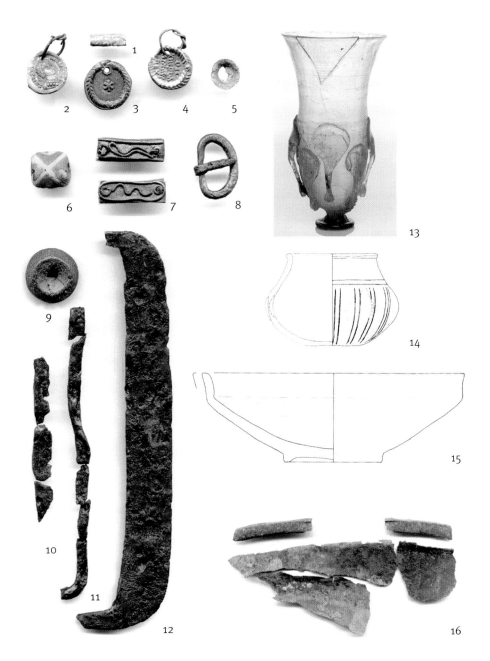

Abb. 11: Vogelstang, Grab 152B. 1 Goldperle; 2-4 ostgotische Silbermünzen; 5 Bronzeblech; 6 Glasperle; 7 filigranverzierte silberne Doppelbeschläge; 8 Bronzeschnalle; 9 Spinnwirtel; 10 Messer; 11 Hakenschlüssel; 12 Flachsbreche; 13 Rüsselbecher; 14-15 Keramik; 16 Bleche einer Bronzeschale. 1-7 M. 1:1; 8-11 M. 1:2; 12-16 M. 1:4.

Rüsselbecher und Bronzebecken weisen die mit Edelmetall geschmückte, mit Spinnwirtel und Flachsbreche (Abb. 11,9.12) ausgestattete Frau als Herrin eines großen Hofes aus.

Die Frau in Vogelstang Grab 152B ist kein Einzelfall im Rhein-Neckarraum. In der ersten Generation waren hier zahlreiche Frauen der Oberschicht nach langobardischer Mode gekleidet. Auf dem Bösfeld lag in Grab 148 eine Hofherrin, die ebenfalls in langobardischer Vier-Fibel-Fibeltracht gekleidet war und ein Gehänge mit silbernen Doppelbeschlägen besaß. In Bösfeld Grab 148 endet das Ziergehänge

in einer gefassten Kristallkugel (S. 141, Abb. 42). Beide Frauen, die vom Bösfeld ebenso wie die vom Elkersberg waren nicht nur nach östlich merowingischer Mode gekleidet, sie lagen beide in Kammergräbern mit tiefgründigen Eckpfosten. Und in beiden Gräbern stand je ein handgeformtes Gefäß mit Riefen sowie plastischem Dekor, das ebenfalls auf östlich merowingische Formen zurückgeht.

Straßenheim Grab 45 ist zwar gestört und die Fibeln fehlen, doch das Gehänge mit den silbernen Doppelbeschlägen ist vorhanden, es endete ebenfalls in einer von Bronzebändern gefassten magischen

Kugel, die dort allerdings nicht aus Kristall sondern schwerem Eisen besteht (S. 142, Abb. 43).

Die eigenwilligen thüringischen Formen von Bügelfibeln aus dem 5. und frühen 6. Jahrhundert mit den gezackten und gelappten Platten machen es zwar leicht, thüringischen Schmuck zu erkennen. Doch dass es nicht gleich eine Thüringerin sein muss, zeigt die silberne Zangenkopffibel aus Straßenheim Grab 81 (Abb. 12). Zu ihr gibt es eine gute Parallele aus der Prager Gegend.[76] Böhmen gehörte im frühen 6. Jahrhundert dem sogenannten östlich-merowingischen Kulturkreis an, wobei offen bleibt, ob es machtpolitisch den Thüringerkönigen unterstand oder den Langobarden zugeschrieben werden muss. Bei einer Zangenfibel aus dem bajuwarischen Grab 247 von München-Aubing ist nur der Bügel etwas schlichter gestaltet[77] als bei dem Straßenheimer Exemplar. Dass die Frau aus Straßenheim „Aue" tatsächlich aus dem langobardischen Kulturkreis stammen könnte, zeigt die mit gefundene S-Fibel mit zwei Vogelköpfen und einem mit drei Almandinen belegten Leib. Gut vergleichbare S-Fibeln mit drei cloisonnierten Zellen stammen aus dem langobardischen Krainburg in Slowenien, aus Ràcalmàs Grab 2 und 20 sowie mit vier Zellen aus Mohács in Ungarn[78]. Ein

S-Fibelpaar mit drei Almandinen lag in Straubing Grab 480[79], während das S-Fibelpaar in Straubing Grab 477 vier Almandine aufweist und zusammen mit einer Bügelfibel mit Zangenkopf getragen wurde, die aufgrund des eckigen Tierkopfes wiederum eher als langobardisch, denn als thüringisch anzusprechen ist.[80] Eine weitere S-Fibel ist aus Inzing, Kr. Passau bekannt.[81] Eine vergleichbare S-Fibel aus dem fränkischen Mézières an der Maas[82] war dort in Grab 55 mit zahlreichen Millefioriperlen kombiniert, die in diese Anzahl erst in der Mitte des 6. Jahrhunderts zur Verfügung standen und mediterraner Herkunft sind. Zwei Millefioriperlen trug die Frau aus Straßenheim in ihrem kleinen Schmuckensemble. Es handelt sich bei ihr also kaum um eine Thüringerin, sondern eher um eine Langobardin, die in den späten dreißiger Jahren an den Rhein kam.

Im Umkreis der vornehmen Frau langobardischer Herkunft mit den Statussymbolen einer fränkischen Hofherrin wurden am Elkersberg fünf Säuglinge, ein Kleinkind und vier etwas größere Kinder zeitnah beigesetzt. Da sich in der ersten Generation die meisten Kindergräber um Grab 152B herum gruppierten, als würden die Kinder quasi unter den Schutz der darin beigesetzten Frau gestellt, spielte sie zweifellos eine besondere Rolle in der Siedlung. Diese Frau darf als Siedlungsgründerin angesprochen werden. Das Grab der ersten Hofherrin verlor in den folgenden Generationen nicht an Anziehungskraft, wie die späteren Beisetzungen von Kindern in seinem Umkreis bezeugen. Vier Generationen später war das Grab allerdings vergessen, die Familie hatte ihr altes Areal aufgegeben. In der letzten Phase wurde auch über dem Grab der ersten Hofherrin ein neues Frauengrab angelegt.

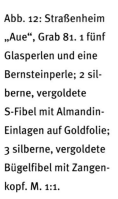

Abb. 12: Straßenheim „Aue", Grab 81. 1 fünf Glasperlen und eine Bernsteinperle; 2 silberne, vergoldete S-Fibel mit Almandin-Einlagen auf Goldfolie; 3 silberne, vergoldete Bügelfibel mit Zangenkopf. M. 1:1.

5.7 Vogelstang Doppelgrab 189 – zwei weitere Frauen am Herrenhof

10 m südöstlich von Grab 152B wurde – wegen der geänderten Ausrichtung wohl erst einige Jahre später – die große, aber weniger tiefe Grabkammer mit vier Pfosten in den Ecken für zwei Frauen im reiferen Alter errichtet. Dieses Doppelgrab 189 befand sich am Rande des dichter belegten Areals und war

von einem gräberfreien Kreis umgeben. Gut 30 m weiter südlich lag das SN-Grab 89. Die Fläche zwischen diesen beiden auffallenden Gräbern 189 und 89 wurde auch in den folgenden Generationen nicht für Bestattungen genutzt, d. h. inmitten des Gräberfeldes blieb ein weites Areal als Kultplatz erhalten. Die geringeren Tiefen vieler Gräber am Rande der Fläche lassen vermuten, dass es sich hier um eine Geländekuppe handelte, die damals wohl eher als alter Grabhügel betrachtet wurde und bei der Wahl des Bestattungsplatzes eine entscheidende Rolle spielte. Wie die Gräber 89 und 152B blieb auch Grab 189 von den in spätmerowingischer Zeit systematisch betriebenen Plünderungen nicht verschont. Ein großer Raubschacht erstreckte sich von der Mitte bis über das nordwestliche Viertel.

Ungestört waren von der nördlichen Bestattung mit der jüngeren Frau, Grab 189A (Abb. 10), nur die Beine, zwischen denen sich bis auf die Mitte der Unterschenkel ein Ziergehänge erstreckte. Das Gehänge mit 13 rechteckigen silbernen Doppelbeschlägen wurde in Kniehöhe durch eine 2,3 cm große zylindrische Perle aus leichtem, weißem kreideartigem Material, eventuell Meerschaum, unterbrochen und endete mit einer unregelmäßig ringförmigen Bernsteinperle von 3,7 cm Durchmesser (Abb. 14,14-16). Wie die Frau in Grab 152B folgte also auch die jüngere der beiden Frauen im Doppelgrab einer langobardischen Mode.

Die südliche Hälfte des Doppelgrabes, Grab 189B, lag außerhalb des Raubschachtes, dennoch war nur der Schädel der älteren Frau vorhanden. Die übrigen Knochen dürften vergangen sein, dafür spricht vor allem, dass der Schmuck in Traglage gefunden wurde (Abb. 10;13). Nahe dem Oberkiefer – der Unterkiefer war nicht erhalten – steckte die Münze. Entlang der Körperachse zogen sich sechs Glasperlen und zwei Bernsteinperlen hin, darunter zwei Perlen mit Bronzedraht; dazwischen kam die Vogelfibel zum Vorschein. Bis in die Höhe der großen Perle am Ende des Perlenstranges reichte bereits die obere der beiden Bügelfibeln, die untereinander, mit der Oberseite nach unten gekippt und mit den Fußplatten gegeneinander lagen. Den Gürtel mit unscheinbarer Eisenschnalle trug die Frau verdeckt, unterhalb der

Schärpe mit den Fibeln. Vom Gürtel herab hing das Messer. Am Fußende, 30 cm vor der Ost-Wand wurden ein Bronzering und ein kleines Bronzeblechschälchen geborgen.

Die silberne, vergoldete Vogelfibel mit einem Almandinplättchen im Auge lässt sich keiner gängigen Serie zuordnen. Der gewellte, fast 8-förmige Fuß kommt bei cloisonnierten Vogelfibeln[83] und Vogelfibeln mit Steineinlage westlich des Rheins vor.[84] Die Vogelfibel war kombiniert mit einem silbernen, bis auf die niellierten Partien vergoldeten Bügelfibelpaar mit gleichbreitem Fuß, wobei die beiden Bügelfibeln nicht modelgleich sind. Die Vergoldung ist zwar abgerieben, der Nadelrast aber ohne Abnutzungsspuren. Derartige Fibeln sind aufgrund des vergoldeten Silbers kostbar, jedoch keine exquisiten Sonderanfertigungen. Der einzonige, fächerförmige Kopfplattendekor mit kleinen Kerbschnittdreiecken in der Mitte und in den Zwickeln findet sich bei Fibeln mit Laternenknöpfen[85] und bei Fibeln mit Almandineinlagen in den fünf Knöpfen.[86] Der gleiche Dekor tritt außerdem in Nordfrankreich und am Mittelrhein mehrmals mit Vogelkopfknöpfen auf.[87] Sehr ähnlich ist der Kopfplattendekor eines Fibelpaares aus Rheinsheim (Kr. Karlsruhe) Grab 126, das mit einem Triens des Justinus (518-527) zusammen gefunden wurde und die Datierung an das Ende von SD-Phase 4 stützt.[88] In Vogelstang-Elkersberg Grab 189 spricht die mitgefundene Münze für eine spätere Grablegung gegen Ende der SD-Phase 5.

Die ältere Frau in dem Doppelgrab trug also mit einer Vogelfibel und dem Bügelfibelpaar mit gleichbreitem Fuß und Fächermuster (Abb. 13,4-6) westlichmerowingischen Fibelschmuck, auch die an Drahtringen befestigten Perlen als Teil einer Halskette sind eine fränkische Mode (vgl. S. 201). Die Archäologie kann also noch über die Beobachtung von Dr. Rolf Will, Zahnarzt für Oralchirurgie aus Mannheim, dass beide Frauen nach dem Schädel- und Zahnbefund nicht verwandt waren hinausgehen: Die beiden Frauen haben ihre Wurzeln in unterschiedlichen Kulturkreisen.

Die beiden Spindeln, eine mit einem Wirtel aus Geweih, die andere mit einem Keramikwirtel, waren

Abb. 13-14 Vogelstang
Grab 189A und 189B.
1-10 Schmuck, Geräte
und Schminkschälchen
gehörten der Frau in
Grab 189A; 13-18
Schmuck und Kessel er-
hielt die Frau in Grab
189B; 11-12 die Wirtel
lagen genau zwischen
den beiden Frauen.
1-6.13-16 M. 2:3;
7-12.17-18 M. 1:2; 19
M.1:4.

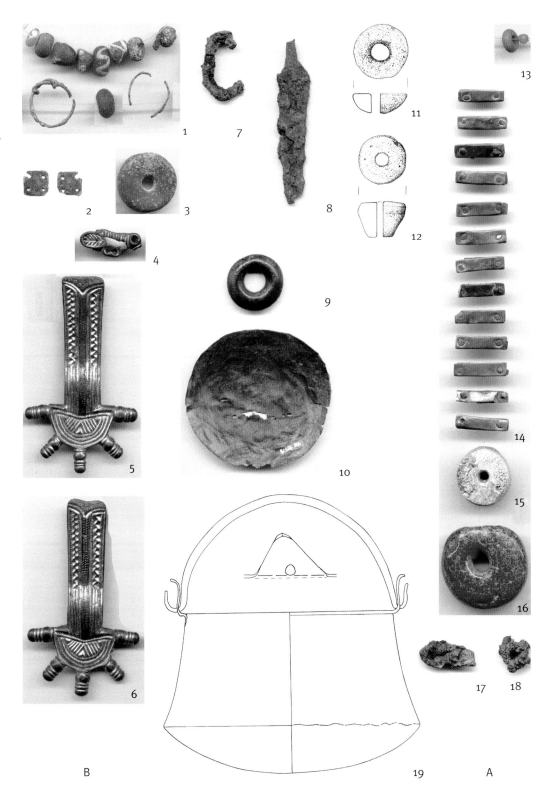

B

A

samt Spinngut offensichtlich eine gemeinsame Beigabe beider Frauen in Grab 189 (Abb. 14,11-12).

Die unterschiedliche soziale Stellung der drei Frauen
aus den mit Pfosten gebauten WO-gerichteten Kam-

mergräbern, die sich bei der Kleidung – obgleich in
zwei Fällen höchst unvollständig erhalten – andeu-
tet, erhärten die beigegebenen Bronzegefäße. Sie
lassen keinen Zweifel an der sozialen Rangfolge,
auch wenn sich Bronzegefäße, vor allem die dün-

nen getriebenen, nicht aufgrund ihres Materialwertes, wie H. Steuer errechnete, zur Definierung einer besonderen Besitzstufe eignen.[89] Unmittelbar neben dem rechten Fuß der jüngeren Frau aus dem Doppelgrab stand der 22 cm hohe, am Rand 23,5 cm weite Bronzekessel vom Westlandtyp mit den charakteristischen hochgezogenen dreieckigen Attachen und dem bandförmigen Eisenhenkel (Abb. 14,19).

Kessel kommen in merowingerzeitlichen Gräbern selten vor[90] und nur in Inventaren von herausragender Qualität. Angesichts der zahlreichen Gräber mit Bronzebecken kam Kochgeschirr aber nur als Ergänzung bei besonders aufwendigen Ausstattungen in Frage. Einen Reiter oder Krieger mit besonderen Funktionen, der mit Bronzebecken und Kessel hätte ausgestattet werden können, gab es nicht im Gräberfeld. Er dürfte auf dem Schlachtfeld verstorben sein. So erhielt die Frau in Grab 152B das Bronzebecken entsprechend ihrer Rolle als Gastgeberin auf einem größeren Hof und als Zeichen der dort gepflegten Tischsitten, während die jüngere Frau in Grab 189 der große Kochkessel mitgegeben wurde, sie dürfte die Wirtschafterin gewesen sein. An dritter Stelle in der sozialen Rangfolge stand die ältere Frau in westlich-merowingischer Kleidung, vielleicht eine Einheimische.

5.8 Bestattungen der ersten Generation von Vogelstang in großen Kammergräbern

Die Normalform der Kammergräber, in denen immer auf der Nordseite bestattet wurde, kann entsprechend dem Bestattungstyp 8 bis zu 1,5 m breit und 2,5 m lang sein. Sie tritt in SD-Phase 6 bereits bei fünf Frauengräbern[91] und drei Männergräbern[92] auf und wird in den folgenden Perioden die häufigste Grabform. In SD-Phase 5 gibt es mit Grab 121B nur ein Kammergrab von diesem Typ und auch das ist nicht sicher.

Bei Grab 121 wurden zwei übereinander liegende, später gemeinsam gestörte Bestattungen während der Ausgrabung nicht unterschieden, zumal die Störung eine eindeutige Klärung des Befundes er-

schwerte. Nach Auswertung aller Funde ist eindeutig, dass die zierlichere Person, d.h. die etwa 18-jährige Frau, hier zuerst beigesetzt worden war (Grab 121B), die kräftigere Person, ein Mann drei Generationen später nur knapp darüber (Grab 121A). Anthropologisch ist auch noch ein Säugling nachgewiesen. Es ist nicht mehr zu klären, ob die große Grube für das ältere Grab angelegt wurde, denn in SD-Phase 8 wurde häufiger in Kammergräbern bestattet.

Um die Schädelreste der jungen Frau in Grab 121B streuten in breiter Zone die Perlen. Der Spinnwirtel aus Bein lag ursprünglich außen neben dem rechten Oberarm. Zum Frauengrab sind aus dem gestörten Bereich weitere Perlen (S. 119, Abb. 1) sowie der durchbohrte Bärenzahn (S. 373, Abb. 5) zu zählen. Ebenso gehörte der Rüsselbecher (Abb. 15) sicher in das ältere Grab, dessen Datierung in die erste Belegungsphase bereits die Perlen ermöglichten. Der Rüsselbecher und zwei verschiedene Fleischsorten unter den Speisen sind wiederum Hinweise, dass es sich um ein qualitätvoll ausgestattetes Grab handelte, zu dem die Kammerform gut passen würde. Die Frau in Grab 121B war in ihrer Generation nicht die einzige Person in einem Kammergrab, denn das größere, mehr als 1,5 m breite Kammergrab mit der Bestattung auf der N-Seite ist in SD-Phase 5 mit dem Männergrab 230 auf jeden Fall schon nachgewiesen, ebenso die über 2,5 m lange Variante Bestattungstyp 10 mit der Bestattung an der N-Seite und viel Freiraum am Fußende durch das Frauengrab 155 (Abb. 16) sowie das Männergrab 213 (Abb. 17).

Alle vier Kammergräber wichen in der Orientierung um 20°-30° nach SW ab, folgten somit der während der Belegungsphase 1 vorgenommenen Änderung. In Grab 121B lag eine juvenile Frau, in Grab 155 eine adulte Frau, in den Gräbern 213 und 230 spätmature Männer. Das Frauengrab 155 lag unmittelbar nördlich des Pfosten-Kammergrabes 152B, das 14 m entfernte Männergrab 213 ist die nördlichste Bestattung der ersten Belegungsphase, Grab 121B die südlichste Bestattung dieses in der ersten Belegungsphase dichter belegten Areals. Erst 15 m weiter südlich folgt das Gräberpaar 283/290. Mit dem Männergrab 230 lässt sich das Areal der ersten Phase im Osten abstecken.

Abb. 15: Vogelstang, Frauengrab 121. Rüsselbecher, H. 16,2 cm.

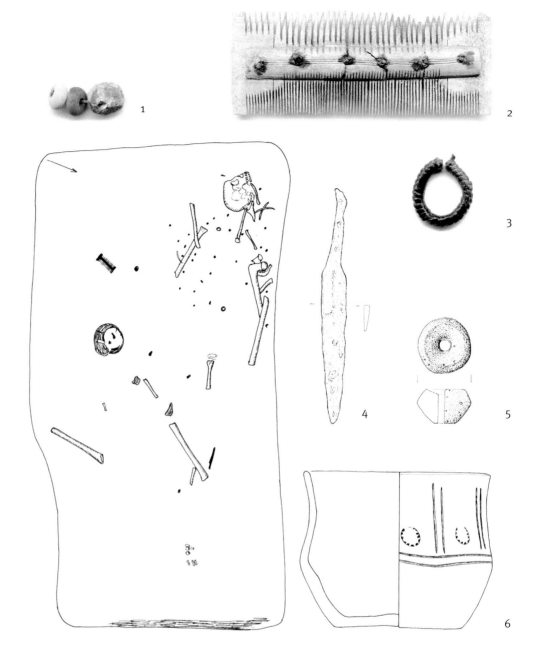

Abb. 16: Vogelstang,
Frauengrab 155. 1.3
M. 1:1; 2 M. 2:3; 4-5
M. 1:2; 6 M. 1:4;
Plan M. 1:20.

Wie alle Kammergräber war auch Grab 155 total gestört (Abb. 16). Beim Schädel lag eine silberne
Münze, eine von Totila geprägte Siliqua (S. 328, Abb.
3), es ist neben der Grabform der einzige Hinweis
auf eine gehobenere Ausstattungsqualität. Wo sich
ursprünglich der Oberkörper befand, streuten drei
Perlen weit umher, sie stützen die Datierung in die
erste Belegungsphase. Im ursprünglichen Bereich
der Beine befand sich das Messer, das demnach zu
einem Gürtelgehänge gehörte. In der südlichen
Kammerhälfte lagen in Höhe des Oberkörpers Kamm
und Spinnwirtel, weiter westlich stand das Tonge-

fäß. Der Kamm entspricht dem aus Grab 89 und ist
am Oberrhein erworben. Der handgeformte breitbo-
dige Topf mit steiler, konkav geschweifter Oberwand ist durch senkrechte sowie horizontale Riefen
und Stempel verziert, es gibt Parallelen im benachbarten Straßenheim und Viernheim[93]; die Wurzeln
dieser Keramik sind jedoch unklar. Keine Keramikgefäße fanden sich im Frauengrab 121B und in den
Männergräbern 213 und 230.

Im Männergrab 213 ist eine Schildfessel (Abb. 17,5)
der wichtigste Anhaltspunkt, dass hier Bewaffnung

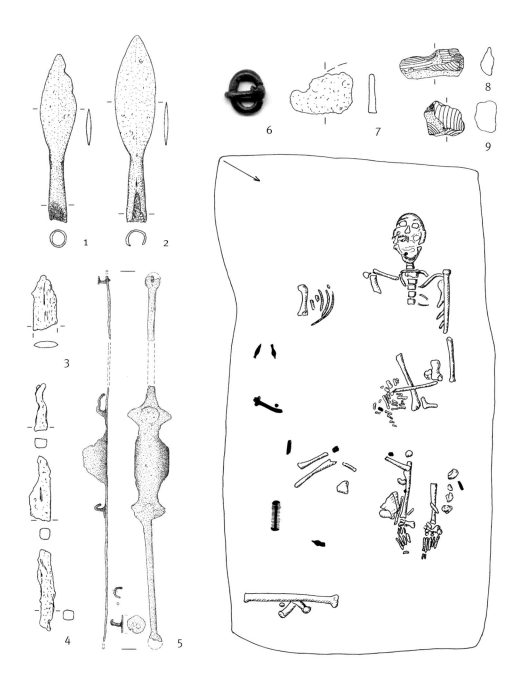

Abb. 17: Vogelstang,
Männergrab 213. 1-4.
7-9 M. 1:2; 5 M. 1:4;
6.10 M. 2:3; Plan
M. 1:20.

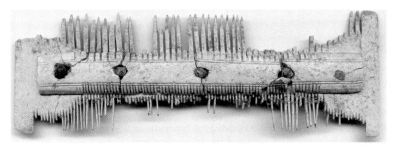

10

vorhanden war. Gefunden wurden außerdem zwei Pfeilspitzen (Abb. 17,1-2) und Reste der Gürteltasche mit der kleinen Taschenschnalle (Abb. 17,6) und dem Feuerzeug; vom Feuerstahl ist nur ein Fragment erhalten (Abb. 17,7). Die kleine Schilddornschnalle von einer Tasche stützt die Datierung in die erste Belegungsphase. Ungewöhnlich ist nämlich in SD-Phase 5 der Kamm von einer Größe, wie sie sonst erst in SD-Phase 9 erreicht wurde. Doch enthielt das Kammergrab 230 das Fragment eines wohl ähnlich großen Kammes (Abb. 18,1), sodass die beiden großen, chronologisch atypischen Kämme eher als Hinweis auf die privilegierte Stellung der beiden Männer zu verstehen sind.

Im Männergrab 230 blieben nur wenige Dinge an den Rändern der großen Grabkammer übrig, außer dem Kammfragment eine Schere, ein Feuerstahl, ein Schleifstein und zwei Pfeilspitzen (Abb. 18). In den unberaubten Gräbern vom Hermsheimer Bösfeld ist die Schere mit einer Ausnahme nur in Gräbern von Kriegern zu finden. Unter den Speisebeigaben im Frauengrab 155 und Männergrab 213 gab es eine Fleischsorte, nämlich Schwein, dagegen war im Frauengrab 121B Fleisch vom Schwein und Rind, im Männergrab 230 Fleisch vom Schwein, Rind und Schaf vorhanden. Die große Fleischauswahl weist ebenfalls auf einen hohen Rang und damit verbunden auf eine umfangreichere Waffenausstattung in Grab 230 hin.

Trotz der starken Beraubung gibt es also einige Hinweise, dass die Ausstattung der in den Kammergräbern beigesetzten Personen von gehobener Qualität und die Männer bewaffnet waren.

Abb. 18: Vogelstang, Männergrab 230. 1 M. 2:3; 2-10 M. 1:2.

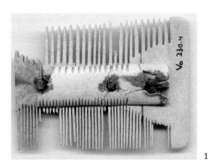

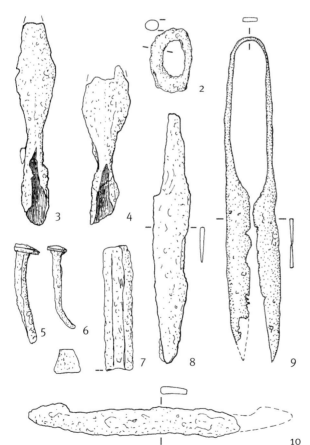

5.9 Bestattungen der ersten Generation von Vogelstang in geräumigen Gruben

Noch keine Grabkammer, aber doch eine sehr geräumige, 1 m bis 1,25 m breite Grube wie bei Bestattungstyp 3 erhielten in der ersten Phase eine mature Frau in Grab 134B und ein adulter Mann in Grab 216. Diese Form kommt noch in den folgenden Phasen SD 6-7 vor, nämlich bei vier Frauen[94] und zwei Männern[95], dann erst wieder im 7. Jahrhundert.

Das WO-gerichtete Frauengrab 134B befand sich nahe dem westlichen Friedhofsrand innerhalb der Nordgruppe, der Mann in Grab 216 am östlichen Rand des in der ersten Phase belegten Areals. Trachtbestandteile sind nicht vorhanden. Grab 134B war total gestört, doch auch Perlen, die sicher liegen geblieben wären, fehlten bei der maturen Frau. Sie besaß nur ein Messer. Der handgeformte Topf mit Kreis-Stempel und plastischem Dekor stand zu Füßen (Abb. 19). Die ursprüngliche Bewaffnung in Grab 216 lässt sich nicht mehr rekonstruieren, drei Pfeile blieben liegen.

Der geringen Ausstattungsqualität der geräumigen Gräber entsprach die Speisebeigabe. In beiden Gräbern gab es nur eine Fleischsorte, nämlich Schwein. Für die Herkunft der in den geräumigen Gruben beigesetzten Personen von geringer Qualität gibt es keine Anhaltspunkte.

5.10 Bestattungen der ersten Generation von Vogelstang in engen und einfachen Grabschächten

Acht Frauen in den Gräbern 31, 48, 122, 138, 194, 206, 209 und 283 sowie drei Männer in den Gräbern 25, 44 und 290 lagen in einfachen bis 1 m breiten Grabschächten (Abb. 6), davon waren die drei Frauengräber 31, 209 und 283 sowie das Männergrab 44 sogar weniger als 0,75 m breit. Bei den total ausgeraubten beigabelosen Gräbern 25 und 48 erfolgte die Datierung allein über die Lage. Eine Generation später in SD-Phase 6 wurden zwei Frauen in Grab 144 und 222 sowie ein Mann in Grab 36, in SD-Phase 7 noch ein Mann in Grab 26 und eine Frau in Grab 43 in einem einfachen Schacht beigesetzt, häufiger wurde diese Grabform wieder in der jüngeren Merowingerzeit gewählt.

Von den elf einfachen Gräbern der ersten Belegungsphase waren die sechs Gräber 25, 31, 44, 138, 206 und 283 genau WO-gerichtet (Abb. 4). Der jüngeren Abweichung von der WO-Achse um 20-30° nach WSW – ONO folgten die drei Frauengräber 48, 194 und 209 sowie das Männergrab 290.

In den engen und einfachen Gräbern 31, 48 und 122 wurden adulte Frauen, in den Gräbern 194, 206, 209 und 283 mature sowie eine senile Frau beigesetzt; in Grab 25 ein vermutlich maturer, in Grab 44 ein spätmaturer Mann und in Grab 290 ein 40-80-jähriger Mann.

Die schmalen Gräber befinden sich auf drei Gruppen verteilt, die ihren Ausgang an der westlichen Friedhofsgrenze nahmen. Am nördlichsten lagen die Frauengräber 206 und 209, am westlichen Friedhofsrand Grab 138 und unweit davon befand sich das geräumige Frauengrab 134. In dieser Gruppe gibt es keinen Mann.

Etwa 10 m weiter südlich folgen Grab 25 mit einem maturen Mann und Grab 31 mit einer adulten Frau. Unmittelbar östlich lag eine adulte Frau in Grab 122, südlich von ihnen ein spätmaturer Mann in Grab 44. In einem größeren Abstand weiter östlich, getrennt durch die reich ausgestatteten Kindergräbern 129 und 148B folgten die beiden Frauengräber 194 und 48, sie dürften in andere Zusammenhänge gehören. 16 m südlich von Grab 44 befand sich nahe der Friedhofsgrenze und etwas isoliert von den übrigen Gräbern der ersten Generation das Gräberpaar 283/290 mit einer maturen Frau und einem etwas älteren Mann. Während das Frauengrab im rechten Winkel zur westlichen Friedhofgrenze ausgerichtet war, zeigte das Männergrab bereits die auf die östliche Friedhofsgrenze bezogene Abweichung in der Ausrichtung.

In den einfachen schmalen Grabschächten könnten Familien aus dem nahen Rheinhessen beigesetzt worden sein, das schon unter Chlodwig fränkisch wurde, wo Erzeugnisse fränkischer Werkstätten zugänglich und schmale Grabschächte üblich waren. Die Bestattung in einer langrechteckigen Grube ist am Mittelrhein und in Rheinhessen in der ersten Hälfte des 6. Jahrhunderts selbst für Personen der Führungsschicht üblich.[96] Aber auch jede andere fränkisch besiedelte linksrheinische Region kommt in Frage.

5.11 Sozial und ökonomisch abhängige Bauern – Gräber von mittlerer und unterer Ausstattungsqualität

Von den acht Frauen in einfachen Grabschächten besaßen nur zwei Fibelschmuck. Bei der höchstens 36-jährigen aus Grab 31 steckte eine bronzene Rautenfibel am Hals (Abb. 20) und bei der etwa 50-jährigen aus dem schon abweichend orientierten Grab 209 lag eine bronzene Bügelfibel (Abb. 21) unterhalb der Schnalle im Becken. Beide Schmuckstücke sind Massenware aus fränkischen Werkstätten, die an Mittel- und Oberrhein zweifellos leicht zu erwerben waren.

So ungleich die beiden Frauen in Vogelstang Grab 31 und 209 auch geschmückt waren, die Qualität ihrer Ausstattung war doch nahezu gleichwertig: die eine trug eine Scheibenfibel und relativ reichen Perlenschmuck mit 20 Bernsteinen am Hals, die andere zwei Bernsteinperlen am Hals und eine Bügelfibel über dem Becken, dessen Gehänge in einer großen Glasperle endete.

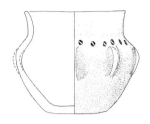

Abb. 19: Vogelstang, Frauengrab 134B. M. 1:4.

**Abb. 20: Vogelstang,
Frauengrab 31. 1-6
M. 1:1; 7-8 M. 2:3; 9-10
M. 1:2; 11-12 M. 1:4;
Plan M. 1:20.**

Die höchstens 36 Jahre alte Frau in Grab 31 trug an ihrer Halskette zwei tordierte Bronze-Stäbchen an einem Bronzering. Solche zwei- oder dreiteiligen Toilettebestecke sind in Frauengräbern seit dem 5. Jahrhundert bekannt[97] und von der Kanalküste mit Réville Grab 62[98] und Saint-Martin-de-Fontenay Grab 505[99] bis in den sächsischen Raum mit Liebenau Grab K12/B4[100] verbreitet. Ihr Kamm steckte in einem Futteral; Kammfutterale kommen in rechtsrheinischen Gebieten in SD-Phase 4 auf[101]. Die Frau in Grab 31 besaß außerdem zwei Amulette, nämlich einen konischen Bein-Anhänger und eine verzierte Scheibe aus der Geweihrose. Während die konischen Geweihanhänger schon im 5. Jahrhundert aus dem Donauraum in den Westen gelangten, verbreiteten sich Geweihrosen-Amulette in den rechtsrheinischen

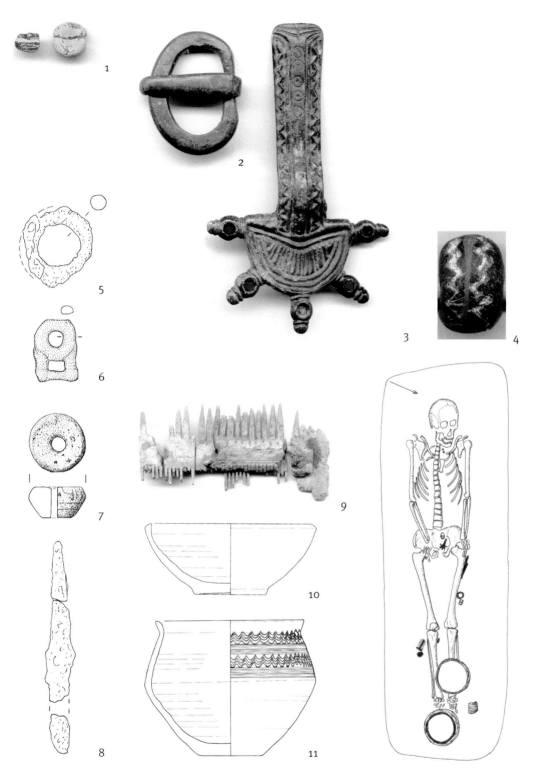

**Abb. 21: Vogelstang,
Frauengrab 209. 1-4
M. 1:1; 5-8 M. 1:2;
9 M. 2:3; 10-11 M. 1:4;
Plan M. 1:20.**

Gebieten erst unter fränkischer Herrschaft.[102] Zwei Spinnwirtel waren der adulten Frau mitgegeben worden.

Die 50-jährige in Grab 209 besaß wegen ihres hohen Alters keine Fruchtbarkeitsamulette mehr. Sie trug einen Gürtel mit Bronzeschnalle, auf der linken Seite vom Gürtel herab hingen an langen Bändern Messer, Eisenring, eine bronzene Doppelöse, wahrscheinlich war auch der unterhalb vom rechten Knie gefundene Kamm am ausschwingenden Gehänge befestigt gewesen. Ihr war ein Spinnwirtel mitgegeben worden. Die mature Frau lag in Grab 209, das bereits abweichend orientiert war. Sie verstarb, als bereits Drehscheibenware zur Verfügung stand, wie die Schale und der wellenverzierte doppelkonische Topf bezeugen.

Die beiden Frauen in Grab 31 und 209 erhielten zwar nur eine Ausstattung von mittlerer Qualität, aber es waren die qualitätvollsten Ausstattungen in den einfachen Grabschächten. Nach der Anordnung der Gräber gehörten sie zwei unterschiedlichen Familien an, zu denen weitere Frauen von ähnlichem oder geringerem sozialen Status zählten; einige hatten nicht einmal Perlenschmuck.

Die mit bronzener Bügelfibel geschmückte Frau in Grab 209 gehörte zu der am nördlichen Rand bestattenden familia. Dort war die senile Frau in Grab 138 bis auf die Unterschenkel gestört; in der SW-Ecke, also am Kopfende, lagen Pinzette und Kamm, zwischen den Knien hing ein Messer. Ähnlich gestört war Grab 206, vorhanden sind noch zwei Glas- und vier Bernsteinperlen sowie eine einfache eiserne Gürtelschnalle.

Zur Westgruppe um Grab 31 zählt die adulte Frau in Grab 122. Da nur der Beckenbereich gestört war, ist auszuschließen, dass sie Schmuck an Hals und Brust trug. Auffällig ist im Frauengrab 122 ein eiser-

ner Taschenbügel mit zwei kleinen Laschen, in die ursprünglich eine Schnalle eingehängt war (Abb. 22). Er wurde auf der linken Seite am Gürtel getragen, wahrscheinlich sogar wie bei den Männern am Rücken, da er liegen blieb, obgleich das Becken herausgerissen wurde. Außerdem waren ihr Kamm und Spinnwirtel mitgegeben worden.

Da Perlen in gestörten Gräbern wenigstens teilweise liegen blieben, ist anzunehmen, dass vier Frauen der ersten Belegungsphase keine Perlen trugen, nämlich die adulte Frau in Grab 122, die senilen in Grab 138 und 134B, dazu die erwachsene, möglicherweise ebenfalls senile Frau aus Grab 194. Das Fehlen von Perlen in den meisten Gräbern dieser Zeitphase kann mit dem hohen Lebensalter zusammenhängen. Andererseits trugen in Vogelstang-Elkersberg insgesamt 60 % der Frauen Perlenschmuck, bei den senilen waren es mit 55 % nur etwas weniger. So ist das Fehlen der Perlen eher Anzeichen einer geringen Ausstattungsqualität.

Das Männergrab 25 wurde während der Grabungen geplündert. Nach der Lage ist es auf das Frauengrab 31 bezogen, das eine Ausstattung von mittlerer Qualität aufwies. Ein Männergrab von mittlerer Ausstattungsqualität sollte Sax und Lanze enthalten, wenn nicht aufgrund einer aus dem Westen mitgebrachten Beigabensitte eine reduzierte Waffenausstattung vorliegt.

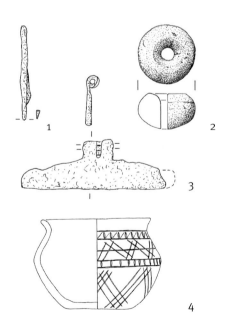

Abb. 22: Vogelstang, Frauengrab 122. 1-3 M. 1:2; 4 M. 1:4.

1

2

3

4

Eine reduzierte Waffenausstattung kommt auch für das Männergrab 44 (Abb. 23) in Frage. Grab 44 lag versetzt zwischen den Gräbern 31 und 122. Nur auf den ersten Blick kostbar ist sein Gürtel mit einer Eisenschnalle vom Typ Arlon, die noch zur Hälfte durch Almandine im eingesetzten bronzenen Zellkasten sowie einen Almandin im rechteckigen Schild des Bronzedornes verziert ist. Die Schnalle war im zweiten Viertel des 6. Jahrhunderts schon ein altes Stück, die Hälfte der Almandine war bereits vor der Grablegung ausgefallen. Der Mann aus Grab 44 war sicher nicht der Erstbesitzer dieser wegen der seitlichen Tauschierungen und den Steineinlagen aufwendig hergestellten Schnalle. Bei den Schnallen vom Typ Arlon handelt sich um eine fränkische Form. Vergleichbare Stücke streuen zwischen Seine und Rhein, bei nur zwei Vorkommen an Neckar und oberer Donau; in der Pfalz kommen sie in Obrigheim und Essingen vor[103].

Der mature Mann war mit Franziska und zwei Pfeilen bewaffnet. In den Mannheimer Gräberfeldern stammen Franzisken überwiegend aus beigabenarmen Gräbern der ältesten Belegungsschicht, wo sie entweder alleinige Waffe oder mit dem Kurzsax kombiniert waren, wie in Straßenheim Grab vom 16.2.1935 und Vogelstang Grab 44. Auf dem Hermsheimer Bösfeld befanden sich im nördlichen Teil des Gräberfeldes acht Gräber mit Axtwaffen, darunter die Gräber 132, 150 und 407 mit einer Franziska. Wie die mit Franziska ausgestatteten Männer in Hermsheim gehörte auch der Mann aus Vogelstang Grab 44 zur Unterschicht, die entweder einheimisch war oder aus dem linksrheinischen Gebiet kam. Bei dem Mann aus Vogelstang Grab 44 ist schwer zu entscheiden, ob er wegen der geringen Ausstattungsqualität wie die Frau in Grab 122 auf einer unteren sozialen Stufe stand und dem Gesinde zuzurechnen ist oder zusammen mit der Frau aus Grab 31 vielleicht einer Kernfamilie auf einer kleinen Hofstelle (mansus) vorstand.

Die beiden Frauen in den einfachen Gräber 48 und 194 vom Elkersberg fügen sich in einen dritten Familienverband, die Ostgruppe, ein. Die mature Frau aus dem total gestörten Grab 194, die eine Spindel bei sich hatte, ist sonst nicht näher zu beurteilen. Völlig beigabelos war Grab 48.

Wer in einem einfachen Grab beigesetzt war, hatte am Elkersberg in Vogelstang offensichtlich keine herausragende soziale Stellung. Es gab keinen Anlass, den traditionellen engen Grabschacht aufzugeben. So rundet sich das Bild von Angehörigen bäuerlicher Familien, die über kein Edelmetall und über keine Luxusgüter verfügten, deren Männer nur mäßig bewaffnet waren und die daher keine Krieger waren, höchstens Männer für den Tross. Da nach der Lage der Gräber aber zu jeder Gruppe auch Kammergräber gehörten, im Norden die Gräber 155 und 213, im Westen das Kammergrab 121 und zur Ostgruppe die Kammergräber 152B, 189 und 230 ist davon auszugehen, dass die kleinbäuerlichen Familien keinen eigenen Hof bewirtschafteten. Sie agierten nicht selbständig, sondern waren eingebunden in Hofgemeinschaften, die von sozial höher stehenden Personen

1   2   3

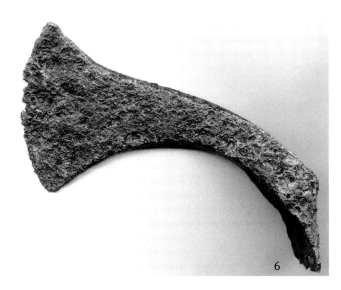

4   5   6

**Abb. 23: Vogelstang,
Männergrab 44.
1 M. 1:1; 2-6 M. 1:2.**

geleitet wurden. Wieweit sie dem Gesinde angehörten oder als Kernfamilie auf einer abhängigen Hofstelle, einem mansus, lebten, muss unbeantwortet bleiben. Als Mitglieder einer familia werden entsprechend dem salischen Gesetz auch die sozial und ökonomisch Abhängigen gezählt, die nicht immer alle unter einem Dach schlafen und nicht unbedingt verwandt sein müssen.[104]

5.12 Eine Familie im Abseits

Die dritte, abseits liegende Gruppe unter den Gräbern der ersten Generation (Abb. 4) spiegelt mit dem Gräberpaar 283 (Abb. 24) und 290 (Abb. 25) und den beiden westlich von ihnen liegenden Kindergräbern 291 und 292 eine Kernfamilie wieder. Ein weiter östlich gelegenes Knabengrab 99 (S. 302, Abb. 17) ließe sich aufgrund eines sehr fein gezähnten Kammes und dreier Glasperlen ebenfalls in SD-Phase 5 datieren. Es könnte aber auch eine Generation jünger sein und dafür spricht die relativ

große Grabkammer. Nur das beigabelose und lediglich über die Ausrichtung datierbare SN-Grab 289 mit einer juvenilen Frau lag so dicht neben dem Gräberpaar 283 / 290, dass es diesem Familienverband zugeordnet werden sollte. Zu dem Paar gehörten nach der Lage ihrer Gräber abgesehen von den drei Kindern und der juvenilen – also nur kurzzeitig dazugehörenden – besitzlosen Magd im SN-Grab 289 keine weiteren Familienangehörigen, die in Haus und Hof mitarbeiteten.

Einen eigenen autarken Bauernhof kann so eine kleine Familie nicht bewirtschaften. Nun gibt es zwei Möglichkeiten der Interpretation.

Entweder: die Kernfamilie war zwar eingebunden in eine Hofgruppe, gab dies aber nicht wie alle anderen Kernfamilien durch die Lage ihrer Gräber zu erkennen.

Oder: die Kernfamilie betrieb keine Landwirtschaft und gehörte auch keiner Hofgruppe an, sondern ging einer anderen Tätigkeit nach, die ihr ein ausreichendes Einkommen sicherte (s.u. S. 339 ff.).

Die weitere Belegungsabfolge ergibt, dass sich die Familie in diesem Fall mit dem Tod der beiden Erwachsenen Personen aufgelöst hatte. In der folgenden Generation hatte die Hofgruppe West ihr Bestattungsareal soweit nach Süden ausgedehnt, dass die abseits gelegene Kernfamilie mit den Gräbern 283 und 290 in das Areal einbezogen war. Dass sich das ältere Gräberpaar im Friedhofsareal der Familie eines Bauernhofes befand, wird in der dritten Generation in SD-Phase 7 noch deutlicher.

5.13 Gefäß und Speisebeigaben in einfachen Gräbern

Keramik war am Elkersberg in der ersten Generation nur in drei von neun Frauengräbern und einem von drei Männergräbern enthalten. Unbekannt ist, ob im Männergrab 25, wo die Beigaben, aber nicht die Knochen rezent geraubt wurden, ein Topf stand. Charakteristisch für die engen Grabschächte ist die Deponierung von Speisen und Gefäßen am Fußende,

Abb. 24: Vogelstang, Grab 283. Plan M. 1:20.

Abb. 25: (rechts) Vogelstang, Grab 290. Plan M. 1:20.

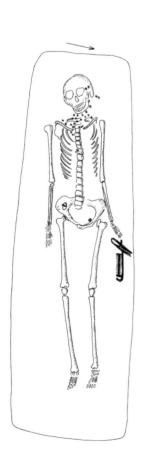
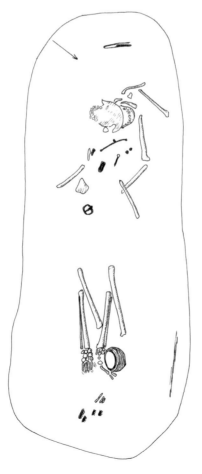

möglicherweise wurden sie auf dem Sarg abgestellt. In Grab 31 (Abb. 20) befand sich der Becher über dem linken Fuß, ebenso der Kumpf in Grab 290 (Abb. 25); in Grab 209 wurde die Schale auf dem Unterschenkel, der Topf zu Füßen gefunden (Abb. 21). In Grab 122 stand der Topf zu Füßen, ein Knochen von den Speisen lag quer über dem linken Unterschenkel (Abb. 26). In Grab 206 lagen die Tierknochen auf dem rechten Unterschenkel und in Grab 140 neben dem rechten Unterschenkel.

Fleischspeisen enthielten fünf Frauengräber und zwei Männergräber. Sowohl Keramik wie Fleisch waren in den Frauengräbern 122 und 209 und im Männergrab 290 enthalten. Weder Fleisch noch Keramik enthielten Grab 138, das völlig beigabelose Grab 48 und das daneben liegende Grab 194. Eier lagen in Grab 44 und 209, ausschließlich Fleisch vom Schwein ist in Grab 122 nachgewiesen, von Schwein und Schaf in Grab 206, von Rind und Schaf in Grab 283 und nur im Männergrab 290 wurden drei Sorten, nämlich von Rind, Schaf und Huhn gefunden. Auffällig ist, dass in dem Gräberpaar 283/290 trotz der reichen Fleischauswahl das Schwein fehlt, auch dem Knaben in dem daneben liegenden Grab 292 wurde kein Schwein, sondern ausschließlich Huhn ins Grab gestellt. Der möglicherweise zu dieser Familie zählende Knabe in Grab 99 hatte Speisen von Rind und Huhn.

5.14 Die multikulturelle erste Generation in Vogelstang

Familien aus unterschiedlichen Kulturkreisen trafen in einem fränkischen Dorf zusammen. Sie hatten sich das Friedhofsgelände in Vogelstang-Elkersberg aufgeteilt und bestatteten in Gruppen.

Die Toten in engen oder einfachen Grabschächten gehörten entsprechend der Ausstattungsqualität ihrer Gräber der mittleren und unteren Bevölkerungsschicht an. Sie waren mehrheitlich aus linksrheinischen fränkischen Gebieten gekommen. Die einfachen Gräber lagen relativ dicht beisammen und Männer und Frauen waren nebeneinander beigesetzt. So sind Kernfamilien erkennbar, auch wenn

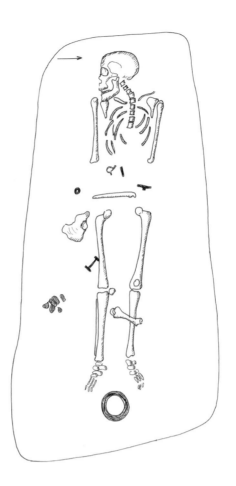

Abb. 26: Vogelstang, Grab 122. Plan M. 1:20.

sie in Hofgemeinschaften eingebunden waren. In der Anordnung dieser Gräber spiegelt sich offensichtlich der Einfluss der römischen oder christlichen Eheauffassung wider, die sich im linksrheinischen Frankenreich bereits durchgesetzt haben dürfte.[105]

Die Hofgemeinschaften waren unterschiedlich groß, was sehr wahrscheinlich mit der wirtschaftlichen Bedeutung der Höfe zusammenhängt. Eine Gruppe im Westen des älteren Friedhofsareals war die kleinste, zu ihr gehörten einschließlich der juvenilen Hofbäuerin im Kammergrab 121 drei Frauen und zwei Männer. Die Gruppe im Norden war mit insgesamt fünf Frauen und einem Mann etwas größer, darunter befand sich allerdings eine senile Frau, die in dem WO-gerichteten Grab 138 am westlichen Friedhofsrand sicher schon bald nach der Einrichtung des Friedhofes beigesetzt wurde. Die Gruppe im Osten mit fünf Frauen und zwei Männern fiel durch außergewöhnliche Bestattungen auf, für die Hofherrin wurde das große tiefe Kammergrab 152B mit Eckpfosten errichtet; für zwei abhängige Frauen zusammen ein

Kammergrab 189 mit Eckposten; zwei Mägde erhielten jeweils ein einfaches Grab. Die Hofherrin zeichnete sich durch besonderen Wohlstand und die symbolische Beigabe eines Bronzebeckens aus. Die Form der Grabkammer mit den Eckpfosten, die Tracht und die Keramik weisen in den langobardischen Kulturkreis, aus dem auch ihre Wirtschafterin stammen dürfte, während die dritte Frau auf diesem Hof aus dem fränkischen Westen kam, sehr wahrscheinlich zusammen mit den in einfachen Grabschächten beigesetzten Bauernfamilien.

Mit allen Zeichen einer Hofherrin hervorragend ausgestattet war die Frau in dem SN-gerichteten Kammergrab 89. Das Grab befand sich am südlichen Rand des im 6. Jahrhundert belegten Areals, wo ganz offensichtlich bei den Erschließungsarbeiten vor Beginn der Grabungen Gräber zerstört wurden, möglicherweise lag in Grab 10, wo nur ein Stück Schildfessel und ein winziges Holzeimerfragment gefunden wurden, der zugehörige Krieger. Die verstreuten SN-Gräber sind daher kaum als Familie wahrnehmbar. Die Frauen kamen aus den nördlichen Randgebieten des Frankenreiches, vermutlich vom Niederrhein.

Da in der ersten Generation einschließlich der beiden Frauen in den SN-Gräbern 89 und 277 sieben Frauen aber nur zwei Männer in Kammergräbern beigesetzt wurden, gibt es in diesem durch aufwendige Grabbauten gekennzeichneten herausragenden Personenkreis ein Männerdefizit. Ein Zusammenhang mit den Kriegszügen Theudeberts I. liegt nahe, denn gerade diese soziale Schicht stellte die Krieger des fränkischen Heeres.

Aber auch die wenigen Männergräber wurden nicht in Gräberpaaren angetroffen. Der Mann im Kammergrab 213 am nördlichen Rand des Bestattungsareals der SD-Phase 5 gehörte mit großer Wahrscheinlichkeit zum Frauengrab 155 und war von diesem durch alle anderen Gräber der großen familia getrennt. Der Krieger im Kammergrab 230 war so total beraubt, dass es reine Spekulation bleibt, ob er zur Frau in Grab 152B oder zu einer der Frauen in Grab 189 gehörte, diese drei Gräber bildeten ein gleichschenkliges Dreieck, das die einfachen Gräber ihrer

Hofgemeinschaft einschloss. Für die Personen in den Kammergräbern war nicht die Kernfamilie das entscheidende Kriterium für die Auswahl des Bestattungsplatzes, sondern der Zusammenhalt der von ihnen gelenkten Hofgemeinschaft bzw. familia.

Sowohl in der Nord- wie in der West- Familie war eine abhängige Frau in Fibeltracht mit Bronzeschmuck gekleidet, in der Ostfamilie trugen zwei Frauen der ökonomisch abhängigen Schicht silbernen Fibelschmuck. Dazu gab es ein bis drei Mägde und einen Knecht, die in der sozialen Stellung deutlich unter diesen standen, dennoch nicht gänzlich unvermögend waren. Dass auch bei der Nord- und West-Familie der Unterschied in den Bestattungssitten zwischen den Kriegern und ihren in Kammergräbern beigesetzten Frauen einerseits und den ökonomisch abhängigen Leuten andererseits nicht nur auf soziale Unterschiede zurückzuführen ist, lässt sich aufgrund der starken Beraubungen in den Kammergräbern nicht mehr nachweisen.

Anmerkungen

[1] ROTH 1990.

[2] BIERBAUER, Volker: Roma, via Flaminia. In: Goti 1994, S. 182 f. Cat. III.13.

[3] Archaeologia Bulgarica 3, 1998, nur Abbildung auf dem Umschlag.

[4] KIDD, Dafydd: Il tesoro di Domagnano. In: Goti 1994, S. 194-202 Cat. III.27.

[5] ROSS 1961, S. 100 Nr. 48.

[6] MARTÍNEZ SANTA-OLALLA 1936.

[7] The Walters Art Gallery, Early Christian and Byzantine Art an Exhibition held at theBaltimore Museum of Art (Baltimore 1947) S. 165 Nr. 850 Taf. 57.

[8] Goti 1994, S. 319 Cat. IV,6. – RODRÍGUEZ MARTÍN u.a. 2000, Taf. 78,a-b.

[9] RODRÍGUEZ MARTÍN u.a. 2000, Taf.78c.

[10] KÜHN 1939, Fundliste Nr. 6 Taf. 59,6.

[11] ROSS 1961, S. 102 Abb. 49. – RODRÍGUEZ MARTÍN u.a. 2000, Taf. 79b.

[12] RIPOLL-LOPEZ 1985, S. 126 Abb. 7. – RODRÍGUEZ MARTÍN u.a. 2000, Taf. 79a.

[13] RODRÍGUEZ MARTÍN u.a. 2000, S. 402 f. Abb. 2; Farbtaf. a-b.

[14] Goti 326 Cat. IV.17.

[15] MARTÍNEZ SANTA-OLALLA 1936, Anm. 23.

[16] WERNER 1961, Taf. 50D.

[17] LEGOUX 2005, S. 109 Abb. 89; S. 263 Taf. 23; Taf. 93. – Franken S. 847, Kat. III.4.17.

[18] WERNER 1961, Nr. 205.

[19] V. BIERBRAUER, Archäologie und Geschichte der Goten vom 1.-7. Jahrhundert. Frühmittelalterl. Studien 28, 1994, S. 51 ff.

[20] PÉRIN 1998.

[21] GROSS 1999. – Koch 2000, S. 57-106.

[22] BUTZEN 1987, S 220 f.

[23] Vogelstang Grab 8, 223, 249, 298.

[24] Vogelstang Grab 36, 38, 41, 212, 236.

[25] Vogelstang Grab 199, 227.

[26] Vogelstang Grab 31, 48, 122, 152B, 155, 189A.

[27] Vogelstang Grab 89, 134B, 189B, 194, 206, 209, 283.

[28] Vogelstang Grab 96, 164, 197, 222, 248.

[29] Vogelstang Grab 46, 107, 220, 297.

[30] Vogelstang Grab 24, 105, 116, 123, 151, 153, 218.

[31] Siegmund 1998, S. 232 f.

[32] Böhme 1999, S. 67 Abb. 13.

[33] SIEGMUND 2000, S. 125 Abb. 24.

[34] WAND 1982, S. 259 mit Karte 6, Liste 8.

[35] WINKELMANN 1984, Taf. 100.

[36] LEICHT 2002, S. 95 Abb. 77.

[37] Cutry Grab 874, 914: LEGOUX 2005, Taf. 98 f.; 122 f. – Lavoye Grab 307 und 307bis: JOFFROY 1974, Taf. 30-31. – Saint-Martin-de-Fontenay Grab 237, 270, 293, 308: PILET 1994, Taf. 24; 36; 41; 46. – Sannerville Grab 39: PILET u.a. 1992, Taf. 14.

[38] PÄFFGEN 1992, Teil 2 S. 481 ff. Taf. 77: Grab V,20.

[39] PÄFFGEN 1992, Teil 1, S. 430: Grab V,103 und IX,34.

[40] LEGOUX 2005, Taf. 114.

[41] PIETA 2002, S. 240.

[42] TEJRAL 1972, S. 39 f.

[43] HEEGE 1987, S. 58 Anm. 167.

[44] VOGT 1930, S. 10ff.

[45] GIESLER-MÜLLER 1992, Taf. 29,37-40; 77.

[46] GEISLER 1998, Taf. 54; 75; 108; 152 f.; 167.

[47] CHRISTLEIN 1974, Taf. 2.

[48] GARSCHA 1970, S. 216 f. Taf. 18.

[49] SCHMIDT 1970, Taf. 25,4c; 48,2i.

[50] SVOBODA 1965, Taf. 49,7; 104,13.

[51] SCHACH-DÖRGES 2004, S. 52 Abb. 20.

[52] SIEGMUND 1998, S. 117. – PÄFFGEN 1992 Teil 1, S. 468.

[53] FREMERSDORF 1955, S. 127 f.

[54] SIEGMUND 1998, Taf. 172,334.

[55] STEEGER 1948, S. 265.

[56] SVOBODA 1965, Taf. 57,6: Klučov.

[57] KROHN 2002, S. 311-335.

[58] KROHN 2002, S. 322 Anm. 52.

[59] SCHMIDT 1961, S. 70.

[60] WAMSER 1984.

[61] RETTNER 1998, S. 113-125; RETTNER 1992, S. 103-110.

[62] ZEMAN 1958, S. 423-471.

[63] SVOBODA 1965, S. 164 Abb. 50 mit Taf. 102,15-16; S. 174 Abb. 52; S. 332.

[64] TEJRAL 1988, S. 39-53: ?akvice. – ADLER 1970, S. 138-147 Abb. 2-5: Oberbierbaum Grab 20-21, 27 und 60; Abb.6: Hauskirchen Grab 13; Abb. 7: Sommerein Grab 2. – BÓNA 1971, S. 45-72 Abb. 7: Szentendre Grab 56. – WERNER 1962, 87; 157: Jutas, Kom. Veszprem.

[65] GEISLER 1998, Taf. 291.

[66] AMENT 2005.

[67] DOHRN-IHMIG u.a. 1999, Taf. 2.

[68] DOHRN-IHMIG u.a. 1999, Taf. 4.

[69] HINZ 1969, S. 59.

[70] SIEGMUND 1998, S. 495 f.

[71] PASSARD / URLACHER 2003, S. 143-153.

[72] GRAENERT 2000, S. 434 ff. Exkurs I: Silberbeschlagene Gehängeriemen des 6. Jahrhunderts.

[73] LEGOUX 2005, Taf. 166 f.

[74] WERNER 1962, Taf. 50,1-3.

[75] WIECZOREK 1989, S. 75-77 Liste 6. – BLAICH 2005, Karte Abb. 4.

[76] SVOBODA 1965, Taf. 43,9.

[77] KÜHN 1974, Taf. 71,222a.

[78] LONGOBARDI 1990, S. 61 Abb. I.54a; S. 72 Abb. I.84; S. 79 Abb. 7,5-6.

[79] GEISLER 1998, Taf. 173.

[80] GEISLER 1998, Taf. 172.

[81] BERTRAM 2002, Taf. 22C.

[82] PÉRIN 1968, Taf. 7.

[83] THIRY 1939, Taf. 8, 78–82.

[84] THIRY 1939, Taf. 9, 110–111.

[85] Lavoye, Dép. Meuse, Grab 206: JOFFROY 1974, S. 73 Abb. 55; Taf. 23.

[86] Kärlich, Kr. Mayen-Koblenz, Bad Kreuznach: KÜHN 1940, Taf. 23,78; 35,121. – Weingarten, Kr. Ravensburg, Grab 676: ROTH / THEUNE 1995, Taf. 249.

[87] KÜHN 1940, Taf. 93,27,2–9.

[88] WIELANDT 1948.

[89] STEUER 1982, S. 325.

[90] HOEPER 1999.

[91] Vogelstang Grab 96, 107, 197, 215, 297.

[92] Vogelstang Grab 127, 249, 298.

[93] MÖLLER 1987, Taf. 110,5.

[94] Vogelstang Grab 124, 164, 167, 225.

[95] Vogelstang Grab 227, 418.

[96] ZELLER 2002.

[97] VAN ES/YPEY 1977, S. 114 Abb. 7G: „Prinzessin" von Zweeloo.

[98] SCUVÉE 1973, Abb. 45.

[99] PILET 1994, Taf. 73.

[100] HÄSSLER 1985, Taf. 53.

[101] KOCH 2002, S. 202.

[102] KOCH 2001, S. 198 f.; 219.

[103] ENGELS 1995, Verbreitungskarte Abb. 11; ders., 2005, S. 106 Abb. 5.

[104] GUICHARD / CUVILLIER 2005, S. 39.

[105] GUICHARD / CUVILLIER 2005, 26-33.

Ursula Koch

6. Die Bevölkerung eines fränkischen Weilers im 6. und 7. Jahrhundert – beobachtet im Gräberfeld am Elkersberg in Vogelstang

Das Gräberfeld am Elkersberg zerfällt in zwei große Hälften. Die nördliche Hälfte wurde bereits in SD-Phase 5 als Bestattungsplatz ausgewiesen und benutzt. Offensichtlich stießen im Norden zwei Flurgrenzen spitzwinklig zusammen und gaben dem Platz die dreieckige Form. Von Beginn an war das Gräberfeldareal unter vier bestattenden Familien oder Hofgruppen aufgeteilt. Schon ab der zweiten Generation (Abb. 1) wurde eine Gliederung in ein Areal parallel zur westlichen Friedhofsgrenze und eines parallel zur spitzwinklig dazu verlaufenden östlichen Grenze erkennbar; letzteres teilten sich zwei Gruppen über insgesamt drei Generationen, danach verblieb hier nur noch eine Gruppe. Nach Süden zu trennte eine stets gräberfrei gelassene, wohl als Grabhügel betrachtete Geländekuppe die beiden nördlichen Areale von einem schmalen Streifen, der ebenfalls schon seit SD-Phase 5 für Bestattungen genutzt wurde und zwar von einer Familie, die anfangs SN-ausgerichtete Gräber anlegte und vermutlich vom Niederrhein kam. Wo dieses Areal im Osten endete, ist unklar, denn aufgrund von Zerstörungen kamen in der gesamten Bestattungszone dieser Familie nur wenige Gräber zu Tage, darunter jedoch die drei Gräber 89, 96 und 147 von Frauen der SD-Phasen 5-7 mit den Statussymbolen einer Hofherrin.

Im nördlichen Friedhofsareal bestatteten drei Gruppen auch in der vierten und fünften Generationen weiter, als mit Beginn der SD-Phase 8 eine beachtliche Friedhofserweiterung vorgenommen wurde, und zwar soweit südlich, dass die bisher am Südrand bestattende alte Familie nicht eingeengt wurde. Wie ein sich nach Osten öffnender Keil schieben sich die Gräber dieser alten Familie zwischen die dicht belegten Areale im Norden und den neuen, ebenfalls dicht belegten Friedhof im Süden.

6.1 Die zweite Generation – SD-Phase 6 (ca. 555-575)

In der zweiten Generation scheint das Verhältnis der Geschlechter mit 15 Frauen und 15 Männern nahezu ausgeglichen (Abb. 1). Diese Personen sind auf vier Gruppen verteilt, die getrennt von einander bestatteten und somit auf vier Gehöfte hinweisen, wobei ein Gehöft auch aus mehreren Hofstellen (mansus) bestehen kann: Drei Frauen in Grab 107, 124 und 299 sowie sechs Männer in den Gräbern 36, 38, 41,127, 288, 298 gehörten zu einer nicht vollständigen Westgruppe, vier Frauen in Grab 220, 222, 248, 259 und drei Männer in Grab 236, 267, 434 zu einer Nordgruppe, sowie sechs Frauen in Grab 197, 200?, 215, 224, 225, 254 und fünf Männer in Grab 199, 202, 223, 227, 249 zur Gruppe am Herrenhof. Aufgrund starker Zerstörungen ist die Gruppe im Süden, der späteren Gräberfeldmitte, unvollständig, ihr sind zwei Frauengräber und ein Männergrab zuzuordnen.

6.1.1 Einzelne Gräber in Gräberfeldmitte – eine Hofherrin, eine Magd, ein Krieger

In der Mitte des gesamten Gräberfeldes, weit südlich der übrigen Gräber aus SD-Phase 6 lagen drei oder vier in die nämliche Phase zu datierende Gräber, Grab 96 mit einer 25-45-jährigen Frau sowie daneben Grab 46 mit einer 39-44-jährigen und letztlich Grab 8 mit einem 37-42-jährigen Krieger. Nicht datierbar ist am Rande des gräberfreien Platzes das völlig zerstörte Männergrab 10, es könnte auch zur ersten Generation gehören.

Es ist recht wahrscheinlich, dass die drei locker gestreuten Gräber am südöstlichen Rand des damaligen Friedhofes, das geräumige Grab 46, das Kammergrab 96 und das große Kammergrab 8, mit den älteren SN-Gräbern zusammenhängen. Ganz sicher wurden am östlichen Rand des Gräberfeldes nicht alle Gräber aufgefunden. Auf dem alten Flurstück 668 kam am 30.11.1861 z.B. ein Sturzbecher mit geriefter Wandung und geweitetem Rand zu Tage (Abb. 2);

A1   B   C   D   E

langes Kammergrab

großes Kammergrab

Kammergrab

geräumiges Grab

einfaches Grab

Abb. 1: Vogelstang. Ausschnitt aus dem Gräberfeldplan mit den Bestattungen der zweiten Generation – SD-Phase 6.

er soll aus einem Frauengrab stammen. Das eine oder andere Grab dürfte auch den Erschließungsarbeiten, die 1965 zur Entdeckung des Gräberfeldes führten, zum Opfer gefallen sein. Die Größe des Hofverbandes ist nicht mehr feststellbar.

In Grab 96 wurde eine privilegierte adulte Frau mit allen Zeichen einer Hofherrin beigesetzt (Abb. 3). Sie dürfte die Nachfolgerin der Herrin aus Grab 89 gewesen sein. Mit Teller, zwei Töpfen, Tüllenausgusskanne und zwei Glasbechern hatte die Frau in Grab

Abb. 2: Wallstadt, Flurstück 668. Protokollbuch Skizze 62.

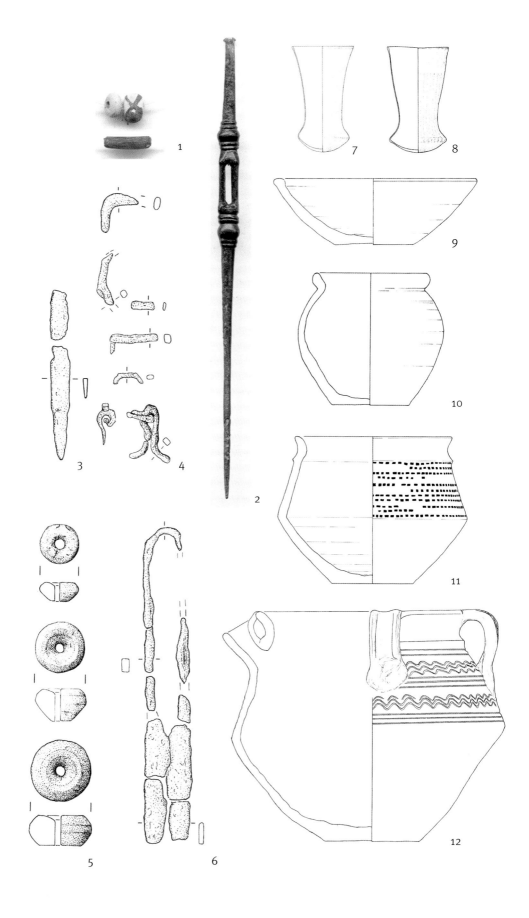

Abb. 3: Vogelstang,
Frauengrab 96. 1-2
M. 1:1; 3-6 M. 1:2; 7-12
M. 1:4.

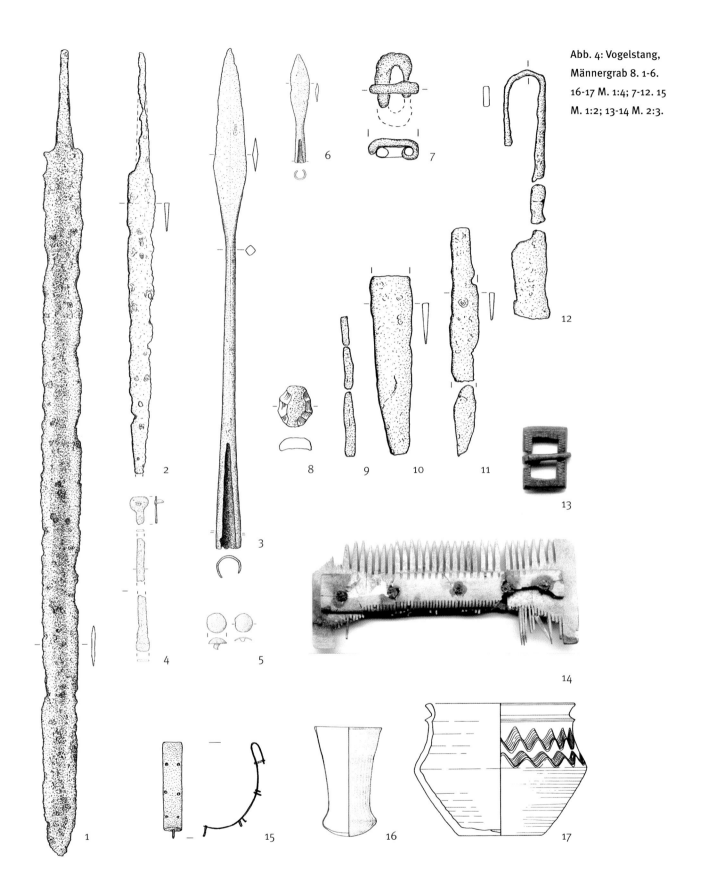

Abb. 4: Vogelstang, Männergrab 8. 1-6. 16-17 M. 1:4; 7-12. 15 M. 1:2; 13-14 M. 2:3.

96 im gesamten Gräberfeld die umfangreichste Geschirrausstattung. Das Holzkästchen bezogen eiserne Scharniere, Zwingen und ein Henkelfragment (Abb. 3,4). Außer ihr hatte keine weitere Frau drei Spinnwirtel im Grab, dazu erhielt sie eine Schere. Von ihrer Tracht überstanden allerdings nur drei Glasperlen und eine im Kasten aufbewahrte Schmucknadel die Beraubung. Nadeln mit durchbrochenem Schaft sind selten und wurden vorzugsweise von der romanischen Bevölkerung in Pannonien oder im Alpenraum verwendet [1].

Das Frauengrab 46 blieb ungestört. Die 39-44-jährige Frau war mit einer Perlenkette geschmückt, trug ein Messer sowie einen Kamm im Futteral am Gürtelgehänge; ihr waren ein Spinnwirtel und eine henkellose Tüllenausgusskanne mitgegeben worden, d. h. es liegt eine untere Ausstattungsqualität vor. An einem Herrenhof ist eine Frau mit dieser Ausstattungsqualität dem Gesinde zuzuordnen.

Südwestlich des vermutlich älteren Männergrabes 10 befand sich das unberaubte Männergrab 8 (Abb. 4; S. 113, Abb. 137). Der 37-42-jährige Krieger war bewaffnet mit Spatha, Sax und Lanze, er besaß auch Pfeile. Nur der zu Füßen abgestellte Schild konnte nicht mehr vollständig geborgen werden, ist aber durch Schildniete und einen Teil der Schildfessel (Abb. 4,4-5) nachgewiesen. In der rechten Hand hielt der Mann einen Glasbecher. Der Topf stand neben ihm. Zur Ausstattung gehören keine Statussymbole eines Hofherrn, es fehlt ein Holzeimer oder Bronzegefäß, und es gibt keine Reitausrüstung. Der Mann war ein vollständig bewaffneter Krieger. Er war entweder ein Hofbauer oder Gefolgsmann eines Hofherrn. Als Gefolgsmann könnte er mit seiner Familie auf einer angeschlossenen Hofstelle, einem mansus gelebt haben.

6.1.2 Gräber im Westen –
Bauernfamilie mit neun Erwachsenen

Den südwestlichen Teil des in SD-Phase 5 belegten Areals nahm die kleinste Gruppe ein mit einer bereits im juvenilen Alter verstorbenen Hofbäuerin im Kammergrab 121B an der sozialen Spitze. In SD-Phase 6 dehnte diese Familie ihr Bestattungsareal

im Westen weit nach Süden aus. In einer Reihe, beginnend mit dem Frauengrab 124, lagen die beiden Männergräber 36 und 41 und schließlich das Frauengrab 107. Eine zweite sehr kurze Reihe mit den beiden Männergräbern 38 und 127 und dem wohl zugehörigen Säuglingsgrab F ist vermutlich unvollständig. Erst durch die Belegung in der folgenden Phase SD 7 wird deutlich, dass sich die längere Reihe südlich der älteren Gräber 283/290/289 einer Händlerfamilie fortsetzte und zwar mit den Männergräbern 288 und 298 sowie dem Frauengrab 299. Eindeutig in SD-Phase 6 zu datieren ist hier nur das Männergrab 298. Die alte Händler-Familie, die diesem Hofverband zugerechnet werden könnte, ist in der zweiten Generation nicht mehr erkennbar.

Eine 53-59-jährige Frau und ein 40-80-jähriger Mann befanden sich in den durchschnittlich großen Kammergräbern 107 und 127. Von der Waffenausstattung des Grabes 127 ist ein Schildbuckel (Abb. 5) erhalten; in dem bis auf Kopf und Unterschenkel gestörten Frauengrab 107 weisen ein einfacher bronzener Haarpfeil, Perlen, Wirtel, Topf und vor allem die Scherben eines Sturzbechers auf eine der Grabform angemessene Ausstattung hin (Abb. 6). Vielleicht waren sie, deren Gräber weder nebeneinander noch hintereinander lagen, das Paar, das die Geschicke dieser familia lenkte. Wie in SD-Phase 5 bereits zu beobachten war, berücksichtigten die privilegierten Familien bei der Wahl des Bestattungsplatzes nicht die Kernfamilie, sondern hatten das Areal der ganzen Hofgemeinschaft im Auge. Aber auch die Män-

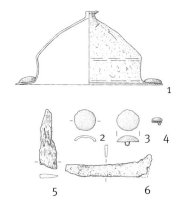

Abb. 5: Vogelstang, Männergrab 127. 1-3.
6 Schildbuckel und Fragment der Schildfessel,
5 Messerfragment. M. 1:4.

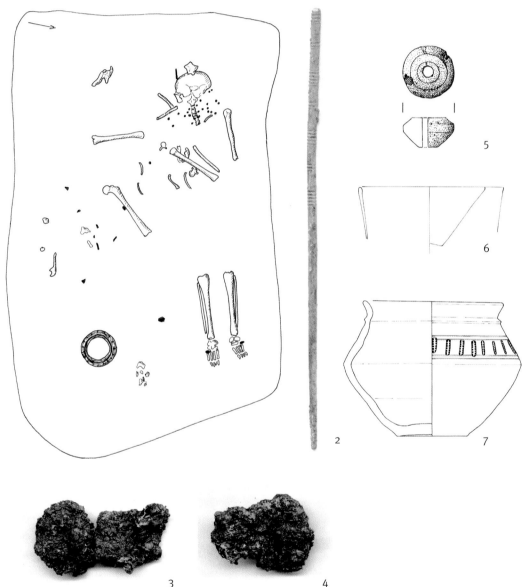

Abb. 6: Vogelstang, Frauengrab 107. 1 Glasperlen, 2 Bromnzenadel, 3-4 Schuhscnallen, 5 Spinnwirtel, 6 Glasscherbe, 7 Topf. 1-4 M. 1:1; 5-6 M. 1:2; 7 M. 1:4. Plan M. 1:20.

1

5

6

2   7

3   4

ner in Grab 288 und 298 kämen als Hofbauern in Frage. Im Kammergrab 288 wurde eine Schere zu Füßen des 30-60-jährigen Mannes gefunden. Teile einer eisernen Gürtelgarnitur sind noch vorhanden und Glassplitter eines glattwandigen Sturzbechers. Die einstige Ausstattung lässt sich aber nicht wei-

ter rekonstruieren. Von der Bewaffnung des adulten Mannes in dem 1,8 m tiefen stark gestörten Grab 298 (Abb. 7) blieben Pfeile neben dem linken Fuß und eine 45 cm lange Lanzenspitze in der SO-Ecke übrig (S. 157, Abb. 74). Von einem qualitätvollen Feuerstahl und Taschenbügel ist das Fragment einer Applika-

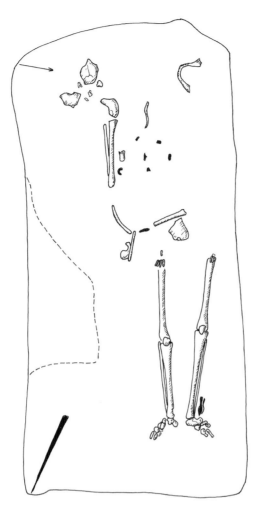

Dem 42-48-jährigen Mann in dem einfachen Grab
36 wurde sehr wahrscheinlich ein Sax geraubt. Die
40-70-jährige Frau in dem geräumigeren Grab 124
war mit Perlen, Kamm und Spinnwirtel ausgestattet.
Die Gräber 36 und 124 lagen nebeneinander, wie es
in dieser unteren sozialen Schicht auch schon zuvor
üblich war. Dem Gräberpaar ist das Kindergrab 125
zuzuordnen. Bei dem Männergrab 38 ist die Grabform nicht mehr zu rekonstruieren, vorhanden sind
zwei Pfeile. Um ein einfaches Grab handelt es sich
auch bei Grab 41. Zu den beiden Männern, wohl
Knechte, gibt es keine adäquaten Frauen.

Obgleich einige Streufunde aus dem Areal der Westgruppe auf zerstörte Gräber hinweisen, wird sich das
Bild dieser Bauernfamilie kaum ändern. Wenn sich
im Gräberfeld die Struktur der Siedlung mit vier Gehöften spiegelt, dann stünde diese Hofgruppe trotz
der drei Krieger in der sozialen Rangfolge an letzter
Stelle.

6.1.3 Gräber im Norden –
Drei Krieger unter sieben Erwachsenen

Östlich der in SD-Phase 5 erkennbaren Gräbergruppe
im Norden mit fünf Frauen in einfachen Grabschächten, sowie einer Frau und einem Mann in den Kammergräbern 255 und 213, wurden in der folgenden
SD-Phase 6 erheblich mehr Kammergräber errichtet, und zwar für drei Männer und drei von vier
Frauen. Eine 20-26-jährige Frau befand sich im einfachen Grab 222. Ein 47-64-jähriger Mann lag an der
N-Seite des geräumigen Grabes 434. In der großen
Grabkammer 248 war eine 35-40-jährige Frau beigesetzt worden. In der langen Grabkammer 236 lag
ein 47-64-jähriger Mann, in den großen, langen
Grabkammern 267 und 220 ein 40-80-jähriger sowie
eine 47-64-jährige Frau. Eine 40-80-jährige Frau befand sich vermutlich in der Mitte der großen Grabkammer 259.

tion aus Weißmetall erhalten (Abb. 8,1). Parallelen
im rheinhessischen Hahnheim[2], im Elsaß[3] und in der
Picardie[4] erlauben die Rekonstruktion des Bügels
mit eisernem Mittelstück und angenieteten Seiten
(Abb. 8,2).

Abb. 8: 1 Vogelstang,
Grab 298. Feuerstahl-
fragment. 2 Hahnheim,
Rekonstruktion eines
aus Eisen und Buntme-
tall zusammengesetz-
ten Feuerstahls. M. 1:2.

Das zu Häupten des Kriegers gelegene 1,9 m tiefe
Frauengrab 299 ist nicht eindeutig zu datieren. In
dem völlig gestörten Grab der über 60-jährigen Frau
wurden keine Perlen gefunden, nur Fragmente von
Messer und Kamm blieben liegen, sowie der Wirtel
von einer in der rechten Hand gehaltenen Spindel.
Die beiden Gräber 298 und 299 enthielten weder
Gefäß- noch Fleischbeigabe.

Alle Gräber waren sehr stark beraubt. Bei dem Mann
in dem langen Kammergrab 236 war die rechte
Seite, wo üblicherweise die Spatha lag, vom Ellenbogen bis zum Knie herausgerissen, dazu das linke
Becken, wo der Sax zu vermuten ist (Abb. 9). Vorhanden waren lediglich die Lanze und Fragmente der

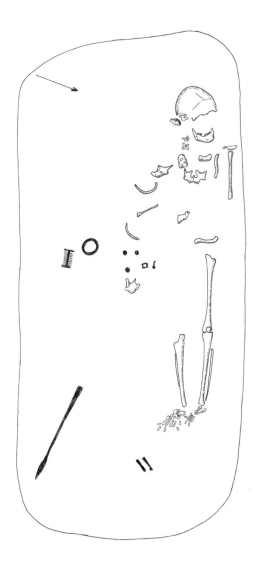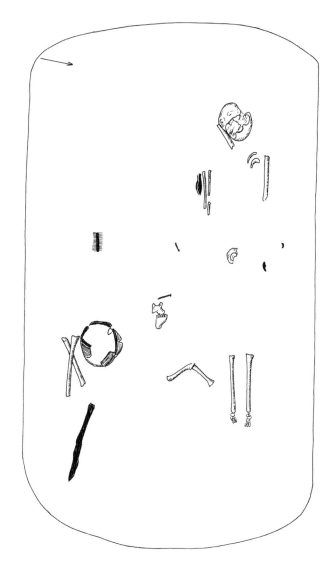

Schildfessel. Der mature, eventuell bereits senile Mann trug noch einen Gürtel der SD-Phase 5 mit verzierter Schilddornschnalle (S. 146, Abb. 51,1).

Die größte Kammer wies Grab 267 auf (Abb. 10), hier war das Skelett bis auf die Unterschenkel gestört; außer zwei Pfeilen war nur die in der Ecke steckende lange Lanzenspitze erhalten (S. 157, Abb. 74).

Grab 434 blieb ungestört, daher ist sicher, dass der wohl schon senile Mann in dem geräumigen Grab mit Sax und Lanze gerüstet war (Abb. 11). In seiner Tasche trug er allerlei vierkantstabiges Eisengerät und einen Wetzstein (Abb. 12). Zu seinen Füßen standen Topf und Becher.

Bei den in Kammergräbern beigesetzten Frauen der SD-Phase 6 ist wegen der starken Plünderungen nicht zu entscheiden, ob einer der Rang einer Hofbäuerin zukam. In dem Frauengrab 220 fallen nicht nur ein römischer Denar und ein Beinwirtel auf, das Grab enthält mit einem Karpfen auch eine außergewöhnliche Speisebeigabe (Abb. 13). Dass Fisch tatsächlich eine seltene Speisebeigabe war, zeigen die Befunde im Hermsheimer Bösfeld, wo Fisch fast nur den Reitern und Angoträgern zustand.

In dem großen und tiefen Grab 259 (S. 111, Abb. 133) stand ein Sturzbecher mit ausgezogener Bodenspitze im wellenbandverzierten Topf (Abb. 14). Sogar die Frau in dem geräumigen Grab 222 (S. 109, Abb. 130) besaß einen Glasbecher und einen Spinnwirtel aus Bein zusätzlich zu einem Keramikwirtel (Abb. 15).

Abb. 9: (links)
Vogelstang, Grab 236.
Plan M. 1:20.

Abb. 10: (rechts)
Vogelstang Grab 267.
Plan M. 1:20.

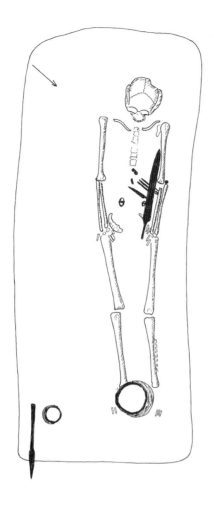

Abb. 11: Vogelstang, Grab 434. Plan M. 1:20.

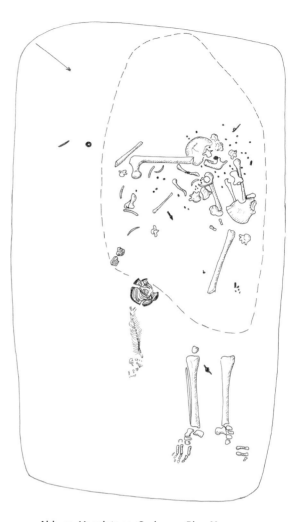

Abb. 13: Vogelstang, Grab 220. Plan M. 1:20.

Abb. 12: Vogelstang, Grab 434. Wetzstein. M. 1:1.

Auch wenn sich die ehemaligen Ausstattungen in den Kammergräbern nur ungenau rekonstruieren lassen, besteht doch kein Zweifel, dass dieser Gruppe in der zweiten Generation zwei schwer und ein leicht bewaffneter Krieger angehörten. Die Gruppe wies durch die opulenteren Grabformen auf ein gestiegenes Ansehen hin, in der Anzahl der Personen hatte sie sich dagegen wenig verändert. Luxusgüter waren breit gestreut, ein besonders herausragendes Gräberpaar gibt es nicht.

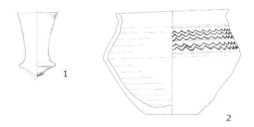

Abb. 14 : Vogelstang, Grab 259. Glas und Keramik. M. 1:4.

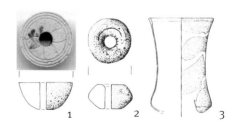

Abb. 15: Vogelstang, Grab 222. Spinnwirtel aus Geweih und Keramik, M. 1:2, Glasbecher. M. 1:4.

6.1.4 Gräber im Osten – Die Leute vom Herrenhof

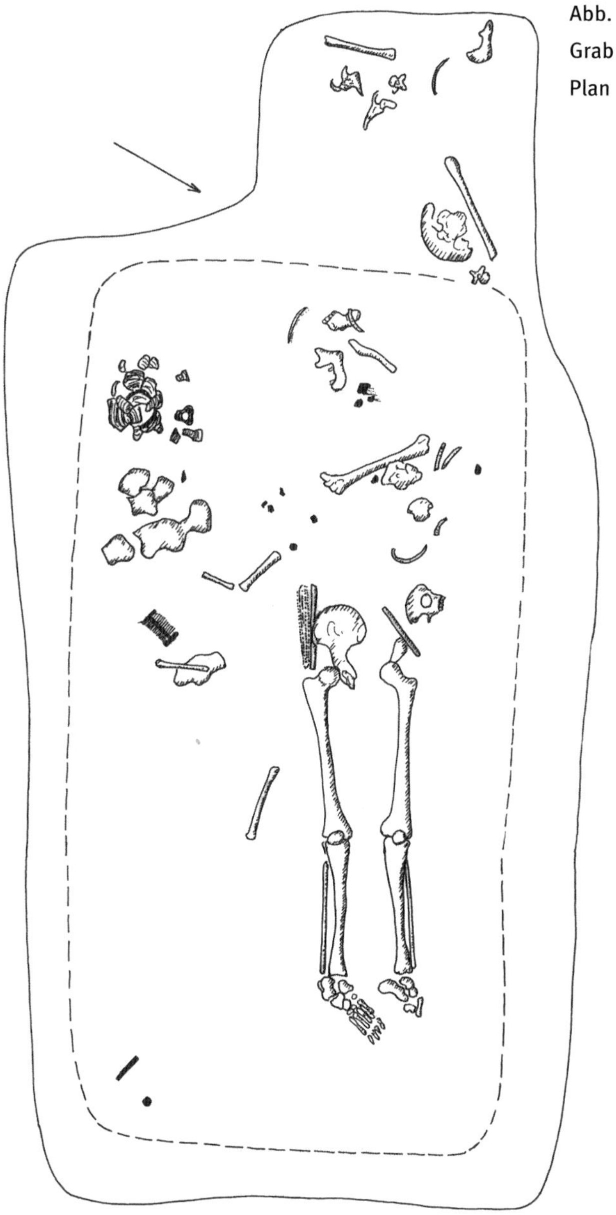

An die ältere Gräbergruppe mit dem Kammergrab 152B einer Hofherrin, dem Kammergrab 230 eines privilegierten Mannes und dem Doppelgrab 189 schließen sich die Gräber der SD-Phase 6 mit fünf Männern und sechs Frauen nach Osten an. Zwischen den beiden großen Kammergräbern 215 mit einer senilen und 224 mit einer maturen Frau und dem ebenfalls großen Kammergrab 199, in dem ein über sechzig-jähriger Mann zusammen mit einem Knaben beigesetzt war, befanden sich vier geräumige Grä-ber 223, 225, 227 und 254 sowie zwei durchschnitt-liche Kammergräber 202 und 249. In dem Gräber-paar 225 und 227 lagen eine Frau und ein Mann, die beide in senilem Alter verstorben waren. In Grab 254 lag eine 22-26 Jahre junge Frau. Der Mann in Grab 223 wurde 37-42 Jahre alt. Von den Männern in den Kammergräbern ließ sich der in Grab 202 nur all-gemein als spätadult oder matur bestimmen, 27-32 Jahre alt wurde der in Grab 249. Nach Osten schließen das Kammergrab 197 einer 38-44-jährigen Frau, das nicht mehr als einen Kamm und einen Spinnwirtel enthielt, und das total ausgeraubte und letztlich nicht datierbare Kammergrab 200 einer 47-52-jährigen Frau an.

Grab 199 war das größte und tiefste Kammergrab innerhalb dieser Familiengruppe (Abb. 16). Das Fußende blieb ungestört. Da jedoch in der Südhälfte ein Knabe lag, verblieb kaum Platz für eine aufwen-digere Ausstattung z. B. mit Pferdegeschirr. In SD-Phase 6 würde zwar nicht viel mehr als eine Trense und eine Schnalle vom Bauchgurt übrig bleiben, doch mitgegeben wurden ursprünglich auch Holzsattel, Lederzeug und die brettchengewebten Gurte. Von den Waffen ist nur noch die Spatha nachzuweisen.

Der Krieger in dem total gestörten Kammergrab Grab 202 trug einen der ersten, einer neuen Mode verschriebenen Gürtel mit mehrteiliger punzverzier-

Abb. 16: Vogelstang Grab 199. Plan M. 1:20.

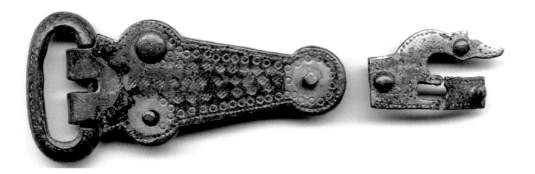

Abb. 17: Vogelstang Grab 202. Rest einer mehrteiligen punzver-zierten Gürtelgarnitur. M. 1:1.

ter Garnitur, von der die Schnalle mit dem langen Beschlag und ein kleiner Ösenbeschlag erhalten blieben (Abb. 17). Stark geplündert war das Kammergrab 249, wo außer dem Tascheninhalt mit Schleifstein ein Schildbuckelrand als Hinweis auf einstige Bewaffnung erhalten ist.

Abb. 18: Vogelstang, Grab 223. 1 Sax, 2 punzverzierte Tüllenaxt, 3-4 Pfeile, 5 Gürtelschnalle, 6 Messer, 7 Schere, 8 Feuersteine. 1 M. 1:4; 2-8 M. 1:2; Plan M. 1:20.

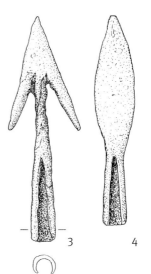

2

5

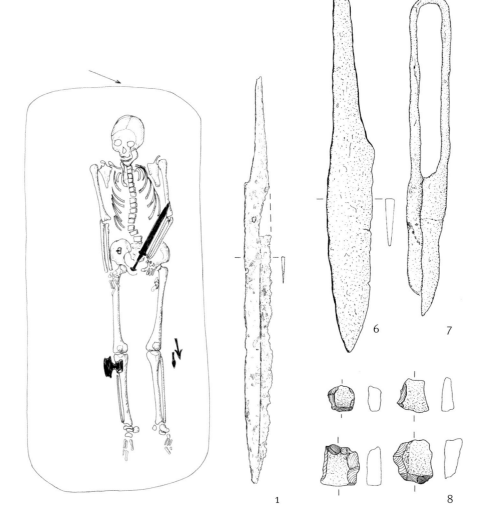

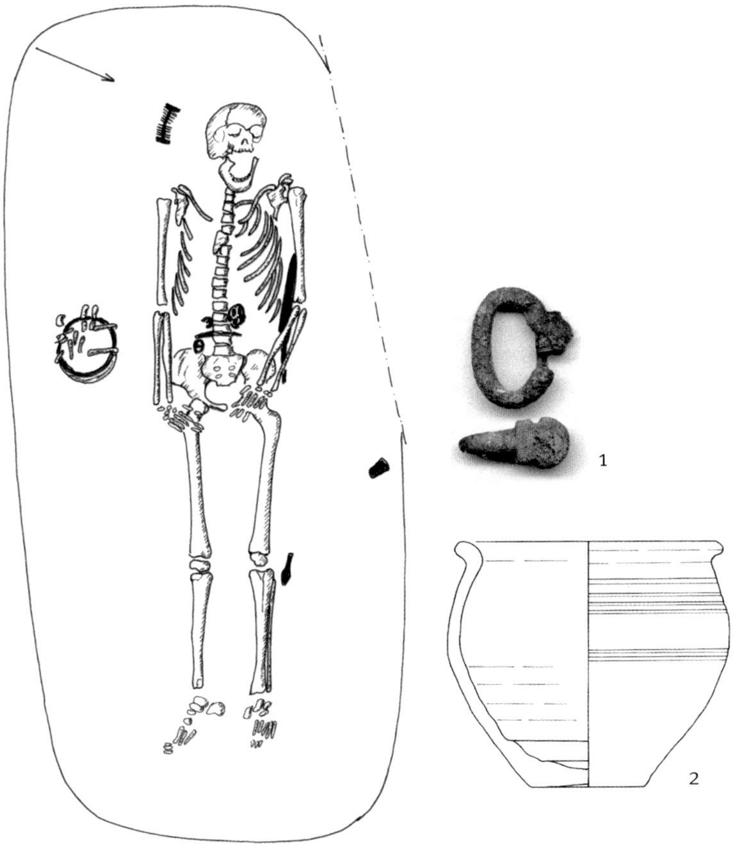

Zwei Männer lagen in geräumigen Gruben. Der 37-42-jährige Mann in Grab 223 war mit Sax, Tüllenaxt und Pfeilen ausgestattet (Abb. 18). Auf die vorzügliche Schmiedearbeit weist bei seiner aus linksrheinischem Gebiet stammenden Tüllenaxt der randliche Stempeldekor hin. Obgleich der Krieger in Grab 223 nach rechtsrheinischen Maßstäben nicht vollständig bewaffnet war, wurde ihm eine Schere mitgegeben. Wahrscheinlich wurde er nach westfränkischer Beigabensitte mit reduzierter Waffenausstattung beigesetzt.

Unberaubt war das geräumige Grab 227 (Abb. 19). Der Mann trug einen alten Gürtel mit Schilddornschnalle (S. 146, Abb. 51,2) und war mit einem Sax bewaffnet. Ein Pfeil lag am linken Knie; ein Topf stand rechts von ihm. Dieser Mann stand in der sozialen Rangfolge ganz unten.

Von den Frauengräbern fallen zwei schon durch die Größe der Grabkammern auf. Die senile Frau in dem tieferen Grab 215 wies mit einem eisenbeschlagenen Holzkasten, mit Schere und Flachsbreche auf ihren Stand als erste Frau eines Hofes hin (Abb. 20). Die Bestattung war total gestört, von Schmuck und Kleidung sind ein paar Perlen und die bronzenen Schuhschnallen erhalten.

Die mature Frau in Grab 224 trug keine Schuhgarnituren und auch kein Fibelgehänge, denn der Bereich der Beine blieb ungestört. Im Inventar fallen eine Schale mit glatten Silberblechbeschlägen und zwei ungewöhnlich große Keramikgefäße auf. Bei einem der Gefäße handelt es sich um die neue Form der Tüllenausgusskanne (S. 182, Abb. 104), die in SD-Phase 6 nur noch in dem großen Männergrab 199 und bei der Hofherrin der Südgruppe in Grab 96 vor-

Abb. 19: Vogelstang, Grab 227. 1 Gürtelschnalle M. 1:2; 2 Topf M. 1:4; Plan M. 1:20.

kommen. Vorhanden ist der Obolus, ein Triens des Athalarich. Beide Frauen waren mit der Spindel beigesetzt. Auch die zweite Frau war nicht unvermögend, stand in der sozialen Hierarchie aber zweifellos hinter der Frau aus Grab 215.

Ansehen und Wohlstand der Familie demonstrierten in der ersten Generation drei Frauen in zwei Kammergräbern mit Eckpfosten; es handelte sich nach der Qualität ihrer Grabausstattungen um den Hof eines Reiters, nur war jener offensichtlich von einem Kriegszug nicht wieder zurückgekehrt. In den Gräbern der zweiten Generation ist kein Pferdegeschirr zu finden. Möglich ist, dass der dafür in Frage kommende Mann in Grab 199 in derart hohem Alter verstarb, dass ihm dieser Rang nicht mehr zukam. Oder fehlte es der Familie an wirtschaftlicher Kraft und am Vermögen, um noch einen Reiter auszustatten? Auch die Inventare der Frauengräber sprechen für einen sozialen Abstieg. Allein durch die etwas höhere Zahl der Angehörigen fällt diese Gruppe noch auf. Allerdings beeinträchtigen die starken Plünderungen das Bild. Grab 199 liegt im Bereich der

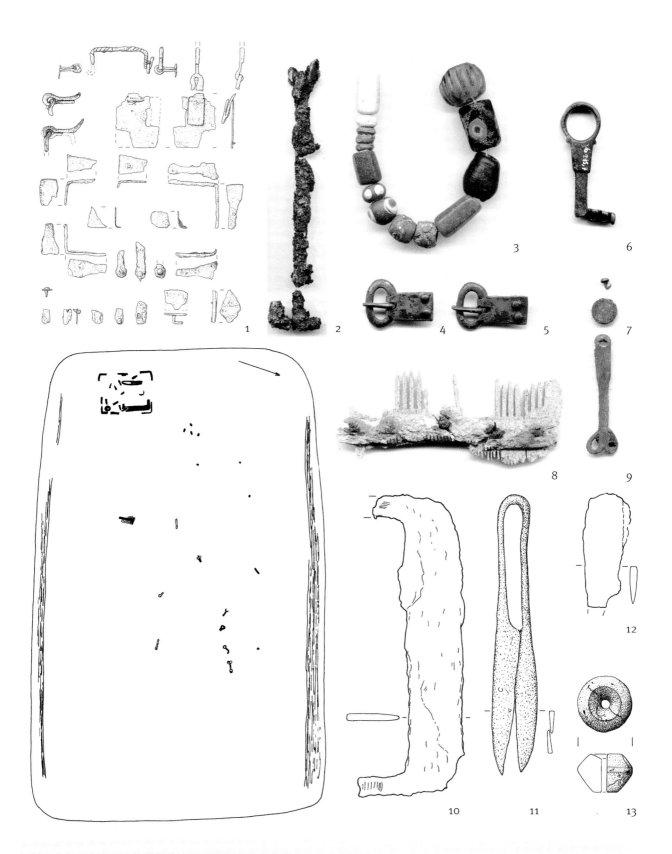

Abb. 20: Vogelstang, Frauengrab 215. 2 Schlüssel, 3 Perlen, 4-5 Schuhschnallen, 6 römischer Drehschlüssel; 7.9 bronzene Gehängeteile, 8 Kamm. Ungestört lagen nur die Kästchenbeschläge (1). Zum Kasteninhalt gehörten Flachsbreche (10), Schere (11) und Spinnwirtel (13). 1 M. 1:4; 2.7.9-13 M. 1:2; 3 M. 1:1; 4-6.8 M. 2:3; Plan M. 1:20.

alten langen Flur 670, die sich parallel zur nordöstlichen Gräberfeldgrenze hinzog und wo im Winter 1861/1862 ein ohne Kopf beigesetztes Pferd freigelegt wurde. Nördlich von Grab 199 gibt es keine Männergräber, die als Reiter in Frage kommen.

6.2 Die dritte Generation – SD-Phase 7 (ca. 575-600)

In SD-Phase 7 sind 24 Frauengräber und 19 Männergräber zu datieren (Abb. 21). Sie verteilen sich auf vier Gruppen, die sich durch ihre Belegungsareale von einander abgrenzten und sich somit als vier Hofgemeinschaften zu erkennen geben. Von der bäuerlichen Gruppe an der westlichen Friedhofsgrenze mit sieben Frauen in Grab 43, 113, 114, 280, 286, 294, 297 und fünf Männern in Grab 26, 108, 281A, 287, 293 war eventuell das eine oder andere Grab bereits zerstört. Zu der von Kriegern dominierten Gruppe im Norden gehörten sieben Frauen in den Gräbern 211, 258, 263, 265, 273, 278, 431 und sechs Männer in den Gräbern 212, 235, 246, 255, 261, 418. Die Gruppe im Osten mit sieben Frauen in Grab 164, 166, 167, 179, 184, 186, 196 und sieben Männern in Grab 160, 161, 162, 170, 171, 172, 175 lag auffallend geschlossen. Eine vierte Gruppe im Süden, der späteren Gräberfeldmitte, mit einem Mann in Grab 23 und drei Frauen in Grab 3, 22, 147 ist sicher nur unvollständig erfasst.

6.2.1 In Gräberfeldmitte –Eine Hofherrin und Gesinde

In der Mitte des Gräberfeldes streuten wie schon in den voran gegangenen Phasen auch in SD-Phase 7 einzelne Gräber einer kaum fassbaren Familiengruppe. Von den Gräbern 22 und 23 ist wenig bekannt. Grab 22 enthielt zwei für SD-Phase 7 charakteristische Glasperlen sowie eine Tüllenausgusskanne. In Grab 23 lag ein 50-70-jähriger Mann, von der Ausstattung blieb ein Topf. Stark gestört ist Grab 3; die senile Frau trug einen Gürtel mit Eisenschnalle, im Oberkörperbereich wurde noch eine Perle gefunden; in der S-Hälfte befanden sich Kamm, Spinnwirtel und die Scherben eines Topfes.

Trotz aller Beraubungen besteht kein Zweifel, dass in dem tiefen Kammergrab 147 eine Hofherrin beigesetzt wurde (Abb. 22). Die 20-40-jährig Verstorbene trug Goldschmuck, besaß wie die Frau in dem SN-Grab 89 einen mit Bronzeblech verkleideten Holzkasten und verwendete bei Tisch einen mit Bronze beschlagenen Holzeimer zum Ausschank. Dass einzelne Stücke des handgeformten Keramikgeschirrs aus der Einwanderungszeit von den Familien lange in Ehren gehalten wurden, war z. B. schon in Klepsau zu beobachten; dort gelangte in Grab 29 ein langobardischer Becher erst zu Beginn des 7. Jahrhunderts ins Grab[5]. Ähnlich ist der stempel- und riefenverzierte Topf in Vogelstang Grab 147 zu beurteilen, der verrät, dass die Familie der Frau ihre Wurzeln im Küstenbereich der Nordsee hatte.

6.2.2 Im Westen – die Bauernfamilie mit zwölf Erwachsenen

Zwischen dem in den SD-Phasen 5 und 6 in Anspruch genommenen Friedhofsareal und dem Westrand des Gräberfeldes befanden sich die Gräber von fünf Frauen und zwei Männern der SD-Phase 7. Die Gruppe erweiterte ihren Bestattungsplatz im Süden nur unerheblich mit weiteren Gräbern von zwei Frauen und drei Männern. In SD-Phase 7 lassen sich insgesamt sieben Frauen und fünf Männer der Familiengruppe im Westen zuordnen. Mehrheitlich wurden einfache bis geräumige Gräber angelegt, zwei Männer in Grab 281A und 287 sowie und drei Frauen in Grab 286, 294, 297 lagen in Kammergräbern.

In den größten Kammergräbern müssten der Hofbauer und die Hofbäuerin liegen. Das Grab der Hofbäuerin ist darum schnell identifiziert. Grab 286 fällt bereits durch besondere Tiefe auf. In der großen Kammer lag eine 20-40-jährige. Trotz totaler Störung gibt es zahlreiche Hinweise auf eine qualitätvollere Ausstattung (Abb. 23). Vom Schmuck blieben die Glasperlen erhalten und Fragmente eines kostbaren Gehänge-Ringes aus Elfenbein (Abb. 23,15). In der NO-Ecke lag die eiserne Gürtelschnalle mit rechteckiger Lasche und einem Riemenschieber. In Mode waren mit Metall beschlagene hölzerne Kapseln mit Bronzeriegel und bronzenen Nieten mit großen flachen Köpfen (Abb. 23,3). Solche Kapselreste wur-

Abb. 21; Ausschnitt aus dem Gräberfeldplan mit den Bestattungen der dritten Generation – SD-Phase 7.

langes Kammergrab

großes Kammergrab

Kammergrab

geräumiges Grab

einfaches Grab

den auch in den Gräbern 166 und 196 bei zwei Frauen, die am Herrenhof lebten, gefunden. In Grab 286 gehörte dazu eine runde Bronzeplatte. Von einem Holzkasten fanden sich die eisernen Beschläge und der große eiserne Schlüssel (Abb. 23,2.14). Nicht in jeder Generation konnten sich die Hofbäuerinnen dieser Familie einen mit Eisen beschlagenen Kasten leisten. Zum Kasteninhalt dürfte die Schere gehört haben. Ein Sturzbecher unterstreicht die Qualität der Ausstattung.

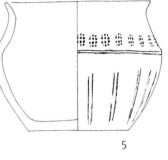

Abb. 22: Vogelstang, Frauengrab 147. Ausstattung einer Hofherrin u.a. mit Goldschmuck, Kästchen und metallbeschlagenem Eimer. 1-4 M. 1:1; 5-7 M. 1:4.

Im größten Kammergrab 281A lag ein 20-40-jähriger Mann. Die geringe Tiefe seines Grabes hängt mit der Lage am Rande der von Gräbern frei gehaltenen Fläche zusammen, bei der es sich vermutlich um eine Geländekuppe handelte, die später stärker erodierte. Die Bestattung war total durchwühlt. Liegen blieben punzverzierte Saxscheidenniete und der Gürtelbeschlag einer zweiteiligen Garnitur, sodass die Ausstattung nicht weiter zu rekonstruieren ist.

Ob in den übrigen Kammergräbern engere Angehörige oder Gefolgsleute des Hofbauern lagen, bleibt Spekulation. In jedem Fall gab es auf dem Gehöft,

dem vielleicht noch eine kleine Hofstellen (mansus) angeschlossen war, weitere Personen, die in der Rangordnung über dem Gesinde standen.

Während die Kammergräber des Hofbauern und der auf gleicher sozialer Stufe stehenden Frau weit auseinander vorgefunden wurden, sind bei allen üb-

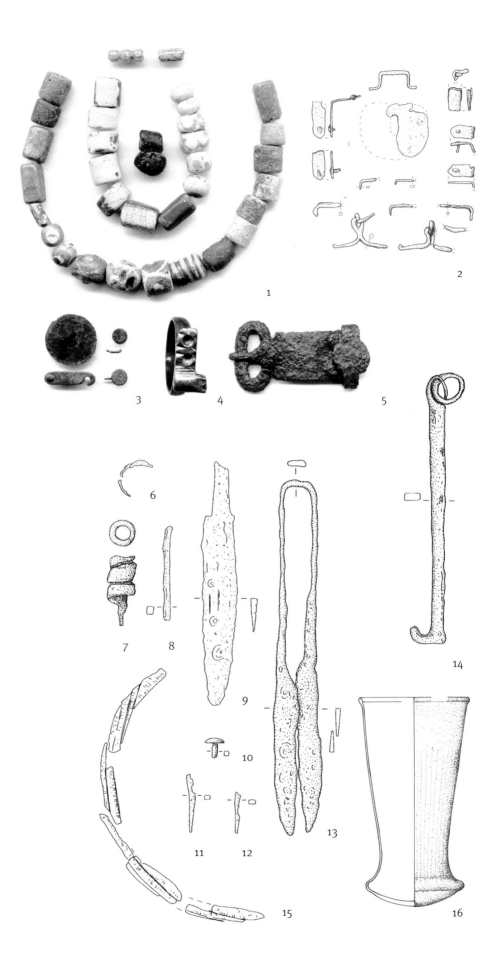

Abb. 23: Vogelstang, Frauengrab 286. Rest von der Ausstattung der Hofbäuerin aus einem großen Kammergrab, u.a. mit Kästchen (2), Schlüssel (14), Schere (13) und Glasbecher (16). 1 M. 2:3; 2 M. 1:4; 3-16 1:2.

rigen Mitgliedern der Hofgemeinschaft Kernfamilien erkennbar. Das kleinere Kammergrab 294 war im Körperbereich gestört, daher blieben vom Schmuck der 23-40-jährigen Frau nur Glasperlen übrig. Eine bronzene Gürtelschnalle und ein gerippter kugeliger Spinnwirtel fanden sich im gestörten Beckenbereich. In der südlichen Kammerhälfte stand neben den Tierknochen ein – während der Grabung entwendeter – Krug.

Etwas größer als das Frauengrab 294 war das Kammergrab 287 eines 57-65-jährigen Mannes, dem ein Schild zu Füßen lag (Abb. 24). Gestört war nur der Körperbereich, eine Lanze hatte sicher nicht wie üblich in der SO-Ecke gesteckt, mit einer vollen Waffenausstattung ist daher kaum zu rechnen.

Das Perlenensemble der 36-45-jährigen Frau in dem stark geplünderten Kammergrab 297 enthielt mit gedrückt kugeligen Perlen viele alte Stücke, doch auch eine für die Datierung wichtige kurzzylindrische Glasperle. Die Frau trug eine Gürtelschnalle und ein Gürtelgehänge mit Kamm und Messer. Ein Spinnwirtel lag in der SW-Ecke. Zwei Glasscherben dürften als Schneidegerät verwendet worden sein. Fleischbeigabe ist durch einen Rinderknochen nachgewiesen.

Obgleich das Grab 113A einer 30-60-jährigen Frau gar nicht mehr und das daneben liegende Grab 108 eines maturen oder senilen Mannes nur noch teilweise vorhanden war, gibt es mit einem Elfenbeinring im Frauengrab und einer Schere im Männergrab Hinweise auf mindestens mittlere Ausstattungsqualität. Datierbar sind allerdings nur die beiden Perlen im Frauengrab.

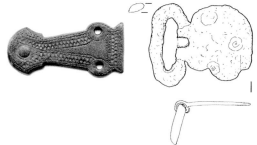

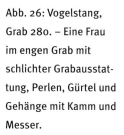

Abb. 25: Vogelstang, Grab 26. – Zusammengestückelte Gürtelgarnitur eines Knechtes. M. 1:2.

Nebeneinander wurden die einfachen und bescheiden ausgestatteten Gräber 26 und 43 gefunden. Der 47-64-jährige, bucklige Mann mit hochgezogener rechter Schulter und stark gekrümmter Wirbelsäule lag offensichtlich unbewaffnet in Grab 26; er trug einen aus verschiedenen Garnituren zusammengestückelten Gürtel mit eiserner Schnalle und rundem Schnallenbeschlag sowie punzverziertem bronzenem Gegenbeschlag (Abb. 25). Die 64-69-jährige in Grab 43 war mit dem Allernotwendigsten, Kamm, Schnalle und Messer ausgestattet.

Partnerlos ist die 62-71-jährige Frau in Grab 114, sie trug relativ umfangreichen Halsschmuck mit 34 überwiegend polychromen Glasperlen sowie 7 Bernsteinen (S. 120, Abb. 3,1). An ihrem Gürtelgehänge befanden sich ein Messer mit auffallend langem Griff und kleinem Knauf sowie der Kamm im Futteral. Durch das Kammergrab 287 getrennt waren der Mann in dem geräumigen Grab 293 und die Frau in dem einfachen Grab 280, beide erhielten eine wenig qualitätvolle Ausstattung. Die 40-80-jährige in Grab 280 (Abb. 26) war geschmückt mit einigen monochromen Perlen; dazu trug sie ein Gürtelgehänge mit Messer und Kamm im Futteral. Rechts der Füße stand ein kleines Bronzeschälchen, in dem sich eine Sigillatascherbe und ein Beinstift befanden. Von dem alt gestörten geräumigen Grab 293 des 30-60-jährigen Mannes konnte nur die westliche Hälfte untersucht werden. Wenige Eisenfragmente einer bescheidenen Ausstattung blieben übrig, ergänzt durch Topf und Kamm.

Für die Familiengruppe am Westrand charakteristisch ist eine hohe Zahl von Gräbern mit geringer Ausstattungsqualität. Waren in der zweiten Generation noch drei Krieger unter neun Erwachsenen zu zählen, so sind es in der dritten Generation nur zwei von zwölf Erwachsenen.

Abb. 26: Vogelstang, Grab 280. – Eine Frau im engen Grab mit schlichter Grabausstattung, Perlen, Gürtel und Gehänge mit Kamm und Messer.

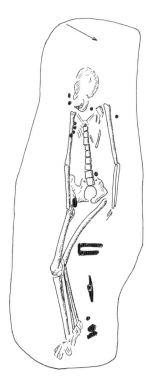

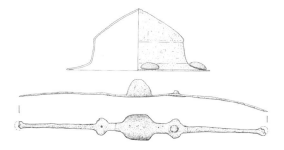

Abb. 24: Vogelstang, Männergrab 287. Schildbuckel und Schildfessel- die Reste einer Waffenausstattung in einem Kammergrab. M. 1:4.

Abb. 27: Vogelstang. Beraubtes Männergrab 212. Eisernen Schnallenbeschlag einer Spathagurtgarnitur und Röntgenphoto mit der Tauschierung. M. 1:1, Plan M. 1:20.

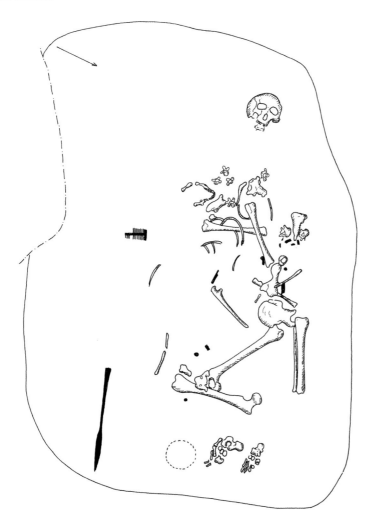

6.2.3 Im Norden – Die Gruppe hat sich geteilt

Im Norden schließen Bestattungen einer dritten Generation sowohl nördlich wie südlich an die Gräbergruppe der vorangegangenen SD-Phase 6 an. Die Gräber von drei Männern und drei Frauen befanden sich in der nördlichen Hälfte. Der 42-48-jährige mature Mann in dem großen langen Kammergrab 212 war nach den erhaltenen Fragmenten zu urteilen ursprünglich mit Spatha, Lanze und Schild bewaffnet, besaß Pinzette, Schere und Kamm (Abb. 27). Nur im Röntgenphoto ist die vorzügliche Silbertauschierung des eisernen Schnallenbeschlages erkennbar, mit zwei großen Raubvogelköpfen zwischen den vorderen und dem hinteren Niet und einer kleinen Pilzzelle in der Mitte, ein typisches Motiv der SD-Phase 7. Es ist in Mannheim eine der ältesten tauschierten Riemengarnituren.

Dem 37-46-jährigen Mann im Kammergrab 261 war in jedem Fall der Sax geraubt, die Störung traf gezielt Oberkörper und linke Seite, während Becken und rechter Unterarm ebenso wie die Beine noch in situ lagen. Der Schild ist durch einen großen Niet mit gewölbtem Bronzekopf nachgewiesen. Wie der sicher abseits gelegene Schild könnte allerdings auch eine Lanze geplündert worden sein, die Kombination von Sax und Schild wäre etwas ungewöhnlich. Eine Spatha war offensichtlich nicht vorhanden. In seiner Gürteltasche verwahrte der Krieger Schere, Pfriem und Wetzsein (Abb. 28).

Zu den beiden Männern mit unvollständiger Waffenausstattung, wenn auch gut gefüllter Gürteltasche passen die durchschnittlichen Ausstattungen der Frauengräber. Von der Ausstattung der 35-41-jährigen Frau im großen Kammergrab 273 war lediglich die recht einheitliche Perlenkette noch vorhanden (S. 120, Abb. 3,2).

Das Kammergrab 278 der 21-24-jährigen war total geplündert, dennoch blieben eine Schuhgarnitur und zwei unterschiedliche Riemenzungen von einem Gürtelgehänge zurück, an dem sowohl der Kamm im Futteral als auch eine Cypraea an einem Bronzedrahtring befestigt waren (Abb. 29).

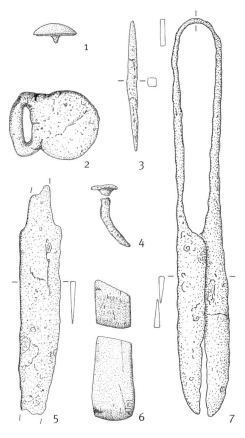

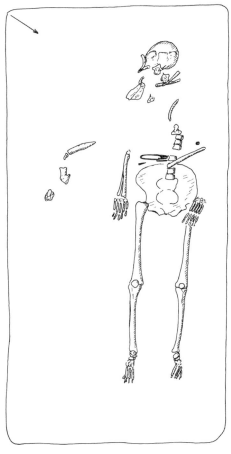

Abb. 28: Vogelstang, Männergrab 261. 1-7 M. 1:2; Plan M. 1:20.

Abb. 29: Vogelstang, Frauengrab 278. Riemenzunge und **Schnalle einer Schuhgarnitur, Drahtring, Riemenzungen und Cypraea vom Gürtelgehänge. M. 1:1.**

Das in den geräumigen Gräbern 211 und 418 nebeneinander liegende Paar hatte offensichtlich den niedrigsten sozialen Status in der Gruppe. Die senile Frau in Grab 211 trug ihrem hohen Alter entsprechend ein schlichtes Gürtelgehänge, das unterhalb des linken Knies mit einer zylindrischer Kapsel endete (Abb. 30). Weil der Topf so eng neben die Füße geschoben war, ist anzunehmen, dass er mit im Sarg stand. Von der Ausstattung des über 60-jährigen Mannes in Grab 418, das zur Hälfte rezent zerstört

Abb. 30: Vogelstang,
Grab 211. Eine senile
Frau von niederem
Rang. Plan M. 1.20.

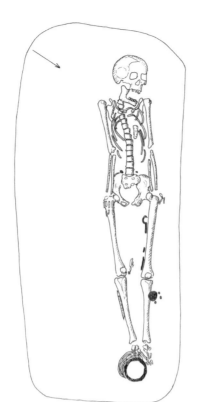

Abb. 31: Vogelstang,
Männergrab 235.
Kammergrab mit Wän-
den aus Holzbohlen.
1 Obolus; 2 Scherben
eines Sturzbechers;
3 Griffangel und Knauf-
platte einer Spatha,
4-5 Pfeilspitzen, 6-7
Fragmente einer Schild-
fessel; 8 Gerät;
9 Kamm. 1 M. 1:1, 2-8
M. 1:4; 9 M. 2:3; Plan
M. 1:20.

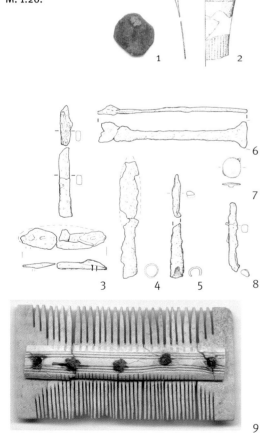

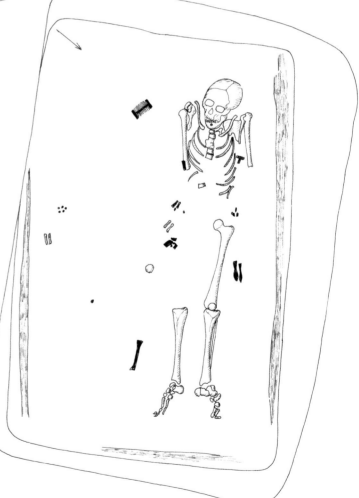

wurde, ist noch ein Sax vorhanden und es nicht bekannt, ob auch eine Lanze mitgegeben war. Der Sax
ist bei Knechten als einzige Waffe üblich.

Alle Gräber von drei Männern und vier Frauen der
zweiten Teilgruppe waren stark gestört. Spatha und
Schild ließen sich in dem großen langen Kammergrab 235 (Abb. 31) nachweisen, aber keine Lanzenspitze. Für eine gehobene Ausstattung des 30-36-
jährigen Mannes sprechen der Obolus und ein
Sturzbecher mit geriefter Wandung. Gut erhalten ist
nur der außergewöhnlich kleine Kamm vom Typ E.

Auch in dem stark geplünderten langen Kammergrab
246 eines 38-43-jährigen Mannes gibt es Hinweise
auf Spatha und Schild. Feuerzeug, Pinzette, Pfriem
und Schere stammen dort aus der Gürteltasche.

In Grab 255 ist keine Bewaffnung nachweisbar, gestört war der Bereich von Kopf und Rumpf. Hier kam es zu einer Überschneidung mit einem älteren einfachen Grab der Ostgruppe.

Am östlichen Gräberfeldrand lag das total ausgeräumte Kammergrab 431 einer Frau, das nur über ein verziertes Kammfragment vom Typ E datiert werden kann. Die 25-35-jährige Frau in Grab 258 trug ihrem Alter entsprechend eine Cypraea als Fruchtbarkeitsamulett am Gürtelgehänge (S. 373, Abb. 4). Vom Schmuck streuten noch ein paar Perlen umher. Eine Flachsbreche weist auf ihren gehobenen Stand im Haushalt hin. Noch gründlicher war Grab 263 ausgeräumt, wo zwei Perlen übrig blieben.

In Grab 265, das kaum weniger geplündert wurde, waren 14 Perlen davon gerollt. Dass wir es hier mit einer privilegierten Frau zu tun haben, verraten das Bruchstück von einem Elfenbeinring, der kleine Quadratbeschlag, auch wenn offen bleiben muss, ob er von einer Wadenbindengarnitur, den Schuhen oder vom Gehänge stammt, und schließlich der nahe der Südwand abgestellte und intakt gebliebene kugelige Glasbecher (Abb. 32).

Zwar gibt es mehrere große Grabkammern und auch zahlreiche kostbare Beigaben, doch will eine eindeutige Identifizierung eines Hofbauern und einer Hofbäuerin nicht gelingen. Vier Krieger, zwei in jeder Gruppe, waren unterschiedlich, aber alle mit Schild gerüstet.

6.2.4 Im Osten – Eine Familie mit starker Gefolgschaft

Die Nachkommen auf dem Herrenhof, den in der ersten Generation drei fibelgeschmückte Frauen repräsentierten, erweiterten ihren Bestattungsplatz zunächst Richtung Osten. In SD-Phase 7 verlagerten sie ihr Bestattungsareal dann Richtung Süden und wählten den Platz östlich der von Gräbern frei gehaltenen Hügelkuppe.

Nur allgemein als erwachsen konnte der Mann in Grab 160 bestimmt werden, die meisten waren in maturem Alter, 40-60 Jahre der Mann in Grab 162,

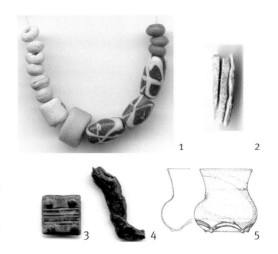

Abb. 32: Vogelstang, Frauengrab 265. 1-4 M. 1:1; 5 M. 1:4.

43-48 Jahre der in Grab 171, 52-61 Jahre der in Grab 170, mit 58-66 Jahren möglicherweise senil der Mann in Grab 172 und sicher senil die Männer aus Grab 161 und 175 mit 62-67 bzw. 61-66 Jahren.

Die größte Grabkammer hatte der frühmature Mann in Grab 171 (Abb. 33), er war mit Lanze und Schild ausgerüstet und besaß zwei Pfeile. Abgeplatzte Eisenstücke neben dem rechten Oberschenkel weisen auf eine Spatha hin, die ebenso wie der Sax der Beraubung im Körperbereich anheim fiel. In der rechten Hand hielt er einen Glasbecher. Topf und Kamm ergänzen die Ausstattung des voll bewaffneten Kriegers.

Dem spätmaturen, eventuell senilen Mann im großen Kammergrab 172 lag der Schild (Abb. 34,1-2) zu Füßen, über den Knien befanden sich die beiden Pfeilspitzen. Der Körperbereich war total gestört, der Rumpf wurde dort gefunden, wo üblicherweise die Lanze zum Vorschein kommt. Ein Ösenbeschlag blieb von einer punzverzierten Gürtelgarnitur übrig (Abb. 34,3).

Im großen Kammergrab 160 lassen ein paar Schildnägel mit flachen Eisenköpfen auf eine umfangreiche Bewaffnung schließen. Der vierte Krieger lag in dem unberaubten Kammergrab 161 (Abb. 35). Der senile Mann war voll bewaffnet; ihm fehlten nur Pfeile, die aber bei den Kriegern auch nicht als Waffen, sondern als Jagdgerät zu werten sind[6]. Zu diesem Inventar gehörte eine Tüllenausgusskanne, während in den Gräbern 172 und 160 keine Gefäße

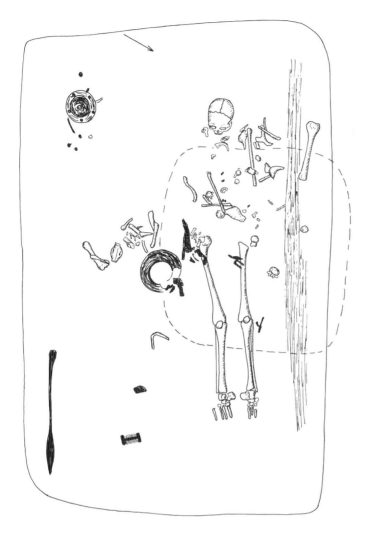

Trotz der auffallenden, aus dem Gebiet zwischen Mosel und Maas stammenden Gürtelgarnitur (S. 334, Abb. 10) war der spätmature Mann in Grab 170 mit Kurzsax und Pfeilen nur mäßig bewaffnet (Abb. 36). In diesem Zusammenhang fällt jedoch der Tascheninhalt mit Schere und Pinzette auf, sowie die Beisetzung in einem Kammergrab, so dass für diesen Krieger, der einen linksrheinischen Gürtel trug, eher an eine reduzierte Waffenbeigabe aufgrund einer linksrheinischen Beigabensitte zu denken ist.

Unberaubt war Grab 175. Es handelt sich um ein geräumiges Grab mit der Beisetzung an der N-Seite (S. 110, Abb. 131). Nach der Grabform stand der senile Mann in dieser Gruppe auf der untersten Stufe der sozialen Leiter. Dem entsprechend war er auch nur mit Schmalsax und fünf Pfeilen ausgestattet, die in einem neben dem Kopf abgelegten Köcher steckten. An seinem Gürtel war eine ältere Schilddornschnalle kombiniert mit einer ähnlich alten Heftel und einem wesentlich jüngeren punzverzierten Ösenbeschlag mit Eberköpfen (Abb. 37). Es kommt also häufiger vor, dass dem Knecht ein alter Gürtel überlassen wurde.

Frauen lagen im großen Kammergrab 196, in den Kammergräbern 179, 186, 184 sowie in den geräumigeren Gruben 164, 166 und 167. Sie lagen überwiegend nördlich der Männergräber. Das Alter der Frau aus Grab 186 konnte aufgrund der starken Beraubungen und des fehlenden Skelettmaterials überhaupt nicht bestimmt werden, zwei Frauen in den Gräbern 166 und 184 waren nur allgemein als

Abb. 33: Vogelstang, Grab 171. Das Kammergrab des Hofherrn. Plan M. 1:20.

standen, doch könnte der Altertumsverein aus Grab 160 ein solches bereits geborgen haben. Glasscherben und Kammreste blieben nach gründlicher Plünderung in Grab 162 übrig, auch hier war sicher der Altertumsverein tätig gewesen.

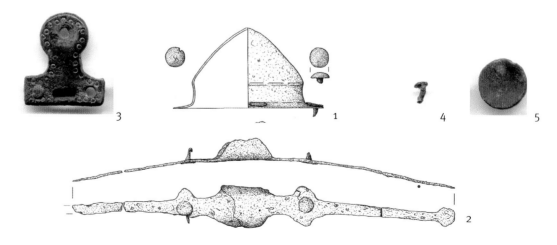

Abb. 34: Vogelstang, Grab 172. 1-2 Schildbeschläge; 3 Ösenbeschlag vom Gürtel; 4-5 Niete. 1-2 M. 1:4; 3-5 M. 1:1.

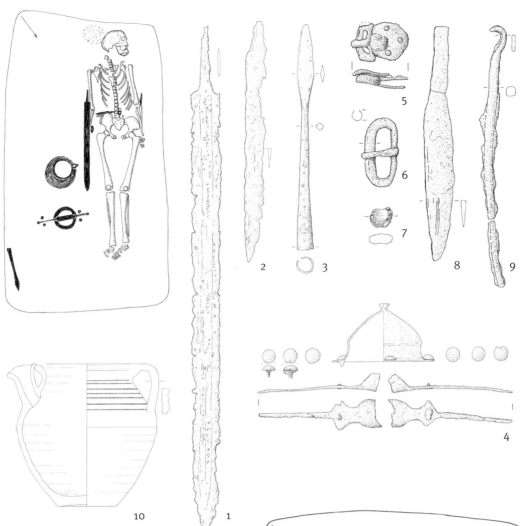

Abb. 35: Vogelstang, Kriegergrab 161. 1 Spatha, 2 Sax, 3 Lanzenspitze, 4 Schildbeschläge, 5 Schnalle vom Spathagurt, 6 Gürtelschnalle, 7 Feuerstein, 8 Messer, 9 Eisenstange, 10 Tüllenausgusskanne. 1-4.10 M. 1:6; 5-9 M. 1:3; Plan M. 1:30.

erwachsen zu bezeichnen. In Grab 164 lag eine adulte Frau, in Grab 179 eine 42-47jährige und in Grab 196 eine 51-56 Jahre alte Frau. In drei der sieben Frauengräber standen Glasbecher, ein geriefter Sturzbecher in Grab 164, ein glattwandiger in Grab 179, ein geriefter Kugelbecher in Grab 186 (Abb. 38). Die Frauen in dem geräumigen Grab 166 und großen Kammergrab 196 besaßen hölzerne Kapseln mit Bronzeriegel, wie die Hofbäuerin in Grab 286. Zwei Spinnwirtel fanden sich in 184 bei einer Frau, die bronzene Schuhschnallen trug. Zwei Spinnwirtel lagen sogar in dem einfachen Grab 167 einer juvenilen Frau.

Eine herausragende Ausstattung hatte zweifellos Grab 179. Vom Halsschmuck fand sich außer Glasperlen noch eine Amethystperle (Abb. 39). Von einem Ziergehänge haben sich zwei kleine silberne

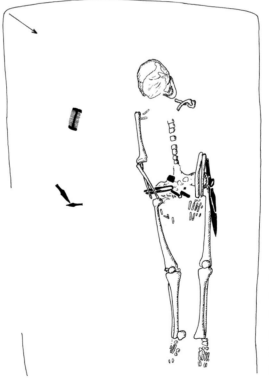

Abb. 36: Vogelstang, Grab 170. Reduzierte Waffenausstattung für den Krieger mit westfränkischem Gürtel. M. 1:20.

Abb. 37: Vogelstang, Grab 175. Eine alte Schnalle und ein neuer Ösenbeschlag für den Gürtel eines Knechtes. M. 1:1.

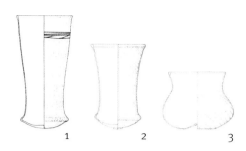

1 2 3

Abb. 38: Vogelstang, Glasbecher aus Frauengräbern. 1 Grab 164; 2 Grab 179; 3 Grab 186. M. 1:4.

Abb. 39: Vogelstang, Frauengrab 179. Perlen aus Glas und Amethyst, Bronzenadel, silberne Doppelbeschläge, bronzene Gürtelschnalle. M. 1:1.

rechteckige Doppelbeschläge erhalten. Die Hofherrin in SD-Phase 7 könnte durchaus noch Bügelfibeln getragen haben, es ist aber nicht auszuschließen, dass das Ziergehänge bereits wie in der jüngeren Merowingerzeit mit einer Scheibenfibel kombiniert wurde.[7] Zur Tracht gehörte eine Bronzeschnalle. In der südlichen Grubenhälfte wurden die eisernen Beschläge des Holzkastens gefunden (S. 139, Abb. 37), der den Spinnwirtel, ein Knochenröhrchen und die Bronzenadel enthielt, daneben standen zwei gleichartige Tongefäße sowie der Sturzbecher (Abb. 38,2). Zu Füßen der Frau lag ein Eberzahn, der auf einen verzierten Sarg hinweist.

In Grab 179 am Rande der Gräbergruppe dürfte die Hofherrin gelegen haben, während sich Grab 171, der Krieger im größten Kammergrab, im Zentrum der Gruppe befand. Hinweise auf eine herausragende Ausstattung mit Bronzegefäß und Pferdegeschirr, wie sie einem Reiter zukäme, gibt es unter den Nachkommen des alten Herrenhofes auch in der dritten Generation nicht, doch lebten vier Gefolgschaftskrieger auf diesem Hof.

6.3 Die vierte Generation – SD-Phase 8 (ca. 600-620)

In SD-Phase 8 lassen sich 20 Frauen- und 18 Männergräber datieren (Abb. 40), die Geschlechter sind in den einzelnen Gruppen allerdings weniger ausgewogen.

Der alten Familie vom ehemaligen Südrand sind in SD-Phase 8 die drei Männergräber 75B, 90, 429 und die Frauengräber 58 und 87 zuzuordnen. Vor allem die Belegung in SD-Phase 9 zeigt, dass die Familie weiterhin vorhanden war und dass mit Gräbern in dem durch die Erschließungsarbeiten gestörten Bereich in der Mitte und in dem nicht untersuchten Gelände am Ostrand zu rechnen ist.

Die im Westen des alten Areals bestattende Familie hatte sich gespalten. Ein Teil breitete sich mit den zwei Frauengräbern 98 und 100 und den vier Männergräbern 303, 295, 101 und 106 Richtung Süden aus. Neben Grab 106 lag das nicht datierbare, möglicherweise zugehörige Kammergrab 103 mit einer

61-65 Jahre alten Frau. Weiter nördlich wurden die beiden Frauengräber 45 und 111 sowie die Männergräber 121A und 144 zwischen ältere Gräber geschoben, dabei kam es zu den ersten Grabüberschneidungen. Da es sich bei der nördlichen Teilgruppe nur um Gräber mit einer geringen Ausstattungsqualität handelt, gab es sicher keine Teilung des Gehöftes.

Für die Gruppe, die das nordöstliche Areal belegte, ist in SD-Phase 8 wie auch später in SD-Phase 9 charakteristisch, dass sie ihre Gräber weit gestreut verteilte. Sie nutzte Randlagen, mit dem Frauengrab 438 im Norden, dem Männergrab 274 im Osten, dem Frauengrab 181 im Süden auf der bis dahin freigehaltenen Fläche an der Geländekuppe. Sie fand aber auch zwischen älteren Gräbern noch genügend Platz. Insgesamt lassen sich hier nur die fünf Frauengräber 141, 208, 238, 438, 181 sowie die drei Männergräber 137, 205, 274 in SD-Phase 8 datieren, was sicher mit der Undatierbarkeit einiger total geplünderter Gräber zusammenhängt.

Die Familie, die sich in SD-Phase 5 durch drei hervorragend ausgestattete Frauengräber zu erkennen gab und in SD-Phase 7 in einer dicht belegten Gruppe östlich der Freifläche durch vier voll bewaffnete Krieger in den Gräbern 171, 172, 160, 161 sowie einen Krieger mit westlichem Gürtel und reduzierter Waffenausstattung zu fassen war, tritt ab SD-Phase 8 in der Nordhälfte nicht mehr in Erscheinung. Es ist davon auszugehen, dass diese Familie, die bereits in der vierten Generation auf ihrem Hof lebte, zunächst einen sozialen Abstieg hinnehmen musste, dann aber wieder wohlhabender und damit sicher auch einflussreicher wurde, nun ein neues Gelände für ihre Gräber beanspruchte. Sie gab das alte Gelände völlig auf. Dieses wurde dann von der sich weiter ausdehnenden Gruppe der Krieger in Anspruch genommen, was vielleicht als Hinweis auf eine Zusammengehörigkeit bzw. Abhängigkeit gewertet werden darf, d. h. dass es sich dort um weitere Gefolgsleute des Hofherrn bzw. Grundherrn handeln könnte. In dem neuen Friedhofsgelände wurden neun Frauen, Grab 322, 326, 335, 336, 339, 346, 349, 350, 351, und sieben Männer, Grab 318, 320, 333, 338, 340, 352, 361, beigesetzt. An der Spitze der Familie stand von nun an ein Reiter.

langes Kammergrab
großes Kammergrab
Kammergrab
geräumiges Grab

Abb. 40: Vogelstang, Gräberfeldplan mit den Bestattungen der SD-Phase 8, unterschieden nach Grabformen.

6.3.1 Zerstört und kaum erfasst – die Familie in Gräberfeldmitte

In der Mitte des gesamten Gräberfeldes, wo eine lockere Belegung nachzuweisen ist, wo bei Erschließungsarbeiten die ersten Gräber gefunden wurden und sicher rezente Zerstörungen stattfanden, lassen sich fünf Gräber in SD-Phase 8 datieren, die in einer von NO nach SW reichenden Kette lagen.

Am westlichen Ende der Gräberkette befand sich das Frauengrab 58. In dem großen langen Kammergrab

lag eine 20-40-jährige Frau, an deren Gürtelgehänge Messer und Schere mit Eisenringen befestigt waren (Abb. 41). Sonst gab es keinerlei Anzeichen einer herausragenden Ausstattung. Ein Spinnwirtel war noch vorhanden und ein breiter, weitmundiger Topf mit hoher Unterwand und mit Wulstband und Stempeldekor auf der Schulter, der eher für eine Datierung in SD-Phase 9 spricht; das heißt Grab 58 war das jüngste Grab der Kette, deren Ende sich im Westen befand.

In dem total geplünderten großen Kammergrab 87 einer 23-40-jährigen Frau wurden sieben Glasperlen, eine Prunkperle und eine Bernsteinperle gefunden, dazu ein kapselförmiger Bronzeanhänger sowie das Fragment eines Elfenbeinringes. Ungewöhnlich sind hier die kleinen Werkzeuge, ein Meißel, eine kräftige Eisenspitze und zwei Stecheisen; sie könnten zum Beispiel bei der Lederverarbeitung eingesetzt werden; die Stellung der Frau hing sicher mit einer besonderen Tätigkeit zusammen (Abb. 42).

Hinweise auf die qualitätvolle Ausstattung eines im maturen Alter verstorbenen Kriegers sind im Kammergrab 429 mit dem als Obolus verwendeten römischen Silberdenar und mit den Teilen einer Spathagurtgarnitur vorhanden (Abb. 43). Unter den vermutlich während der Grabung des Altertumsvereins kleinteilig zertrümmerten Überresten befinden sich kräftige Eisenstücke, wie sie nur vom Sax abgeplatzt sein können und Fragmente des Schildes. Der Mann trug einen Gürtel mit unverzierten Beschlägen.

Total gestört war auch das Kammergrab 75B, wo ebenfalls Teile einer unverzierten Spathagurtnitur gefunden wurden. Bei dem Mann im langen Kammergrab 90 war trotz starker Störung ein Sax vorhanden. Die wenigen Gräber reichen nicht aus, um die Struktur der Familie zu beschreiben.

Abb. 41: Vogelstang, Frauengrab 58. 1-6 M. 1:2; 7 M. 1:4.

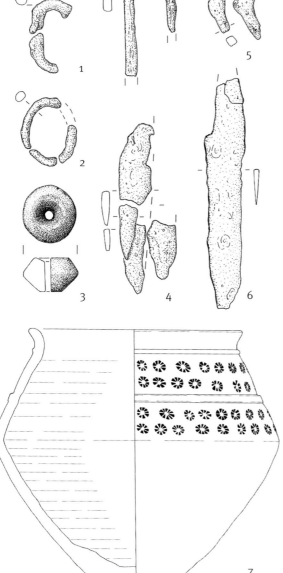

Abb. 42: Vogelstang, Frauengrab 87. Kleine Werkzeuge. M. 1:4.

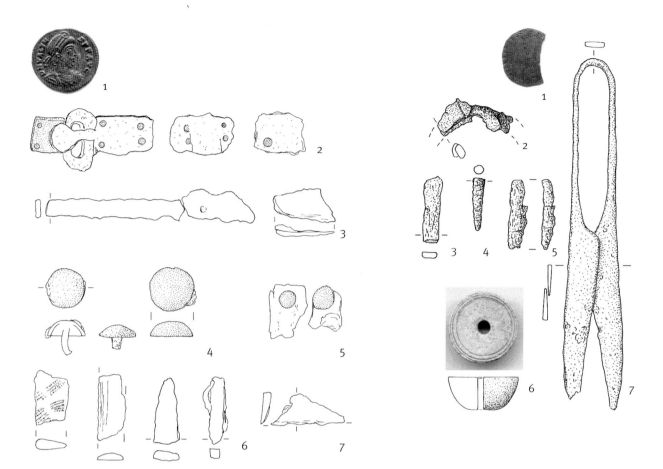

Abb. 43: Vogelstang, Grab 429. 1 Römischer Denar; 2 Spathagurtgarnitur; 3-4 Schildbeschläge; 5 Fragment eines Gürtelbeschlags; 6-7 kleinteilig zertrümmerte Reste von Waffen. 1 M. 2:1; 2-7 M. 1:2.

Abb. 44: Vogelstang, Frauengrab 100. 1 M. 1:1; 2-7 M. 1:2.

6.3.2 Die Gräber im Westen – Eine Bauernfamilie

Durch die Größe ihrer Grabkammern hoben sich die beiden Frauengräber 98 und 100 von den anderen Frauengräbern ab. Das Kammergrab 100 einer 51-56-jährigen war total gestört. Von Schmuck und Tracht sind wenige Perlen erhalten (S. 121, Abb. 4), dennoch gibt es Hinweise auf eine Ausstattung von gehobener Qualität. Ein punzverziertes Silberplättchen war vermutlich Münzersatz und diente als Obolus (Abb. 44,1). Zur Geräte-Ausstattung gehörten ein beinerner Spinnwirtel und eine Schere (Abb. 44,6-7), die zusammen in der SW-Ecke gefunden wurden, wo sie vermutlich in einem Kasten ohne Metallbeschläge aufbewahrt wurden. Ein Sturzbecher ist durch Scherben nachgewiesen, ein Topf (S. 185, Abb. 107) ergänzt die Gefäßausstattung.

Eine 40-60-jährige Frau lag in dem etwas kleineren Kammergrab 98. Es war total geplündert, so blieben vom Schmuck nur die Glasperlen (Abb. 45). Scherben eines grünoliven Tummlers mit rund geschmolzenem Rand zeugen aber von höherer Ausstattungsqualität. Sechs eiserne Krampen gehörten nach der Fundlage eher zu einem Stab als zu einem Kasten. Wo der Spinnwirtel lag, ist unbekannt.

Es dürfte sich in Grab 100 um die Hofbäuerin und in dem daneben liegenden Grab 98 um eine ihr nahe stehende, weitere Frau, vermutlich die Wirtschafterin, handeln.

Unter den Männergräbern fällt das große Kammergrab 106 eines 47-64-jährigen Mannes auf; es war total gestört. Gefunden wurden noch Ösenbeschläge seines Gürtels, drei Niete der Saxscheide sowie eine Pfeilspitze. In Grab 303 bei einem 40-60-jährigen Mann steckte die Lanzenspitze in der SO-Ecke (Abb. 46), da es sich um ein langes, aber relativ schmales Grab handelt, ist nicht einmal sicher, ob es überhaupt ein Kammergrab war. Daher ist auch

Abb. 45: Vogelstang,
Frauengrab 98. 1 Glas-
und zwei Bernsteinper-
len, 2 Spinnwirtel, 3
Krampen von einem
länglichen Gegenstand.
1 M. 1:1; 2-3 M. 1:4.

nicht mit einer vollen Bewaffnung zu rechnen. Beraubt war der gesamte Körperbereich, wo der Feuerstahl übrig blieb.

Für das Gesinde des Bauernhofes wurden geräumige
Gruben ausgehoben, auch wenn die Bestattung auf
der Nordseite erfolgte, handelt es sich nie um Kammergräber. Da Grab 101 (Abb. 47) alt beraubt ist,

könnten Gürtelschnalle und Sax fehlen, vorhanden
sind ein Rückenbeschlag und drei Pfeile; Kamm
und Topf ergänzen die Ausstattung. Obgleich der 23-
40-jährige Mann nur ein geräumiges Grab und kein
Kammergrab erhielt und auch nur eine Ausstattung
von unterer Qualität, wie sie einem Knecht zukam,
gab die Familie ihm eine keltische Silbermünze als
Obolus mit.

Grab 295 war ungestört (S. 110, Abb. 132). Der 37-
46-jährige trug eine dreiteilige Gürtelgarnitur und
große Feuersteine in seiner Gürteltasche. Außer
einem Bündel von vier Pfeilen hatte er keine Waffen. Keramikbecher und Speisen standen in der
südlichen Grubenhälfte, ein Kamm lag unterhalb der
rechten Hand.

Gänzlich gestört ist das Männergrab, das in die
Grube des älteren Frauengrabes 121 eingelassen war.
Vorhanden sind Fragmente einer Gürtelgarnitur und
der Topf.

Die Ausstattungen der Mägde waren von geringer
Qualität. Ungestört blieb das unter Grab 42 gelegene
Grab 45 mit einer Frau in der Mitte einer geräumi-
gen Grabkiste (Abb. 48). Die 25-30-jährige trug

Abb. 46: (links) Vogel-
stang, Männergrab 303.
Plan M. 1:20.

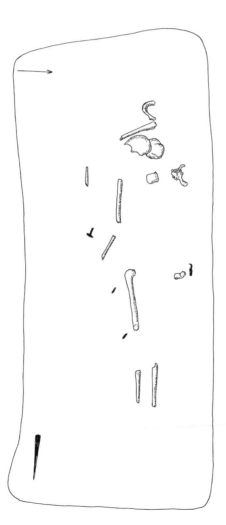

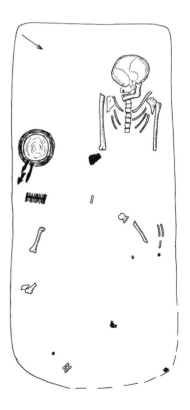

Abb. 47: (rechts)
Vogelstang, Männer-
grab 101. Plan M.1:20.

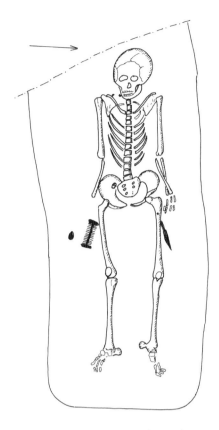

Abb. 48: Vogelstang, Frauengrab 45. Plan M. 1:20.

total gestört. Für die soziale Gliederung sind die Grabanlagen sehr wichtig. Alle Erwachsenen lagen in Kammergräbern zwischen 1,2 m und 1,6 m Breite. Durch eine größere Kammer hob sich das Frauengrab 181 ab, durch eine große lange Kammer das Männergrab 205.

Die Plünderer kamen im Männergrab 205 von SO und hatten hier wohl auch Schild und Lanze erwischt, sie trafen gezielt auf Sax und Spatha. Beschlagfragmente des Gürtels sowie des Wehrgehänges blieben zurück.

Ein zweiter Krieger befand sich in Grab 274. Bei dem 40-60-jährigen lässt sich ebenfalls eine Spatha nachweisen, in der SO-Ecke der Kammer hatten sich Lanze und Schild erhalten (Abb. 49). Grab 137 dürfte dem Mannheimer Altertumsverein zum Opfer gefallen sein und lässt sich nicht weiter beurteilen.

In der 1,6 m breiten Kammer von Grab 181 war eine zahnlose, etwa siebzig-jährige Frau beigesetzt (Abb.

einen Gürtel mit Eisenschnalle und einem Messer am Gehänge. Unterhalb der rechten Hand lagen Kamm und Spinnwirtel.

In dem ungestörten Grab 111 lag die 59-64-jährige Frau an der Nordseite. In diesem Fall gab es außer der Perlenkette keine weiteren Schmuck- und Trachtaccessoires. Der Gürtel war sicher nur verknotet, unmittelbar am Gürtel steckte das Messer und an einem Eisenring hing ein kräftiges, aber unvollständiges Eisengerät, das als Feuerstahl benutzbar wäre. Von den Leuten auf dem Bauernhof konnten zwei Männer Kriegsdienst leisten, zwei Frauen teilten sich die Führung des Haushaltes, diese vier wurden in Kammergräbern beigesetzt. Für das Gesinde, zu dem vier Knechte und drei Mägde gehörten, wurden geräumige Gruben ausgehoben.

6.3.3 Die Gräber im Norden –
Eine lockere Gemeinschaft von Kriegerfamilien

Kaum als Gruppe wahrnehmbar sind die im nordöstlichen Areal verteilten Gräber; sie sind stark bis

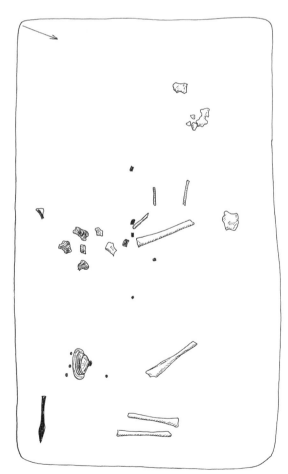

Abb. 49: Vogelstang, Männergrab 274. Plan M. 1:20.

Abb. 50: Vogelstang,
Frauengrab 181.
Plan M. 1:20.

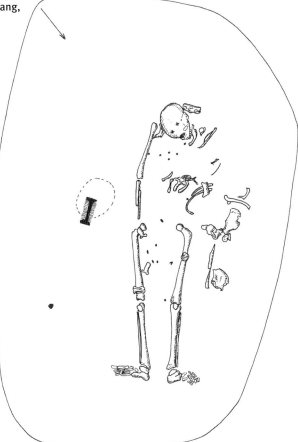

Abb. 51: Vogelstang, Grab 181. Glasperlen und eine Amethystperle. M. 1:1.

In Grab 208 war der Körperbereich gestört; die 60-65-jährige Frau trug demnach kein Gürtelgehänge; erhalten sind Perlen und eine Eisenschnalle. In der südlichen Kammerhälfte lag ein Kamm.

In Grab 438 waren Kopf und Oberkörper gestört. Die 62-71-jährige alte Frau trug einen Gürtel mit Eisenschnalle; vom Gürtel herab hingen das Messer und wohl auch ein Täschchen mit der Ösennadel. Auf der

50). Gestört war nur der Körper. Die Alte trug demnach weder Metallbeschläge an den Wadenbinden noch Schuhgarnituren, auch hatte sie kein Gürtelgehänge. Es fehlten ihr alle Attribute einer Hofbäuerin, wie Kästchen oder besondere Geräte zur Textilverarbeitung. Nur eine Amethystperle fällt in ihrem Perlenensemble (Abb. 51) auf und zeugt von einstigem Wohlstand. Die Frau hatte vermutlich auf Grund ihres hohen Alters keine Funktionen mehr in der Familie, wurde aber weiterhin geehrt und erhielt die größte Grabkammer, deren Lage am Rande der gräberfreien Geländekuppe wohl kein Zufall war.

Der 47-52-jährigen Frau in Grab 141 (Abb. 52) verblieben von Schmuck und Kleidung nach der Plünderung nur Perlen; sie besaß einen Beinwirtel; neben der Tüllenausgusskanne lagen Kamm und Speisen. Ein Denar als Obolus lässt auf eine gehobene Ausstattung schließen.

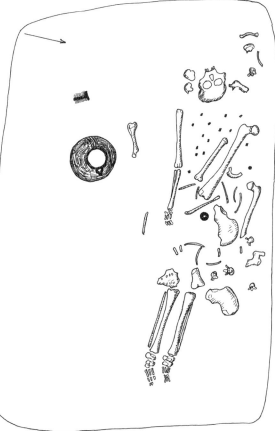

Abb. 52: Vogelstang, Frauengrab 141. Plan M. 1:20.

rechten Seite stand der Topf. Geplündert war ebenso Grab 238 einer 22-30-jährigen Frau, ihr Grab wies mit 1,2 m Breite die geringsten Ausmaße auf. Übrig blieben Perlen.

In der Nord-Gruppe sind die sozialen Unterschiede zwischen den einzelnen Mitgliedern gering, es fällt schwer, Hofbäuerin und Wirtschafterin zu bestimmen. Mindestens zwei Männer standen dem fränkischen Heer zur Verfügung. Nur bei Grab 238 könnte es sich um eine Magd handeln, da sie die kleinste Grabkammer erhielt, obgleich sie im adulte Alter war; Frauen im adulten Alter erfuhren besondere Wertschätzung, was sich üblicherweise in opulenten Grabausstattungen niederschlug.

6.3.4 Im neuen Friedhofsareal – Die Reiter vom Herrenhof

In der ersten Generation ließ sich ein Reiter als Besitzer des Herrenhofes nur indirekt nachweisen. Er war offensichtlich vom Feldzug nicht heimgekehrt. Diesen Verlust konnte die Familie so schnell auch nicht ausgleichen; der Wohlstand sank merklich. In den folgenden beiden Generationen gab es hier keinen Reiter. Das könnte allerdings auch damit zusammenhängen, dass die Hofherren der SD-Phasen 6 und 7 in so hohem Alter verstarben, dass der Hof bereits an die Erben weitergegeben war und die alten Männer darum kein Anrecht mehr auf den Status eines Reiters und Hofherrn hatten, d.h. nur als Krieger beigesetzt wurden. Das betraf den über sechzig-jährigen Mann in Grab 199 in SD-Phase 6. In der folgenden Generation käme einer der senilen Männer aus Grab 172 oder Grab 161 in Frage, auch wenn der im maturen Alter Verstorbene aus Grab 171 die

größte Grabgrube erhielt und als Hofherr angesprochen wurde. Erst ab der vierten Generation wurde die Familie nachweislich von berittenen Kriegern angeführt, die Familie hatte ihren einstigen Status demnach wieder erreicht.

Der Reiter in Grab 361 verstarb allerdings in jungen Jahren und ist wie das Frauengrab 350 in die Übergangszeit SD-Phase 7/8 zu datieren. Er wurde kaum 24 Jahre alt; daher ist fraglich, ob er überhaupt schon ein Hofherr war. Das Grab war alt beraubt. Es fehlen die gezielt herausgeholten Waffen, während die eisernen unverzierten Beschläge vom Wehrgehänge und auch vom Gürtel noch vorhanden waren. Ein Schild lag neben den Beinen; neben dem Kopf befanden sich der eiserne Sporn mit offenen Ösen an den Schenkelenden – von denen eine erhalten ist – sowie die darin eingehängten kleinen Riemenlaschen (Abb. 53). Ein großer Henkeltopf ging während der Plünderung zu Bruch. Der junge Reiter lag in einer durchschnittlich großen Kammer wie die

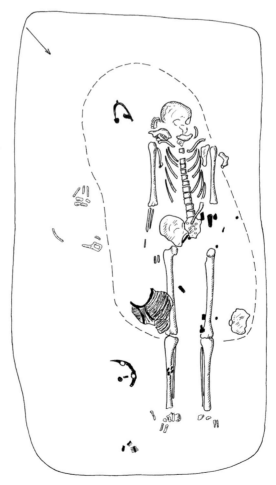

Abb. 53: Vogelstang, Reitergrab 361. Eiserner Sporn mit ringförmiger Öse und Riemenzwingen. M. 1:4; Plan M. 1:20.

Männer in den Gräbern 318, 320 und 340, während der Reiter in Grab 333 eine lange Kammer erhielt und der Krieger in Grab 338 sogar eine große lange (S. 115, Abb. 139).

Der Mann in dem langen Kammergrab 333 wurde ebenfalls durch einen Sporn als Reiter ausgewiesen (Abb. 54). Fragmente von Spatha, Sax und Schild sind noch vorhanden, dazu Messer, Kamm und Schere sowie ein Tummler (Abb. 55,1).

Fünf Kindergräber der SD-Phasen 8-9 umringten das Reitergrab im Süden und Osten. Ein derartiger Ahnenkult war in den ersten Generationen, als die Familie noch im alten Friedhofsteil bestattete, bei der Hofherrin in Grab 152B zu beobachten; und in SD-Phase 7 war das Männergrab 171 Zentrum zahlreicher Knabengräber.

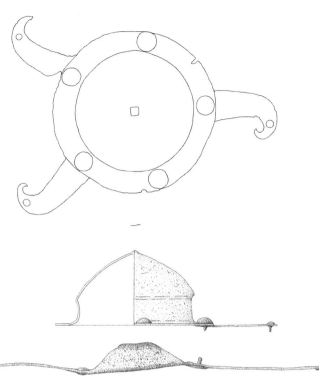

Abb. 54: Vogelstang, Reitergrab 333.
1 Griffangel und Fragmente von der Heftplatte einer Spatha;
2 Fragment eines Scheidenrandbeschlages;
3 Fragment eines Schildbuckelrandes;
4 Schildniet, 5 eiserner Sporn mit Schlaufenenden. M. 1:4.

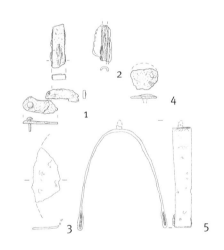

Abb. 56: Vogelstang, Grab 338. Schildbuckel mit Zierbeschlägen und Schildfessel. M. 1:4.

Von der Bewaffnung des Mannes aus Grab 338, das die größte Kammer aufwies, blieben ein Spieß und ein Schild mit aufwendigen Beschlägen erhalten (Abb. 56). Die schmale Lanze mit facettiertem Schaft aus Grab 340 hat wie der Spieß aus Grab 338 (S. 158 Abb. 75) Vorbilder im byzantinischen und langobardischen Italien. Hinweise auf weitere Waffen fehlen in dem gründlich geplünderten Grab. Von einer Lanzenspitze mit Schaftbeschlägen stammt der gewickelte Eisendraht in Grab 352, auch hier lässt sich ein Schild durch wenige Reste nachweisen. In Grab 320 hat sich der tauschierte Knauf einer Spatha (Abb. 57) erhalten und wenige Fragmente eines Schildes. Zur qualitätvollen Ausstattung dieses Kriegers, der ein Silberplättchen als Obolus im Mund hatte, passt der Tummler (Abb. 55,2). Somit hatte der Reiter aus Grab 333 vier mit vorzüglichen Waffen ausgestattete Krieger an seinem Hof. Er übertraf die anderen Höfe nicht nur in der Zahl der Krieger, sondern vor allem in der Qualität der mitgeführten Waffen.

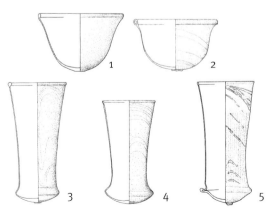

Abb. 55: Vogelstang, Glasgeschirr vom Herrenhof. 1 Reitergrab 333; 2 Kriegergrab 320; 3 Frauengrab 326; 4 Grab 339 der Hofherrin; 5 Frauengrab 346. M. 1:4.

Abb. 57: Vogelstang, Grab 320. Knauf sowie Knauf- und Heftplatte mit Goldtauschierung von einer Spatha. M. 1:1.

Alle Frauen der SD-Phase 8 lagen in Kammergräbern, die meisten Kammern waren von durchschnittlicher Größe, überdurchschnittlich groß war Grab 339, und nur bei den beiden Gräbern 350 und 351 handelte es sich um große lange Grabkammern. Von diesen drei Gräbern war Grab 351 lediglich 1,1 m tief, während die beiden anderen benachbarten großen oder langen Grabkammern 1,6 - 1,7 m Tiefe erreichten.

Als Grab der ersten Hofherrin kommt das leider total ausgeplünderte große Kammergrab 350 in Frage (Abb. 58). Mit einem Inventar der Übergangszeit SD-Phase 7/8 und nach Lage ihres Grabes verstarb die Frau schon zu Beginn der SD-Phase 8. Wie eine ältere Hofherrin in Grab 179 lag auch die 20-40-jährige hier in einem mit zwei Eberzähnen verzierten Sarg, der in einer großen Holzkammer stand. Zu ihrem Halsschmuck gehörten Perlen aus Glas, Bernstein und Amethyst. Eine punzverzierte Riemenzunge weist auf ein Gürtelgehänge hin. Eisenbeschläge von einem Holzkasten, der in dem Grab

einer Hofherrin nicht fehlen sollte, sind ebenfalls vorhanden.

Einen mit eisernen Eckbeschlägen versehenen Holzkasten (Abb. 59,1) besaß allerdings auch die Frau aus dem ebenfalls großen und langen, aber nur wenig tiefen

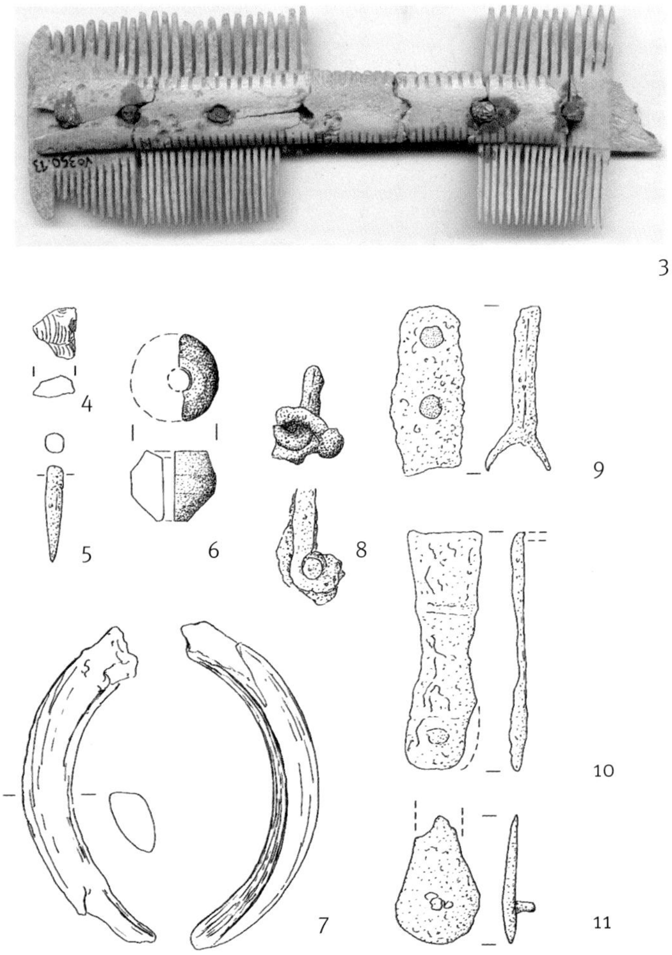

Abb. 58: Vogelstang, Grab 350. Wenige Reste aus dem Grab einer Hofherrin der Übergangszeit SD-Phase 7/8. 1 Glas- und eine Amethystperle, 2 bronzene Riemenzunge, 3 Kamm, 4 Feuerstein, 5 Nadelspitze, 6 Spinnwirtel, 7 Eberzähne einer Sargbekrönung, 8-11 Kästchenbeschläge. 1-2 M. 1:1; 3 M. 2:3; 4-11 M. 1:2.

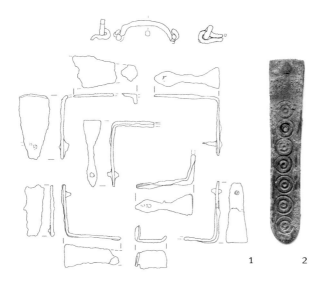

Abb. 59: Vogelstang, Grab 351. 1 Eiserne Kastenbeschläge, M. 1:4; silberne Riemenzung, M. 1:1.

Kammergrab 351. Von der persönlichen Ausstattung blieben zwei Perlen und immerhin eine silberne Riemenzunge übrig (Abb. 59,2). Die 20-26-jährige kann die Stelle einer Hofherrin aber nur wenige Jahre ausgefüllt haben. So wird verständlich, warum es

in SD-Phase 8 noch ein drittes Grab mit Hinweisen auf den Status einer Hofherrin gibt.

Die Frau in dem Kammergrab 335 (S. 105, Abb. 123) wurde durch einen Holzkasten mit Eisenbeschlägen als vermögende Ehefrau und somit als Hofherrin ausgezeichnet. Für eine Altersbestimmung reichten die Skelettreste in der ausgeräumten Holzkammer nicht aus. Von einer gewissen Ausstattungsqualität zeugen zwei Niete von einer Messerscheide (Abb. 60,7) und eine breite, dreinietige bronzene Riemenzunge mit qualitätvollem Flechtbanddekor (Abb. 60,10), die von einem langen Gürtelgehänge stammen dürfte. Ein großer einreihiger Kamm (S. 178, Abb. 100) ergänzt das wenige erhaltene Fundmaterial. Die Frau im Kammergrab 335 fand sicher nicht zufällig unmittelbar westlich des Reitergrabes 333 aus SD-Phase 8 ihre letzte Ruhe.

Eine qualitätvolle Ausstattung kam auf dem Herrenhof auch der 54-59-jährigen Frau in dem großen Kammergrab 339 zu. Ein Triens des Athalarich war ihr als Obolus mitgegeben worden. In situ lagen in dem gestörten Grab 339 nur die Füße; die Frau trug Schuhe mit einer bronzenen Riemengarnitur (Abb. 61). Am Gürtelgehänge hingen Kamm und Messer. Dazu besaß sie einen Glasbecher (Abb. 55,4). Der Spinnwirtel befand sich in der SW-Ecke, außerhalb des Raubschachtes. Eisenbeschläge eines Kastens wurden nicht gefunden. Auf dem Herrenhof ist es nicht das erste Mal, dass eine Frau, die keineswegs den Status einer Hofherrin erreichte, eine Goldmünze als obolus erhielt.

Als Wirtschafterin kommt die 40-60-jährige Frau aus Grab 336 in Frage. In der SW-Ecke von Kammergrab 336 befand sich eine sehr große Schere, sonst war das Grab total geleert.

Über die Frau in Grab 322 lässt sich nichts aussagen, da lediglich Kamm und Kanne übrig blieben. Das Kammergrab 349 einer 40-60-jährigen Frau war stark gestört, sieben Glasperlen kamen im Raubschacht zu Tage. Von der Ausstattung in Grab 326 waren sieben Perlen, ein Bronzering, Kamm und Spinnwirtel erhalten, in Grab 346 waren es 19 Perlen, dazu Schnalle, Pfriem, Messer, Kamm und Spinnwirtel.

Abb. 60: Vogelstang, Grab 335. 1-6 eiserne Kastenbeschläge, M. 1:4. 7 Bronzeniete eines Messerscheide; 8 Bronzering, 9-10 bronzene Riemenzungen. M. 1:1.

Abb. 61: Vogelstang, Grab 339.
Bronzene Schuhgarnitur. M. 1:1.

Dass die familia des Herrenhofes nicht nur durch
große Grabkammern auf den gehobenen Stand aller
ihrer Angehörigen hinwies, sondern den beachtlichen
Wohlstand auch bei den Ausstattungen zeigte, lässt
sich nur noch an wenigen Beispielen zeigen, wie kostbarem Glasgeschirr. Je einen Sturzbecher besaßen
die 40-80-jährige Frau aus dem Kammergrab 326,
die spätmature Frau in Grab 339 und die 23-40-
jährige aus Kammergrab 346 (Abb. 55,3-5). Es dürfte
sich – wie in der Nordgruppe – um die Frauen der
Krieger handeln, die offensichtlich einen anderen Status hatten als das Gesinde eines Bauernhofes.

6.4 Die fünfte Generation – SD-Phase 9
(ca. 620-650)

In SD-Phase 9 waren bis auf die südliche Spitze alle
Bereiche des großen Gräberfeldareals in Benutzung (Abb. 62). Auch die fünfte Generation wurde
in unterschiedlich großen Gruppen beigesetzt. Auffällig ist, dass alle Gruppen etwas umfangreicher sind
als bisher. Insgesamt sind 30 Frauengräber und 31
Männergräber in SD-Phase 9 zu datieren. Das hängt
sicher nicht mit einem stärkeren Anwachsen der Bevölkerung zusammen, sondern hat eher chronolo-
gische Gründe. Die Phasen umfassten bisher etwa
20 Jahre. Die SD-Phase 9 umschreibt aber sehr
wahrscheinlich einen um 10 Jahre längeren Zeitraum
als die vorangegangene SD-Phase 8 (ca. 600-620).
So konnte Eva Stauch in Wenigumstadt eine ältere
Phase 9A von einer jüngeren Phase 9B trennen.[8] In
Vogelstang ist dies aufgrund der starken Beraubungen nur teilweise möglich.

Abb. 62: Vogelstang, Gräberfeldplan mit den Bestattungen der SD-Phase 9,
unterschieden nach den Grabformen.

langes Kammergrab
großes Kammergrab
Kammergrab
geräumiges Grab
enges Grab

In der Nordhälfte dehnte sich eine Familie am Westrand mit den Gräbern 266, 300, 301, 302 von vier Frauen und den Gräbern 92, 94, 271, 279 von vier Männern weiter nach Süden aus. Ein Teil der Hofgruppe, und zwar drei Frauen und drei Männer, fand in dem schon einige Generationen früher benutzten Gelände die letzte Ruhestatt in den Gräbern 35, 39, 40, 126, 128 und 145. Insgesamt lebten sieben Frauen und sieben Männer in SD-Phase 9 auf dem Bauernhof. Und wie schon früher zu beobachten, lagen die Gräber des Hofbauern und der Hofbäuerin weit auseinander.

Die Gruppe, die sich in SD-Phase 8 über das ganze nordöstliche Areal mit den vier parallel zur östlichen Friedhofsgrenze hinziehenden Gräberreihen verteilt hatte, fand in SD-Phase 9 ihre größte Ausdehnung; sie hatte nun auch das in SD-Phase 7 von den Leuten des Herrenhofes benutzte Areal annektiert. Vier Frauengräber 440, 436, 140 und 115 und das Männergrab 441 fanden ihren Platz am westlichen Rand bis hinein in die nördliche Spitze des großen Areals. Vier Männergräber 195, 187, 188, 185 lagen am Südost-Rand, die Frauengräber 165 und 177 wurden hier zwischen die älteren Kriegergräber des Herrenhofes geschoben, Grab 169 schloss auf der Freifläche an das ältere Frauengrab 181 an. Mit den Frauengräbern 432B, 242 und 239 und den Männergräbern 49, 228 wurden ältere Gräberreihen im mittleren Bereich aufgefüllt. Insgesamt lassen sich in SD-Phase 9 zehn Frauen und sieben Männer dem Verband zuordnen, der bisher von Kriegern dominiert wurde.

Die zum Herrenhof gehörende Gruppe weitete ihr Bestattungsareal in SD-Phase 9 mit 12 Frauengräbern – Grab 17B, 29, 53, 59, 304, 312, 315, 319, 323, 324, 325, 419 – und 15 Männergräbern – Grab 13, 64, 68, 70, 72, 77, 82, 306, 308, 310, 311, 313, 314, 331, 401 – auf dem neuen Friedhofsteil relativ geschlossen nach Süden aus.

Die unmittelbar nordöstlich des neuen Friedhofes liegenden Gräber lassen sich daher unschwer der alten Südgruppe zuordnen, es handelt sich in SD-Phase 9 um zwei Männer in den Gräbern 424 und 426 sowie eine Frau in Grab 428.

6.4.1 Östlich der Mitte – die unbekannte Familie

Nordöstlich des dicht belegten neuen Friedhofsareals, am Rande der untersuchten Flächen befand sich eine kleine Gruppe außerordentlich tiefer Kammergräber der SD-Phasen 9-10. Die Gräber liegen in der Nähe älterer ebenfalls recht tiefer Bestattungen, die einer wohlhabenden – leider nur unvollständig erfassten – familia zugeschrieben werden. Immerhin sind die Gräber von drei Hofherrinnen aus den SD-Phasen 5-7 bekannt, und nun folgen offensichtlich auch deren Nachfolgerinnen aus der SD-Phase 9 mit Grab 428 und aus der SD-Phase 10 mit Grab 427. Auf das Grab einer Hofherrin am östlichen Rand oder auch außerhalb der in den 1960er Jahren untersuchten Fläche weist ein eiserner Kasten-Eckbeschlag mit anhaftenden Holzresten hin, der im Flurstück 667b im 19. Jahrhundert geborgen wurde. Hier könnte es sich um das fehlende Grab der Hofherrin aus SD-Phase 8 handeln.

Das Alter der Frau in Grab 428 (Abb. 63) wurde anthropologisch auf 30-60 Jahre festgelegt, wegen der starken Abrasion ihrer Zähne nach dem Befund von Dr. Rolf Will ist eher von einem spätmaturen Alter auszugehen. Die Frau trug eine Halskette mit auffallend vielen alten Perlen und nur wenigen neuen für Gruppe E2/SD-Phase 9 typischen Stücken; aufgefädelt waren außerdem eine Amethystperle und ein Bügelfibelknopf. Zudem hing ein kleines bronzenes Toilettebesteck an ihrer Halskette. Der Schmuck im Körperbereich war geplündert. Sie trug einen Gürtel mit bronzener Schnalle, an einem kurzen Gehänge war das Messer griffbereit. Beinkleidung und eine langes Gürtelgehänge fehlen, was ebenfalls für ein spätmatures Alter spricht. Mit Speisen und Getränken waren in der Südhälfte der Kammer ein kleiner Topf und ein großer Henkeltopf sowie ein Holzgefäß mit bronzenen Randbeschlägen abgestellt. Daneben lag wie üblich der Kamm. Von einer überragenden Ausstattung wie in den älteren Gräbern 96 und 147 kann also keineswegs mehr die Rede sein, dennoch stand als Standessymbol der Holzkasten mit eisernen Eckbeschlägen im Grab und zierten zwei Eberzähne ihren Sarg (Abb. 63,5).

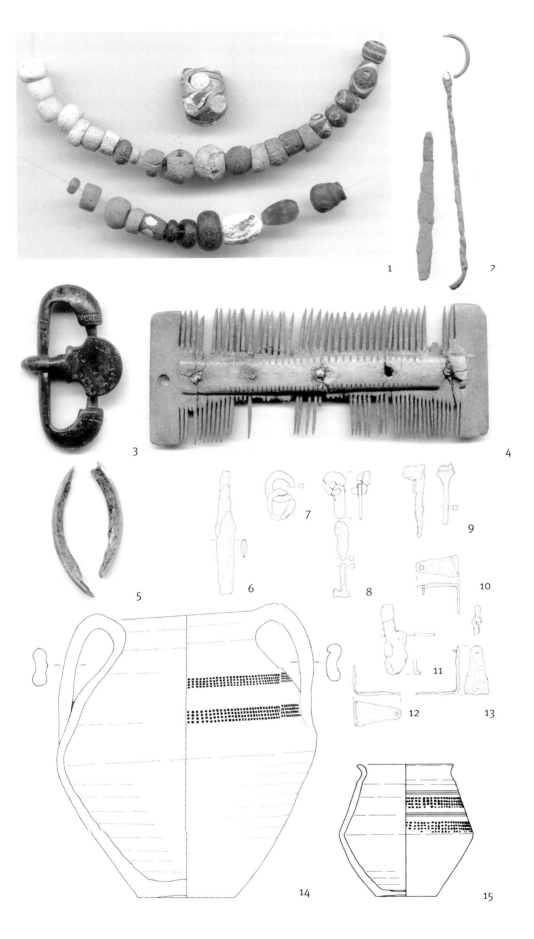

Abb. 63: Vogelstang, Grab 428. 1 Perlenkette, 2 bronzenes Toilettebesteck, 3 bronzene Gürtelschnalle, 4 Kamm, 5 Eberzähne, 6 Messer, 7-8 Eisenringe mit Hakenschlüssel, 9-13 eiserne Kastenbeschläge, 14 Henkeltopf, 15 Topf. 1-3 M. 1:1; 4-5 M. 2:3; 6-15 M. 1:4.

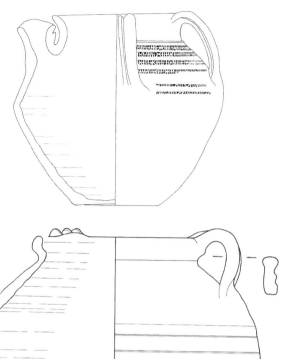

Abb.64: Vogelstang, Grab 424. Keramik M. 1:4.,

rollrädchen und ein dreihenkliger Topf im Grab (Abb. 64).

Das Männergrab 426 war stark gestört, vor allem im Körperbereich. Von einem extrem breiten Gürtel blieben einige Teile einer hohl gegossenen bronzenen Garnitur liegen (Abb. 65,1-3). Von der Schnalle hatte sich der Dorn mit halbrundem Schild gelöst und ging den Plünderern verloren. Die anderen Teile saßen eher auf dem rückwärtigen Teil des Gürtels, lagen also unter dem Toten und wurden deshalb übersehen. Der breite, dreieckig-tropfenförmige Beschlag hat trotz seiner Länge von über 8 cm die Form eines Rückenbeschlags. Nach dem Vorbild einer Gürtelgarnitur aus Herbolzheim, Kr. Heilbronn, Grab 31[9], wo Dorn, Schnallenbügel und Ösenbeschläge fehlen, lassen sich zu dem Rückenbeschlag ein triangulärer Schnallenbeschlag und ein ebenso geformter Gegenschlag rekonstruieren, die alle seitlich mit großen gravierten Raubvogelköpfen verziert waren und außer den punktierten Bändern ebenfalls keinen weiteren Dekor aufweisen. Die Herbolzheimer Garnitur war nicht ganz so breit wie die aus Vogelstang und könnte demnach etwas älter sein. Der Mann aus Grab 426 war voll bewaffnet. Die Spatha ist durch einen unverzierten zerbrochenen eisernen Spathaknauf nachgewiesen. In der Südostecke der Grabkammer steckte die Lanzenspitze (S. 159, Abb. 76), dort war auch der Schild abgestellt (Abb. 65).

Von den beiden Männern lag einer an der Nordseite des geräumigen Grabes 424. Geraubt war höchstens ein Sax, doch standen zwei auffallend große Gefäße, eine dreihenklige Tüllenausgusskanne mit Zier-

6.4.2 Am Westrand – Die Bauernfamilie

Die Gruppe am Westrand bestattete am südlichen wie am nördlichen Rand des ihnen schon lange zu-

Abb. 65: Vogelstang, Grab 426. 1-3 Schnallendorn, Rückenbeschlag und zwei Ösenbeschläge einer bronzenen Gürtelgarnitur M. 2:3; 4 Schildbuckel M. 1:4.

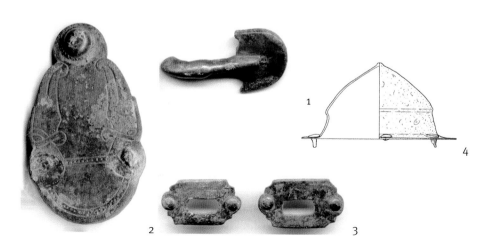

1   2

4

3

Abb. 66: Vogelstang, Grab 300. 1 Fragment eines silbernen Körbchenohrrings; 2 Fragment eines silbernen Preßbleches, eventuell von einer Fibel; 3 silberne Doppelbeschläge eines Ziergehänges; 4 Fragment eines silbernen Lanzettanhängers. M. 1:1.

gewiesenen Friedhofsareals. Da es sich um zwei unterschiedlich große sowie in der sozialen Schichtung ungleiche Gruppen handelt, kann wiederum nicht von einer Teilung des Hofes ausgegangen werden. Mit sieben Frauen und sieben Männern ist das Geschlechterverhältnis ausgewogen.

Von den Frauen am südlichen Rand lagen drei im normalen Kammergrab, eine große Kammer hatte Grab 300. Da sich hier Reste von silbernem Ohrschmuck und von einem silbernen Lanzettanhänger erhalten haben sowie geriefte Silberbleche von einem Brustgehänge (Abb. 66), das von einer Scheibenfibel getragen wurde, von der vielleicht ein kleines Stück Pressblech (Abb. 66,2) stammt, dürfte es sich bei der 23-40-jährigen um eine der vornehmsten Frauen des Hofes handeln, sehr wahrscheinlich die Hofbäuerin.

Andererseits stand in der NW-Ecke des total gestörten Grabes 266 einer ebenfalls 23-40-jährigen Frau ein Holzkasten mit Eisenbeschlägen (Abb. 67,6). Holzkästen galten bisher als Zeichen der Haus- und Ehefrau; von den Hofbäuerinnen hatte bisher nur die in SD-Phase 7 einen mit Eisen beschlagenen Kas-

ten im Grab, in der vierten und sechsten Generation stand allenfalls ein Kasten ohne Metallbeschläge im Grab der Hofbäuerin. Da die Frauen in Grab 300 und 266 beide im adulten Alter verstarben, kann durchaus eine Ablösung innerhalb der etwas längeren SD-Phase 9 statt gefunden haben; die Frau mit dem silbernen Brustgehänge wäre nach der Lage des Grabes die ältere.

Die 20-40-jährige Frau in Grab 301 (Abb. 68) trug ein qualitätvolles bis in Knöchelhöhe herabreichendes umfangreiches Gürtelgehänge. Zahlreiche Bänder hingen an Eisenringen, waren an den Enden mit bronzenen Riemenzungen versehen und trugen eine Cypraea und eine durchbrochene Zierscheibe sowie den Elfenbeinring.

Bescheidener waren die Beigaben im Frauengrab 302, das nur im Rumpfbereich gestört war und wo

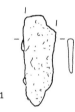

1   2

Abb. 67: Vogelstang, Grab 266. 1 M. 1:1; 2. 4-5 M. 1:2: 3 M. 2:3; 6 M. 1:4.

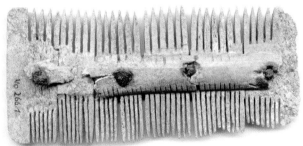

3

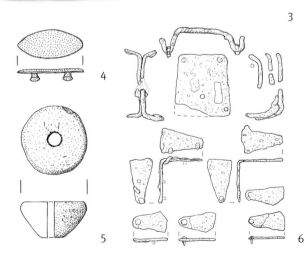

4

5   6

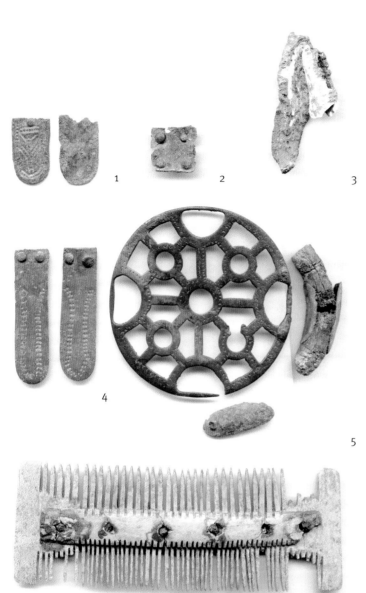

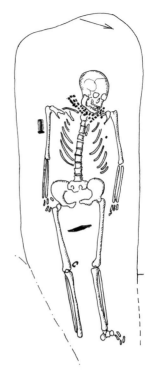

Abb. 69: Vogelstang, Grab 35. Plan M. 1:20.

Abb. 68: Vogelstang, Grab 301. 1 Vorder- und Rückseite einer kurzen bronzenen Pressblech-riemenzunge; 2 Quadratbeschlag; 3 Fragment einer Cypraea; 4 zwei punzverzierte bronzene Riemenzungen; 5 bronzene Zierscheibe und Fragmente des Elfenbeinringes; 6 Kamm. M. 2:3.

Perlen, Kamm, Spinnwirtel und Keramik gefunden wurden.

Auf einer niedrigeren sozialen Stufe standen die am nördlichen Rand beigesetzten Frauen. Die 46-51-jährige Frau im ungestörten einfachen Grab 35 trug einen nicht gerade qualitätvollen, aber sehr umfangreichen Perlenschmuck, sie besaß Kamm, Messer und einen hohen Topf (Abb. 69).

In dem einfachen, aber geräumigen Grab 39 lag eine 19-28-jährige. Die Bestattung war total beraubt; außer Perlen blieb die Keramikflasche (S. 187, Abb. 109) erhalten. Eine nur wenig breitere Grube erhielt

die Frau in Grab 40; geplündert war der Rumpfbereich, erhalten sind ein umfangreiches Perlenensemble mit einigen Federringen (S. 122, Abb. 5; S. 132, Abb. 23) sowie Spinnwirtel und Topf (S. 186, Abb. 108).

Im Süden lagen alle Männer in Kammergräbern, und alle waren geplündert. Die beiden in Grab 92 und 271 waren mit Lanze und Sax bewaffnet. Ein Sax ist außerdem in Grab 279 bei einem 40-49-jährigen Mann nachgewiesen. Sein Grab wies die größte Grubenbreite auf und dazu die reichhaltigste Gerätschaft mit Feuerstahl, Schere und Pinzette (Abb. 70). Es enthielt sicher auch mehr Waffen, und es könnte sich um das Grab des Hofbauern handeln. Grab 94 ist so total geplündert worden, dass keine Aussage mehr möglich ist.

Im nördlichen Teil des westlichen Friedhofsareals wurde ein 63-70-jähriger Mann in Grab 145 an der Nordseite einer geräumigen Grube beigesetzt; Hinweise auf eine Bewaffnung gibt es in diesem Fall nicht. Zwei Männer lagen dort in Kammergräbern. In Grab 128 war die Nordhälfte der Grube total durchwühlt, die Südhälfte mit Kamm, Gefäß und Lanze blieb ungestört; einen Schild hat es sicher nicht gegeben. Das Alter ließ sich nicht genauer als erwachsen bestimmen. Ein Mann war voll bewaffnet. Der 40-60-jährige aus Grab 126 war mit Spatha, Lanze und Schild gerüstet, ein Sax ging sicher mit der westlichen Hälfte des Grabes verloren (Abb. 71). Auch dieser Krieger kommt als Hofbauer in Frage. Bei allen auf diesem Hof verwendeten Lanzenspitzen handelt es sich um den gleichen Typ (S. 158, Abb. 75 Typ 14), mit einem kräftigen rautenförmigen Blatt, das etwas kürzer ist als Tülle und Schaft. Vor dieser Uniformität zeichnet sich die Lanze aus Grab 126 durch Dekor am Schaftansatz aus.

Insgesamt lebten in der langen SD-Phase 9 vermutlich zwei voll bewaffnete Krieger (Grab 126, 279) und drei oder vier teilbewaffnete Männer (Grab 92, 94, 128, 271) sowie ein unbewaffneter, allerdings auch sehr alt gewordener Mann auf dem Bauernhof. Die Männer verfügten zwar über relativ zahlreiche Waffen, doch fällt im Vergleich mit den anderen Familien die geringere Qualität auf. Keiner der Männer trug eine tauschierte Gürtelganitur oder besaß eine vielteilige Gürtelgarnitur nach der neuen, aus Italien übernommenen Mode. Ebenfalls vielschichtig in ihrer sozialen Stellung dürften die Frauen auf dem Bauernhof gewesen sein. So fällt der Silberschmuck der älteren Hofbäuerin auf, das Gürtelgehänge mit durchbrochener Zierscheibe bei einer an zweiter Stelle stehenden Frau, doch kamen alle anderen Frauen kaum über ein Mittelmaß hinaus. Glasgeschirr war nicht im Besitz der Familie.

6.4.3 Im Nordosten – Hörige? Mittelmäßig ausgestattete Krieger und ihre Frauen

Mit zehn Frauen und sieben Männern war das Geschlechterverhältnis im nordöstlichen Friedhofsareal in SD-Phase 9 unausgewogen. Bereits in der vorausgegangenen Belegungsphase war ein ähnliches Geschlechterverhältnis mit 5 Frauen und drei Männern zu beobachten.

Die Volumina der Grabgruben schwanken erheblich. Weniger als 2 m³ Aushub hatten die engen Gruben der Männergräber 187, 195 am östlichen Rand und des Frauengrabes 140 am westlichen Rand. Grab 187 ist im Köperbereich gestört, der Mann trug einen Gürtel mit dreiteiliger Garnitur, von dem der quadratische Rückenbeschlag unter dem Skelett liegen blieb; in der Gürteltasche steckte das Messer. Ein Sax könnte geraubt sein; üblicherweise waren Knechte

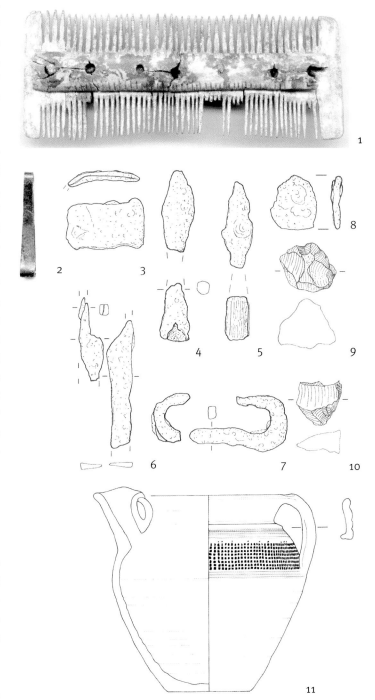

Abb. 70: Vogelstang, Grab 279. 1 Kamm; 2 bronzene Pinzette; 3-8 eiserne Fragmente, 3 von der Heftzwinge eines Breitsaxes, 4-5 von Pfeilspitzen, 6 von einer Schere, 7 von einem Feuerschlageisen; 9-10 Feuersteine; 11 Tüllenausgusskanne mit Rollrädchendekor. 1 M. 2:3; 2-10 M. 1:2; 11 M. 1:4.

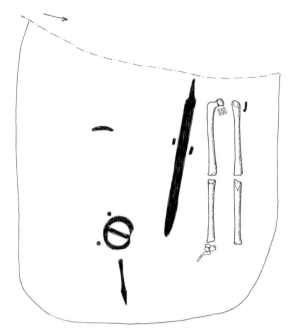

Abb. 71: Vogelstang,
Grab 126. Krieger
der Bauernfamilie.
Plan M. 1:20.

Grab 185 war mit 2,81 m³ Volumen ebenfalls kein Kammergrab (Abb. 73-74). Der an der Nordseite einer geräumigen Grube beigesetzte 30-50-jährige Mann trug eine bronzene mehrteilige Gürtelgarnitur und war mäßig bewaffnet. Der schwere Breitsax war ihm unter den linken Arm geschoben. Lanze und Schild fehlten. Neben dem rechten Arm hat sich der Abdruck von Holz erhalten. Es könnte sich um eine Spathascheide handeln. Da aber keine Störung vorliegt, im Grabungsbericht auch nicht von einer Rostspur die Rede war, wurde offensichtlich keine Spathaklinge mitgegeben. Nur unvollständig wäre zudem das Wehrgehänge; zwar könnte eine kleine Bronzeschnalle mit Riemenzunge dem Nebenriemen zugewiesen werden, doch von einem Hauptriemen gibt es keine Beschläge. Weiter rechts lag der Köcher mit sieben darin steckenden Pfeilen. Erhalten haben sich Teile der Drei-Punkt-Aufhängung des Köchers, eine Eisenschnalle mit Beschlag und ein Eisenring mit zwei eingehängten Laschen (Abb. 74,3-4), eine dritte Lasche war abgebrochen. Unterhalb des Köchers, am Ende der Holzspur lag eine Schere in einem vernieteten Futteral. Bei dem Mann handelt es sich um

mit dieser Waffe ausgestattet. Im ungestörten Grab 195 trug der 52-61-jährige Mann ebenfalls einen Gürtel mit mehrteiliger Garnitur; in diesem Fall lag eine Lanzenspitze neben dem linken Oberarm. Die 40-50-jährige Frau in dem ungestörten Grab 140 (Abb. 72) war mit einem Kamm und einem Messer ausgestattet; damit blieb die Ausstattungsqualität auch hier auf niedrigstem Niveau. Es handelt sich demnach um die Gräber des Gesindes.

Abb. 72: Vogelstang,
Grab 140. Bestattung
einer Magd. M. 1:20.

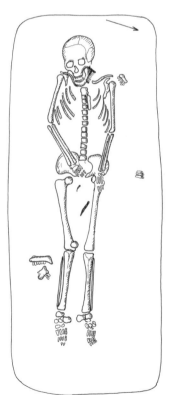

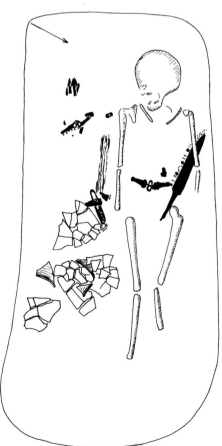

Abb. 73: Vogelstang,
Grab 185. Bestattung
eines Bogenschützen in
geräumiger Grube.

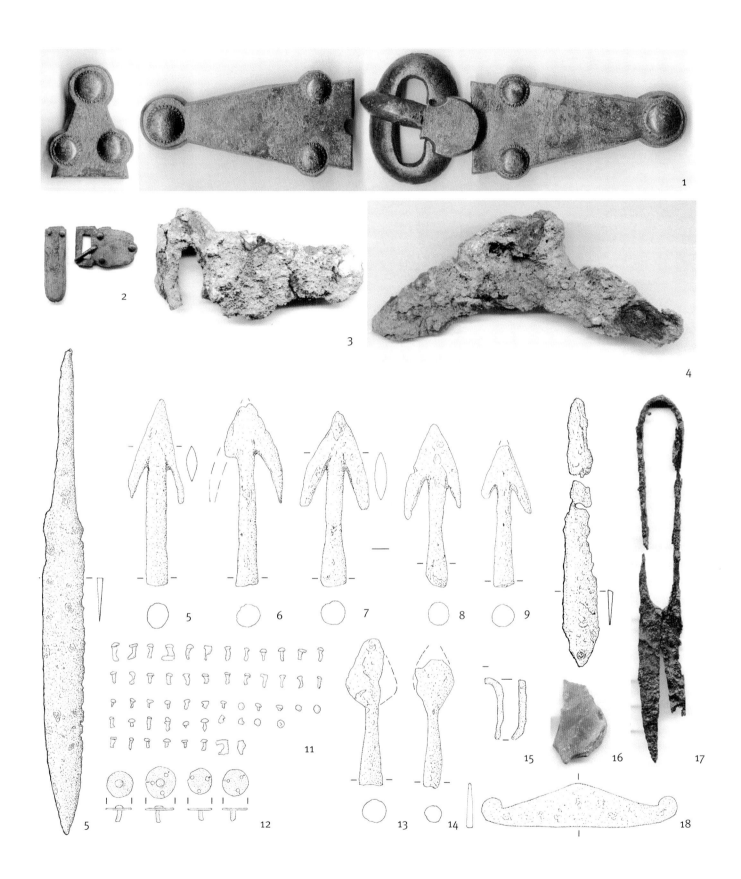

Abb. 74: Vogelstang, Grab 185. 1 Bronzene Gürtelgarnitur; 2 bronzene Garnitur eines Nebenriemens; 3-4 eiserne Schnalle und Riemenverteiler eines Köchers, 5-9.13-14 Pfeile, 10 Sax, 11-12 bronzene Saxscheidenniete, 16.18 Feuerzeug, 17 Schere. M. 10 M. 1:4, sonst M. 1:2.

einen der seltenen Bogenschützen. Da er nur in einem geräumigen Grab lag, besteht kein Zweifel, dass ihm trotz des relativ qualitätvollen Gürtels und trotz der Beigabe einer Schere nur eine Stellung auf einer unteren sozialen Stufe zukam. Der Bogen war Jagdgerät und keine Waffe fränkischer Krieger[10], ein Breitsax ist ohnehin vielseitig verwendbar und die in einem Futteral steckende Schere war in diesem Fall wohl kein Toilettegerät.

Bei Grab 188 ergab sich das geringe Volumen von nur 2,72 m³ auf Grund fehlender Tiefe, nach der Grubenbreite handelt es sich um ein Kammergrab (Abb. 75). Die rechte Körperhälfte war gestört, doch eine Spatha lässt sich bei dem 33-42-jährigen Mann nicht nachweisen. Auch der Sax fehlte, offensichtlich wurde nur die gut vernietete Saxscheide mitgegeben, sie befand sich neben dem linken Unterschenkel. Der zugehörige Gürtel lag zwischen den Beinen. Die Lanzenspitze steckte in der SO-Ecke, da-

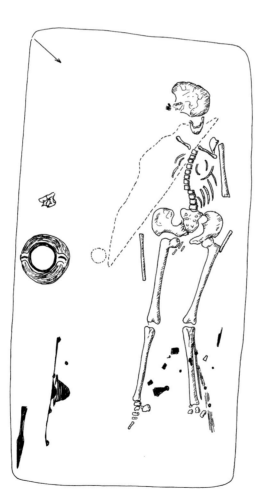

neben befand sich der Schild. Es war der einzige Mann in dieser Gruppe, dem ein kostbarer Tummler (Abb. 76) ins Grab gelegt wurde.

Zwei Kammergräber hatten etwas über 4 m³ Volumen. Grab 49 war nur partiell gestört; der 49-55-jährige Mann trug eine tauschierte Gürtelgarnitur; ein Sax lässt sich nachweisen; Schild und Lanze waren sicher nicht vorhanden. Im Kammergrab 441 befand sich bei einem 16-18-jährigen die Lanzenspitze am Fußende, am Rande des großen Raubschachtes, der sich bis zum Rumpf hinzog. Dem Jugendlichen könnte der Sax geraubt worden sein.

Über 5 m³ Aushubvolumen erreichten nur das Männergrab 228 und das Frauengrab 177. Der 60-65-jährige Mann in Grab 228 befand sich in der Mitte seiner Grabkammer, der Schild lag ihm zu Füßen, die Lanze steckte in der SO-Ecke. Die Bestattung war stark gestört, nachweisen lässt sich außerdem noch der Sax. Zwar beeinträchtigen die starken Beraubungen die Aussagen, doch hat es den Anschein, als sei kein Krieger mit allen vier Waffen, nämlich Spatha, Sax, Lanze und Schild, bzw. kein Krieger mit einer Spatha beigesetzt worden. In den sieben Männergräbern der SD-Phase 9 lassen sich drei Saxe und eine Saxscheide, vier Lanzen und zwei Schilde nachweisen. Ein Krieger war mit drei Waffen ausgestattet (Grab 228), einer mit zwei Waffen und dem Gürtel samt Scheide, jedoch ohne die dritte Waffe (Grab 188). Außer der Lanze könnte in Grab 441 bei einem Jugendlichen noch ein Sax gelegen haben. Drei Männer hatten nur eine Waffe, entweder den Sax oder die Lanze, dazu besaß der Mann aus Grab 185 einen Köcher. Damit erzielten die Männer im nordöstlichen Gräberfeldareal allenfalls eine mittlere bis untere Ausstattungsqualität, dennoch gab es Glasgefäße. In der Nordgruppe hat der Kriegsdienst demnach gegenüber der SD-Phase 8, wo hier zwei der drei Männer mit einer Spatha ausgerüstet und voll bewaffnet waren, an Bedeutung verloren, denn von einer allgemeinen Reduzierung der Waffenbeigabe kann in den Mannheimer Gräberfeldern noch nicht die Rede sein.

Keines der Frauengräber fällt durch ein besonders großes Kammergrab oder durch Anzeichen einer herausragenden Ausstattung auf, doch schwanken

188   115   165

Abb. 76: Vogelstang, Männergrab 188 und Frauengräber 115 und 165. Glasgeschirr aus dem Besitz von Gefolgsleuten, bzw. Hörigen. M. 1:4.

die Grabvolumen erheblich. Grab 177 hatte mit 5 m³ fast doppelt soviel Volumen wie das nur eine Grablänge entfernte Grab 165.

Ob mit dem höheren Grabvolumen auch eine qualitätvollere Ausstattung korrespondierte, ist unsicher. In dem total durchwühlten Grab 177 blieben wenige Perlen liegen, das Beinamulett, eine Herkuleskeule, hing wohl an der Halskette; die bronzene Schmuckplatte könnte dagegen von einem langen Gürtelgehänge stammen (Abb. 77).

Die Grabvolumina von drei Frauengräbern waren unterdurchschnittlich. Eine 20-40-jährige lag in Grab 169 am Rande der Freifläche, die Tote dürfte ursprüngliche tiefer gelegen haben. Grab 165 mit einer 30-60-jährigen wurde zwischen die älteren Kriegergräber geschoben, eine 24-30-jährige befand

sich in Grab 115 an der westlichen Gräberfeldgrenze neben den Gräbern der ersten Generation. Alle drei Frauen besaßen einen Glasbecher, in Grab 169 war es noch ein älterer glattwandiger Tummler, von dem Scherben liegen blieben, in den anderen beiden Gräbern standen gerippte Tummler (Abb. 76).

Grab 169 war total geplündert, vorhanden sind außer den Tummlerscherben und vielen polychromen Perlen (S. 123, Abb. 6) ein Kamm im Futteral und ein Spinnwirtel. Mit einer aufwendiger geschnitzten Sargform dürfte ein Eberzahn zusammenhängen, ähnlicher Zierrat kommt in Frauengräbern des Herrenhofes vor.

Die Störung in Grab 115 traf den Rumpf, die frühadulte Frau trug weder ein langes Gürtelgehänge noch Beinkleidung, letzteres fehlte auch der Frau in Grab 165. Die Bestattung ist ebenfalls im Rumpfbereich gestört. Ein umfangreiches Perlencollier schmückte die wohl mature Frau. Sie trug einen Gürtel mit Eisenschnalle. Bronzering, Eisenring und Messer gehörten zu einem kurzen Gürtelgehänge. Ein Wirtel lag in der NW-Ecke. Trotz einiger Kostbarkeiten gibt es in diesen Gräbern keine Statussymbole, z. B. langes Gürtelgehänge, Beinkleidung und Kastenbeschläge.

In Kammergräbern mit einem durchschnittlichen Volumen zwischen 3 und 4,5 m³ lagen zwei adulte Frauen in der nördlichen Gräberfeldspitze und eine senile, eine mature sowie eine sehr junge Frau im mittleren Teil des langen NO-Areals. Die Grabausstattungen der fünf Frauen zeigen bescheidene, teilweise auch nur geringe Qualität. Grab 440, das kleinste der fünf, blieb ungestört, die adulte Frau trug eine Perlenkette mit einem Amethyst. Ihr weiteres Kleidungszubehör beschränkt sich auf eine eiserne Schnalle, das Gürtelgehänge auf ein Messer. Sie trug jedoch einen offenen bronzenen Fingerring und hielt eine Spindel mit Keramikwirtel in der rechten

Abb. 77: Vogelstang, Grab 177. Beinamulett und Schmuckplatte eines Gehänges sowie ein Knochenröhrchen. M. 1:1.

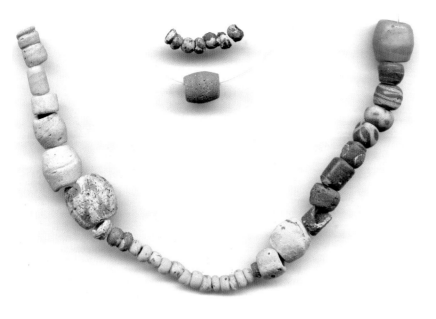

Hand; Kamm und Kanne (S. 187, Abb. 109) ergänzen die Ausstattung. Damit liegt immer noch eine Ausstattung der unteren Qualitätsstufe vor, entsprechend der Ausrüstung mit nur einer Waffe bei den Männern. Ungestört blieb ebenfalls Grab 432B, nach dem Volumen das nächst größere. Die senile Frau trug ein Collier mit großen doppelkonischen monochromen porös korrodierten Glasperlen, einen Gürtel mit Eisenschnalle dazu Messer und Kamm am Gürtelgehänge. Der beinerne Spinnwirtel lag am rechten Ellenbogen.

Etwas reichhaltiger dürfte die Ausstattung in drei weiteren Kammergräbern gewesen sein. In dem gestörten Grab 436 mit einem Volumen von 4,59 m³ blieben ein großer Eisenring, ein Elfenbeinring sowie eine Riemenzunge vom Gürtelgehänge erhalten; der Spinnwirtel war aus Bein. Auch die sehr junge Frau aus Grab 239 trug einen Elfenbeinring am Gürtelgehänge; in dem gestörten Grab wurden außerdem Glasperlen gefunden. In Grab 242 befanden sich unter den zusammen geschobenen Skelettresten sogar ein bronzener Ohrring und eine eiserne silbertauschierte Scheibenfibel mit Zellentauschierung, die beide in SD-Phase 8 modisch waren (S. 131, Abb. 18), während die Perlenkette mit zwei großen doppelkonischen Stücken aus dichtem glänzendem Glas (Abb. 78) besser in SD-Phase 10 passen würde; das Grab könnte also auch jünger sein.

Die Frauen in der Nordgruppe waren wie die Männer auf mittlerem Niveau unterschiedlich ausgestattet, sie enthielten fast alle irgendeinen mehr oder weniger kostbaren Gegenstand, entweder einen Glasbecher, einen Elfenbeinring, eine Edelsteinperle oder eine Scheibenfibel, doch gibt es keine Hinweise, dass sie mehr als mittlere Ausstattungsqualität erreichten; in einigen Fällen ist eine bescheidene Ausstattungsqualität gesichert, in einem Fall auch die niedrigste Qualitätsstufe.

Bei der Nordgruppe ist keine auf Besitz begründete vielstufige hierarchische Gliederung wie bei der Familie eines Hofbauern oder Hofherrn zu erkennen. Zwar war der eine oder andere wohlhabender und damit die Kern-Familie angesehener, doch keiner kann als Gefolgsherr oder Hofherr bezeichnet werden, keine Frau als Hofherrin oder Hofbäuerin. Bei den Männern lassen sich wenige Krieger einer sozialen Mittelschicht von einer größeren Anzahl Männer aus der Unterschicht trennen. Die Frauen bewegten sich trotz einzelner Kostbarkeiten überwiegend im sozialen Mittelfeld.

Anzunehmen ist, dass sie sich auf zwei Hofstellen verteilten. Trotz der hohen Personenzahl gibt es jedoch keine ausgewogene Gruppierung und es sind nur in wenigen Fällen Kernfamilien erkennbar. Im lockeren Belegungsbild zeichnet sich eine Gruppe mit dem Krieger in Grab 188 im Süden des NO-Areals ab und eine weitere mit dem Krieger in Grab 228 in der Mitte. In der Nordspitze gib es zwar wohlhabende Frauen in Grab 115 und 436, doch der Jüngling in Grab 441 ist kein adäquater Partner.

Die auf dem nordöstlichen Friedhofsareal bestatteten Männer und Frauen dürften Gefolgsleute oder Hintersassen eines Grundbesitzers gewesen sein. Als Hörige waren sie dem Grundherrn zu Abgaben [11] oder Diensten verpflichtet, u. a. zu Transport- und Ackerdiensten oder Webarbeiten, und dabei gab es – zumindest im 8. Jahrhundert – wohl auch Vorstellungen von Normalleistungen [12]. Da die Familien über einzelne Luxusgüter verfügten und der Kriegsdienst wohl keine entscheidende Rolle mehr spielte, trugen die Einnahmen aus der Landwirtschaft und eventuell anderer Dienste zu ihrem Auskommen ausreichend bei. Wenn es sich um Hörige handelte, dann lebten sie sicher auf einer oder zwei eigenen Hofstellen.

6.4.4 Im neuen Friedhofsareal – Die Familie vom Herrenhof

Im neuen Friedhofsareal schlossen 13 Frauen- und 15 Männergräber der SD-Phase 9 an die Gräber der vorangegangenen Generation an. Die vornehmsten Frauen lagen in einer quer über das neue Areal streichenden Kette mit insgesamt sechs Gräbern. Bis auf Grab 312 am östlichen Ende waren sie alle stark bis total gestört. Am westlichen Ende der Kette von Frauengräbern befand sich Grab 53; es war beraubt, nur ein gerippter Tummler (Abb. 79) und das Keramikgefäß blieben liegen. Es ist der einzige Tummler in einem Frauengrab dieser Hofgruppe.

Abb. 79: Vogelstang, Grab 53. Tummler. M. 1:4.

Total gestört war das folgende Grab 59. Nachweisen lässt sich dennoch, dass die 29-34-jährige Frau in einer besonders großen langen Grabkammer Goldschmuck trug; gefunden wurde davon ein kleiner filigranverzierter Anhänger (Abb. 80). Eine römische Bronzemünze diente als Obolus.

Die drei Gräber 325, 323 und 324 enthielten keine besonders erwähnenswerten Beigaben mehr, auch wenn sie einst kaum weniger qualitätvoll ausgestattet waren wie die Frau in Grab 312, das als einziges Grab unberaubt blieb (Abb. 81). Die 40-45-jährige Frau in Grab 312 trug bronzene Ohrringe mit aufgeschobenen Polyedern, ein mehrreihiges Collier mit den für die Periode typischen großen doppelkonischen monochromen Glasperlen und nur noch wenigen mehrfarbig verzierten Perlen, dann einen Gür-

Abb. 80: Vogelstang, Grab 59. Goldanhänger mit Mittelbuckel und Filigranauflage. M. 1:1.

tel zwar mit einfacher Eisenschnalle doch schon mit Riemenzunge sowie ein Gürtelgehänge mit Eisenringen, Bronzebeschlägen und Riemenzungen sowie einer durchbrochenen Zierscheibe mit Elfenbeinring am unteren Ende. Zusammen mit den Speisen wurde ein großer Topf abgestellt, neben dem der Kamm lag. Nordöstlich von Grab 312, getrennt durch das Männergrab 331 lag in Grab 355 die erste, sich deutlich sichtbar zum Christentum bekennende Frau. Der hohe, engmundige Topf verziert durch Rechteckrollrädchen ist ein typisches Gefäß der SD-Phase 9. Allerdings wurde das Pektoralkreuz (S. 399, Abb. 45), das die Plünderer als christliches Symbol erkannt und zurück gelassen haben, erst in SD-Phase 10 ein beliebter Brustschmuck, und ähnliche gleicharmige Kreuz mit runder Mittelplatte wurden in SD-Phase 11 auch als Fibel verarbeitet, z.B. in Aesch-Steinacker Grab 50 [13]. Daher besteht der Verdacht, dass Grab 355, das sich nicht in eine geordnete Reihe einfügt, zu den in SD-Phase 11 rückbelegten Gräbern gehört, es also in SD-Phase 9 doch keine bekennende Christin gab.

Nach Südwesten folgten weitere Frauengräber, darunter die Kammergräber 304 und 315, die kaum über eine durchschnittliche Ausstattungsqualität hinauskamen, aber auch die einfachen Gräber 29 und 319. Ebenfalls der SD-Phase 9 sind von den anschließenden Gräbern das Kammergrab 419 und das einfache Grab 17B zuzurechnen.

Die Männergräber der SD-Phase 9 verteilen sich überwiegend auf zwei Reihen parallel zur östlichen Friedhofsbegrenzung. Sie nehmen bei dem Kammergrab 331 ihren Ausgang. Der Mann trug einen Gürtel mit vielteiliger eiserner spiraltauschierter Gürtelgarnitur, in die aber eine jüngere Riemenzunge eingefügt wurde. Das Röntgenphoto lässt bei einem Stück flächig tauschierte Tierornamentik und einen gepunkteten Messingrahmen erkennen (Abb. 82).

Von den Männern der äußeren Reihe trug der aus Grab 306 eine unverzierte vielteilige eiserne Gürtelgarnitur, der in Grab 308 eine punktbandtauschierte mehrteilige Garnitur, gefunden wurde davon der Rückenbeschlag (Abb. 83). Von der Bewaffnung lässt sich in Grab 331 ein Sax durch die Scheidenniete

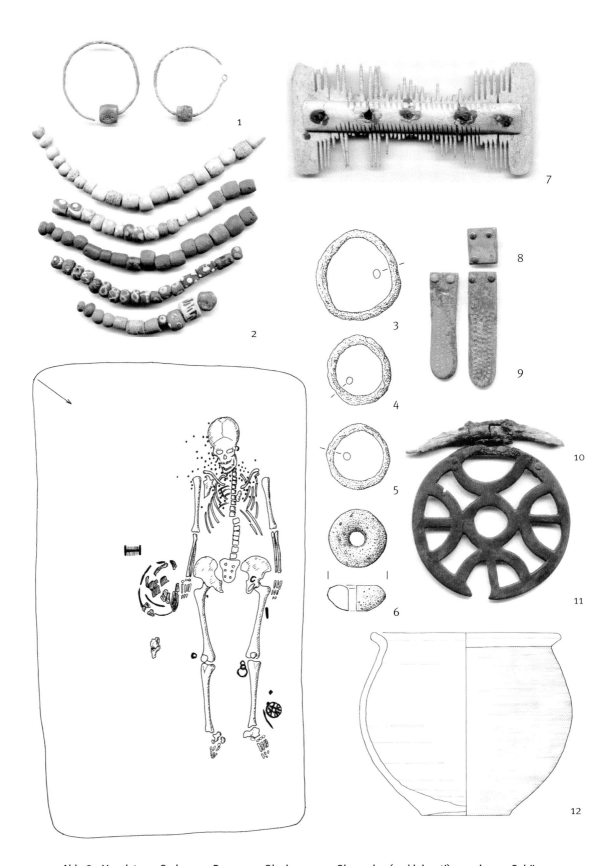

Abb. 81: Vogelstang, Grab 312. 1 Bronzenes Ohrringpaar; 2 Glasperlen (verkleinert!), 3-5 eiserne Gehängeringe; 6 Spinnwirtel, 7 Kamm, 8 bronzener Quadratbeschlag; 9 bronzene Riemenzungen; 10 Fragment eines
Elfenbeinringes mit bronzenem Flickblech; 11 durchbrochene Bronzezierscheibe; 12 Topf. 1-6.8-11 M. 1:2;
7 M. 2:3; 12 M. 1:4; Plan M. 1:20.

(Abb. 87,1) und von einem Schildbuckel mit großen flachen Nietköpfen nachweisen.

In dem ebenfalls stark durchwühlten Grab 313 lag der adulte 23-40-jährige Reiter (Abb. 84). Er besaß eine fadentauschierte Spathagurtgarnitur und eine spiraltauschierte vielteilige Gürtelgarnitur (Abb. 85); und er verwendete als einziger im Raum Mannheim einen eisernen Steigbügel (S. 165, Abb. 86). Zwei Bronzebeschläge gehörten zum Sattelzeug. Der Nachfolger des in adultem Alter Verstorbenen erreichte ein wesentlich höheres Alter und wurde in Grab 370 in SD-Phase 10 beigesetzt.

Abb. 82: Vogelstang, Grab 331. Die vielteilige Gürtelgarnitur ist nicht vollständig erhalten. Die meisten Stücke sind mit Silber und Messing spiraltauschiert, darunter zwei kleine profilierte Beschläge, die auf dem Hauptriemen steckten, und eine kurze Riemenzunge von einem der Nebenriemen. Eine weitere geröntgte Riemenzunge zeigt Tierornament und wurde der Garnitur später hinzugefügt. M. 1:1.

In den übrigen nach Westen streuenden Gräbern sind weitere Krieger zu finden. Eine Spatha mit Bronzeknauf und ein Schild lassen sich bei einem 44-52-jährigen Mann in Grab 13 nachweisen (Abb. 86), Sax

Abb. 84 : Vogelstang, Grab 313. Grabplan. M. 1:20.

nachweisen, in Grab 306 wurden Teile einer Schildfessel gefunden. Die Bewaffnung dieser Männer ist nicht zu beurteilen.

Zur inneren Reihe gehörten Grab 310 und Grab 313. Trotz der totalen Störung lassen sich in Grab 310 Fragmente von einer unverzierten eisernen Spathagurtgarnitur, von einer Lanze mit Schaftbeschlägen

Abb. 83: Vogelstang, Grab 308. Der silbertauschierte Rechteckbeschlag gehörte zu einer dreiteiligen Garnitur und wurde auf dem Gürtel am Rücken getragen. Die zugehörige Schnalle mit Beschlag ist nicht restauriert. M. 1:1.

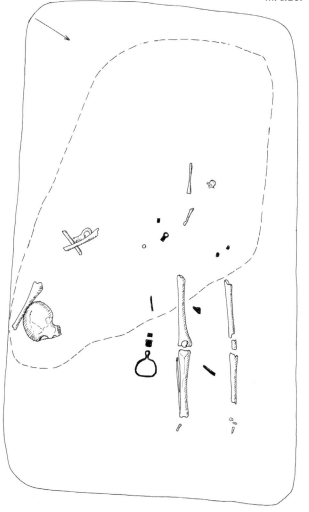

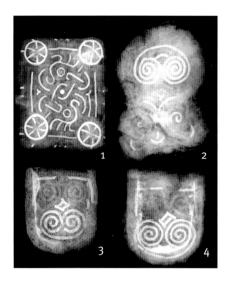

Abb. 85: Vogelstang, Grab 313. 1 Fadentauschierung mit Tierornament – zwei gegenständige Tierköpfe – ist typisch für Spathagurtgarnituren. 2-4 Spiralornamentik, profilierte Beschläge und kurze breite Riemenzungen sind typisch für die ältesten vielteiligen Gürtelgarnituren. M. 1:1.

Abb. 86: Vogelstang, Grab 13. 1 Bronzener Spathaknauf; 2 Schnallenbeschlag einer Spathagurtgarnitur; 3 Schildbuckelrand; 4-6 Beschlag und Riemenzungen einer vielteiligen Gürtelgarnitur; 7 Feuersteine. M. 1:2.

und Lanze bei einem 18-19-jährigen in Grab 77 und eine Lanze mit Aufhaltern und Schaftbeschlägen bei dem 40-60-jährigen in Grab 401 (Abb. 87,2).

Die Gräber der Reiterfamilie sind zwar durch die erheblichen Plünderungen besonders stark beeinträchtig, doch fällt eine besondere Qualität bei der Bewaffnung auf. Drei Lanzen sind auf dem Herrenhof nachgewiesen. Der Lanzentyp 16 (S. 158, Abb. 75) mit schmalem Blatt und facettierter Tülle, der in dieser Familie bereits eine Generation früher auf-

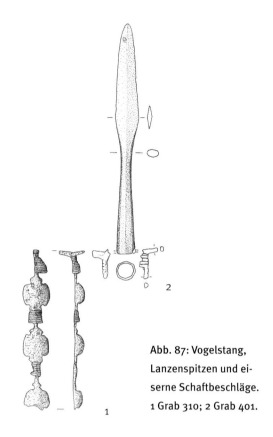

Abb. 87: Vogelstang, Lanzenspitzen und eiserne Schaftbeschläge. 1 Grab 310; 2 Grab 401.

tauchte, war in Grab 401 mit Aufhaltern und Schaftbeschlägen kombiniert, von den Beschlägen blieben allerdings nur noch wenige Reste übrig. Dagegen haben sich in Grab 310 die Schaftbeschläge nicht aber die Lanzenspitze erhalten (Abb. 87,1). Die dritte Lanze in Grab 77 ist durch ein schmales Blatt und Rillendekor am Blattansatz gekennzeichnet (S. 159, Abb. 76, Typ 18). Aus einer gänzlich anderen Waffenschmiede stammen die Lanzen mit kurzem Rautenblatt (S. 158, Abb. 75, Typ 14-15) der Bauernfamilie. Bei den eventuell auf zwei oder drei Hofstellen angesiedelten Gefolgsleuten oder bewaffneten Hörigen im Nordostareal kam Lanzentyp 14 mit Rautenblatt einmal vor, zweimal wurden hier Lanzen mit langem Rautenblatt (S. 159, Abb. 76, Typ 17) verwendet. Von gänzlich anderer auch jüngerer Form ist eine Lanze mit breitovalem Blatt (S. 160, Abb. 77, Typ 22) im Grab 441 eines Jugendlichen. Doch keine einzige Lanze lässt sich dort mit den aus Italien und dem alamannischen Voralpenland bekannten Waffenformen verbinden, wie sie auf dem Herrenhof verwendet wurden. Die einzelnen familiae der Siedlung gingen demnach unterschiedliche Wege, ihre Waffen stammen nicht aus den gleichen Waffenschmie-

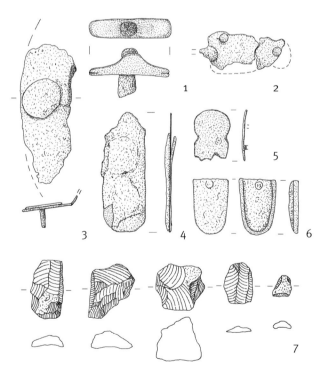

den und sie waren offensichtlich unterschiedlichen Gefolgs- bzw. Grundherren verbunden.

Zumindest die Lanzenspitze mit geraden Aufhaltern und Schaftbeschlägen aus Grab 401 und 310 dürften im langobardischen Italien hergestellt worden sein. Wahrscheinlich stammen Waffen und Steigbügel auf dem Herrenhof noch aus den bis 617 geleisteten Tributzahlungen der Langobarden, mit denen Chlothar II. privilegierte Krieger ausstattete. Um 615 dürften der 20-40jährig Verstorbene aus Grab 310 ebenso wie der 40-60jährig Verstorbene aus Grab 401 waffenfähig geworden sein. Nach der Lage der Gräber ist Grab 310 eines der ältesten, Grab 401 eines der letzten der SD-Phase 9.

6.5 Die sechste Generation – SD-Phase 10 (650-670)

Insgesamt lassen sich 23 Männergräber und 26 Frauengräber in SD-Phase 10 datieren (Abb. 88). Die Periode fiel zweifellos etwas kürzer aus als SD-Phase 9 mit zugeordneten 30 Frauen und 31 Männern.

Erstmals lässt sich von der in Gräberfeldmitte gegen den Ostrand zu bestattenden Familie mit fünf Frauengräbern 7, 47, 88, 420, 425, 427 und drei Männergräbern 75A, 86, 422 eine größere Anzahl fassen.

Die Bauernfamilie, die ihr Friedhofsareal in der fünften Generation schon nach Süden ausgeweitet hatte, gab in der sechsten Generation die Beisetzungen am nördlichen und westlichen Rand ihres angestammten Areals auf und bestattete ausschließlich Richtung Süden. Dort sind allerdings nur noch die beiden Männergräber 93 und 95 fassbar, denn es folgt ein 8 m breiter gräberfreier Korridor, der vor Grab 1 endet, wo sicher einige Gräber unbeobachtet verloren gingen, als 1965 Erschließungsarbeiten für den neuen Stadtteil einsetzten. Wegen der lockeren Belegung in diesem Bereich ist mit einem Verlust von ca. 10-15 Gräbern zu rechnen, darunter den Bestattungen der Bauernfamilie in SD-Phase 10. Jenseits der zerstörten Fläche befand sich noch das Frauengrab 52.

Abb. 88: Vogelstang, Gräberfeldplan mit den Bestattungen der SD-Phase 10.

Im nordöstlichen Areal, wo die Nachkommen einer in SD-Phase 7-8 von Kriegern dominierten Gruppe in SD-Phase 9 als eine Gruppe auf mittlerem sozialen Niveau ohne deutliche hierarchische Gliederung charakterisiert und als Hörige oder Hintersassen bezeichnet wurden, bestatteten in SD-Phase 10 nur noch sieben Personen.

Am Südende des Gräberfeldes inszenierte eine große Familie ihre Begräbnisse um zwei oder drei Grabhügel. Die Gruppe demonstrierte absolute Geschlossenheit. Nur die große Personenzahl mit 14 Männern und 15 Frauen, gibt Anlass zu überlegen, ob es sich hier um die Bewohner von zwei Höfen handelte, quasi eine Teilung des Hofes vorgenommen wurde, zumal zwei Reiter gleichzeitig und fast gleichlang lebten.

6.5.1 Östlich der Mitte – Eine angesehene Familie ist wieder greifbar

Total durchwühlt waren die großen Grabkammern von Grab 75A und Grab 422. Gezielt beraubt aber nicht durchwühlt war das Kammergrab 86.

In Grab 75A lag ein 23-40-jähriger Mann; hier blieb die Lanzenspitze mit schlankem facettiertem Schaft (S. 160, Abb. 77, Typ 19) in der Ecke stecken. Wegen der Emaille-Einlagen sind die aus Bronze gegossenen Saxscheidenniete mit einem in Kerbschnitt ausgeführten Wirbelmuster von besonderer Qualität (Abb. 89). Eine kleine Bronzeschnalle mit festem Beschlag ergänzte die vielteilige eiserne Gürtelgarnitur.

In Grab 422 war ein 30-60-jähriger Mann bestattet. Die vielen kleinen Eisenstücke einer vielteiligen Gürtelgarnitur sowie die kleinen Niete der Saxscheide fanden bei den Ausgräbern des 19. Jahrhunderts kein Interesse. Die Silbertauschierung mit verflochtener Tierornamentik wurde erst im Röntgenbild sichtbar (Abb. 90).

Eine vielteilige silbertauschierte Gürtelgarnitur trug ebenfalls der 53-58-jährige Mann in Grab 86; unverziert war seine eiserne Spathagurtgarnitur.

Eine Frau, die mit 51-65 Jahren schon der senilen Altersgruppe angehört haben dürfte, lag im geräumigen Grab 47 (Bestattungstyp 5), es war gestört. Umfangreich war die Ausstattung sicher nicht, von der einzelne Perlen, eine ovale Eisenschnalle und ein Spinnwirtel liegen blieben.

Das durchschnittliche Kammergrab 7 (Bestattungstyp 8) einer 38-53 Jahre alten Frau war gänzlich ausgeräumt, liegen blieb eine Glasperle.

Alle anderen Frauen lagen in außerordentlich großen Kammergräbern vom Bestattungstyp 9, die sich durch das Aushubvolumen noch differenzieren lassen. Grab 88 ist nur bedingt in den Vergleich mit einzubeziehen, da es nah an der gräberfreien Geländekuppe lag, wo mit stärkerer Erosion zu rechnen ist. Das Aushubvolumen könnte also mehr als die noch messbaren knapp 6 m³ betragen haben. Das Grab war gezielt beraubt, und zwar am Oberkörper, wo die Plünderer es auf den Fibelschmuck abgesehen hatten, und am linken Oberschenkel, wo Teile des Gürtelgehänges zu erwarten waren. Die 51-60 Jahre alte Frau trug aber weder ein langes Gürtelgehänge, noch Beinkleidung mit Metallbeschlägen, auch Perlenschmuck ist nicht nachzuweisen. Vorhanden ist lediglich eine eiserne Gürtelschnalle mit großem Dornschild. Es gibt keine Hinweise auf eine herausragende Ausstattung.

Grab 425 ist das nächst größere Grab mit einem Aushubvolumen von 6,8 m³. Die Störung reichte von der rechten Schulter bis zum linken Oberschenkel. Auch diese Frau, deren Alter der Anthropologe nur ungenau auf 40-80 Jahre festlegen konnte, trug sicher keinen Perlenschmuck. Vorhanden war das lange Gürtelgehänge, das bei einem tauschierten Beschlag seinen Ausgang nahm und mit Bronzebeschlägen, Zierscheibe und Beinring in Knöchelhöhe endete (Abb. 91). Die Frau war weder mit Geschirr noch Kasten ausgestattet.

Abb. 89: Vogelstang, Grab 75A. Bronzene Schnalle mit festem Beschlag und Saxscheidenniete mit Emaileinlage. M. 2:3.

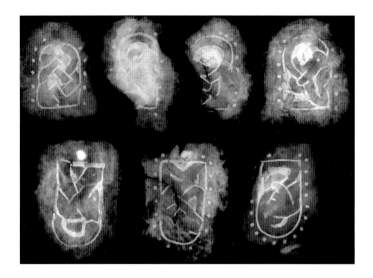

Abb. 90: Vogelstang, Grab 422. Kurze Beschläge (oben) und kurze Riemenzungen (unten) von einer vielteiligen eisernen tauschierten Gürtelgarnitur. M. 1:1.

keinen Kasten gab. Die Frau trug sicher keinen Perlenschmuck, dafür Ohrringe, denn Jochbein und Ohrbein waren grün verfärbt. In der südlichen Grubenhälfte standen eine Holzschale mit bronzenen Randbeschlägen, ein altes römisches Öllämpchen, ein zweihenkliger Krug (S. 188, Abb. 110) und ein extrem großer Wölbwandtopf. Eine so reichhaltige Geschirrausstattung weist zusammen mit der eisernen Flachsbreche auf eine besondere Position im Haushalt hin. Somit dürfte es auch in der zweiten Hälfte des 7. Jahrhunderts neben der Hofherrin eine Wirtschafterin gegeben haben.

Die Hofherrin lag in Grab 427, dessen Aushubvolumen mehr als 9 m³ betrug. Die Frau erreichte ein höheres Alter als ihre Wirtschafterin, der Anthropologe konnte es allerdings nur auf 40-80 Jahre festlegen. Die Nordhälfte von Grab 427 mit der Bestattung war

Knapp 8,8 m³ m Aushubvolumen erzielte Grab 420 aufgrund einer größeren Fläche (Abb. 92). Bis auf den linken Arm war das Skelett der 29-34 Jahre alten Frau durch die Störung verlagert. Es blieben eine ganze Reihe Trachtbestandteile liegen, die eiserne Gürtelschnalle mit trapezoidem Beschlag und die bronzenen Schuhschnallen. Zum Gehänge gehörten Cypraea (S. 373, Abb. 4) und ein Eisenschlüssel, der ebenfalls als Amulett einzustufen ist, da es

Abb. 91: Vogelstang, Grab 425. Bronzene Beschläge, Riemenzunge, durchbrochene Zierscheibe und Elfenbeinring vom Gürtelgehänge. M. 1:1.

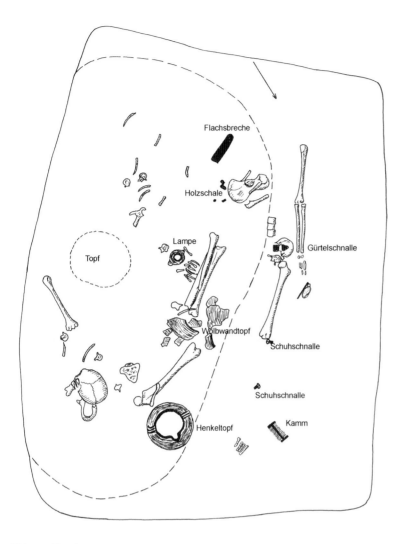

Abb. 92: Vogelstang, Grab 420. Plan M. 1:20.

setzten Frau vom Niederrhein, die ebenso wie ihre Nachfolgerin in der dritten Generation aus Grab 147 einen Kasten mit Bronzebeschlägen besaß, während die Frauen in der zweiten, vierten und fünften Generation einen solchen mit Eisenbeschlägen als Statussymbol mit ins Grab nahmen.

6.5.2 Westlich der Mitte – Die Gräber der Bauernfamilie sind zerstört

In dem ungestörten Kammergrab 95 war der schwere Breitsax die einzige Waffe des adulten Mannes. Drei kerbschnittverzierte Niete mit Tierornament zierten die Saxscheide. Total gestört war das geräumige Männergrab 93. Außer einem großen unverzierten Topf blieben wenige Fragmente der Gürtelgarnitur erhalten.

Das einzige erhaltene Frauengrab ist nur geringfügig gestört. Wahrscheinlich lag in Grab 52 die Hofbäuerin (Abb. 94-95), dafür sprechen mit 2,85 m Länge und 1,8 m Breite schon die Ausmaße der Grabkammer. Die 40-45-jährige war reich mit Perlen geschmückt (S. 124, Abb.7), die kleineren Perlen waren an einer Halskette aufgefädelt. Da der Brustbereich gestört war, könnte eine Scheibenfibel geraubt sein. Die größeren Prunkperlen gehörten zusammen mit den Drahtringen zu einem kurzen Gehänge, das bei der Schnalle an der rechten Hüfte begann, dort wurden auch der konische Amulettan-

total ausgeräumt, nur ein paar Glasperlen blieben hier liegen. Ungestört war die Südwestecke, wo der Kasten mit den Eisenbeschlägen, ein Spinnwirtel und ein einreihiger Kamm (Abb. 93) gefunden wurden. Die Frau steht in einer langen Reihe vermögender Frauen, angefangen mit der im SN-Grab 89 beige-

Abb. 93: Vogelstang, Grab 427. 1 Glasperlen, 2 einreihiger Kamm, 3 Spinnwirtel, 4-9 Eisen: Fragment des Hakenschlüssels, 5 Kästchenhenkel, 6 Schlossblech, 7 Splint mit Federschloss, 8 Fragmente von zwei Scharnieren, 9 Eckbeschläge. 1 M. 1:1; 2 M. 2:3. 3-9 M. 1:4.

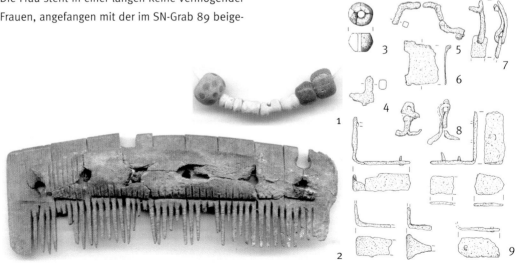

hänger und der als Zahnstocher verwendbare Lanzettanhänger gefunden (Abb. 95,1-2). Ein langes Gürtelgehänge mit eisernen Stangengliedern, mit Cypraea und Messer hing auf der linken Seite. Die zahlreichen Bronzeniete steckten auf den Bändern oder einem Behältnis. Die Frau trug Schuhe mit bronzenen Schallen und Riemenzungen. Der Spinnwirtel befand sich in der Südwestecke, wo üblicherweise der Kasten stand; der aber ohne Metallbeschläge nicht nachzuweisen ist. Auch ihre Vorgängerin in Grab 100 hatte möglicherweise eine Holzkasten ohne Beschläge in der Südwestecke stehen gehabt.

6.5.3 Im Nordosten –
Eine reduzierte Gefolgschaftsgruppe

Die im Nordosten des Friedhofes bestattende Gruppe verlor im 7. Jahrhundert zunehmend an Bedeutung und wurde nun in SD-Phase 10 auch kleiner. Konnten in SD-Phase 9 zehn Frauen und sieben Männer gezählt werden, so blieben in SD-Phase 10 noch drei Krieger und drei Frauen übrig blieben. Ein Mann in Grab K sowie zwei Frauen in den Gräber 270 und 433 befanden sich in weiten Abständen entlang der nordöstlichen Friedhofsgrenze, ein Mann lag in Grab 117 am westlichen Rand. Die nördliche Spitze des Friedhofsareals erreichte das Gräberpaar 442 und 443B. Bis auf das Gräberpaar 442 und 443B an der Nordspitze und die beiden relativ nah beieinander angetroffenen Frauengräber 433 und

Abb. 95: Vogelstang, Grab 52. 1-3 Kurzes Gehänge; 4 Gürtelschnalle; 5-7 langes Gehänge; 8-9 Schuhschnallen. M. 1:2.

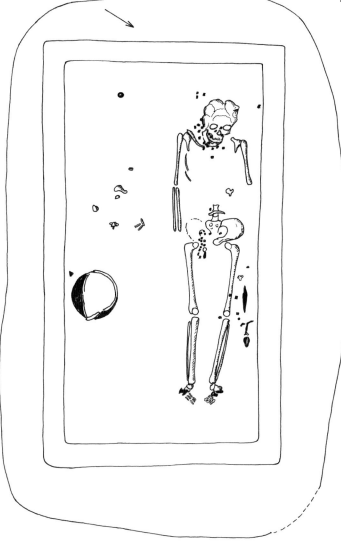

Abb. 94: Vogelstang, Grab 52. Plan M. 1:20.

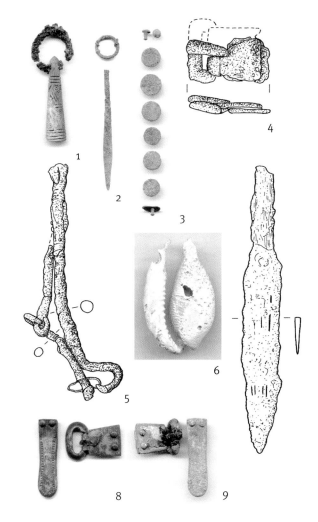

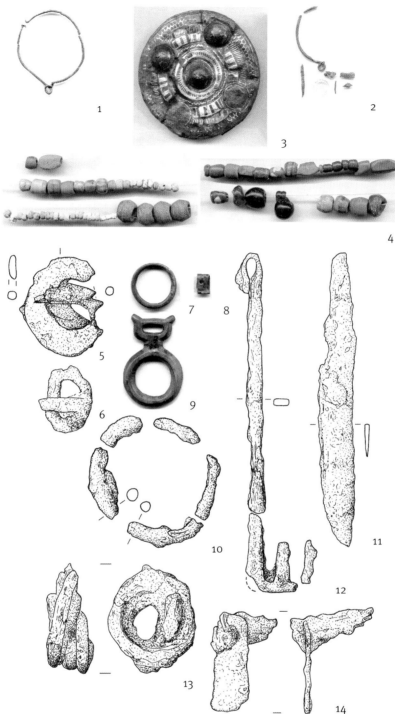

nicht viel kleiner, aber weniger tief. Über Grab 270 lässt sich wenig sagen, es wurde offensichtlich vom Altertumsverein ausgeräumt. Nur ein paar für die Datierung wichtige Perlen blieben liegen.

Auch Grab 433 wurde total leer geräumt, liegen blieben ein paar Perlen und wenig attraktive Eisenstücke. Eines davon war eine ovale Eisenschnalle, das andere entpuppte sich im Röntgenbild als Fragment einer silbertauschierten Eisenfibel (S. 133, Abb. 27,1).

Ungestört blieb nur Grab 443B in der nördlichen Gräberfeldspitze (Abb. 96). Die Frau in Grab 443 trug ebenfalls eine ovale eiserne Gürtelschnalle sowie eine silbertauschierte eiserne Scheibenfibel. Sie war darüber hinaus geschmückt mit bronzenen Drahtohrringen, Glasperlen und einem kurzen Gürtelgehänge mit Eisen- und Bronzeringen, mit Messer sowie einer eisernen

Abb. 96: Vogelstang, Grab 443B. 1-2 bronzene Ohrringe; 3 silbertauschierte eiserne Scheibenfibel; 4 Glasperlen (verkleinert!); 5-6 eiserne Schnallen; 7-9 bronzene und 10.13 eiserne Gehängeringe; 11 Messer; 12 Hakenbartschlüssel; 14 Splint mit Federschloss von einem Holzkästchen. M. 1:2.

270 lagen alle anderen in so weiten Abständen, dass ein Zusammenhang ohne Kenntnis der Friedhofsentwicklung gar nicht mehr erkennbar ist.

Alle drei Frauen befanden sich in Kammergräbern, ein durchschnittliches Volumen um die 4 m³ wiesen die beiden Gräber 270 und 433 auf, Grab 443B war

Riemenzunge. Ein großer Hakenschlüssel am Gehänge gehörte zu einem ebenfalls ins Grab gestellten Holzkasten, von dem sich ein Eckbeschlag und ein Fragment des Federschlosses mit dem Splint erhalten hat; die Südseite des Grabes war durch die Nachbestattung 443A beeinträchtigt. Wie in der vorangegangenen Generation sind die Grabanlagen und Grabausstattungen im nordöstlichen Areal maximal von mittlerer Qualität, Grab 443B enthält dennoch das Attribut einer Hofbäuerin.

Bei Fundstelle K wurden ein Breitsax und eine Lanzenspitze aufgelesen, Form und Größe des zerstörten Männergrabes sind unbekannt. Alle anderen Männer waren in Kammergräbern beigesetzt, deren Aushubvolumina sehr unterschiedlich sind. Die Bestattung in Grab 117 am westlichen Rand befand sich in 1,85 m Tiefe, was durchaus real sein dürfte, da das benachbarte Kindergrab 0,85 m tief war. Das Aushubvolumen von Grab 117 ist mit 7 m³ anzugeben. Das Volumen von Grab 201 betrug dagegen nur 4,76 m³, denn es hatte auch in Breite und Länge geringere Ausmaße. Wenig kleiner mit 4,2 m³ war Grab 442.

Grab 117 war gezielt aller Waffen beraubt, ein Stück des eisernen Spathascheidenrandes, ein Schildnagel mit flachem Kopf und das bronzene Mundblech einer Saxscheide bezeugen die einstige Ausrüstung mit immerhin drei Waffen, darunter der Spatha, die in SD-Phase 9 in dieser Hof-Gruppe nicht nachgewiesen werden konnte.

In Grab 442 wurde eine Lanzenspitze neben der rechten Schulter angetroffen; von den Ellenbogen abwärts war das Grab leer geräumt, aber nicht nur das Skelett wurde zur Seite geschoben, auch Teile einer silbertauschierten eisernen Gürtelgarnitur (Abb. 97), so ist durchaus von einer weiteren Waffe, wohl einem Sax auszugehen. Ein Topf stand rechts des Toten. Hinweise auf eine Spatha oder eine Spatha-

gurtgarnitur gibt es in diesem kleinsten der der drei Kammergräber auch nicht.

Als Partner der Frau in Grab 443B, der mit dem Kästchen das Symbol einer Hofbäuerin ins Grab gestellt wurde, kommt der Mann im benachbarten Grab 442 also nicht in Frage, eher der mit drei Waffen ausgestattete Krieger in Grab 117 am westlichen Rand des Gräberfeldes. Doch es gibt noch eine Alternative.

6.5.4 Der Reiter im Nordosten – ein Fremder oder ein neuer Hofbauer

In Grab 201 (Abb. 98) war ein 35-55-jähriger Reiter beigesetzt, ein Schlaufensporn steckte am linken Fuß. In der Südostecke blieb ein breiter dreinietiger Riemenbeschlag vom Sattelzeug (S. 165, Abb. 85) liegen. Die Waffen wurden während der Plünderung brutal herausgerissen, dabei brachen Saxgriff und Spathaknauf ab. Weder die vielen Niete der Saxscheide wurden aufgelesen noch die eisernen tauschierten Beschläge der vielteiligen Gürtelgarnitur und der unverzierten Spathagurtgarnitur. Lanze und Schild sind dagegen nicht nachzuweisen. Das Pferd wurde 4 m weiter südlich in Grab G (Abb. 99) beigesetzt.

Ein Reiter mit eigenem Pferd passt nicht in das Bild, das bisher im nordöstlichen Friedhofsareal gewonnen wurde. Aus den vorangegangenen Generationen waren hier anfangs Gräber von stark bewaffneten Kriegern, dann Männergräber von mittlerer und unterer Ausstattungsqualität zu finden, die den An-

Abb. 97: Vogelstang, Grab 442. Silber- und messingtauschierte eiserne Gürtelgarnitur. M. 1:1.

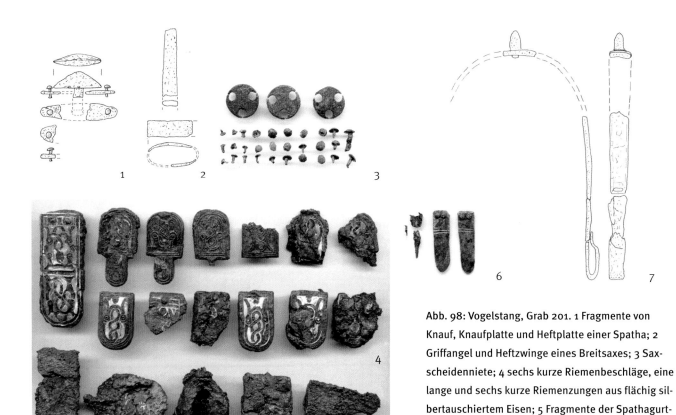

1   2   3

6   7

Abb. 98: Vogelstang, Grab 201. 1 Fragmente von Knauf, Knaufplatte und Heftplatte einer Spatha; 2 Griffangel und Heftzwinge eines Breitsaxes; 3 Sax-scheidenniete; 4 sechs kurze Riemenbeschläge, eine lange und sechs kurze Riemenzungen aus flächig silbertauschiertem Eisen; 5 Fragmente der Spathagurtgarnitur; 6 bronzene Sporengarnitur; 7 Fragmente eines Eisensporns. 1-2 M. 1:4; sonst M. 1:2.

4

5

schein erweckten, dass es sich bei den hier Beigesetzten um Gefolgsleute oder gar Hörige eines Grundbesitzers handelte.

Grab 201 fällt jedoch nicht durch besondere Breite, Länge oder Tiefe auf, wie bei Reitergräbern allgemein üblich. Es enthielt keine Teile einer Hallenausstattung wie Eimer oder Bronzebecken, Symbole der Gastfreundschaft auf einem Herrenhof. Es enthielt aber auch keine Gefäße oder Speisebeigaben, als

hätte es ein festliches Mahl zu Ehren des Verstorbenen nicht gegeben. Das Grab fügt sich in keine ältere Reihe ein, sondern lag isoliert vor dem östlichen Friedhofsrand. Es hat den Anschein, als sei der Reiter nur zufällig vor Ort verstorben und daher am Rande des Friedhofs beigesetzt worden. In seiner Nähe gab es kein adäquates Frauengrab. Doch ähnlich exponiert lag in der nördlichen Spitze das Frauengrab 443B, das ebenfalls keine herausragende Austattung, auch keine Gefäßbeigabe enthielt, doch mit einem Kästchen das Symbol des Besitzes, der einer Ehefrau zukam. Sollte also der Reiter in diesem bisher von Kriegergefolgschaften bzw. Hörigen eingenommenen Friedhofsareal der neue Hofbauer sein, der Partner der in diesem Areal erstmals nachgewiesenen Hofbäuerin.

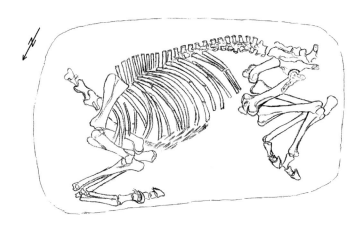

Abb. 99: Vogelstang, Grab G. Pferd des Reiters in Grab 201.

Es hat den Anschein als hätten sich hier in einer Hörigen-Familie die Besitzverhältnisse geändert. Aus den Schenkungsurkunden des 8. Jahrhunderts geht hervor, dass Hörige, abhängige Bauern, durchaus über Besitzt verfügten und als Hintersassen auch ihr eigenes Haus besaßen[14]. Bereits in SD-Phase 9 fielen zahlreiche Luxusgüter in den Händen der Hörige auf, der Aufstieg kam dann zwangsläufig.

6.5.5 Inszenierung mit drei Grabhügeln – ein Familiendrama

Mit 14 Männern und 16 oder 18 Frauen hat sich der mit dem Herrenhof in Zusammenhang stehende Personenkreis in der auf ca. 20-25 Jahre festgelegten SD-Phase 10 erheblich erweitert (Abb. 100). Denn in dem sehr wahrscheinlich 10 Jahre längeren Zeitraum von SD-Phase 9 befanden sich mit 15 Männern und 12 Frauen noch erheblich weniger Personen auf dem Herrenhof. Nach der Anordnung der Gräber ist es eher unwahrscheinlich, dass die Leute auf mehreren Hofstätten lebten. Die Gruppe gibt sich als geschlossener Familienverband zu erkennen. Geradezu inszeniert sind die Anlagen von zwei Männern und einer Frau. Zwei große Kammergräber mit einem Aushubvolumen von 5-6 m³ und das mit 15 m³ erheblich größere Grab 393 lagen auf einer bis in die Gräberfeldspitze reichenden Kette.

Über Grab 393 dürfte sich wegen der gräberfreien Umgebung ein Hügel gewölbt haben. Ein Kreisgraben umgab das nördlich davon gelegene Grab 370. Der Hügel über Grab 370 war zweifellos mächtig, denn während die jüngeren weniger tiefen Bestattungen dicht an das große Grab 393 heran reichten, blieb der Freiraum um Grab 370 erhalten. Nur eine Nachbestattung wurde offensichtlich gezielt in die Grabkammer selbst eingelassen. Wenn das südlich von Grab 393 gelegene Reitergrab 409 überhügelt war, müssten die in sehr geringem Abstand angetroffenen, etwa gleich alten Gräber 402 und 412 mit unter dem Hügel gelegen haben. Unwahrscheinlich ist das nicht, dazu später.

Die beiden Reiter in den Gräbern 370 und 409 gehörten der gleichen Zeitphase an, sie erreichten auch ein ähnliches Alter, das im gestörten Grab 370 etwas ungenauer mit 40-60 Jahre, im ungestörten Grab 409 etwas präziser mit 50-55 Jahre anthropologisch ermittelt wurde. Nach der Anordnung der Gräber wurde zuerst Grab 370 angelegt und erst später Grab 409.

Grab 409 ist das einzige vollständig erhaltene Reitergrab in Vogelstang (Abb. 101). Das Grab lag unter zwei jüngeren Gräbern, von denen Grab 407 beigabelos war und Grab 408 aufgrund einer spitz zulau-

Abb. 100: Vogelstang, Detail des Gräberfeldplanes mit Bestattungen der SD-Phase 10 rund um die Reitergräber 370 und 409 und das Grab 393 der Hofherrin, in dem auch zwei erwachsene Söhne lagen.

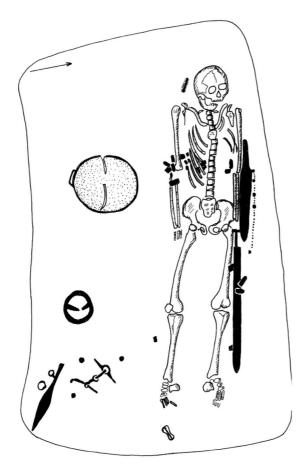

der SD-Phase 9 auf. Der etwa 50-jährige Mann dürfte den Gürtel lange getragen haben. Auch sein Wehrgehänge, dessen Beschläge silbertauschiert sind und geometrischen Dekor mit Flechtknoten zeigen, würde noch gut in SD-Phase 9 passen. In der südlichen Hälfte der Grabkammer stand in Ellenbogenhöhe das Bronzebecken mit zwei gegossenen eckigen Henkeln, das seinen Standring wohl im Laufe der Nutzungszeit verloren hatte (Abb. 104). Damit hatte der Mann zumindest zur Zeit seines Todes den Status eines Hofherrn. Östlich des Bronzebeckens lag der Schild und in der SO-Ecke der breiten Kammer waren Sattel- und Zaumzeug abgelegt worden. Das Pferdegeschirr war schlicht. Nur ein paar Niete mit großen runden Köpfen zierten das Kopfgestell mit der Knebeltrense (S. 162, Abb. 79). Zum Bauchgurt gehörte die lange große Schnalle mit den eingezogenen Seiten (S. 163, Abb. 81). Ein Sporn fehlte.

Auch der Reiter in dem total geplünderten Grab 370 trug eine vielteilige Gürtelgarnitur mit profilierten Beschlägen, flächiger Silbertauschierung und ausgesparter Tierornamentik (Abb. 105). Tierornamentiert war ebenfalls seine Spathagurtgarnitur, von der zwei Beschläge erhalten blieben. In der Nähe des linken Fußes lagen Teile des unverzierten Sporns mit Schlaufen an den Enden. Vom mitgegebenen Pferdegeschirr blieb u.a. ein Vier-Riemenverteiler übrig (S. 164, Abb 83,1), der flächig mit Silber tauschiert ist, wobei Messingfäden die ausgesparte Ornamentik hervorheben. Zu den älteren Bestandteilen am Zaumzeug gehörten die spiraltauschierten länglichen Beschläge (S. 164, Abb. 83,4-5). Die Spiraltauschierung ist typisch für Erzeugnisse aus dem langobardischen Italien, die überwiegend in SD-Phase 9 in die Erde gelangten. Die Gelegenheit zum Erwerb solcher Beschläge bestand sicher selten, daher waren sie kostbar und wurden ein Leben lang verwendet. Das Pferdegeschirr des zuerst Verstorbenen war wesentlich prächtiger als das in Grab 409, das sich auf rein funktionale Teile, wie Trense, Niete, Ringe und eine Schnalle vom Bauchgurt beschränkte (S. 162 f., Abb. 79; 81).

Der Reiter in Grab 370 war voll bewaffnet, wie sich durch Scheidenrandbeschläge, Saxscheidenniete

Abb. 101: Vogelstang, Reitergrab 409. Plan M. 1:20.

fenden Riemenzunge (Abb. 115) in SD-Phase 12 zu datieren ist. Der Reiter in Grab 409 war voll bewaffnet, neben dem linken Arm lag der Breitsax, neben dem linken Bein die Spatha; die Lanze mit großflächigem Blatt steckte in der SO-Ecke, daneben lag der Schild mit einem auffallend niedrigen altmodischen Schildbuckel (Abb. 102). Der Gürtel mit vielen Nebenriemen und einer vielteiligen Garnitur (Abb. 103) war auf dem Toten in Ellenbogenhöhe niedergelegt worden. Vielteilige Garnituren mit kurzen, profilierten Beschlägen tauchen bereits in SD-Phase 9 auf. Die flächige Silbertauschierung mit ausgesparter Ornamentik im Tierstil II kommt jedoch erst gegen Ende

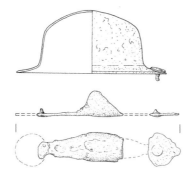

Abb. 102: Vogelstang, Grab 409. Niedriger Schildbuckel und kurze Schildfessel, M. 1:4.

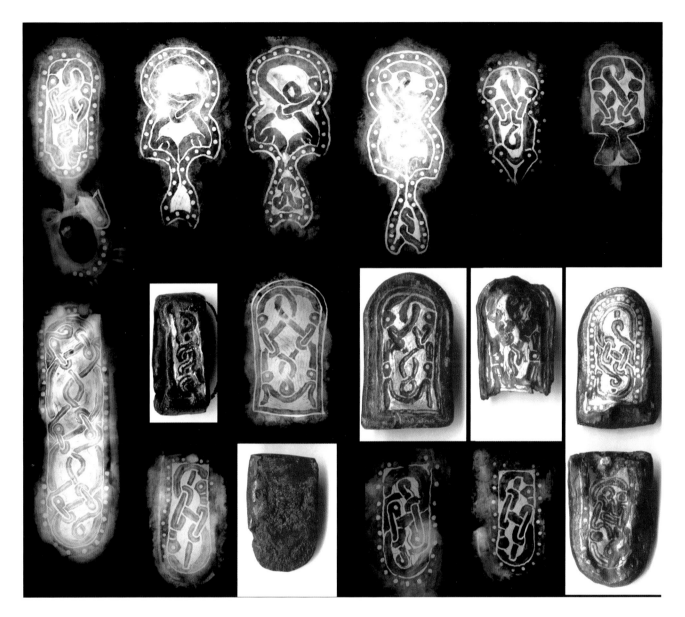

Abb. 103: Vogelstang, Grab 409. Vielteilige eiserne Gürtelgarnitur mit flächiger Silbertauschierung und ausgesparter Tierornamentik, in die Messingfäden eingelegt sind. Wenige Stücke wurden restauriert, die übrigen sind im Röntgenphoto wiedergegeben. Obere Reihe profilierte Beschläge, mittlere Reihe eine lange Riemenzunge, eine Schlaufe und kurze Beschläge, untere Reihe kurze Riemenzungen. M. 1:1.

und ein Schildfesselfragment nachweisen lässt. Von einem Holzeimer stammen Fragmente der eisernen Attachen, damit hatte er das Statussymbol eines Gastgebers und darf als Hofherr bezeichnet werden.

Aus der Lage der Gräber ergibt sich, dass zu beiden Reitern ein kleines und ähnliches Gefolge gehörte. Die Gräberachse mit den Hügelgräbern reicht von Grab 85 im Norden bis Grab 412 im Süden. Zwei große Kammergräber befanden sich nicht auf dieser Achse, Grab 368 nordwestlich von Grab 370 und Grab 413 westlich des Reitergrabes 409. Grab 368 mit einem 45-55-jährigen Mann war total ausgeräumt, übersehen wurden Pfeilspitzen und ein Teil von der Griffzwinge eines Breitsaxes. In Grab 413 traf ein Raubschacht Körper und Oberschenkel, außerhalb der gestörten Zone lag ein auffallend großer verzierter doppelreihiger Kamm (S. 176, Abb. 97), lehnte der Schild an der Nordwand, steckte die Lanzen-

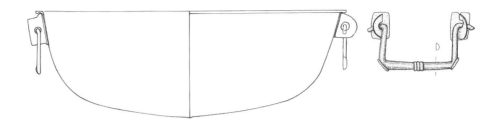

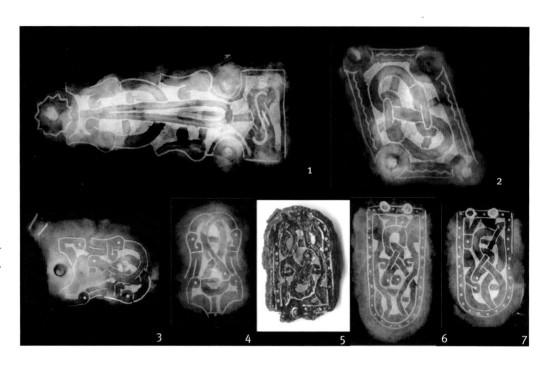

spitze in der Südostecke. Der 67-72-jährige Mann aus Grab 413 trug einen Gürtel mit tauschierter vielteiliger Garnitur, von dem zwei profilierte Beschläge und eine kurze Riemenzunge mit tauschierter Tierornamentik erhalten blieben (Abb. 106); er war ein

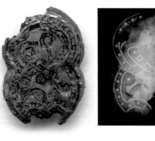
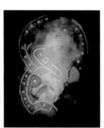

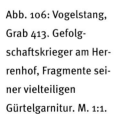

Krieger, ein Gefolgsmann des Reiters in Grab 409. Eine vergleichbare Stellung nahm der Mann aus Grab 368 wohl bei dem Reiter von Grab 370 ein.

Kammergrab 85 ist auch nicht annähernd WO ausgerichtet, sondern stößt wie das benachbarte Grab 72 eines Jugendlichen und das Frauengrab 62 fast rechtwinklig an den großen Kreisgraben, in dessen Zentrum sich das Reitergrab Grab 370 befand. Unmittelbar südlich des Kreisgrabens schloss das Kammergrab 372 an. Die Bestattung in dem rechtwinklig zum Kreisgraben liegenden Kammergrab 85 war bis auf die Unterschenkel gestört. Der 27-35-jährige trug eine mehrteilige Gürtelgarnitur, von der sich noch zwei bronzene Ösenbeschläge fanden; ein einreihiger Kamm lag außerhalb der Störzone, die Lanzenspitze steckte am Fußende.

Im Süden tangierte das Kammergrab 372 den Kreisgraben, auch hier wurde keine WO-Ausrichtung an-

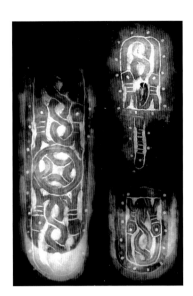

Abb. 107: Vogelstang, Grab 372. Lange Riemenzunge, zungenförmiger Beschlag mit Fortsatz und
kurze Riemenzunge von einer eisernen, tauschierten
vielteiligen Gürtelgarnitur eines Knechtes am Hof
des Reiters in Grab 370. M. 1:1.

gestrebt, sondern eine Ausrichtung auf den Kreisgraben. Die Bestattung war vom Kopf bis zum Becken gestört; der 53-59-jährige Mann war sicher
nicht voll bewaffnet, eigentlich kann nur ein Sax geraubt sein; es gibt keine Hinweise auf weitere Waffen. Der Mann war trotz der großen Grabkammer und
trotz eines Gürtels mit vielteiliger silbertauschierter
Garnitur (Abb. 107) nicht mehr als ein Knecht. Da die
beiden Männer einerseits in der sozialen Stellung
hinter den voll bewaffneten Gefolgsmännern standen, andererseits eine engere persönliche Beziehung
zum Reiter in Grab 370 erkennen lassen, dürfte es
sich um zwei persönliche Bedienstete handeln, in
Adelskreisen würden sie Mundschenk und Mar-
schall heißen.

Solche hatte ebenso der Reiter in Grab 409, es sind
die beiden Männer, die – wenn es einen Grabhügel
gab – ebenfalls unter dem Hügel lagen. Der 28-44-
jährige in dem einfachen Grab 402 trug eine aus älteren Beschlägen zusammengestückelte vielteilige
silbertauschierte Gürtelgarnitur (Abb. 108); es ist
recht unwahrscheinlich, dass er bewaffnet war.
Auch der am Ende der Gräberkette in Grab 412 beigesetzte Mann stand in der sozialen Hierarchie weit
unten und erhielt dennoch ein durchschnittliches

Kammergrab. Die Bestattung war von Kopf bis zum
Becken gestört, ein Sax könnte herausgezogen worden sein, Scheidenniete blieben allerdings nicht liegen. Er trug eine dreiteilige eiserne Gürtelgarnitur
mit tauschierten Silberbändern, ähnlich der Garnitur in Grab 442 (Abb. 97). Der Mann in Grab 442 befand sich ebenfalls in untergeordneter Position, obgleich neben der Hofbäuerin beigesetzt. Oberhalb
vom Kopf lagen in Grab 412 sieben Pfeile und die
Beschläge der Köcheraufhängung (Abb. 109). Bogenschützen sind selten. Fünf Pfeile enthielt der Köcher
in Grab 175, der Mann lebte in SD-Phase 7 am Herrenhof, als der Familienverband noch im nördlichen Teil des Gräberfeldes bestattete; jener Bogenschütze stand in der Hierarchie auf der unteren
Stufe. Ein Köcher mit sieben Pfeilen wurde in SD-
Phase 9 in Grab 185 gefunden (Abb. 70). Auch dieser Mann war nur mit dem Sax bewaffnet und hatte
nach der Bestattungsart einen geringen Stand.

Am südlichen Ende des Gräberfeldes befanden sich
alle anderen Gräber mit geringem Bestattungsaufwand und niedriger Ausstattungsqualität abseits der
aufgezeichneten Achse mit den Grabhügeln. Eine
weitere Gräberkette, in die Frauengräber einbezogen waren, tangierte den Kreisgraben bei Grab 85,
also am nördlichen Rand. Zu dem kleinen Grüppchen
östlich des Kreisgrabens gehört das total gestörte
Grab 19B mit einem 40-50-jährigen Mann. Das

Abb. 108: Vogelstang,
Grab 402. Fragmente
der Gürtelgarniture
eines Knechtes am Hof
des Reiters in Grab 409.
M. 1:1.

Abb. 109: Vogelstang,
Grab 412. Sechs Pfeil-
spitzen mit Schnalle
und Riemenverteiler
des Köchers eines Bo-
genschützen am Hof
des Reiters in Grab 409.
M. 1:2.

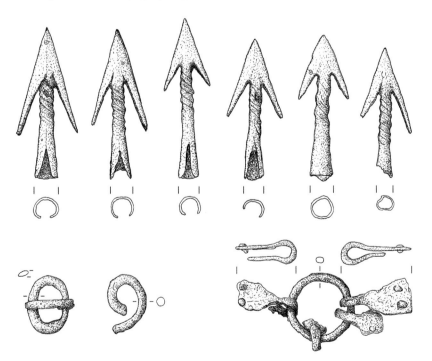

durchschnittlich große Kammergrab 21 daneben blieb ungestört; der 18-20-jährige war mit Sax und Lanze bewaffnet und trug eine unverzierte vielteilige Gürtelgarnitur. Bei Grab 28 handelte es sich wohl ebenfalls um ein Kammergrab. Eine Schildfessel weist auf eine umfangreichere Waffenausstattung des 40-49-jährigen Mannes hin.

Nordwestlich des Kreisgrabens lag außer dem schon erwähnten großen Kammergrab 368 das schmale lange Kammergrab 399; der wahrscheinlich senile Mann darin trug eine unverzierte vielteilige Gürtelgarnitur. Außer den Gürtelbeschlägen überstanden Saxscheidenniete die totale Plünderung. Relativ schmal war die total durchwühlte Kammer von Grab 398. Bei dem wahrscheinlich maturen Mann dürfte eine Teilbewaffnung in anderer Zusammensetzung vorliegen, denn unter den liegen gebliebenen Fragmenten befanden sich ein gold- und silbertauschierter Spathaknauf (Abb. 110), Teile einer bronzenen Spathagurtgarnitur und die Griffzwinge eines Breitsaxes, sowie drei Pfeilspitzen. Nach diesen Indizien waren die entsprechend der Lage ihrer Gräber weniger privilegierten Männer unterschiedlich, aber teilweise erstaunlich gut bewaffnet.

Drei Frauengräber 62, 118 und 371 lagen in Bezug zum Kreisgraben. Die Frauen verstarben im spätmaturen bis senilen Alter und lagen in Grabkammern mit einem Aushubvolumen zwischen 4,5-5,6 m³.

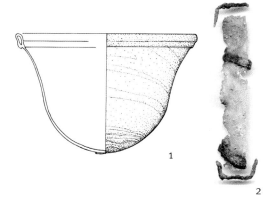

Abb. 111: Vogelstang, Frauengrab 371. 1 Olivfarbener Tummler; 2 Band aus Zinn?blech mit Eisenkrampen unbekannter Verwendung. M. 1:2.

Die qualitätvollste Ausstattung hatte hier Grab 371, von einer Scheibenfibel hat sich die bronzene Grundplatte erhalten, vorhanden waren eine eiserne Gürtelschnalle mit Beschlag, zehn Glasperlen und ein Tummler mit umgeschlagenem Rand (Abb. 111), auch Messer und Kamm. Worum es sich bei einem schmalen Streifen Zinnblech handelt, der mit Eisenkrampen auf Holz befestigt war, ist unklar. In dem älteren Frauengrab 98 gab es schon einmal sechs ähnliche Krampen, die dort nach dem Befund paarweise gegenständig an einem stabähnlichen Gegenstand saßen (Abb. 45). Zehn eiserne Krampen enthielt das nach der Lage in SD-Phase 10 zu datierende Frauengrab 69.

Abseits dieser an den Kreisgraben von Grab 370 angelehnten Frauengräber wurden im Nordosten weitere vier Gräber gefunden, In Grab 18 lag eine mit 23-48 Jahren vielleicht noch adulte Frau und in den Gräbern 15, 69 und 71 drei mature Frauen. Die Größe der Grabgruben lässt sich hier nur bei Grab 69 angeben, es handelt sich um ein durchschnittlich großes Kammergrab, das allerdings keine datierenden Funde enthält.

Auf einem breiten Streifen nördlich und nordöstlich des überhügelten Grabes 393 liegen insgesamt neun Frauengräber, von denen das einfache Grab 380 und das geräumige Grab 392 mit maturen Frauen undatierbar sind. Nordwestlich von Grab

Abb. 110: Vogelstang, Grab 398. 1 Spathaknauf mit Silber- und Goldtauschierung; 2 bronzene Riemenzunge der Spathagurtgarnitur, verziert durch ein Flechtband mit eingeflochtenem Tierkopf. Ausstattung eines Kriegers am Hof des Reiters. M. 1:1.

393 lagen in schmalen Gruben eine 21-26-jährige in Grab 395 und eine im maturen Alter Verstorbene in Grab 397. Eine senile, 64-73-jährige Frau befand sich in dem kleinen Kammergrab 377 mit nicht einmal 4 m³ Aushubvolumen. Unter 5 m³ erzielten auch die drei Frauengräber nordöstlich von Grab 393, da sie nur geringe Tiefe erreichten, mit einer 53-58-jährigen Frau in Grab 384, einer 44-49-jährigen in Grab 385 und im kleinsten Grab 387 mit einer 23-40-jährigen.

Zwischen Kreisgraben und dem überhügelten Grab 393 befand sich Grab 375, es hob sich mit knapp 6 m³ Aushubvolumen von allen anderen bisher aufgeführten Gräbern ab, damit zusammen hängt sicher auch der privilegierte Platz. Die Frau in Grab 375 war 52-58 Jahre alt.

Über die Grabausstattungen lässt sich aufgrund der starken Plünderungen wenig sagen. Liegen blieben Perlen, meist aus Glas, nur in Grab 375 und Grab 395 aus Bernstein, Gürtelschnallen, Kämme oder auch nur Kammfragmente. Messer lagen in Grab 71, 375 und 397, Spinnwirtel in Grab 71, 385 und 397, Keramikgefäße in Grab 18, 377 und 397. Ohrringe wurden allein in Grab 15 (S. 132, Abb. 25) gefunden, in Grab 384 eine Pinzette. Nicht in einem einzigen dieser Gräber gibt es Hinweise auf eine den Reitergräbern angemessene Ausstattungsqualität. Es bleibt nur das Hügelgrab 393.

In dem großen Grab 393 lag eine 40-60 Jahre alte Frau. Das Grab war total leer geräumt. Es hätte aber auch des eisernen Kastenbeschlags (Abb. 112) nicht mehr bedurft, um sicher zu sein, dass es sich hier um die Hofherrin handelt. Doch das 2,25 m breite Grab gibt einige Rätsel auf, immerhin hatte es ein Aushubvolumen von 15 m³ und es wurden auch Skelettreste von zwei Männern gefunden. Einer war 19-20 Jahre alt, der andere 23-40 Jahre alt. Aufgrund der Zahnformen waren nach freundlichem Hinweis des Kiefernchirurgen Dr. Rolf Will, Mannheim, alle drei eindeutig miteinander verwandt. In diesem Fall kann es sich nur um eine Mutter und ihre beiden schon erwachsene Söhne handeln. Aufgrund der totalen Plünderung lässt sich nicht mehr feststellen, ob alle drei Personen gleichzeitig beigesetzt wurden,

Abb. 112: Vogelstang, Grab 393. Aus dem größten Grab des Friedhofes blieb allein der Eckbeschlag eines Holzkästchens erhalten. M. 1:2.

oder der eine oder andere im Grab der Mutter nachbestattet wurden. Doch spricht die außergewöhnliche Breite des Grabes für eine Doppel- oder gar Dreierbestattung.

Der Tod der beiden erwachsenen Söhne und Erben erklärt dann auch, warum der Nachfolger des zuerst verstorbenen Reiters der gleichen Generation angehörte wie sein Vorgänger, vermutlich fiel der Hof an den jüngeren Bruder des Hofherrn. Schon das schlichte Pferdegeschirr zeigt, dass diesen die Übernahme des Erbes ziemlich unvorbereitet traf. Im Schatten des älteren Bruders war es ihm zuvor offensichtlich verwehrt, sein Pferd ähnlich prächtig aufzuzäumen, später fehlte die Gelegenheit.

6.6 Die letzten Generationen – Wandel der Bestattungssitten ab SD-Phase 11 (670-700)

Der Wandel in den Bestattungssitten geschah nicht allmählich, sondern wurde von der siebten Generation vollzogen. Während die sechste Generation ihre Krieger bewaffnet ins Grab legte, gelangten in der siebten Generation kaum noch Waffen ins Grab. Ab dem letzten Viertel des 7. Jahrhunderts wurden die Beigaben seltener, sie reduzierten sich auf Trachtbestandteile. Am deutlichsten zeigt sich die neue Einstellung im Bestattungsaufwand (Abb. 113). Die Zahl der schmalen Gruben nahm erheblich zu. Es gab auch keine Friedhofserweiterungen mehr, dagegen wurde extrem häufig in älteren Grabgruben

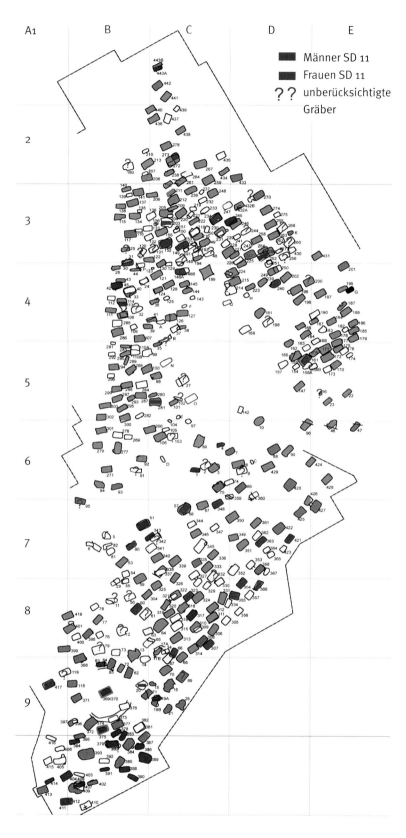

Abb. 113: Vogelstang. Gräberfeldplan mit den Bestattungen der SD-Phase 11, unterschieden nach Grabformen, und den undatierbaren Gräbern von Erwachsenen, die in den Untersuchungen nicht berücksichtigt wurden.

nach bestattet. 15 Männer, 13 Frauen und viele Kinder lagen über älteren Gräbern, häufig waren die Nachbestattungen beigabelos.

Die Familie des Herrenhofes bestattete ihre Männer meistens in der Nähe der beiden Reitergräber aus der sechsten Generation. Ob allein Platzmangel zu einer Reihe von Nachbestattungen geführt hat, ist fraglich. Es könnte eine bewusste Nähe zu den bereits verstorbenen Verwandten gesucht worden sein. Denn eine Bestattung wurde in SD-Phase 12 sogar in die Kammer des Reitergrabes 370 eingelassen, während die Fläche zwischen Grab und Kreisgraben gräberfrei blieb. Zwei Nachbestattungen befanden sich über dem letzten Reitergrab 409, das von der Beraubung verschont blieb.

Die Frauengräber lagen verstreut zwischen den Gräbern der vierten und fünften Generation; dort bestand eine lockere Belegung und es gab wenige Überschneidungen. Hier sind noch einige erstaunlich reich ausgestattete Frauen zu finden.

Zwar ließe sich Grab 355 aufgrund des Topfes gut in SD-Phase 9 datieren, doch besteht der Verdacht, dass es zu den in SD-Phase 11 rückbelegten Gräbern gehört, zumal es sich auch nicht in eine geordnete Reihe einfügt. Das gleicharmige Kreuz am Pektorale (S. 399, Abb. 45) spräche ebenfalls für eine jüngere Zeitstellung.

Einen Holzkasten mit Eisenbeschlägen enthielt Grab 363. Das Grab liegt südöstlich des Gräberpaares 350/361 aus SD-Phase 8, mit denen die Bestattungen der Reiterfamilie auf dem neuen Areal beginnen. Es liegt aber auch am Ende einer Gräberkette mit außerordentlich tiefen reichen Gräbern, die bei dem Grab 428 einer Hofherrin der SD-Phase 9 einsetzt. Am östlichen Rand der Gräberfeldmitte hatte von je her eine wohlhabende Familie bestattet. Die Frau in Grab 363 wäre dann die jüngste bekannte Hofherrin in einer langen Reihe, die letztendlich bei der Frau mit dem Kästchen in Grab 89 ihren Ausgang nahm. Die 66-71-jährige in Grab 363 trug reichen Perlenschmuck (S. 125, Abb. 8) und eine große eiserne Gürtelschnalle. Geraubt war der auf dem Oberkörper getragene Schmuck. Wahrscheinlich aufgrund ihres hohen Alters fehlen klappernde Metallbeschläge an der Beinkleidung und am Gürtelgehänge.

Eine für das späte 7. Jahrhundert typische mehrteilige Wadenbindengarnitur fand sich bei einer 20-24-jährigen Frau in Grab 348 (Abb. 114). Wadenbindengarnituren der SD-Phasen 8-10 sind in den stark geplünderten Gräbern nicht nachgewiesen. In SD-Phase 8-9 wären Wadenbinden mit einem Riemenzungenpaar und einem Paar Quadratbeschläge üblich. Ab SD-Phase 10 können Wadenbinden mit zwei Riemenzungenpaaren auftreten. Die Garnitur aus Grab 348 setzt diese seit SD-Phase 10 bekannte Mode mit einem großen und einem kleinen Riemenzungenpaar fort. Der Rest der Ausstattung fiel der vom Schädel bis zu den Knöcheln reichenden Störung zum Opfer. Ein kostbarer Tummler mit umgeschlagenem Rand blieb unberührt. Grab 348 liegt westlich des alten Gräberpaares 350/361 und somit im Schnittpunkt von drei Familienarealen. Die Familie der Reiter bestattete kontinuierlich von hier aus Richtung Südsüdwest. Nach Norden zu lagen Gräber der angesehenen Familie, deren Hofherrin der SD-Phase 11 bereits in Grab 363 identifiziert wurde. Nach Westen erstreckte sich über den durch Erschließungsarbeiten entstandenen Korridor das Areal der Bauernfamilie; in SD-Phase 11 sind hier die Frauengräber 57 und 80, sowie die Männergräber 51 und 343 zu datieren. Bei dieser Bauernfamilie, die von Beginn an im westlichen Areal bestattete, kam es im Norden zu einigen Rückbelegungen. Im alten Friedhofsareal wurde es allmählich eng, fast alle neuen Gräber trafen hier auf alte Gruben.

Ungeklärt bleibt, ob der Friedhof langsam aufgegeben oder ein kurzfristiger Abbruch vollzogen wurde. Es lässt sich auch nur ungenau abschätzen, wie lange noch auf dem merowingerzeitlichen Friedhof bestattet wurde. Eine Differenzierung der letzten Belegungsphasen ist nicht möglich. Nach der Anzahl der Bestattungen sind es kaum mehr als zwei Generationen. Das jüngste Fundstück ist die für SD-Phase 12 typische spitz zulaufende Riemenzunge aus Grab 408 (Abb. 115). Es wurde auch nur ein Steinplattengrab bekannt, das für ein Kind errichtet und 1861 auf Flur 667b zu Tage kam (S. 97, Abb. 107).

6.7 Undatierbar und nicht berücksichtigt

Bei dem Versuch, die vier spätestens in der zweiten Generation erkennbaren Gemeinschaften über mehrere Generationen zu verfolgen, darf nicht vergessen werden, dass aufgrund der schlechten Quellenlage in Vogelstang nicht alle Gräber berücksichtigt werden können. Zum Teil handelt es sich um ältere Gräber, die durch eine spätere Bestattung zerstört wurden[15], meist aber um total geplünderte Gräber. Abgesehen von den nur anthropologisch erfassten Skelettresten bleiben insgesamt 21 Frauengräber undatierbar. Keine Beigaben enthielten – meist aufgrund totaler Plünderung – neun Gräber, nicht datierbar waren zwölf Gräber. Zwei davon lagen in langen Grabkammern vom Bestattungstyp Typ 10, Grab 268 und Grab 405, zwei in größeren Grabkammern vom Bestattungstyp 9, Grab 61 und Grab 69, sechs in durchschnittlichen Kammergräbern vom Bestattungstyp 8, Grab 9, 56, 198, 200, 332, 410;

Abb. 114: Vogelstang, Grab 348. Bronzene Wadenbindengarnitur. M. 1:1.

Abb. 115: Vogelstang, Grab 408. Das jüngste Fundstück – eine spitz zulaufende Riemenzunge der SD-Phase 12.

bei Grab 244, 380 und 392 handelt es sich um geräumige Gräber, bei Grab 48 und Grab 217 um einfache Gräber, viermal ließ sich die Grabform nicht feststellen[16].

Insgesamt sind 21 Männergräber undatierbar, davon enthielten 15 Männergräber keine Beigaben. Dabei handelt es sich um das einfache Grab 91 vom Bestattungstyp 2, bei den Gräbern 120, 256 und 342 um Bestattungstyp 3 sowie um die geräumigen Gräber 32, 131 vom Bestattungstyp 5, sechs Kammergräber Typ 8[17]; zum Bestattungstyp 9 zählt Grab 193. In neun Fällen war die Grabform nicht mehr feststellbar. Knapp 9 % der Bevölkerung blieb unberücksichtigt. Nach der Lage könnte das Frauengrab 217 in SD-Phase 5 gehören und dann zur Gruppe des Herrenhofes. Der Familie des Herrenhofes lassen sich in der folgenden Generation eventuell noch das Männergrab 256, ganz sicher aber das Frauengrab 200 zuordnen. Sechs Frauen- und vier Männergräber in der südlichen Gräberfeldhälfte gehörten in den späteren Generationen ebenfalls zum Herrenhof. Zur Familie des Bauernhofes dürften die weiter westlich gelegenen Männergräber 25, 120, 131, 32 und 27, aber wohl auch 91, 95 und 342 gehören, insgesamt also neun Männer und drei Frauen in den Gräbern 35B, 102, 103, ohne dass sich hier aus der Lage immer eine Datierung ergibt.

Zur Gemeinschaft der Krieger gehörten im Nordost-Areal noch weitere drei Männer und vier oder fünf Frauen.

Und letztlich sind auch eine Frau und zwei Männer in der Gräberfeldmitte mit einiger Sicherheit ihrer Familie zuzuordnen.

Die undatierbaren Gräber verteilten sich fast gleichmäßig über das Gräberfeld (Abb. 113) und auch über die Generationen, sodass keine gravierenden Änderungen im Bild der vier Gruppen zu erwarten sind. Es gab eine Familie, die von Reitern angeführt wurde. Eine weitere Gruppe wurde zwar nur rudimentär erfasst, zeigte sich aber als wohlhabend genug, um als Familie eines Herrenhofes bzw. eines großen Bauernhofes angesprochen zu werden. Auf deutlich niedrigerem sozialem Niveau bewegte sich die Bau-

ernfamilie, die am Westrand bestattete. Schwer einzuordnen und anzusprechen ist eine Gruppe, die keine hierarchische Struktur erkennen ließ, durchaus vermögend und mittelmäßig bewaffnet war, aber bis auf die siebte Generation weder einen Hofherrn noch einen Hofbauern, weder eine Hofherrin und auch keine Frau mit den Staussymbolen einer Hofbäuerin erkennen ließ. Bei dieser könnte es sich um Gefolgsleute und Hörige eines Grundbesitzers handeln, vielleicht sogar des am Ort lebenden Grundbesitzers. In der siebten Generation war die Gruppe zwar kleiner, aber nun offensichtlich selbstständig, mit einem relativ schlicht ausgestatteten Reiter und einer mit dem Holzkästchen beigesetzten Frau an der sozialen Spitze.

Anmerkungen

[1] KOCH 1977, S. 68.
[2] ZELLER 1972, S. 354 Abb. 2,10,5.
[3] BAUDOUX u.a. 2000, S. 68 f.
[4] PICARDIE 1986, S. 137 Nr. 70.
[5] KOCH 1990, Taf. 24.
[6] MARTIN 1993, S. 395.
[7] HILBERG 2005.
[8] STAUCH 2004, S. 20.
[9] KOCH 1982.
[10] MARTIN 1993.
[11] RÖSENER 2006, S. 78.
[12] GOETZ 2006, S. 123.
[13] MARTI 2000. Taf. 19.
[14] GÖTZ 2006.
[15] Vogelstang Grab 95A, 148A, 215A und 270A.
[16] Vogelstang Grab 16, 35B, 180, 193.
[17] Vogelstang Grab 2, 118, 148A, 178, 260, 316.

Ursula Koch

7. Bestattungen und Grabausstattungen von Kindern – sozialgeschichtliche Aspekte zur Kindheit im frühen Mittelalter

Die schriftlichen Quellen des 6. bis 7. Jahrhunderts sind im Hinblick auf Kinder wenig ergiebig. Gregor von Tours berichtet in seinen Werken, dass Kinder bald nach der Geburt, nach der Taufe, zu Lebzeiten des Vaters oder bei Seuchen starben[1]. Er erwähnt schulische Ausbildung bei Kirchen und Klöstern in Gallien, die Kindern freier Eltern offen standen[2], doch Margarete Weidemann reichten die Angaben Gregors nicht einmal für ein eigenes Kapitel über Kinder in ihrer Kulturgeschichte der Merowingerzeit nach den Werken Gregors von Tours. Wenn Historiker und Historikerinnen seit den siebziger Jahren des 20. Jahrhunderts die Existenz der Kinder im Mittelalter als einzigen Albtraum schildern, von Mädchenmord und Gleichgültigkeit beim Tod von Kindern sprechen und behaupten, Mutterliebe sei eine Erfindung des 17. Jahrhunderts[3], dann widersprechen dem – zumindest für das frühe Mittelalter – die archäologischen Quellen. Archäologische Quellen fangen aber erst an zu sprechen, wenn viele Einzelheiten beobachtet, zusammengetragen und verglichen sind.

Weil sich die archäologische Auswertung des großen 1965 bis 1968 aufgedeckten Gräberfeldes von Mannheim-Vogelstang auf anthropologische Daten stützen kann[4], sind hier recht detaillierte Beobachtungen zu machen, die schließlich zu einem relativ differenzierten Bild von Eltern-Kind-Beziehungen im frühen Mittelalter führen.

Das während der dreißiger Jahre des 20. Jahrhunderts geborgene Skelettmaterial aus dem Gräberfeld Mannheim-Straßenheim, „Aue" ist nicht erhalten. Teilweise aber notierte F. Gember bei den Kindern die Skelettlängen. Die Skelette aus den

Grabungen von 1965 bis 1967 sind anthropologisch zwar nicht untersucht, doch liegen Altersbestimmung anhand der Zähne durch den Mannheimer Kieferchirurgen Dr. Rolf Will vor. Daher lassen sich auch in Straßenheim, Aue eine Reihe von Beobachtungen an Kindergräbern zusammentragen, die das anhand der Gräber von Mannheim-Vogelstang gewonnene Bild abrunden.

Bei dem 1999 bis 2001 aufgedeckten Gräberfeld vom Hohen Weg auf der Gemarkung Sandhofen liegen erst für 100 Gräber anthropologische Daten vor, für alle übrigen Gräber stützen sich die Angaben allein auf die archäologischen Beobachtungen. Die 2002 begonnenen Grabungen im großen Gräberfeld vom Hermsheimer Bösfeld wurden im Januar 2005 abgeschlossen; hier können nur kursorisch einzelne Grabungsbefunde herangezogen werden.

In der Anthropologie werden die Lebensphasen in sieben-Jahres-Schritten angegeben, infans I, infans II und juvenil umschreiben die Altersphasen der nicht Erwachsenen. Der hohe Anteil von verstorbenen Zwei- bis Dreijährigen zeigt dazu einen deutlichen Einschnitt gegen Ende des zweiten Lebensjahres an[5]. Er dürfte mit der Nahrungsumstellung zusammenhängen, denn solange Kinder gestillt wurden, waren sie weitgehend immun gegen Ansteckungskrankheiten. Im 9. Jahrhundert unterschied Hrabanus Maurus, der sich auf Bischof Isidor von Sevilla stützte, sechs Lebensalter, die infantia umfasste die ersten sieben Jahre, es folgte die pueritia bis zum 14. Lebensjahr, der sich die adolescentia anschloss, die bis zum 28. Lebensjahr dauerte[6]. In den frühmittelalterlichen Gesetzestexten wird lediglich zwischen mündigen und unmündigen Personen unterschieden. Die Unmündigkeit endete zwischen 12 und 15 Jahren. Gleichzeitig begann für Mädchen die Gebärfähigkeit und für Knaben die Wehrhaftmachung[7].

Bevor der soziale Status einer Person anhand Grabform und Ausstattung ermittelt werden kann, müssen gerade bei Kindern die Zusammenhänge zwischen Alter und Geschlecht einerseits und Beigabenauswahl andererseits untersucht werden, denn fehlende Beigaben können sowohl Ausdruck des Geschlechtes wie des Lebensalters sein, das der oder die Verstorbene erreichte[8]. Gerade zwischen den kindlichen Altersstufen gab es große Unterschiede in der Beigabenauswahl. Die Kinder werden im Folgenden entsprechend ihren wichtigen Lebensabschnitten in drei Altersstufen aufgeteilt: die null- bis zweijährigen Säuglinge, die zwei- bis siebenjährigen infanten oder kleinen Kinder (infans I) und die sieben- bis vierzehnjährigen pueri oder großen Kinder (infans II). Die vierzehn- bis sechzehnjährigen juvenilen hatten wohl in den meisten Fällen noch keinen eigenen Hausstand gegründet und werden als eigene Altersgruppe daher den Kindern angeschlossen. Die über sechszehnjährigen waren bereits junge Frauen oder Männer, ihre Gräber und Grabausstattungen werden daher mit denen von Erwachsenen verglichen.

Wegen der eindeutig geschlechtsspezifischen Grabausstattungen in der Merowingerzeit sind vielfach, vor allem bei den älteren Kindern, die Knaben und Mädchen voneinander zu unterscheiden. Dies ermöglicht es, eine geschlechtliche Konstante in die soziologischen Untersuchungen einzubeziehen.

Eine Untersuchung anhand 989 Gräber nicht erwachsener Personen aus Südwestdeutschland durch Brigitte Lohrke ergab, dass Kinder und Jugendliche mehrheitlich ein eigenes Grab erhielten, nur 21,3 % teilten sich unabhängig von der Altersstufe die Grabgrube mit weiteren Personen[9], aber nur 3,5 % wurden gleichzeitig mit einer anderen Person beerdigt[10].

Anthropologisch wurden in den Gräbern von Vogelstang 148 Individuen unter 16 Jahren nachgewiesen, drei Kinder sind anthropologisch nicht erfasst. 21 Kinder, davon fünf Säuglinge wurden nur anthropologisch, aber nicht archäologisch erkannt. Bei den älteren Kindern und den Jugendlichen hat diese Diskrepanz wohl – wie auch bei den nur anthropologisch nachgewiesenen Erwachsenen – seine Ursache in den späteren Grabstö-

rungen, wo die Skelettreste beim Verfüllen mehrerer gleichzeitig geöffneter Gräber vermengt wurden. Dagegen waren in den gestörten Gräbern mitbestattete Säuglinge oder auch in gleicher Grube nachbestattete Säuglinge ohne anthropologische Kenntnisse gar nicht zu erkennen.

Die Untersuchungen der Verstorbenen von Vogelstang gehen von 25 Säuglingen und 112 Kindern im Alter von 2 bis 16 Jahren sowie 354 Erwachsenen aus. Die Kindersterblichkeit lag demnach bei 27,75 %, maximal d. h. einschließlich der nur anthropologisch erfassten Kinder bei 30 %.

In Sandhofen wurden insgesamt 243 Gräber erfasst, und darin 39 Bestattungen von Kindern und Säuglingen erkannt. Hier dürften die noch nicht abgeschlossenen anthropologischen Untersuchungen noch Korrekturen bringen. Für 14 nur archäologisch erkannte Kinder liegen noch keine Altersangaben vor. Fest steht das Alter von drei Säuglingen, 13 Kinder gehören der Stufe infans I an und 10 der Stufe infans II. Anhand geschlechtstypischer Beigaben sind dort sechs Mädchen und sieben Knaben identifiziert.

7.1 Säuglinge

7.1.1 Gräber

Tot- und Frühgeburten wurden auf dem Gräberfeld von Vogelstang nicht nachgewiesen. Nur in Straßenheim, „Aue" Grab F vom 28.1.1933 lag ein neugeborenes Kind im Schoß der Mutter, beide hatten offensichtlich die Geburt nicht überlebt.

Säuglinge sind archäologisch schwer nachzuweisen; das mag einen Grund in der geringen Grabtiefe haben. Wenn später in den älteren Bestattungsarealen erneut Gräber angelegt wurden, war ein Säuglingsgrab leicht zu übersehen und die zarten Knochen gerieten in die Einfüllung der jüngeren Grube. In der Einfüllung von Vogelstang Grab 283 fanden die Ausgräber „Tierknochen", die erst während der archäozoologischen Untersu-

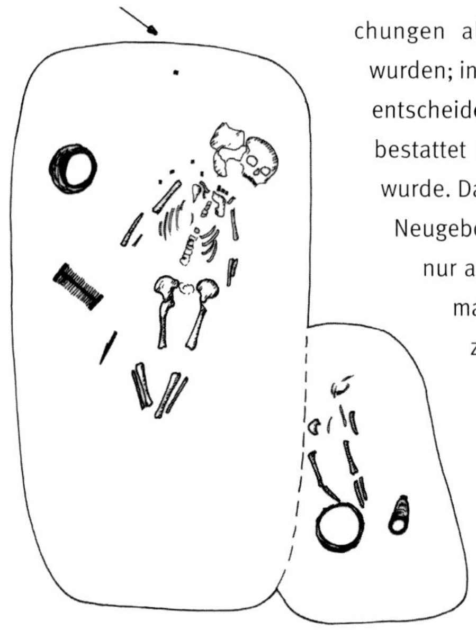

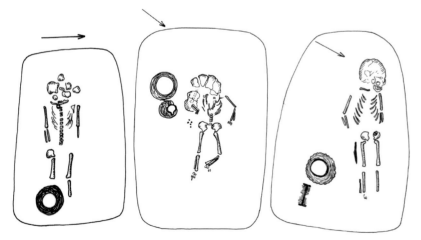

Abb. 1: Vogelstang,
jüngeres Mädchengrab
überschneidet älteres
Säuglingsgrab.
(M. 1:20). Grab 150:
Mädchen, 2-3 Jahre.
Grab 151; Säugling,
0 Jahre

chungen als Säuglingsknochen erkannt wurden; in solchen Fällen ist nicht mehr zu entscheiden, ob der Säugling nachträglich bestattet oder sein Grab später zerstört wurde. Dagegen blieb das Grab 151 eines Neugeborenen erhalten, denn es wurde nur an einer Ecke abgeschnitten, als man das jüngere Grab 150 für ein zwei- bis vierjähriges Mädchen aushob (Abb. 1). In Mannheim-Vogelstang wurden neun Säuglinge offensichtlich mit-bestattet oder in einer bereits vorhandenen Grab-grube nachbestattet, während 15 Säuglinge ein eige-nes Grab erhielten (Abb. 2).

Bis auf das 1,4 m tiefe Grab 365 eines weiblichen Säuglings lag keines tiefer als 1,2 m, die Hälfte erreichte nicht einmal 1 m Tiefe. Selbst Grab 151, indem sich das mit einem kostbaren Glas ausgestattete Neugeborene (Abb. 1) befand, war nur 0,8 m tief. Um eine sehr kleine Grube von 0,2 m³ handelt es sich bei Grab 123. Eine über 1 m³ große Grabgrube erhielten zwei Säuglinge, deren Geschlecht archäologisch nicht ermittelt werden kann, sowie drei weibliche. Die beiden größten Grabgruben mit über 2 m³ wurden für die weiblichen Säuglinge in den Gräbern 81 und 365 ausgehoben.

7.1.2 Grabausstattungen

Zwei der in Mannheim-Vogelstang in einem eige-nen Grab beigesetzten Säuglinge erhielten keine Objekte aus Metall, Keramik oder Bein mit ins Grab, nämlich ein Neugeborenes in Grab 104 und ein kleiner Säugling in Grab 156. In Straßenheim, „Aue" war der ein- bis zweijährige Säugling im Grab vom 20.1.1936 beigabelos beigesetzt, für vier weitere Kindergräber ohne Beigaben liegen in

Abb. 3: Vogelstang, Grab 151: Säugling, 0 Jahre.
Glasbecher und handgeformter Keramikbecher
(M. 1:4)

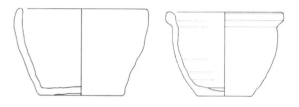

Abb. 4: Vogelstang, Grab 123: Säugling, 1-2 Jahre.
Handgeformte und scheibengedrehte Keramik
(M. 1:4)

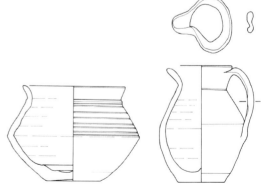

Abb. 5: Vogelstang, Grab 191: Säugling, 0-1 Jahr.
Scheibengedrehte Keramikgefäße (M. 1:4)

Abb. 2: Vogelstang, Säuglinge im eigenen Grab. (M. 1:20). Grab 135: Säugling,
0-1 Jahr. Grab 191: Säugling, 0-1 Jahr. Grab 143: Säugling, 1-2 Jahre.

Straßenheim keine Altersangaben vor. Diesen Kindern könnten allerdings Holzgefäße mitgegeben worden sein, die üblicherweise nicht erhalten sind. Damit ist durchaus zu rechnen, weil die größte Sorge der Eltern der Ernährung ihrer Kinder galt und in den meisten Säuglingsgräbern Gefäße für Brei oder Getränke standen. In der ersten Generation wurden in Vogelstang zu Füßen des Neugeborenen in Grab 151 (Abb. 1) ein feintoniger offener Becher und ein kostbarer glockenförmiger Glasbecher abgestellt (Abb. 3) und dem ein- bis zweijährigen Kleinkind in Grab 123 zwei niedrige Breitöpfe, nämlich ein handgeformter Kumpf und ein scheibengedrehter Wölbwandtopf mitgegeben (Abb. 4). Ein oder zwei Generationen später stellten Eltern ihrem nur wenige Monate alte Kleinkind einen kleinen scheibengedrehten doppelkonischen Topf und einen Henkeltopf in das relativ breite Grab 191 (Abb. 2; 5). Eine ähnliche Geschirrkombination mit einem Mayener Krug kam am Hohen Weg in Sandhofen bei dem 0,8 m großen Kind, infans I, in Grab 153 zu Tage. Etwa zu Beginn des 7. Jahrhunderts stand bei dem einjährigen Säugling in dem relativ langen Grab 210 von Vogelstang ein scheibengedrehter, rillenverzierter Becher von gedrungener Form neben dem Schädel. Vermutlich schon in der zweiten Hälfte des 7. Jahrhunderts wurde das ein- bis zweijährige Kleinkind in Grab 275 beigesetzt. Die relativ große Grabkammer war total ausgeplündert, nur die Keramikflasche (Abb. 6) befand sich noch in der SO-Ecke.

dunkel korrodierten Perlen schmückte das ein- bis zweijährige Kleinkind in dem sehr breiten Grab 252, neben dem rechten Arm stand ein engmundiger hoher Becher (Abb. 7). Am Hals des nur wenige Monate alten Säuglings aus Grab 135 lag ein offener Bronzering, nach der Form ein Drahtohr-

Abb. 7: Vogelstang, Grab 252: Mädchen, 1-2 Jahre. Glasperlenkette (M. 1:1) und kleiner Topf (M. 1:4)

ring (Abb. 8); das mitgegebene, grob von Hand geformte Gefäß war bei der Auffindung schon völlig zerfallen.

Kaum datierbar ist Grab 291, wo ein großer Eberzahn zwischen den verstreuten Knochen des noch kein Jahr alten Säuglings lag. Es könnte sich um ein Amulett gegen Zahnweh handeln (Abb. 9). Amulette, selbst Zahnamulette sind aber erstaunlich selten in Säuglingsgräbern zu finden. Häufiger sind Kämme zu beobachten. Ein Raubschacht überschnitt das kleine Kammergrab 365 nahezu ganz; außer zwei Perlen blieb ein Kamm in Unterschenkelhöhe liegen (Abb. 10). In das zweite Viertel des 7. Jahrhunderts

Abb. 8: Vogelstang, Grab 135: Säugling, 0-1 Jahr. Bronzener Ohrring (M. 1:1)

Im 7. Jahrhundert waren die Beigaben in Säuglingsgräbern immer noch bescheiden, aber vielfältiger als im 6. Jahrhundert. Eine Kette mit 16 meist monochromen gelben und weißen, jedoch

Abb. 6: Vogelstang, Grab 275: Säugling, 1-2 Jahre. Scheibengedrehte Keramikflasche (M. 1:4)

Abb. 9: Vogelstang, Grab 291: Säugling, 0-1 Jahr. Eberzahn (M. 1:2)

Abb. 10: Vogelstang, Grab 365: Säugling, 1-2 Jahre. Glas-und Bernsteinperle (M. 1:1) sowie Kamm (M. 2:3)

gehören die Säuglingsgräber 81, 143, 252, 329 von der Vogelstang. Grab 81, das größte für einen Säugling errichtete Kammergrab, ist stark gestört, von der Ausstattung des ein- bis zweijährigen Kindes blieben drei Perlen, ein paar Eisenfragmente und der Kamm übrig (Abb. 11). In dem Kammergrab 329 wies ein Langknochen auf das Kleinkind hin; in der Südhälfte stand ein Topf mit profilierter und stempelverzierter Oberwand, in der SW-Ecke lag der Kamm (Abb. 12).

Wie lange Säuglinge gewickelt wurden, wissen wir nicht. Spätestens wenn sie laufen konnten, dürften sie eine Tunika getragen haben, die wohl mit einem Gürtel versehen war. Der Gürtel konnte einfach geknotet sein, vereinzelt war er auch mit einer Schnalle verschlossen. In Sandhofen Grab

152 hat sich nur der Schädel erhalten; zu Füßen stand ein Topf, demnach war das Kleinkind kaum 0,6 m lang. In der Mitte lag eine kleine Eisenschnalle. Ebenfalls einen Gürtel mit kleiner Eisenschnalle trug der Säugling aus dem Kammergrab 143 von der Vogelstang, gewiss hatte er zu Lebzeiten weder den abgenutzten Kamm noch das Messer an der rechten Seite schon gebraucht. Neben dem Kamm stand der engmundige hohe Topf mit genoppter Oberwand (Abb. 2; 13). Bei dieser Altersgruppe sind Kämme eine symbolische Beigabe, zumal stets abgenutzte, also schon von anderen Familienmitgliedern verwendete Kämme mitgegeben wurden. Zweifellos war der Kamm mehr als ein Gebrauchsgegenstand, was sicher mit der Vorstellung von der Lebenskraft im Haar zusammenhing. Hinzu kommt, dass Kämme aus Hirschgeweih angefertigt wurden und das sich jährlich erneuernde Geweih in vielen Kulturen ebenfalls ein Symbol des Lebens war. Da die Beigabe des Kammes im Laufe des 7. Jahrhunderts sogar zunimmt, könnte der Kamm nun den christlichen Wunsch nach ewigem Leben symbolisieren[11].

Eine überdurchschnittlich reiche Ausstattung erhielt etwa in der Mitte des 6. Jahrhunderts das einjährige Mädchen in Grab 129 (Abb. 14). Das Kleinkind lag schräg im nordwestlichen Viertel seiner langen Grabkammer. Es trug einen Gürtel, zu dem die oberhalb vom Becken gefundene silberne Schnalle mit dem Kolbendorn gehörte; geschmückt war es mit sieben

Abb. 11: Vogelstang, Grab 81: Säugling, 1-2 Jahre. Glasperlen (M. 1:1) und Kamm (M. 2:3)

Abb. 12: Vogelstang, Grab 329: Säugling, 1-2 Jahr. Kamm (M. 2:3), Keramik (M. 1:4)

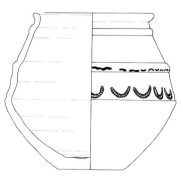

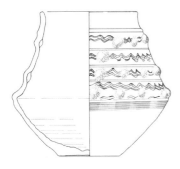

Abb. 13: Vogelstang, Grab 143: Säugling, 1-2 Jahre. Eisenschnalle, Messer (M. 1:2), Kamm (M. 2:3) und Keramiktopf mit Warzen (M. 1:4)

Perlen, darunter drei Bernstein- und zwei Millefioriperlen. Die rechte Hand hielt einen gläsernen Sturzbecher mit geschweifter glatter Wand und rundem Boden; neben dem rechten Arm war der große einreihige Kamm im Futteral niedergelegt. In der geräumigen östlichen Grubenhälfte stand der offene Topf, neben dem Speisen abgestellt waren.

Der reich verzierte einreihige Kamm mit Steckfutteral ist eine besonders qualitätvolle, im ganzen fränkischen Reich verbreitete und dennoch relativ selte-

ne Kammform[12]; er hätte jeder Frau zur Ziere gereicht und war wie in Grab 985 auf dem Hermsheimer Bösfeld auch im Besitz eines privilegierten Kriegers[13]. Es ist davon auszugehen, dass ein solcher Kamm nicht täglich ersetzt werden konnte und auch nicht auf jedem Markt im Angebot war. Folglich trennten sich eine Mutter oder ein Vater von einem solchen Kamm nur, wenn es sich um eine Liebesgabe handelte.

Abb. 14: Vogelstang, Grab 129: Säugling, 1 Jahr. Garbplan (M. 1:20); Glas und Bernsteinperlen sowie silberne Schnalle mit Dorn (M. 1:1), Kamm (M. 2:3), Glasbecher und Keramik (M. 1:4)

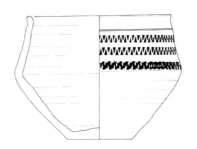

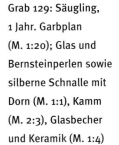

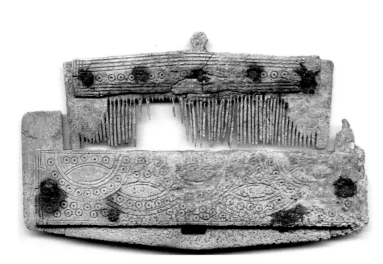

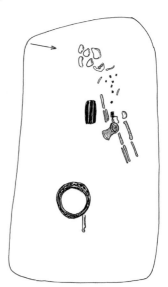

7.2 Kleine Kinder, infans I

7.2.1 Gräber

56 Kinder der Altersstufe infans I (2-7 Jahre) sind in Vogelstang anthropologisch nachgewiesen, für zwei davon liegt lediglich die Altersangabe 0-7 Jahre vor. Archäologisch wurden insgesamt 48 Kinder identifiziert, darunter 15 Mädchen und neun Knaben. Ein weiteres Kind in Grab 97 wird aufgrund des archäologischen Befundes und der beobachteten Körpergröße von 0,8 m dazugerechnet.

16 Kinder wurden 2-3 Jahre alt, elf Kinder 3-4 Jahre alt, vier Kinder 4-5 Jahre alt, sechs Kinder 5-6 Jahre alt und 14 Kinder 6-7 Jahre alt. Die größte Sterblichkeitsrate lag also bei den zwei- bis dreijährigen, dicht gefolgt von den sechs- bis siebenjährigen. In acht Gräbern ist der Befund unklar, es könnte sich um Nach- oder Mitbestattungen handeln. Drei Kinder wurden sicher nachbestattet, zwei lagen in einem Doppelgrab. 41 Kinder hatten ein eigenes Grab erhalten (Abb. 15), davon sind sechs aufgrund späterer, auch rezenter Störungen nicht weiter zu beurteilen. Für 19 Kinder fehlen nähere Angaben zur Bestattungsform.

Die Gräber der zwei- bis siebenjährigen Kinder waren in Vogelstang zwischen 1,05 m und 1,95 m lang. In den zwanzig bis zu 1,6 m langen Gräbern befanden sich überwiegen die jüngeren, zwei bis fünf Jahre alten Kinder, aber auch drei sechs- bis siebenjährige. Andererseits befand sich im 1,92 m langen Grab 357 ein zwei- bis dreijähriges Kind. Vier von den kurzen Gräbern waren wie Grab 139 (Abb. 15) oder Grab 150 (Abb. 1) auch relativ schmal, die meisten kurzen Gräber aber wie Grab 50 (Abb. 15) oder Grab 439 (Abb. 16) zwischen 0,8 und 1 m breit. Über 1 m breit waren die Gräber 163 und 364; die größte Breite wies unter den kurzen Gräbern Grab 76 mit 1,2 m auf. Die Breite der 15 längeren Grabgruben schwankte zwischen 0,8 m und 1,55 m. Die Ausmaße von Kammergräbern mit über 1,2 m Breite erreichten hier acht Kindergräber.

Beim Bestattungsaufwand spielte das Geschlecht der Kinder nur eine untergeordnete Rolle, es deutet sich allerdings eine leichte Bevorzugung von Knaben an, denn in den insgesamt 16 Gräbern mit mehr als 2 m³ lassen sich aufgrund geschlechtsspezifischer Beigaben vier Mädchen und sechs Knaben identifizieren: Die größte Grube mit 4,4 m³ wurde für den fünf- bis sechsjährigen Knaben in Grab 305 ausgehoben; 3,6 m³ betrug der Aushub für den sechs- bis siebenjährigen Knaben in Grab 99 (Abb. 17). Um eine im Verhältnis zur Körpergrö-

Abb. 15: Vogelstang, Grab 139: Mädchen, 3 Jahre. Grab 50: Mädchen, 5-6 Jahre. Grab 153: Mädchen, 2 Jahre. (M. 1:20)

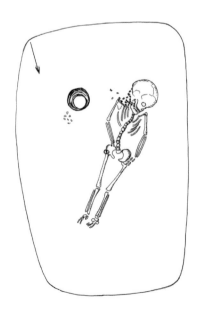

ße des zweijährigen Mädchens außergewöhnlich große Grabkammer handelt es sich bei Grab 153 (Abb. 15), obgleich es wegen der geringeren Tiefe nur 2 m³ umfasste. Auch ein dreijähriges Mädchen erhielt mit Grab 229 eine außergewöhnlich große Kammer, ebenso ein zweijähriges Kind mit Grab 330 und die zwei- bis dreijährigen Mädchen mit Grab 353 bzw. Grab 357.

Bei neun Kindern der Altersstufe infans I sind in Mannheim-Vogelstang keine Beigaben erhalten, sechs von ihnen wurden archäologisch gar nicht erkannt, d.h. sie hatten in jedem Fall keine eigene Grabgrube Die Grabgruben von drei anderen waren total gestört, sodass sich hier keine Angaben über die ursprüngliche Ausstattung machen lassen. Sicher beigabelos war lediglich ein dreijähriges Kind in Grab 396 beigesetzt worden.

7.2.2 Keramik und Kämme

Von den 25 zwei- bis dreijährigen Kindern aus Mannheim-Vogelstang erhielten acht je ein Keramikgefäß; in diese Altersgruppe fällt wohl auch das 0,8 m große Kind mit Topf aus Grab 97. Zwei Keramikgefäße fanden sich in zwei Kleinkindergräbern, dazu erhielt das zweijährige Mädchen in

Grab 153 noch eine Bronzeschüssel (s.u. Abb. 23). Drei Keramikgefäße standen vier Generationen später im Grab eines ebenfalls zweijährigen Mädchens, nämlich Topf, Flasche und Kanne in Grab 439 (Abb. 16).

Von den 24 drei- bis siebenjährigen Kindern erhielten sieben je ein Keramikgefäß und eines zwei. Die Versorgung mit Getränk und Brei, für die diese Gefäße wohl gedacht waren, verlor mit zunehmendem Alter also an Bedeutung.

Ganz anders sieht es bei den Kämmen aus, die bereits in vier, d.h. 16% der Säuglingsgräber auftauchten. Mit zunehmendem Alter wurde der Kamm immer wichtiger: Bei den zwei- bis dreijährigen Kindern waren es mit zehn Kämmen bereits 40% und bei den drei- bis siebenjährigen mit 17 Kämmen schon 70%.

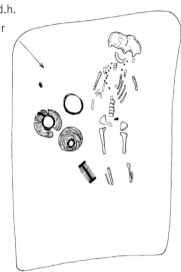

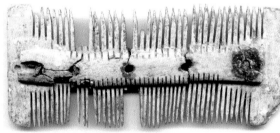

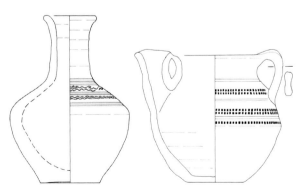

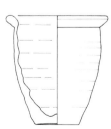

Abb. 16: Vogelstang, Grab 439: Mädchen, 2 Jahre. Grabplan (M. 1:20), Kamm (M. 2:3), Glasperlen (M. 1:1), Keramik (M. 1:4)

7.2.3 Schmuck und Trachtaccessoires für Mädchen und Knaben

Perlen sind in Vogelstang bei drei Säuglingen zu beobachten; so erstaunt es wenig, dass auch 26% der zwei- bis siebenjährigen Kinder mit Perlen geschmückt wurden. Besonders den kleinsten wurden häufiger Perlen ins Grab gelegt, denn 36% der zwei- bis dreijährigen Kinder hatten solche. Dass B. Lohrke zurecht Zweifel hegt, ob kleine Jungen vom Perlenschmuck völlig ausgeschlossen blieben[14], zeigt Grab 99 von Vogelstang (Abb. 17). Das Kind darin wurde anthropologisch als Knabe bestimmt. In der total gestörten Grabkammer tauchten ein Fingerring und drei Perlen auf. Ob das

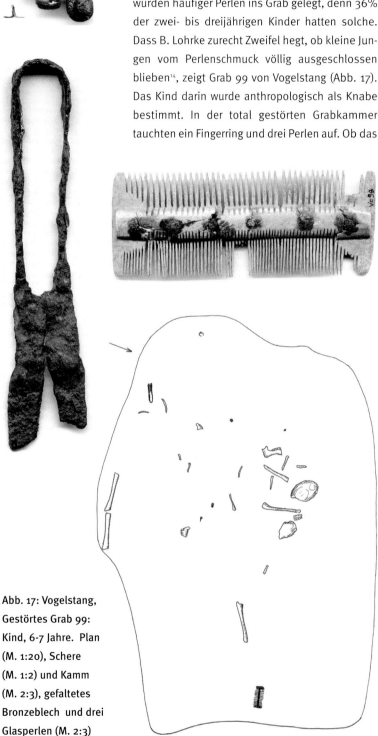

Abb. 17: Vogelstang, Gestörtes Grab 99: Kind, 6-7 Jahre. Plan (M. 1:20), Schere (M. 1:2) und Kamm (M. 2:3), gefaltetes Bronzeblech und drei Glasperlen (M. 2:3)

Fragment eines Nadelhalters aus Bronzeblech tatsächlich der Überrest einer ganzen Scheibenfibel ist oder als Altmaterial in die Tasche eines Kindes wanderte, wird sich nicht mehr entscheiden lassen. War das Kind mit einer Fibel geschmückt, bestünden nicht nur erhebliche Zweifel an der anthropologischen Zuordnung, eine Scheibenfibel wäre selbst für ein sechs- bis siebenjähriges Mädchen eine außergewöhnliche Beigabe, tritt Fibelschmuck doch üblicherweise erst in der folgenden Altersstufe auf[15].

In Straßenheim, „Aue" Grab 37A/1966 wurde am Kopf eines zweijährigen Kindes eine einzelne blaugrüne Perle mit weiß-roten Augen gefunden. Sechsmal tauchten in Vogelstang einzelne Perlen in den Gräbern kleiner Kinder auf, eine in den Gräbern 55, 97, 139 sowie 430 und drei Perlen in Grab 99. Da es sich bei diesen einzelnen Perlen wohl um Liebesgaben von Verwandten handelt, die möglicherweise als Amulett gedacht waren, sagen sie nichts über das Geschlecht des Kindes aus.

Neunmal fanden sich in Vogelstang bei Kindern der Altersstufe infans I jedoch zehn oder mehr Perlen. Die Zweijährige in Grab 439 und die Dreijährige in Grab 229 hatten mit 31 bzw. 28 Perlen schon ganze Ketten (Abb. 18). Das Ensemble aus Grab 229 enthält überwiegend polychrome Perlen, die im späten 6. Jahrhundert modisch waren, darunter drei langzylindrische rotbraune mit gelber Faden- und Punktauflage und sechs doppelkonisch-tonnenförmige rotbraune mit gelben Punkten in den Schleifen der kreuzten Fadenauflage; hinzu kommen eine rotbraune und drei blaugrüne kugelige Perlen mit Schichtaugen. Die längste Kette mit 33 Perlen besaß das fünf- bis sechsjährige Mädchen in Grab 50 (Abb. 15; 19). Das außergewöhnlich einheitliche Ensemble aus dem frühen 7. Jahrhundert ist ganz anders zusammengesetzt, bis auf zwei langzylindrische rotbraune Perlen mit aufgespultem weißem Glasfaden sind alle anderen Perlen monochrom, weiße, gelbe und grünblaue kurzzylindrische, rote zylindrische und weiße tonnenförmige. Diese relativ einheitlichen Perlenensembles dürften die Mädchen schon zu Lebzeiten besessen haben, d. h. die Perlenketten wurden erst

Abb. 18: Vogelstang, Grab 229: Mädchen, 3 Jahre. Glasperlen, Bronzering und Bronzebleche (M. 1:1), Kamm (M.2:3) und Glasbecher (M. 1:4)

sten Ausstattungsgruppen keine genauen Aussagen möglich. Ohrringe, ein Schmuck, der in Frauengräbern des 6. Jahrhunderts fehlt und erst im 7. Jahrhundert wieder aufkommt, trug das dreijährige Mädchen in Grab 139 (Abb. 15). Gürtel mit Schnalle wurden in fünf Mädchengräbern beobachtet, in den Gräbern 153

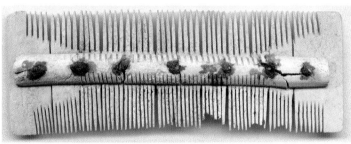

wenige Zeit vor der Grablegung für das Mädchen erworben und stammen sicher nicht aus dem Besitz einer älteren Verwandten. Frauen hatten im Laufe ihres Lebens sicher öfter eine Gelegenheit, ihren Perlenschmuck zu ergänzen, sodass einige ältere Frauen Perlen recht unterschiedlicher Modephasen kombinierten.

Keramik, Kämme und auch Perlen sind von den späteren Plünderungen der Gräber nicht so stark betroffen wie metallene Trachtbestandteile, Geräte und Waffen. Da aber in Mannheim-Vogelstang nur 20% der Gräber von Kindern der Altersstufe infans I völlig ungestört blieben, sind bei den mei-

(Abb. 15), 241, 353 und 439 von Zwei- bis Dreijährigen und in Grab 50 (Abb. 15) einer Fünf- bis Sechsjährigen. Keine Schnalle aber eine lange Rie-

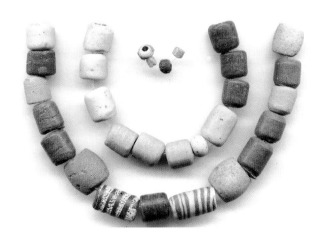

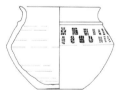

Abb. 19: Vogelstang, Grab 50: Mädchen, 5-6 Jahre. Glasperlen (M. 1:1), und Keramik (M. 1:4)

menzunge am geknoteten Gürtel trug das zwei- bis dreijährige Kind in Grab 357 (Abb. 20). Bei zwei Kindern mit Schnalle lässt sich das Geschlecht nicht bestimmen. Weil sich das Knabengewand jedoch an der Kleidung der Männer mit ihrer abwechslungsreichen Gürtelmode orientierte, kommen Gürtel mit Schnalle in Knabengräbern häufiger vor. Gürtel, an denen die Tasche und auch die Saxscheide befestigt werden konnte, spielten bei der Männertracht eine dominierende Rolle. Wie die Männergürtel nahmen auch die Gürtel der Knaben im 7. Jahrhundert beachtliche Ausmaße an. Ein zwei- bis dreijähriger in Grab 296 trug eine Gürtelschnalle mit silbertauschiertem Beschlag (Abb. 21). Von den sieben Knaben, die metallene Gürtelteile besaßen, wiesen zwei Fünf-

bis Sechsjährige in den Gräbern 305 und 423 gar eine vielteilige eiserne Garnitur mit zahlreichen kurzen Beschlägen und Riemenzungen auf.

7.2.4 Gürteltaschen und Waffen der Knaben

Die Waffenbeigabe beginnt im Kleinkindalter, ist aber noch relativ selten. In Mannheim-Vogelstang erhielten die Zwei- bis Dreijährigen aus Grab 292 und Grab 296 (Abb. 21) Pfeile; solche fanden sich außerdem in den fünf Gräbern 63, 183, 218, 282 und 305 von Vier- bis Siebenjährigen. Das Messer in einer Scheide mit den für Saxscheiden typischen Nieten war dem Zwei- bis Dreijährigen in Grab 296 wie ein Sax unter den linken Arm geschoben worden. Wenn das Messer in Kindergräbern auf der linken Seite oder unter dem linken Arm gefunden wurde, handelt es sich um eine Waffenbeigabe, denn diese Lage entsprach der des Saxes bei Männern. Nur ein Säugling war in Vogelstang mit einem Messer ausgestattet, das aber lag wie bei dem weiblichen Gürtelgehänge neben dem Oberschenkel (Abb. 2). Von den zwei- bis siebenjährigen Kindern erhielten elf ein Messer. Ein relativ großes Messer mit 11 cm langer Klinge lag bei dem zwei- bis dreijährigen Kind aus Grab 364. In den Gräbern 63, 183 und 218 waren außer dem Messer auch Pfeile vorhanden. Mit einer nur von männlichen Personen getragenen vielteiligen Gürtelgarnitur war das Messer in Grab 423 eines Sechsjährigen kombiniert; wegen der starken Grabstörung lag es nicht mehr am ursprünglichen Platz. Eine üblicherweise von Männern am Rücken getragene Gürteltasche besaßen die Kinder in Grab 109 (Abb. 22) und Grab 182. Zum charakteristischen Tascheninhalt gehörten Messer, Feuerzeug, Nadel, Pfriem oder ähnliches Gerät, das dann quer zur Körperachse unter der Wirbelsäule, teilweise auch unter dem Becken gefunden wurde.

Abb. 21: Vogelstang,
Grab 296: Knabe,
2-3 Jahre. Grabplan
(M. 1:20); Gürtelschnal-
le (M. 1:1), Waffen
(M. 1:3)

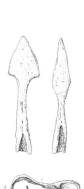
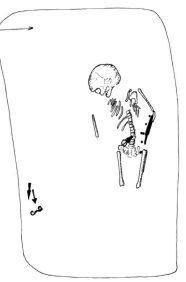

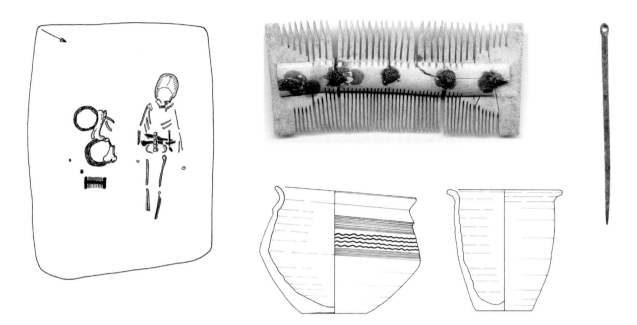

Abb. 22: Vogelstang, Grab 109: Knabe, 4-5 Jahre. Grabplan (M. 1:20); Bronzenadel und Kamm (M. 2:3) sowie Keramik (M. 1:4). Nicht abgebildet Messer, Feuerzeug und Pinzette.

In Straßenheim, „Aue" waren dem Kind im Grab vom 27.12.1937 zwei kleine eiserne Pfeilspitzen, Messer, Kamm und Speisen mitgegeben worden. Total gestört war dort das Grab 30/1966 eines fünf- bis sechsjährigen, vorhanden war noch eine Pfeilspitze. Die ungestörte Nachbestattung eines Kindes wurde im älteren Männergrab vom 17.4.1935 geborgen. Dem 1 m großen Knaben waren der Gürtel mit Schnalle, die Gürteltasche mit Pinzette und das als Kindersax zu interpretierende große Messer über die Oberschenkel gelegt worden. Ein Kamm lag rechts des Knaben.

7.2.5 Symbolisches Gerät für Mädchen

Kindliches Spielzeug fehlt in ihren Gräbern. Dafür gibt es zahlreiche Hinweise, welche Position innerhalb der Gesellschaft den Kleinen bereits zugedacht war. Geräte sind bei Erwachsenen relativ selten und wurden nur von einer vermögenden Schicht ins Grab gelegt. Das gleiche gilt für Kindergräber. Ein eisernes Hackeisen, dessen Funktion lange umstritten war, das aber mittlerweile allgemein als Flachsbreche angesehen wird[16],

wurde im zweiten Viertel des 6. Jahrhunderts dem zweijährigen Mädchen in Vogelstang Grab 153 zu Füßen gelegt (Abb. 23). Da das kleine Mädchen dieses Gerät sicher noch nicht verwenden konnte, sollte es wohl auch nicht auf eine schon ausgeübte Tätigkeit des Kindes hinweisen, sondern war Statussymbol und Besitzanzeiger. Dieses kleine Kind wies in der Gruppe infans I die auffallendste und umfangreichste Ausstattung auf. Es war mit vier Bernsteinperlen und neun Glasperlen geschmückt; unter den Glasperlen befanden sich zwei lange Millefiori- und vier Streifenmosaikperlen. Es trug einen Gürtel mit eiserner Schnalle und Gürtelgehänge mit bronzenen und eisernen Ringen sowie bronzenen Antiquaria aus römischer Zeit. Eine silberne römische Münze diente ihm als Obolus. In der rechten Hand hielt es einen gläsernen Sturzbecher; das extrem dünnwandige Glas war in dem nur wenig tiefen Grab allerdings in feine Splitter zerdrückt und konnte nur teilweise geborgen werden. Die Speisen befanden sich in zwei Keramikgefäßen und einer Bronzeschüssel, worin noch die Tierknochen der Fleischbeigabe lagen.

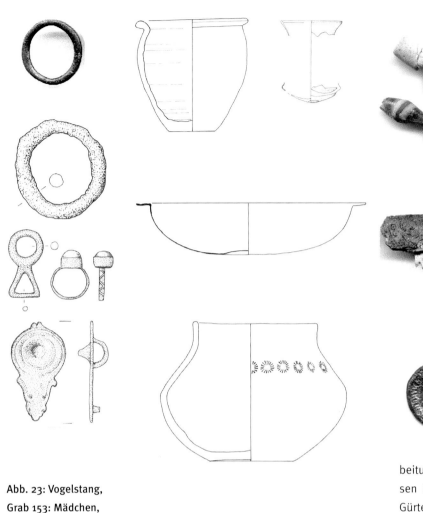

Abb. 23: Vogelstang, Grab 153: Mädchen, 2 Jahre. Glas- und Bernsteinperlen sowie Münze (M. 1:1), Kamm, Gehängeteile und Geräte aus Bronze und Eisen (M. 1:2), Gefäße aus Keramik, Glas und Bronze (M. 1:4).

Lediglich zwei Mädchen erhielten ein Messer ins Grab. Das sechsjährige Mädchen aus Grab 344 trug ein Gürtelgehänge mit eisernen Ringen und konnte daher ein Messer befestigen. Auch bei dem zwei- bis dreijährigen Mädchen in Grab 150 (Abb. 1) gehörte das Messer offensichtlich zu einem Gürtelgehänge, denn es wurde in Kniehöhe gefunden.

7.2.6 Kamm und Schere für Knaben

Vielseitig verwendbar sind Bügelscheren, die unterschiedlich groß sein können und sowohl zur Haarpflege als auch u. a. von Frauen als Tuchschere

verwendet wurden. Die Tuchscheren sind – wie häufiger in Frauengräbern zu beobachten – mit dem Spinnwirtel oder anderen Geräten zur Textilverarbeitung kombiniert; sie wurden entweder mit diesen Dingen im Kasten verwahrt oder waren am Gürtelgehänge befestigt. Für welche Verwendung die Schere dem Toten mitgegeben wurde, lässt sich also oftmals aus Größe, Lage und Kombination mit anderen Dingen erschließen. Zur Schafschur dienten möglicherweise die über 20 cm langen Scheren aus Männergräbern. Im großen Gräberfeld auf dem Hermsheimer Bösfeld ist wegen der geringen Beraubungsquote besonders gut nachzuweisen, dass Scheren bei den Männern nur einer kleinen Gruppe zustand. Sie finden sich nämlich bei den zwei mit dem Ango bewaffneten Kriegern in Grab 293 und 985, bei zwei durch Pferdegeschirr ausgewiesenen Reitern in Grab 641 und 646, sowie bei fünf voll bewaffneten Kriegern. Eine Ausnahme macht der auf dem Bauch beigesetzte und lediglich mit Lanze und Sax bewehrte Mann in Grab 322. Da Scheren offensichtlich nur einer kleinen Gruppe privilegierter Männer mitgegeben wurden, fallen die vielen Vorkommen in Kindergräbern (302, 465, 515, 529, 530, 551, 879, 894, 895, 997) auf dem Hermsheimer Bösfeld besonders auf, stets war die Schere mit einem Kamm kombiniert.

Auf dem Hermsheimer Bösfeld waren in Grab 302 zwar keine Knochen erhalten, zusammen mit Kamm und Schere wurde jedoch eine Pfeilspitze gefunden; eine Pfeilspitze besaß ebenfalls der etwa 1 m große Knabe aus Grab 551, zusätzlich hatte der Knabe aus Grab 894 einen Sax, nur einen Sax führte der Knabe aus Grab 895 mit sich. In Grab 465 lag ein etwa 1 m großes Kind; die Bestattung war bis auf die Unterschenkel gestört. Da außer Kamm und Schere sowie Keramik zahlreiche Metallfragmente, aber keine Perlen gefunden wurden, handelte es sich wohl ebenso um einen Knaben. Wie die bewaffneten Knaben waren auch die Kinder mit Kamm und Schere aus den Gräbern 515, 529, 530, 879 reichlich mit Gefäßen

und Speisen versorgt. In den Gräbern 529 und 551 wurde jeweils eine einzelne Bernsteinperle gefunden, doch in keinem Grab spezifisch weibliche Beigaben.

In Vogelstang gehörten die Scheren der beiden sechs bis sieben Jahre alten Kinder in Grab 154 und Grab 158B weder zum Gerätefundus einer Männertasche, noch zu einem weiblichen Gürtelgehänge, sondern waren eine echte Beigabe. Beide Male lag die Schere jeweils auf dem Kamm, einmal im südwestlichen Teil der Grube, einmal im Südostteil (Abb. 24). Die Schere ist hier also als Toilettegerät zur Haarpflege ausgewiesen. Auch wenn keine weitere Beigabe etwas zum Geschlecht der beiden Kinder aussagt, dürfte es sich um Knaben handeln, die westlich und südlich neben dem Krieger in Grab 161 beigesetzt wurden.

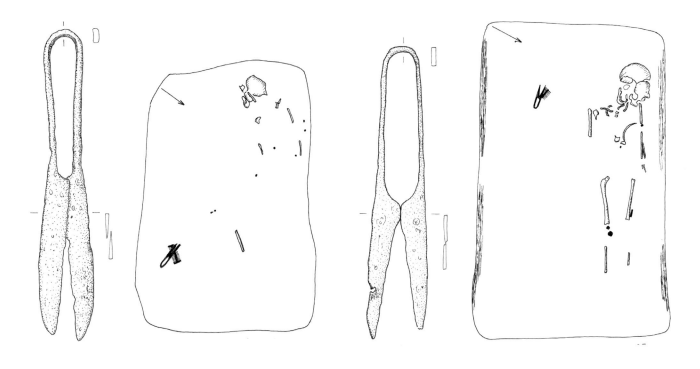

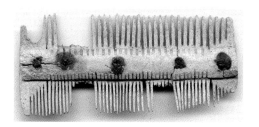

Abb. 24: Vogelstang, Grab 154: Kind 6-7 Jahre. Grab 158B: Kind. 6-7 Jahre. Grabplan (M. 1:20), Kamm (M. 2:3) und Schere (M. 1:2).

Kamm und Schere erhielt noch ein drittes 6-7jähriges Kind mit ins Jenseits, allerdings lag in Grab 99 der Kamm am Fußende des Grabes, die Schere dagegen weit entfernt in der SW-Ecke, also in Kopfhöhe (Abb. 17). In diesem Fall war das Kind, das eine kleine und zwei große Perlen besaß, anthropologisch als männlich bestimmt. Auffällig ist, dass in Vogelstang die einzigen Scheren aus Kindergräbern dreimal in exakt der gleichen Altersstufe auftauchten.

In Straßenheim, „Aue" wurde zwar das genaue Alter der Kinder nicht bestimmt, doch können dort beide Kinder, die mit Kamm und Schere ausgestattet wurden, durch weitere Beigaben als Knaben identifiziert werden. In einem im März 1931 geborgenen Kindergrab wurden außer dem Kamm und einer 20 cm langen Schere eine 13,2 cm lange

Pfeilspitze mitgegeben. Dass es sich um ein Kind aus wohlhabender Familie handelte, deutet das Geschirr, ein Wölbwandtopf und ein konisches Glasgefäß, an. Das Kind in Grab T vom 3.3.1933 war nur 67 cm lang und eher etwas jünger als die Knaben mit Kamm und Schere von der Vogelstang. Es trug einen Gürtel mit Eisenschnalle und über dem linken Becken ein großes Messer; rechts der Füße lagen Kamm und Schere, am Grubenende stand der obligatorische Topf.

Vermutlich starben alle diese Kinder bevor ihnen das Haar zum ersten Mal geschnitten werden sollte. Das dürfte im Leben von Knaben ein so wichtiges Ereignis gewesen sein, dass es im Jenseits nachgeholt werden musste.

7.2.7 Amulette und Eberzähne

Öfter wurden kleinen Kindern einzelne Glasperlen mitgegeben (s.o.), da es sich vermutlich um Amulette handelt, sind diese einzelnen Perlen für die archäologische Bestimmung des Geschlechtes nicht relevant. Bei dem dreijährigen Kind in Mannheim-Vogelstang Grab 105 wurde ein ritzverzierter breiter Ring aus Geweih in Oberschenkelhöhe gefunden (Abb. 25). Sehr wahrscheinlich handelt es sich auch bei dem Geweihring in Form einer großen Perle um ein Amulett; in Verbindung mit einem Gürtelgehänge gehörte die Perle sicher einem Mädchen. Zwei grob von Hand geformte Becher standen auf seinem Sarg.

Weitere Amulette sind in den Kindergräbern kaum zu finden. Daher fällt die Cypraea, ein von jungen Frauen sehr geschätztes Fruchtbarkeitsamulett, bei einem fünfjährigen Mädchen in Sandhofen Grab 67 besonders auf. In dem total gestörten Grab lag sie in zwei Teile zerbrochen an beiden Enden der Grube. Von der übrigen Ausstattung blieb nur noch ein Messer erhalten.

Selbst Amulette gegen Zahnschmerz sind in allen Altersgruppen selten. In Vogelstang kommt mit Grab 199A nur ein Eberzahn in der Altersgruppe infans I vor (Abb. 25), der Eberzahn dieses zwei-

Abb. 25: Vogelstang, Amulette aus den Gräbern von Kindern (M. 2:3)

Grab 199A:
Kind, 2-3 Jahre

Grab 105:
Mädchen, 3 Jahre

Grab 362: Kind, 9 Jahre.

bis dreijährigen Kindes ist wesentlich kleiner als der in dem Säuglingsgrab 291 (Abb. 9). Im stark gestörten Doppelgrab 306 streuten in der Nordhälfte, im Bereich eines 10-11jährigen Kindes ein größeres Eberzahnfragment sowie ein silberner Fingerring; ein zweiter kleinerer Eberzahn lag weiter entfernt in der Südwestecke; ob hier allerdings auch die Pfeilspitzen im Störungsbereich dem Kind gehörten, lässt sich nicht sicher nachweisen. In keinem der insgesamt vier Säuglings- bzw. Kindergräber mit Eberzähnen von Vogelstang liegen gesicherte geschlechtsspezifische Beigaben vor.

Einzelne oder als Paar verwendete Eberzähne finden sich – wenn auch selten – in den Gräbern wohlhabender Frauen; ob sie hier Abhilfe gegen Zahnschmerz schaffen sollten, oder wie die Zähne von Bären für Stärke und Fruchtbarkeit standen[17], sei dahingestellt. Eberzähne dienten offensichtlich nicht nur als Amulett. Vor allem bei den Eberzahnpaaren kommt eine andere Verwendung in Frage (vgl. S. 373 ff.). In Grab 362, in dem ein 9jähriges Kind beigesetzt war, lag ein Paar Eberzähne (Abb. 25) am Fußende. Die Lage spricht gegen eine Amulettfunktion, sodass in diesem Fall die Überlegungen von Heino Neumayer weiterhelfen, der auf den barbarischen Charakter der Eberzahnbeigabe in spätrömischen Gräbern hinwies und als Schlüssel zur Interpretation der paarigen Eberzähne die Beigaben in bajuwarischen Männergräbern heranzog, wo sie offensichtlich als Zier von Lederhelmen dienten[18].

7.3 Pueri – Kinder, infans II

7.3.1 Gräber und Grabausstattung

56 Kinder gehören in Mannheim-Vogelstang aufgrund der anthropologischen Bestimmung der Altersstufe infans II an. Sechs dieser Kinder sind archäologisch nicht nachzuweisen; da diese Altersstufe aber eine Körpergröße erreicht, die archäologisch nicht mehr so leicht zu übersehen ist, dürfte es sich wohl eher um Skelettteile handeln, die bei Grabstörungen verlagert wurden. Im Männergrab 49 war zwar ebenfalls keine Kinder-

bestattung erkennbar, doch kamen hier nicht nur Skelettreste eines sieben- bis achtjährigen Kindes sowie eines elf- bis zwölfjährigen zu Tage sondern auch Scherben von einem Wölbwandtopf und einer Keramikflasche, die zu den typischen Gefäßen in Kindergräbern gehören, sodass hier mindestens ein Kindergrab (49A) vermutlich das des sieben- bis achtjährigen zerstört wurde.

So ist von mindestens 49 Kindern in dieser Altersstufe auszugehen. Das Geschlecht wurde überwiegend archäologisch ermittelt, demnach handelt es sich um 24 Mädchen und etwa 11 Knaben; bei 14 Kindern ist das Geschlecht weder anthropologisch noch archäologisch bestimmt.

Die Untersuchung anhand 989 Gräber nicht erwachsener Personen aus Südwestdeutschland durch B. Lohrke ergab, dass die meisten Kinder in der Altersstufe infans I verstarben, und die Sterblichkeit unter den Kindern dann mit zunehmendem Alter abnahm[19]. Diese Beobachtung bestätigt sich in Vogelstang, wo 73 Kinder zwischen Null und sieben Jahren verstarben, denen 49 in der Gruppe der sieben- bis vierzehnjährigen gegenüberstehen, von denen wiederum 30 Kinder im Alter von sieben bis zehn Jahren verstarben und 17 Kinder zwischen dem 10. und 14. Lebensjahr.

Von 40 Grabgruben sind in Vogelstang die Ausmaße bekannt, darin lagen 21 Mädchen, sieben Knaben und zwölf Kinder unbekannten Geschlechts. Die Grubenvolumina schwankten zwischen 0,62 m³ (Grab 204) und über 8 m³, die das Mädchengrab 345 erreichte. Dies war allerdings mit Abstand das größte Grab; über 5 m³ erzielte der Aushub vom Mädchengrab 382, gefolgt von dem Knabengrab 6 mit 4,5 m³. Knapp über 4 m³ erreichten auch die beiden Mädchengräber 136 und 276. In den acht 3-4 m³ großen Gräbern waren fünf Mädchen und höchstens drei Knaben beigesetzt, eine Waffe hatte aber nur einer von ihnen. Auch in den acht 2-3 m³ großen Grabgruben lagen überwiegend Mädchen, nämlich sechs, und höchstens zwei Knaben. Nur in den neun Gräbern mit noch geringerem Volumen befanden sich mehr Knaben, bzw. Kinder, die kei-

ber der Altersstufe infans I relativ konstant blieb. Zwölf der Sieben- bis Zehnjährigen und sieben der Zehn- bis Vierzehnjährigen hatten Keramik im Grab, insgesamt also 38,7% der pueri; drei Gefäße waren lediglich dem siebenjährigen Knaben in Grab 5 mitgegeben (Abb. 26); dreimal kamen zwei Gefäße vor. Insgesamt vier Kinder waren mit einem kostbaren Glas ausgestattet, ein Kind in Grab 24, der Knabe aus Grab 116 und die beiden Mädchen aus den Gräbern 250 und 345.

7.3.2 Geschlechtsspezifische Eigentümlichkeiten bei der Kammbeigabe

Während unter den Drei- bis Siebenjährigen die Kammbeigabe auf 70% angestiegen war, kehrt sie bei den über siebenjährigen Kindern auf ein Verhältnis zurück, wie es auch bei den Kleinkindern zu beobachten ist. In den Gräbern der Sieben- bis Zehnjährigen kommen 13 Kämme vor, das sind 43% der Gräber, darunter waren neun Mädchengräber. Bei den Zehn- bis Vierzehnjährigen wurden sieben Kämme gefunden, das entspricht 41%, sechs Kämme gehörten Mädchen. Da in dieser Altersstufe 75% der Kämme im Besitz von Mädchen waren, nur einer nachweislich im Besitz eines Knaben, nämlich des sieben- bis achtjährigen in Grab 34, geht der Rückgang bei der Kammbeigabe also allein zu Lasten der Knaben. Der Unterschied zwischen Mädchen und Knaben ist bei der Kammbeigabe erheblich größer als zwischen weiblichen und männlichen Erwachsenen, denn es hatten in Vogelstang 58% der Frauen und 43% aller Männern einen Kamm im Grab.

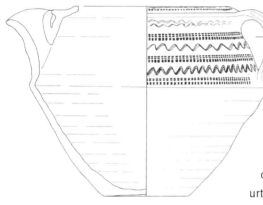

nem Geschlecht zugewiesen sind, als Mädchen. Nach den Grabgruben zu urteilen, wurden Mädchen in der Altersstufe infans II mit mehr Aufwand beigesetzt als Knaben, während sich in der Altersstufe infans I noch eine leichte Bevorzugung von Knaben zeigte.

Von den 49 Kindern der Altersstufe infans II blieben in Mannheim-Vogelstang zwei Knaben und zwei Mädchen ungestört. Keine Beigaben waren im stark gestörten Grab 237 eines sieben-achtjährigen Kindes, sowie im total gestörten Grab 125 eines neunjährigen Kindes nachzuweisen. Ohne Beigaben wurde ein zehn-zwölfjähriger Knabe in Grab 84 beigesetzt.

Abb. 26: Vogelstang, Grab 5: Knabe, 7 Jahre. Bügelknopffibel (M. 2:3), Waffen (M. 1:3) und Keramik (M. 1:4)

Die sieben- bis achtjährigen Kinder in den Gräbern 49A, 192 und 204 erhielten lediglich Speisen mit ins Jenseits. Da die Beigabe von Gefäßen und Speisen auch bei den Erwachsenen üblich war, erstaunt es nicht, dass die Gefäßbeigabe gegenü-

Das zunächst häufige, dann plötzlich seltene Vorkommen eines Kammes in den Knabengräbern könnte im Zusammenhang stehen mit dem ersten Haarschnitt von Knaben sowie dem Beginn von deren Erziehung zum Krieger. Aus schriftlichen Quellen der karolingischen Zeit erfahren wir nur über die Kinder adeliger Familien, in denen der Knabe am Hof eines Onkels zum Knappen erzogen wird, und zwar der Erstgeborene am Hof eines Onkels mütterlicherseits[20]. Der Brauch, einen Knaben an einen Verwandten zur Erziehung zu übergeben war offensichtlich nicht auf den Adel beschränkt. Es gibt in den Gräbern von Vogelstang mehrere Anhaltspunkte, dass dies auch für die Familien der Reiter und der Krieger in Merowingischer Zeit in Erwägung zu ziehen ist. Fiel zunächst der mäßige Bestattungsaufwand bei den Knaben infans II auf, so kommt als weiteres Argument die oft fehlende Kammbeigabe bei Knaben dieser Altersstufe hinzu. Auch bei reicher Ausstattung macht sich eine vergleichsweise geringere emotionale Bindung der Bestattenden zum Kind bemerkbar.

Es hat nach den archäologischen Quellen den Anschein, als begänne für den unmündigen siebenjährigen Knaben mit dem symbolischen Haarschnitt, worauf die zahlreichen Scheren bei den kleineren Knaben hinweisen (s.o.), eine Periode der Unfreiheit, die erst mit der Wehrhaftmachung im Alter von etwa 15 Jahren endete. Zwar verstarben nur wenige im jugendlichen Alter, doch hatten in Vogelstang drei der fünf männlichen Jugendlichen wieder einen Kamm im Grab.

7.3.3 Beigaben von Mädchen

Mit etwa sieben Jahren begann ein neuer Abschnitt für die Kinder. In den Grabausstattungen macht sich die Geschlechtertrennung deutlich bemerkbar. In Vogelstang waren die beiden Mädchen aus den nicht beraubten Gräbern 250 (Abb. 27) und 437 gekleidet wie erwachsene Frauen. Bei dem elfjährigen Mädchen in Grab 250 (SD Phase 9) verschloss eine Scheibenfibel, die mit silbernem Pressblech verziert ist, das Obergewand. Das Mädchen verwendete zwar keine Gürtelschnalle, trug aber einen Gürtel, denn das Messer neben dem rechten Oberschenkel weist auf ein Gürtelgehänge hin. Üblicherweise hing das allerdings auf der linken Seite. Zwei Töpfe und vor allem ein Sturzbecher aus Glas bezeugen den Wohlstand der Familie. Eine Scheibenfibel ist außerdem im gestörten Grab 158A einer zwölf-vierzehnjährigen

Abb. 27: Vogelstang, Grab 250: Mädchen, 11 Jahre. Plan (M. 1:20), Scheibenfibel (M. 1:1), Kammfragment und Messer (M. 2:3), Glasbecher (M. 1:2), Keramik (M. 1:4)

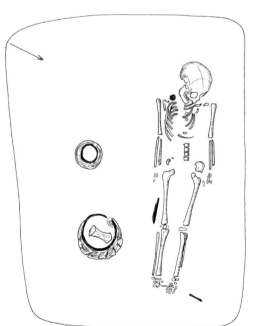

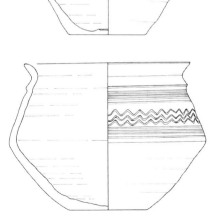

nachgewiesen, dort hat sich jedoch nur die Grundplatte erhalten. Da es sich um ein Grab aus der
Mitte des 7. Jahrhunderts handelt (SD-Phase 10),
war die Fibel – wie in dieser Phase üblich – ebenfalls mit dem empfindlichen Pressblech belegt
gewesen.

Die Sieben- bis Vierzehnjährigen besaßen überwiegend nur eine Schmuckart, meist Perlen. Vier
oder fünf Schmuckarten sind äußerst selten und in
der Regel erst in der folgenden Altersstufe juvenil
zu beobachten[21].

Das 1,3 m große, neun- bis zehnjährige Mädchen
aus Straßenheim, „Aue" Grab 73/1966 hatte an
seiner Halskette unterschiedliche kleine Dinge
aufgefädelt, außer einer Perle zwei Bronzeringe,
eine Bronzekapsel und zwei Glasscherben. Auch
sein Armring am linken Handgelenk wurde aus
einem älteren Stück zurechtgebogen. Armschmuck
kam erst im Laufe des 7. Jahrhunderts Mode.

Perlen wurden in Vogelstang 23 Mädchen mitgegeben. Achtmal sind dies zwar nur einzelne Perlen,
nämlich in den Gräbern 84, 110B, 136, 251, 262,
345, 356 und 415, doch da sich die Kinder in die-

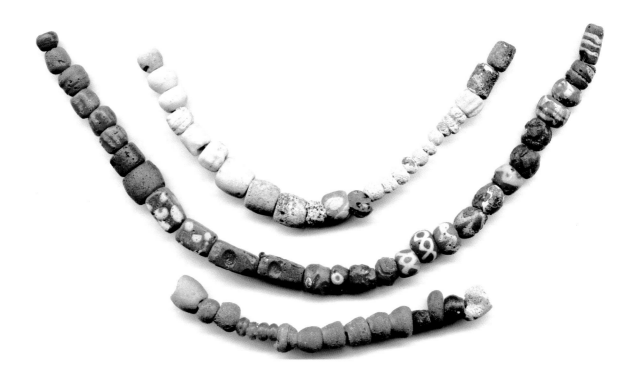

**Abb. 28: Vogelstang,
Grab 437: Mädchen,
9 Jahre. Glasperlen
(M. 1:1)**

Das einreihige Collier mit 70 Perlen hing bei dem
neunjährigen Mädchen in Grab 437 vom Hals bis
15 cm über den Oberkörper; es war das umfangreichste Ensemble unter den Kindergräbern (Abb.
28) und datiert das Grab in die vorletzte Belegungsphase, d.h. in die Zeit nach der Mitte des
7. Jahrhunderts. Der Gürtel war vermutlich locker
um die Hüfte gelegt, denn die Schnalle befand
sich nahe der rechten Hand. In der Südhälfte der
großen Grabkammer stand ein sehr großer Wölbwandtopf, dort lag auch der Kamm.

ser Altersgruppe schon sehr an den Erwachsenen
orientierten, ist wohl kaum mehr mit Perlen in Knabengräbern zu rechnen. In 14 Gräbern reichte es
bereits für ein ganzes Collier und zwar auch schon
bei den Sieben- bis Achtjährigen in den Gräbern
132 (Abb. 29), 133, 173 und 341 sowie den Acht- bis
Neunjährigen in Grab 285 und Grab 382 (Abb. 30).
Unter den Zehn- bis Vierzehnjährigen besaß das
Mädchen aus Grab 214 mit 37 Perlen die meisten,
alle übrigen Ketten dieser Altersgruppe waren
wesentlich geringer bestückt (Grab 158, 168, 219,

Abb. 29: Vogelstang,
Grab 132: Mädchen,
7-8 Jahre. Grabplan
(M. 1:20), Bernsteinper-
le, bronzener Lanzett-
anhänger und Münze
(M. 1:1), Kamm (M. 2:3),
Keramik (M. 1:4)

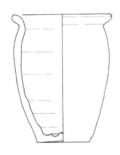

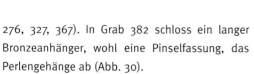

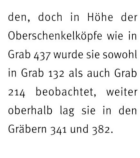

den, doch in Höhe der
Oberschenkelköpfe wie in
Grab 437 wurde sie sowohl
in Grab 132 als auch Grab
214 beobachtet, weiter
oberhalb lag sie in den
Gräbern 341 und 382.

Die Gürtelgehänge der
Mädchen bestanden meist
nur aus Bändern, verein-
zelt gehalten von einem
bronzenen Ring (Grab 54,
367), häufiger von Eisen-
ringen (Grab 54, 133, 136,
219, 341) und selten mit
Anhängern versehen, wie
dem Lanzettanhänger in
Grab 132 (Abb. 29), Rie-
menzungen (Grab 327,
356) oder Antiquaria (Grab
133, 341). In dieser Altersstufe tauchen Fruchtbar-
keitsamulette in den Gür-
telgehängen auf (Abb. 31-
33), wie Scheiben aus der
Hirschgeweihrose (Grab

276, 327, 367). In Grab 382 schloss ein langer
Bronzeanhänger, wohl eine Pinselfassung, das
Perlengehänge ab (Abb. 30).

Die ursprüngliche Lage der Gürtelschnalle konnte
wegen der Störungen nur selten festgehalten wer-

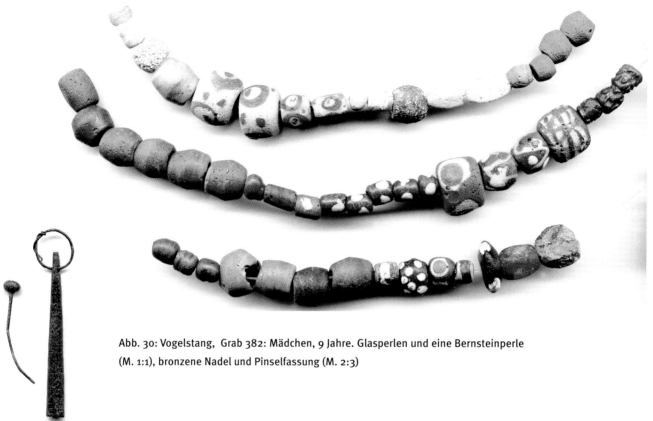

Abb. 30: Vogelstang, Grab 382: Mädchen, 9 Jahre. Glasperlen und eine Bernsteinperle (M. 1:1), bronzene Nadel und Pinselfassung (M. 2:3)

Abb. 31: Vogelstang, Grab 285: Mädchen, 8-9 Jahre. Geweihrose und Cypraea (M. 2:3)

Abb. 32: Vogelstang, Grab 219: Mädchen, 10-11 Jahre. Geweihrose (M. 2:3)

Abb. 33: Vogelstang, Grab 232: Mädchen, 11-13 Jahre. Cypraea (M. 2:3)

219, 285), Cypraeen (Grab 232, 285) oder eine Muschelschale am Bronzering (Grab 327). Für die zukünftige Stellung der Frau war ihre Gebärfähigkeit entscheidend. Die relativ häufigen Fruchtbarkeitsamulette zeigen deutlich die Sorge der Eltern, ihr Mädchen könnte diesen Ansprüchen nicht gerecht werden.

Kinder wuchsen offensichtlich früh in die Welt der Erwachsenen hinein. Ab der Altersstufe infans II wurden sie auf künftige Tätigkeiten vorbereitet. Mädchen blieben jedoch unter der Obhut der Mutter oder zumindest im elterlichen Haushalt bei den zur familia zählenden Frauen, denn es bestand wohl in allen Schichten die Tendenz, sie auf die Rolle als Ehe- und Hausfrau vorzubereiten[22]. Auf eine nun für Mädchen sehr wichtige Tätigkeit weisen Spinnwirtel hin (Abb. 34-36). Zwar wurde sicher jedes Mädchen in den Umgang mit der Spindel eingewiesen, doch erhielt – wie bei den Frauen – nicht jedes die Spindel mit ins Grab. Ausschlaggebend für die Beigabe war offensichtlich nicht allein die Tätigkeit, sondern auch der Besitz von Spinngut, denn nur dadurch hob sich das Kind vermögender Eltern hervor.

Abb. 34: Vogelstang, Gräber 54 und 133: Mädchen, 7-8 Jahre. Spinnwirtel (M. 1:2)

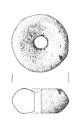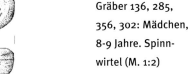

Abb. 35: Vogelstang, Gräber 136, 285, 356, 302: Mädchen, 8-9 Jahre. Spinnwirtel (M. 1:2)

7.3.4 Beigaben von Knaben

Abb. 36: Vogelstang, Grab 262: Mädchen, 10-11 Jahre, Gräber 276: Mädchen, 11-12 Jahre. Spinnwirtel (M. 1:2)

Frauen trugen ihre Taschen am Gürtelgehänge, während männliche Personen ihre Tasche unmittelbar am Gürtel befestigten, und zwar am Rücken über dem Gesäß. Unsicher ist, ob der neben Wirbelknochen eines Neun- bis Zehnjährigen gefundene Feuerstein in dem total gestörten Grab 233 von Mannheim-Vogelstang als Hinweis auf eine Gürteltasche gewertet werden darf. Auch in dem gestörten Doppelgrab 406 lag bei der Knochenkonzentration des Zwölf- bis Vierzehnjährigen der Feuerstein als einzige erhaltene Beigabe. In Grab 67 sind außer dem Feuerstein noch Eisen- und Bronzereste vorhanden. Der acht- bis neunjährige Knabe in Grab 264 verwahrte Messer, Feuerzeug und Ösennadel in seiner Gürteltasche. In Grab 309 blieben allein die Unterschenkel des Zehn- bis Elfjährigen in situ, Schnalle und Feuerzeug unter den wenigen erhaltenen Funden weisen auf einen Männergürtel hin. Feuersteine liegen allerdings auch aus den Mädchengräbern 367 und 415 vor; nicht selten gelangten Feuersteine mit den Überresten älterer Kulturschichten in die Einfüllung.

Wie Schmuck bei den Mädchen finden sich Waffen bei den Jungen bei zunehmendem Alter etwas häufiger. Die mitgegebenen Waffen entsprachen nicht immer der körperlichen Entwicklung der Kinder und Jugendlichen. Auch ist zu unterscheiden zwischen Imitationen oder kleinen Waffen, die dem Spieltrieb der Kinder entgegenkommen, und großen, schweren[23]. Insgesamt am häufigsten erhielten Kinder Pfeile ins Grab, gefolgt von Saxen in Gräbern des 7. Jahrhunderts, seltener treten Lanzen auf.[24]

Der siebenjährige Knabe in Vogelstang Grab 5 war vermutlich mit einer Gürteltasche beigesetzt, denn das Messer lag im Beckenbereich quer (Abb. 26). Da die Beckenknochen nicht erhalten sind, fehlt die Gewissheit, ob die Tasche wirklich am Rücken saß. Zwei Pfeile lagen neben den Gefäßen im südlichen Teil der Grube. In Grab 347 war das Skelett des sieben bis achtjährigen Knaben bis auf den Schädel herausgerissen. Ob der Gürtel mit Schnalle und Riemenzunge rechts neben dem Kopf abgelegt wurde oder ob er sich hier im Raubschacht befand, ist nicht mehr zu klären. Weiter südlich lag eine Pfeilspitze. Einen Gürtel mit mehrteiliger Garnitur trug der zehn- bis zwölfjährige Knabe in Grab 6, bewaffnet war er mit zwei Pfeilen; die Bestattung war stark gestört.

Sieben bis acht Jahre alt war der Knabe in dem schmalen Grab 116 (SD Phase 5) von Vogelstang; in der Südostecke steckte die Lanzenspitze (Abb. 37). Außen neben dem linken Oberschenkel lag eine Pfeilspitze. Der Knabe trug einen Gürtel mit

einfacher Schnalle, das Feuerzeug dürfte sich in der Gürteltasche befunden haben. Zugehörigkeit zu einer der führenden Familien bestätigt der Glasbecher.

Eine sehr große Pfeilspitze lag in Sandhofen Grab 212 in der Südostecke des Grabes, wo üblicherweise die Lanzenspitze angetroffen wird. Dass es sich hier tatsächlich um eine Kinderlanze handelte, zeigt die am linken Fuß liegende Pfeilspitze. Der Knabe war etwa 1,3 m groß. Auch bei dem zehnjährigen Knaben in Grab 56 lag eine Pfeilspitze neben dem linken Unterschenkel. Der Knabe trug einen Gürtel mit einer Tasche.

In Straßenheim, „Aue" war ein etwa 1,3 cm großer Knabe in Grab Q/8.3.1933 beigesetzt, er trug einen Gürtel mit großer Schnalle und Gegenbeschlag; unter dem linken Unterarm steckte der Sax. Rechts von seinem Kopf lag ein Tier „vermutlich ein Fuchs". Nur wenig größer war der ebenfalls mit Gürtelgarnitur und Sax unter dem linken Arm beigesetzte Knabe aus dem Grab vom 7.9.1934. Der Knabe war mit Topf und großem einreihigem Kamm ausgestattet.

Ungestört war die Bestattung eines Zwölf- bis Vierzehnjährigen in Vogelstang Grab 37 (Abb. 38). Ein Gürtel mit mehrteiliger Garnitur war ihm in Höhe der unteren Rippen um den Leib gelegt, die Tasche befand sich am Rücken. Der Sax in einer Scheide steckte wie bei den Männern mit der Spitze aufwärts unter dem linken Arm, parallel neben dem Sax lag ein Pfeil, beide Spitzen ragten über die Schulter hinaus.

Sowohl kleine Waffen und mehr noch Waffen in normaler Größe in den Gräbern von Kindern infans I-II können als Beleg für die Zugehörigkeit zur Oberschicht gelten. Insgesamt kommt den Waffen in den Kindergräbern eine symbolische Bedeutung zu; erst zum Zeitpunkt der Pubertät und zum Beginn des körperlichen Erwachsenseins erhielten Jugendliche eine volle Waffenausrüstung. „In der vom Kriegertum geprägten Merowingerzeit ist der Moment des offiziellen Tragens von Waffen als ein wichtiger Einschnitt im Leben vorstellbar."[25]

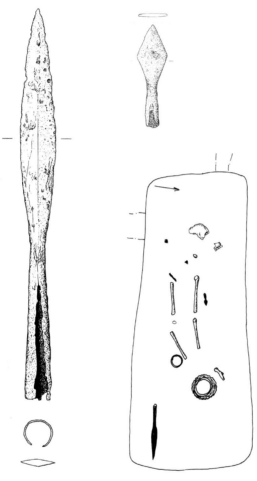

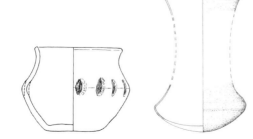

Abb. 37: Vogelstang, Grab 116: Knabe, 7-8 Jahre. Grabplan (M. 1:20), Glasbecher sowie Keramik (M. 1:4) und Waffen (M. 1:3)

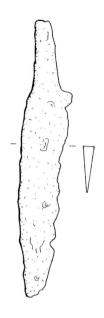

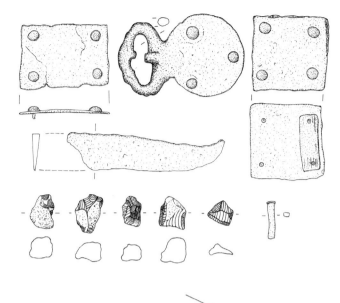

Abb. 38: Vogelstang, Grab 37: Knabe, 12-14 Jahre. Grabplan (M. 1:20), eiserne Gürtelbeschläge, Messer und Feuerzeug (M. 1:2), Sax (M. 1:3) und Gefäß (M. 1:4)

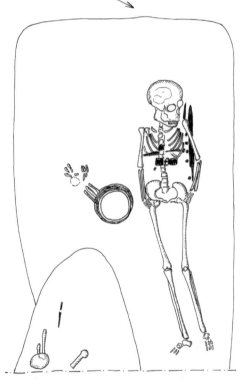

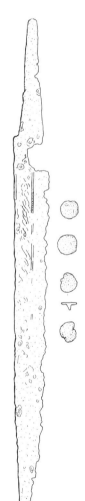

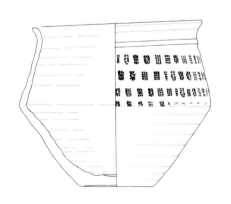

7.4 Jugendliche

7.4.1 Gräber

In jugendlichem Alter von 14 bis 16 Jahren verstarben in Vogelstang drei Mädchen und fünf Knaben, wobei die Geschlechtsbestimmung stets archäologisch erfolgte. Ein männlicher Jugendlicher war 14-15 Jahre alt; das Alter von drei männlichen und einer weiblichen Jugendlichen wurde mit 14-16 Jahre bestimmt. Für einen männlichen Jugendlichen und zwei weibliche ließ sich das Alter nur ungenau auf 14-18 Jahre, bzw. 14-20 Jahre festlegen. Beigabelos wurde eine 14-16jährige Person in der letzten Belegungsphase beigesetzt.

Für acht der zehn Gräber von Jugendlichen in Vogelstang sind die Ausmaße der Grabgrube bekannt. Die Längen schwanken zwischen 1,9 m mit Grab 334 und 2,5 m mit Grab 277, die Breiten zwischen 0,73 m wie bei Grab 403 und 1,5 m wie bei Grab 277. Fünf Gräber sind über 1,2 m breit und folglich als Kammergrab zu bezeichnen. Die Tiefe der Knabengräber liegt zwischen 0,75 m und 1,1 m; die beiden Mädchen waren mit 1,4 m bzw. 1,85 m erheblich tiefer beigesetzt, folglich übertrafen sie auch im Grabvolumen die Knabengräber. Das fast SN ausgerichtete Mädchengrab 277 wies sowohl

in Länge, Breite wie Tiefe extreme Maße auf und erreichte ein Volumen von 6,93 m³. Um eine auffallend schmale Grube handelt es sich bei Grab 403, nach der Lage gehört es zu den jüngsten Bestattungen im Gräberfeld.

7.4.2 Grabausstattungen

Bei der Toten in Vogelstang Grab 176 ist nicht bekannt, ob es sich um eine Jugendliche oder schon eine junge Frau handelt. Gestört waren die Bereiche von Körper und linker Seite, sodass keine Angaben über die einstige Ausstattung zu machen sind. Nur in der Nähe des rechten Ohres lag ein kleiner bronzener Drahtring. Ohrschmuck wird mit

Beginn des 7. Jahrhunderts modisch. Das Grab liegt neben weiteren Gräbern dieser Periode.

Grab 277 fiel unter den Gräbern von Jugendlichen durch Ausrichtung und Größe besonders auf, doch war es total gestört. Selbst das Alter der Toten konnte nur ungefähr mit 14-20 Jahren bestimmt werden; es kann sich also auch um eine junge Frau gehandelt haben. Dass die einstige Ausstattung der Grubengröße entsprach, lässt sich aufgrund einer an einem Bronzedrahtring befestigten schwarzen Glasperle (Abb. 39) nur erahnen. Wegen der SN-Ausrichtung des Grabes gehört die Bestattung in die erste Belegungsphase[26]; Perlen an Drahtringen verwendeten in dieser Periode auch Frauen in den Gräbern 89 und 189.

Allein Grab 284 erlaubt, die Ausstattung (Abb. 40) eines 14-16jährigen Mädchens zu rekonstruieren. Das Mädchen war auf der N-Seite eines Kammergrabes beigesetzt. Gestört war der Bereich von Kopf und Oberkörper, eine Scheibenfibel könnte dabei entwendet worden sein. Der Perlenschmuck war möglicherweise mit einem Fibelgehänge verbunden, denn 27 Perlen und kleine Bronzeringe mit scheibenförmigem Anhänger zogen sich bis zwischen die Oberschenkel hin. An dem mit einfacher Eisenschnalle verschlossenen Gürtel war auf

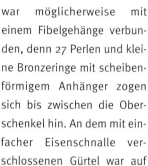

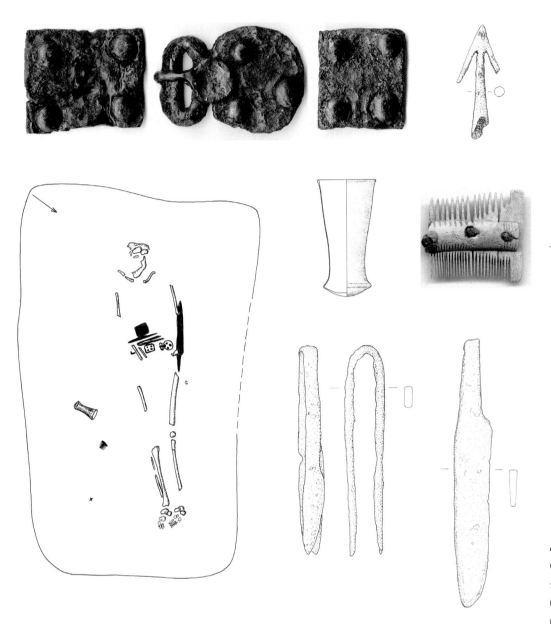

Abb. 41: Vogelstang, Grab 157: Knabe, 14-16 Jahre. Grabplan (M. 1:20), Kamm (M. 2:3), Gürtelgarnitur und Geräte (M. 1:2), Waffen (M. 1:3), Glasbecher (M.1:4)

der linken Seite das übliche Gehänge befestigt. Ob einige bronzene Antiquaria, Fragmente vom Schnallendorn und anderen Gürtelbeschlagteilen in einer Tasche verwahrt wurden, lässt sich nicht angeben. Am Gehänge befand sich in Kniehöhe das Messer sowie ein sehr schlecht erhaltener Kamm mit Futteral; es endete wenige Zentimeter unterhalb der Knie mit bronzener Riemenzunge und einer Cypraea an einem Bronzedraht. Grab 284 datiert in SD-Phase 8.

Eine relativ qualitätvolle Ausstattung hatten vier männliche Jugendliche in der gleichen Phase. Schräg in der breiten Kammer von Grab 157 war ein

14-16jähriger Knabe beigesetzt worden, mit dem Kopf auf der Mittelachse und den Füßen in der Nordhälfte (Abb. 41). Das Skelett war schlecht erhalten und auf der rechten Seite partiell gestört. Der Knabe trug einen Gürtel mit dreiteiliger eiserner Garnitur; auf dem runden Schnallenbeschlag und den beiden Rechteckbeschlägen sitzen große Bronzenietköpfe. In der Gürteltasche auf dem Rükken verwahrte der Knabe Messer und Schere, von der nach der Restaurierung allerdings nur der Bügel noch vorhanden ist. Der Schmalsax steckte, wie auch bei Männern üblich, unter dem linken Arm, mit der Spitze aufwärts gerichtet. Ein Pfeil wurde nahe der SO-Ecke gefunden. In Oberschen-

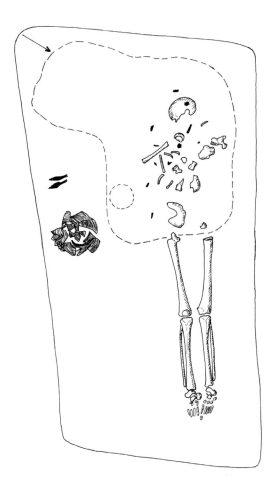

kelhöhe rechts lag ein Sturzbecher, weiter unterhalb ein halber Kamm. Ob der Knabe tatsächlich nur diesen halben Kamm mit ins Grab erhielt oder ob sich die partielle Störung hier auswirkte, ist nicht zu entscheiden. Allerdings fand man auch in Straßenheim, „Aue" in dem ungestörten Grab N vom 10.2.1933 ein 1,45 m großes Kind mit einem halben Kamm. Es trug einen Gürtel mit einfacher Eisenschnalle. Am Fuß fiel ein Bronzeknopf auf. So ist durchaus wahrscheinlich, dass vereinzelt sogar halbe Kämme ins Grab gelegt wurden.

In der N-Hälfte der Kammer von Vogelstang Grab 190 lag ein 14-18jähriger, der Körperbereich war total gestört (Abb. 42). Teile von der Gürtelgarnitur und dem Tascheninhalt streuten weit umher. Dass auch ein Sax vorhanden war, ist anzunehmen, denn sowohl mit der voluminösen Grabkammer als auch mit der übrigen Ausstattung, nämlich Glasbecher, Topf und zwei Pfeilen, stand Grab 190 keinesfalls hinter dem Knabengrab 157 zurück.

Noch stärker geplündert war Grab 226; in der geräumigen Grube war ein 14-16jähriger beigesetzt worden. In diesem Fall ist der Sax durch den erhaltenen Griff nachgewiesen, vom Tascheninhalt blieb das Feuerzeug übrig; zu Füßen lagen die beiden Pfeile.

Eine besonders breite Kammer wies Grab 243 auf, obgleich diese vom Volumen her noch durch Grab 190 übertroffen wurde. Der Tote lag in der Mitte, in situ wurden allerdings nur die beiden Unterschenkel vorgefunden. Bei den zusammengezogenen Skelettteilen streuten zahlreiche kleinteilige Reste umher, die auf eine für einen 15jährigen beachtliche Ausstattung hinweisen. Die in mehrere Teile zerbrochene Griffangel mit kleinem Knauf dürfte von einem besonders qualitätvollen Sax stammen. Der Knabe trug eine mehrteilige Gürtelgarnitur und besaß eine Tasche mit bronzener Schnalle. Feuerzeug, Kamm und Topf ergänzen die Ausstattung.

In Grab 334 traf ein breiter Tiergang den Bereich der Gürtelgarnitur; von der Ausstattung des 14-16jährigen blieb allein der schwere Breitsax liegen (Abb. 43).

Abb. 42: Vogelstang, Grab 190: Knabe, 14-18 Jahre. Grabplan (M. 1:20), Pfeile (M. 1:3) und Keramik (M. 1:4)

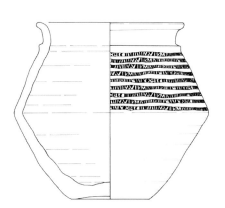

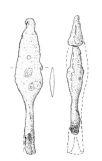

Auffällig ist die zeitliche Verteilung der im jugendlichen Alter Verstorbenen. Während im 6. Jahrhundert (SD-Phase 5-7) keine Toten in dieser Altersgruppe zu beklagen waren, verstarben im ersten Viertel des 7. Jahrhunderts (SD Phase 8) zwei weibliche und vier männliche Jugendliche. In den jüngeren Phasen 9 bis 11 waren es insgesamt nur drei, also wiederum erheblich weniger.

7.5 Verteilung der Kindergräber im Gräberfeld Mannheim-Vogelstang

Noch auf keinem merowingerzeitlichen Friedhof wurde bisher ein Areal entdeckt, auf dem nur Kinder und Jugendliche beigesetzt wurden[27], doch befanden sich neben Kindergräbern bevorzugt weitere Kindergräber[28]. Dies ist auch in Vogelstang zu beobachten, am östlichen Rand bilden die Gräber 163, 168, 183, 182, 174, 173, 158B (Abb. 24) und 154 (Abb. 24) mit Kindern und Jugendlichen einen Kreis um sieben Kriegergräber der SD-Phase 7. Eine Kette von Kindergräbern zieht sich am östlichen Rand des Süd-Areals hin. Von Nord nach Süd sind dies die Gräber 423, 365 (Abb. 10) und daneben 364, dann 367, 357 (Abb. 17), 356 (Abb. 36) und daneben 334 (Abb. 43), es folgen 305, das Doppelgrab 306 mit einem mitbestatteten Knaben und daneben Grab 309.

Drei große Kindergräber 5 (Abb. 26), 6 und 81 (Abb. 11) der SD-Phase 9 fallen am Nordwestrand des Südareals als Gruppe auf. Ein ganz besonderer Fall zeichnet sich in der NW-Gruppe im Umkreis des reichen Frauengrabes 152B (SD-Phase 5) ab.

7.5.1 Kinder der familia eines großen Hofes in SD-Phase 5

In Grab 152B war eine mit Bronzebecken ausgestattete Hofherrin im großen Kammergrab mit Eckpfosten beigesetzt. Da sie drei geöste ostgotische Silbermünzen (t.p. 536 n.Chr.) an ihrer Halskette trug, gehörte sie sicher der ersten Generation an und wurde im mittleren Drittel des 6. Jahrhunderts beigesetzt. Unmittelbar nördlich von ihr lag in dem schlichten und wenig tiefen Kammer-

grab 155 eine Frau, die aufgrund einer als Obolus mitgegebenen Totila-Münze der nämlichen Periode angehört. Um diese beiden Gräber herum gruppierten sich auffallend viele Säuglings- und Kindergräber (Abb. 44).

Nordwestlich des Frauengrabes 152B befand sich 4 m entfernt Grab 116 eines mit der Lanze beigesetzten sieben bis achtjährigen Knaben (Abb. 37). Erst zwei Generationen später schob sich das Mädchengrab 132 (Abb. 29) dazwischen; noch jünger, nämlich aus Phase SD 8, sind die nördlich von Grab 132 liegenden Kindergräber 133 und 136. Dann folgt weiter östlich das Säuglingsgrab 156, das allerdings abgebaggert wurde. 2,5 m nordöstlich des Frauengrabes lag in Grab 151 ein neugeborener Säugling, dem ein gläsernen Glockenbecher mitgegeben wurde (Abb. 3). Kindergrab 150 kam erst zwei bis drei Generationen später (SD-Phase 8) dazu und überschnitt das Säuglingsgrab (Abb. 1). Parallel neben dem Säuglingsgrab 151 lag zu Füßen der Frau das äußerst qualitätvoll ausgestattete zweijährige Mädchen in Grab 153 (Abb. 23). Ihm folgte eine weitere, nach der Grubenform ebenfalls aufwendige Bestattung eines Kindes, die von dem sehr viel jüngeren schmalen Grab 149

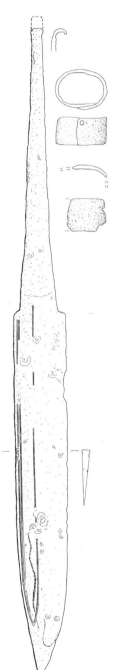

Abb. 43: Vogelstang, Grab 334: Knabe, 14-16 Jahre. Grabplan (M. 1:20), Sax (M. 1:3)

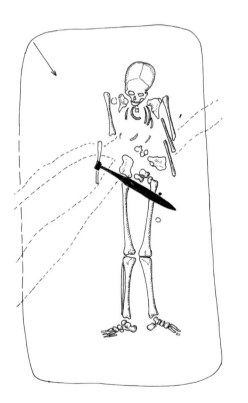

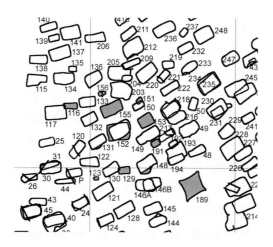

Abb. 44: Vogelstang,
Ausschnitt aus dem
Gräberfelderplan.
Grau unterlegt die
Frauen und Kinder der
ersten Generation
einer *familia*.

verdeckt, während der Grabung nicht erkannt und folglich nicht untersucht wurde. Die Reihe der Kindergräber schließt mit dem Säuglingsgrab 191 (Abb. 2; 5).

Südöstlich des Frauengrabes lag Grab 148B eines fünfjährigen Kindes, aufgrund der Störung ist die Zuordnung von Denar und Kamm nicht gesichert. Nach Westen folgte Grab 129 eines weiblichen Säuglings, ausgestattet mit Perlen, rechteckiger Silberschnalle mit Kolbendorn und breitem, geschweiftem Sturzbecher (Abb. 14) fügt es sich in die Reihe aufwendiger Gräber ein. Und schließlich gehört auch ein mit zwei Töpfen ausgestatteter Säugling in Grab 123 (Abb. 4) südwestlich des Frauengrabes in diese Gruppe von Kindern.

Im Umkreis der vornehmen Frau mit den Statussymbolen einer Hofherrin wurden fünf Säuglinge, ein Kleinkind und zwei etwas größere Kinder zeitnah beigesetzt. Von einem Grabhügel ist wohl kaum auszugehen, denn der würde nicht nur das Mädchengrab 153 mit überdecken, sondern auch das nördlich neben Grab 152B befindliche etwa gleich alte Frauengrab 155. Die Säuglinge und Kinder gehörten sehr wahrscheinlich alle zu der von der Frau aus Grab 152B geführten *familia* und waren unter die Obhut und den Schutz der Herrin gestellt worden. Dies fällt besonders im Vergleich mit dem 8 m südöstlich liegenden zeitgleichen Doppelgrab 189 auf, in dem zwei Frauen der nämlichen *familia* beigesetzt waren[29] und um das herum sich kein einziges Kindergrab befand. Das Grab der ersten Hofherrin verlor auch in den fol-

genden Generationen nicht an Anziehungskraft, wie die späteren Beisetzungen von Kindern in seinem Umkreis bezeugen.

Die gleiche Ausstattungsqualität wie die vornehme Frau hatten in ihrer jeweiligen Altersgruppe das Neugeborene mit Glockenbecher (Abb. 3), der weibliche Säugling mit Silberschnalle und Glasbecher aus Grab 129 (Abb. 14) und das zweijährige Mädchen mit Flachsbreche und Bronzeschale aus Grab 153 (Abb. 23). Bei den dreien könnte es sich um Kinder der Hofherrin selbst handeln. Die höchste Ausstattungsqualität in seiner Altersgruppe erreichte zwar auch der sieben bis achtjährige Knabe in Grab 116 , denn er war mit Lanze und Pfeilen bewaffnete und besaß einen Glasbecher (Abb. 37), doch während für das zweijährige Mädchen 2 m³ ausgehoben wurden, waren es für das 5 Jahre ältere Kind nur 0,72 m³, d.h. sowohl in der Grubenlänge, als auch Grubenbreite übertraf das Grab des kleinen Mädchens (Abb. 15) das des älteren Knaben. Selbst der Säugling in Grab 129 (Abb. 14) hatte eine größere Grabgrube als der Knabe. Es gibt zwei Möglichkeiten, die Diskrepanz in Ausstattung und Aufwand zu erklären. Es ist möglich, dass beide Eltern nicht mehr lebten, um das Kind noch gebührend beizusetzen, oder es handelt sich bei dem Knaben um ein fremdes, zur Erziehung aufgenommenes Kind, denn offensichtlich wurde es weniger liebevoll beigesetzt als die anderen Kinder der gleichen sozialen Stufe.

Anmerkungen

[1] WEIDEMANN 1982, S. 377.

[2] WEIDEMANN 1982, S. 376.

[3] LOHRKE 2004, S. 176.

[4] RÖSING 1975.

[5] LOHRKE 2004, S. 143.

[6] DETTE 1994.

[7] LOHRKE 2004, S. 27 f.

[8] LOHRKE 2004, S. 89.

[9] LOHRKE 2004, S. 63.

[10] LOHRKE 2004, S. 66.

[11] ULBRICHT, I.: Kamm. §2: Archäologisches. In: RGA 16 (2000) 201-205; BÖHNER, Kurt: Niederdollendorf. In: RGA 21 (2002) S. 153-162).

[12] KOCH 1977, S. 92 – Schretzheim Grab 208; KOCH U., 1990 S. 168 – Klepsau Grab 1.

[13] KOCH, Ursula / WIRTH, Klaus: Gefolgschaftskrieger des fränkischen Königs – das Gräberfeld auf dem Hermsheimer Bösfeld in Mannheim-Seckenheim. In: Arch. Ausgr. Baden-Württemberg 2004, S. 199-202.

[14] LOHRKE 2004, 85 f.

[15] Vgl. 7.3 infans II. - Außerdem z.B: Straubing Grab 653, Schretzheim Grab 409.

[16] KROHN, Niklot: Brotmesser oder Flachsbreche? Bemerkungen zur umstrittenen Funktion messerartiger Hausgeräte aus merowingerzeitlichen Frauengräbern im Hegau. In: Arch. Nachrichten Baden H. 58, 1998, S. 30-39.

[17] LOSERT 2003, S. 284, Liste A315.

[18] NEUMAYER, Heino: Zur Eberzier aus dem Kriegergrab von Monceau-le-Neuf, Dép. Aisne. In: Acta Praehistorica et Archaeologica 32, 2000, S. 141-152.

[19] LOHRKE 2004, S. 55.

[20] DETTE 1994, S. 32 f.

[21] LOHRKE 2004, S. 96 ff.

[22] ARNOLD, Klaus: Die Einstellung zum Kind im frühen Mittelalter. In: B. Herrmann (Hrsg.), Mensch und Umwelt im Mittelalter (Stuttgart 1986) 53-64.

[23] LOHRKE 2004, S. 37.

[24] LOHRKE 2004, S. 99.

[25] LOHRKE 2004, S. 107.

[26] Zu den NS-Gräbern vgl. S. 201

[27] LOHRKE 2004, S. 77.

[28] LOHRKE 2004, S. 84.

[29] KOCH, Ursula: Frauen in verantwortungsvoller Position: drei Frauen – zwei Gräber von Mannheim-Vogelstang. In Reliquiae Gentium. Festschrift für Horst Wolfgang Böhme (Rahden/Westf. 2005) S. 263-272.

Ursula Koch

8. Was Grabfunde zu Verkehr, Handel und Wirtschaft verraten

8.1 Verkehrswege und Verkehrsmittel

Der wichtigste Faktor für das wirtschaftliche Wachstum der fränkischen Ansiedlungen war die Verkehrsanbindung. Welche Bedeutung die Wasserwege für den Gütertransport im frühen Mittelalter angesichts ungepflegter Straßen hatten, ist noch umstritten. Nach Konrad Elmshäuser spielen Wasserwege und an den Wasserweg gebundene Transportsysteme kleinräumig, das heißt im Rahmen der Grundherrschaft, nur eine marginale Rolle.[1] Der Handel über große Distanzen erfolgte aber in jedem Fall zu Schiff.[2]

Die Schiffe mussten wegen der viel Untiefen flach im Wasser liegen und verlangten den Einsatz pro-

fessioneller Schiffer. Die kleineren Wasserwege mit ihren Treidelpfaden bedurften zudem der Pflege durch die Anrainer. Die flachen frühmittelalterlichen Kähne, wie der um 600 datierte ca. 11 m lange und 61 cm breite Einbaum aus dem Rhein bei Speyer sind nur auf kurzen Strecken einsetzbar, denn die Nutzlast eines solchen Einbaums beträgt ca. 500 kg.[3] Zweifellos gab es auch größere, aus dem Einbaum entwickelte Lastkähne, deren Aussehen in Kenntnis der römischen und der mittelalterlichen Schiffe rekonstruiert werden können. Auf derartigen Lastkähnen reiste nach der Schilderung des Venantius Fortunatus selbst der König.[4]

Es muss ebenfalls Möglichkeiten gegeben haben, die Waren teils zu Schiff, teils über Land zu transportieren. Dies legt die Verbreitung von Keramikgefäßen nahe, die im 6. und 7. Jahrhundert als Grabbeigaben in reicher Auswahl vorhanden sind und deren Herkunft aus einer oder auch mehreren Töpfereien im Raum Heidelberg-Mannheim nachweisbar ist, da sie mit den gleichen Zierrollrädchen verziert sind (vgl. unten Abb. 51). Der Handel erfolgte aus der Region Mannheim-Heidelberg keineswegs

Abb. 1: Abbildung eines Segelschiffes aus der ersten Hälfte des 9. Jahrhunderts. Stuttgarter Psalter 124r unten.

rheinabwärts, sondern ausschließlich neckaraufwärts, aber dann auch über eine Wasserscheide hinweg ins Main-Tauber-Gebiet.

Im Rhein-Neckarraum hatte sich von einer aus römischer Zeit überkommenen Infrastruktur das Wegenetz erhalten. Römische Straßen zeichnen sich noch heute im Gelände ab und sind wie in Straßenheim durch Luftbildarchäologie nachzuweisen. Doch für den Unterhalt der römischen Straßen kam bereits seit spätantiker Zeit niemand mehr auf.[5] Wenn selbst in Gallien die Straßen als ungepflegt und ungepflastert bezeichnet werden[6], gilt dies sicher umso mehr für die rechtsrheinischen Gebiete.

Für Transporte auf unwegsamem Gelände wurden Saumtieren, Maultiere und Pferde, bevorzugt. Sonst wurden zur Lastenbeförderung wie in römischer Zeit Ochsengespanne eingesetzt[7], die kaum weniger kostspielig waren als Saumtiere, denn sie legten nur etwa 10-12 km pro Tag zurück.

Als Fahrzeug kamen einachsige Karren und vierrädrige Wagen vor. Auf der burgundischen Schnalle von Meursault ist ein einachsiger Karren mit einem angespannten Pferd dargestellt.[8] Begüterte Frauen der sozialen Oberschicht reisten im Wagen. Dem im 7. Jahrhundert abgefassten Testament der überaus wohlhabenden Dame Erminethrude aus Paris ist zu entnehmen, dass ihr Reisewagen von Ochsen gezogen wurde.[9] Östlich des Rheins nahmen die Damen der obersten Gesellschaftsschicht den Wagen mit ins Grab. Ein einachsiger Wagen ist aus dem Grabfund von Erfurt-Gispersleben bekannt, wo sich eiserne Radreifen, Nabenring, Beschlagteile und ein Deichselzugring sowie viele Holzreste erhalten haben.[10] Ein vierrädriger Wagen ist in dem großen mehrstöckig angelegten Grab 25 von Zeuzleben als Fahrzeug einer Dame nachgewiesen.[11] Vorgefunden wurden dort außer den Standspuren von vier Rädern Deichselbeschläge, Teile der Schirrung, der Halfterkette und zwei Trensen, wodurch gesichert ist, dass in diesem Fall Pferde als Gespanntiere dienten. Den Komfort römischer gefederter Reisewagen[12] gab es in merowingischer Zeit nicht mehr, wie auch die metallenen Beschlagteile auf das Notwendigste zurückgenommen wurden.

Vermutlich ging im 7. Jahrhundert mit weniger Kriegszügen, geringerer Mobilität und abnehmendem Reichtum auch der Bedarf an Gespanntieren zurück, was wiederum Einfluss hatte auf das zur Verfügung stehende Fleisch. Denn es fällt auf, dass Schweinefleisch stets beliebter war als Rindfleisch (vgl. Tabelle Abb. 21), zähes Rindfleisch im 6. Jahrhundert aber wesentlich häufiger auf dem Tisch stand als im 7. Jahrhundert, wo es kaum in die Gräber gelangte; nicht etwa weil die Speisebeigabe nachließ, denn Speisebeigaben mit Schweinefleisch waren im 7. Jahrhundert noch üblich.

Pferdezucht war kostspielig. Pferde blieben daher nur einer kleinen Bevölkerungsschicht vorbehalten. Ein Reitpferd aus dem Stall des Königs hatte den Wert von 12 Solidi.[13] In einem Weiler mit den Höfen von zwei wohlhabenden Familien, einem Bauernhof und weiteren Hofstellen von Hintersassen, wie er in Vogelstang durch das Gräberfeld am Elkersberg erschlossen wurde, verfügten kaum mehr als zwei Männer pro Generation über ein eigenes Reitpferd, zeitweise gar keiner. Die Siedlung nördlich von Sandhofen – vielleicht Geroldisheim – ist entsprechend dem Gräberfeld am Hohen Weg zwar kleiner, dennoch lebte dort in jeder Generation ein Reiter. Der Friedhof ist nicht vollständig ausgegraben, auf 239 Gräber kommen drei Pferdegräber. Die gleiche Relation (1,25 %) liegt im Hermsheimer Bösfeld vor, dort kommen auf vorläufig gezählte 873 Gräber elf Pferdegräber (Befund 241, 405, 586, 589, 607, 616, 631, 708, 772, 799, 903.).

8.2 Münzen

8.2.1 Römische Münzen

Im frühen Mittelalter war Geldwirtschaft am Oberrhein nicht üblich. Münzen waren nicht unbekannt, aber selten.[14] In den Gräbern von Vogelstang-Elkersberg wurden eine kleine keltische Silbermünze, vier römische Denare des 1.-3. Jahrhunderts und eine Siliqua aus dem 4. Jahrhundert gefunden (Abb. 2). Ein Denar stammt aus Straßenheim „Aue". Da die silbernen Denare im Römischen Reich schon lange nicht mehr im Umlauf waren, ist davon auszugehen,

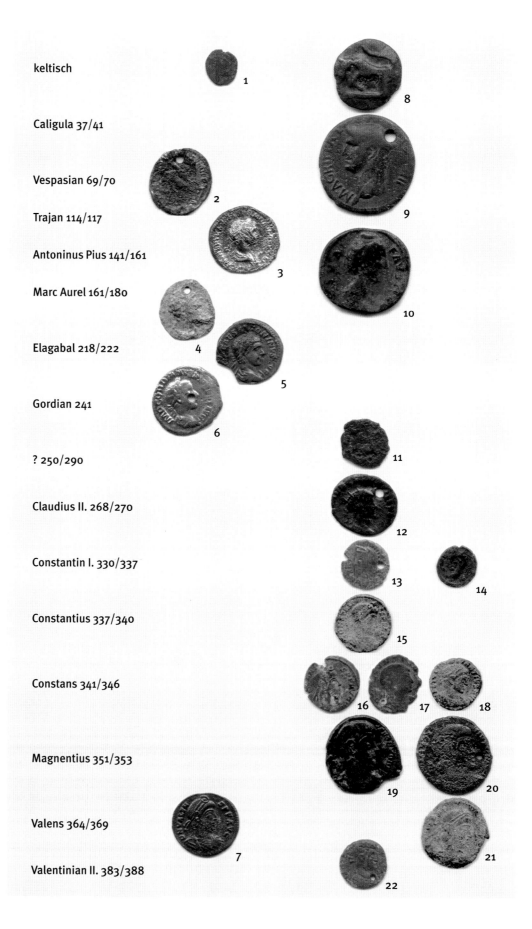

Abb. 2: 1-7 Silbermünzen, 8-21 Bronzemünzen. – Vogelstang.
1 Grab 101; 2 Grab 141; 3 Grab 153; 5 Grab 148A; 6 Grab 220; 7 Grab 429; 8 Grab 133; 10 Grab 19B; 11 Grab 227; 13 Grab 436; 14 Grab 167;16-17 Grab 341; 20 Grab 132; 22 Grab 186. – Straßenheim „Aue". 4 Grab 53; 12 Grab 29.12.1937; 15, 18, 21 Grab 30.1.1933. – Sandhofen. 9 Grab 4/1992; 19 Grab 4/1998. M. 1:1.

keltisch

Caligula 37/41

Vespasian 69/70

Trajan 114/117

Antoninus Pius 141/161

Marc Aurel 161/180

Elagabal 218/222

Gordian 241

? 250/290

Claudius II. 268/270

Constantin I. 330/337

Constantius 337/340

Constans 341/346

Magnentius 351/353

Valens 364/369

Valentinian II. 383/388

dass die ursprünglich aus Soldzahlungen stammenden Münzen im Barbaricum längere Zeit thesauriert und alter Familienbesitz waren. Erst im fränkisch geprägten Milieu des 5. und 6. Jahrhunderts gelangten sie meist als Obolus ins Grab, in der Alamannia des 5. Jahrhunderts zierten sie auch die Gehänge reicher Frauen.[15]

Die meisten der in den Gräbern gefundenen Bronzemünzen wurden im 4. Jahrhundert geprägt, nur einzelne große Stücke stammen aus dem ersten bis dritten Jahrhundert, nämlich ein As und ein Antoninian (Abb. 2,9-10). Bei den merowingerzeitlichen Münzen handelt es sich ausnahmslos um Silber- oder Goldmünzen (Abb. 3-5).

Als Obolus dienten dem Mann in Vogelstang-Elkersberg Grab 101 eine sehr kleine keltische Silbermünze und dem Mann in Grab 429 eine Siliqua des Valens (364/369). Als Obolus gelangten in der ersten Generation ein Denar Trajans (114-117) in das Mädchengrab 153 und in der zweiten Generation ein Denar Gordians III. (241) in das Frauengrab 220. Stark gestört war die Bestattung in Straßenheim „Aue" Grab 53, doch die erhaltenen Geräte zur Textilverarbeitung , nämlich Schere und Flachsbreche, die zahlreichen Gefäße und vor allem die Eisenstange eines Klappstuhles verraten, dass es sich um eine wohlhabende Hausherrin in SD-Phase 5 handelt (S. 89, Abb. 94), die einen in der Nähe des Kopfes gefundenen Denar Marc Aurels (161/180) wohl als Obolus verwendete. Total gestört waren das Frauengrab 141 von Vogelstang aus SD-Phase 8 mit einem Denar Vespasians (69/79) und das Grab 148 aus SD-Phase 5 mit einem Denar Elagabals (218/222), sodass hier keine Aussage über die Art der Verwendung mehr möglich ist.

Als Obolus wurden offensichtlich die wertvolleren römischen Denare dem bronzenen Kleingeld vorgezogen, das nur dreimal in dieser Verwendung vorkommt. In Vogelstang am Elkersberg wurde dem Mädchen in Grab 133 eine große keltische Erz-Potin-Münze als Obolus mitgegeben und dem Mann in Grab 235 eine Kleinerzmünze. Eine Maioriana des Magnentius (351/352) als Obolus lag im Männergrab 4 von Sandhofen.

Einen unbestimmbaren Antoninian hatte der alte Mann in Vogelstang-Elkersberg Grab 227 in der Gürteltasche. Ein As des Antoninus Pius (141/161) wurde bei dem Mann in Grab 19B am Becken gefunden und dürfte ebenfalls in einer Gürteltasche gesteckt haben. Drei römische Münzen aus dem 4. Jahrhundert wurden in Straßenheim „Aue" in Grab H vom 30.1.1933 neben allerlei Gerät, wie Ahle, Messer, Schere und Pinzette, unter dem Becken gefunden. Es handelt sich um den Inhalt einer Gürteltasche, wie sie üblicherweise von Männern am Rücken getragen wurde. Der „Mann" war allerdings unbewaffnet und ihm war ein Spinnwirtel mitgegeben worden. Doch auch das ist in Männergräbern eine seltene, aber nicht unmögliche Beigabe.[16]

Römische Bronzemünzen finden sich häufiger zusammen mit Perlen am Hals- und Brustschmuck, wie ein durchlochter Follis Constantins I. (323/324) bei der senilen Frau in Vogelstang Grab 363 an der linken Schulter und der gelochte Follis aus constantinischer Zeit im Frauengrab 59 (ohne Abbildung). Im Mädchengrab 132 streuten die Perlen bis ins Becken, wo die Maioriana des Magnentius (350/353) gefunden wurde.

Außerdem kommen römische Bronzemünzen am Gürtelgehänge vor, ob sie hier lediglich schmückten oder auch Amulettfunktionen erfüllten, ist schwer zu entscheiden. Vermutlich zum Gürtelgehänge einer sehr jungen Frau gehörte der Follis Constantin I. (330/337) in Grab 167 und vermutlich auch zwei Folli des Constans (341/346) im Mädchengrab 341, während ein merowingischer Denar hier als Obolus diente.

In dem total gestörten Frauengrab 15 von Feudenheim blieb an der äußersten Nordseite ein Teil des Gürtelgehänges liegen, eine bronzene Zierscheibe mit Elfenbeinring und dabei eine kleine total abgeriebene gelochte Bronzemünze. Im Grab vom 29.12.1937 in Straßenheim „Aue" lag eine gelochte Bronzemünze des 3. Jahrhunderts zwischen den Oberschenkeln und gehörte wohl ebenfalls zu einem Gürtelgehänge. Die beiden Frauengräber 186 und 436 von Vogelstang waren so stark gestört, dass die Verwendungen der gelochten Halbcentbentionalis Valentinians II. (383/388) und eines durchlochten Follis Constantin I. (330/337) unbekannt bleiben.

8.2.2 Merowingerzeitliche Münzen

Am Oberrhein gab es im 6. Jahrhundert keine Münzprägestätten. Doch wurden in Gold und Silber geprägte Münzen als Schmuck verwendet oder gelangten als Obolus ins Grab. Die in den Mannheimer Gräbern gefundenen Silbermünzen dieser Zeit stammen ausnahmslos und die Goldmünzen überwiegend aus Italien. Diese Münzen sind Zeugnisse der Italienzüge fränkischer Könige und ihrer Herzöge. Mit Goldmünzen könnten die Krieger des fränkischen Heeres aus der Kriegsbeute und den Tributzahlungen entlohnt worden sein, doch Silbermünzen waren in Italien kursierende Zahlungsmittel, denen ein überregionaler Kurswert fehlte. Teilnehmer der Feldzüge dürften die am nördlichen Oberrhein besonders häufig auftretenden ostgotischen und byzantinischen Silbermünzen [17] selbst aus Italien mitgebracht haben.

Als Obolus diente dem Reiter in Grab 8 von Sandhofen eine auf Theoderich (493-526) geprägte Silbermünze. Eine auf Anastasius geprägte Halbsiliqua Theoderichs gehörte zum Halsschmuck der Frau aus Vogelstang Grab 152B. Die Rückseite zeigt einen Stern im Kranz.

Die beiden Frauengräber 224 und 339 von Vogelstang-Elkersberg waren total gestört, darum bleibt hier unbekannt, in welcher Verwendung die goldenen Tremisses des Athalarich (526-534) ins Grab gelangten. Eine Tremissis, auch Triens genannt, ist das Drittelstück eines Solidus. Ebenfalls eine ostgotische Goldmünze im Wert eines Drittelsolidus, einen auf Justinian geprägten Triens des Athalarich enthielt Bösfeld Grab 416.

Am Halsschmuck der adulten Frau in Vogelstang Grab 152B hingen zusammen mit Glasperlen und Goldröhrchen sowie der bereits erwähnten Halbsiliqua Theoderichs auch zwei Viertelsiliquae des Theodahad (534-536). Sie sind auf Justinian geprägt und nennen auf der Rückseite im Kranz DN/THEODA/HA-THUS/RIX.

Einen unter Witigis (536-541) im ostgotischen Italien geprägten Solidus gab die Familie der erwachsenen Frau in Grab 57 von Straßenheim „Aue" mit. Es ist die größte und wertvollste Münze aus dem Mannheimer Raum, dennoch trug die Frau außer ein paar Glas- und Bernsteinperlen keinen Schmuck; auch die übrige Ausstattung, ein Spinnwirtel und zwei Keramikgefäße, waren nicht weiter auffällig.

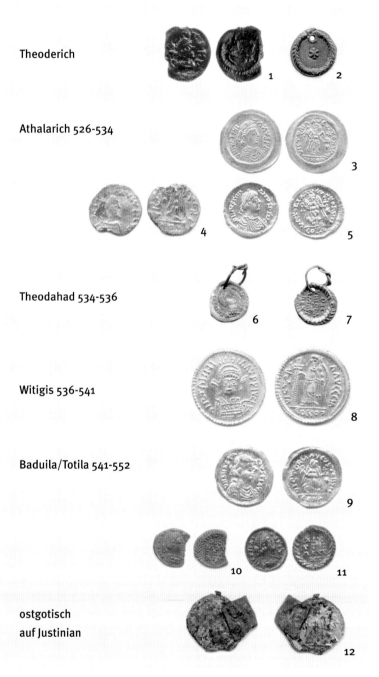

Theoderich

Athalarich 526-534

Theodahad 534-536

Witigis 536-541

Baduila/Totila 541-552

ostgotisch auf Justinian

Abb. 3: Münzen aus dem ostgotischen Italien. Sandhofen. 1 Grab 8; 12 Grab 247B. – Vogelstang. 2 Grab 152B; 3 Grab 224; 4 Grab 339; 6-7 Grab 152B; 10 Grab 155; 11 Grab 189. – Hersmheimer Bösfeld, 5 Grab 416; 9 Grab 272. Straßenheim „Aue". 8 Grab 57. M. 1:1.

Eine von Baduila auf Anastasius geprägte Tremissis, wie sie ähnlich auch in Klepsau Grab 4[18] vorkommt, lag auf dem Hermsheimer Bösfeld in dem stark gestörten Frauengrab 272 oberhalb des Schädels. In Vogelstang Grab 155 wurde eine zwischen 542 und 549 geprägte Viertelsiliqua des Baduila (541-552) beim Schädel gefunden, sie diente als Obolus. Im Doppelgrab 189 hatte die auf der Südseite beigesetzte 40-60jährige, westlich-merowingisch gekleidete Frau ebenfalls eine Viertelsiliqua des Baduila im oder auf dem Mund.

Im ostgotischen Italien waren in den Kriegsjahren nicht mehr alle Drittelsolidi aus reinem Gold, wie eine Münze aus Sandhofen Grab 247 zeigte (Abb. 3,12). Auf Justinian geprägt wurde das auf Bronze plattierte Gold, das einen Triens vortäuschte und heute wegen des Bronzekerns schlecht erhalten ist. Die Vorderseite zeigt eine Büste frontal im Paludamentum, die Rückseite eine nach rechts schreitende zurückblickende Viktoria mit Kreuzglobus.

Dass – abgesehen von den eingeschmolzenen und weiterverarbeiteten Münzen – nur eine Auswahl als Beigabe in die Gräber gelangte und weitere Münzen dem Familienschatz zugeführt wurden und somit über Generationen thesauriert blieben, zeigt der Triens in Vogelstang Grab 339 aus dem frühen 7. Jahrhundert.

Nach 555 wurde der Triens aus Sandhofen Grab 176B in Italien geprägt (Abb. 4,1), der auf der Vorderseite ein Brustbild nach rechts mit Perlendiadem zeigt und auf der Rückseite eine schreitende Viktoria, die in der rechten Hand den Kreuzglobus trägt und in der linken Hand eine Kranzschleife. 555 erlosch die erste austrasische Dynastie der Merowinger mit dem Tod Theudebalds I. Das noch von Theudebert I. nach Italien geschickte Heer war teils aufgerieben, teils der Ruhr zum Opfer gefallen. 565 hatte der byzantinische Feldherr Narses dann die letzten fränkischen Stellungen in Italien zurückerobert. Hatte sich trotz der widrigen Umstände ein kleines Kontingent mit den Kriegern aus Sandhofen nach Hause durchgeschlagen? Immerhin fällt in Sandhofen der hohe Anteil an Männergräbern selbst in der ersten Generation auf, gegenüber einem deutlichen Frauenüberschuss am Elkersberg in dieser Belegungsphase.

Zeugnis der Italienzüge Childeberts I. aus der zweiten austrasischen Merowingerdynastie ist eine langobardische Viertelsiliqua (568-584); sie kam in Straßenheim „Aue" am 8.1.1966 bei Baggerarbeiten zu Tage (Abb. 4,2); da sie zusammen mit einem Schädel gefunden wurde, ist sicher, dass sie einst als Obolus verwendet wurde.

Nach den schriftlichen Quellen war der Solidus aus 4,55 g Gold im gesamten Römischen Reich ebenso wie in dem daraus hervorgegangenen Merowingerreich als Verrechnungseinheit gebräuchlich. Goldmünzen waren von hohem Wert. Die Relationen zwischen Gold, Silber und Kupfer gibt Heiko Steuer mit 1000:10:1 an, d.h. 4,5 kg Bronze entsprachen einem Solidus.[19]

Eine stempelfrische so genannte pseudoimperiale Trierer Prägung aus dem letzten Drittel des 6. Jahrhunderts wurde in Sandhofen Grab 239 gefunden (Abb. 5). Das seltene Vorkommen fränkischer Goldprägungen gegenüber den zahlreichen ostgotischen aus Italien unterstreicht noch einmal, wie sehr die Kriegszüge nach Italien im 6. Jahrhundert zum Wohlstand der Bevölkerung im Rhein-Neckar-Raum beitrugen.

Etwa um 670 soll die Goldprägung im Merowingerreich eingestellt und durch Silberprägungen ersetzt worden sein[20], nachdem sich bei der Goldwährung sowohl das Gewicht als auch der Goldgehalt reduzierte, bis es um 670 weitgehend nur noch silberlegierte Münzen gab.[21] Während aber die zahlreichen merowingischen Monetarprägungen von ca. 570/80 bis 670 sowohl den Prägeort wie auch den Münzmeister angeben, enthalten die kleinen, schlecht geprägten Denare meist keine verwertbaren Schrifthinweise, es ist weder der Prägeort noch die Prägezeit angegeben und so ist es nach Bernd Kluge hoffnungslos, eine Chronologie aufzustellen. Die merowingischen Denare sind folglich nur archäologisch zu datieren und hier zeigt sich, dass die Prägung dieser Silbermünzen (Abb. 6) sehr wahrscheinlich schon vor 650 einsetzte.

Abb. 4: Münzen aus Italien nach a. 555. 1 Sandhofen Grab 176B. – 2 Straßenheim „Aue", Streufund vom 8.1.1966. M. 1:1.

Abb. 5: Sandhofen, Grab 239. Fränkische Goldmünze aus Trier. M. 1:1.

Abb. 6: Vogelstang. Fränkische Denare aus dem zweiten Viertel des 7. Jahrhunderts. 1 Grab 53; 2 Grab 341. M. 1:1.

Der angeblich zwischen 650 und 750 geprägte merowingische Denar aus Troyes im Frauengrab 53 von Vogelstang-Elkersberg dürfte als Obolus gedient haben, denn er lag unweit der Schädelknochen. Grab 53 enthält mit dem doppelreihigen Kamm mit unterschiedlicher und auf einer Seite sehr feiner Zähnung, d.h. Zähnungstyp C, sowie einem weitmundigen Topf mit hoher Unterwand ein Inventar ab der SD-Phase 8 und muss mit einem olivfarbenen geschweiften Tummler mit kräftigen Rippen und Fünfpunktmuster (S. 271, Abb. 79) eher in SD-Phase 9 datiert werden. Es lag am Ende einer Gräberkette der SD-Phase 9, die noch unmittelbar an Gräber der SD-Phase 8 anschloss. Das Grab ist nach Beigaben und Lage der frühen SD-Phase 9 zuzuordnen; die Beisetzung der 44-49jährigen Frau dürfte einige Zeit vor 650 stattgefunden haben.

Im Mädchengrab 341 war der Denar einer unbestimmten Münzstätte (angeblich 670-750) ebenso wie die Oberarme durch die Störung nach rechts verlagert. Da die Münze keine Durchbohrung hatte, diente sie wohl als Obolus. Grab 341 war umgeben von den jüngsten Bestattungen der SD-Phase 8, das achtjährige Mädchen trug jedoch schon eine für SD-Phase 9 typische Perlenkette vom Kombinationstyp E2 (Abb. 7). Das Kindergrab aus der Übergangsphase 8/9 ist möglicherweise schon in das zweiten Viertel des 7. Jahrhunderts, aber sicher viele Jahre vor die Jahrhundertmitte zu datieren.

Abb. 7: Vogelstang, Grab 341. Perlenkette vom Kombinationstyp E2 aus dem Mädchengrab mit einem merowingischen Denar. M. 1:1.

8.3 Steuern – Einnahmen – Handel

Der Anspruch des römischen Herrschers, Steuern in Geld wie in Naturalien einzutreiben, überdauerte die Spätantike und wurde im Frankenreich, das sich noch lange als Teil des Römischen Reiches sah, auf den Merowingerkönig übertragen.[22] Ein Problem bestand in der Fortführung der Steuerlisten[23], noch größere Schwierigkeit bereitete es dem König im 6. Jahrhundert, die freien Männer der Franken einer königlichen Steuer zu unterwerfen.[24] Die Bauernhöfe waren weitgehend autark und die Bauern verfügten kaum über Bargeld; sie zahlten ihre Steuern nach Maßgabe der lokalen Möglichkeiten. Mit 10-20% wurden die landwirtschaftlichen Produkte besteuert.[25] So fiel der größte Teil der Steuern im 6.-9. Jahrhundert in Naturalien an, die wie in römischer Zeit zur Versorgung des Heeres dienten.[26]

Die in den rechtsrheinischen Gebieten angesiedelten Franken leisteten in jedem Fall Kriegsdienst und zahlten insofern ihre Steuern in Form von Dienstleistungen. Doch ein durchziehendes Heer musste versorgt werden; daher ist damit zu rechnen, dass auch in den rechtsrheinischen Gebieten Naturalabgaben von den Bauern gefordert wurden; es muss auch hier Kataster und Steuerlisten gegeben haben. Im 7. Jahrhundert begann ein Umstrukturierungsprozess, der zu einer Regionalisierung der wirtschaftlichen Beziehungen führte und bei der Steuererhebung zu einer individuellen Abgabeneinziehung.[27] Warenaustausch hatte in der ausschließlich agrarischen Wirtschaft nur geringes ökonomisches Gewicht[28], denn die kleinen bäuerlichen Betriebe deckten einen beträchtlichen Teil ihres Eigenbedarfs an Nahrung und Kleidung im Hauswerk. Warenaustausch beruhte in einem sicher nicht unwesentlichen Umfang auf Gabe und Gegengabe und erfolgte in der Regel über ein Netzwerk untereinander verpflichteter und verbundener Partner mit festgelegten Rang-

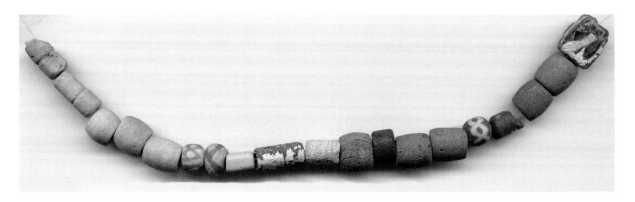

folgen. Außer materiellen Gütern wurden Dienstleistungen angenommen und in angemessener Weise zurückerstattet.

Zur Beute auf Kriegszügen gehörten Gold, Silber, Kleidung, Vieh und Menschen.[29] Gold und Luxuswaren gelangten in den königliche Schatz, aus dem der König die Geschenkverteilung vornahm.[30] Dass die im Mannheimer Raum lebenden Krieger an den Italienfeldzügen der ostfränkischen Könige teilnahmen und an der Beute beteiligt wurden, verraten u. a. die zahlreichen Münzen, die von den ostgotischen Königen in Italien geprägt wurden und den Toten in Sandhofen, in Vogelstang, in Straßenheim „Aue" sowie Hermsheim mit ins Grab gegeben wurden (Abb. 3). Die älteren Prägungen könnten noch aus der Zahlung des Ostgotenherrschers Witigis an Theudebert I. stammen, die der fränkische König an sein Heer weitergab, ein beachtlicher Teil ist jedoch jünger und wurde erst in Italien erworben.

In den Erzählungen Gregors von Tours sind zwar nur die Geschenke des Königs aufgeführt, Waffen, Wehrgehänge und Gegenstände aus Edelmetall, doch ist damit zu rechnen, dass auch Aristokraten und vermögende Grundbesitzer auf ähnliche Weise, d.h. durch Geschenke, Gefolgsleute an sich banden und sich ihrer Dienste versicherten. Auf diesem Weg wurden wahrscheinlich Luxusgüter weiter gegeben, bis hin zu den abgelegten Gürtelgarnituren, die an Knechte weitergereicht wurden. (S. 219, Abb. 23; 241, Abb. 25).

Nur wenn der soziale Aspekt zugunsten des ökonomischen zurücktrat, ein Tausch zwischen fremden Partnern stattfand, kann von Handel vergleichbar dem Markthandel gesprochen werden.[31] Archäologisch ist allerdings kaum nachzuweisen, ob die Objekte ihre Besitzer als Geschenk, als Lohn, im Tausch oder durch Handel erreichten.

8.4 Fränkische Rüstungsproduktion

Spathen, Saxe und Lanzenspitzen sind sorgfältig geschmiedete Waffen, Erzeugnisse hoch spezialisierter Waffenschmiede. Wo diese Schmiede im Einzelnen arbeiteten, ist bis auf wenige Ausnahmen unbekannt. Es ist anzunehmen, dass Chlodwig, als er das römische Heer in sein fränkisches integrierte, die Produktionsstätten der Waffen weitgehend übernommen hatte. Und diese waren wie alle militärischen Einrichtungen des Römischen Kaiserreiches in der Notitia dignitatum verzeichnet.[32] Nach der Zerschlagung des Thüringerreiches gingen zweifellos auch die thüringischen Waffenschmiede in den Besitz des fränkischen Königs über.

8.4.1 Damaszierte Schwerter

In den römischen Waffenschmieden an der Maas erhielt die Spatha im 5. Jahrhundert noch eine solide, aber nicht damaszierte Klinge. Bereits 1953 lokalisierte Joachim Werner das Herstellungsgebiet der älteren Formen dieses Waffentyps anhand der Scheidenbeschläge im Raum Namur.[33] Die jüngere fränkische Variante aus der zweiten Hälfte des 5. Jahrhunderts stellte Horst W. Böhme unter den Schwertern vom Typ Krefeld zusammen.[34] Erst die prachtvoll verzierten Schwerter, die in der zweiten Hälfte des 5. Jahrhunderts an der nördlichen Peripherie des römischen Reiches auftauchten und donauländischer oder mediterraner Herkunft waren, hatten damaszierte Klingen mit angeschweißten Schneiden.[35] Im Thüringerreich war bereits in der Zeit um 500 die Prozentzahl der damaszierten Spathaklingen erstaunlich hoch. Der Ostgotenkönig Theoderich hat sicher nicht übertrieben, als er die ausgezeichneten wurmbunten Klingen der Thüringer lobte.[36] Im Gräberfeld von Schretzheim an der Donau mit einem großen Anteil thüringischer Bevölkerung ist nicht nur – entsprechend thüringischer Beigabensitte – die Zahl der Schwerter hoch, es überwiegen im 6. Jahrhundert auch die mehrbahnig damaszierten Schwertern. Bei den drei-, vier- oder gar fünfbahnig damaszierten Klingen wechseln Winkel und Streifendamast, sie zeigen vielfältige Muster und Marken und weisen damit auf die Qualität der Schmiedearbeit hin.[37] Ähnliche Damastmuster begegnen auf den Schwertern der Langobarden in Italien.[38]

Dagegen stellten die fränkischen Waffenschmiede am Oberrhein Klingen mit auffallend schlichtem Damast her. Die ältesten Schwerter im Mannheimer

Raum, d.h. die der SD-Phase 4-5, stammen aus den Gräbern 75 und 80 von Straßenheim „Aue" (S. 94 f., Abb. 103-104); sie zeigen zweibahnigen Winkeldamast. Auch die Klingen der vier erhaltenen Schwerter aus Vogelstang, darunter eine in Grab 8 aus SD-Phase 6 und eine in Grab 161 aus SD-Phase 7, sind zweibahnig damasziert. Dreibahniger Damast kommt nur bei einer Spatha aus Straßenheim „Aue" Grab 16 in SD-Phase 7 vor.

8.4.2 Eiserne Lanzenspitzen

Typisch für die fränkischen Lanzenspitzen des 6. Jahrhunderts ist wie auch für die alamannischen Lanzenspitzen des 5. und beginnenden 6. Jahrhunderts die geschlitzte Tülle, während Thüringer und Langobarden Lanzen mit geschlossener Tülle schmiedeten. Ab der Mitte des 6. Jahrhunderts bezeugen u.a. die stempelverzierten Lanzen mit kräftiger Mittelrippe[39] die Übernahme von Formen und Schmiedetechniken aus dem östlich-merowingischen Kulturkreis im gesamten ostrheinischen Gebiet mit Schwerpunkten an Neckar und oberer Donau.[40] Der Mannheimer Raum liegt am Rande des Streuungsbereiches; hier wurden in Straßenheim „Aue" Grab 18 (S. 86, Abb. 89) eine stempelverzierte Lanzenspitze vom Typ Reute mit ovalem Blatt und in Sandhofen am Hohen Weg Grab 43 (S. 53, Abb. 27) eine

Lanze vom Typ Hellmitzheim mit geschweiftem Blatt gefunden, beide unter Typ 8 zusammengefasst. Diese stempelverzierten Lanzenspitzen, die auch die Wetterau und das Maingebiet erreichten (Abb. 8), kennzeichnen den Einzugsbereich des ostfränkischen Heeres, das u.a. Sigibert I. (561-575) einberufen hatte. Daher ist die Waffenschmiede, wohl dort zu suchen, wo sich das Heer der rechtsrheinischen Stämme versammelte, nämlich am nördlichen Oberrhein zwischen Mainz und Worms.

Im Laufe des 7. Jahrhunderts, vor allem in der Zeit König Dagoberts I. (623/629-639), wurde der Mannheimer Raum mit den schlichten unverzierten Lanzenspitzen aus linksrheinischen oder mittelrheinischen Waffenschmieden versorgt. Nur bei den Kriegern des Herrenhofes sind einige qualitätvollere, sorgfältiger geschmiedete Exemplare zu finden. Wie schon erwähnt (S. 159) handelt es sich bei der Lanze mit geraden Aufhaltern aus Grab 401 (S. 158, Abb. 75) um ein langobardisches Erzeugnis, das noch aus Tributzahlungen an den ostfränkischen König stammen kann. Die reicher verzierten Waffen aus alamannischen Waffenschmieden im Bodenseeraum gelangten nur vereinzelt bis in das Rhein-Neckar-Gebiet. Eine solche Lanzenspitze vom Typ 18 aus SD-Phase 9 befand sich in Vogelstang Grab 77 bei einem 18-19 jährigen Jüngling (S. 159, Abb. 76)[41].

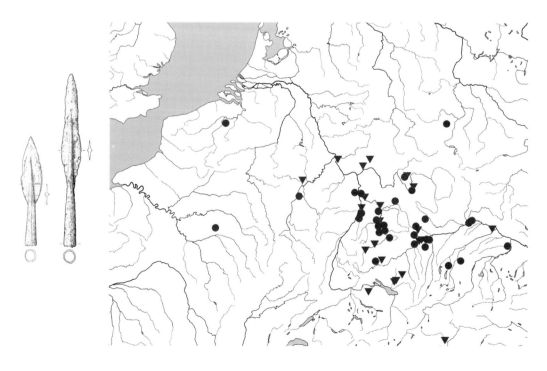

Abb. 8: Verbreitung der stempelverzierten Lanzenspitzen wie in Straßenheim „Aue" Grab 18 (Typ Reute) und Sandhofen Grab 43 (Typ Hellmitzheim).

Ein schmales Exemplar der SD-Phase 10 ist aus Ladenburg bekannt.[42] Da der Einflussbereich des alamannischen Herzogs, der in Überlingen residierte[43], nach der Streuung von Lanzenformen oder Spathaknäufen[44] aber allenfalls bis in den mittleren Neckarraum reichte, mögen eher familiäre Verbindungen hinter den Einzelstücken stehen. Derartige weiträumige Kontakte sind in den Familien der sozialen Oberschicht denkbar. So könnten Heiratsverbindungen auch zum Austausch von Knappen führen. Einer solchen Familie gehörte der Jüngling aus Grab 77 durchaus an.

8.4.3 Eine linksrheinische Tüllenaxt in Vogelstang Grab 223

Aus einer linksrheinischen Waffenschmiede stammt die in Vogelstang Grab 223 gefundene stempelverzierte Tüllenaxt mit breitem, symmetrischem Blatt in SD-Phase 6. Die eingestempelten Dreiecke entlang der Kanten sind nur wegen der totalen Entrostung und bei sorgfältiger Betrachtung erkennbar. Es sind nach freundlicher Mitteilung von Françoise Vallet aus Saint-Germain-en-Laye erst wenige Exemplare mit vergleichbarem Dekor bekannt, nämlich aus Famars im Département Nord und Lavoye im Département Meuse, sowie aus Elgg im Kanton Zürich, wo nach den Untersuchungen von Renata Windler Fran-

ken siedelten.[45] Doch ist bereits die Form mit den Zacken an den Enden des Bartes so markant, dass sich die Axtgruppe leicht zusammenstellen lässt (Karte Abb. 9).[46] Bart- und Tüllenäxte waren insgesamt bei den fränkischen Kriegern in linksrheinischen Gebieten wesentlich beliebter als bei den rechtsrheinischen Kontingenten. Wenn auf besondere Merkmale geachtet wird, lässt sich schnell nachweisen, dass es sich bei den rechtsrheinischen Vorkommen um versprengte Stücke handelt; so zum Beispiel bei den Bartäxten mit buckligem Rücken wie in Heilbronn-Horkheim.[47] Da keine rechtsrheinischen Truppen systematisch mit der Axtwaffe ausgestattet wurden, wie dies bei den Lanzen anzunehmen ist, muss damit gerechnet werden, dass die Axt-Kämpfer entweder aus dem linksrheinischen Gebiet kamen oder zeitweilig einer westfränkischen Gefolgschaft angehört hatten.

8.5 Wie kam der Mann zu seinem Gürtel – zum Beispiel in Vogelstang Grab 170

Weil nicht jeder Mann einen Gürtel mit Metallgarnituren trug, diese Gürtel auch nicht – wie oft angenommen wurde – von der Beigabe einer Waffe, d.h. eines Saxes abhängig sind, vergleicht Hubert Fehr die merowingerzeitlichen Prunkgürtel mit dem spät-

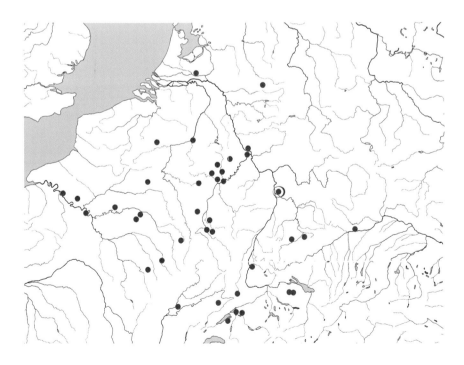

Abb. 9: Verbreitung der Tüllenäxte mit Endzacken am symmetrischen Bart.

antiken cingulum militiae, das als Rangabzeichen von Personen diente, die sowohl im Militär als auch in der Zivilverwaltung tätig waren, und dessen Gebrauch sowohl im byzantinischen Reich wie im Merowingerreich keineswegs aufhörte.[48] Welche Prunkgürtel Amts- und Rangabzeichen waren und welche Personengruppen solche trugen, bezeichnete Fehr allerdings noch als Ziel künftiger Arbeiten.

Immer wieder fällt die sehr weite Streuung gleichartiger Gürtelschnallen auf. Die von der Marne bis an die Altmühl reichende Verbeitung der bronzenen Schilddornschnallen mit gekerbtem Rand und Kreisaugendekor wie in Vogelstang Grab 236 (S. 146 Abb. 51,1) kann allerdings noch mit der großen Mobilität von fränkischen Kriegern in der Zeit Theudeberts I. zusammenhängen.[49] Weit gestreut sind aber auch in SD-Phase 7 die punzverzierten Garnituren mit zoomorphen Ösenbeschlägen wie in Vogelstang Grab 202 (S. 233 Abb. 17)[50], oder in SD-Phase 9 die spiraltauschierten vielteiligen Gürtelgarnituren[51]. Das gleiche gilt in SD-Phase 7-8 für Spathagurtgarnituren mit bronzenen Kastenbeschlägen wie in Straßenheim „Aue" im Grab vom 11.6.1934 und Grab 2 (S. 85, Abb. 85; S. 147, Abb. 56) bzw. den unter Wallstadt aufbewahrten Stücken aus dem Gräberfeld in Vogelstang (S. 386, Abb. 24)[52] und in SD-Phase 9-10 für die Spa-thagurtgarnituren vom Typ Civezzano wie in Vogelstang Grab 313 (S. 383, Abb. 19). Im 7. Jahrhundert zeigen die Männergürtel und Wehrgehänge im Gegensatz zu den Scheibenfibeln der Frauen, z.B. zu den eisernen tauschierten Scheibenfibeln in Vogelstang Grab 433 und 443B (S. 133, Abb. 27; S. 280 Abb. 96), keine engen Trachtprovinzen auf. Männer erhielten ihre Gürtel eher als Teil des Soldes vom Ge-

folgsherrn, und letztlich waren Gürtel wohl auch Teil der in Naturalien eingegangenen Steuern und Tribute, mit denen Krieger und Beamte bezahlt wurden.

Der spätmature Mann aus Vogelstang-Elkersberg Grab 170 trug in SD-Phase 7 einen Gürtel mit qualitätvoller bronzener Garnitur (Abb. 10), die am Oberrhein ungewöhnlich ist. In die abgesetzte Dornachse des engen hohen Schnallenbügels ist ein runder auf der Rückseite hohler Beschlag mittels breiter Lasche eingehängt. Drei Niete mit großen gewölbten Köpfen verdecken teilweise den Dekor des Beschlags, eine gravierte zweiköpfige Schlange mit hakenbandartigem Körper am Rand und einen Vierpassknoten in der Mitte. Ein ähnlicher Knoten, der so genannte Salomonsknoten, befindet sich auf dem Dornschild. Für die im aquitanischen Nérac, Dép. Lot-et-Garonne, gefundene Schnalle mit rundem Beschlag und gerade angeordnetem Salomonsknoten[53] betont Michaela Aufleger unter Hinweis auf die Schnallen von Verson, Dép. Calvados[54], dass es sich um eine nordfranzösische Arbeit handelt. Das Knotenmotiv ist im Süden des Merowingerreiches auf Gürtelbeschlägen durchaus bekannt, doch in der Regel schräg zur Achse angeordnet. Wie alle Schnallen mit rundem Beschlag aus Aquitanien[55] sind auch die in der Normandie gefundenen gegossenen Bronzeschnallen statt mit einer Lasche mit einer Scharnierkonstruktion versehen. Das Mannheimer Schlossmuseums besaß einen solchen in der Umgebung Mannheims gefundenen bronzenen Schnallenbeschlag mit Scharnier, verziert durch einen Vierpass in der Mitte und ein Hakenband am Rand; von dem Beschlag existiert nur noch die schlechte Abbildung in der Veröffentlichung von Karl Baumann (Abb. 11).[56] Ein weiterer Schnallenbeschlag aus dem Schlossmuseum, der mit einem Flechtbandring als Mittelmotiv verziert war, hatte ein einfaches Scharnier (Abb. 12).[57]

Claude Lorren benennt nach der Beschlagkontur zehn Varianten.[58] Der Beschlag vom Elkersberg Grab 170 entspricht seiner Variante G, die beiden Beschläge aus der „Mannheimer Umgebung" den Formen C-D. Annette Frey unterscheidet allerdings nur drei Formen bei den kreissegmentförmigen Beschlägen[59]; der Schnallenbeschlag aus Grab 170 ent-

Abb. 10: Vogelstang, Grab 170. Bronzene Gürtelgarnitur. M. 1:1.

Abb. 11: Runder Schnallenbeschlag mit Scharnier aus der Mannheimer Umgebung. Nach Karl Baumann 1907. Mehr als das schlechte Photo ist nicht erhalten.

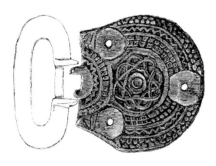

Abb. 12: Runder Schnallenbeschlag mit Scharnier aus der Mannheimer Umgebung. Nach Lindenschmit 1889.

spricht ihrer Form 3, die beiden Mannheimer Altfunde den Formen 1 und 2. Der von Lorren nach Bordüren und Zentralmotiven gegliederte Dekor ist nicht an bestimmte Kontur-Varianten gebunden. Eine Bordüre und ein Zentralmotiv wie bei dem Schnallenbeschlag vom Elkersberg kommen in der Normandie zweimal vor, darunter in Hérouvillette mit einem Hakenband und einem dicken vierpassförmigen Kreuz.[60] Der Salomonsknoten ist in Verson Grab 129 mit zwei Borduren aus Hakenbändern kombiniert und befindet sich in der gleichen Gruppe wie die Schnalle der Form G mit Hakenband und Kreuz aus Sommery.[61]

In Lavoye, Dép. Meuse, zeigt die Bronzeschnalle mit Scharnierkonstruktion aus Grab 28 das Knotenmotiv in Kombination mit Hakenband am Rand, während die Schnalle aus Lavoye Grab 26 mit Knoten und Maskenmotiv die Lasche erst durch eine Ausbesserung erhielt.[62] Das Knotenmotiv, dicht umgeben von einem Hakenband und weiteren auch zoomorph gestalteten Bändern, zeigt eine Schnalle mit Lasche aus Saint-Vit, Dép. Doubs.[63] Von Burgund bis ins Mosel-Maas-Gebiet erstreckte sich demnach die Zone, in der Ziermotive aus Aquitanien und Neustrien verarbeitet, aber die ältere Laschenkonstruktion beibehalten wurde.

Eine Bronzeschnalle mit Laschenbeschlag liegt aus Zemmer im Kreis Trier Land vor, hier fehlt zwar das Knotenmotiv, doch ist am Rand des runden Beschlags eine doppelköpfige Schlange mit tief eingraviertem Zickzackband-Leib zu erkennen, den Dornschild ziert eine Maske.[64] Ob es sich hier um eine west- oder ostfränkische Arbeit handelt, lässt Annette Frey offen.[65] Mit der Schnalle aus Zemmer gut vergleichbar ist die von Roland Knöchlein zusammengestellte Schnallengruppe mit randlichem Hakenband; allerdings unterschied er nicht zwischen Scharnier- und Laschenkonstruktion.[66] Selbst diese fränkische Schnallengruppe tritt nur vereinzelt östlich des Rheins auf.

Die meisten Bronzeschnallen mit rundem bzw. kreissegmentförmigem Beschlag haben keinen Gegenbeschlag; sehr wahrscheinlich aus chronologischen Gründen, denn die Entwicklung führte auch links des Rheins von den ein- zu den zwei und dann dreiteiligen Gürtelgarnituren. Auch wurden die Bronzeschnallen mit rundem Beschlag in Neustrien, d.h. im westlichen Frankenreich, von Männern und Frauen getragen.[67]

Der in Vogelstang Grab 170 mitgefundene, aus Bronze hohl gegossene Rechteckbeschlag ist auf der Vorderseite verzinnt; vier Niete mit großen flach gewölbten bronzenen Köpfen verdecken teilweise das gravierte Hakenband am Rand. Die Mitte nimmt eine Rosette mit neun unterschiedlich großen Blättern und kleinem zentralen Nietkopf ein. Die teilweise von den Nieten verdeckten Zwickel sind gefüllt mit kleinteiligem Ornament, möglicherweise mit Elementen des Stil-I Tierornamentes. Wie der Knoten sind auch die Rosetten ein auf aquitanischen Schnallen zu beobachtendes Zierelement.[68]

Weder das Material, die Nietkopfgröße noch die Motive von Schnallen- und Gegenbeschlag der Garnitur aus Vogelstang Grab 170 sind auf einander abgestimmt. Die Garnitur wurde nicht als Ensemble angefertigt, sondern erst nachträglich am Gürtel zusammengefügt. Dies geschah aber kaum am Oberrhein, wo beide Stücke fremd sind.

Gürtel mit prachtvollen Beschlägen konnten zwar das soziale Ansehen ihrer Träger hervorheben, doch dass sie mit einem Amt verbunden waren, ließ sich bisher nicht nachweisen.[69] Die Verwendung der gleichen Gürtelformen in der Frauentracht, wie sie in Burgund und im Westen des Frankenreiches zu beobachten ist[70], spricht eher dagegen.

8.6 Nur der Schmied ein geachteter Handwerker?

Höherwertige Erzeugnisse, wie Schmuck, Gürtelgarnituren oder Eisenwaffen, aber auch die aus Geweih geschnitzten Kämme oder die scheibengedrehte Keramik, bedurften ausgebildeter Handwerker. In der Alamannia, wo es keine Städte nach antikem Vorbild gab, waren im späten 5. Jahrhundert die Höfe der führenden Familien sowohl auf den Höhen wie im Flachland jene Zentren, wo hoch qualifizierte Handwerker lebten, Produkte vertrieben, getauscht oder weitergegeben wurden.[71] Nach dem Sieg Chlowigs über die Alamannen waren rechts des Oberrheins, am unteren und mittleren Neckar Wirtschaft und Handel zusammengebrochen, denn mit dem Untergang der alamannischen Oberschicht verloren die Handwerker ihre Auftraggeber und Abnehmer. Bei Goldschmieden[72] und Töpfern[73] lässt sich archäologisch sogar nachweisen, dass einige in fränkische Gebiete abwanderten.

Mit Goldschmiedewerkstätten ist im Umfeld merowingischer Königspfalzen zu rechnen[74], die u.a. in den aus römischer Zeit überkommenen Städten wie Worms und Mainz lagen. Im Frankenreich sind Handwerker außer in den Städten und Klöstern vielleicht noch an den größeren Höfen von Reitern mit überörtlichen Funktionen und zahlreicher Gefolgschaft anzutreffen. Bei der rechtsrheinisch vorherrschenden weilerartigen Siedlungsstruktur boten nur wenige Höfe die zentralörtlichen Vorraussetzungen für den Absatz eines spezialisierten Handwerks. Qualifiziertes Handwerk war nur möglich, wenn Material und Werkstatt zur Verfügung standen und vor allem die Abnehmer der Produkte gewährleistet waren.

In den bäuerlichen Betrieben der Merowingerzeit wurden zweifellos alle handwerklichen Tätigkeiten verrichtet, die der Selbstversorgung dienten und keiner besonderen Spezialisierung bedurften. Diese Tätigkeiten trugen bei den Männern im Gegensatz zum Kriegsdienst kaum zu deren Ansehen bei, d.h. die handwerkliche oder landwirtschaftliche Betätigung war für die soziale Stellung der Männer wenig ausschlaggebend. Folglich spiegelten sich solche Tätigkeiten auch nicht in den Gräbern wider.

Nur vereinzelt befanden sich neben Messer, Pinzette und Feuerzeug auch andere Geräte und Werkzeuge in den Taschen der Männer, die eher beiläufig auf deren handwerkliche Tätigkeiten hinweisen. In Vogelstang Grab 37 (Abb. 13,1) war einem 12-14jährigen Knaben ein etwa 13 cm langer tordierter Eisenstab mitgegeben, wobei die Torsion wohl schmiedetechnisch bedingt ist und erst durch die Korrosion so deutlich sichtbar wurde; es handelt sich kaum um einen Bohrer, eher um einen Pfriem. Zu dem Gerät gehörte wohl auch die auf einem Blech fest gerostete Öse. In Männergräbern finden sich gelegentlich eiserne Pfrieme mit einer bandförmig ausgeschmiedeten Öse für einen Holzgriff quer zum Stift. Das ergibt ein einfaches Gerät zur Holz- und Lederbearbeitung.[75]

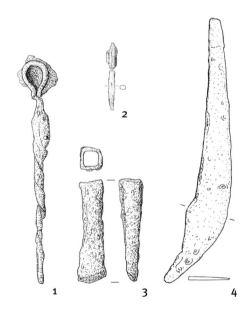

Abb. 13: Vogelstang, Werkzeuge und Geräte aus Männertaschen. 1 Grab 37; 2 Grab 90; 3 Grab 91; 4 Grab 314. M. 1:2.

Das Männergrab 90 am Elkersberg war gestört, doch dort, wo ursprünglich die Beckenknochen lagen, wurden Reste aus der am Rücken getragenen Gürteltasche gefunden, neben einem Feuerstein auch der kleine 4,2 cm lange Eisenpfriem (Abb. 13,2). Er war mehrlagig geschmiedet und von der Spitze her aufgerostet. Vom Griff haben sich Holzreste erhalten.

Ein meißelähnliches Eisengerät mit Tüllenschäftung (Abb. 13,3) ist im total geplünderten Männergrab 91 der einzige Fund. Ein Spezialmesser mit geschweifter Klinge, geknicktem Rücken und gebogener Scheide (Abb. 13,4) war im Besitz des Mannes aus Vogelstang Grab 314. Noch seltener taucht ein ganzes Bündel kleiner Werkzeuge auf, wie in Grab 434 (Abb. 14). Zu identifizieren sind die vierkantigen Stäbe mit recht unterschiedlichen Querschnitten allerdings nicht mehr, die Stücke sind nicht restauriert und die einstigen Arbeitsflächen oder Spitzen von Rost zerfressen.

Zu den Ausnahmen gehörte der Schmied, dessen besondere Stellung in der frühmittelalterlichen Gesellschaft auch in den Heldensagen zu spüren ist. Der Schmied erhielt sein Handwerkzeug mit ins Grab. Am Hohen Weg nördlich von Sandhofen lagen in dem total durchwühlten Grab 20 eines 40-60jährigen Schmiedes Hammer und Zange (Abb. 15). Die Grabungsdokumentation des bereits alt gestörten Befundes ist leider dürftig. In der Nähe der beiden Werkzeuge wurde allerlei Eisen eingesammelt (Abb. 16), Teile von Sticheln, Pfriemen oder Feilen und vielleicht sogar ein Zieheisen für die Drahtherstellung. Der Schilddorn einer Bronzeschnalle ist in dem Inventar der einzige datierbare Fund; das Grab gehört in SD-Phase 5-6.

Eine Liste von Joachim Henning erfasst aus der Merowingerzeit angeblich 28 Schmiedegräber,[76] mitgezählt wurden allerdings auch das Schmiedegrab von Bobenheim-Roxheim im Kr. Ludwigshafen aus dem frühen 5. Jahrhundert, ein hunnenzeitliches und sechs awarische Gräber des 7./8. Jahrhunderts aus Ungarn, einige Gräber mit Feile und ein völkerwanderungszeitlicher Siedlungsfund aus Kirchheim am Ries. Gräber aus dem merowingischen Kulturkreis

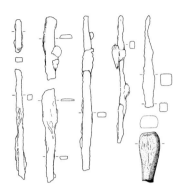

Abb. 14: Vogelstang, Grab 434. Kleine Eisengeräte und Werkzeuge sowie ein Wetzstein. M. 1:2.

der Franken, Thüringer, Langobarden und Gepiden, die tatsächlich wie das Grab von Sandhofen Hammer und Zange oder auch nur eines von beiden enthalten, gibt es sehr viel weniger (Abb. 17).

Über zwei Hämmer und zwei Zangen, dazu auch einen Amboss verfügte der langobardische Schmied aus Poysdorf in Niederösterreich.[77] Zwei Fibelmodelle verraten, dass es sich hier um einen Feinschmied handelt. Ebenfalls zu den Feinschmieden könnten die Männer gezählt werden, die außer Schmiedewerkzeug auch eine Feinwaagen bei sich hatten, nämlich im langobardischen Brno mit zwei Hämmern, Zange, Amboss und Schleifsteinen[78], in Tauberbischofsheim-Dittigheim Grab 99 mit Hammer, Feile, Zange und Probierstein[79] sowie im westfälischen Beckum Grab 65 mit Zange und Hammer.[80] Eine Feinwaage wurde zwar auch in Herouvillette im Calvados mit Hämmern, Zange, Blechschere, Feilen und Wetzsteinen gefunden, doch in diesem Fall verraten weitere Werkzeuge wie Löffelbohrer, Raspel und Hobeleisen, die der Holzbearbeitung dienten, dass es sich hier eher um einen Wagen- oder Schiffbauer handeln dürfte.[81] In Schönebeck an der

Abb. 15: Sandhofen, Grab 20. Hammer und Zange eines Schmiedes. M. 1:2.

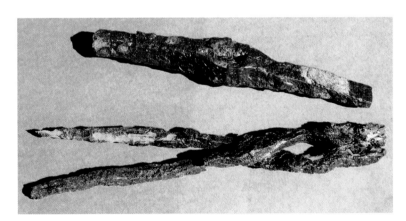

Abb. 16: Sandhofen,
Grab 20. 1 Bronzener
Schnallendorn; 2-20
Reste eines Satzes
kleiner Werkzeuge;
21 Finnenhammer;
22 Zange. M. 1:2.

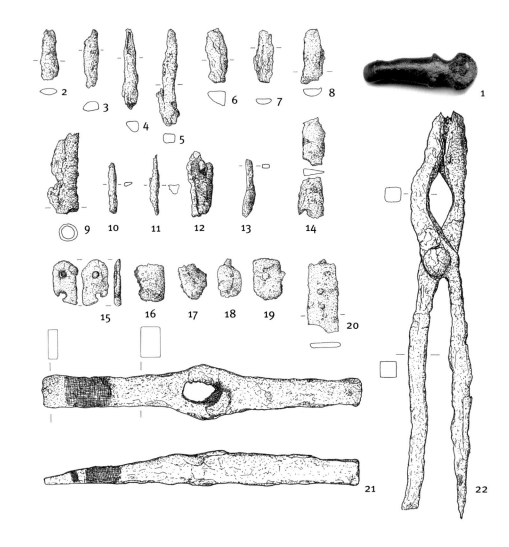

Abb. 17: Merowinger-
zeitliche Schmiede-
gräber mit Hammer
oder Zange. 1 Sandho-
fen; 2 Poysdorf; 3 Brno;
4 Dittigheim; 5 Beckum;
6 Herouvillette;
7 Schönebeck; 8 Neu-
wied; 9 Andernach;
10 Kirchdorf; 11 Her-
brechtingen; 12 Muids.
– Außerhalb der Karte
das gepidische Mezö-
band in Rumänien.

Elbe verarbeitete der Schmied ebenfalls Edelmetall, denn das Grab 5 barg außer Hammer, Zange, Amboss und Feile auch einen Tiegel mit Silberresten. In Neuwied enthielt das Grab eines Goldschmiedes einen Hammer, Punzen, Probierstein und Tiegel.[82] Die Schmiede mit Feinwaage waren in der Regel be-

waffnet, in Brno mit Lanze und Schild, in Tauberbi-schofsheim-Dittigheim Grab 99 mit Spatha, Sax, Lanze und Schild, in Beckum mit Lanze, in Schöne-beck mit einer Bartaxt. Grab 10 von Herouvillette ent-hielt Spatha, Sax und Lanze.

Aus merowingerzeitlichen Gräbern stammen je eine Zange von Andernach und von Kirchdorf im Kreis Mühldorf am Inn, Zange und Amboss aus Herbrech-tingen sowie ein Hammer von Muids im Dép. Eure.[83] Wie bei dem gestörten Befund in Sandhofen ist auch bei jenen Vorkommen unbekannt, ob die Schmiede ursprünglich bewaffnet beigesetzt wurden.

Zwei Hämmer, zwei Zangen, Amboss, Feile, Meißel und auch ein Drahtzieheisen mit einer langovalen Rinne und fünf kleinen Löchern darin wurden in dem gepidischen Grab 10 von Mezöband/Band in Rumä-nien gefunden.[84] Nicht in der Form, aber in der Funktion vergleichbar ist das nur als Fragment erhaltene bandförmige Stück mit noch zwei Löchern aus Sandhofen (Abb. 16,15); es könnte ebenfalls als Zieheisen angesprochen werden.

Wegen des kleinen Finnenhammers darf auch der Schmied von Sandhofen zu den Feinschmieden gezählt werden, die in den meisten der zwölf Gräber mit Hammer oder Zange nachgewiesen sind (Abb. 17). Die Anwesenheit eines Feinschmiedes ist ein sicherer Hinweis, dass im 6. Jahrhundert auf der Gemarkung Sandhofen eine vermögende, einflussreiche Familie lebte. Dazu passt die Beobachtung, dass sich am Hof des Reiters eine relativ umfangreiche Krieger-Gefolgschaft aufhielt.

8.7 Im Abseits – die Familie eines Händlers oder Steuereintreibers in Ma-Vogelstang

Im Gräberfeld am Elkersberg in Vogelstang befand sich nahe der westlichen Friedhofsgrenze und zwischen dem in der ersten Generation dichter belegten Areal mit den drei Familiengruppen einerseits sowie den SN-Gräbern weiter südlich andererseits und somit abseits aller Hofgruppen das Gräberpaar 283/290 mit einer maturen Frau und einem etwas älteren Mann (S. 197 ff., Abb. 4-6). Für beide Bestattungen wurde die nur zu Beginn der Gräberfeldnutzung übliche einfache Grabform gewählt (S. 220, Abb. 24-25). Die beiden Gräber waren so deutlich von den nächsten ungefähr zeitgleichen Gräbern abgesetzt, dass unschwer auf eine Zusammengehörigkeit des Paares geschlossen werden darf. In diesem Fall kann die Ausstattung der Frau also mit Aufschluss geben über die soziale Stellung und eventuell auch Tätigkeit des Mannes. Beide Gräber waren bescheiden ausgestattet, wiesen aber einige auffallende Elemente auf.

Die Frau aus Grab 283 (Abb. 19) trug eine in SD-Phase 5 typische Halskette mit 24 monochromen Perlen aus Glas, darunter nicht nur die gelben und roten gedrückt kugeligen, sondern auch kleine farblose und rot überfangene Perlen aus gezogenem Glas sowie kleine schwarze Perlen; ergänzt wird das Ensemble durch vier Bernsteine.

Da Grab 283 ungestört blieb, besteht kein Zweifel, dass die 43-48 jährige Frau ohne Fibeln gewandet war. Es fehlen ihr somit die in der Mitte des 6. Jahrhunderts üblichen Statussymbole einer Hofbäuerin. Sollte sie traditionell keinen Fibelschmuck verwenden wie z.B. die Frauen romanischer Abkunft, gäbe es auch andere Möglichkeiten Besitz zu demonstrieren, z.B. in Form von Fingerring oder Nadel aus Edelmetall. Die Frau war auch keine Wirtschafterin auf einem großen Hof. In Frage käme nur der Hof mit der Herrin im SN-Grab 89, zu deren Ausstattung reicher Bernsteinschmuck und das schon 1865 ausgegrabene Kästchen mit Bronzeblechverkleidung gehörten. Die Wirtschafterin auf diesem Hof dürfte eine ähnliche soziale Stellung mit ähnlich aufwendiger Kleidung gehabt haben, wie die besser bekannte des Herrenhofes, die in Grab 189 lag.

Der in Grab 283 auf der rechten Seite mit einfacher Eisenschnalle verschlossene Gürtel war um die Hüften gelegt, von ihm hingen auf der linken Seite ein relativ großer doppelreihiger Kamm sowie eine Bügelschere und ein langer Schlüssel herab. Die Schere, die in Frauengräbern üblicherweise mit weiteren Geräten der Textilverarbeitung kombiniert auftritt, weist bei der Frau aus Grab 283, wo derartige Geräte fehlen, auf eine anders geartete Tätigkeit hin. Das Auffälligste in dem Ensemble der Frau ist das zweite Gerät, ein gut 23 cm langer Hakenschlüssel für ein Schubriegelschloss. Der Schlüssel ist zu groß für einen der üblichen Kästen, und in der Tat wurde ein solcher auch nicht im Grab nachgewiesen. Der Schlüssel dürfte zu einer Tür von einem Haus oder einem Vorratsraum gehört haben.

Während den an Gürtelgehängen meist paarig getragenen bronzenen und silbernen Zierschlüsseln[85] und auch den ebenfalls am Fibelgehänge gebündelt getragenen Eisenschlüsseln[86] Amulettcharakter zugesprochen wird, gelten die wesentlich selteneren großen Eisenschlüssel als Gebrauchsschlüssel.[87] Dass Hakenschlüssel, die für größere Truhen oder Türschlösser geeignet sind, kaum mehr unter die Rubrik Fruchtbarkeitsamulette fallen, bestätigen zwei Vorkommen aus männlichem Besitz in Weingarten, Kr. Ravensburg, sie sind ähnlich zu datieren wie das Frauengrab vom Elkersberg in Vogelstang: nämlich

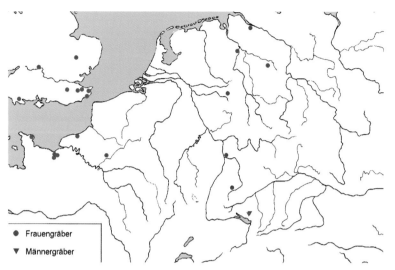

● Frauengräber

▼ Männergräber

Abb. 18: Große, über 20 cm lange Schlüssel – Hakenschlüssel, Hakenbart- und ankerförmige Schlüssel – aus Frauen- und Männergräbern.

ein 26 cm langer Schlüssel in Weingarten Grab 120 bei einem adulten nur mit Kurzsax bewaffneten Mann[88] und ein weiterer dort in Grab 423 bei einem maturen Mann, der mit Spatha, Kurzsax und Schaftloch-Hammeraxt gerüstet war.[89]

In den unzähligen Körpergräbern zwischen Rhein und Donau sind derartig große Schlüssel kaum zu finden (Abb. 18). In Hailfingen Grab 377 besaß eine mit Halskette und Fingerring geschmückte Frau im späten 6. Jahrhundert einen 20 cm langen Schiebeschlüssel.[90]

Unter den von Ulrich Arends zusammengetragenen 55 Schiebeschlüsseln befinden sich nur sechs Exemplare über 20 cm Länge, die meisten aus Kent und zwar in sehr unterschiedlich qualitätvoll ausgestatteten Frauengräbern.[91] Im Gräberfeld von Buckland bei Dover kamen eiserne Schlüssel in einer großen Zahl von Gräbern vor, meist waren sie zwischen 10 und 14 cm lang und gebündelt, drei Schlüssel waren über 20 cm lang. „The keys were worn both by woman in richly furnished graves and by others with very few grave goods, two of the largest by old woman".[92] Sonia Chadwick Hawkes beobachtete im Zusammenhang mit dem angelsächsischen Gräberfeld von Polhill, dass Frauen oft mit mehreren Schlüsseln, nämlich für Haus und Vorratsraum, beigesetzt waren und dass diese Frauen keinen Schmuck trugen.[93] Große Schlüssel unterschiedlicher Formen liegen ebenso aus Finglesham vor.[94] Die Schlüsselträgerin war demnach nicht immer die

Abb. 19: Vogelstang, Grab 283.
1 Bronzene Gürtelschnalle;
2 Glas- und Bernsteinperlen;
3 Kamm;
4 Bügelschere;
5 Hakenschlüssel.
1.3 M. 2:3;
2 M. 1:1;
4-5 M. 1:2.

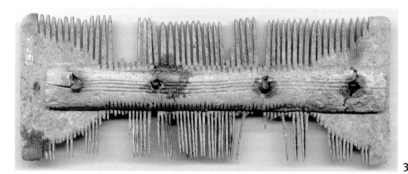

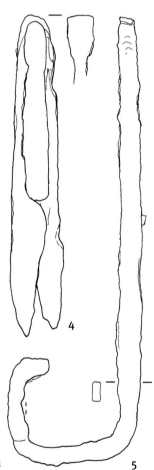

1

2

4

3

5

Hausherrin (lady of the house), sondern häufiger nur eine Haushälterin (housekeeper).

In der Normandie ist der angelsächsische Einfluss nicht zu übersehen und die Zahl der Schlüssel höher als im übrigen Frankenreich.[95]

Unter den wenigen Körpergräbern zwischen Ems, bzw. Lippe und Elbe gibt es vereinzelt große Schlüssel in qualitätvoll ausgestatteten Gräber von Frauen, die zweifellos eine gehobenere soziale Position einnahmen. In Liebenau lag im Körpergrab A2/Quadrat H11 eine Frau, die ein fränkisches Bügelfibelpaar aus dem ersten Drittel des 6. Jahrhunderts trug; an ihrem Gürtelgehänge war ein etwa 24 cm langer Hakenschlüssel befestigt.[96] Die Frau aus Grab AE 19 von Immenbeck bei Buxtehude verwahrte ihren großen Anker-Schlüssel in einer neben ihr stehenden

Truhe, die Schere lag am Kopfende.[97] Ein 25,8 cm langer eiserner Schiebeschlüssel mit leicht rund gekröpftem Haken befand sich zusammen mit vier bronzenen Amulettschlüsseln in dem reichen Grab einer mit nordischer Bügelfibel geschmückten Frau in Beuchte bei Göttingen.[98] Bereits in das letzte Drittel des 6. Jahrhunderts datiert ist der 18 cm lang Hakenschlüssel aus Grab 106 von Soest; er gehörte einer der vornehmsten Frauen am Helweg.[99] Doch mit ihnen lässt sich die Frau vom Elkersberg nicht vergleichen. Eher ist eine Verbindung in den angelsächsischen Raum zu suchen, da hier auch Frauen in bescheidener Position mit einem Schlüssel ausgestattet wurden.

Das Männergrab 290 von Vogelstang-Elkersberg (Abb. 20) ist gestört, die Altersangabe 40-80 Jahre vage. Doch darf wegen der starken Abrasion der vor-

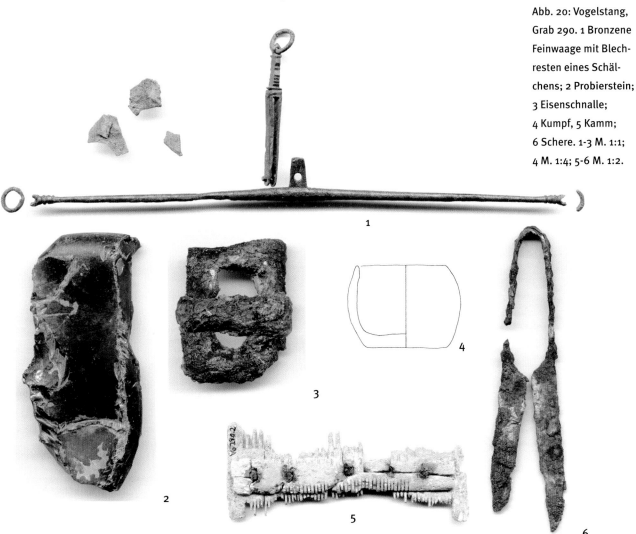

Abb. 20: Vogelstang, Grab 290. 1 Bronzene Feinwaage mit Blechresten eines Schälchens; 2 Probierstein; 3 Eisenschnalle; 4 Kumpf, 5 Kamm; 6 Schere. 1-3 M. 1:1; 4 M. 1:4; 5-6 M. 1:2.

im Molarenbereich des Unterkiefers ein höheres Alter angenommen werden; die zahnärztliche Untersuchung führte Rolf Will durch. Die Schere lag quer oberhalb des gedrehten Kopfes; demnach diente sie der Haarpflege. Zwischen den verschobenen Knochen etwa im Bereich des Oberkörpers befanden sich die Bronzeteile einer Feinwaage. Der Mann verwendete offensichtlich „Zufallsgewichte", wie Heiko Steuer 1987 formulierte, denn außer einem Eisenstück fand sich bei der Waage nur der Probierstein aus Quarzit oder dickem grünem Rohglas. In Grubenmitte lag die eiserne Gürtelschnalle. Ein ursprünglich am Gürtel steckender Sax könnte geraubt sein. Hinweise auf weitere Waffen fehlen. Rechts der Füße stand ein grob von Hand getöpferter Kumpf, unterhalb der Füße lagen Tierknochen von den Speisebeigaben sowie ein Kamm.

Die Speisebeigabe weist auf eine gehobene soziale Stellung hin (Abb. 21). Im Männergrab 290 wurden nämlich Knochen von Rind, Schaf und Huhn gefunden.[100] Drei Sorten Fleisch sind in Vogelstang insgesamt nur 22 Mal belegt und ausschließlich in Kammergräbern mit höherer Ausstattungsqualität üblich. Die Kombination Rind Schaf Huhn ist allerdings einmalig. Die Fleischbeigaben im Frauengrab 283 stammen von Rind und Schaf. Auch in den benachbarten Kindergräbern fehlt das Schweinefleisch. Da in merowingerzeitlichen bäuerlichen Familien kein Mangel an Schweinefleisch herrschte, Schweinefleisch in Vogelstang schon von der ersten Gene-

ration an mit Abstand die häufigste Speisebeigabe war, fällt das Fehlen in den Gräbern dieser Familie besonders auf. Die Familie, die zu klein war, um überhaupt einen eigenen autarken Bauernhof zu bewirtschaften, verfügte nur über ein paar Hühner sowie Schafe für Wolle und Milch. Das Rindfleisch dürfte von Gespanntieren stammen. Denn möglicherweise war der trotz fehlender Waffen aber mit einer Feinwaage ausgestattete und nicht unbedeutende Mann aus Grab 290 im Transportwesen beschäftigt, entweder als Händler oder gar als ein von der Obrigkeit eingesetzter Steuereintreiber.

Der Mann in Grab 290 besaß außer der Feinwaage einen dunkelgrünen, fast schwarzen Probierstein aus Quarzit oder Rohglas, d.h. er hatte tatsächlich geprägtes oder ungeprägtes Edelmetall zu wiegen und zu prüfen. Gleicharmige Feinwaagen wurden im gesamten Römischen und Byzantinischen Reich verwendet. Den derzeitigen Forschungsstand zu den Vorkommen von Feinwaagen fasste Matthias Knaut 2001 zusammen.[101] Er nennt die grundlegenden Arbeiten Joachim Werners und geht auf die Überlegungen Heiko Steuers ein, der Waage und Gewichte unter wirtschaftshistorischen Gesichtspunkten untersuchte, und ergänzte die Listen. Knaut kommt zu dem Ergebnis, dass die Frage nach wie vor im Raum steht, welchem Personenkreis die beigesetzten Waagebesitzer im Einzelnen zuzuordnen sind.

Für das angelsächsische England stellte Christopher Scull trotz möglicher vielfältiger Verwendung von Feinwaagen eine enge Verbindung mit zeitgenössischen Münzgewichten her. Waagen dürften im Handel wie auch bei festgelegten Abgaben eine Rolle gespielt haben. Auch wenn man nur Mutmaßungen über die soziale Stellung der Waagen-Besitzer anstellen kann, weisen die Feinwaagen doch auf eine besonders wichtige Bevölkerungsgruppe hin.[102]

Diese bronzenen Feinwaagen waren für zweifellos kostbare kleine Dinge von geringem Gewichte vorgesehen. Dabei dürfte es sich in erster Linie um Edelmetalle in geprägtem oder auch ungeprägtem Zustand gehandelt haben, die genau gewogen wurden. Als Waagebesitzer werden Händler, Geldprüfer und Geldwechsler vorgeschlagen oder von der Obrigkeit

Abb. 21: Vogelstang, Tabelle mit einer Übersicht der Fleischbeigaben. Am häufigsten wurden nur eine (1) oder zwei (2) Sorten Fleisch mitgegeben; 22 Gräber enthielten Fleisch von drei verschiedenen Tierarten (3); einmal wurden vier Sorten beobachtet (4).

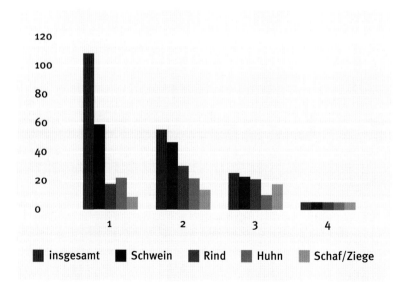

■ insgesamt ■ Schwein ■ Rind ■ Huhn ■ Schaf/Ziege

eingesetzte Beamte als Eichmeister[103] und Steuereintreiber.

Als Grabbeigabe sind 94 Feinwaagen bekannt, und zwar vor allem aus den östlichen und nördlichen Regionen des Merowingerreiches – nicht mitgezählt die Waagefragmente, bei denen es sich vielfach um kleine Schälchen, z.B. auch Schminkschälchen handelt.[104] Selten stammen Feinwaagen aus Frauengräbern, wie in Bury im Dép.Oise, Vouciennes im Dép. Marne oder in Grab 114 von Mülhofen im Kr. Mayen-Koblenz. Soweit die Fundumstände bekannt sind, lagen die meisten Waagen in den Gräbern voll bewaffneter Männer des 6. Jahrhunderts[105]. Auch der Ango-Träger in Basel, Bernerring Grab 5 besaß eine Feinwaage. Diese voll bewaffnet beigesetzten Personen konnten einem Auftrag der königlichen Administration sicher mehr Nachdruck verleihen als der unbewaffnete Mann aus Vogelstang. Zumal in merowingischer Zeit das Ansehen eines Mannes in erster Linie auf der Zugehörigkeit zum fränkischen Heer beruhte. Nur vereinzelt gelangten Feinwaagen noch im 7. Jahrhundert in die Gräber, wie bei dem Reitergrab von Wallerstädten, Kr. Groß-Gerau; in diesem Fall verraten Tiegel und Probierstein, dass sich der Reiter als Goldschmied betätigte.[106] Fünf Schmiedegräber waren mit der Feinwaage ausgestattet, diese Männer waren alle auch stark bewaffnet.

Ausschließlich in der Mitte des 6. Jahrhunderts gab es weitere Männer mit Feinwaage, die wie der aus Vogelstang Grab 290 bescheiden oder gar nicht bewaffnet beigesetzt waren (Abb. 22). Anzeichen einer gehobenen sozialen Stellung waren dennoch vorhanden, z.B. durch die Beigabe von Glasgeschirr oder die Beisetzung an einem hervorragenden Platz. In Vogelstang wären es die dreierlei Sorten Fleisch. In einer fränkischen Gruppe nahe der Hauptstadt des Westgotenreiches lebte in der ersten Hälfte des 6. Jahrhunderts ein Mann, der in Isle-Jourdain Grab 268 mit seiner Waage beigesetzt wurde. Er trug eine Bronze-Schnalle mit Almandineinlagen, besaß ein Messer mit extrem langer Griffangel und eine 24 cm lange Lanzenspitze.[107]

Zu den Gräbern, die kurz nach der Eroberung des Burgundenreiches durch die Franken a. 534 fränkische Bestattungssitten demonstrieren wird das

Abb. 22: Gräber von Männern, die wie in Vogelstang Grab 290 unbewaffnet waren oder nur einen Sax trugen und bei ihrer Arbeit eine Feinwaage verwendeten. 1 Mannheim-Vogelstang; 2 Isle-Jourdain bei Toulouse (außerhalb der Karte); 3 Sévery-le-Châtelard; 4 Ingelheim; 5 Salz; 6 Feldmoching; 7 Altenerding; 8 Singen; 9 Bodman; 10 Brenz; 11 Bopfingen.

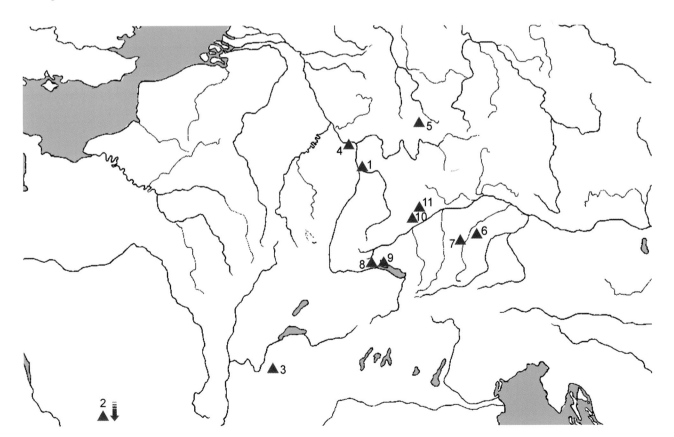

sche Bestattungssitten demonstrieren wird das 1842 geborgene Grab von Sévery-le Châtelard, Kt. Vaud gezählt. [108] Es enthielt angeblich zwei lange Saxe, eine schwere Schilddornschnalle, einen Lavezbecher und die bronzene Feinwaage.

Der unbewaffnete Mann aus Ingelheim Grab 58, der in seiner Gürteltasche mit kleiner Rechteckschnalle eine Feinwaage, ein Bleigewicht und einen Probierstein mit sich führte, lässt durch einen Sturzbecher erkennen, dass er nicht unvermögend war. [109] Er lag wie in Rheinhessen üblich in einem schmalen Grabschacht.

In Salz, Landkreis Rhön-Grabfeld, befand sich ein unbewaffneter Mann im großen tiefen Kammergrab 19, er trug eine für SD-Phase 5-6 typische Gürtelschnalle mit Innenrandleiste und profiliertem Kolbendorn und verwahrte in seiner Gürteltasche außer dem Feuerzeug eine Feinwaage mit fünf, wohl als Gewichte verwendeten römischen Münzen. Das auffälligste Stück in dem Grabinventar ist ein gläsernes Horn. [110]

In bajuwarischen Gräberfeldern sind nur einfache Grabschächte üblich. In Altenerding Grab 357 trug der Mann einen Gürtel mit einfacher Eisenschnalle und war mit einem 31 cm langen Kurzsax mit schmaler Klinge bewaffnet. [111] Eine Eisenschnalle mit rechteckiger Lasche gehörte vermutlich zur Tasche, die außer der Feinwaage eine Bronzenadel und allerlei kleines Eisengerät barg, Pfrieme, Vierkanteisen und auch ein Gerät mit Haken zum Weben von Bändern, die zum Beispiel als Halfter einsetzbar sind. Auf eine Schmiedetätigkeit, die dem Mann bereits unterstellt wurde [112], weisen diese Geräte allerdings nicht hin. Ungestört war das Männergrab 126 von München-Feldmoching, in dem außer zwei Scharnierbeschlägen im Becken ein Messer und die Feinwaage unterhalb der rechten Hand gefunden wurden; eine Datierung in das mittlere Drittel des 6. Jahrhunderts ergibt sich aus der Lage im Gräberfeld. [113]

Ohne Waffen war ein Mann in Singen Grab 75 beigesetzt, dem wiederum außer der Feinwaage auch eine – in der alamannischen Region allerdings wenig übliche und daher besonders auffällige –

Schere mitgegeben wurde, dazu ein byzantinisches Gewicht von 27,2 g bzw. einer Unze; er trug einen Gürtel mit Schilddornschnalle. [114]

Eine Schnalle vom gleichen Typ wie in Salz trug auch der Mann in Bodman, Kr. Konstanz, Grab 4; er war mit einem 41 cm langen schmalen Sax bewaffnet; bei ihm lagen eine Feinwaage, Feuerzeug, Ösennadel, Pinzette und wiederum eine Schere im Grab. [115] Als Beispiel, dass eine bescheidene Ausstattung nicht immer Status und Ansehen widerspiegelt, wird gern das Männergrab mit Feinwaage aus Brenz angeführt. [116] An hervorragender Stelle, nämlich unter der Holzkirche von St. Gallus in Brenz, Kr. Heidenheim, war in Grab 75 der 40jährige Mann beigesetzt, der nur mit einem 33 cm langen Kurzsax bewaffnete war und in seiner Gürteltasche außer Messer und Feuerzeug eine Feinwaage trug. [117] Unbewaffnet war ein 30-40jähriger Mann aus Bopfingen, Ostalbkreis, Grab 195, doch trug dieser Besitzer einer gleicharmigen Feinwaage im dritten Viertel des 6. Jahrhunderts einen Gürtel mit silberner Schnalle. [118]

In der Mitte des 6. Jahrhunderts gab es möglicherweise einen besonderen Bedarf an Personen, die Münzen wiegen und prüfen konnten. Denn während der Italienfeldzüge, die 539 einsetzten, gelangten Gold- und Silbermünzen in beträchtlicher Menge in den Besitz der Krieger des fränkischen Heeres. Einzelne Familien besaßen außerdem noch Silbervorräte, die auf Soldzahlungen in römischer Zeit zurückzuführen sind.

Das Gräberpaar 290/283 gehörte zu einer Kernfamilie, die in keine Hofgemeinschaft eingebunden war, die nicht von eigener Landwirtschaft lebte, aber ihr Auskommen hatte. Die Frau trug keinen Schmuck aus Edelmetall. Sie kam vielleicht von der Kanalküste. Der Mann war kein Krieger im fränkischen Heer, aber dennoch von gepflegtem Aussehen. Er hatte mit Geldverkehr zu tun und war an den Ort gebunden, wo seine Familie lebte. Die Frau stand ihm zur Seite und verwahrte die Einnahmen hinter Schloss und Riegel. Ob es nun Steuern waren oder Handelsgüter, sei dahin gestellt, bezahlt wurde offensichtlich auch mit Gold- oder Silbermünzen.

Abb. 23: Straßenheim Grab 53. Rauhwandige scheibengedrehte Keramik in römischer Tradition.

8.8 Fränkische Keramikproduktion am Oberrhein

Zur Versorgung der Bevölkerung in den von Chlodwig eroberten, aber erst unter seinen Nachfolgern in das Merowingerreich integrierten östlichen Reichsteilen wurden in der Mitte des 6. Jahrhunderts regionale Produktionsstätten eingerichtet. Nachvollziehen lässt sich dieses anhand der in den Gräbern reichlich zu findenden Keramik.

Die erste Generation in den fränkischen Gräberfeldern verwendete vor der Mitte des 6. Jahrhunderts Keramik nach Mayener Art aus Töpfereien, die in römischer Tradition standen, also Importkeramik (Abb. 23). Sie verwendete daneben auch handgeformtes Geschirr. Darunter befinden sich viele qualitätvolle Stücke, die handwerkliche Kenntnisse verraten und ein Formen- und Verzierungsrepertoire unterschiedlicher Herkunft erkennen lassen (S. 91, Abb. 97; S. 180, Abb. 102). Die qualitätvolleren verzierten Gefäße wurden kaum im Hauswerk produziert, doch mehr als ein paar benachbarte Weiler dürften diese ersten Töpfer kaum bedient haben.

Schlagartig standen zu Beginn der SD-Phase 6 im Rhein-Neckarraum auf der Drehscheibe in Serien produzierte Gefäße ausreichend zur Verfügung, darunter als besseres Tischgeschirr doppelkonische rillen- und wellenbandverzierte, reduzierend gebrannte grauschwarze Töpfe aus extrem fein geschlämmtem, kaum gemagertem Ton (Abb. 24). Sowohl deren Qualität als auch Menge spricht eindeutig gegen ein Subsistenzhandwerk. Entweder war der nördliche Oberrhein zu Beginn der zweiten Generation, d.h. um 550, an das Vertriebsnetz großer fränkischer Töpfereien im Rhein-Maas-Gebiet angeschlossen, oder es handelt sich bereits um die ersten Produkte einer regionalen Töpferei.

Abb. 24: Sandhofen, Grab 145. Scheibengedrehter doppelkonischer Topf mit Wellenbanddekor. Beim Ausheben der Grube durch die frühmittelalterlichen Grabplünderer wurde die in der Bodenfeuchtigkeit weich gewordene feintonige Keramik glatt durchschnitten.

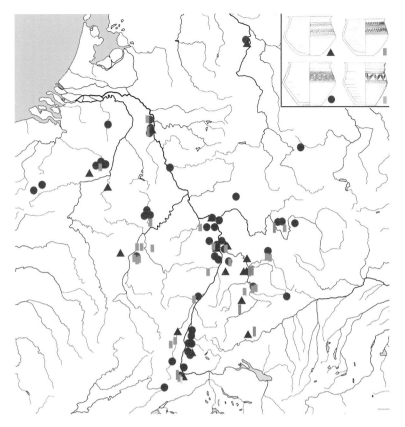

Abb. 25: Verbreitung der scheibengedrehten doppelkonischen Töpfe mit Wellenbanddekor.

Abb. 103), keine regionalen Eigenarten erkennen lassen, erstaunt dann wenig. Nicht nur die Technik, auch das Formenrepertoire brachten die ersten Töpfer mit. Wellenbandverzierte doppelkonische Töpfe finden sich in den gleichen Proportionen ebenso am Niederrhein, an Maas, Mosel, Main und Neckar (Abb. 25) [119] und auch beiderseits des Oberrheins. [120]

Die für den Vertrieb produzierende Töpferei ist – wenn nicht durch Beamte des Königs kontrolliert – nur im Rahmen einer großen Grundherrschaft denkbar, die für den Vertrieb der Erzeugnisse und die Weitergabe und sinnvolle Verwendung der eingetauschten Naturalien sorgen konnte.

8.8.1 Keramik mit reich gemustertem Rollstempeldekor

In SD-Phase 7 machen sich die ersten regionale Eigenheiten bei der Keramik bemerkbar. Besonders anhand der ab SD-Phase 7 vorkommenden und für SD-Phase 8 charakteristischen Eindruckrollstempel und Zierrollrädchen mit ihren komplizierten Mustern lässt sich das Einzugsgebiet der den Mannheimer Raum beliefernden Töpfereien abstecken. Schon lange war der Raum Heidelberg-Weinheim als Herkunftsgebiet von Töpferwaren mit komplizierten Rollstempelmustern in Verdacht. [121]

Als Eindruckrollstempel werden die Muster mit einer Folge von isoliert stehenden unterschiedlichen Abdrücken bezeichnet, die sich nach ca. 9-11 cm wiederholen (Abb. 26).

Ohne die Ansiedlung von Spezialisten, die in fränkischen Großtöpfereien ausgebildet waren, wäre ein solches Unterfangen nicht denkbar. Es mussten im Rhein-Neckarraum Tonvorkommen erschlossen, Schlämmgruben, Werkstätten und Töpferöfen gebaut werden, um solche Keramikprodukte auf der Drehscheibe professionell für eine beständige Nachfrage herzustellen. Dass gerade die ältesten Erzeugnisse, die für SD-Phase 6 typische Ware mit einfachem Rillen- oder Wellenbanddekor (S. 181,

Abb. 26: Übersicht Eindruckrollstempel Gruppe A.

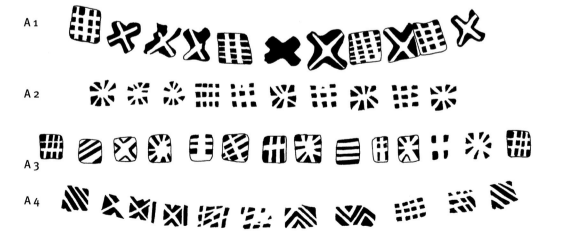

A 1

A 2

A 3

A 4

Einen Rapport nach 9,5 cm mit neun Abdrücken senkrechter und 4:3 sowie 3:3 gekreuzter Gitter in Kombination mit Rosetten zeigt Rollstempel A2. Er ist dreimal in Sandhofen am Hohen Weg belegt, und zwar auf einer breiten enghalsigen Kanne mit Tüllenausguss in Grab 84 (Abb. 27) und einem hohen enghalsigen Topf aus feinsandig gemagertem Ton in Grab 205 (Abb. 28); in Grab 185 sind nur noch Scherben mit dem Rollstempeldekor vorhanden. Die Vorkommen sind in SD-Phase 8 zu datieren. Dieses relativ einfache 0,6 cm hohe Muster des Rollstempels A2 ist ebenfalls bekannt aus Auenstein, Kr. Heilbronn und Ditzingen, Kr. Leonberg.

Der Eindruckrollstempel A3, der senkrechte, schräge und gekreuzte Gitter, Kreuze im Rechteck, Rosetten, horizontale und schräge Striche zeigt, wurde in SD-Phase 9 auf einem 29 cm hohen dunkelgrauen Topf aus quarzgemagertem Ton aus Vogelstang Grab 318 (Abb. 29) verwendet sowie auf einem 16 cm hohen Topf aus Grab 669 vom Hermsheimer Bösfeld.

Aus vier Gräbern von drei Mannheimer Fundstellen, nämlich Feudenheim Grab 11, Straßenheim „Aue" Grab 46, Vogelstang Frauengrab 3 und Kindergrab 231, liegen Gefäße vor, die den Eindruckrollstempel A4 mit senkrechten und schrägen Gittern, Kreuzen, schrägen Strichen und Zickzack aufweisen. Aus feinem, blättrigem Ton von bräunlichgrauer Farbe sind der 16 cm hohe Feudenheimer Topf sowie der 14 cm hohe Topf aus Vogelstang Grab 231, besonders feintonig sind auch die Töpfe aus Straßenheim „Aue" und Vogelstang Grab 3. Vogelstang Grab 3 enthält einen doppelreihigen Kamm vom Typ E mit geringer Zähnungsdifferenz, der erstmals in SD-Phase 7 auftritt, und eine kurzzylindrische Perle, die charakteristisch ist für Ketten der Kombinationsgruppe D. Jünger ist in jedem Fall das Mädchengrab 46 aus Straßenheim „Aue"; mit einer Perlenkette der Kombinationsgruppe E ist es bereits ans Ende der SD-Phase 8 zu datieren. Keine datierenden Beifunde enthält das Kindergrab 231, das nach der Lage noch in SD-Phase 7 zu datieren wäre.

Außerdem ist das Muster aus Edingen, Weinheim und Mergentheim bekannt. Mathias Will erfasst diesen Rollstempel unter seinem Muster E1[122] und

Abb. 27: Sandhofen, Grab 84. Rollstempel A2.

Abb. 28: Sandhofen, Grab 205. Enghalsiger breiter Topf mit Rollstempel A2.

Abb. 29: Vogelstang, Grab 318. Rollstempel A3.

nennt als weitere Vorkommen Worms, Schillerstraße und Zuzenhausen Grab 7[123].

Der Eindruckrollstempel A5 mit senkrechten, schrägen und gekreuzten Gittern, Querstrichgittern und kurzen horizontalen Strichen liegt dreimal aus Vogelstang vor, nämlich aus den Gräbern 37, 50 und 207, dazu einmal aus Weinheim. Im Hermheimer Bösfeld Grab 270 tritt der Eindruckrollstempel A5 auf einer Tüllenausgusskanne auf und in Grab 439 auf einem sogenannten Etagengefäß. Feintonig grau ist der 16,8 cm hohe Topf aus Vogelstang Grab 37; die grauschwarze geglättete Oberfläche ist bei der extrem feintonigen Keramik meist stark abgewaschen, so auch bei dem rötlichgrauen Topf aus Vogelstang 207 (Abb. 30). Der Knabe in Vogelstang Grab 37 trug eine dreiteilige eiserne Gürtelgarnitur (S. 317, Abb. 38) und ist in SD-Phase 8 zu datieren. Das Mädchengrab 50 enthielt eine sehr einheitliche Perlenkette der Kombinationsgruppe D (S. 303 Abb. 19) und ist zeitgleich. In Grab 207 ist der Topf die einzige Beigabe eines Kleinkindes.

Abb. 31: Vogelstang, Grab 143. Rollstempel A7

Abb. 30: Vogelstang, Grab 207. Rollstempel A5.

Abdruckstempel A7 mit senkrechten, schrägen und gekreuzten Gittern, Rosetten, schrägen Strichen und Winkel mit vertikaler Achse ist sechsmal im Raum Mannheim nachgewiesen. Gut erkennbar ist der Stempel auf einem feintonig ockergrauen Topf mit grauschwarzer Oberfläche aus Sandhofen Grab 143 (Abb. 31) sowie auf einer Tüllenausgusskanne in Bösfeld Grab 311. Von einem total zertrümmerten Topf ist in Sandhofen Grab 92 noch eine Scherbe mit vier charakteristischen Eindrücken der Stempelfolge erhalten. In Straßenheim „Aue" wurden zwei Töpfe in der Sandgrube geborgen, ein Becher mit einem stark überrollten Rädchen stammt aus Grab 49. Weitere Erzeugnisse gelangten nach Bargen bei Helmstadt, Heilbronn-Horkheim und Obereisesheim[124]. Das Gräberfeld von Bargen beginnt mit SD-Phase 8.

Aus Grab 256 vom Hermsheimer Bösfeld, aus Grab 28 in Sandhofen am Hohen Weg (Abb. 32) und aus

Grab 241 in Vogelstang (Abb. 33) liegt der Rollstempel A8 vor, der senkrechte und gekreuzte Gitter, Kreuze in Kreuzvertiefung, schräge Strichen, Zickzack, zwei ovale Ringe, davon einen mit Punkt aufweist. Der Topf aus Sandhofen ist im Kern hellgrau, die Oberfläche grauschwarz. In dem feinen Ton des Topfes aus Vogelstang Grab 241 (S. 185, Abb. 107) zeichnen sich die Eindrücke scharfkantig ab. Das Mädchengrab 241 enthält eine Perlenkette der Kombinationsgruppe D, die für SD-Phase 8 typisch ist.

Vorkommen mit diesem Rollstempel stellte Robert Koch bereits 1973 vor, nämlich von Handschuhsheim Grab 1, Weinheim Grab 25 und Grab A sowie Grab 2 von Königheim im Main-Tauber-Gebiet. Uwe Gross

Abb. 32: Sandhofen, Grab 28. Rollstempel A8.

Abb. 33: Vogelstang, Grab 241. Rollstempel A8.

entdeckte dann, dass der wegen der zwei kleinen ovalen Ringe sehr auffällige Stempel auf einer Scherbe aus dem schon 1899 von Karl Pfaff ergrabenen Töpferofen von Heidelberg-Bergheim vorliegt.[125] Ob in Bergheim die einzige Töpferei der Region stand oder ob es weitere gab, lässt sich weder aus den Gefäßformen und den Mustern noch aus deren Verteilung und Verbreitung erschließen.

Zu den seltenen Mustern, die in Mannheim noch nicht gefunden wurden, aber in der Umgebung vorkommen, gehört der Rollstempel A6 mit senkrechten und schrägen Gittern, gefüllten Kreuzen, rechteckigen Rosetten, horizontalen und schrägen Strichen. Er ist zu finden auf Keramik aus Heddesheim Grab 6, Weinheim Grab 12 und 24, Heilbronn-Horkheim sowie Neckarelz.

Dass es außer den acht Eindruckrollstempeln selbst im Mannheimer Raum noch weitere gab, zeigt eine Scherbe aus Feudenheim Grab 2 (Abb. 34), der Rollstempel ist zwar nicht vollständig, doch die erhaltene Folge fügt sich in keine der bereits bekannten Muster ein.

Die Rollstempel mit den isolierten Stempelmustern gehören überwiegend in SD-Phase 8, älter ist nur der Rollstempel A4, der sich bereits in SD-Phase 7 nachweisen lässt.

Abb. 34: Feudenheim, Grab 2. Scherbe mit einem noch unbekannten Rollstempel.

Eine kleine Gruppe der Zierrollrädchen steht wegen ihrer kurzen Felder den Eindruckrollstempeln sehr nahe (Abb. 35). Davon ist Rollstempel B1 mit schrägen und gekreuzten Gittern sowie vertikalen Strichen nur aus Groß-Rohrheim nahe der Weschnitzmündung und Pleidelsheim am Neckar bekannt geworden, während Rollstempel B2 mit senkrechten Gittern, einfachen und gefüllten Kreuzen, vertikalen Strichen sowie horizontalen Strichen mit Gitter aus Vogelstang Grab 133 (Abb. 36) und Grab 285 (S. 183 Abb. 105), aus Heidelberg-Kirchheim Grab 66 und mit einem sehr weit versprengten Stück in Colmar[126] vorliegt. Aus feinsandig gemagertem Ton besteht die Tüllenausgusskanne mit grauschwarz geglätteter Oberfläche in Vogelstang Grab 133 (S. 185, Abb. 107). Ockergrau gefleckt ist der feintonig dunkelgraue 10,4 cm hohe Topf in Vogelstang Grab 285.

Abb. 35: Übersicht Zierrollstempel Gruppe B.

B1

B2

B3

Das Muster B3, das aus Bargen, Obereisesheim und Horkheim bekannt ist[127], wurde bisher noch nicht im Raum-Mannheim-Heidelberg gefunden; doch das dürfte eher eine Forschungslücke sein, nicht nur weil Bargen leichter über das Elsenztal zu erreichen ist, als von Heilbronn her durch den Wimpfener Forst. Eine 1973 noch vermutete Töpferei mit eigenen Zierrollrädchen im Raum Heilbronn ist Forschungsgeschichte.

Datierbar sind von den Töpfen mit Rollstempeln der Gruppe B die Töpfe aus Bargen, Pleidelsheim Grab 175 und Vogelstang Grab 133. Sie gehören alle in die SD-Phase 8, das erste Viertel des 7. Jahrhunderts.

Abb. 36: Vogelstang, Grab 133. Rollstempel B2.

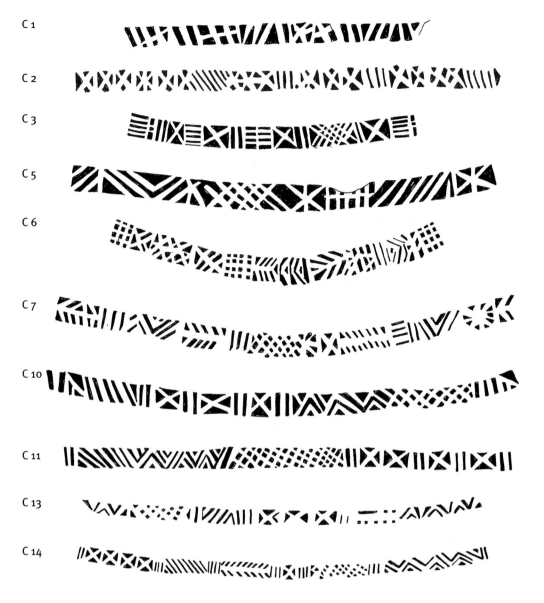

Abb. 37: Übersicht Zierrollstempel Gruppe C.

C 1

C 2

C 3

C 5

C 6

C 7

C 10

C 11

C 13

C 14

Bei den meisten Zierrollrädchen wurden kurze und lange Felder kombiniert (Abb. 37). Unvollständig ist das Muster C1 aus schrägen Gittern und schrägen Strichen auf den Scherben einer Tüllenausgusskanne aus Sandhofen Grab 157, doch dürfte es mit dem Muster auf einem Topf aus Vogelstang Grab 23 identisch sein. Das Männergrab Grab 23 enthält keine weiteren datierenden Beifunde, es liegt aber zwischen zwei Frauengräbern der SD-Phase 7.

Zierrollrädchen C2 mit gekreuzten Gittern, Kreuzen, vertikalen und schrägen Strichen liegt vor auf Gefäßen aus Grab 550 vom Hermsheimer Bösfeld, aus Grab 5 am Hohen Weg in Sandhofen (Abb. 38), auf einem Fund von 1856 aus Viernheim sowie aus

Heddesheim Grab 2 (Abb. 39). Die Tüllenausgusskanne aus Sandhofen Grab 5 (S. 43, Abb. 13) besteht aus feinsandig gemagertem feinem Ton, im Kern ist sie dunkelgrau, darüber liegt eine dünne hellgraue Schicht mit dunkelgrauer Oberfläche. Auch bei dem Heddesheimer Topf scheint die hellgraue Schicht durch.

Zierrollrädchen C3 ist bisher nur aus Pleidelsheim bekannt, Muster C4 aus Handschuhsheim Grab 8/1899 und Worms, C5 aus Bargen Grab 4.

Rollrädchen C6 mit senkrechten, schrägen und gekreuzten Gittern, vertikalen Strichen, Winkel mit horizontaler Achse sowie Winkel mit vertikalen Strichen wurde auf zwei Töpfen in Straßenheim „Aue" eingedrückt; ein Topf stammt aus Grab 32, der andere wurde 1932 aus einem zerstörten Grab geborgen. Ungleichmäßig kräftig eingerollt ist er auf einer feintonigen Tüllenausgusskanne in Vogelstang Grab 141 (Abb. 40); dann kommt er noch vor in Heidelberg-Kirchheim Grab 32 und in Viernheim. Das Frauengrab 141 von Vogelstang ist aufgrund des mit gefundenen Perlenensembles in SD-Phase 8 zu datieren.

Abb. 38: Sandhofen, Grab 5. Rollstempel C2.

Abb. 39: Heddesheim, Rhein-Neckar-Kreis, Grab 2. Rollstempel C2.

Abb. 40: Sandhofen, Grab 141. Rollstempel C6.

Vier Rollstempel liegen im Mannheimer Raum bisher nur je einmal vor. Das Zierrollrädchen C7 befindet sich auf einem Topf aus feinem blättrigem ockergrauem Ton im Frauengrab 115 von Vogelstang (S. 186, Abb. 108); es ist dadurch in SD-Phase 9 datiert und gehört zu den spätesten Vorkommen. Mathias Will führt das Zierrollrädchen C7 unter Muster K5 zusammen mit einem Fund aus Klein-Rohrheim, Stadt Gernsheim und Worms Schillerstraße auf.[128]

Das Zierrollrädchen C8 befand sich auf einem 18 cm hohen Topf aus feinem grauem Ton im Knabengrab 190 von Vogelstang(Abb. 41). Das stark beraubte Grab (S. 320, Abb. 42) enthält Hinweise auf eine überaus qualitätvolle Ausstattung; nach der Lage des Grabes gehörte der Knabe zum Herrenhof und wäre dann in SD-Phase 7 zu datieren.

Abb. 41: Vogelstang, Grab 190. Rollstempel C8.

Das Zierrollrädchen C 12 wurde bisher nur von einem weiten Topf mit schwarzer Oberfläche im Knabengrab 226 von Vogelstang bekannt. Grab 226 ist in SD-Phase 8 zu datieren. Ein Topf mit Zierrollrädchen C13 wurde am 28.12.1934 aus einem Grab in Straßenheim „Aue" geborgenen.

Dagegen ist das 5,5 mm hohe Rollstempelmuster C10 mit schrägem Gitter, Kreuzen, senkrechten und schrägen Strichen sowie Winkel bei einem Rapport von 11,8 cm mit vier Vorkommen in Feudenheim (Grab 1, 16, 17, 22), zwei Vorkommen in Sandhofen (Grab 26, 126) sowie einem in Vogelstang recht zahlreich. Die grauschwarze Oberfläche des feintonigen Topfes aus Sandhofen Grab 126 (Abb. 42) ist stark abgeblättert, so dass die hellgraue untere Schicht sichtbar ist. Der 16 cm hohe Topf aus Vogelstang Grab 101 (S. 185, Abb. 107) besteht aus feinem klumpigem Ton (Abb. 43). Nur mäßig eingedrückt wurde das Rollrädchen in den mit wenig grober Magerung versetzten feinen Ton des Topfes aus Feudenheim Grab 22 (Abb. 44); die ursprünglich schwarze geglättete Oberfläche ist stark abgerieben.

Abb. 42: Sandhofen, Grab 126. Rollstempel C10.

Abb. 43: Vogelstang, Grab 101. Rollstempel C10.

Abb. 44: Feudenheim, Grab 22. Rollstempel C10.

Der gut 16 cm hohe Topf in Feudenheim Grab 16 wurde mit einem doppelreihigen Kamm vom Typ E mit feiner Zähnung, aber geringer Zähnungsdifferenz gefunden und ist frühestens in SD-Phase 7 zu datieren. Feudenheim Grab 17 mit einem 20 cm hohen Topf enthielt eine für SD-Phase 7 typische lange Lanzenspitze. Vogelstang Grab 101 ist sowohl durch die Lage unmittelbar anschließend an Gräber der SD-

Phase 7 wie auch den Rückenbeschlag einer dreiteiligen Gürtelgarnitur in SD-Phase 8 einzuordnen. Somit gehört das beliebte Zierrollrädchen C10 in die Übergangszeit SD-Phase 7-8.

Das Zierrollrädchen C11 mit schrägem Gitter, Kreuzen, senkrechten und schrägen Strichen sowie Zickzack ist nachgewiesen in Grab 920 vom Hermsheimer Bösfeld, in Seckenheim, in Grab 243 in Vogelstang (SD-Phase 8) sowie in Heilbronn-Böckingen Grab 16 und in Murr, Kr. Ludwigsburg.[129] Auf dem feintonigen grau bis dunkelgrauen 12,7 cm hohen Topf mit grauschwarzer geglätteter Oberfläche aus Seckenheim ist das Rädchen in fünf Umläufen scharf und sauber eingedrückt, auf dem 12,6 cm hohen grauschwarzen Topf aus Vogelstang Grab 243 in sechs Umläufen.

Das sehr fein geschnittene Muster des nur 4 mm hohen Zierrollrädchens C14 mit schrägem Gitter, Kreuzen, senkrechten Strichen, Winkel mit horizontaler Achse und Zickzack verlangte einen ausnehmend fein geschlämmten Ton und war im Mannheimer Raum offensichtlich besonders beliebt (Abb. 45-47). Es findet sich in Feudenheim Grab 20, in Grab 386 vom Hermsheimer Bösfeld, in Sandhofen am Hohen Weg Grab 53 (Abb. 46), dann zweimal in Vogelstang und viermal in Straßenheim „Aue", u.a. in den Gräbern 11 (Abb. 45), 15 und 65.

In Vogelstang sind die Gräber 293 und 430 in SD-Phase 7, das letzte Viertel des 6. Jahrhunderts zu datieren. In Straßenheim „Aue" Grab 11 wurde ein fein gezähnter Kamm vom Typ B mit großer Zähnungsdifferenz gefunden. Der Knabe in Straßenheim „Aue" Grab 65 trug zwar noch eine für SD-Phase 6 typische eiserne Gürtelschnalle mit rechteckiger Lasche und

Abb. 45: Straßenheim, Grab 11. Rollstempel C14.

Abb. 46: Sandhofen,
Grab 53. Rollstempel
C14.

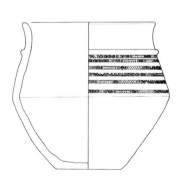 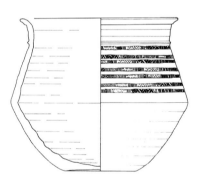 

dünnem Rechteckbeschlag, doch besaß er bereits den erst in SD-Phase 7 aufkommenden Kammtyp E mit geringer Zähnungsdifferenz. Als das schmale Zierrollrädchen auf dem Topf aus Grab 65 eingedrückt wurde, war ein Motiv (Tausendfüßler) bereits stark abgenutzt und erscheint nur noch als lange Doppelrille.

Rädchenmuster D mit langen Feldern und einem durchlaufenden Mittelstrich sind im Mannheimer Raum seltener nachgewiesen (Abb. 48). Das nur aus ganzen und halben schräg stehenden Kreuzen zu-

sammengesetzte Muster D1 ist mit einem Rapport bei 14,5 cm das längste bekannte Muster am unteren Neckar und es kommt auf Gefäßen von recht unterschiedlichem Ton vor. Der Topf in Feudenheim Grab13 besteht aus grauem, blättrigem Ton. Feudenheim Grab 13 enthält einen Schmalsax und ist somit in SD-Phase 7 zu datieren. Ähnlich besteht der breite offene Topf mit dem Rollrädchen D1 aus dem Kindergrab 359 in Vogelstang aus mittelgrauem Ton mit dunkelgrauer, schwarz gefleckter Oberfläche. Er gelangte zu Beginn der SD-Phase 8 in die Erde.

Abb. 47: Töpfe mit dem
Zierrollstempel C14.
1-2 Vogelstang. 1 Grab
293; 2 Grab 430.
3-5 Straßenheim „Aue".
3 Grab 11; 4 Grab 15;
5 Grab 65. – 6 Feuden-
heim Grab 20.

D 1

D 2

Abb. 49: Bereits im
frühen 19. Jahrhundert
wurde der Topf in Wall-
stadt, dem späteren
Vogelstang geborgen
und seitdem in den
Gräflich Erbachischen
Sammlungen aufbe-
wahrt. Rollstempel D1.

In Straßenheim „Aue" Grab 50 ist das Muster auf einem ockergrauen, sich mehlig feinsandig anfühlenden Topf zu erkennen. Von ähnlicher Konsistenz ist der kleine ockergraue Topf mit dem Muster D1, der im Schloss Erbach seit knapp 200 Jahren im so genannten Römersaal in der Vitrine steht und aus Wallstadt, heute Vogelstang, stammt (Abb. 49). Die Scherben eines doppelkonischen Topfes aus Heilbronn-Neckargartach[130] sind leider zu unvollständig, um das Muster sicher zu identifizieren. Mathias Will nennt die Vorkommen von Feudenheim und Straßenheim „Aue" unter seinem Muster K4, dem er einen Topf aus Worms Schillerstraße zuordnet.[131] Ein ähnliches, möglicherweise identisches Muster ist auf einem Topf im Museum Speyer zu beobachten.[132] Ähnliche, aber sicher nicht identische Muster gibt es in Hochfelden und Colmar im Elsaß sowie Sasbach im Kr. Emmendingen.[133]

Muster D2 mit einem Rapport nach 11,2 cm liegt zweimal in Straßenheim „Aue" (Abb. 50) vor, ein Topf wurde 1931 geborgen, der andere 1965. In Heidelberg-Kirchheim gehört die Tüllenausgusskanne mit Muster D2 zu einem Männergrab mit Breitsax und großer eiserner Gürtelgarnitur[134]. In Grab 558 vom Hermsheimer Bösfeld sowie in Vogelstang Grab 424 (SD-Phase 9) befindet sich das Zierrollrädchen auf dreihenkligen Tüllenausgusskannen. In Vogelstang ist der Kannencorpus aus flockig feinem Ton angefertigt, die drei Henkel und die Tülle sind dagegen aus sandig gemagertem Ton geformt. Vogelstang Grab 424 ist in SD-Phase 9 datiert, dazu

Abb. 50: Straßenheim „Aue", Grabfund 1965.
Rollstempel D2.

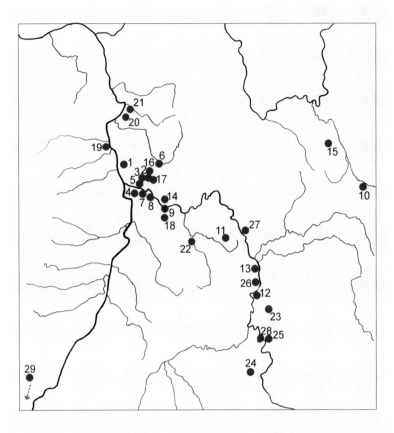

passt die Kannenform mit drei Henkeln, die nicht vor dieser Phase auftaucht.

Im Rhein-Neckar-Raum sind zahlreiche Eindruckrollstempel und Zierrollrädchen mehrmals anzutreffen. Es besteht kaum ein Zweifel, dass die Töpfereien, die diese Rollrädchen verwendeten, in der Region standen (Abb. 51). Für den Rollstempel A8 ist die Herkunft aus einer Töpferei in Heidelberg-Bergheim gesichert.

	C14	C10	A7	A8	A4	A5	D1	D1	C2	C1	D2	C6	A2	B2	A6	C11	C3	C5	A3
1 Sandhofen	1	2	2	1					1	1			3						
2 Straßenheim "Aue"	4		3		1		1	1			2	2							
3 Vogelstang	2	1		1	2	3	2	2		1	1	1		2		1			1
4 Hermsheim Bösfeld	1			1		2			1		1								1
5 Feudenheim	1	4			1		1	1								1			
6 Weinheim				2	1	1									2				
7 Seckenheim																1			
8 Edingen					1														
9 BergheimTöpferei				1															
10 Mergentheim					1														
11 Bargen			1																
12 Horkheim			1													1			
13 Obereisesheim			1																
14 Handschuhsheim				1															
15 Königheim				1															
16 Viernheim									1			1							
17 Heddesheim									1							1			
18 Kirchheim HD											1				1				
19 Worms					1	1													
20 Großrohrheim																			
21 Kleinrohrheim																			
22 Zuzenhausen					1														
23 Auenstein													1						
24 Ditzingen													1						
25 Murr																1			
26 Böckingen																1			
27 Neckarelz																1			
28 Pleidelsheim																	1		
29 Colmar																	1		

Abb. 51: Verbreitung von Keramik, die mit Eindruckrollrädchen und Zierrollrädchen verziert wurde und deren Muster von Gefäßen aus dem Mannheimer Raum bekannt sind.

Abb. 52: Vogelstang, Gräberfeld am Elkesberg. Grau markiert sind die Gräber von Erwachsenen der SD-Phasen 5-6, farbig die der SD-Phasen 7-8. Mit Punkten sind die Vorkommen von Gefäßen mit Eindruck- und Zierrollrädchen eingetragen.

Der Rhein war in der zweiten Hälfte des 6. Jahrhunderts offensichtlich keine verbindende Achse. Eindruckrollstempel fehlen in Rheinhessen völlig und kommen in der Pfalz nur auf wenigen Gefäßen vor[135], diese haben jedoch keine Beziehungen zu den zahlreichen Mannheimer Vorkommen. Mit wenigen Ausnahmen in Worms und Umgebung.

Zierrollstempel wurden besonders häufig in Rheinhessen verwendet, und sie sind ebenfalls in der Pfalz anzutreffen.[136] In Eppstein bei Frankenthal – 12 km westlich von Sandhofen aber jenseits des Rheins gelegen – beobachtete Christoph Engels[137] zwei Eindruckrollstempel der Gruppe A, zwei der Gruppe B und eines der Gruppe D, wir konnten aber keine Parallelen zu den Mannheimer Zierrollrädchen feststellen. Das linke Rheinufer wurde offensichtlich nicht von den Töpfereien im Raum Mannheim-Heidelberg beliefert. Töpfe mit Zierrollstempeln vom unteren Neckar gelangten nur nach Worms. Wie die nördlich der Weschnitz gelegenen Fundorte Groß- und Klein-Rohrheim bezeugen, wurde nicht nur der Lobdengau versorgt, sondern offensichtlich auch das rechtsrheinische Wormser Vorland bis über die Weschnitz hinaus, wo die fränkischen Königshöfe besonders dicht lagen.[138] Die Fundorte liegen außerhalb des Lobdengaus und nördlich der aus karolingischer Zeit bekannten Grenze des Wormser Bistums. Die Keramik mit dem Zierrollrädchendekor aus dem Raum Mannheim – Weinheim – Heidelberg wurde nicht rheinabwärts verschifft, sie gelangte nicht in das Rhein-Main-Gebiet. Dagegen benutzten die Keramikhändler den bis auf die Granitschwellen bei Heidelberg leicht befahrbaren Neckar. Einige Musterfolgen lassen sich den Neckar aufwärts bis zur Murr nachweisen. Auch die Vorkommen in Königheim und Mergentheim fanden ihren Weg wohl vom Neckar her über Osterburken ins Taubergebiet. Der nördliche Kraichgau war über die Elsenz erreichbar.

In Vogelstang wurden 1965-1968 insgesamt 20 Gefäße mit kompliziertem Rollstempelmuster ausgegraben, und zwar 17 Töpfe und drei Tüllenausgusskannen (Abb. 52). Dass es in dem Gräberfeld ursprünglich mehr davon gab, verrät nicht nur der Topf in Schloss Erbach, auch unter den über 80 vom Altertumsverein 1860-62 geborgenen Keramikgefäßen dürfte das eine oder andere Stück ein derartiges Muster getragen haben. Die mit Rollstempeln verzierten Gefäße kommen in SD-Phase 7 auf und zwar mit den Mustern A4, B2, C1, C8 und C14 und sind dann typisch für SD-Phase 8. Die Datierung gestaltet sich schwierig, da die meisten der verzierten Gefäße in Kindergräbern standen. Das Verbreitungsbild im Gräberfeld zeigt dann auch sehr deutlich, dass viele Vorkommen in die Übergangszeit von SD-Phase 7/8 gehören oder sich nicht eindeutig auf eine Phase festlegen lassen.

Auffällig ist außerdem, dass die Hälfte der Gefäße mit Zierrollrädchen bei der Gruppe gefunden wurde, die im Nordostareal bestattete und vor allem Kindergräber damit ausstattete. Es handelt sich hier um Gefolgsleute oder Hörige, bei denen in den ersten Generationen keine Hofherren und kaum Knechte zu identifizieren sind, sondern ausschließlich mittelmäßig bewaffnete Krieger.

Vier derartige Gefäße wurden bei den Leuten eines Bauernhofes gefunden, die durch alle Generationen hindurch ihr Friedhofsareal im Westen hatten. Bei der reichen, aber nahezu unbekannten Familie, deren Areal zu allen Zeiten in der späteren Gräberfeldmitte lag, wo aber von gravierenden Zerstörungen auszugehen ist, kamen immerhin vier Gräber mit Zierrollrädchen verzierten Gefäßen zu Tage.

Doch nur zwei Gefäße mit Zierrollrädchen sind in den Gräbern von Angehörigen des Herrenhofes zu finden.

Da viele Gräber bereits 1860-62 vom Altertumsverein ausgeplündert worden, der bekanntlich auch Keramik mitnahm, sind die Aussagen nicht gänzlich gesichert. Doch hat es den Anschein, als stellte die Familie des Herrenhofes während der Blütezeit der Zierrollrädchen-Keramik sowohl in SD-Phase 7, als sie noch im alten Areal bestattete, als auch in SD-Phase 8, als die Familie mit einem Reiter an der Spitze das neue Areal erschlossen hatte, nur einmal ein solches Gefäß ins Grab, und zwar in das Knabengrab 190. Das zweite Vorkommen ganz im Süden ist schon der SD-Phase 9 zuzurechnen. Die von dieser Familie verwendete Keramik war mit Kleinrechteckrollrädchen, Drehrillen und Einzelstempeln verziert.

Möglicherweise deutet sich hier an, dass die in der soziale Stellung recht unterschiedlichen vier Gruppen auf unterschiedlichen Wegen versorgt wurden und unterschiedliche Möglichkeiten beim Gütererwerb hatten. Die Familien waren auf irgendeine Weise an Grundherrschaften gebunden, über die sie durch Dienstleistungen oder landwirtschaftliche Produkte und andere Erzeugnisse u.a. auch Keramik erwarben.

Dass die Familie des Herrenhofes, der ab SD-Phase 8 wieder ein Reiter vorstand, zu anderen Grundherrschaften Kontakte hatte, die den übrigen Familien des Weilers versagt blieben, zeigte sich bereits bei den Lanzenspitzen; die Lanzen vom Herrenhof hoben sich in Form und Qualität von denen der anderen Gruppen deutlich ab.

8.8.2 Keramik mit dem Bogenstempel

In SD-Phase 9 taucht erstmals Keramik mit dem oben offenen Bogenstempel auf; in den SD-Phasen 10-11 ist der Bogenstempel ein markantes Merkmal.

Eine erste Liste der bogenförmigen, auch nierenförmig genannten Stempel stellte Wolfgang Hübener zusammen.[139] Sie enthielt, wie Uwe Gross 1991 bemerkte, viel Ähnliches, aber nicht immer Identisches.[140] Die bereinigte und ergänzte Verbreitungskarte der „zweizeiligen Nieren" zeigt einen engeren Streuungsraum um Worms und Speyer auf der linken Rheinseite, vom Raum Mannheim-Heidelberg bis Bretten auf der rechten Seite. Mathias Will fiel bei seiner Untersuchung der Knickwandtöpfe vom nördlichen Oberrhein auf, dass im nördlichen Rheinhessen Bogenstempel nach unten geöffnet verwendet wurden, während die nach oben geöffneten zwischen Worms und Speyer vorkommen. Will untersuchte ausschließlich veröffentlichte Knickwandtöpfe; seine Bemerkung, dass die „nach oben offenen Bogenstempel" ihren Verbreitungsschwerpunkt mehr im Osten haben, stützt sich auf die Vorkommen von Heidelberg-Kirchheim und Hockenheim.[141]

Der oben offene Bogenstempel auf der Keramik im Mannheimer Raum ist stets doppelzeilig gegittert. Auch unvollständige, abgebrochene Bogenstem-

Abb. 53: Vogelstang,
Grab 64. Um das Muster
auf der grauschwarzen
Keramikscherbe deutlicher zu erkennen,
wurde ein bisschen Talkum in die Vertiefungen
gestrichen.

pel wurden in Kombination mit einem vollständigen Bogenstempel verwendet, z.B. in Vogelstang Grab 21 zur Seite hin geöffnet.

Der Bogenstempel allein reicht aber nicht aus, um die Mannheimer Keramikgruppe der jüngeren Merowingerzeit zu charakterisieren. Bogenstempel wurden hier nie allein verwendet, sie stehen immer in Zonen, die von Rollrädchenbändern begrenzt sind und können auch mit weiteren Stempeln verknüpft sein. Bogenstempel sind unterschiedlich kombiniert.

- Mit Rollrädchen: Feudenheim, Grabfund 1906 (S. 37, Abb. 5); Hermsheimer Bösfeld, Grab 849; 916; 958; Sandhofen, am Hohen Weg Grab 190 (S. 43, Abb.13); Straßenheim „Aue", Grab 76; Vogelstang, Grab 40 (S. 186, Abb. 108); Grab 33; Grab 398 (S. 188, Abb. 110)
- mit Rillen und Rollrädchen: Hermsheimer Bösfeld, Grab 757; Grab 768
- mit Rillen und Rollrädchen sowie Bogenstempelfragmenten: Vogelstang, Grab 6 (S. 186, Abb. 108); Grab 308
- mit Rollrädchen und fächerförmigen Stempeln: Vogelstang, Grab 64 (Abb. 53)
- mit Rollrädchendekor und gegitterten Rechteckstempeln: Hermsheimer Bösfeld, Gräber 779; 847; 922; 962; Vogelstang, Grab 18 (S. 188, Abb. 110); Grab 145 (S. 186, Abb. 108); Grab 240 (Abb. 54 unten links); Grab 262 (Abb. 54, unten links); Grab 354 (S. 189, Abb. 111)
- mit Rollrädchen und schmalen im Zickzack stehenden Stempeln: Straßenheim „Aue" Grab F/28.1.1933 (S. 85, Abb. 86)
- mit Rollrädchen und Rundstempeln: Hermsheimer Bösfeld, Gräber 135; 775
- mit Rollrädchen, gegitterten Stempeln und Wellenband: Sandhopfen, am Hohen Weg Grab 193 (S.43 Abb.13)

Die Kombination mit dem Rollrädchen unterscheidet die Mannheimer Keramik der jüngeren Merowingerzeit von älteren Verwendungen eines Bogenstempels, z.B. in Straßenheim „Aue" Grab 1, und von einer Keramikgruppe mit Bogenstempeln am südlichen Oberrhein.[142]

Bei den Gefäßformen (Abb. 54) dominieren die hohen engmundigen Töpfe mit gleich hoher Ober- und Unterwand und die Töpfe mit hoher Oberwand, die auch durch Wülste gegliedert sein können; selten sind doppelkonische extrem niedrige Töpfe, häufiger Schalen mit steiler Oberwand, die auch unter den kleinen Skizzen in den Protokollbüchern des Altertumsvereins wieder zu erkennen sind (S. 100, Abb. 114, 49.9). Der Bogenstempel ist auf Tüllenausgusskannen zu finden, wie in Vogelstang Grab 240, die keinen Abdruck eines Henkels zeigte, und Grab 262, deren Henkel deutlich erkennbar abgebrochen war (Abb. 54 links unten). Der Ton dieser Keramik ist stets sandig gemagert, durch die sichtlich geglätteten Oberflächen drückt die Magerung durch, die Keramik erscheint leicht porös.

Die Tüllenausgusskanne aus Bretten im Kraichgau zeigt wie die Kanne aus Vogelstang Grab 262 einen rollstempelverzierten, einwärts kragenden Rand.[143] Dieser einwärts kragende, mit dem Rollstempel verzierte Rand findet sich ebenfalls auf zwei Tüllenausgusskannen aus Berghausen. Die Berghausener Kannen sind zwar durch breite, in drei Zeilen gegitterte Nierenstempel verziert, die im Mannheimer Raum noch nicht nachgewiesen wurden, doch ergab sich schon bei der Veröffentlichung der Gefäße der Verdacht, dass sie aus dem Raum Speyer-Worms-Heidelberg stammen[144], da sie keinen besseren Bezug in andere Räume erkennen lassen.

Keramik, die durch Rollstempel und oben offene Bogenstempel verziert wurde, verteilt sich gleichmä-

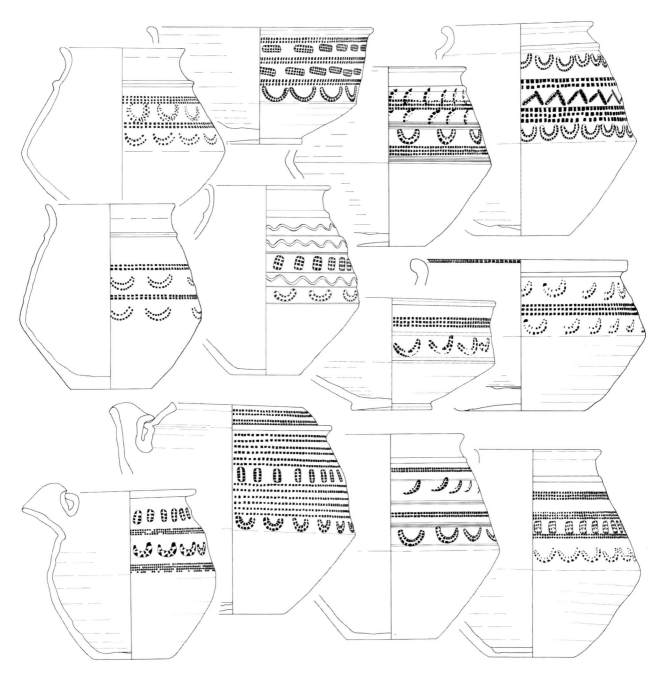

ßig auf beide Seiten des Rheins (Abb. 55). Linksrheinisch streuen die Vorkommen zwischen Worms und Landau i.d. Pfalz, d.h. auf eine Distanz von 55 km. Rechts des Rheins ist Sandhofen der nördlichste Punkt des Verbreitungsgebietes, südlich des Neckars dehnt sich das Gebiet bis in den Pfinzgau, die Distanz ist die gleiche wie rechts des Rheins. 50 km liegen Landau im Westen und Bretten im Osten auseinander. Damit ist der Einzugsbereich einer Töpferei der jüngeren Merowingerzeit abgesteckt.

Das Verbreitungsbild der sandig gemagerten Keramik mit Rollrädchen- und Bogenstempeldekor hat sich gegenüber dem der älteren feintonigen mit dem Zierrollrädchen verzierten Ware erheblich verändert. Der Einzugsbereich ist einerseits kleiner geworden, die Keramik wurde nicht mehr neckaraufwärts gebracht. Der Raum um Wimpfen und Heilbronn dürfte eine eigene Töpferei erhalten haben. Andererseits hat sich das Gebiet, in dem Keramik wie in den Mannheimer Gräberfeldern vorkommt, erheblich verlagert. Die Ausweitung nach Südosten in den Kraichgau hängt sicher mit der Erweiterung des Siedlungsraumes zusammen. Doch liegt Mannheim nun am nördlichen

Abb. 54: Töpfe, Schalen und Tüllenausgusskannen mit dem charakteristischen Rollrädchendekor und Bogenstempeln aus den Mannheimer Gräberfeldern. M. 1:4.

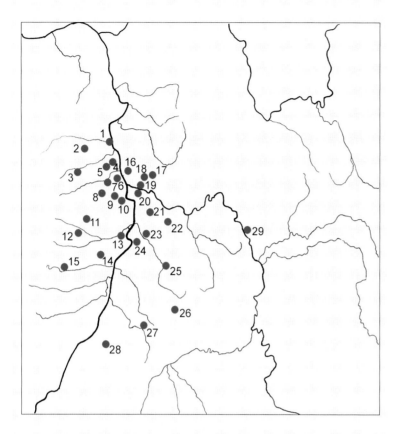

Abb. 55: Verbreitung von Keramikgefäßen, auf denen der Dekor aus Kleinrechteck-Rollrädchen und oben offenen Bogenstempel kombiniert wurde. 1 Worms; 2 Obrigheim; 3 Kirchheim a.d. Weinstraße; 4 Bobenheim; 5 Beindersheim; 6 Edigheim; 7 Eppstein; 8 Fußgönheim; 9 Maudach; 10 Rheingönheim; 11 Haßloch; 12 Lachen-Speyerdorf; 13 Speyer; 14 Weingarten/Pfalz; 15 Landau/Pfalz; 16 Sandhofen; 17 Straßenheim „Aue"; 18 Vogelstang; 19 Feudenheim; 20 Hermsheimer Bösfeld; 21 Plankstadt; 22 Heidelberg-Kirchheim; 23 Hockenheim; 24 Altlußheim; 25 Mingolsheim; 26 Bretten; 27 Berghausen; 28 Ettlingen; 29 Neckarelz.

8.9.1 Import aus den fränkischen Industriezentren

Nachdem in den Randgebieten des Merowingerreiches unter Theuderich I. und Theudebert I. eine Besiedlung unter fränkischer Führung erfolgte, setzte sehr bald die Versorgung der hier angesiedelten Familien mit den Produkten spezialisierter Handwerker ein.

In der ersten Generation sind die fränkischen Produkte, darunter Trachtaccessoires und Haushaltsgeschirr, auffallend zahlreich. Das hat seine Ursachen zweifellos in den noch fehlenden regionalen Werkstätten, was eine Versorgung der neuen Siedlungen von außen notwendig machte. Außerdem waren die in großen Serien gegossenen Schmuckstücke aus Bronze auch für die einheimische Bevölkerung noch erschwinglich. Es ist aber gerade in der ersten Generation auch möglich, dass solche Produkte zum Umzugsgut der Neusiedler gehörten und Hinweise auf deren Herkunft geben.

Rand des Streuungsbereiches. Die Töpferei stand sicher nicht mehr in Bergheim bei Heidelberg; läge die Töpferei im Zentrum des Streuungsbereiches ihrer Produkte, käme der Raum um Speyer eher in Frage; es ist nicht auszuschließen, dass Mannheim von einer auf der linken Seite des Rheins stehenden Töpferei versorgt wurde. Diese gravierende Änderung in einem wichtigen Wirtschaftszweig fällt in die Zeit König Dagoberts (623-639). Dagoberts Tätigkeiten am Oberrhein beschränkten sich also nicht nur auf die Reorganisation der Kirche.

In der ersten Hälfte des 6. Jahrhunderts – der ersten Generation – trugen mehrere Frauen in Straßenheim „Aue" und Vogelstang gegossenen Bronzeschmuck, der in fränkischen Werkstätten in Serie produziert wurde und Handelsgut war (Abb. 56). Die Produktionsorte von Trachtaccessoires aus Silber und Bronze, die in den östlichen Reichsteilen zahlreiche Abnehmerinnen fanden, konzentrierten sich in der Industrieregion an der Maas. Bronze verarbeitende Werkstätten sind durch Halbfabrikate, Abfälle und Modelfunde in Namur[145], Huy[146] und Maastricht[147] nachgewiesen. Bei der Analyse des Pleidelsheimer Gräberfeldes fiel auf, dass sich die einheimischen Frauen nur die bronzenen Ausfertigungen leisten konnten, während die an der Expansion beteiligten fränkischen Familien eher die silberne Ausführung bevorzugten.[148] Der in Serie gegossene Bronzeschmuck sagt also kaum etwas über die Herkunft seiner Trägerin aus, sondern bezeugt eher einen geringen Wohlstand. Letztlich müsste jeder Fall für sich geklärt werden. So trug die Frau in Straßenheim „Aue" Grab 43 in SD-Phase 5 ein bronzenes Bügelfibelpaar mit Kreisaugendekor auf der rautenförmigen Fußplatte und auf der halbrunden Kopfplatte mit fünf verkümmerten Knöpfen (S. 142, Abb. 43), das zu einer weit gestreuten und dennoch völlig einheitlichen Fibelgruppe gehörte, die im späten 5. Jahrhundert in linksrheinischem Gebiet angefertigt wurde und im zweiten Viertel des 6. Jahrhunderts sicher keine Handelsware mehr war. In diesem Fall darf angenommen werden, dass sie von den ersten fränkischen Siedlern mitgebracht wurde. Es gibt keinen Hinweis, dass die in Straßenheim „Aue" bestattenden Familien hier schon während der fränkischen Eroberungen siedelten, die Bestattungen setzen erst nach der Chlodwigzeit ein.

Die beiden S-förmigen Fibeln mit zwei Almandinaugen, Schnäbeln ohne Nasenwulst und einfach gestreiften Feldern beiderseits der diagonaler Doppelspirale aus Straßenheim „Aue" Grab 54 (S. 127, Abb. 10,2) haben wie die Vierpassfibel mit Kreisaugendekor aus Straßenheim „Aue" Grab 61 (S. 127, Abb. 10,1) Parallelen in Pleidelsheim am Neckar, wo diese Erzeugnisse aus fränkischen Werkstätten von Frauen der einheimischen, ursprünglich alamannischen Bevölkerung getragen wurden. In zahllosen Varianten mit unterschiedlichem Kerbschnittmuster

streuen die S-förmigen Fibeln von der Kanalküste bis an die mittlere Donau.[149]

Deutlicher zeigen die Vierpassfibeln, die in Silber und Bronze produziert und sowohl als Paar wie als Einzelstück getragen wurden, einen Verbreitungsschwerpunkt in der Picardie, zwischen Seine und Maas sind sie gleichmäßig gestreut. Sie gelangten aber auch in größerer Menge an den Mittelrhein. Wie auf eine Kette aufgereiht ziehen sich die Fundorte dann durch den Neckarraum bis in die Schweiz und die Donau entlang bis an den Inn (Abb. 56, rote Punkte).[150]

Die Rautenfibel mit den charakteristischen zwei Rundeln an den Ecken, von denen ein bronzenes Exemplar aus Vogelstang Grab 31 (S. 216, Abb. 20) vorliegt, taucht aus Silber gefertigt erstmals um 500 in Huy an der Maas auf, und zwar als Bestandteil einer Vier-Fibel-Tracht. Der Fibeltyp wurde dann in großen Mengen für einen Abnehmerkreis vom Rhein bis zur Kanalküste produziert (Abb. 56, blaue Vierecke) und bis weit in die Mitte des 6. Jahrhunderts getragen.[151] Die silbernen Exemplare wurden eher mit Bügelfibeln kombiniert, wie im frühen 6.

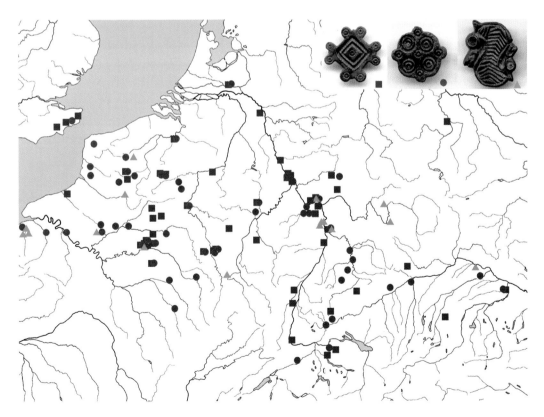

Abb. 56: In großen Serien wurden Rautenfibeln wie in Vogelstang Grab 31, Vierpassfibeln wie in Straßenheim „Aue" Grab 58 und tierköpfige S-Fibeln wie in Straßenheim „Aue" Grab 61 sowohl aus Bronze wie auch aus Silber gegossen. Metall verarbeitende Werkstätten lagen seit römischer Zeit im Sambre-Maas-Gebiet.

Jahrhundert in Cutry, Dép. Meurthe-et-Moselle[152], oder etwas später in Karben-Okarben, Wetteraukreis, Grab 11[153], die bronzenen dagegen wie in Vogelstang Grab 31 als Einzelstück verwendet. Dass die Fibelform noch bis in die zweite Hälfte des 6. Jahrhunderts getragen wurde, zeigt Grab 9 von Montenach, Dép. Moselle, mit einer Münze Justins II. aus Ravenna, t.p. 568.[154] Auch den bajuwarischen Raum erreichten diese Erzeugnisse fränkischer Werkstätten, wie die Vorkommen aus Altenerding, Kr. Erding, Grab 105[155] oder Peigen, Kr. Dingolfing-Landau, Grab 39[156] zeigen.

Das bronzene Z-förmige Fibelpaar mit zwei Tierköpfen und Kerbschnittwinkeln auf dem Leib aus Straßenheim „Aue" Grab 58 (S. 127, Abb. 10,3) gehört zur Variante A des Fibeltyps Clery. Die Variante ist beheimatet im Gebiet von Schelde, Somme und Oise und wurde mehrfach in der Normandie getragen. Auffällig sind andererseits die relativ zahlreichen Vorkommen am nördlichen Oberrhein, nämlich in Worms, Westhofen und Frankenthal, aber auch am Main-Dreieck (Abb. 56, grüne Dreiecke).[157]

Auch Bügelfibeln wurden in Serien gegossen (Abb. 57). Die bronzene Bügelfibel mit einfachen fächerförmigen Kerbschnittgraten auf der halbrunden Kopfplatte und Zickzackbändern in den Seitenfeldern von Bügel und Fuß aus Grab 209 vom Elkersberg (S. 217, Abb. 21) gehört zu den jüngsten Varianten der Bügelfibeln mit gleichbreitem Fuß. 37 Vorkommen dieser Form aus dem Gebiet von Aisne, Maas und Mosel, sowie vom Nieder- und Mittelrhein verzeichnete Alexander Koch; die Fibeln sind häufig aus Bronze gegossen, seltener aus Silber. Der Fibeltyp streut kaum über den Rhein-Neckar-Raum nach Osten hinaus.[158]

Etwa gleichzeitig wurden die nach dem Fundort Bréban an der Marne benannten Bügelfibeln getragen, die auf dem Bösfeld in den Gräbern 267 und 270 jeweils als Paar vorkommen und deren fränkische Herkunft eindeutig ist (Abb. 57, blaue Karos).[159] Auch dieser etwas seltenere Fibeltyp wurde sowohl in Silber, wie auch in Bronze gefertigt.

Die Scheibenfibeln mit Granateinlagen sind ebenfalls Serienerzeugnisse standortgebundener Werk-

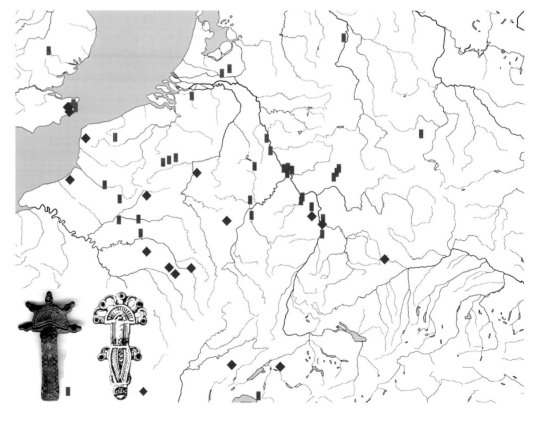

Abb. 57: Bügelfibeln wie in Vogelstang Grab 209 (rote Rechtecke) sind Massenware fränkischer Werkstätten. Fränkisches Produkt sind auch die Fibeln vom Typ Bréban (blaue Rauten), die in Bösfeld Grab 269 und 270 gefunden wurden.

stätten.[160] Eine zweizonige runde Granatscheiben-fibel von 1,7 cm Durchmesser, deren Mittelzone dreifach radial gegliedert ist, liegt z. B. aus Straßenheim „Aue" Grab 77 vor (S. 127, Abb. 11). Vergleichbare Fibeln haben ihren Verbreitungsschwerpunkt an Sambre, Maas und Mittelrhein, nur vereinzelt streuen sie in den Neckar- und Donauraum.[161] In der ersten Hälfte und Mitte des 6. Jahrhunderts sind die Werkstätten, in denen Almandinscheibenfibeln hergestellt wurden, im linksrheinischen städtischen Umfeld zu suchen, im letzten Drittel des 6. Jahrhunderts ist auch mit Import aus dem langobardischen Italien zu rechnen.

Bisher wurde erst eine merowingerzeitliche Glashütte am westlichen Rand der Ardennen archäologisch nachgewiesen.[162] Glashütten gab es in merowingischer Zeit sicher nur innerhalb der Grenzen des ehemaligen Römischen Reiches, wo mit Werkstatttraditionen gerechnet werden kann, denn die Glasproduktion beruht auf Technologien, die in römischer Zeit entwickelt wurden. Die Qualität der römischen Gläser wurde allerdings nicht mehr erreicht. Zwar wurden weiterhin die römischen Rezepturen bei der Glasproduktion verwendet, doch wurden die Rohstoffe weniger sorgfältig ausgesucht. Durch die Verunreinigungen, z. B. mit eisenhaltigem Quarzsand, erhielten die fränkischen Gläser ihre grünliche bis olivfarbene Färbung.[163] Ständig reduziert wurden auch die Formen[164], dies wird vor allem durch die umfassende Studie zu frühmittelalterlichen Sturzbechern und Tummlern von Birgit Maul deutlich[165]– sie erfasste fast alle vor 1996 bekannten Mannheimer Gläser. Ein gravierender Unterschied zu den römischen Glasgefäßen ist die fehlende Standfläche der meisten frühmittelalterlichen Glasbecher. Selbst wenn – wie bei den Glockenbechern und Rüsselbechern (S. 211, Abb. 15) – noch ein kleiner Fußring vorhanden ist, gewährleistet dieser keinen sicheren Stand mehr. Ab der Mitte des 6. Jahrhunderts dominierten die Sturzbecher (Abb. 58), die im 7. Jahrhundert von den Tummlern (z. B. S. 256, Abb. 55; S. 269, Abb. 76) abgelöst werden. Die Glashütten, in denen die im Mannheimer Raum gefundenen Glasgefäße geblasen wurden, standen zwischen Rhein und Maas, vermutlich am Rande der Eifel. Die hochwertigen Erzeugnisse wur-

den weit transportiert, dabei bot sich für schonenden Transport vor allem der Wasserweg an. Gerade die Verbreitung des Glasgeschirrs zeigt, welch wichtige Rolle die Wasserstraßen für Wirtschaft und Handel im fränkischen Reich spielten. Formengleiche Stücke streuen z. B. vom Niederrhein bis zum Oberrhein, Mosel- Main und Neckar aufwärts. Jenseits von Wasserscheiden nimmt das Glasgeschirr merklich ab.

Von erfahrenen Glasmachern wurden die großen Glaswirtel mit einem Durchmesser von 3,3 cm hergestellt, die zwei Frauen in Straßenheim „Aue" in der ersten Hälfte des 6. Jahrhunderts an ihrem Ziergehänge trugen. In Grab 22 war der Wirtel aus olivgrünem, in Grab 25 aus olivfarbenem Glas; auf beide Wirtel war ein opak weißer Spiralfaden aufgesponnen, der durch Ritzung zu Rosetten gekämmt wurde (Abb. 59). Dieser Dekor in einer typischen Glashüttentechnik ist bekannt von fränkischen Glasschalen des späten 5. Jahrhunderts. Diese kompakten Wirtel lassen sich ohne Risiko auf jedem Weg transportieren, sie sind daher wesentlich weiträumiger verbreitet als das Glasgeschirr.[166]

Gute Kenntnisse von Glasrezepturen und von Glaseigenschaften sowie eine geschickte Hand sind Voraussetzung für die Produktion der meisten polychromen Glasperlen. Während die Perlen aus römischer Zeit überwiegend aus durchscheinendem Glas hergestellt waren, wurde in merowingischer Zeit das mit Metalloxyden gefärbte opake Glas bevorzugt. Beim Dekor der fränkischen Glasperlen kamen die vor dem Ofen üblichen Verfahren zur Anwendung, das Aufspulen eines aus dem Schmelztiegel gezogenen heißen Glaspostens um einen Eisenstab, das Auftropfen oder Aufspulen eines weiteren zähen Glasfadens auf den noch heißen Glaskörper, anschließendes Formen und langsames Abkühlen in Ofennähe. Bekannt ist nur eine Perlenwerkstatt in Maastricht.[167] Charakteristisch für die Maastrichter Perlen ist ein qualitätvolles dichtes Glas in den Farben opak rot und gelb.

Perlen lassen sich ohne großen Aufwand transportieren und waren von Händlern als Beipack sicher sehr geschätzt. Über welche Distanzen Perlen im 6.

Abb. 58: Der Sturzbecher ist das typische fränkische Glas des 6. Jahrhunderts; üblicherweise wurde er nicht auf dem Boden stehend verwendet!

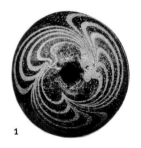

1

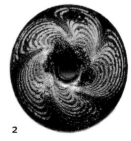

2

Abb. 59: Die großen Glaswirtel sind Erzeugnisse linksrheinischer fränkischer Glashütten. M. 1:1.

Abb. 60: Die opaken
Glasperlen aus Bösfeld
Grab 1018 sind viel-
leicht Erzeugnisse einer
Maastrichter Perlen-
werkstatt. M. 1:1.

Jahrhundert verbreitet wurden, lässt sich an einer
ungewöhnlichen und seltenen Perlenform gut demonstrieren. In Bösfeld Grab 1018 wurden drei Perlen mit einem flachen, scheibenförmigen Anhänger
aus gelbem dichtem Glas mit aufgeschmolzenem
rotem Faden und grün scheinenden Punkten gefunden (Abb. 60). Ähnliche Stücke sind in der Literatur[168] sowie in den Museen[169] nur vereinzelt zu finden. Dennoch sind diese Hängeperlen weit gestreut
(Abb. 61); sie häufen sich aber am Niederrhein.[170]
Die Hängeperlen sind immer mit Perlentypen der SD-
Phase 7 kombiniert und wurden wohl nur kurze Zeit
produziert. Die Dichte des Glases sowie die Vorkommen in den Maastrichter Friedhöfen an der Servatiuskirche und im Pandhof[171] lassen vermuten,

dass die kleine ungewöhnliche Perlengruppe ebenfalls in einer Maastrichter Perlenwerkstatt produziert
wurde.

Als typisches Erzeugnis fränkischer Werkstätten
gelten die aus Geweih geschnitzten Spinnwirtel. Das
Hauptprodukt von Geweih verarbeitenden Werkstätten waren die Kämme. Dafür wurden alle geraden Teile von Seitensprossen der Länge nach zu
rechteckigen Plättchen gespalten. Die Rosen der Ab-
wurfstangen und auch die schädelechten Rosen
dienten der Produktion von Spinnwirteln, Spielstei-
nen und Amulettscheiben. Geweih verarbeitende
Werkstätten der Merowingerzeit sind aus Huy[172],
Maastricht[173] und durch das Grab eines Kammmachers in Karben in der Wetterau[174] bekannt. Es handelt sich zweifellos um Werkstätten, die für einen
größeren Abnehmerkreis arbeiteten. Nach einer
Karte mit 21 Fundstellen von Markus Blaich[175] konzentrieren sich die kalottenförmigen Wirtel am
Mittelrhein, am Main und unteren Neckar. Relativ
zahlreich liegen nun die Beinwirtel aus den Mannheimer Gräberfeldern vor. In Vogelstang Grab
100 (SD-Phase 8) ist die Wirtel-Oberseite durch
konzentrische Rillen am Rand verziert (S.251, Abb.

Abb. 61: Verbreitung der
Hängeperlen. Verziert:
1 Sint-Gillis-bij-Dender-
monde; 2 Maastricht,
Pandhof; 3 Maastricht,
St. Servatiuskirche;
4 Rill bei Xanten; 5 Kre-
feld-Gellep; 6 Duisburg-
Alsum; 7 Dortmund-As-
seln; 8 Beckum;
9 Köln-Junkersdorf;
10 Bonn-Schwarzrhein-
dorf; 11 Kärlich; 12 Rü-
benach; 13 Newel;
14 Wörrstadt; 15 Herms-
heimer Bösfeld;
16 Treuchtlingen-Auern-
heim; 17 Peigen;
18 Klettham; 19 Bolli-
gen-Papiermühl.
Unverziert: 5 Krefeld-
Gellep; 20 Cutry;
21 Guitrancourt; 22 Cor-
bie; 23 Achery-Maillot;
25 Undenheim.

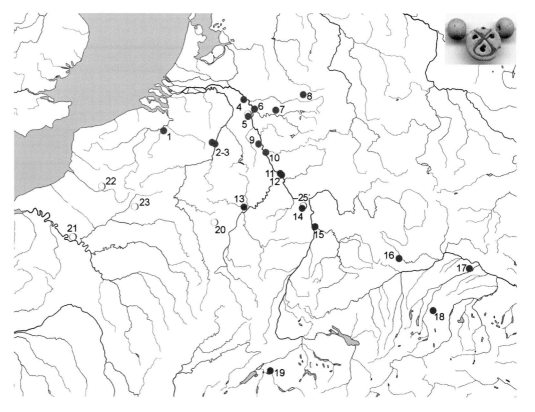

44); bei den Wirteln aus den Gräbern 147 in SD-Phase 7 (S. 239, Abb. 22) und 220 in SD-Phase 6 ist die Oberfläche so stark korrodiert, dass nur noch wenige Spuren der randlichen Rillen vorhanden sind. Der vorzüglich erhaltene Wirtel in Grab 222 (SD-Phase 6) zeigt randliche Rillen und als einfaches Zirkelornament eine vierblättrige Blüte (S. 232, Abb. 15). Reste von Zirkelornament sind auch auf dem Wirtel aus Grab 432B zu erkennen; der Wirtel gelangte erst in SD-Phase 9 in die Erde und ist das jüngste Vorkommen. Ein schlecht erhaltener Wirtel in Straßenheim Grab 83 lässt keinen Dekor mehr erkennen. In Sandhofen Grab 3 (SD-Phase 8) lag ein Wirtel in Form eines Kreissegments, verziert mit sieben Doppelkreisaugen und sieben kleinen Kreisaugen (Abb. 62).

Abb. 62: Sandhofen Grab 3. Spinnwirtel aus Hirschgeweih. M. 1:1.

8.9.2 Import aus dem Norden

Die Trense in Sandofen Grab 8 wurde aus Bronze über einem Eisenkern im Überfangguss angefertigt (S. 57, Abb. 34). Angesichts der für kontinentale Trensen ungewöhnlichen, in Skandinavien aber üblichen Herstellungstechnik ist anzunehmen, dass sie nordischer Herkunft ist.[176] Es ist nicht unwahrscheinlich, dass Theudebert I. für den Italienfeldzug auch skandinavische Pferde erwarb und der Sandhofener Reiter ein in Skandinavien aufgezäumtes Pferd besaß. Die Pferde der Svea waren selbst den Byzantinern bekannt, Jordanes vergleicht sie mit den ebenfalls berühmten Pferden der Thüringer.[177]

Bernstein ist im Ostseegebiet beheimatet und wurde dort seit vorgeschichtlichen Zeiten gewonnen und exportiert. Während der jüngeren Kaiserzeit und Völkerwanderungszeit wurden auch geschnitzte und gedrechselte Bernsteine aus dem Weichselraum verhandelt.[178] In merowingischer Zeit behielten die Bernsteine ihre unregelmäßige Form. Auffallend ist jedoch der Größenunterschied zwischen den kleinen rundlichen Bernsteinperlen der älteren Merowingerzeit (Abb. 63,1) und den großen, kantigeren Bernsteinen in der Mitte und zweiten Hälfte des 7. Jahrhunderts (Abb. 63,2).

Bernsteinperlen können über viele Wege in den Mannheimer Raum gelangt sein. Einer führte im 6. Jahrhundert sicher durch das Gebiet der Thüringer, das seit 534 zum Merowingerreich gehörte. Denn auch in thüringischen Gräbern finden sich die kleinen unregelmäßig kugeligen und flachen Bernsteinperlen, die für die ältesten Perlenensembles in den Mannheimer Gräberfeldern charakteristisch sind (Abb. 63,1). Die gedrechselten Bernsteine der Dame aus Vogelstang Grab 89 (Abb. 64) dürften eher vom Niederrhein mitgebracht sein. In Köln wurde bereits in römischer Zeit Bernstein bearbeitet, auch fanden sich – wie S. 201 schon erwähnt – in Köln-St. Severin gute Parallelen zu den spindelförmigen Perlen.

8.9.3 Import aus Italien und dem mediterranen Raum

Das byzantinische Kaiserreich war sowohl in der Mode wie auch bei den Militaria Vorbild. Ob die Krieger sich nun Waffen, Waffengürtel und Pferdegeschirr aus Italien mitbrachten, oder ob diese Dinge zu den langjährigen Tributzahlungen der Langobarden gehörten oder gar nördlich der Alpen nachgeahmt wurden, wird nicht immer zu klären sein. Zu den aus Italien stammenden Waffen gehören im 7. Jahrhundert z. B. die Schildbuckel mit Kuppenzier, von denen in Straßenheim noch die vergoldeten stempelverzierten Bronzeniete gefunden wurden (S. 77 ff., Abb. 69; 76), während der Schildbuckel mit Kuppenzier aus Seckenheim-Hochstätt Grab 10 (S. 73, Abb. 62) einer mittelrheinischen Gruppe zugerechnet wird. Aus einer byzantinischen Waffenschmiede dürfte der Steigbügel stammen, den der Reiter aus Vogelstang Grab 313 (S. 165, Abb. 86) verwendete,

Abb. 63: Ungeformte Bernsteinperlen. 1 Straßenheim „Aue", Grab 52; 2 Vogelstang, Grab 417. M. 1:1.

Abb. 64: Vogelstang, Grab 89. Gedrechselte Bernsteinperlen. M. 1:1.

zumal er auch eine vielteilige Gürtelgarnitur mit Spiraltauschierung trug, wie sie vorzugsweise im langobardischen Italien produziert wurde.

Als Import gelangten kostbare Rohstoffe und Luxusgüter aus dem mediterranen Raum in den Norden. Bügelfibeln und zahlreiche Kleinfibeln des 6. Jahrhunderts sind aus Silber gegossen und feuervergoldet. Edelmetall stand im 6. Jahrhundert offensichtlich reichlich zur Verfügung und stammt zum großen Teil aus Kriegsbeute und Tributzahlungen, d.h. aus Byzanz, dem ostgotischen und später langobardischen Italien. Gold wurde als Amalgam aufgetragen, einer Paste aus Goldpulver und Quecksilber. Quecksilber wird aus dem seltenen, damals nur im Mittelmeerraum, vorzugsweise in Spanien abgebauten Zinnober gewonnen.[179] Die kleine Vogelfibel aus Vogelstang Grab 189, deren Goldauflage stellenweise abgerieben war (Abb. 65), gelangte jedoch wie die meisten Schmuckstücke als fertiges Produkt linksrheinischer Werkstätten in den Rhein-Neckar-Raum.

Abb. 65: Vogelstang, Grab 189. Das Rohmaterial der kleinen fränkischen Vogelfibel – Silber und Goldamalgam – stammt aus dem Süden. M. 1:1.

Abb. 66: Hermsheimer Bösfeld, Grab 1018. Römische Perlen aus durchscheinend kobaltblauem Glas. M. 1:1.

Ein weiterer nur über den Fernhandel zu beschaffender Rohstoff war Soda aus dem Fajum in Ägypten. Soda/Natrium war für die Glasproduktion unerlässlich, erst in karolingischer Zeit wurde Soda durch Pottasche/Kalium ersetzt.[180] Der importierte Rohstoff machte das Glasgeschirr zum Luxusartikel.

Transluzid blaues Glas wurde mit bergbaulich gewonnenem Kobalt eingefärbt.[181] Transluzid blaue Perlen waren in der Spätantike sehr beliebt; sie waren offensichtlich noch lange im Handel wie die kugelig gerippten Perlen, die erst im letzten Drittel des 6. Jahrhunderts in Bösfeld Grab 1018 in die Erde gelangten (Abb. 66). In fränkischen Glashütten ist blaues Glas extrem selten, hier stand Kobalt offensichtlich nicht zur Verfügung.

Abb. 67: Hermsheimer Bösfeld, Grab 1018. Die Millefioriperle zeigt die in merowingischer Zeit häufigste Musterkombination, das rot-weiße Auge und den gelben Blütenstern im dunkelblauen Glas. M. 1:1.

In merowingischer Zeit wurde blaues Glas vor allem für die Millefioriperlen wie in Vogelstang Grab 124 (S. 119, Abb. 2) oder Mosaikperlen wie in Vogelstang Grab 153 (S. 306, Abb. 23) verwendet. In das durchscheinend blaue Glas sind die Muster aus opak rotem, weißem und gelbem Glas eingebettet, das Blau wirkt dadurch dunkler; für die Randstreifen der Millefioriperlen mit dem Blättchenmuster wurde

transluzides, opak rot überfangenes Glas ausgewählt (Abb. 67). Wegen der sorgfältig angewandten Mosaiktechnik und des verwendeten rot überfangenen Glases nimmt Carl Pause Herstellung im ehemaligen Römischen Reich an.[182] Der Westen des römischen Reiches scheidet sicher aus, da hier die in frührömischer Zeit beliebte Mosaiktechnik verloren ging. Doch wo im Byzantinischen Reich die Mosaik- und Millefiorperlen hergestellt wurden, ob in Italien, Ägypten oder im östlichen Mittelmeerraum, ist immer noch umstritten. Da ich auf der Krim keine Millefioriperlen gefunden habe, unter den zahlreich im Museum von Alexandria liegenden Mosaikperlen keine Millefioris mit dem charakteristischen Blättchenmuster entdeckte, dagegen im Museum von Antalya eine ganze Kette aus einem Grab der Umgebung, spricht doch einiges für eine Herkunft aus dem östlichen Mittelmeerraum.

Bergkristall wurde zwar seit römischer Zeit in den Alpen abgebaut, doch kugelig oder facettiert geschliffen wurden Bergkristalle in byzantinischen Werkstätten[183]. Außer den am Gehänge verwendeten schweren Kristallkugeln wie in Bösfeld Grab 348 (Abb. 68; S. 141, Abb. 42) wurden auch kleinere Perlen aus Bergkristall geschliffen. In Mannheim sind drei Perlen aus den Gräbern 523, 532 und 542 vom Hermsheimer Bösfeld bekannt.

Granate, für die in der Archäologie synonym das Wort Almandin verwendet wird, stammen aus Indien und Sri Lanka.[184] Im 5.-6. Jahrhundert erfreuten sich die roten Halbedelsteine – als dünne Plättchen (Abb. 69) in Zellwerk eingelegt – außerordentlicher Beliebtheit. Der Handel erfolgte wegen zunehmend kriegerischer Auseinandersetzungen entlang der von Sasaniden besetzten

Abb. 68: Hermsheimer Bösfeld, Grab 348. Bergkristallkugel von Silberbändern gefasst. M. 1:1.

Abb. 69: Sandhofen, Grab 162. Almandinplättchen einer Scheibenfibel. M. 1:1.

Landrouten bevorzugt auf dem Seeweg durch das Rote Meer in den mediterranen Raum und dann weiter nach Europa.[185] Im letzten Viertel des 6. Jahrhunderts kam es zu einem drastischen Einbruch im Almandinhandel und einer Neuorientierung in der Schmuckproduktion. Die Ursachen sind noch nicht geklärt. Uta von Freeden bringt dies mit der Eroberung Südarabiens durch die Sasaniden 570 in Zusammenhang.[186] Dass es zu einer wirksamen Beeinträchtigung der Durchfahrt ins Rote Meer kam, bestreitet dagegen Annette Lennartz, denn erst 597/98 erfolgte nach den schriftlichen Quellen die Eroberung Südarabiens; außerdem fiel jenes Ereignis in die anhaltende byzantinisch-sasanidische Friedensperiode unter Maurikios und Hosrau II. und dürfte keine unmittelbaren Folgen für den Handel mit Byzanz gehabt haben.[187]

Amethystperlen tauchten im letzten Drittel des 6. Jahrhunderts erstmals in den Gräbern nördlich der Alpen auf. In Vogelstang Grab 350 gehört die Amethystperle zu einem Ensemble der Kombinationsgruppe C (S. 257, Abb. 58); das Grab steht am Beginn der SD-Phase 8. Ein Perlenensemble der Gruppe C2, das ebenfalls eine Amethystperle enthält (S. 248, Abb. 39), ist mit Grab 179 noch in SD-Phase 7 zu datieren. Je eine Amethystperle gehört zu dem Perlenensemble der Gruppe D von Grab 181 (S. 254, Abb. 51) in SD-Phase 8 sowie zur Gruppe E von Grab 440 (Abb. 70) in SD-Phase 9.

Als Herkunftsland des begehrten Amethystes wird in schriftlichen Quellen Indien genannt, qualitativ schlechter ist der zypriotische Amethyst; aber auch in dem am Rande des byzantinischen Reiches liegenden Armenien wurden Amethyste gefunden. Von einem Abbau der mitteleuropäischen Vorkommen im frühen Mittelalter ist nichts bekannt.[188] Solange keine mineralogischen Untersuchungen vorliegen, bleibt ungeklärt, ob der Handel aus Indien wie bei den Granaten abbricht oder doch bis ins 7. Jahrhundert aufrecht erhalten wurde.[189]

Abb. 70: Vogelstang, Grab 440. Amethystperle. M. 1:1.

Abb. 71: Vogelstang. Fragmente von Elfenbeinringen. 1 Grab 239; 2 Grab 87; 3 Grab 113. M. 1:1.

Aus Zahnbein, in der Regel afrikanischem Elfenbein bestehen die großen Ringe (Abb. 71), die zusammen mit bronzenen Zierscheiben in Unterschenkelhöhe am Gürtelgehänge getragen wurden. Nicht immer ist die bronzene Zierscheibe noch vorhanden, z.B. überstand in Vogelstang Grab 239 nur ein Teil des Elfenbeinringes die Plünderung. Elfenbein gehörte neben Papyrus und Getreide zu den wichtigsten Ausfuhrgütern Ägyptens, die vornehmlich ihren Weg nach Konstantinopel nahmen.[190] Nach Europa gelangte Elfenbein durch orientalische und syrische Händler auf direktem Weg von Ägypten; ein Machtwechsel wie die sasanidische Eroberung 619 führte zu keiner dauerhaften Beeinträchtigung des Handels.[191] Elfenbeinringe kommen als Element des Gürtelgehänges bereits in der zweiten Hälfte des 6. Jahrhunderts auf und sind bis in SD-Phase 10, d.h. bis in das dritte Viertel des 7. Jahrhunderts üblich.

Die Cypraea-Schnecken (Abb. 72), speziell die in den merowingischen Frauen- und Mädchengräbern übliche Cypraea pantherina lebte im Roten Meer, der Handel dürfte daher ebenfalls über Ägypten gelaufen sein.[192] Die Cypraeen kamen in großer Zahl nach Mitteleuropa und sind hier weit verbreitet.[193]

In Vogelstang-Elkersberg tauchten die kostbaren Cypraen im späten 6. Jahrhundert erstmals an Gürtelgehängen von Mädchen und Frauen auf, wie in den Gräbern Grab 258, 278, 285 (SD-Phase 7). Sie sind in Vogelstang durch die Gräber 284 (SD-Phase 8), 304 (SD-Phase 9) sowie 52 und 420 (SD-Phase

Abb. 72: Vogelstang, Streufund im Gräberfeld. Cypraea. M. 1:1.

10) bis in das dritte Viertel des 7. Jahrhundert nachzuweisen. Doch da sie in SD-Phase 10 nur noch bei einer 29-34jährigen in Grab 420 und einer 40-45jährigen Frau in Grab 52 auftauchen, während sie früher schon bei neunjährigen Mädchen zu finden waren, wurden nach der Mitte des 7. Jahrhunderts wohl keine Cypraen mehr importiert.

Mediterraner Herkunft sind auch die spätmerowingischen Molluskenscheibenperlen, denn die Sauerstoffisotopenverteilung deutet darauf hin, dass sie in relativ warmen Wasser wuchsen.[194] Molluskenbzw. Muschelscheibenperlen wurden in den jüngsten Gräbern auf dem Bösfeld gefunden.

Der unter einem Hügel in Straßenheim beigesetzte Adelige trug Gewänder mit Goldbrokatborten. Im gesamten Grab verstreut fanden sich die Goldlane, dünne Goldfolie, die um einen Seidenfaden gewickelt war (Abb. 73). Zwar wurde nach den schriftlichen Quellen auch in den romanischen Gebieten des Frankenreiches Goldbrokat gewebt,[195] doch in Straßenheim liegt es näher, an Brokat aus dem mediterranen Raum zu denken, da auch Teile der übrigen Ausstattung wie der Schild in Italien erworben wurden.

Abb. 73: Straßenheim „Links der Mannheimer Straße", Grab 30. Goldlan. M. 1:1.

Import aus dem langobardischen Italien waren die goldenen Schmuckanhänger mit Filigrandekor, von denen vier in Sandhofen Grab 115, sieben in Bösfeld Grab 578 (S. 129 f., Abb.14-15) und insgesamt fünf in Grab 4 und 5 aus Viernheim (Abb. 74) gefunden wurden. Filigrandekor erfreute sich im fränkischen Merowingerreich zwar seit dem frühen 6. Jahrhundert zunehmender Beliebtheit, doch scheibenförmige Anhänger mit Filigrandekor wurden in Paris nicht modisch; in den Zentren des Merowin-

Abb. 74: Viernheim, oben Grab 4, unten Grab 5. Filigrananhänger. M. 1:1.

gerreiches zwischen Somme und Seine sind sie extrem selten. Die häufigste Verwendung fanden Filigrandrähte hier – auch mit einzelnen Granalien – auf Scheibenfibeln.

Schmuckanhänger mit Filigranauflagen haben dagegen nördlich der mittleren Donau eine längere Tradition. Im frühen 6. Jahrhundert trugen eine Thüringerin in Obermöllern[196] und eine wahrscheinlich langobardische Frau im böhmischen Záluži[197] je einen flachen runden Filigrananhänger. Im Frankenreich tauchten Filigrananhänger erstmals im zweiten Viertel des 6. Jahrhunderts auf, als die unter dem Kölner Dom zwischen 530 und 540 beigesetzte Fürstin an den Königshof kam. Sie trug an ihrem Halsband Goldmünzen, Perlen und Anhänger mit Almandinen im Zellwerk sowie Goldblechperlen und fünf qualitätvoll und ganz unterschiedlich mit Filigran verzierte Anhänger.[198] Vieles spricht dafür, dass es sich in Köln um die langobardische Prinzessin Wisigarde handelt, wie es bereits der Ausgräber Otto Doppelfeld vermutete. Die Langobarden siedelten unter König Wacho in Mähren und Niederösterreich. Wisigarde, seine Tochter, kam also von der mittleren Donau, um eine von den Vätern arrangierte Hochzeit zu vollziehen.

Für die Frauen der ostfränkischen Kriegerelite war die Langobardenprinzessin zweifellos modisches Vorbild. Dass ein Filigranmeister am Rhein aber nicht gerade vom Himmel fällt, zeigen drei Anhänger, die etwa zu Lebzeiten der Wisigarde von einer reichen Frau in Eltville getragen wurden. Das Almandinkreuz kaschiert geschickt den noch unbefriedigenden Versuch mit dem Filigran.[199]

Runde Filigrananhänger trugen reiche Frauen in den östlichen Teilen des fränkischen Reiches, vor allem zwischen nördlichem Oberrhein und oberer Donau. Diese Filigrananhänger sind wie die vier Anhänger aus Sandhofen (S. 57, Abb. 37) etwas jünger als die in Köln und Eltville. 568 zogen die Langobarden nach Italien. Und aus den langobardischen Gräbern in Italien ist der gleiche Halsschmuck mit Filigrananhängern, Glas- und Amethystperlen bezeugt, der auch in den Gräbern nördlich der Alpen auftaucht. Mehrfach waren Amethyste mit flachen Filigrananhängern

kombiniert. [200] Typisch für die jüngeren Filigrananhänger und vor allem auch die aus Italien sind die Mittelbuckel, sowohl bei den kleinen Anhängern wie in
Vogelstang Grab 47 (S. 239, Abb. 22) als auch größeren wie in Bösfeld Grab 578 (S. 130, Abb. 15) oder
Viernheim Grab 4 (Abb. 74, obere Reihe.)

Nahm Joachim Werner [201] noch an, dass Gütertausch
mit den Langobarden in Italien erst nach dem Frie-
densschluss von 591 eingesetzt haben kann, so
zeigte sich doch mittlerweile, dass Gütertransfer eher
durch das Kriegsgeschehen verstärkt wurde und
durch die Feldzüge der Franken viele Luxuswaren aus
Italien in den Norden kamen. Wie die Soldaten
Theudeberts in beachtlicher Menge ostgotische
Goldmünzen und Münzanhänger aus Italien mitbrachten, trugen die Soldaten Sigiberts I. und seines Sohnes Childebert II. die goldenen Filigrananhänger nach Geroldisheim (?) bei Sandofen, nach
Viernheim, Hermsheim und in die Nähe des Elkers-
berges.

Anmerkungen

[1] ELSMHÄUSER 2006.

[2] ELLMERS 1972.

[3] Franken 1996, S. 792 Abb. 640. JANSSEN 1989, S. 221-223: Die
Verkehrsmittel zu Wasser.

[4] ELLMERS 1988, S. 64 ff.

[5] CLAUDE 1985, S. 29 f.

[6] WEIDEMANN 1982, Teil 2 S. 356 f.

[7] GARBSCH 1994, S. 358: Römisches Relief im Museum Augsburg
mit der Darstellung eines vierrädrigen Wagen und zwei vorgespann-
ter Ochsen.

[8] FRANKEN 1996, S. 791 Abb. 639.

[9] MARTIN 1990, S. 96.

[10] Rekonstruktion TIMPEL 1999, S. 163.

[11] WAMSER 1984.

[12] GARBSCH 1994, S. 107; 115 f.

[13] CLAUDE 1985, S. 33.

[14] Die Münzen aus den REM wurden durch K. H. SCHULZKI bestimmt.

[15] MARTIN 2004.

[16] PESCHECK 1996, S. 242; 250: Kleinlangheim Grab 159 und 206.
REISS 1994, S. 255: Westheim Grab 21.

[17] Verbreitungskarte: FISCHER 2002, Abb.3.

[18] KOCH 1990.

[19] STEUER 1997.

[20] KLUGE 1997.

[21] GILLES 1996.

[22] DURLIAT 1990, S. 97-114.

[23] HARDT 2004, S. 143f.

[24] HARDT 2004, S. 149.

[25] HARDT 2004, S. 150 Anm. 124.

[26] HARDT 2004, S. 154.

[27] HARDT 2004, S. 152.

[28] CLAUDE 1985, S. 9.

[29] HARDT 2004, S. 170.

[30] HARDT 2004, S. 211.

[31] PAUSE 2001, S. 26.

[32] ZUCKERMANN 2001.

[33] WERNER 1953.

[34] BÖHME 1994, S. 88 Anm. 53.

[35] BÖHME 1994, S. 80 f.; Koch 2001, S. 289 f. Taf. 28.

[36] SCHMIDT 1973, S. 42 f.

[37] KOCH 1977, Taf. 182-188; 254-255.

[38] Gesehen in Museen und Sonderausstellungen Norditaliens.

[39] KOCH 2001, S. 323 Abb. 126.

[40] DAMMINGER 2002, S. 67 Abb. 16-17.

[41] KOCH 2001, S. 329 Abb. 131.

[42] KOCH 2001, Abb. 313 Abb. 122.

[43] GEUENICH 1997b.

[44] KOCH 2001, S. 325 Abb. 129.

[45] WINDLER 1994, S. 46 Taf. 54-56.

[46] KOCH 1990, S. 185 Anm. 51. WINDLER 1994, S. 338 Liste 1 zur Karte
S. 47 Abb. 63.

[47] KOCH 1994, S. 30 Verbreitungskarte Abb. 32.

[48] FEHR 1999.

[49] Verbreitungskarte: KOCH 198; zuletzt ergänzt Koch 2001, S. 331.

[50] Verbreitungskarte: KOCH 2001, S. 287 Abb. 117.

[51] Verbreitungskarte: KOCH 1997, S. 411 Abb. 466.

[52] Verbreitungskarte: SCHWARZ 2004, Abb. 14 – Spathagurtform Typ E.

[53] AUFLEGER 1997, S. 14 Taf. 22,8.

[54] LORREN 2001, Taf. 19,7; 21,3-4.

[55] LERENTER 1991, S. 230 Typ E mit 19 Exemplaren.

[56] Mannheimer Geschbl. 8, 1907, S. 183.

[57] LINDENSCHMIT 1880, Taf. III,333.

[58] LORREN 2001, S. 215.

[59] FREY 2006, S. 35 Abb. 21.

[60] LORREN 2001, S. 219 Taf. 19,7 Typ BA2a2.

[61] LORREN 2001, Taf. 21,3 Typ BA2b2.

[62] JOFFROY 1974, Abb. 37.

[63] PASSARD/URLACHER 2003, S. 22.

[64] BÖHNER 1958, Taf. 37,1.

[65] FREY 2006, S. 34.

[66] KNÖCHLEIN 2003, S. 171 f. mit Anm. 191 zu Abb. 67.

[67] FREY 206, S. 129 f.

[68] LERENTER 1991, S. 254, Abb. 18 mit sechs Blättern.

[69] FREY 2006, S. 150 f.

[70] MARTIN 1991a.

[71] STEUER 1987a.

[72] KOCH 1997a.

[73] GIERTZ 2002.

[74] HARDT 2004, S. 228.

[75] AMENT 1976, S. 115, Taf. 82,2.

[76] HENNING 1991, S. 65-82 Liste III.

[77] HENNING Liste III,2.

[78] HENNING Liste III,19

[79] KNAUT 2002, S. 411 Nr. 154.

[80] HENNING Liste III,1.

[81] HENNING Liste III,20.

[82] HENNING Liste III,15.

[83] HENNING Liste III,8.9.17.21.

[84] HENNING Liste III,3.

[85] STEUER 1983.

[86] KOCH 2001, Taf. 7; 37.

[87] EVISON 1987, S. 116.

[88] ROTH/THEUNE 1995, S. 37 Taf.32D.

[89] ROTH/THEUNE 1995, Taf. 156.

[90] ARENDS 1978. Kat. Nr. 260; STOLL 1938, Taf. 29,38.

[91] ARENDS 1978, S. 314-315; Kat. Nr. 100, Taf. 4,5a: Chartham Down Grab 34; Kat. Nr. 364a: Kingston Down Grab 4/1771; Kat. Nr. 356: Standlake, Oxfordshire; Kat Nr. 45: Beakesbourne; Kat. Nr. 92: Cambridgeshire Grab 4.

[92] EVISON 1987, S. 116 f.; 280.

[93] CHADWICK HAWKES 1973.

[94] CHADWICK HAWKES/GRAINGER 2006: Grab 35, 139.

[95] SCUVÉE 1973, S. 35 Abb. 27; 38; 43; 45: Réville, Dép. Manche, Grab 62/I; S. 51 f. Abb. 20; 46: Reville Grab 147/III. – PILET 1994, Taf. 73: Saint-Martin-de-Fontenay Grab 505. – PILET u.a. 1990,

Taf. 8: Giberville Grab 37. PILET 1980, Taf. 154: Frénouville Grab 598, noch 14 cm. PILET u.a. 1992, Taf. 25: Sannerville Grab 92, noch 16 cm.

[96] HÄSSLER 1983, Taf. 2.

[97] Ausstellung Buxtehude 2005.

[98] ARENDS 1978, Kat. Nr. 54.

[99] WERNER 1935, Taf. 18,18.

[100] Die Tierknochen des Gräberfeldes von Vogelstang bestimmte Thomas BECKER.

[101] KNAUT 2001.

[102] SCULL 1990.

[103] STEUER 1987b, S. 408 f.

[104] FEUGÈRE u.a. 1996.

[105] z. B. Aachen Grab 6a; Alach, Kr. Erfurt, Grab 1/1981; Envermeu, Dép. Seine-Inférieure; Erstein, Dép. Bas-Rhin, Grab 253; Eu, Dép. Seine-Inférieure; Haillot, Prov. Namur, Grab 13; Hailfingen, Kr. Tübingen, Grab 269; Harmignies, Prov. Hainau, Grab 308; Herbrechtingen, Kr. Heidenheim, Grab 1; Hugstetten, Grab 7; Klepsau, Hohenlohe-Kreis, Grab 6; Marchélepot, Dép. Somme; Marguerie, Mont Hermes, Dép. Oise; Planig, Stadt Bad Kreuznach; Vieuxville, Prov. Namur.

[106] ROTH/WAMERS 1984, S. 201.

[107] BOUDARTCHOUK 1998, S. 130.

[108] HALDIMANN/STEINER 1996, Abb. 18.

[109] ZELLER 1989/90, S. 326 f.

[110] GERLACH 2000.

[111] SAGE 1984, S. 103 Taf. 43.

[112] HENNING 1991, Liste III Nr. 14.

[113] DANNHEIMER/ULBERT 1956, S. 21 Taf. 6B.

[114] FEUGÈRE u.a. 1996, Abb. 4.

[115] GARSCHA 1970, S. 18.

[116] CHRISTLEIN 1978, S. 111.

[117] DANNHEIMER 1971, Abb. 2.

[118] KNAUT 2001.

[119] Verbreitungskarte KOCH 2001, S. 318, Abb. 123 mit Ergänzungen.

[120] POLENZ 1988, Taf. 29,8; 36,10; 50,8; 51,7; 53,18; 62,2; 94,14; 95,11; 178,1.

[121] R. KOCH 1973; KOCH 2001, S. 257.

[122] WILL 2002, S. 40.

[123] Fundber. Baden-Württemberg 19/2, 1994, Taf. 116 B 5.

[124] KOCH 2001, S. 256 f. Abb. 107,4; 109.

[125] GROSS 2004, S. 260 Abb. 2.

[126] CHÂTELET 1997, Taf. 46,9.

[127] KOCH 2001, S. 257 Abb. 109.

[128] WILL 2002, S. 39.

[129] KOCH 2001, S. 257 Abb. 109.

[130] Museum Heilbronn.

[131] WILL 2002, S. 39.

[132] HÜBENER 1969, Taf. 237,3.

[133] CHÂTELET 1997, Taf. 45.

[134] CLAUSS 1971, Taf. 18.

[135] HÜBENER 1969, Karte 36; POLENZ 1988, Taf. 9,7: Roxheim; 36,6: Eppstein; 142,6: Obrigheim. – WILL 2004, Karte Abb. 129.

[136] **Polenz** 1988, Taf. 10,3: Roxheim; 28,6: Essingen I; 164,10: Waldsee; 181,4: Museum Speyer.

[137] **Engels** 2002, Abb. 59.

[138] **Möller** 1987, Taf. 32,9.10.11; 50,1. Karte der Königshöfe: **Gockel** 1970.

[139] **Hübener** 1969, S. 240 f. Liste 55.

[140] **Gross** 1991, S. 151 f.

[141] **Will** 2004, S. 34; 188 Abb. 102. – Der einzeilige Dreiviertelkreisstempel von Oberolm gehört ebenso wenig zu der Mannheimer Gruppe wie der Topf von Wörrstadt mit einzeiligen halbkreisförmigem Bogenstempel.

[142] **Châtelet** 1997, Taf. 5,5; 9,10; 27,3-4; 42-43.

[143] **Damminger** Taf. 3,A4.

[144] **Koch** 1982, S. 78 Taf. 43C; 44A.

[145] **Plumier** 1997.

[146] **Willems** 1971, Taf. 47.

[147] **Dijkmann** 1992.

[148] **Koch** 2001, S. 377.

[149] **Koch** 2001, S. 217 f. Abb. 94, Verbreitungskarte.

[150] **Koch** 2001, S. 219 f. Abb. 95 mit Liste 14. Zu ergänzen: **Freeden** 2006, Abb. 14,88 (Peigen).

[151] **Windler** 1994, S. 87-88 Anm. 613 Karte Abb. 114. Zu ergänzen: Karben-Okarben; Mainz-Hechtsheim; Mill Hill in Kent, Peigen.

[152] **Legoux** 2005, S. 96 f.

[153] **Böhme** u.a. 1987.

[154] **Guillaume/Gambs** 1988, Abb. 1.

[155] **Losert** 2003, S. 140 Abb. 18.

[156] **Freeden** 2005, S. 36 Abb. 14.

[157] **Koch** 2001, S. 249 f. Abb. 104, Liste 25.

[158] **A. Koch** 1998, Taf. 7 mit Liste 7 - I.3.3.2.3.1.)

[159] **A. Koch** 1998, Karte und Fundliste 17.

[160] **Vielitz** 2003, S. 95 ff.

[161] **Vielitz** 2003, S. 36 f.; 89 Abb. 35 – Typ C1.04.

[162] **Koch** 1998.

[163] **Wedepohl** 1998.

[164] Formenübersicht bei **Koch** 1998.

[165] **Maul** 2002.

[166] Verbreitungskarte: **Koch** 2001, S. 206 Abb. 90.

[167] **Dijkmann** 1992; **Sablerolles** u.a. 1997.

[168] **Behrens** 1947, Abb. 31,6-7; **Dannheimer** 1962, Taf. 39,B3; **Doorselaer** 1958, Taf. 15,2; **Freeden** 2006, Abb. 72, Taf. 5; **Hanel** 1994 Taf. 38; **Legoux** 2005, S. 379; Bonner Jahrb. 148, 1948, S. 282; Jahrbuch Schweiz. Ges. Ur- und Frühgeschichte 1940/41, S. 101 Abb. 25; Trierer Zeitschr. 53, 1970, S. 117 Abb. H,58,7.

[169] Alzey, Köln, München, Maastricht.

[170] **Siegmund** 1998, Typ Per 1.7. – Die Kenntnis der Perlen aus Dortmund-Asseln und Beckum verdanke Bernhard **Sicherl**, Sachsensymposion Münster 2007.

[171] **Glazema/Ypey** 1955. – Museum Maastricht.

[172] **Willems** 1971, Taf. 36-39.

[173] **Dijkmann** 1992.

[174] **Roth/Wamers** 1984, S. 20.

[175] **Blaich** 1999, S. 344 Abb. 13.

[176] **Koch** 1999.

[177] **Svennung** 1968.

[178] **Tempelmann-Maczyna** 1985, S. 65 ff. Taf. 15.

[179] **Pause** 2001, S. 11.

[180] **Wedepohl** 1998.

[181] **Pause** 2001, S. 14.

[182] **Pause** 1996.

[183] **Quast** 1996a.

[184] **Quast/Schüssler** 2000.

[185] **Kessler** 2001.

[186] **Freeden** 2000.

[187] **Lennartz** 2001.

[188] **Pause** 2001, S. 18.

[189] **Lennartz** 2001.

[190] **Pause** 1996, S. 47 f.

[191] **Lennartz** 2001.

[192] **Banghard** 2000.

[193] Verbreitungskarte bei **Banghard** 2002, Abb. 180.

[194] **Siegmund/Weiss** 1989.

[195] **Banck-Burgess** 1997.

[196] **Schmidt** 1975, Taf. 188.

[197] **Svoboda** 1965, Taf. 96.

[198] Franken 1996, Abb. 153.

[199] Franken 1996, Abb. 538.

[200] Vorlage eines Aufsatzes mit Listen und Verbreitungskarten ist in Vorbereitung.

[201] **Werner** 1935, S. 29.

Ursula Koch

9. Wandel in den Glaubensvorstellungen

Im archäologischen Befund wird im 7. Jahrhundert das Nebeneinander heidnischer und christlicher Vorstellungen besonders deutlich. Vermögende Frauen hatten in der Fülle ihrer Amulette oftmals sowohl solche heidnischen Ursprungs wie auch eindeutig christlich geprägte. Spuren schamanistischer Vorstellungen, wo die Grenzen zwischen Mensch- und Tiergestalt verschwimmen, sind im frühen Mittelalter noch zahlreich zu finden.[1] Die mit Bär, Wolf oder Eber gebildeten Personennamen zeigen dies besonders eindrucksvoll.[2] Helfende Geister treten in zoomorpher Gestalt auf und Tiere begleiteten die Götter. Krieger verwandelten sich in starke Tiere. In dieser Vorstellungswelt haben zahlreiche Amulette, aber auch die germanische Ornamentik ihren Ursprung.

9.1 Amulette – Zeugnisse fortbestehenden Aberglaubens

Die pyramidenförmigen Beinanhänger und die wesentlich häufigeren konischen Anhänger (Abb. 1) werden, da sie auf die antiken Herkuleskeulen-Amulette zurückgehen, als Donar-Amulett interpretiert.[3] Der römische Gott Herkules war – was seine Eigenschaften betraf – dem germanischen Donar verwandt. Ostgermanen brachten diese Amulettform im 5. Jahrhundert aus dem Donauraum in den Westen. Donaramulette gaben Kraft und wehrten dadurch Übel ab; wahrscheinlich dienten sie jungen Frauen auch als Fruchtbarkeitsamulett, wie die meisten der mit gefundenen Amulette, z. B. die Geweihscheibe in Vogelstang Grab 31, die Cypraea in Vogelstang Grab 52. Jedoch hatten die beiden Frauen von Vogelstang Grab 31 und Grab 177 schon die adulte Altersstufe erreicht; mit 40-45 Jahren war die Frau aus Vogelstang Grab 52 sogar noch etwas älter, so dass es sich in diesem Fall wohl nicht mehr um ein Fruchtbarkeitsamulett handeln dürfte. Die Frau aus Grab 31 mit pyramidenförmigem Anhänger gehört in die erste Generation; im frühen 7. Jahrhundert verstarb die Frau aus Grab 177. Durch Grab 52 ist das Amulett noch nach der Mitte des 7. Jahrhunderts nachgewiesen (SD-Phase 10).

Geweihrosen galten als Fruchtbarkeitsamulett, denn sie treten ausschließlich in Mädchen und Frauengräbern auf[4], ähnlich zu beurteilen sind die Geweihrosenringe. Junge Mädchen aus den wohlhabenden Familien erhielten die Geweihscheibe schon vor der Pubertät (S. 314, Abb. 31-32). Im Kinderdoppelgrab 1018 vom Hermsheimer Bösfeld lag die Geweihscheibe (Abb. 2) bei dem Mädchen. In Vogelstang

Abb. 1: Die pyramidenförmigen und konischen Beinanhänger sind Donaramulette. 1 Vogelstang, Grab 31; 2 Sandhofen, am Hohen Weg Grab 1; 3 Straßenheim „Aue", Grab 28.1.193; 4 Vogelstang, Grab 17; 5 Vogelstang, Grab 52. M. 1:1.

Abb. 2: Hermsheimer Bösfeld, Grab 1018. Amulettscheibe aus der Geweihrose mit Resten von Zirkelornament. M. 1:1.

Grab 285 war ein neunjähriges Mädchen im späten 6. Jahrhundert mit mehreren Fruchtbarkeitsamuletten, darunter einer Geweihscheibe ausgestattet. In der ersten Hälfte des 7. Jahrhunderts trug das 10-11jährige Mädchen aus Grab 219 die Scheibe am Gürtelgehänge. Mit 31-36 Jahren war die Frau in Grab 31 für ein Geweihrosenamulett (S. 216, Abb. 20,7) bereits recht alt.

Zu den ältesten Gräbern von Straßenheim „Aue" gehört Grab 67. Die Frau trug an ihrem Gürtelgehänge den Geweihrosenring (Abb. 3) und einen ebenfalls als Fruchtbarkeitsamulett eingestuften bronzenen Ankerschlüssel. In der gleichen Periode SD-Phase 5 war in Grab 12 von Straßenheim „Aue" ein reiches Mädchen mit mehreren Amuletten beigesetzt, darunter befanden sich ein Geweihrosenring und ein Bärenzahn (S. 92, Abb. 100).

Abb. 3: Straßenheim „Aue", Grab 67. Geweihrosenringe sind – vergleichbar den Scheiben aus der Geweihrose – Fruchtbarkeitsamulette. M. 1:1.

Die über den Fernhandel bezogenen und daher kostbaren Cypraeen tauchten vom späten 6. bis in die Mitte des 7. Jahrhunderts an Gürtelgehängen von Mädchen und Frauen auf. Wiederum zeigt sich, dass Mädchen schon vor der Pubertät mit Fruchtbarkeitsamuletten ausgestattet wurden, denn 8-9 Jahre alt war das Mädchen in Grab 285 (S. 314, Abb. 31). Es sind in Vogelstang vor allem ältere Mädchen, wie das 11-13jährige aus Grab 232 (S. 314, Abb. 33) und das 14-16jährige aus Grab 284 (S. 318, Abb. 40), und jüngere Frauen, wie die 21-24jährigen aus Grab 278 (S. 243, Abb. 29) und 304, die derartige Amulette trugen. Aber auch die adulten Frauen aus den

Gräbern 258, 301 (S. 264, Abb. 68) und 420 (Abb. 4) von Vogelstang bedurften noch eines Fruchtbarkeitsamulettes. Mit 45-50 Jahren war die Frau aus Grab 52 (S. 279, Abb. 95) die älteste mit einem derartigen Amulett, sie verstarb nach der Mitte des 7. Jahrhunderts.

Zu den Amuletten, die Kraft und Stärke vermitteln sollen, gehören die Zähne und Krallen starker Tier, zum Beispiel der durchbohrte Bärenzahn aus dem Grab einer etwa 18jährig verstorbenen Frau in Vogelstang Grab 121 (Abb. 5).

Abb. 4: Vogelstang, Grab 420. Cypraea an einem Bronzedrahtring. M. 1:1.

Abb. 5: Vogelstang, Grab 121B. Der durchlochte Bärenzahn wurde am Gehänge getragen. M. 1:1.

9.2 Apothropäische Zeichen auf dem Sarg und am Helm – die Eberhauer

Unter den in Gräbern gefundenen Tierzähnen sind seit dem späten 6. Jahrhundert auffallend häufig Eberzähne vertreten[5]. Im Frauengrab 16 von Vogelstang wurden zwei ungefähr 8 cm lange untere Eckzähne eines schon ausgewachsenen, aber nicht sehr alten Ebers gefunden. Das total gestörte Grab ist nur allgemein in das 7. Jahrhundert zu datieren und auch im Hinblick auf die Verwendung nicht weiter aufschlussreich. In Vogelstang Grab 350 einer vornehmen adulten Frau aus dem späten 6./frühen 7. Jahrhundert (S. 257, Abb. 58) lagen die beiden über 8 cm langen Eberhauer in der NO-Ecke, und somit am Fußende. Nur wenig älter ist Grab 179 einer maturen Frau. In dem total gestörten Grab war ein großer Teil der Langknochen in der NO-Ecke zusammengezogen, doch hat es den Anschein, als befänden sich die Fußknochen noch am ursprünglichen Platz und ebenso der 9 cm lange Eberhauer unterhalb von ihnen. Im Grab 169 lagen unterhalb der Füße einer großen kräftigen adulten Frau zwei gut 8 cm lange Eberzähne, ein in zwei Teile gespaltener ganzer und ein gespaltener halber Zahn eines jüngeren Tieres (Abb. 6). Grab 169 gehört in das zweite Viertel des 7. Jahrhunderts (SD-Phase 9). Und auch in Grab 203 einer senilen Frau, die erst im späten 7. Jahrhundert verstarb (SD-Phase 11) wurde der knapp 5 cm lange Tierzahn/Tierkralle? (Abb. 7) am Fußende gefunden. Nur in Grab 428 einer 30-60jährigen Frau aus dem zweiten Viertel des 7. Jahrhunderts (SD-Phase 9) gehörten die beiden etwa 5 cm langen Eberzähne zu einem neben der Toten abgestellten Kasten (S. 261, Abb. 63). Somit befand sich in Vogelstang keiner dieser Tierzähne am Gehänge, wo Amulette üblicherweise angebracht waren; sie zeigten auch keinerlei Befestigungsspuren.

Abb. 9). Ein 3,5 cm langes Fragment eines Eberhauers wurde neben den Skelettresten eines im Männergrab 199 mit bestatteten Kleinkindes gefunden (S. 308, Abb. 25). Das Grab ist in das dritte Viertel des 6. Jahrhunderts zu datieren (SD-Phase 6).

Im Doppelgrab 306 von Vogelstang waren ein 19-28 Jahre alter Mann und ein 10-11jähriger Knabe im zweiten Viertel des 7. Jahrhunderts (SD-Phase 9) beigesetzt. In dem total gestörten Grab wurden ein Oberkieferschneidezahn und das Fragment eines Oberkiefereckzahnes vom Schwein gefunden (Abb. 8), einer der beiden Tierzähne lag in der NW-Ecke, der andere in der SW-Ecke, somit dürften sie hier im Kopfbereich des jungen Mannes oder des Knaben gelegen haben.

Abb. 8: Vogelstang, Grab 306. Zähne vom Schwein im total gestörten und beraubten Grab eines jungen Mannes und eines Knaben. M. 2:3.

In Vogelstang tauchten Eberzähne sonst in keinem Männergrab auf. Doch wurden in Straßenheim „Aue" Grab 2 bei einem mit Spatha und Schild bewaffneten Krieger des späten 6. Jahrhunderts (SD-Phase 7) zwei etwa 6 cm lange Eberhauer oberhalb des Kopfes gefunden (Abb. 9). Eberhauer in Männergräbern werden gern – zumal wenn sie auch am Kopf lagen – als Teil eines Lederhelmes interpretiert, besonders im bajuwarischen Raum.[6]

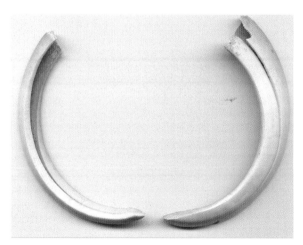

Abb. 9: Straßenheim, Männergrab 2. Ein Paar Eberzähne als Helmschmuck? M. 2:3.

Außer in Frauengräbern kommen Eberzähne in Gräbern von Kindern vor, doch nur bei einem neunjährigen Kind in Vogelstang Grab 362 lagen die beiden fast 10 cm langen Eberhauer (S. 308, Abb. 25) wie in den Frauengräbern zu Füßen. Vermutlich in die erste Generation gehört Grab 291, wo ein 12,5 cm großer Eberzahn zwischen den verstreuten Knochen eines noch kein Jahr alten Säuglings lag (S. 297,

Ob die Eberzähne bei den Frauen und Kindern zu Füßen niedergelegt wurden oder dort an irgendeinem Gegenstand oder gar am Sarg befestigt waren, lässt sich aus den Mannheimer Befunden nicht beantworten. Ähnlich Beobachtungen lassen sich aber auch in anderen Gräberfeldern machen. In Grab 53/72a von Donaueschingen lag zu Füßen eines 1,1 m großen Mädchens ein über 8 cm langer Eberzahn[7]. In Grab 133 bei Schretzheim, Kr. Dillingen a. d. Donau, (Schretzheim Stufe 4/SD-Phase 7) lag ein Eberzahnpaar zu Füßen eines 1,3 m großen Mädchens, während der – ähnlich aussehende – Biberzahn[8] aus Grab 138 als Amulett am Gehänge eines 1,1 m großen Mädchens befestigt war.[9] Auch das Mädchen aus Grab 118 bei Pleidelsheim trug einen Biberzahn am Gehänge, denn dieser war durchlocht.[10] In Mainz-Hechtsheim Frauengrab 179 (7. Jahrhundert) stammt ein 4,65 cm kleiner Eberhauer zwar aus dem Aushub, er zeigt aber keine Befestigungsspuren.[11] So wurden die langen Tierzähne von Eber und Biber offensichtlich genau unterschieden. Da die Eberzähne wohl kaum einen praktischen Nutzen hatten, kommt nur eine verzierende oder Schutz bringende Funktion in Frage.

Weil in Wenigumstadt Grab 73 je ein Eberzahnpaar in der SW- und SO-Ecke auffallend auf die Holzspur der Holzkammer bezogen ist, interpretiert Eva Stauch sie als eingesetzte Zähne einer aus Holz geschnitzten Doppelschlange, entsprechend den „gehörnten Schlangen" auf den Särgen von Oberflacht.[12] Dazu bemerkte bereits 1889 Ludwig Lindenschmit: „Allein die weit vorspringenden Hauzähne, wie die auffallenden Rückenborsten dieser rohen Darstellung eines Tieres scheinen eher auf den Eber als die Schlange hinzuweisen. Wenn hier eine altheidnische Überlieferung anzunehmen ist, so liegt der Gedanke an den Eber des Fro, an die formae aprorum (Tac. Germania 45) der Sueven nahe genug, welche wie das Eberbild, cofurculum, bei den Angelsachsen als heilbringendes schützendes Symbol galten (Grimm, Deutsche Mythologie S. 194 f.)".[13] In Vogelstang erhielten vornehme Frauen des Herrenhofes, Grab 179 in SD-Phase 7 und Grab 350 in SD-Phase 8, einen solchen mit Eberzähnen bestückten Sarg, später tauchte die Sargform in den anderen Familien auf, nur die Bauernfamilie konnte sich den Aufwand nie leisten.

9.3 Germanische Tierornamentik

9.3.1 Stil I der germanischen Tierornamentik

Auf der Grundlage spätantiker Ikonographie hat sich im 5. Jahrhundert in Skandinavien eine germanische Bildsprache in der Form der charakteristischen Tierstile entwickelt, deren Motive häufig kopiert wurden und weit verbreitet waren. Die germanische Welt hat mit der Tierornamentik eine eigene Formensprache gefunden, die germanisches Identitätsbewusstsein wecken und stärken konnte.[14] In den Gräbern sind diese Motive auf Schmuck und Trachtzubehör zu finden, doch ist davon auszugehen, dass auch andere nicht erhaltene Objekte, Textilien, Möbel und Gebäude mit diesen Bildern geschmückt waren. Da mit den Bildchiffren Inhalte und oftmals religiöse Vorstellungen verbunden waren, müssen die Kopierenden außer ihren handwerklichen Fähigkeiten umfassende Kenntnisse über die Formen der Bildchiffren und deren Inhalte gehabt haben.[15] Die Bildinhalte, die einen Einblick in die Vorstellungswelt der Nordgermanen des 4.-7. Jahrhunderts und die vorchristliche Religion gewähren könnten, sind noch weitgehend verschlossen. Die Entschlüsselung von vergessenen geistigen Inhalten hat gerade erst begonnen. Sicher ist bereits, dass die Imitatio der imperialen Kunst eine wesentliche Rolle spielte, kannten doch die germanischen Krieger durch ihren jahrelangen Militärdienst in den römischen Hilfstruppen gerade die militärischen Strukturen mit ihren Befehlsabläufen und Traditionen, ihren Zeremonien und Auszeichnungen.[16]

Für den germanischen Tierstil I sind aneinander gereihte stark schematisierte Chiffren von Kopf, Leib, Schenkel und Füßen charakteristisch. Die Köpfe sind sowohl als Maske en face[17] wie im Profil[18] dargestellt und die Leiber stark verdreht. Im fränkischen und alamannischen Gebiet ist der germanische Tierstil I bis auf wenige Ausnahmen[19] mit nordischen Formen kombiniert.[20]

Die Bügelfibeln aus Grab 348 vom Hermsheimer Bösfeld (S. 141, Abb. 41) weichen schon in der Form erheblich von den üblichen fränkischen Fibeln ab. Zwei Köpfe im Profil hängen seitlich über der rhombischen

Fußplatte, die in einem frontalen Tierkopf endet. Da die Fibeln stark abgenutzt sind, sind die beiden Tiere seitlich der rhombischen Platte nicht mehr lesbar. Sieben im Profil dargestellte Köpfe gruppieren sich um das Mittelornament der Kopfplatte (Abb. 10), alle mit spitzovalen Augen und lang gezogenen Bögen darüber. Je zwei Menschen-Köpfe mit Kinnbogen und

langer Zunge stecken in den äußeren Ecken (blau). Zuerst fallen die spitzovalen Augen mit den gebogenen Augenumrandungen auf. Der obere Bogen reicht von der Nase bis in den Haarschopf. Der untere Bogen ist von den Wangen, die in Hals und Leib übergehen, nicht mehr zu trennen. In der Mitte des Frieses und in den Ecken zum Bügel hin sind insge-

Abb. 10: Hermsheimer Bösfeld, Grab 348. Kopfplatte der Bügelfibel verziert im Tierstil I mit sieben Köpfen im Profil.

samt drei Tierköpfe mit geöffneten Kiefern zu erkennen (rot), die in ein zweisträngiges Band beißen; Augen und Augenumrandungen unterscheiden sich nicht von denen der Menschenköpfe.

An den unteren Ecken des Mittelornaments sitzen je zwei voneinander abgewandte Tierköpfe (grün) mit lang gezogenem Schnabel. Die Wiedergabe der Köpfe mit wenigen Strichen und die Dichte des Ornaments ergeben oft eine Wirkung wie bei Vexierbildern. So kann man die beiden grünen Köpfe auch als Augen von Masken sehen, die von den Köpfen in den Ecken gebildet werden. Die „Augenpaare" nahe den inneren Ecken sind jedoch weniger eindeutig, und das war durchaus beabsichtigt. Sie könnten zu großen frontalen Köpfen gehören oder zu Tierschenkeln, denn möglicherweise sind zwischen die Tier- und Menschenköpfe Leiber, Beine und Krallen eingeschoben.

Großer Beliebtheit erfreuten sich die nordischen Fibelformen im 533 zerschlagenen Thüringerreich, das besonders enge Kontakte nach Skandinavien unterhielt. Und wohl nicht zufällig sind nordische Fibeln häufiger am Mittelrhein und am Neckar anzutreffen, wohin zahlreiche thüringische Familien umgesiedelt waren.[21] Auf dem Kontinent verarbeiteten auch langobardische Handwerker diese Bildchiffren; deren Erzeugnisse gelangten aus Pannonien ebenfalls in die Gebiete an oberer Donau, am Neckar und am Rhein.[22]

Ähnliche Fibeln mit rechteckiger, von einem Fries gerahmter Kopfplatte und rhombischer Fußplatte mit herabhängenden Tierköpfen und Tierkopfende gibt es eine ganze Reihe, auch auf dem Kontinent.[23] Sie weisen bei prinzipiell ähnlicher Grundkonzeption zwar ein differentes Verzierungsrepertoire auf, sind aber nicht unabhängig voneinander.[24]

Üblicherweise füllen Spiralhaken und Wirbelmuster das Rechteck- und das Rautenfeld[25] statt Mäander-Swastiken/Hakenkreuze wie bei dem Hermsheimer Paar. Die mäanderartig verbundenen Swastiken waren in der nordischen Kunst nicht unbekannt, sie finden sich z. B. auf dem breiten Bügel einer Fibel aus Lister og Mandal in Norwegen.[26] Zur Blüte ge-

langte das Motiv jedoch im östlich-merowingischen Formenkreis und ist auf zahlreichen langobardischen Fibeln anzutreffen.[27]

Das Hermsheimer Fibelpaar unterscheidet sich aber auch in den Tier-Details von allen anderen nordischen Fibeln. Raubvogelköpfe kennzeichnen eine Fibelgruppe A nach Haseloff, die in Rommersheim und Vendersheim in Rheinhessen, in Heilbronn-Horkheim und im langobardischen Nocera Umbra Grab 10[28] vertreten ist. Deren prächtigstes Stück aus Langweid bei Augsburg weist zusätzlich eine Maske zwischen den Raubvogelkopfpaaren auf.[29] Eine zweite noch weiter gestreute Fibelgruppe B nach Haseloff zeigt einen Fries von Tierköpfen, die alle nach außen blicken.[30] Innerhalb dieser Gruppe gibt es eine Variante mit unterem Tierkopfabschluss und flankierenden Tieren, die in der Gliederung mit der Hermsheimer Fibel übereinstimmt. Die Vorkommen stammen aus Engers, Kr. Neuwied, noch einmal Langweid, dann Marchélepot im Dép. Somme und aus Grab 22 des langobardischen Friedhofes von Nocera Umbra in Italien. Alexander Koch geht von einer Anfertigung durch Handwerker im Frankenreich aus.[31]

Die meisten Fibeln vom nordischen Typ auf dem Kontinent sind wie das Hermsheimer Paar Einzelanfertigungen, wie es die Damen der Oberschicht verlangten. Ein langobardischer Einfluss auf die Mode ist in der Oberschicht des ostfränkischen Reiches nicht zu übersehen.

9.3.2 Stil II der germanischen Tierornamentik

Traditionell wird der germanische Tierstil in Stil I und Stil II gegliedert. Im Stil II ist die nordische Tierornamentik mit mediterraner Flechtbandornamentik verschmolzen. Die Tierbilder stehen nicht mehr nebeneinander wie in Stil I sondern sind nach dem System eines Flechtmusters angeordnet.[32] Lange bestand unter dem Einfluss der Arbeiten von Günter Haseloff und Helmut Roth kein Zweifel an der Entstehung des Stiles II im letzten Drittel des 6. Jahrhunderts im südgermanischen Milieu; diskutiert wurde nur, ob im langobardischen oder alamannischen Raum, wie zuletzt Arnold Muhl zusammenfasste.[33]

Doch die chronologischen Vorstellungen haben sich geändert. Nach der skandinavischen Chronologie erscheint im südlichen Skandinavien angeblich noch vor der Mitte des 6. Jahrhunderts ein sehr qualitätvoller Tierstil II [34]; die Tiere – Wolf, Adler, Eber, später Pferd und Schlange – sind nicht realistisch, aber vollständig, sie haben stets Kopf, Körper, Beine, bzw. Schenkel und Füße, die wie ein Flechtband miteinander verwoben sind; sie sind hier weder mit Pflanzen noch Menschen kombiniert. Träger der neuen Ornamentik sind Waffen, Waffengürtel und Pferdegeschirr einer sozial sehr hoch stehenden Kriegerschicht, dann erscheint die Ornamentik auch auf Fibeln der Frauentracht, bevor sie auf männlichen wie weiblichen Ausrüstungsgegenständen einer breiten Bevölkerungsschicht verwendet wurde. Als Abbild der höchsten Götter und gleichzeitig mythisch überhöhter Darstellung des Herrschers wurde eine religiöse Bildersprache entwickelt, die sich in kurzer Zeit weit verbreitete. [35] Karen Høilund Nielsen sieht im Tierstil II das Propaganda-Instrument eines neu erstarkten politischen Zentrums im südlichen Skandinavien. Mit den mythischen Darstellungen versuchte der Auftraggeber die Eliten in Dänemark, Südnorwegen, Südschweden, Gotland und Finnland anzusprechen. Høilund Nielsen stellte außerdem fest, dass der Tierstil II – gemessen an den skandinavischen Vorkommen – in den kontinentalen Gräbern im Verhältnis zur Gesamtzahl der Funde selten auftritt, von schlechter Qualität und nicht vor 565 und somit später als in Skandinavien zu datieren sei. Folglich wurden die bemerkenswert einförmigen Stil II Tiere in Skandinavien entwickelt und haben sich von dort aus in Form von diplomatischen Geschenken, die den Machtanspruch nordischer Fürsten demonstrieren sollten, verbreitet. [36] Tierstil II lässt sich vor allem in den Länder nachweisen, die zu Beginn des 6. Jahrhunderts enge Kontakte mit der skandinavischen Welt hatten, wie Ost-Anglia, Austrasien und das langobardische Königreich.

Da Tierstil II im Zentrum des Merowingerreiches nach Ausweis der Gräber von Saint Denis mit den Schnallen der 565/570 verstorbenen fränkischen Königin Arnegunde [37] schon in der Mitte des 6. Jahrhunderts auftaucht und sicher vor dem Eintreffen der Langobarden in Italien, ist nicht auszuschließen, dass der Anstoß zum neuen Stil auf fränkische Einflüsse zurückging, auch wenn die Qualität der skandinavischen Tierdarstellungen unübertroffen bleibt. Seine Blütezeit erlebte der Tierstil II in den rechtsrheinischen Gebieten allerdings erst in der Mitte des 7. Jahrhunderts.

9.3.3 Flechtbänder mit Tierornament

In Flechtbänder integrierte Tierteile, die für den Tierstil II der zweiten Hälfte des 6. Jahrhunderts charakteristisch sind, kommen in den Mannheimer Gräbern nur selten vor. Zu den wichtigsten Ornamentträgern zählten in dieser Zeit die Spathagurtgarnituren vom Typ Weihmörting. Die Schwertgurtbeschläge aus Straßenheim „Aue" Grab 2 vom 11.6.1934 (S. 84, Abb. 85) gehören bereits zu den jüngeren Erzeugnissen dieses Garniturentyps und sind in das beginnende 7. Jahrhundert zu datieren. Auf einem Beschlag ist ein Tier mit achterschlingenförmigem Leib erkennbar. Den zweiten Beschlag nimmt ein dreizeiliges Flechtband ein. An den Schmalseiten sind jeweils ein Tierkopf mit geöffneten Kiefern und ein mehrzehiger Tierfuß hinzugefügt; genau genommen sitzen die beiden Köpfe an einem Strang, die anderen Flechten besitzen jeweils einen Fuß (Abb. 11). Es ist eine eher flüchtige, wenig qualitätvolle Arbeit; sie ist als Massenprodukt einzustufen.

Abb. 11: 1-2 Straßenheim „Aue", Grab 2/11.6.1934. Beschläge einer Spathagurtgarnitur. 2 Thematisch verändert: Blau = Auge, Rot = Kopf und Kiefer; Dunkelgrün = Leib; Grün und Gelb = Flechten; Violett = Tierkrallen. M. 1:1.

Schlangenartige Tiere mit den langen bandförmigen Leibern sind im fränkischen Reich ein häufiges Motiv auf vielerlei Gegenständen.[38] Von den Schlangentieren auf Schwertgurtbeschlägen sind die auf einem Kastenbeschlag aus Charnay-sur-Saône, Dép. Côte-d'Or[39] und von einer Riemenzunge aus Saint-Sulpice, Kt. Vaud[40] den Straßenheimer Beschlägen am ähnlichsten.

Erst im späten 7. Jahrhundert taucht das Flechtbandmotiv noch einmal auf. Auf einer spitz zulaufenden Riemenzunge (Abb. 12) der SD-Phase 11 aus Vogelstang Grab 398 sind durch kleine Punzeinschläge trennende Linien hergestellt, sodass vier breite glatte verflochtene Bänder klar hervortreten. Integriert ist an beiden Enden je ein Tierkopf mit Auge, eckigem Kinn und zurückgerollter Unterlippe.

9.3.4 Qualitätvolle alamannische Tierornamentik im Stil II

Beliebter als im fränkischen Westen wurde der Tierstil II in den ostrheinischen, alamannischen Gebieten, wo dann im Laufe des 7. Jahrhunderts auch einige sehr qualitätvolle Arbeiten entstanden. Phantasievoll ist die Komposition auf einem spitz zulaufenden Silberblech (Abb. 13,1), das in Vogelstang Grab 413 mit ursprünglich wohl drei oder vier weiteren ähnlichen Silberblechen einen Holzbecher oder eine Holzschale zierte, die in SD-Phase 10 einem Gefolgsmann des Reiters aus Vogelstang Grab 409 gehörte. Das Blech ist leider unvollständig erhalten. Doch hilfreich ist ein Goldblattkreuz aus dem etwa gleichalten Reitergrab 14 von Hintschingen, Kr. Tuttlingen[41], denn hier wurde ein sehr ähnliches Model verwendet, das Günther Haseloff eingehend analysierte (Abb. 13,3)[42]. Das in Hintschingen verwendete Model hatte einen bei Goldblattkreuzen unüblichen zur Spitze hin gebogenen Umriss und war sehr wahrscheinlich für Zierbleche an Holzgefäßen, also für Bleche wie dem aus Vogelstang vorgesehen.

Auf dem Goldblattkreuz ist das Model nicht in voller Länge abgedruckt, sondern nur das spitz zulaufende Ende mit einem kleinen Tier in der Spitze, einer Schlange und einem größeren Tier darüber, sowie

der Kralle eines dritten Tieres auf dem Leib des großen Tieres. Die Tiere sind hintereinander angeordnet und nur durch die Schlange verbunden.

Das Mannheimer Blech stammt nicht vom gleichen Model, ist aber in der Komposition nahezu identisch (Abb. 13,2). Das Tier in der Spitze stellt einen Vierfüßler dar: erkennbar sind ein Kopf mit Auge (blau), Augenumrandung und geöffneten Kiefern (rot), ein zweisträhniger gebogener Hals (grün) wird von einem geperlten Band, ähnlich einer Mähne, begleitet; der dreisträhnige Leib (grün) beginnt mit einer Schlaufe, daran lehnt der vordere birnenförmige Schenkel mit über den Leib liegender dreifingriger Kralle (hellviolett); der Leib endet am hinteren birnenförmigen Schenkel mit lang ausgezogenem, geschwungenem, unter dem Leib hindurch gestecktem Fuß mit vier Zehen (violett). Um den Hals des Tieres windet sich eine Schlange (gelb).

Das große beißende Tier ist nur anhand des Goldblattkreuzes (Abb. 14) noch zu identifizieren: vorhanden sind die beiden Kieferspitzen (rot), die Kiefer sind aus dreilinigen Bändern gebildet, der Unterkiefer biegt rechtwinklig um und überschneidet den geradlinig verlaufenden Oberkiefer, der über die Schlange hinweg reicht. Zu diesem Tier könnte der Hals mit der geperlten Linie oder Mähne (grün) gehören, der an der Bruchkante des oberen Bleches erkennbar ist.

Abb. 12: Vogelstang, Grab 398. Riemenzunge. Thematisch verändert: Blau = Auge; Rot = Kopf und Kiefer; Grün und Gelb = Flechten. M. 1:1.

Abb. 13: 1-2 Vogelstang, Grab 413. 1 Silberne Pressblechfragmente von einem Holzgefäß; 2 die Fragmente thematisch verändert: Blau = Augen und Augenumrandung; Rot = Kopf und Kiefer; Grün = Leib; Violett = Extremitäten vom Schenkel bis zum Fuß. – 3 Hintschingen, Kr. Tuttlingen. Ähnliches Tierornament auf einem gepressten Goldblattkreuz, analysiert von Günther Haseloff. M. 1:1.

1   2   3

Vollständig erhalten ist ein weiteres Tier, das auf dem Goldblattkreuz nicht zum Abdruck kam: Vom Kopf des Tieres ist das Auge (blau) noch erkennbar, während die Augenumrandung durch den Nietkopf verdrückt wurde; es hat geöffnete Kiefer (rot) und beißt in den Hals einer Schlange; der lange Tierhals aus zwei Strähnen und einem geperlten Band ähnelt einer Mähne (grün); der dreisträhnige Leib (grün) ist zu einer Schlaufe gebogen, an beiden Enden sitzen Schenkel (violett), von denen die obere Kralle über den Hals greift, die untere Kralle auf dem Hals des mittleren Tieres aufliegt.

Die nach oben folgende Darstellung ist unvollständig und lässt sich nicht mehr rekonstruieren. Da Goldblattkreuze vor Ort zur Beisetzung hergestellt wurden, gehörte das Hintschinger Model zur Ausstattung einer alamannischen Goldschmiedewerkstatt in der Nähe von Tuttlingen. Damit ist sicher, dass die Schale aus Vogelstang Grab 413 ein alamannisches Produkt ist. Wie das Goldblattkreuz von Hintschingen müssen nun auch die Bleche einer Holzschale aus Vogelstang zu den seltenen Zeugnissen einer qualitätvollen alamannischen Tierornamentik gezählt werden. Hier ist ein symmetrisches Bandgeflecht in eine Tierkomposition mit bogenförmiger Linienführung und diagonalen Überschneidungen umgestaltet; die Tiergestalt ist vollkommen integriert, es blie-

ben keine freien Bänder übrig, wie dies auf anderen Arbeiten häufiger zu beobachten ist, z. B. auch bei der bronzenen Gürtelgarnitur aus Straßenheim, am Straßenheimer Weg Grab 22 (S. 77, Abb. 70).

9.3.5 Tierornamentik im gegossenen Kerbschnitt

Auf den meisten aus Bronze gegossenen Kerbschnittarbeiten der Alamannia zeigen die verflochtenen Muster letztendlich nur aneinander gereihte Tierdetails.[43] Diesen Arbeiten steht die Spathagurtgarnitur aus Straßenheim, am Straßenheimer Weg Grab 22 nahe.

Auf dem Schnallenbeschlag aus Straßenheim (Abb. 14,1) sind in den Seitenfeldern rudimentäre Tierköpfe mit geöffneten Kiefern und nach außen umgelegter Unterlippe (rot) erkennbar; vergleichbare Tier-Kiefer sind auf Saxscheidennieten in Vogelstang Grab 21 zu einem Wirbel angeordnet (Abb. 14,2). Das zum Schnallenbügel weit geöffnete Mittelfeld nehmen verflochtene lang ausgezogene Extremitäten (violette Farbtöne) ein, erkennbar sind fünf Krallen und zwei ovale Schenkel.

Der Schlaufenbeschlag (Abb. 14,3) zeigt randlich auf jeder Seite drei Tierköpfe. Die vorderen Köpfe sind nach vorn gerichtet; zum Auge gehört die runde, in eine weit vorgezogene Nasenlinie übergehende Au-

Abb. 14: 1.3-5 Straßenheim „Links der Mannheimer Straße", Grab 22. Schnalle, Schlaufenbeschlag und Riemenzungen einer aus Bronze gegossenen Spathagurtgarnitur. 2 Vogelstang Grab 21. Bronzener Saxscheidenniet. 1-5 Thematisch verändert: Blau = Augen und Augenumrandung; Rot = Kopf und Kiefer; Grün = Leib; Violett – Extremitäten vom Schenkel bis zum Fuß. M. 1:1.

genumrandung (blau); die Nasenlinie verläuft parallel zum Oberkiefer (rot), der Unterkiefer ist nach unten umgelegt. Von den nach hinten gerichteten Köpfen zwischen den Nieten zeigt der vordere eine ähnliche Kopfbildung mit lang ausgezogener Augenumrandung (blau) über den geöffneten Kiefern (rot). Ein vorstehender Zahn, Merkmal eines Ebers, reicht über die Konturlinie hinweg. Von einem dritten Kopf sind lediglich die geöffneten Kiefer mit nach außen umgeschlagenem Unterkiefer (rot) vorhanden. Im Mittelfeld sind außer einem Kopfdetail mit einem den geraden Unterkiefer überschneidenden gebogenen Oberkiefer (rot) nur Extremitäten mit lang ausgezogenen, meist dreizehigen Füßen (violette Farbtöne) zu erkennen. Die verflochtenen Strähnen im vorderen Teil enthalten keine bestimmbaren Tierdetails. Das Ornament der großen Riemenzunge (Abb. 18) ergibt zwar kein ganzes Tier, doch sind insgesamt drei Tierköpfe mit geöffneten Kiefern (rot), Punktaugen und glockenförmigen Augenumrandungen (blaue Farbtöne), zwei diagonale Tierleiber (grün) und zwei Schenkel mit Kralle (violett) erkennbar.

Das Ornament der kleineren Riemenzunge (Abb. 17) fügt sich in die Bögen einer zweireihigen Ranke, die möglicherweise als Tierleib (grün) zu verstehen ist. Den oberen Bogen füllt ein Kopf mit glockenförmiger Augenumrandung (blau) und zu einem Spitzoval geformten Kiefern (rot), die in das Leibende (grün) beißen. In den beiden folgenden Bögen und am Ende des grünen Strangs sind langovale Knoten zu finden, ähnlich einem um den geraden Unterkiefer geknoteten Oberkiefer (rote Farbtöne). Der Leib endet in einer querliegenden Achterschleife (grün), doch lassen sich nicht alle Füllsel zuordnen. Im quer liegenden oberen Feld sind zwei spitzovale Schenkel-Schlaufen (violett) verknotet.

Die Garnitur bildet stilistisch eine Einheit, die Ornamentik wurde in flachen Kerbschnittgraten ausgeführt. Doch die Bildfelder sind recht unterschiedlich mit den Elementen der Tierornamentik aufgefüllt. Nach der Bildanalyse wurde eher eine elegante Linienführung als eine Tierkomposition angestrebt. Es hat nicht den Anschein, als sollte das Ornament lesbar sein und sich zu einer Geschichte zusammenfügen.

9.3.6 Verflochtene Tiere

Die Tierornamentik im Stil II erfuhr sehr unterschiedliche Ausprägungen, was auch mit regionalen Entwicklungen zusammen hängen mag. Auf den vielteiligen eisernen Gürtelgarnituren mit ausgespartem Tierornament in der flächigen Silbertauschierung ist die Flecht-Komposition vorrangig. Die Tiere werden zu Flechtmustern, dabei sind sie durchaus nicht immer vollständig. Die tierornamentierten vielteiligen Gürtelgarnituren haben ihre Wurzeln im langobardischen Italien, viele dürften aus langobardischen Werkstätten stammen oder haben unmittelbare langobardische Vorbilder.

Die Qualitätsunterschiede sind beachtlich. Nur ein grobes Flechtmuster ist auf den kurzen Riemenzungen in Vogelstang Grab 422 (S. 277, Abb. 90) zu erkennen. Die Garnitur des vermutlich aus dem Hörigenstand aufgestiegenen Reiters aus Grab 201 ist relativ einfach gegliedert. Die Mitte nimmt stets eine zweizeilige Flechte ein, die von schlanken Tieren flankiert wird (S. 282, Abb. 98). Erst die Analyse zeigt Unterschiede (Abb. 15). Auf den beiden Feldern der Hauptriemenzunge werden an jeder Seite zwei Tieraugen (blau) von einem kurzen Leib (grün) zusammengehalten, während die Kiefer (rot) in der Mitte zu einer langen Flechte verschlungen sind. Bei den kurzen Riemenzungen sind die beiden seitlichen Tierköpfe (blau) mit nach oben geöffneten Kiefern (rot) durch einen langen, in der Mitte verflochtenen Leib (grün) verbunden.

Abb. 15: Vogelstang, Grab 201. Flächig silbertauschierte Riemenzungen einer vielteiligen Gürtelgarnitur. Thematisch verändert: Blau = Augen; Rot = Kopf und Kiefer; Grün = Leib. M. 1:1.

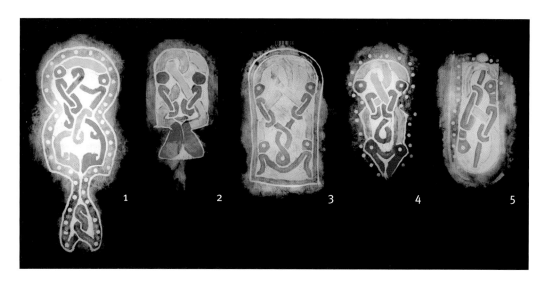

Abb. 16: Vogelstang, Grab 409. Eiserne, flächig silbertauschierte Beschläge und eine Riemenzunge einer vielteiligen Gürtelgarnitur. Röntgenphotos thematisch verändert: Blau = Augen; Rot = Kiefer; Grün = Leib; Violett = Extremitäten vom Schenkel bis zum Fuß. M. 1:1.

Die Ornamente der vielteiligen Gürtelgarnitur des Reiters aus Vogelstang Grab 409 (Abb. 16) sind ausgewogener und symmetrisch angeordnet. Auf einer Riemenzunge (Abb. 16,5) beißen zwei diagonal im Bildfeld liegende Tierköpfe (rot) in ihren gemeinsamen S-förmigen Leib (grün). Das Motiv kommt ähnlich auf dem Rautenbeschlag einer Spathagurtgarnitur in Grab 370 vor (Abb. 17,4). Auf den Beschlägen (Abb. 16,2-4) sind zwei nur durch die Unterkiefer (rot) verbundene Tiere miteinander verflochten und beißen dabei jeweils in ihren eigenen Leib (grün). An den Enden dieser Tierleiber sitzen entweder eindeutige Füße (violett), oder es sind dort Köpfe zu erkennen. Doch ist nicht auszuschließen, dass es sich um Schenkel und Füße handeln soll, die die Form von Augen (blau) und Kiefern (rot) angenommen haben (Abb. 16,3-4). Bereits Bernhard Salin zeigte in seiner Zusammenstellung der für Stil II typischen Köpfe, Oberschenkel und Füße, dass die Formen zum Verwechseln ähnlich sein können.[44] Ein Beschlag mit

zangenförmigem Fortsatz fällt in der Komposition völlig ab (Abb. 16,1); er zeigt einen kurzen gebogenen Leib mit hängenden Tierköpfen; einer beißt in den langen geflochtenen Unterkiefer des anderen; etwas unmotiviert füllen die Extremitäten mit Krallen an den Enden die untere Bildhälfte.

Bei der vielteiligen Gürtelgarnitur aus Vogelstang Grab 370 (Abb. 17,1-3) ist die Ornamentik abwechslungsreicher. Das Fragment eines Knebelbeschlags (Abb. 17,1) zeigt zwei symmetrisch angeordnete Tiere. Der gemeinsame Leib ist – teilweise zweisträngig – ineinander verflochten. Eine kleine Locke ist dem birnenförmigen Auge (blau) angefügt. Die Kiefer (rot) sind geöffnet und stoßen an einen Schenkel, an den ein gewölbter Fuß anschließt.

Auf einer kurzen Riemenzunge (Abb. 17,2) ist nur ein Tier dargestellt; das Bild ist nicht symmetrisch und dennoch ausgewogen. Ein in den eigenen achter-

Abb. 17: Vogelstang, Grab 370. Ein Beschlag und zwei Riemenzungen einer eisernen, flächig silbertauschierten vielteiligen Gürtelgarnitur und ein Rautenbeschlag der Spathagurtgarnitur. Röntgenphotos thematisch verändert: Blau = Augen und Augenumrandung; Rot = Kiefer; Grün = Leib; Violett = Extremitäten vom Schenkel bis zum Fuß. M. 1:1

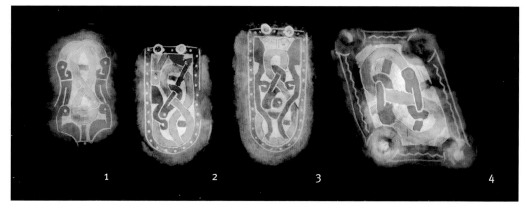

förmig geflochtenen Leib (grün) beißender Kiefer (rot) bestimmt die Bildmitte; eine breite glockenförmige Augenumrandung (blau) endet an einer Seite in einer großen Tierkralle, die wiederum an einen schlanken Kopf mit geöffneten Kiefern (gelb) stößt, der die obere linke Ecke füllt. Weniger geglückt ist die Komposition auf einer etwas größeren Riemenzunge mit einem in den eigenen S-förmigen Leib (grün) beißenden Kiefer (rot) in der Mitte; gerahmt wird dieser von zwei langen Extremitäten (violett) mit je einer kleinen Kralle und einem kreissegmentförmigen Fuß.

Die Qualität der vielteiligen Gürtelgarnitur des adeligen Reiters aus Straßenheim „Links der Mannheimer Straße", Grab 30 zeigt sich in der ausgewogenen Komposition von schlichter Eleganz. Auf der Riemenzunge (Abb. 18) sind zwei gewundene breite Tierleiber (grün) und vier kleine Tierköpfe (blau) mit dünnen langen beißenden Kiefern punktsymmetrisch miteinander verflochten. Die Tierköpfe haben kaum noch eigene Formen, die Tiere sind schlangenartig lang gezogen und dem Geflecht völlig untergeordnet.

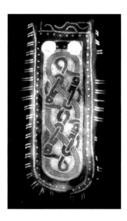

Abb. 18: Straßenheim „Links der Mannheimer Straße", Grab 30. Eiserne, flächig silbertauschierte Riemenzunge einer vielteiligen Gürtelgarnituren. Röntgenphoto teilweise thematisch verändert: Blau = Köpfe; Rot = Kiefer; Grün = Leiber. M. 1:1.

Aus einem gänzlich anderen Werkstattkreis kommen die Spathagurtgarnituren, für die eine fadenartig aufgelöste Tierornamentik charakteristisch ist. In Vogelstang Grab 313 hat sich davon ein Quadratbeschlag (Abb. 19) erhalten. Die beiden punktsymmetrisch angeordneten Tierköpfe sind auf wenige Striche reduziert, erst farbig markiert werden sie richtig sichtbar. Das runde Auge erhielt eine glockenförmige Augenumrandung, die an einer Seite als dreiförmige

zehige Kralle ausgebildet ist. Das Motiv begegnet ähnlich auf einer tierornamentierten Riemenzunge in Vogelstang Grab 370 (Abb. 17,2). Wie dort zeigt auch der Quadratbeschlag in den eigenen Leib (grün) beißende Kiefer (rot). Die Unterschiede zur flächig tauschierten Ornamentik bestehen offensichtlich nur im Stil, nicht in der Gliederung und den Inhalten. Auch diese fadentauschierten Spathagurtgarnituren vom Typ Civezzano, die eine deutliche Fundkonzentration im nördlichen Alpenvorland und an der oberen Donau haben[45] sind in Italien relativ häufig[46].

9.3.7 Eber – Adler – Pferd

Die Identifizierung der Tiere, von denen oft nur der Kopf dargestellt wurde, ist manchmal eindeutig, wie bei Eber, Adler, Schlange, meist schwierig, so bei Bär, Wolf, Pferd etc. Doch wird die Kenntnis des Tieres bei der Interpretation des religiösen Hintergrundes allein wenig helfen, stecken doch wie schon Joachim Werner 1963 bemerkte, die gleichen Tiere auch in den gängigen Personennamen.[47]

Am besten zu erkennen ist stets der Eber aufgrund der geöffneten Kiefer mit dem rechtwinklig abgebogenen, die Oberlippe durchstoßenden Eckzahn, dem Hauer (Abb. 14,3). Der Eber, der in Stil I keine Rolle spielte, war das Symboltier des Fruchtbarkeitsgottes Freyr, dessen Wagen der Eber Gullinborsti zog. Es ist möglich, dass der Eber im Stil II als Symbol für Fruchtarkeit, Kraft und Stärke gelesen wurde und ihm derartige apothropäische Kräfte zugesprochen wurden. Der Eber tritt aber auch als Beitier des Götterfürsten auf; eine Assozierung mit Freyr ist daher nicht notwendig.[48] Egon Wamers führt das Motiv, da es keine germanische Tradition hat, auf spätantike Darstellungen der wilden Bestie zurück und sieht im Eber sowohl die gezähmte und überwundene Bestie als auch zusammen mit Vogel und Schlange den Repräsentanten der Vierfüssler in der Schöpfungsgeschichte.[49]

Je zwei Eberköpfe sind an Ösenbeschlägen aus Vogelstang Grab 175 sowie aus einem unbekannten 1934 zerstörten Grab von Straßenheim „Aue" zu beobachten (Abb. 20).

Abb. 19: Vogelstang, Grab 313. Eiserne, fadentauschierte Spathagurtgarnitur. Thematisch verändert: Blau = Augen und Augenumrandung; Rot = Kopf und Kiefer; Grün = Leib. M. 1:1.

Abb. 20: Eberdarstellungen auf bronzenen Ösenbeschlägen mehrteiliger Gürtelgarnituren, thematisch verändert: Blau = Augen und Augenumrandung; Rot = Kiefer mit Hauer.
1 Vogelstang, Grab 175;
2 Straßenheim „Aue" 1934. M. 1:1..

Der Raubvogel mit dem gebogenen Schnabel findet sich stets im Zusammenhang mit Wodan/Odin, dem Hauptgott der Brakteatenmeister; es ist der schöpfungs- und heilsmächtige Schamane mit der Fähigkeit zum Gestaltenwandel. So erscheint Odin auf den religiös autorisierten Ereignisbildern häufig in Gestalt des Adlers. Wenn Odin als Mensch abgebildet ist, finden sich oft Raubvogel-Protome in der Kopftracht. Eine wichtige Rolle spielte der Adler ebenfalls in der antiken Mythologie und in der römischen Kaiserikonographie, als Symbol des Herrschers wurde er auf Christus übertragen.[50]

Die zoomorphen Ösenbeschläg mit Raubvogelschnabel stellen vermutlich Adler dar (Abb. 21,1). Adlerköpfe sind seit dem späten 6. Jahrhundert als Randtiere an Gürtelbeschlägen sehr beliebt. Zu den ältesten Zeugnissen (SD-Phase 7) gehört der Schnallenbeschlag einer zellentauschierten Spathagurtgarnitur aus Vogelstang Grab 212 (Abb. 21,2). Der Adlerkopf zeigt das für den Stil II typische spitze Kinn, das auch noch bei dem wesentlich jüngereren Beschlag einer bronzenen Gürtelgarnitur aus Vogelstang Grab 426 zu erkennen ist (Abb. 21,4). Auf dem leiterbandtauschierten Gürtelbeschlag aus Sandhofen Grab 176 (Abb. 21,3) sind die beiden Adlerköpfe mit ihrer Augenumrandung (blau) in ein enges

Flechtband integriert, während die Kiefer (rot) keinen Anschluss fanden. Die Linienführung des Flechtmusters ist nicht sorgfältig durchdacht, die Anschlüsse sind eher zufällig.

Auf den Brakteaten spielt der Sturz von Balders Fohlen und dessen Heilung, bzw. Rückruf ins Leben durch Odin eine herausragende Rolle.[51] Helmut Roth verfolgte die Abstraktion des Pferdes, einem Hauptmotiv früher Brakteaten, bis zu den Darstellungen im Stil II auf einigen D-Brakteaten, wo die Tiere „durch eine stark abgeknickte Rückenlinie zwischen Hals/Mähne und dem eigentlichen Körper gekennzeichnet" wurden. Roth kam zum Ergebnis, dass mit großer Wahrscheinlichkeit die Pferdethematik eines der häufigsten Motive im Stil II ist, bezweifelt jedoch, ob die im südgermanischen Gebiet stereotyp wiederkehrende Komposition auf Flechtbandbasis von zwei sich durchdringenden Pferden noch einen Bedeutungsinhalt hatte.[52] Als Symbol einer Auferstehungsmythe könnte das Pferd seinen Weg in die christliche Bildersprache gefunden haben.

Mit einem stark gebogenen Rücken und einem Kopf mit geöffneten Kiefern geben sich die Pferde auf den Ösenbeschlägen aus Sandhofen Grab 4 und Stra-

Abb. 21: Darstellungen eines Raubvogels oder Adlers, thematisch verändert: Blau = Augen und Augenumrandung; Rot = Kopf und Kiefer; Grün = Leib. 1 Straßenheim „Aue", 1934. Bronzener Ösenbeschlag einer mehrteiligen Gürtelgarnitur. – 2 Vogelstang, Grab 212. Röntgenphoto eines eisernen Schnallenbeschlags einer Spathagurtgarnitur. – 3 Sandhofen, Grab 176. Eiserner tauschierter Schnallenbeschlag. – 4 Vogelstang, Grab 426. Bronzener Rückenbeschlag einer dreiteiligen Gürtelgarnitur. M. 1:1.

1

2

3

4

1

2

3

Abb. 22: Darstellungen eines Tieres mit Buckel und geöffneten Kiefern, vielleicht eines Pferdes, an bronzenen Ösenbeschlägen mehrteiliger Gürtelgarnituren. 1 Sandhofen, am Hohen Weg Grab 4; 2-3 Straßenheim „Aue", 1935. M. 1:1.

ßenheim „Aue" (Abb. 22) sowie auf einer Zierscheibe aus Vogelstang Grab 425 (S. 277, Abb. 91) zu erkennen.

Häufig wurden sowohl auf Waffengürteln als auch Schmuckstücken allein die Tierköpfe aufgereiht. Dann ist das Pferd noch erkennbar, wenn die Nüstern betont sind, z.B. durch einen nach außen gerollten Kiefer.

Eine aus Bronze gegossene und mit Goldblech belegte Scheibenfibel aus Grab 524 vom Hermsheimer Bösfeld ist durch die Omega-förmigen Filigranauflagen und die kreuzförmig um die Mittelzelle angeordneten Einlagen aus Perlmutter und Almandin eindeutig christlich geprägt. Auf dem Rand rahmen versilberte Köpfe im germanischen Tierstil II die runden mit Kupfer eingelegten und von Silberdraht gefassten Zellen. Der Kopf mit Raubvogelschnabel

ist als Adler zu identifizieren. Bei dem Kopf mit geöffneten Kiefern, von denen der untere nach außen gerollt ist, könnte es sich um ein Pferd handeln (Abb. 23). Gemeint wären dann mit den germanischen Tiersymbolen Christus der Herrscher (Adler) und Christus der Auferstandene (Pferd).

Nach Patrick Périn ist der zoomorphe Dekor ungeeignet, um die unbekannten heidnischen Vorstellungen der ab dem späten 3. Jahrhundert im Norden Galliens lebenden germanischen Minderheiten zu rekonstruieren, denn in einem Land, wo das katholische Christentum schon seit dem späten 4. Jahrhundert Staatsreligion war und durch die Taufe Chlodwigs um 500 noch einmal bestätigt wurde, habe der Tierstil II seine heidnischen Konnotationen längst verloren.[53]

Nach Birgit Arrhenius fand im Frankenreich eine bewusste Umgestaltung der germanischen Tierornamentik zum Vermittler einer christlichen Botschaft statt; dabei erhielten die alten Motive im Stil II

Abb. 23: Hermsheimer Bösfeld, Grab 524. Scheibenfibel aus Bronze gegossen, teilweise versilbert und mit Goldblech belegt; Steineinlagen aus Perlmutt und Almandin.

einen neuen, christlichen Symbolgehalt, wobei die Tiere die Christus-Rex-Darstellung unterstreichen.[54] Sie folgerte, „wenn zur Erklärung wichtiger christlicher Begriffe eine Bildersprache gewählt wurde, von der man wusste, dass sie von den Germanen verstanden werden konnte, war es dennoch wichtig, auch den Unterschied im Bildinhalt zu verdeutlichen", eine besondere Rolle spielte hierbei die Flechtornamentik, „als würde die antike Flechtornamentik jede heidnische Bedeutung in der Darstellung zum Ersticken bringen". Als Träger und Vermittler des neuen Stils II kommen nach Arrhenius Werkstätten in den Klöstern und Bistümern der katholischen Kirche in Frage. Über das soziale Umfeld werden sich vielleicht auch im Merowingerreich die Motivation und der Inhalt der Darstellungen erschließen lassen. Stil II setzte sich bis ins späte 7. Jahrhundert fort und wird dann auf vielerlei Weise weiterentwickelt, u.a. mit insularen Motiven kombiniert in der katholisch christlichen Ikonographie[55]. Tierdarstellungen, die als Vogel, Vierfüssler und Schlange/Fisch zu deuten sind, stehen im Zusammenhang mit der Genesis und symbolisieren die Elemente Erde, Himmel und Wasser. Weil aber bereits Tierornamentik im Stil II auf so eminent christlichen Gegenständen wie Reliquiaren, Evangelistaren, Chorschrankenplatten oder Goldblattkreuzen auftritt, interpretiert Egon Wamers bereits die Stil II Ornamentik in diesem Sinne.[56]

9.3.8 Sinnbilder einer schützenden Macht

Das Motiv der von zwei Tieren gerahmten menschlichen Maske, das sowohl im Nydamstil als auch im Stil I der germanischen Tierornamentik auftritt, hat ihren Ursprung in der spätrömischen Kunst; ob Okeanos/Neptun mit Delphinen, Apollon oder Sol invictus mit Löwen, Artemis als Herrin der Tiere, letztlich ist es ein altes Motiv der Darstellung von Göttern mit ihren sie beschützenden Tieren.[57] Die Darstellung der von ihren Tierbegleitern umgebenen Gottheit soll den Menschen Schutz gewähren, die diese Darstellung an sich tragen.[58]

Da in Stil II sowohl Motivkoppelungen von menschlichem Gesicht mit Adler-, Eber- und Wolfspaar auftauchen, als auch eine Abfolge dieser Tiere ohne

menschliches Detail, nimmt Helmut Roth an, dass letztere dann in direktem Bezug zum Träger des so dekorierten Gegenstandes stehen, bezweifelt aber, dass die hinter der Tierornamentik stehenden, im Schamanismus begründeten Vorstellungen noch sinnvoll gelesen werden können.[59]

Zwei aus Bronze gegossene und versilberte Beschläge einer Spathagurtgarnitur vom Typ Weihmörting aus den Beständen des Mannheimer Altertumsvereins (Abb. 24) stammen aufgrund ihrer alten Inventarnummern und nach einem Bericht von Karl Baumann[60] aus Wallstadt, dem heutigen Vogelstang. Sie zeigen jeweils zwei auf Maske und Arme reduzierte Personen in Adorantenhaltung.

Abb. 24: Wallstadt, heute Vogelstang. Zwei bronzene versilberte Beschläge einer Spathagurtgarnitur aus den Beständen des Mannheimer Altertumsvereins. M. 1:1.

Die Darstellung auf dem schlechter erhaltenen Stück ist trotz der zwei gegenüberstehenden Masken nicht symmetrisch. Zu erkennen sind die kurzen Haare auf dem Haupt, ein frontales Gesicht mit vieleckig umrandeten Punkt-Augen und langer Nase, die an einer kurzen Querkerbe – dem Mund – endet, ein kurzer Kinnbart und erhobene Unterarme mit Händen, die den Kopf berühren. Das Mittelfeld ist zwar diagonal überkreuz gegliedert, doch nur auf einer Seite befinden sich im inneren Winkel zwei Schlangenköpfe, die äußeren Winkel sind mit je einem Paar dreifingriger Hände gefüllt.

Die Darstellung auf dem anderen Beschlag ist punktsymmetrisch: Eine Maske mit vieleckig umrandeten Punkt-Augen, langer Nase, kurzen Haaren auf dem Haupt und seitlich langen Haaren, kurzem Kinnbart, V-förmig erhobenen Unterarmen und vierfingrigen Händen. Eingeengt wird die Darstellung des Adoranten durch zwei ebenfalls V-förmig angeordnete Schlangen, die außen von einem eckigen Flechtband begleitet werden. In den weitwinkligen Flächen ist jeweils ein Paar großer vierfingriger Hände zu erkennen.

Auch diese oft als bedrohlich bezeichneten Tiere[61] stellen Schutzmächte dar. Auf dem bronzenen Beschlag aus Mannheim Vogelstang Grab 201, der sehr wahrscheinlich zum Pferdegeschirr gehörte, ist die Darstellung grob eingemeißelt (Abb. 25). Zu erkennen sind zwei hängende Vogelköpfe, die zusammen eine menschliche Maske ergeben, und zwei von unten hoch ragende Eberköpfe.

In der Verwendung zoomorpher Bilder im Zusammenhang mit eindeutig christlichen Motiven wie dem Christuskopf (Saint Face) und dem Christogramm sieht Périn darum nicht etwa eine Opposition von heidnischen und christlichen Kräften, sondern eine Aneignung ehemals traditioneller „folkloristischer" Bräuche. Die grundlegenden religiösen Zeugnisse künden nicht von einem strukturierten Heidentum, sondern eher von einem Widerstand gegen jenen Katholizismus, der sich in Weissagungen, Magie und Zauberei äußerte.[62]

Abb. 25: Vogelstang Grab 201, Beschlag vom Pferdegeschirr. M. 1:1.

9.4 Kreuze, christliche Symbole und Amulette

In Karolingischer Zeit genoss das Kreuz die höchste Wertschätzung, es galt als das wichtigste Zeichen des Triumphes und der Erlösung. Diese Wertschätzung hing offensichtlich mit der zunehmenden Anzahl von Kreuzreliquien zusammen. Kreuzpartikel gelangten aber schon im 6. Jahrhundert nach Gallien. Um 600 dichtete Venantius Fortunatus zwei Kreuzhymnen über die Reliquie von Potiers.[63]

Zu den ältesten Kreuzen im Mannheimer Raum gehört ein leider nicht erhaltener nur durch eine Skizze Franz Gembers nachgewiesener Fund (Abb. 26). In dem am 31.1.1931 geborgenen reichen Frauengrab J2 von Straßenheim wurde ein Bronzekreuz an einem kleinem Ring wenig unterhalb des Kinns gefunden, das Kreuz dürfte in diesem Fall an der Halskette gehangen haben. Unter dem zertrümmerten Schädel lag eine Nadel. Am rechten Beckenrand befand sich eine ovale Schnalle. Auf gleicher Höhe steckte auf der linken Seite eine Bügelfibel, nach der Skizze mit gleichbreitem Fuß und fünf Knöpfen an halbrunder Kopfplatte; die Fibel lag quer und mit der Kopfplatte nach außen. Die zweite Fibel, nach der Skizze mit gleichbreitem Fuß und sieben Knöpfen an rechteckiger Kopfplatte, lag wenig unterhalb des Gürtels, mit der Kopfplatte abwärts weisend. Das Ziergehänge mit bronzenem Knotenring, etwa gleichgroßem Eisenring und Glaswirtel zog sich innen am rechten Oberschenkel entlang und endete unmittelbar oberhalb des Knies. Die Lage der Fibeln im Becken und der gleichbreite Fibelfuß sprechen für eine Datierung des Grabes in SD-Phase 5, die Ungleichheit des Fibelpaares sowie die sieben Knöpfe der zweiten Fibel eher für SD-Phase 6.

Im ausgehenden 6. Jahrhundert verwendete der vornehme Reiter aus Bösfeld Grab 641, dessen Spatha einen für Ringschwerter typischen silbernen Knauf aufweist, bronzene Zaumzeugbeschläge, die deutlich mit einem Kreuz gekennzeichnet sind (S. 163, Abb. 82).

Hinter den menschlichen Masken, zum Beispiel auf zahlreichen westfränkischen Schnallen, verbergen

Abb. 26: Straßenheim „Aue", Grab J/31.1.1931. Befund-Skizze von Franz Gember.

Abb. 27: Straßenheim „Aue", 1934. Bronzener Beschlag mit Christus-Darstellung von einem Spathagurt. M. 1:1.

sich Christus-Darstellungen, das „Saint Face". Wie diese bärtigen Masken sind auch ganze Figuren als Christusdarstellungen zu interpretieren. Eine der seltenen Darstellungen einer vollständigen menschlichen Figur findet sich auf einem der vier 1934 gefunden Spathagurtbeschlägen vom Typ Weihmörting aus Straßenheim „Aue". Die Figur ist mit frontalem, bärtigem Kopf, hängenden Armen, langen Beinen und einwärts gedrehten Füßen dargestellt (Abb. 27). Die Spathagurtgarnitur ist in das frühe 7. Jahrhundert zu datieren.

9.4.1 Kreuz-Symbole auf Schmuck und Accessoires

Das Kreuz ist das wichtigste und häufigste Symbol, doch ist oftmals wie bei den Almandinscheibenfibeln des 6. Jahrhunderts eine rein ornamentale Verwendung nicht auszuschließen. In den merowingischen Kernlanden nehmen christliche Motive speziell auf Kleidungsaccessoires erst im 7. Jahrhundert erheblich zu. Nach Alain Dierkens bezeugen diese Objekte allerdings nur eine allgemeine Mode, in der das Christentum einen immer größeren Stellenwert einnimmt.[64] Patrick Périn sieht in der im 7. Jahrhundert erkennbaren Zunahme christlicher Symbole auf den Dingen des täglichen Lebens einen Ausdruck von verbesserter religiöser Einbeziehung des Volkes und Spuren einer zunehmenden Christianisierung[65]. In den östlichen Randgebieten des Merowingerreiches treten Zeugnisse des persönlichen christlichen Glaubens erst ab der Mitte des 7. Jahrhunderts in nennenswertem Umfang auf.[66]

Auf dem flächig mit Filigran bedeckten Goldblech der Scheibenfibel aus Grab 428 vom Hermsheimer Bösfeld (S. 144, Abb. 47) sind die roten und grünen Steineinlagen in Goldfassungen kreuzförmig angeordnet. Nur noch schwach erkennbar sind die eingepressten Tierköpfe am profilierten Rand zwischen den großen runden roten und dreieckigen grünen Steinen. Die grünen Steineinlagen in den Augen der Tierköpfe sind zum Teil auch ausgefallen. Bei einer verwandten Fibelgruppe sind die Tierköpfe in Filigran ausgearbeitet.[67]

Kreuzförmig gegliedert war die bronzene Pressblechscheibenfibel von 4,4 cm Durchmesser mit einem mugeligen Glasstein in der Mitte, die 1906/07 im Frauengrab 4 auf dem Hermsheimer Bösfeld gefunden wurde, aber nicht mehr erhalten ist (S. 134, Abb. 28).

Nahezu regelhaft sind die Scheibenfibeln in der Mitte des 7. Jahrhunderts mit einem Pektorale verbunden.[68] In Grab 428 vom Hermsheimer Bösfeld endete es mit einem 8 cm langen kreuzförmigen Anhänger an einem Bronzedrahtring (S. 144, Abb. 48). Die Länge und die Form des Kreuzes mit einem vierpassförmigen Ausschnitt in der Mitte und ankerförmigen Kreuzarmen sind ungewöhnlich.[69] Das Kreuz ist nicht gleicharmig, weil die horizontalen Arme kürzer sind als die vertikalen; es handelt sich auch nicht um ein lateinisches Kreuz, da es kein ausgesprochenes Kreuzbein hat.

In dem stark gestörten Frauengrab 355 von Vogelstang-Elkersberg (S. 105, Abb. 122) haben sich von dem Gehänge noch zwei schmale stempelverzierte Beschläge erhalten (Abb. 28). Der 4 cm lange Kreuzanhänger mit dem pyramidenförmigen Mittelbuckel hat eine gute Parallele in Dittigheim bei Tauberbischoffsheim.[70]

Zwei Pektoralkreuze befanden sich unter den Grabfunden von 1905/06 aus Feudenheim (S. 36, Abb. 3). Das kleinere, nur durch Abbildungen bekannte 3,5 cm x 3,5 cm große gleicharmige Bronzekreuz mit eingravierter doppelter Randlinie zeigt an einem Arm zwei Durchlochungen für eine Aufhängung.[71] Bei dem größeren, heute noch erhaltenen 4,4 cm x 4,5 cm weiten Kreuz (Abb. 29) gehen die vier gleichlangen Arme von einer runden Scheibe aus, es ist unverziert. Am oberen Ende befand sich eine Öse mit Ring zum Anhängen. Während die Kreuze am Oberrhein mit einer Öse versehen wurden, um sie als Anhänger zu tragen, wurden formgleiche Kreuze in anderen Gegenden zu einer Fibel umgearbeitet. In der Form völlig gleich ist zum Beispiel die Kreuzfibel aus Elsdorf im Erftkreis.[72]

Als Teil des Brustschmuckes, seltener des Gürtelgehänges trugen reiche Frauen wie in Sandhofen Grab

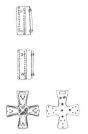

Abb. 28: Vogelstang, Grab 355. Zwei Beschläge und Kreuzanhänger eines Pektorale (vgl. Abb. 45). M. 1:4.

Abb. 29: Feudenheim, Grabfund von 1905/06. Bronzenes Pektoralkreuz. M. 1:1.

260 (Abb. 30) auch bronzene Amulettbehälter, die auf mediterrane Vorbilder zurückgehen.[73] Es gab zwei unterschiedliche Grundformen. Die zylindrischen, meist unverzierten Kapseln sind seit dem späten 6. Jahrhundert anzutreffen, Reste einer solchen zylindrischen verschließbaren Kapsel der SD-Phase 7 ent-

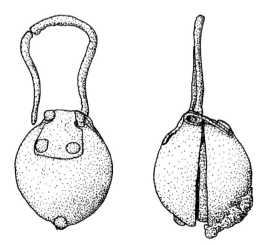

Abb. 30: Sandhofen, am Hohen Weg Grab 260. Kugelige bronzene Amulettkapsel. M. 1:1.

hält z.B. Vogelstang Grab 286 (S. 240, Abb. 23,3). Die kugeligen Kapseln waren zwar auch schon im 6. Jahrhundert bekannt, aber in den rechtsrheinischen Gebieten kamen sie erst gegen Mitte des 7. Jahrhunderts verstärkt in Mode. Da die kugeligen Kapseln häufig mit christlichen Symbolen verziert wurden, gelten sie schon lange als christlich[74], doch ist ein heidnischer Hintergrund nicht auszuschließen. Es kann sich bei den Kaspeln sehr gut auch um jene Phylakterien handeln, die Kräuter und heidnische Zaubermittel enthielten und im 8. Jahrhundert unter dem Bann der Kirche standen.[75]

Christlichen Amulettcharakter hatten die seit dem späten 6. Jahrhundert, häufiger aber erst im 7. Jahrhundert am unteren Ende eines umfangreichen Gürtelgehänges getragenen, aus Bronze gegossenen, durchbrochenen Zierscheiben (Abb. 31). Auf beiden Seiten der gegossenen bronzenen Zierscheibe aus Feudenheim Grab 15 (Abb. 31,1; S. 39, Abb. 10) betonen vier Kreisaugenpaare die Enden des offenen Kreuzes in der Mitte, je ein Kreisauge befindet sich auf den vier kleinen, auf das Kreuz hinweisenden Fortsätzen am Außenring. Die Vorderseite ist zusätzlich durch gepunzte Randlinien auf dem Außenring verziert; an einem getreppten Durchbruch sind die Randlinien unterbrochen, hier ist der Außenring durch kleine gepunktete Dreiecke flächenfüllend stempelverziert. Dadurch wird die Achse der Zierscheibe optisch festgelegt und auf das Kreuz in der Mitte verwiesen. Das war wohl notwendig, weil es am Außenring eine auf der Diagonalen liegende, durch einen Gussfehler verursachte Flickstelle gab; die Flickung ist nicht erhalten, nur die Nietlöcher. Die Scheibe steht der von Dorothee Renner definierten Gruppe VA nahe, die überwiegend im süddeutschen Raum vom oberen Neckar bis an die Isar verbreitet ist, außerdem in Belfort und einmal am Niederrhein vorkommt.[76] Eine kreuzförmig durchbrochene Mitte ist bei den Zierscheiben selten zu beobachten, nämlich nur noch in Weinheim Grab 12[77], die Gliederung über dem Außenring wiederholt sich auf einer Scheibe vom Burmania-Terp bei Ferwerd, Prov. Friesland, wo sie bestimmt nicht heimisch ist[78], sondern mit friesischen Handelskontakten an den Oberrhein zusammenhängen dürfte.

1

2

3

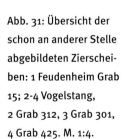

4

Abb. 31: Übersicht der schon an anderer Stelle abgebildeten Zierscheiben: 1 Feudenheim Grab 15; 2-4 Vogelstang, 2 Grab 312, 3 Grab 301, 4 Grab 425. M. 1:4.

Ein schlichtes Muster aus einem Mittelkreis und vier auf dem Außenring stehenden und an den Innenring anstoßenden Bögen weist die Zierscheibe aus Vogelstang Grab 312 (Abb. 31,2; S. 272, Abb. 81) auf. Da nur drei Halbbögen durch einen Steg geteilt sind, erfolgte die Aufhängung bei dem ungeteilten Bogen; damit wird auch deutlich, dass eine kreuzförmige Gliederung bewusst erfolgte. Eine genaue Parallele gibt es nicht, üblicherweise sind die vier Bögen durch kleine Stege mit dem Innenring verbunden. [79]

Kreuzförmig gegliedert ist ebenfalls die Zierscheibe aus Vogelstang Grab 301 (Abb. 31,3; S. 264, Abb. 68); das Muster ist aus geraden Stegen und Kreisen aufgebaut und mit vier auf dem Außenrand stehenden Bögen verbunden. Zu dieser Scheibe gibt es einige gute Parallelen aus Dienheim in Rheinhessen, aus Hanau und aus der Umgebung von Worms [80]; ein viertes Stück ist aus Meckenheim I Grab 8 bekannt. [81] Die Werkstatt ist in der Bischofsstadt Mainz zu suchen.

Den Mittelring der Zierscheibe aus Vogelstang Grab 425 (S. 277, Abb. 91) füllt ein Kreuz; zwischen die Kreuzarme in der Randzone ist ein Wirbel aus vier Tier- oder Schlangenköpfen mit langem Hals und geöffneten Kiefern eingeschoben. Sehr ähnlich ist der Schlangenwirbel auf einer Zierscheibe aus Niedernai, Dép. Bas-Rhin [82]. Reicher verziert ist ein Exemplar aus Ditzingen, Kr. Leonberg [83]. Beiden fehlt nur das Kreuz in der Mitte.

Bei der Zierscheibe aus Grab 428 vom Hermsheimer Bösfeld (Abb. 32,1) fallen zunächst die weiten Durchbrüche auf, dazu die vierpassfömig gestaltete Mitte.

Erst ein Vergleich mit anderen Zierscheiben macht deutlich, dass auf dem Innenring vier O-beinige Figuren in Adoranten-Haltung mit weit ausgebreiteten Armen und kaum noch wahrnehmbarem Kopf stehen. Durch ähnliche Armhaltung sind mehrere Reiter auf überwiegend zwischen Seine und Maas verbreiteten Zierscheiben gekennzeichnet (Abb. 32,2). [84] Ein sich gegenüberstehendes Figurenpaar auf einer Zierscheibe aus Niederbreisig zeigt ebenfalls diese Armhaltung, die Beine sind dort noch breiter und verschlungen (Abb. 32,3). [85] Vergleichbare O-Beine haben die überkreuz gestellten und in der Mitte durchbrochenen Figuren einer Zierscheibe aus Münsingen, Kr. Sigmaringen. [86]

9.4.2 Christlicher Brakteatenschmuck – Zeugnisse christlicher Mission

Im Laufe des fortgeschrittenen 7. Jahrhunderts wurden in zunehmendem Maße und serienmäßig Pressbleche hergestellt, die auf Scheibenfibeln unterschiedlicher Konstruktion aber auch als Anhänger Verwendung fanden. Model und Pressblech wurden offensichtlich vom gleichen Handwerker angefertigt, die Pressbleche dann zur Weiterverarbeitung an Gold- und Silberschmiede weitergegeben. [87]

Die Vorbilder der eingepressten Motive stammen aus der Spätantike, aus dem romanischen Kulturbereich, vielfach waren es Münzbilder. Zu den häufigsten Motiven gehört der Adler, das Symbol des Herrschers und auferstandenen Christus. Die Variante mit dem noch auf der Abschnittslinie stehenden, nach rechts zurückblickenden Adler, der sich besonders stark am Münzbild orientierte, ist häufig in Rheinhessen anzutreffen und könnte am Bistum Mainz geprägt worden sein. [88] Auf der östlichen Rheinseite wurde er in Biblis Grab 5 gefunden sowie in Grab 466 vom Hermsheimer Bösfeld. (Abb. 33).

Bei der 2,4 cm großen Brakteatenfibel aus Bösfeld Grab 118 (S. 68, Abb. 55) sind auf einer Bronzeplatte, die auf der Rückseite die Nadelhalterung trägt, ein Silberpressblech und ein silberner Randstreifen vernietet. Die Hermsheimerin, die diese Pressblechfibel trug, wurde in einem trocken gemauerten Grab

Abb. 32: Bronzene Zierscheiben mit Figuren in Adorantenhaltung: 1 Hermsheimer Bösfeld Grab 428. M. 1:2. – 2 Luziau, Dép. Aisne; 3 Niederbreisig. M. 1:4.

1   2   3

Abb. 33: Hermsheimer Bösfeld, Grab 466. Bronzene Brakteatenfibel mit der Darstellung eines Adlers. M. 1:1.

beigesetzt, das zudem von einem Kreisgraben umgeben war. Die Bestattung war zwar gestört, doch sind noch silberne Ohrringe erhalten sowie zahlreiche Perlen aus Glas und Muschelscheibchen. Die Beisetzung erfolgte in SD-Phase 12, d.h. nicht vor dem Ende des 7., wahrscheinlich erst im 8. Jahrhundert. Wegen der Umschrift lässt sich die Brakteatenfibel aus Bösfeld Grab 118 einer Gruppe von Fibeln zuordnen, die alle einen menschlichen Kopf im Zentrum haben, der letztlich auf die Kaiserbildnisse zurückgeht und in dem nun Christus als Herrscher gesehen wurde. Vielfach sind die Umschriften unleserlich, die Buchstaben angeblich willkürlich gesetzt. Das Bösfelder Pressblech ist zwar nicht mehr vollständig, die Umschrift dagegen gut lesbar (Abb. 34). Die Enden eines jeden Buchstaben sind punktartig verdickt. Die Inschrift gibt lediglich an, dass ein Audefrid den Brakteatenstempel gemacht hat. Audefred ist der Name eines Münzmeisters oder Silberschmiedes. Die auf dem Model richtige Buchstabenfolge erscheint auf dem Pressblech spiegelbildlich angeordnet. Das dürfte aber niemanden in Hermsheim gestört haben, wer konnte im frühen 8. Jahrhundert schon lesen. Den geheimnisvollen Buchstaben wurden sicher ähnliche magische schützende Kräfte zugeschrieben, wie den Tieren und den Christusdarstellungen.

Parallelen zu der Scheibenfibel mit Umschrift liegen aus dem Umkreis von Andernach und Koblenz vor, aber auch aus Rheinhessen und der Pfalz. Im Zuge

der Christianisierung gelangten weitere Stücke in den Neckarraum. Geprägt wurde der Brakteatenschmuck sehr wahrscheinlich in den bischöflichen Städten Mainz oder Trier, vielleicht auch Worms.

Engel konnten einzeln und auch paarweise beiderseits eines Stabes oder Lebensbaumes auftreten. Unter den drei Brakteatenanhängern aus Grab 564 vom Hermsheimer Bösfeld befindet sich einer mit einem Paar frontal angeordneter, von Margarete Klein-Pfeuffer so genannter Strichmännchen, deren Köpfe sternartig ausgebildet und deren Körper und Gliedmaßen aus Punktreihen zusammengesetzt sind (Abb. 35).[90] Die Abschnittslinie des Münzvorbildes ist nicht zu übersehen. Die nächste Parallele liegt aus Viernheim vor, die übrigen Pressbleche mit diesem seltenen Motiv streuen vom mittleren Neckar bis an die obere Donau. In Kirchheim am Ries taucht das Motiv auf zwei Fibeln auf, sonst handelt es sich um Anhänger wie in Grab 564 vom Bösfeld. Da Pressbleche außer Flechtbandkreuzen überwiegend christlich geprägte figürliche Motive zeigen, ist davon auszugehen, dass deren Herstellung und Verbreitung auch durch christliche Institutionen erfolgte. Die Zentren der Herstellung liegen – nach der Verbreitung der Motive – sehr wahrscheinlich in den Bistümern am Rhein. In den rechtsrheinischen Gebieten gelten die kleinen Fibeln daher als Ausdruck einer zunehmenden fränkischen Mission.[91]

Abb. 35: „Strichmännchen-Paare", eventuell Engeldarstellungen, auf Brakteatenschmuck als Parallele zu den Anhängern aus Grab 564 vom Hermsheimer Bösfeld. 1 Goldberg; 2 Stuttgart-Bad Cannstatt; 3 Viernheim. Nach Klein-Pfeuffer 1993, Abb. 57.

  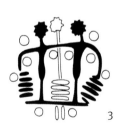

1   2   3

9.5 Der Kultplatz Reihengräberfeld

Die einzigen erhaltenen Kultplätze des 6. und 7. Jahrhunderts sind Bestattungsplätze. Heiko Steuer gibt mit der apodiktischen Behauptung, „das Areal des Friedhofs war Allgemeinbesitz" eine weit verbreitete Annahme wieder.[92] Selbst wenn der Friedhof Allge-

Abb. 34: Hermsheimer Bösfeld, Grab 118. Brakteatenfibel, gespiegelt und die Umschrift „MEI AUDEFRIDU FICIT" farblich hervorgehoben. M. ca. 1:1.

meinbesitz war, konnte ganz offensichtlich nicht jeder darin sein Plätzchen frei wählen. Die Anordnung der Bestattungen am Elkersberg in Vogelstang erweckt eher den Eindruck, dass den Familien von Anfang an ein genau festgelegter Anteil zugewiesen wurde, ebenso wie ihnen Siedlungsareal zugewiesen wurde. Hier hatte nur eine Familie, nämlich die der Reiter, zu Beginn des 7. Jahrhunderts die Macht, den Platz zu wechseln und eine beträchtliche Erweiterung vorzunehmen. Es ist die Periode, in der sich andernorts Familien separierten oder einen eigenen Bestattungsplatz anlegten. [93]

Wie unter den Lebenden, gab es unter den Toten keine egalitäre Gesellschaft. Entsprechend dem abgestuften sozialen Gefüge finden sich trotz der allgemein gültigen Bestattungsnorm sehr unterschiedliche Grabformen; insgesamt zwölf Grabtypen ergaben die Analysen der Gräberfelder von Sandhofen und Vogelstang. Noch ein letztes Mal hatten die Hinterbliebenen die Gelegenheit, der Dorfgemeinschaft und den Nachbarn die zu Lebzeiten erworbene gesellschaftliche Stellung ihrer Verstorbenen darzustellen. Die Bestattungszeremonien erforderten zweifellos großen Aufwand, wenn das Ansehen der Familie auf dem Spiel stand. Der Aufwand, mit dem der Wohlstand der Familie zur Geltung gebracht werden konnte, betraf sowohl die Grabanlage wie die Ausstattung und zweifellos auch die Feierlichkeiten. Durch ein größeres Grabvolumen ließ sich unübersehbar auf eine der oder dem Toten gebührende soziale Stellung hinweisen. Da der Bestattungsaufwand aber nicht immer mit der Ausstattungsqualität korrelierte, spielte bei der Grabanlage vor allem die Stellung der Familie eine wesentliche Rolle. Mit der Grabausstattung wurde die Stellung der verstorbenen Frau innerhalb ihrer Familie, und zwar zum Zeitpunkt ihres Todes, bzw. der Rang, den der Mann innerhalb der Gesellschaft einnahm, kenntlich gemacht. Auf diese Weise stellte sich die Siedlungsgemeinschaft im merowingerzeitlichen Reihengräberfeld dar.

9.5.1 Eine angemessene Ausstattung fürs Jenseits

Die Sitte, Tote mit Beigaben zu bestatten, geht zweifellos auf eine Tradition aus heidnischer Zeit zurück.

Doch da sich die Reihengräbersitte mit dem extensiven Beigabenbrauch von Anfang an im christlichen Umfeld entwickelte [94], sich auch eindeutig christlich geprägte Objekte unter den Grabbeigaben befinden, mancherorts in Kirchen mit Beigaben bestattet wurde – was im Rhein-Neckar-Raum bisher noch nicht nachgewiesen ist – war die Beigabensitte keine Glaubensfrage, sondern eher eine Angelegenheit der Selbstdarstellung und Repräsentation. Im 6. und 7. Jahrhundert entsprachen die Jenseitsvorstellungen der Bevölkerung am Oberrhein sicher noch keiner christlichen Lehre. So ist anzunehmen, dass hinter dem Bestattungsaufwand wohl auch der Wunsch stand, den Verstorbenen ein würdiges Auftreten in einem wie auch immer gedachten Jenseits zuzusichern. Der Rang, bzw. die soziale Stellung wurde durch materiellen Reichtum, kostbare Kleidung, die Verwendung edlen Metalls zum Ausdruck gebracht und durch zahlreiche Symbole verdeutlicht. Bei den Männern stehen Waffen wie Ango und Spatha sowie Pferdegeschirr an der Spitze, dazu Bronzebecken oder Holzeimer als Teil der Hallenausstattung. Bei den Frauen deuten Schmuck, spezielle Geräte, ein Kästchen und ebenfalls Teile der Hallenausstattung den hohen Rang an.

Speise- und Trankbeigaben erhielten Männer, Frauen und Kinder. Sicher liegen die Wurzeln des Brauchs im heidnischen Bereich, wenn Speisen und Getränke als Wegzehrung angesehen werden. Bei kleinen Kindern spielte dieser Gedanke sicher eine große Rolle. Möglich ist aber auch, dass das Totenmahl Teil der Beisetzungsfeierlichkeiten war, und die Verstorbenen daran beteiligt wurden, indem ihnen Speise und Trank ins Grab gestellt wurden.

Eine fortschreitende Christianisierung musste ihre Spuren in den Gräberfeldern hinterlassen. Solange die Verstorbenen in der Tracht der Lebenden beigesetzt wurden mit allen Attributen, die zur Demonstration einer angemessenen sozialen Stellung wichtig waren, müssen sich darunter auch Zeichen eines Glaubens befinden. Hinweise auf Glaubensvorstellungen geben Amulette, symbolhafte Ornamente und Darstellungen. Als Bildträger ist jedoch nur das metallene Trachtzubehör erhalten.

Als sich unter christlichem Einfluss die Vorstellungen vom Jenseits änderten, blieb dieses nicht ohne Auswirkungen auch auf die Bestattungsform. Im 8. Jahrhundert benötigten die Toten in den Dörfern am Oberrhein keinerlei Beigaben mehr, um im Jenseits bestehen zu können. Statt aufwendiger Beisetzungszeremonie sorgte man im 8. Jahrhundert durch Totengedenken für das Seelenheil, und sicherte dieses durch Geschenke an Kirche oder Kloster, z. B. ab 764 an das Koster Lorsch.

9.5.2 Kreisgräben und Grabhügel

Im Laufe des 7. Jahrhunderts wurde das soziale Gefälle stärker, die einflussreichsten Familien zogen Kreisgräben um ihre Gräber. Im Gräberfeld am Elkersberg in Vogelstang hob sich die Familie der Reiter in SD-Phase 10 entsprechend hervor; dort war am Südende das Reitergrab 370 mit einem Kreisgraben von etwa 8 m Durchmesser umgeben. Über der sehr großen Kammer von Grab 393, in der die Hofherrin und sehr wahrscheinlich auch ihre beiden schon erwachsenen Söhne beigesetzt wurden, dürfte sich ein Grabhügel gewölbt haben, der nur noch durch den entsprechenden Freiraum rund um das Grab kenntlich ist (S. 283, Abb. 100).

Auf dem Hermsheimer Bösfeld wurden am locker belegten Nordrand zwei Kreisgräben beobachtet (S. 61, Abb. 45). Im Zentrum des einen Kreisgraben lag das total geplünderte Frauengrab 130, ein paar Perlen, darunter einige aus Molluskenscheibchen, datieren das Grab in SD-Phase 11-12. Im Zentrum des anderen Kreisgraben lag das zerstörte, ursprünglich aus Handquadern errichtete Frauengrab 118, das trotz der Beraubung noch zahlreiche Hinweise auf eine außergewöhnlich reiche Ausstattung enthielt, auch wenn sie sich in SD-Phase 12 auf die Kleidung beschränkte (S. 68, Abb. 54-55).

In den linksrheinischen Gebieten hatten einige Familien der sozialen Oberschicht im Laufe des 7. Jahrhunderts ihre Machtposition soweit ausgebaut, dass sie sich aus der dörflichen Gemeinschaft lösen und einen separaten Bestattungsplatz anlegen konnten.[95] Im Raum Mannheim schaffte dies eine Familie in Straßenheim, die in SD-Phase 9 oberhalb einer Niederung und unmittelbar an der Römerstraße von Ladenburg nach Worms einen Reiter in einem großen Kammergrab von 2,75 m x 1,9 m Grundfläche bestattete. Eine Generation später wurde hier ein zweiter Reiter noch aufwendiger bestattet. Für das Kammergrab 30 wurde eine Grube von 3,27 m Länge und 2,8 m Breite ausgehoben, über die sich dann ein Hügel wölbte, der von einem Kreisgraben mit einem Durchmesser von 20 m umgeben war. Ältere oder weitere gleich alte Gräber wurden hier nicht gefunden. (S. 75, Abb. 65.)

Mit dem Aufhören der Beigabensitte im frühen 8. Jahrhundert endeten auch die großen Grabanlagen mit Holzkammern und Grabhügeln.

9.5.3 Pferde – Beigabe und Opfer

Im 5. und frühen 6. Jahrhundert kam die Sitte der Pferdebestattung bei den Thüringern im Elb-Saale-Gebiete, bei den Langobarden an March, Thaya und mittlerer Donau[96] und aufgrund eines starken donauländischen Einflusses im späten 5. Jahrhundert auch bei den Alamannen im mittleren Neckarraum auf.[97] Pferdegräber werden in der Regel als deutliches Zeichen eines heidnischen Kultes angesehen.[98] Besonders die zahlreichen Pferdeopfer beim Belegungsbeginn wie in Zeuzleben bezeugen eine Kulthandlung. Elbgermanische Zuwanderer brachten die Sitte der Pferdebestattungen im frühen 6. Jahrhundert an den Mittelrhein.

Nachdem zur Beisetzung des fränkischen Königs Childerich im Jahre 482 eine ganze Koppel voller Pferde geopfert wurde[99], breitete sich die Sitte der Pferdebeigabe auch unter den fränkischen Reitern aus. Doch gaben die Merowinger und die fränkische Oberschicht in den linksrheinischen Gebieten diesen heidnischen Brauch zugunsten einer Bestattung in oder bei einer Kirche, ad Sanctos, sehr bald wieder auf. Rechts des Rheins wurden dagegen bis weit in das 7. Jahrhundert hinein anlässlich des Begräbnisses eines Reiters auch sein Pferd geopfert. Üblich war es, die Tiere zu enthaupten und kopflos beizusetzen.

Auf der Karte, in der Judith Oexle alle ihr bis 1983 bekannt gewordenen Gräber mit enthaupteten Pferden vorstellte[100], stechen am nördlichen Oberrhein das Gräberfeld von Griesheim mit vier Pferden sowie Lampertheim-Hofheim mit drei Pferdegräbern besonders hervor.[101] Im Rhein-Neckar-Raum waren in der Literatur keine weiteren Vorkommen bekannt.

Doch bereits 1810 hatte Baron von Villars bei seinen Grabungen am Sandbuckel auf der Gemarkung Wallstadt, dem heutigen Elkersberg in Vogelstang, ein Pferdegerippe beobachtet. Während der Grabungstätigkeiten des Mannheimer Altertumsvereines wurden hier im Dezember 1861 wiederum Pferdeknochen geborgen und in diesem Zusammenhang auf ein 1860 „gleichfalls ohne Schädel" vorgefundenes Pferd verwiesen. Die beiden Angaben von 1860 und 1861 beziehen sich auf Flurstücke im östlichen Gräberfeldareal. Unter der Bezeichnung Fundstelle G wurde am 16./17.5.1966 ein letztes Pferdegrab ebenfalls am östlichen Gräberfeldrand freigelegt, sodass in Vogelstang-Elkersberg mit etwa vier Pferdebestattungen zu rechnen ist. Das Pferdegrab G von 1966 (S. 282, Abb. 99) dürfte zu dem 4 m weiter nördlich gelegenen Reitergrab 201 (SD-Phase 10) gehört haben und ist somit in die Mitte des 7. Jahrhunderts zu datieren. Die Knochen des Pferdegrabes von 1861 wurden im Frauengrab 307

(S. 107, Abb. 127) wieder vergraben; demnach gehörte das Pferd zu dem Reiter der SD-Phase 9, der in Grab 313 mit Steigbügel beigesetzt wurde.

In dem Gräberfeld auf der Gemarkung Sandhofen wurden während der Grabungen 1998-2000 drei Pferdegräber gefunden, in allen drei Fällen waren die Pferde ohne Kopf beigesetzt worden, der Hals befand sich stets im Osten (Abb. 36-37). In den Gräbern Grab 25 und 253 lagen die Pferde mit dem Rücken im Süden. In dem sehr engen Grab 246 war das Pferd mit angehockten Vorderläufen, leicht geknickten Hinterläufen und dem Rücken im Norden beigesetzt. Sehr ungewöhnlich ist die Beigabe eines Pferdeschädels in Grab 175 von Sandhofen.

Drei Pferde folgten dem Herrn von Straßenheim in der Mitte des 7. Jahrhunderts in den Tod, sie wurden ohne Kopf in einer unregelmäßigen Grube Befund 26E-G am Rande des großen Kreisgrabens begraben (Abb. 38). Die gesamte Grabanlage weist den Herrn als Adeligen aus. (S. 75, Abb. 65)

Einschließlich Trense, Zaum- und Sattelzeug, die seit der Mitte des 6. Jahrhunderts mit ins Grab des Reiters gelegt wurden, bezeugt das Pferd, dass ein privilegierter Mann das Jenseits betritt und gebührend empfangen werden soll. Männer bezogen ihre ge-

Abb. 36 (links): Sandhofen, am Hohen Weg Befund 25. Pferdegrab. M. 1:20.

Abb. 37 (rechts): Sandhofen, am Hohen Weg Befund 246. Pferdegrab. M. 1:20.

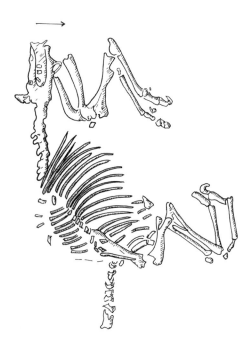

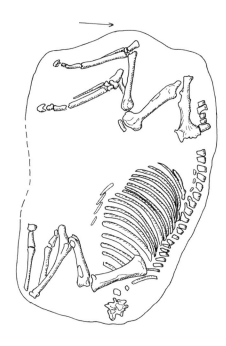

Abb. 38: Straßenheim „Links der Mannheimer Straße", Befund 26E-G. Drei Pferde in einer Grube am Rande des großen Kreisgrabens.

sellschaftliche Stellung aus der Zugehörigkeit zum fränkischen Heer und traten über den Tod hinaus als Gefolgschaftskrieger auf. Der ihnen zustehende Rang lässt sich aus den mitgegebenen Waffen erschließen. Pferde, die sich im Gräberfeld einzelnen Reitern zuordnen lassen, sind zunächst ebenso zu interpretieren wie die mitgegebenen Waffen.

Die besondere Bedeutung der Pferde für die germanischen Völker ist durch recht unterschiedliche Quellen überliefert, zum Beispiel durch gotländische Bilddarstellungen oder die Ikonographie der nordischen Brakteaten [102]. Nach Tacitus sahen die germanischen Priester in den Pferden Vertraute der Götter, Wesen zwischen den Welten der Götter und Menschen. Da mantische Pferde noch in mittelalterlichen Texten und ebenso in Volksmärchen auftreten, spielten im frühen Mittelalter bei der Mitbestattung von Pferden wohl auch diese schamanistischen Vorstellungen noch eine Rolle.

9.5.4 Aus Stein gemauerte Gräber

Am Römerbuckel in Wallstadt, dem späteren Elkersberg im heutigen Stadtteil Vogelstang dokumentierte der Mannheimer Altertumsverein bereits 1860 ein aus Steinplatten errichtetes spätmerowingisches Grab (S. 97, Abb. 107).

In Straßenheim am Straßenheimer Weg wurden mehrere Steinplattengräber (Abb. 39) neben dem großen Grabhügel aus dem dritten Viertel des 7. Jahrhunderts angelegt. Das Steinplattengrab 22A überlagerte das Holzkammergrab 22B aus SD-Phase 9 (76, Abb. 66).

Eine größere Anzahl gemauerter Gräber ist aus dem vollständig untersuchten Gräberfeld vom Hermsheimer Bösfeld bekannt. Hier gab es recht unterschiedliche Steinbauweisen. Häufiger wurden handgroße Quadersteine trocken gesetzt (Abb. 40), nur einmal lagen sie nach den Beobachtungen der Ausgräber in einem Mörtelbett. Selten wurden Grabböden mit Steinplatten ausgelegt und nur vereinzelt ganze Grabkisten aus Steinplatten errichtet. In der Regel handelt es sich bei dem verwendeten Steinmaterial um Spolien (S. 59 ff. Abb. 41; 56-57).

Die trocken gesetzten Steinkisten aus Steinplatten oder gebrochenen handquaderförmigen Steinen geben erste Hinweise auf die Anfänge eines ländlichen Maurerhandwerks. [103] Waren reiche Familien in der Lage, ihre Toten in Grüften beizusetzen, die unter Verwendung von Mörtel errichtet wurden, wie angeblich einmal im Hermsheimer Bösfeld, dann ist davon auszugehen, dass ihnen ein Maurer zur Verfügung stand, der die dazu notwendigen Kenntnisse etwa des Kalklöschens besaß, was in einer vom Holzbau beherrschten Landschaft nicht selbstverständlich war. [104]

Die Steinbauweise breitete sich in den Randgebieten des Merowingerreiches mit fortschreitender Christianisierung und stärkerem Einfluss des ro-

Abb. 39: Straßenheim „Links der Mannheimer Straße", Befund 11, Planum 3. Die untere Bestattung in einem mehrfach belegten Steinplattengrab. M. 1:20.

Abb. 40: Hermsheimer Bösfeld, Grab 216. Trockengemauertes Grab aus Handquadern mit anhaftenden römischen Mörtelresten.

manischen christlichen Bevölkerungsanteiles aus. Vorbilder für die Verwendung von Steinen im Grabbau sind letztlich Sarkophage, die von der romanischen Oberschicht im fränkischen Reich bevorzugt wurden.[105] Im austrasischen Reich waren Steinplattengräber in den urbanen Zentren am Rhein, wie Köln und Mainz, seit spätrömischer Zeit und auch im 6. Jahrhundert üblich, sie sind vorzugsweise in der Nähe von Kirchen zu finden. Erst im Laufe des 6. Jahrhunderts breiteten sie sich weiter aus; werden mit zunehmender Entfernung von der Stadt aber immer seltener.[106] Trocken gemauerte Gräber sind in den Städten und ihrem Umland kaum anzutreffen. Auffallend häufig sind sie nach Ulrike Scholz im Kerngebiet des austrasischen Adels zwischen Sambre, Maas und Mosel.[107] Wie im ländlichen Raum an der Erft[108] können Steinkisten auch in den übrigen ländlichen Siedlungen des austrasischen Reiches nicht vor dem 7. Jahrhundert nachgewiesen werden.

Dass Steingräber zunächst einmal von der Verfügbarkeit des Materials abhängen, zeigte Elke Nieveler im Erfkreis und Kreis Euskirchen, denn dort beschränken sich Steinkisten auf das Voreifelgebiet und die Eifel, fehlen aber in den Bördelandschaften.[109] Auch am steinarmen Niederrhein nördlich von Köln sind Platten- oder Steingräber extrem selten, außer in Xanten, wo Steine aus römischen Ruinen zur Verfügung standen.[110]

Steinplatten- und trocken gemauerte Gräber sind im Elsaß, im Breisgau und zwischen Oberrhein und oberer Donau wesentlich häufiger als die Übersichtskarten von Scholz zeigen.[111] Bereits die alten Zusammenstellungen von Georg Kraft, Hermann Stoll und Rainer Christlein nennen ein Vielfaches.[112] Eine gute Vorstellung von der Häufigkeit dieser Grabform vermittelt erst jüngst die Veröffentlichung des Gräberfeldes von Schleitheim bei Schaffhausen.[113] Wie im Hermsheimer Bösfeld sind die trocken gemauerten Gräber, in Schleitheim als Steinkiste Typ A bezeichnet, häufiger als die Steinplattengräber bzw. die Steinkisten Typ B. Typ A setzt außerdem zu einem früheren Zeitpunkt ein, angeblich taucht er schon am Ende des 6. Jahrhunderts auf. Sicher nachweisbar sind gemauerte Gräber aufgrund der in vielen Steinkisten noch reichlich vorhandenen Beigaben

aber erst ab SD-Phase 8.[114] Am oberen Neckar ist die These, dass trocken gemauerte Grabeinfassungen bereits in der Zeit um 600 aufkommen[115] ebenfalls nicht haltbar, die außergewöhnlich reiche Ausstattung in dem als Beispiel genannten steinumfassten Grab 16 von Dunningen, Kr. Rottweil[116], gehört nicht in die Zeit um 600, denn es handelt sich um ein typisches Inventar der SD-Phase 9; das steinumfasste Grab wurde daher erst gegen die Mitte des 7. Jahrhunderts gebaut; wenig später wurde über dem Grab eine Kirche errichtet. Eines der ältesten aus Bruchsteinen aufgemauerten Gräber lag unter St. Martin in Kirchheim unter Teck, das überdurchschnittlich reiche Inventar des Männergrabes gehört in SD-Phase 8.[117] Auf den ländlichen Friedhöfen rechts des Rheins treten Steinkisten erst in den letzten Belegungsphasen auf, was meist schon durch ihre randliche Lage im Gräberfeld zu erkennen ist.[118] Bereits Stoll (1941) und Christlein (1974) wiesen darauf hin, dass sich viele dieser in Stein errichteten Gräber auch durch Beigaben datieren lassen, und zwar wie in Fridingen a. Donau in die SD-Phasen 11-12.[119] Ähnlich spät – an das Ende des 7. und die erste Hälfte des 8. Jahrhunderts – sind die in Stein gesetzten Gräber im Rhein-Neckar-Raum zu datieren.

9.5.5 Die letzte Phase der Reihengräberfelder

Gegen Ende des 7. Jahrhunderts macht sich mit zunehmendem Einfluss der christlichen Kirche die „Zurückdrängung des Individuums im Tod" wie Barabra Theune-Grosskopf es formulierte, in vielen Einzelheiten bemerkbar. Es wurde nicht nur die Beigabensitte aufgegeben, sondern auch die Idee des persönlichen Einzelgrabes zugunsten eines „Familiengrabes".[120] Es gab Mehrfachbestattungen in einer Grube, z.B. in Vogelstang in dem randlich am Südende des Gräberfeldes gelegenen Doppelgrab 417 von einem Mann und einer Frau (S. 290, Abb. 113). Max Martin sieht in den Doppelbestattungen der späten Merowingerzeit keine echten Mehrfachbestattungen, sondern interpretiert sie als erste Form der Nachbestattung, um Personen, die sich im Leben nahe standen, auch im Tod beisammen zu lassen.[121] Nachbestattungen in älteren Grabgruben nahmen in Vogelstang am Ende der Belegungszeit erheblich zu. Zum Teil kann bewusst die Nähe zu ver-

zilien und in der ersten Hälfte des 8. Jahrhunderts in den Synodalstatuten des hl. Bonifaz dagegen ausgesprochen hatte. [124] Gerade die Steinkisten, die weniger tief als Holzkammern errichten wurden und mit Steinplatten abgedeckt waren, erleichterten das Wiederöffnen. Selten lag wie in Grab 11 am Straßenheimer Weg ein Skelett über dem anderen (Abb. 39). Häufiger wurden die Reste der älteren Bestattung zur Seite oder auf einen Haufen geschoben (Abb. 41).

In den Zeiten des Glaubenswandels sprachen außer sozialen auch religiöse Motive bei so schwerwiegenden Entscheidungen wie der Beisetzung eines Familienangehörigen mit. Die beigabenarmen oder beigabenlosen Gräber der letzten Belegungsschichten finden sich in einfachen schmalen Gruben, mit denen sich der Einfluss einer christlichen Institution manifestiert. Gleichzeitig dürften die christlichen Friedhöfe bei Kirchen eingerichtet worden sein, die wohl erst langsam von allen akzeptiert wurden. Erst unter Karl dem Großen verlangte die pfarrrechtliche Ordnung, dass Begräbnisplätze unter der Obhut einer Pfarrkirche zu benutzen seien. [125]

In Vogelstang wurde über dem gestörten Grab 375 der SD-Phase 10, in dem eine ältere Frau aus der Umgebung der Reiter beigesetzt war, ein von hinten erschlagener Mann beerdigt (Abb. 42). Im Schädel klaffte ein langer Spalt (Abb. 43). Hier hat es den Anschein, als würde das Gräberfeld in seiner letzten Phase für Sonderbestattungen genutzt.

Ganz anders gelagert ist allerdings der Fall bei dem „gespaltenen Schädel", der im Dezember 1860 geborgen wurde, hier erfolgte die Verletzung von vorn

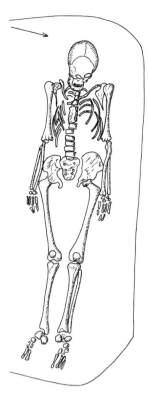

Abb. 42: Vogelstang, Grab 374. Eine Nachbestattung über dem Kammergrab 375 der SD-Phase 10. Der Mann war von hinten erschlagen und wahrscheinlich eine Sonderbestattung. M. 1:20.

Abb. 41: Straßenheim „Links der Mannheimer Straße", Grab 32. Planum 2 mit den zur Seite geräumten Knochen von zwei älteren Bestattungen. Die darüber gelegene letzte Bestattung war mit Planum 1 bereits entfernt worden. M. 1:20. Zeichnung Mathias Elbert.

storbenen Verwandten gesucht worden sein. [122] Die Gründe für die spätmerowingischen Nachbestattungen werden allerdings kontrovers diskutiert. Eva Stauch unterstellt den Bestattenden in erster Linie ein Interesse am Inhalt des älteren Grabes, bevor sie den Verstorbenen dann im Raubschacht beisetzten. [123]

Als Familiengräber dienten in jedem Fall die Steinkisten, in denen sowohl im Bösfeld wie in Straßenheim „Links der Mannheimer Straße" mehrfach bestattet wurde, obgleich die Kirche darin einen Missstand sah und sich im 6. Jahrhundert auf Kon-

Abb. 43: Vogelstang, Grab 374. Schädel des von hinten erschlagenen Mannes.

(Abb. 44). Ein genauer Bericht ist in Band 3 der Mannheimer Geschichtsblätter enthalten: „durch einen wuchtigen Hieb ist das linke Scheitelbein und das Stirnbein bis zur Augenhöhle gespalten. Trotz der Schwere der Verwundung – es mussten Knochensplitter entfernt, eine heftige Blutung gestillt und das bloßliegende Gehirn durch einen Druckverband geschützt werden – ist alles bis auf eine Lücke im Stirnbein, schön und gut verheilt. Die Beisetzung mit Waffen ist ein Zeichen, dass der Träger der furchtbaren Wunde lange überlebt hat".[126] Von der Grabausstattung wurden eine 45 cm lange Lanzenspitze und eine kleine mit auffallend kräftiger Tülle sowie ein Topf in den Protokollbüchern des Mannheimer Altertumsvereins erwähnt und auch skizziert. Demnach war das Grab bereits alt geplündert. Der hohe engmundige Topf mit den umlaufenden Wülsten und dem Stempeldekor dazwischen datiert es in SD-Phase 10.

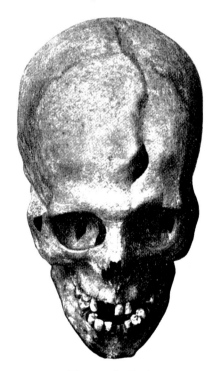

Abb. 44: Wallstadt/heute Vogelstang. Beigaben und Schädel eines schwer verletzten Mannes aus einem im Dezember 1860 geöffneten Grab.

Manns-Schädel
mit mächtigem, ausgeheiltem Schwerthieb
aus einem Wallstadter Frankengrab

9.5.6 Grabraub ein Zeichen geistiger Veränderungen

Gleichzeitig mit der Aufgabe der Beigabensitte und dem Auflassen der Reihengräber kommt es zu Grabplünderungen in einem bis dahin nicht gekannten Umfang.

Heiko Steuer formuliert eine Theorie des gesellschaftlichen und politischen Wandels und zieht als Verursacher der Grabplünderungen in erster Linie Räuberbanden in Erwägung, die sich auskennen und neuen einflussreichen Grundherren unterstehen.[127] Beraubt würden erstens die Gräber der Familien, die keine Angehörigen mehr am Ort hatten. In Klepsau, wo nur die Gräber der am Ort verbliebenen Meierfamilie beraubt wurden, nicht aber die viel reicher ausgestatteten Gräber der schon um 600 fortgezogenen Herrenfamilie, zeigt jedoch ein anderes Bild.[128] Zweitens würden Gräber beraubt, weil die Angehörigen sich nicht wehren könnten, denn sie seien abhängig, ohne Waffen und ihre Grundherren nicht vor Ort. Dies käme im Mannheimer Raum bei 90%er Beraubung geradezu einem dramatischen Besitzwechsel gleich. Und drittens würde vor allem das Schwert und nicht der Schwertgurt geraubt, weil dadurch der Tote und seine Familie das Recht auf das Führen von Waffen verlören. Dass beim Herausziehen des Schwertes Teile des um die Schwertscheide gewickelten Wehrgehänges zurück blieben, war eher unbeabsichtigt, denn Plünderungen waren keine sorgfältigen Ausgrabungen; geplündert wurde von einem Raubschacht aus. So wurden die auf dem Toten liegenden und leicht zu findenden Gürtelbeschläge mitgenommen und die auf dem Rücken sitzenden Teile samt Tasche oftmals liegen gelassen. Auch die überproportional häufig im Grab gelassenen Lanzenspitzen müssen nicht mit christlicher Symbolkraft erklärt werden. Die Lanzenspitze steckte in der Regel am Fußende in der Ecke. Der Raubschachte reichte aber selten bis dorthin.

Nur als weitere mögliche Erklärung für den Grabraub nennt Steuer die geregelte Entnahme der Beigaben aus dem Grab durch die Familie selbst, und zwar zu einer Zeit als Beigaben überflüssig wurden.[129]

Das Gräberfeld am Elkersberg in Vogelstang ist für das Phänomen Grabraub nur bedingt auswertbar, da die Ausgrabungen im 19. Jahrhundert Plünderungen gleich kamen, doch die im 19. Jahrhundert geborgene Fundauswahl zeigt deutlich, dass auch die damals geöffneten Gräber bereits gestört waren. Bei 86 % Zerstörung in der neuen Sandgrube von Straßenheim „Aue" und dem zwar kaum bezifferbaren aber sicher nicht weniger beraubten Gräbern im Areal der alten Sandgrube, bei 88 % Beraubung in Vogelstang sowie bei 93 % Beraubung in Sandhofen waren alle Familien vom Grabraub betroffen; es handelt sich nicht um Nacht- und Nebel-Aktionen, sondern um systematische Entleerung der Gräber, die keinem aus der Nachbarschaft entgangen sein können. Grabraub entsprach einer neuen Einstellung zum Tod und dürfte mit veränderten Vorstellungen vom Jenseits zusammenhängen.

Aufschluss über die Zeit, in der die Plünderungen vorgenommen wurden, geben geplünderte Gräber, die unter einer ungestörten Bestattung lagen. Das Reitergrab 370 vom Elkersberg in Vogelstang aus SD-Phase 10, dem dritten Viertel des 7. Jahrhunderts wurde total durchwühlt und geplündert, bevor ein über sechzigjähriger zahnloser Mann samt Messer und Feuerstein in der Einfüllung beigesetzt wurde. Dieses jüngere Grab 369 blieb unberührt. Nicht im, sondern nur teilweise über dem Raubschacht von Grab 412 lag das Frauengrab 411, es steht also sicher nicht in ursächlichem Zusammenhang. Die Frau in Grab 411 trug bronzene Drahtohrringe mit Berlockanhängern (S. 134, Abb. 30) und ist in SD-Phase 11 oder 12 zu datieren, das darunter liegende beraubte Männergrab 413 (S. 286, Abb. 106) in SD-Phase 10. Ungestört, aber nicht datierbar ist Frauengrab 57, das über dem total gestörten Frauengrab 58 (S. 250, Abb. 41) aus SD-Phase 8 liegt.

Geplündert wurde bald nach SD-Phase 10 und spätestens in SD-Phase 12, als der Bestattungsplatz nur noch von einem Teil der Bevölkerung genutzt wurde. Ähnliche Beobachtungen sind auch in anderen Gräberfeldern der Umgebung zu machen, z. B. in Hockenheim, wo in Grab 11 ein mit Langsax bewaffneter Mann der SD-Phase 12 über einem beraubten Grab der SD-Phase 8 lag. [130]

Ob der negative Charakter der Grabberaubung allen Zeitgenossen tatsächlich so bewusst war, wie allgemein angenommen, ist zu bezweifeln. In jedem Fall ist Grabfrevel nach den kirchlichen Rechtsvorstellungen ein schweres Verbrechen; Hermann Nehlsen belegt anhand zahlreicher Textstellen, dass die entsprechenden Einfügungen in der Lex Salica ganz und gar auf dem Boden christlicher Bußpraxis stehen und vermutet, dass ein Geistlicher diese Vorschrift formulierte. [131] Von den fränkischen Leges berühren zwei Titel das Thema Grabfrevel. Die LSal c. 14,10 behandelt die Fälle der Ausraubung von Lebenden, Schlafenden, von unbestatteten und bestatteten Toten. Sie besagt, dass derjenige der einen toten Menschen ausgräbt und ausplündert, 200 solidi büßen soll; es handelt sich um einen Betrag, der auch in anderen Bußbeständen begegnet, z.B. für die Tötung eines freien Mannes. [132] In der LSal c. 55 geht es um die Ausplünderung eines vom Täter selbst Erschlagenen. Dieser Titel ist in sofern aufschlussreicher, da er nicht nur das Bußgeld festlegt, sondern auch von Rechtsfolgen spricht. Daraus geht hervor, dass sich der Täter mit den Verwandten einigen muss, d.h. den Verwandten des Toten ist das Bußgeld zu zahlen.

Die Gesetze blieben also wirkungslos, weil die Angehörigen selbst die Gräber ihrer Ahnen öffneten; dieses Vorgehen wurde in den Leges gar nicht behandelt. Die Vorstellungen der Kirchenväter, die das Bloßlegen eines schon Bestatteten als größte Schande für den Toten und seine Angehörigen ansahen und als schweres Verbrechen werteten [133], können noch nicht im Volk verwurzelt gewesen sein. Um alle Facetten der neuen Buchreligion zu verstehen, bedurfte es zweifellos noch vieler und intensiverer Unterweisungen. Pietätvoll ließen die Plünderer allerdings christliche Amulette und Schmuck mit christlichen Symbolen zurück, das war zum Beispiel in Vogelstang Grab 355 mit dem Kreuzanhänger vom Pektorale (Abb. 45) als auch mit der silbernen Brakteatenfibel in Bösfeld Grab 118 (S. 68, Abb. 55) der Fall. Aufgrund zahlreicher Analogien, z.B. im Gräberfeld von Berghausen im Pfinzgau, wo dies zum ersten Mal auffiel [134], ist sicher, dass den Toten christlicher Brakteatenschmuck, christliche Symbole und das Kreuz absichtlich gelassen wurden.

Abb. 45: Vogelstang, Grab 355. Pektorale mit Kreuz (vgl. Abb. 28), von den Plünderern zurückgelassen. M. 1:1.

Anmerkungen

[1] HEDEAGER 2005.

[2] WERNER 1963.

[3] WERNER 1964.

[4] Ausführlich dazu KOCH 2001, S. 198 ff.

[5] Nähere Bestimmungen durch F. POPLIN, Paris.

[6] NEUMAYER 2000.

[7] BUCHTA-HOHM 1996, S. 147 Taf. 11,F6.

[8] Freundlicher Hinweis F. POPLIN.

[9] KOCH 1977, Teil 2, S. 33 f.

[10] KOCH 2001, Taf. 47,6.

[11] Veröffentlichung in Vorbereitung.

[12] STAUCH 2004, S. 88.

[13] LINDENSCHMIT 1889, S. 124 mit Abb. 41-42.

[14] AMENT 2005a.

[15] PESCH 2003.

[16] WAMERS 2003.

[17] HASELOFF 1981, S. 81 ff.

[18] HASELOFF 1981, S. 87 ff.

[19] HASELOFF 1981, S. 542 ff.

[20] HASELOFF 1981, S. 281 ff.

[21] HASELOFF 1981, S. 541 Verbreitungskarte Abb. 359.

[22] HASELOFF 1981, S. 568 f.

[23] HASELOFF 1981, S. 325 ff.: Fibeln vom „Typ Langweid".

[24] A. KOCH 1998, S. 326.

[25] HASELOFF 1981, S. 73 ff.

[26] SALIN 1935, S. 207 Abb. 490.

[27] KOCH, KLEPSAU 146 ff.

[28] HASELOFF 1981, S. 330 ff. Abb. 208-210.

[29] HASELOFF 1981, S. 329 Abb. 207.

[30] HASELOFF 1981, S. 345 ff.

[31] A. KOCH 1998, S. 328.

[32] AMENT 2005, §4.

[33] MUHL 1994.

[34] HØILUND NIELSEN 2002.

[35] HØILUND NIELSEN 1998.

[36] HØILUND NIELSEN 1997; 1998.

[37] FRANCE-LANORD / FLEURY 1962, Abb. 4;6; Taf. 36.

[38] AUFLEGER 1997, S. 83 ff. Fundliste 12-13, Karte 29-30.

[39] AUFLEGER Taf. 43,9.

[40] MARTI 1990, Taf. 11.

[41] GARSCHA 1970 Taf. 21-22.

[42] HASELOFF 1975, S. 46-47.

[43] R. KOCH 1969, Abb. 13.

[44] SALIN 1935, Abb. 542-544.

[45] KOCH 1997b, Abb. 465.

[46] SCHWARZ 2004, Abb. 3.

[47] PÉRIN 2001.

[48] HAUCK 1986, S. 273-296.

[49] Vortrag „Salins Stil II auf christlichen Gegenständen. Heidnisches Fortleben, christliche Erneuerung oder Synkretismus?" in Mannheim im März 2006.

[50] KOCH 1982, S. 55 mit weiterer Literatur.

[51] HAUCK 1998.

[52] ROTH 1986.

[53] PÉRIN 2001.

[54] ARRHENIUS 1986.

[55] HEDEAGER 2005.

[56] wie Anm. 49.

[57] HASELOFF 1986, S. 95 ff.

[58] NAGY 2002.

[59] ROTH 1986.

[60] BAUMANN 1907.

[61] KRAFT 1979.

[62] PÉRIN 2001.

[63] WILHELMY 2006, S. 29 f.

[64] DIERKENS 1998.

[65] PÉRIN 2001.

[66] BIERBRAUER 2003.

[67] THIEME 1978, S. 434 ff. Gruppe VI.

[68] SCHELLHAS 1994, S. 102 ff.

[69] Vgl. KNAUT 1994; THEUNE-GROSSKOPF 2002.

[70] THEUNE-GROSSKOPF 2002, Abb. 85-6.

[71] WAGNER 1911, Abb. 181 e-f. – RGZM Abgusskatalog 20904-05.

[72] NIEVELER 2003, Taf. 32,15.

[73] SCHELLHAS 1994.

[74] WERNER 1950, S. 44 ff.

[75] SCHELLHAS 1994, S. 99.

[76] RENNER 1974, Nr. 313, 316, 317, 318, 319, 320, 322, 323, 324.

[77] RENNER 1974 Nr. 311.

[78] RENNER 1974 Nr. 314.

[79] RENNER 1974 Gruppe IIIA Nr. 117.119-123.

[80] RENNER 1974, Nr. 152, 153, 155; WAMERS 1986, S. 52 f.

[81] POLENZ 1988, Taf. 209,1.

[82] RENNER 1974, Nr. 501.

[83] RENNER 1974, Nr. 499.

[84] RENNER 1974 Taf. 30,615-626; 31,627-629.

[85] RENNER 1974, Taf. 33,662.

[86] RENNER 1974 Nr. 654.

[87] KLEIN-PFEUFFER 1993, S. 80 ff.

[88] KLEIN-PFEUFFER 1993, S. 143 f. Abb. 43, BÖHME 1996, S. 499 Abb. 7.

[89] KLEIN-PFEUFFER 1993, S. 208 ff.

[90] KLEIN-PFEUFFER 1993, S. 183 ff.

[91] BÖHME 1996, S. 496 f.

[92] STEUER 2004, S. 196.

[93] BÖHME 1993, Abb. 42; 77.

[94] STEUER 2004, S. 195.

[95] BÖHME 1993, S. 456 ff.

[96] OEXLE 1984, S. 133 Abb. 6.

[97] Vortrag von Helga SCHACH-DÖRGES in Köngen 2006.

[98] QUAST 1997, S. 435.

[99] MÜLLER-WILLE 1996.

[100] OEXLE 1984, Abb. 9.

[101] OEXLE 1984, S. 159.

[102] PESCH 2002.

[103] BURZLER u.a. 2002, S. 74 f.

[104] CHRISTLEIN 1974, S. 582.

[105] WEIDEMANN 1982, Teil 2, S. 127.

[106] **Scholz** 2002, S. 87; 90; 92; 103.

[107] **Scholz** 2002, Karte Abb. 13b.

[108] **Nieveler** 2003, S. 19.

[109] **Nieveler** 2003, S. 7 Karte Abb. 5.

[110] **Siegmund** 1998, S. 231.

[111] **Scholz** 2002, Abb. 13b-c.

[112] **Kraft** 1932, S. 32 f. Verzeichnis der Steinplattengräber in Baden und S. 36 im Oberelsaß; **Stoll** 1941; **Christlein** 1974 mit Liste der gemörtelten Steinkisten.

[113] **Burzler** u. a. 2002, Bd. 1, S. 74f.; 304.

[114] Schleitheim Grab 540, 541, 543, 568.

[115] **Scholz** 2002, S. 128.

[116] **Bierbrauer** 1986.

[117] R. **Koch** 1971.

[118] **Burzler** u. a. 2002, S. 584.

[119] **Quast** 1995, Abb. 6 mit Stein Stufe A und B = SD Phase 11-12.

[120] **Theune-Grosskopf** 1997, S. 471 f.

[121] **Martin** 1990, S. 97 ff.

[122] **Lüdemann** 1994, S. 531 f.

[123] **Stauch** 2004, S. 258.

[124] **Scholz** 2002, S. 161.

[125] **Theune-Grosskopf** 1997.

[126] Mannheimer Geschbl. 3, 1902, Sp. 119. – Schädel abgebildet: Mannheimer Geschbl. Aug./Sept. 1907, Sp. 186.

[127] **Steuer** 2004, S. 203 f.

[128] **Koch** 1990 Taf. 50.

[129] **Steuer** 2004, S. 205.

[130] **Clauss** 1986, S. 329 ff.

[131] **Nehlsen** 1978, S. 139 ff.

[132] **Nehlsen** 1978, S. 144.

[133] **Nehlsen** 1978, S. 157.

[134] **Koch** 1973.

Adler 1970
Adler, Horst: Zur Ausplünderung langobardischer Gräberfelder in Österreich. Mitteilungen der Anthropologischen Gesellschaft in Wien 1970, S. 138-147.

Ahrens 1978
Ahrens, Claus (Hrsg.), Sachsen und Angelsachsen (Hamburg 1978).

Ament 1970
Ament, Hermann: Fränkische Adelsgräber von Flonheim. Germ. Denkmäler Völkerwanderungszeit B5 (Berlin 1970).

Ament 1974
Ament, Hermann: Merowingische Schwertgurte vom Typ Weihmörting. Germania 52, 1974, S. 153 ff.

Ament 1975
Ament, Hermann: Merowingische Grabhügel. In: **Walter Schlesinger** (Hrsg.), Althessen im Frankenreich. Nationes 2 (Sigmaringen 1975) S. 63-94.

Ament 1976
Ament, Hermann: Die fränkischen Grabfunde aus Mayen und der Pellenz. German. Denkmäler Völkerwanderungszeit B9 (Berlin 1976).

Ament 2005
Ament, Hermann: Der Beitrag der frühmittelalterlichen Grabfunde von Nieder-Erlenbach (Stadt Frankfurt a.M.) zur Kenntnis der Gräberfelder vom Typ Hemmingen. In: Reliquiae Gentium – Teil 1. Festschrift für Horst Wolfgang Böhme. Internationale Archäologie. Studia honoraria 23 (Rahden/Westf. 2005) S. 1-7.

Ament 2005a
Ament, Hermann in: Reallexikon Germanische Altertumskunde² 30 (Berlin / New York 2005) S. 586-597, s.v. Tierornamentik §1-6.

Arends 1978
Arends, Ulrich: Ausgewählte Gegenstände des frühen Mittelalters mit Amulettcharakter (Dissertation Hamburg 1978).

Arrhenius 1986
Arrhenius, Birgit: Einige christliche Paraphrasen aus dem 6. Jahrhundert. In: Helmuth Roth (Hrsg.), Zum Problem der Deutung frühmittelalterlicher Bildinhalte (Sigmaringen 1986) S. 129-151.

Aufleger 1997
Aufleger, Michaela: Tierdarstellungen in der Kleinkunst der Merowingerzeit im westlichen Frankenreich. Archäologische Schriften Institut für Vor- und Frühgeschichte Johannes-Gutenberg-Universität Mainz 6 (Mainz 1997).

Banck-Burgess 1997
Banck-Burgess, Johanna: An Webstuhl und Webrahmen. Alamannisches Textilhandwerk. In: Die Alamannen (Stuttgart 1997) S. 371-378.

Banghard 2002
Banghard Karl: Zeugnisse des Fernhandels – Die Cypraea aus Grab 334. In: Burzler u.a. 2002, S. 270-272.

Banghard 2000
Banghard, Karl in: Reallexikon der Germanischen Altertumskunde² 16 (2000) S. 345 f. s.v. Kaurischnecke.

Bartel 2002/03
Bartel, Antja: Die Goldbänder des Herrn aus Straubing-Alburg. Untersuchungen einer Beinkleidung aus dem frühen Mittelalter. Berichte Bayerischen Bodendenkmalpflege 43/44, 2002/03, 261-272.

Bartel/Knöchlein 1993:
Bartel, Antja/Ronald Knöchlein: Zu einem Frauengrab des sechsten Jahrhunderts aus Waging am See, Ldkr. Traunstein. Germania 71, 1993, S. 419-439.

Bartel/Nadler 2002/03
Bartel, Antja/Martin Nadler: Der Prachtmantel des Fürsten von Höbing – Textilarchäologische Untersuchung zum Fürstengrab 143 von Großhöbing. Bericht Bayer. Bodendenkmalpflege 43/44, 2002/03, 229-249.

Baudoux u.a. 2000
Baudoux, Juliette u.a.: Strasbourg Fouilles archéologiques de la ligne B du Tram. Fouilles récentes en Alsace 5 (Strasbourg 2000).

Baumann 1907
Baumann, Karl: Neue Funde und archäologische Untersuchungen des Mannheimer Altertumsvereins. Mannheimer Geschbl. 8, 1907, Sp. 101-109.

Beckmann 1975
Beckmann, Bernhard: Eine neue Inschrift vom Miltenberger Altstadtkastell. Arch. Korrbl. 5, 1975, S. 307-312.

Behm-Blancke 1970
Behm-Blancke, Günther: Zur Sozialstruktur der völkerwanderungszeitlichen Thüringer. Ausgrabungen und Funde 15, 1970, S. 257-271.

Behr 1975
Behr, Bruno: Das alemannische Herzogtum bis 750.

Geist und Werk der Zeiten. Arbeiten aus dem Historischen Seminar der Universität Zürich (Bern, Frankfurt/M. 1975).

Behrens 1947

Behrens, Gustav: Merowingerzeit. Röm.-German. Zentralmus. Mainz Katalog 13 (Mainz 1947).

Bergengruen 1958

Bergengruen, Alexander: Adel und Grundherrschaft im Merowingerreich. Vierteljahresschrift für Sozial- und Wirtschaftsgeschichte. Beiheft 41 (Wiesbaden 1958).

Bertram 2002

Bertram, Marion: Die frühmittelalterlichen Gräberfelder von Pocking-Inzing und Bad Reichenhall-Kirchberg. Museum für Vor- und Frühgeschichte Bestandskataloge 7 (Berlin 2002).

Bierbrauer 1994

Bierbrauer, Volker: Archäologie und Geschichte der Goten vom 1.-7. Jahrhundert. Frühmittelalterliche Studien 28 (Berlin 1994) S. 51-171.

Bierbrauer 2003

Bierbrauer, Volker: The Cross goes North: From Late Antiquity to Merovingian Times South and North of the Alps. In: Martin Carver (Hrsg.), The Cross goes North. Process of Conversion in Northern Europe, AD 300-1300 (York 2003) S. 429-442.

Blaich 1999

Blaich, Markus C.: Die alamannischen Funde von Nagold, Kr. Calw. Fundber. Baden-Württemberg 23, 1999, S. 307-365.

Blaich 2005

Blaich, Markus C.: Thüringisches und südskandinavisches Fundgut in Gräbern des frühmittelalterlichen Friedhofs von Eltville und im Rhein-Main-Gebiet. Kommentar zu vier Verbreitungskarten. In: Studien zur Sachsenforschung 15 (Oldenburg 2005) S. 63-82.

Bleiber 1988

Bleiber, Waltraut: Das Frankenreich der Merowinger (Berlin 1988).

Böhme u.a. 1987

Böhme, Horst Wolfgang/S. Günther/G. Lange/P. Wagner: Karben – Okarben, Wetteraukreis. Grabfunde des 6.-7. Jahrhunderts. Ausgrabungen in einem fränkischen Friedhof in der südlichen Wetterau. Archäologische Denkmäler in Hessen 56 (1987).

Böhme 1994

Böhme, Horst Wolfgang: Der Frankenkönig Childe-rich zwischen Attila und Aetius. Zu den Goldgriffspathen der Merowingerzeit. Festschrift Otto-Herman Frey. Marburger Studien Vor- und Frühgesch. 16 (Marburg 1994).

Böhme 1996

Böhme, Horst Wolfgang: Adel und Kirche bei den Alamannen der Merowingerzeit. Germania 74, 1996, S. 477-507.

Böhme 1999

Böhme, Horst Wolfgang: Franken oder Sachsen? Beiträge zur Siedlungs- und Bevölkerungsgeschichte in Westfalen vom 4.-7. Jahrhundert. Studien zur Sachsenforschung 12 (Oldenburg 1999) S. 43-74.

Bóna 1971

Bóna, István: Langobarden in Ungarn. Arheoloski Vestnik 21-22, 1971-72, S. 45-72.

Boudartchouk 1998

Boudartchouk, Jean-Luc: La nécropole franque de Ictium à L'Isle-Jourdain (Gers, Midi-Pyrénées, France). Acta Praehistorica et Archaeologica 30, 1998, S. 126-136.

Brather 2004

Brather, Sebastian: Kleidung und Identität im Grab. Gruppierungen innerhalb der Bevölkerung Pleidelsheims zur Merowingerzeit. ZAM 32, 2004, S. 1-58.

Buchta-Hohm 1996

Buchta-Hohm, Susanne: Das alamannische Gräberfeld von Donaueschingen. Forsch. u.Ber. Vor- u. Frühgesch. Baden-Württemberg 56 (Stuttgart 1996).

Burzler u.a. 2002

Burzler, Anke/Markus Höneisen/Jakob Leicht/Beatrice Ruckstuhl: Das frühmittelalterliche Schleitheim – Siedlung, Gräberfeld und Kirche, Schaffhauser Archäologie 5 (Schaffhausen 2002).

Butzen 1987

Butzen, Reiner: Die Merowinger östlich des Mittleren Rheins. Mainfränkische Studien 38 (Würzburg 1987).

Chadwick Hawkes 1973

Chadwick Hawkes, Sonia: The dating and social significance of the burials in the Polhill Cemetery. In: B. Philip (Ed.), Excavations in West Kent 1960-1970 (London 1973) S. 186-201.

Châtelet 1997

Châtelet, Madeleine: La Céramique du Haut Moyen Age (6e-10e s.) du Sud de la Valée du Rhin Supérieur (Dissertation Paris 1997).

Christ 1911

Christ, Gustav: Eine bei Mannheim ausgegrabene Goldmünze (Solidus) des Kaisers Justinian. Mannheimer Geschbl. 12, 1911, S. 159-162.

Christlein 1966

Christlein, Rainer: Das alamannische Reihengräberfeld von Marktoberdorf (Kallmünz 1966).

Christlein 1973

Christlein, Rainer: Besitzabstufungen zur Merowingerzeit im Spiegel reicher Grabfunde aus West- und Süddeutschland. Jahrb. RGZM 20, 1973, S. 147-180.

Christlein 1974

Christlein, Rainer: Die frühgeschichtlichen Kleinfunde außerhalb der Plangrabungen. Der Runde Berg bei Urach I (Heidelberg 1974).

Christlein 1974

Christlein, Rainer: Merowingerzeitliche Grabfunde unter der Pfarrkirche St. Dionysius zu Dettingen, Kr. Tübingen, und verwandte Denkmale in Süddeutschland. Fundber. Baden-Württemberg 1, 1974, S. 573-596.

Christlein 1978

Christlein, Rainer: Die Alamannen (Stuttgart 1978).

Claude 1985

Claude, Dietrich: Aspekte des Binnenhandels im Merowingerreich auf Grund der Schriftquellen. In: Untersuchungen zu Handel und Verkehr der vor- und frühgeschichtlichen Zeit in Mittel- und Nordeuropa III (Göttingen 1985) S. 9-89.

Clauß 1986

Clauß, Gisela: Ein neuer Reihengräberfriedhof bei Hockenheim, Rhein-Neckar-Kreis. Fundber. Baden-Württ. 11, 1986, S. 313-358.

Corsten 1995

Corsten, Matthias: Die stempelverzierten Metallgegenstände der Merowingerzeit. (Dissertation München 1995).

Dalas/Favier 1991

Dalas Martine/Jean Favier: Corpus des sceaux français du Moyen Âge. Tome II Les sceaux des rois et de régence (Paris 1991).

Damminger 2002

Damminger, Folke: Die Merowingerzeit im südlichen Kraichgau und in den angrenzenden Landschaften. Materialhefte zur Archäologie in BW 61 (Stuttgart 2002).

Damminger 2006

Damminger, Folke: Ausgrabungen in einer früh- bis hochmittelalterlichen Wüstung an der A6 bei Mannheim. Archäologische Ausgrabungen Baden-Württemberg 2005 (Stuttgart 2006) S. 177-181.

Dannheimer/Ulbert 1956

Dannheimer, Hermann/Günther Ulbert: Die bajuwarischen Reihengräber von Feldmoching und Sendling, Stadt München (Kallmünz/Opf. 1956).

Dannheimer 1962

Dannheimer, Hermann: Die germanischen Funde der späte Kaiserzeit und des frühen Mittelalters in Mittelfranken. German. Denkmäler Völkerwanderungszeit A 7 (Berlin 1962).

Dannheimer 1971

Dannheimer, Hermann: Zur Geschichte von Brenz und Sontheim im frühen Mittelalter. Fundber. Schwaben N.F. 19, 1971, S. 298-308.

Dannheimer 1998

Dannheimer, Hermann: Das bajuwarische Reihengräberfeld von Aubing, Stadt München (Stuttgart 1998).

Dette 1994

Dette, Christoph: Kinder und Jugendliche in der Adelsgesellschaft des frühen Mittelalters. In: Archiv für Kulturgeschichte 76, 1994, S. 1-34.

Diemer 1967

Diemer, Maria: Die Ortsnamen der Kreise Karlsruhe und Bruchsal. Veröffentl. d. Hist. Komm. f. geschichtl. Landeskunde in Baden-Württemberg 36 (1967).

Diepolder 1988

Diepolder, Gertrud: Aschheim im Frühen Mittelalter Teil II. Ortsgeschichte, siedlungs- und flurgenetische Beobachtungen. (München 1988).

Dierkens 1996

Dierkens, Alain: Die Taufe Chlodwigs. In: Franken 1996, S. 183-191.

Dierkens 1998

Dierkens, Alain: Christianisme et „paganisme" dans la Gaule septentrionale aux Ve et VIe siècles. In: Dieter Geuenich (Hrsg.), Die Franken und die Alemannen bis zur „Schlacht bei Zülpich". Reallexikon German. Altertumskunde Ergbd. 19 (Berlin, New York 1998) S. 451-474.

Dijkmann 1992

Dijkmann, Wim: Funde aus Maastricht. In: Spurensicherung. Archäologische Denkmalpflege in der Euregio Maas-Rhin. Führer des Rheinischen Landesmuseums Bonn und des Rheinischen Amtes für Bodendenkmalpflege 136 (Mainz 1992) S. 367-378.

Dohrn-Ihmig u.a. 1999

Dohrn-Ihmig, Margarete/Michaela Aufleger/Gudula Zeller/Helmut Schubert u. a.: Das fränkische Gräberfeld von Nieder-Erlenbach, Stadt Frankfurt am Main. Beiträge zum Denkmalschutz in Frankfurt am Main 11 (Frankfurt 1999).

Doorselaer 1958

van Doorselaer, A.: De merovingische Begraafplaats t Sint-Gillis-bij-Dendermonde. Archaeologia Belgica 41 (1958).

Dorn 1991

Dorn, Franz: Die Landschenkungen der fränkischen Könige. Rechts- und Staatswissenschaftliche Veröff.. Görres-Gesellschaft N.F. 60 (Paderborn 1991) S. 73 ff.

Durliat 1990

Durliat, Jean: Les finances publiques de Diocletien aux Carolingiens (Sigmaringen 1990).

Durliat 1996

Durliat, Jean: Das Finanzsystem der merowingischen Könige. In: Franken 1996, S. 514-525.

Eckerle/Wilhelmi 1986

Eckerle, Klaus (Hrsg.), Karl Wilhelmi: Die Grabalterthümer der Burgunden, Franken und Alamannen aus den ersten Zeiten des Christentums. Erstveröffentlichung aus Anlaß des 200. Geburtstages von Karl Wilhelmi am 17. Mai 1786 (Sinsheim 1986).

Eckoldt 1981

Eckoldt, Martin: Zur Frage der Schiffahrt auf kleinen Flüssen der Pfalz in alter Zeit. Pfälzer Heimat 1981, S. 172-185.

Eger 2005

Elbern, Victor H.: Ein fränkisches Reliquiarfragment in Oviedo, die Engerer Burse in Berlin und ihr Umkreis. Madrider Mitteilungen 2, 1961, S. 183-204.

Ellmers 1972

Ellmers, Detlev: Frühmittelalterliche Handelsschiffahrt in Mittel- und Nordeuropa (Bremerhaven 1972).

Ellmers 1988

Ellmers, Detlev: Archäologischer Kommentar zu dem Gedicht des Venantius Fortunatus über seine Moselreise. In: Andernach im Frühmittelalter. Andernacher Beiträge 3 (Andernach 1988) S. 25-68.

Engels 1995

Engels, Christoph: Die merowingischen Grabfunde von Mainz-Finthen, Gewann „Auf der Hopp". Magisterarbeit Marburg 1995.

Engels 2002

Engels, Christoph: Das merowingerzeitliche Gräberfeld Eppstein, Stadt Frankenthal (Pfalz). Dissertation Marburg 2002.

Engels 2005

Engels, Christoph: Bemerkungen zum Gräberfeld Obrigheim (Pfalz). Reliquiae Gentium – Teil 1. Festschrift für Horst Wolfgang Böhme. Internationale Archäologie. Studia honoraria 23 (Rahden/Westf. 2005) S. 103-112.

Evison 1987

Evison, Vera I.: Dover: The Buckland Anglo-Saxon Cemetery. Historic Buildings and Monuments Commission for England, Arch. Rep. 3 (London 1987).

Ewig 1979

Ewig, Eugen: Der Raum zwischen Selz und Andernach vom 5. bis zum 7. Jahrhundert. In: Vorträge u. Forsch. 25 (Sigmaringen 1979) S. 271 ff.

Ewig 1979a

Ewig, Eugen: Spätantikes und fränkisches Gallien. Gesammelte Schriften (1952-1973) II. Beiheft Francia Bd. 3/2 (München 1979).

Ewig 1993

Ewig, Eugen: Die Merowinger und das Frankenreich. Zweite überarbeitet und erweiterte Auflage. (Stuttgart/Berlin/Köln 1993).

Faußner 1988

Faußner H. C.: Die staatsrechtliche Genesis Bayerns und Österreichs. Stud. Rechts-, Wirtschafts- und Kulturgesch. 12 (Sigmaringen 1988).

Fecht 1813

Fecht, Chr. Ludwig: Geschichte der Großherzoglich-Badischen Landschaften. Zweites Heft. (Lahr 1813).

Fehr 1999

Fehr, Hubert: Zur Deutung der Prunkgürtelsitte der jüngeren Merowingerzeit. In: Archäologie als Sozialgeschichte. Festschrift für Heiko Steuer zum 60. Geburtstag (Rahden/Westf. 1999) S. 105-111.

Feugère u.a. 1996

Feugère, Michel/Georges Depeyrot/Max Martin: Balances Monétaires à Taxe Fixe. Gallia 53, 1996, S. 345-362.

Fingerlin/Fischer/Düwel 1998

Fingerlin, Gerhard/Josef F. Fischer/Klaus Düwel: Alu und ota – Runenbeschriftete Münznachahmungen der Merowingerzeit aus Hüfingen. Germania 76, 1998, S. 789-822.

Fischer 2002

Fischer, Josef F.: Die Münzprägung der Ostgoten – Italische Silbermünzen des 6. Jahrhunderts nordwärts der Alpen. In: Regio Archaeologica. Festschrift für Gerhard Fingerlin. Internationale Archäologie Studia honoraria 18 (Rahden/Westf. 2002) S. 301-310.

France-Lanord/Fleury 1962

France-Lanord, Albert/Michel Fleury: Das Grab der Arnegundis in Saint-Denis. Germania 40, 1962, S. 341-359.

Franken 1996

Ausstellungskatalog Reiss-Museum Mannheim: Die Franken Wegbereiter Europas. Vor 1500 Jahren: König Chlodwig und seine Erben (Mainz 1996).

Fredegar

Die vier Bücher der Chroniken des sogenannten Fredegar. Quellen zur Geschichte des 7. und 8. Jahrhunderts. Ausgewählte Quellen zur Deutschen Geschichte des Mittelalters, begründet von Rudolf Buchner, fortgeführt von Franz-Josef Schmale. Bd. IVa (Darmstadt 1994) S. 1-325.

Freeden 1991

v. Freeden, Uta: Awarische Funde in Süddeutschland? Jahrb. RGZM 39, 1991, S. 523-627.

Freeden 2000

v. Freeden, Uta: Das Ende engzelligen Cloisonnés und die Eroberung Südarabiens durch die Sasaniden. Germania 78, 2000, S. 97-124.

Freeden 2006:

v. Freeden, Uta: Das frühmittelalterliche Gräberfeld von Peigen. Archäologie im Landkreis Dingolfing-Landau Bd. 2 (Landau an der Isar 2006).

Fremersdorf 1955

Fremersdorf, Fritz: Das fränkische Gräberfeld von Köln-Müngersdorf. German. Denkmäler Völkerwanderungszeit 6 (Berlin 1955).

Garbsch 1994

Garbsch, Jochen: Römischer Alltag in Bayern. Festschrift 125 Jahre Bayerische Handelsbank in München 1869-1994 (München 1994).

Garscha 1962

Garscha, Friedrich: Ein neuer Alamannenfriedhof in Eberfingen, Ldkrs. Waldshut. Bad. Fundber. 22, 1962, S. 22 ff.

Garscha 1970

Garscha, Friedrich: Die Alamannen in Südbaden. Germanische Denkmäler der Völkerwanderungszeit A11

(Berlin 1970).

Geisler 1998

Geisler, Hans: Das frühbairische Gräberfeld Straubing-Bajuwarenstraße I. Internationale Archäologie 30 (Rahden 1998).

Gerlach 2000

Gerlach, Stefan: Ein fränkisches Gräberfeld bei Salz. Das Arch. Jahr in Bayern 2000, S. 93-97.

Geuenich 1997a

Geuenich, Dieter: Widersacher der Franken. Expansion und Konfrontation. In: Die Alamannen (Stuttgart 1997) S. 144-148.

Geuenich 1997b

Geuenich, Dieter: Zwischen Loyalität und Rebellion. In: Die Alamannen (Stuttgart 1997) S. 204-208.

Giertz 2002

Giertz, Wolfram: Regionale Vorraussetzungen und Fremdeinflüsse bei der Herausbildung „fränkischer" Keramik vom Vorgebirgstyp. Vortrag in Mannheim am 6. 6. 2002. – Veröffentlicht: Foreign influx in the formation of the Renish Vorgebirge pottery industries. Danubian-type wasters from Walberberg, c. 500 A.D. In: La Céramique du Haut Moyen Âge le nord-ouest de l'Europe (Caen 2004) 289-314.

Giesler-Müller 1992

Giesler-Müller, Ulrike: Das frühmittelalterliche Gräberfeld von Basel-Kleinhüningen. Basler Beiträge Ur- und Frühgesch. 11 B (Derendingen-Solothurn 1992).

Gilles 1996

Gilles, Karl-Josef: Die merowingerzeitliche Münzprägung an Mosel und Rhein. In: Franken 1996, S. 508-513.

Glazema/Ypey 1955

Glazema P./Jaap Ypey: Kunst en Schoonheid uit de vroege Middeleeuwen. De merowingische Grafvelden va Alphen, Rhenen en Maastricht (Amersfoort 1955).

Gockel 1970

Gockel, Michael: Karolingische Königshöfe am Mittelrhein (1970).

Göldner 1987

Göldner, Holger: Studien zu rhein- und moselfränkischen Bügelfibeln. Marburger Studien zur Vor- und Frühgeschichte 8 (Marburg 1987).

Goetz 2006

Goetz, Hans-Werner: Die „private" Grundherrschaft des frühen Mittelalters im Spiegel der St. Galler Traditionsurkunden. In: Brigitte Kasten (Hrsg.), Tätigkeitsfelder und Erfahrungshorizonte des ländlichen Menschen in der frühmittelalterlichen Grundherrschaft (bis ca. 1000). Festschrift für Dieter Hägermann zum 65. Geburtstag. VSWG-Beiheft 184, 2006, S. 111-137.

Goti 1994

I Goti (Ausstellungskatalog Milano 1994).

Graenert 2000

Graenert, Gabriele: Langobardinnen in Alamannien. Zur Interpretation mediterranen Sachgutes in südwestdeutschen Frauengräbern des ausgehenden 6. Jahrhunderts. Germania 78, 2000, S. 417–447.

Grahn-Hoek 1976

Grahn-Hoek, Heike: Die fränkische Oberschicht im 6. Jahrhundert. Studien zu ihrer rechtlichen und politischen Stellung. Vorträge und Forschungen Sonderband 21 (Sigmaringen 1976).

Gropengießer 1927

Gropengießer, Hermann: Aus der ältesten Geschichte des Neckardeltas. Bad. Heimat 1927, S. 29-38.

Gropengießer 1976

Gropengießer, Erich: Neue Ausgrabungen und Funde im Mannheimer Raum 1961-1975 (Mannheim 1976).

Gross 1991

Gross, Uwe: Mittelalterliche Keramik zwischen Neckarmündung und Schwäbischer Alb. Forschungen und Berichte Archäologie des Mittelalters in Baden-Württemberg 12 (Stuttgart 1991)

Gross 1993

Gross, Uwe: Zur merowingerzeitlichen Besiedlungsgeschichte an Tauber, Kocher und Jagst. Denkmalpflege in Baden-Württemberg. Nachrichtenblatt des Landesdenkmalamtes 22 H. 4, 1993, S. 220-226.

Gross 1999

Gross, Uwe: Funde von Keramik aus dem Nordseeküstenraum im fränkischen Reich. In: Über allen Fronten. Nordwestdeutschland zwischen Augustus und Karl dem Großen (Oldenburg 1999) S. 91-112.

Gross 2003

Gross, Uwe: Alt – aber nahezu unbekannt: Funde des frühen Mittelalters aus Edingen, Rhein-Neckar-Kreis. Fundber. Baden-Württemberg 27, 2003, S. 983-989.

Gross 2004

Gross, Uwe: Keramikverbreitung im 8. Jahrhundert als Hinweis auf Handel und Gliederung des politischen Raumes. In: Der Südwesten im 8. Jahrhundert aus historischer und archäologischer Sicht. Archäologie und Geschichte Bd. 13 (Ostfildern 2004) S. 257-274.

Guichard/Cuvillier 2005

Guichard, Pierre/Jean-Pierre Cuvillier: Europa in der Zeit der Völkerwanderungen. In: André Burguière u.a. (Hrsg.): Geschichte der Familie – Mittelalter (Essen 2005) S. 13-88.

Guillaume/Gambs 1988

Guillaume, Jacques/Alphonse Gambs: La Necropole de „Colmette" à Montenach (Moselle). Actes des Xe Journées internationales d'Archéologie mérovingienne. (Metz 1988) S. 137-141.

Haldimann/Steiner 1996

Haldimann, Marc-André/Lucie Steiner: Les céramiques funéraires du haute Moyen Age en terre vaudoise. Jahrb. SGU 79, 1996, S. 143-193,

Hanel 1994

Hanel, Eva: Die merowingischen Alterthümer von Kärlich und Umgebung. Archäol. Schriften Inst. für Vor- und Frühgeschichte Mainz 4 (Mainz 1994)t

Hansen 2004

Hansen, Christina M.: Frauengräber im Thüringerreich. Zur Chronologie des 5. und 6. Jahrhunderts n. Chr. Basler Hefte zur Archäologie 2 (Basel 2004).

Hardt 2004

Hardt, Matthias: Gold und Herrschaft. Die Schätze europäischer Könige und Fürsten im ersten Jahrtausend. Europa im Mittelalter 6 (Berlin 2004).

Haseloff 1975

Haseloff, Günther: Zu den Goldblattkreuzen aus dem Raum nördlich der Alpen. In: Wolfgang Hübener (Hrsg.), Die Goldblattkreuze des frühen Mittelalters. Veröffentlichungen des alemannischen Instituts Feiburg 37 (Bühl/Baden 1975) S. 37-70.

Haseloff 1981

Haseloff, Günther: Die germanische Tierornamentik der Völkerwanderungszeit. I-III (Berlin /New York 1981).

Haseloff 1986

Haseloff, Günther: Bild und Motiv im Nydam-Stil und Stil I. In: Helmuth Roth (Hrsg.), Zum Problem der Deutung frühmittelalterlicher Bildinhalte (Sigmaringen 1986) S. 67-110.

Häßler 1983

Häßler, Hans-Jürgen: Das sächsische Gräberfeld bei Liebenau, Kreis Nienburg/Weser Teil 2. Studien zur Sachsenforschung 5,1 (Hildesheim 1983).

Häßler 1985

Häßler, Hans-Jürgen: Das sächsische Gräberfeld bei Liebenau, Kreis Nienburg/Weser Teil 3. Studien zur Sachsenforschung 5,2 (Hildesheim 1985).

Haubrichs 2006

Haubrichs, Wolfgang: Verortung in Namen: Deskriptive Namengebung, Königsgut und das Interessenspektrum des agrarischen Menschen des frühen Mittelalters. In: Brigitte Kasten (Hrsg.), Tätigkeitsfelder und Erfahrungshorizonte des ländlichen Menschen in der frühmittelalterlichen Grundherrschaft (bis ca. 1000). Festschrift für Dieter Hägermann zum 65. Geburtstag. VSWG-Beiheft 184, 2006, S. 3-36.

Hauck 1986

Hauck, Karl: Methodenfragen der Brakteatendeutung. Erprobung eines Interpretationsmusters für die Bildzeugnisse aus einer oralen Kultur. In: Helmuth Roth (Hrsg.), Zum Problem der Deutung frühmittelalterlicher Bildinhalte (Sigmaringen 1986) S. 273-296.

Hauck 1998

Hauck, Karl: Der Kollierfund vom fünischen Gudme und das Mythenwissen skandinavischer Führungsschichten in der Mitte des Ersten Jahrtausends. In: Dieter Geuenich (Hrsg.), Die Franken und die Alemannen bis zur „Schlacht bei Zülpich" 496/97 (Reallexikon German. Altertumskunde Ergbd. 19 (Berlin, New York 1998) S. 489-544.

Hedeager 2005

Hedeager, Lotte: Animal Representations and Animal Iconography. In: Studien zur Sachsenforschung 15 (Oldenburg 2005) S. 231-245.

Heege 1987

Heege, Andreas: Grabfunde der Merowingerzeit aus Heidenheim-Großkuchen. Materialhefte Vor- u. Frühgeschichte Baden-Württemberg 9 (1987).

Heierling 1986

Heierling, Alfred: Die Geschichte von Sandhofen und Scharhof (Sandhofen 1986).

Heierling 1987

Heierling, Alfred: Das Dorf Schar und der Scharhof im Mittelalter (Sandhofen 1987).

Heinzelmann 1994

Heinzelmann, Martin: Gregor von Tours (538-594) „Zehn Bücher Geschichte" (Darmstadt 1994).

Henning 1991

Henning, Joachim: Schmiedegräber nördlich der Alpen. Germanisches Handwerk zwischen keltischer Tradition und römischem Einfluß. Saalburg Jahrbuch 46, 1991, S. 65-82.

Hessen 1982

v. Hessen, Otto: Anelli a Sigillo Longobardi con Ritratti Regali. Quaderni ticinesi di numismatica e antichità classiche 11, 1982, S. 305-310.

Hilberg 2005

Hilberg, Volker: Griesheim Grab 400. Die Bügelfibeln der jüngeren Merowingerzeit im Rhein-Main-Gebiet. In: Reliquiae Gentium – Teil 1. Festschrift für Horst Wolfgang Böhme. Internationale Archäologie. Studia honoraria 23 (Rahden/Westf. 2005) S. 195-222.

Hinz 1969

Hinz, Hermann: Das fränkische Gräberfeld von Eick, Gemeinde Rheinkamp, Kreis Moers. German. Denkmäler Völkerwanderungszeit B 4 (1969).

Hoeper 1999

Hoeper, Michael: Kochkessel – Opfergabe – Urne – Grabbeigabe – Altmetall. Zur Funktion und Typologie der Westlandkessel auf dem Kontinent. In: S. Brather u.a. (Hrsg.), Archäologie als Sozialgeschichte. Festschr. Heiko Steuer. Internat. Arch. Studia honoraria 9 (Rahden/Westf. 1999) S. 213–218.

Hoeper 2001

Hoeper, Michael: Alamannische Siedlungsgeschichte im Breisgau. Zur Entwicklung von Besiedlungsstrukturen im frühen Mittelalter. Freiburger Beiträge zur Archäologie und Geschichte des ersten Jahrtausends (Rahden/Westf. 2001).

Hofer 1996

Hofer, Norbert: Bewaffnung und Kriegstechnologie der Awaren. In: Falko Daim (Hrsg.) Reitervölker aus dem Osten. Burgenländische Landesausstellung Schloß Halbturn (Bad Vöslau 1996) S. 351-353.

Høilund Nielsen 1997

Høilund Nielsen, Karen: ...Writhe-Hilted and Serpent-Marked... In: Art and Symbolism in Medieval Europe. Papers Medieval Europe Brugge 1997 Conference 5 (Zellik 1997) S. 83-94.

Høilund Nielsen 1998

Høilund Nielsen, Karen: Animal Style – A Symbol og Might and Myth. Salin's Style II in a European Context. Acta Archaeologica (Kopenhagen) 69, 1998, S. 1-52.

Høilund Nielsen 2002

Høilund Nielsen, Karen: Ulv, hest og drage. Ikonografisk analyse of dyrene i stil II-III (Aarhus 2002).

Holtzmann 1962

Holtzmann, Robert: Die Italienpolitik der Merowinger und des Königs Pippin (Darmstadt 1962).

Hübner 1969

Hübner, Wolfgang: Absatzgebiete frühgeschichtlicher Töpfereien in der Zone nördlich der Alpen. Antiquitas 3,6 (Bonn 1969).

Jansen 2002

Jansen, Michaela: Linksrheinische Elemente in einer Gräbergruppe im Gewann „Weckersgraben" in Buggingen, Kreis Breisgau-Hochschwarzwald – Hinweise auf fränkische Herrschaftssicherung? In: Regio Archaeologica. Festschrift für Gerhard Fingerlin. Internationale Archäologie Studia honoraria 18 (Rahden/Westf. 2002) S. 217-229.

Janssen 1989

Janssen, Walter: Reiten und Fahren in der Merowingerzeit. In: Herbert Jankuhn u.a. (Hrsg.), Untersuchungen zu Handel und Verkehr der vor- und frühgeschichtlichen Zeit in Mittel- und Nordeuropa Teil V. Der Verkehr. Verkehrswege, Verkehrsmittel, Organisation (Göttingen 1989) S. 174-228.

Joffroy 1974

Joffroy, René: Le cimetière de Lavoye (1974).

Keller 1976

Keller, Hagen: Fränkische Herrschaft und alamannisches Herzogtum im 6. und 7. Jahrhundert. Zeitschr. Gesch. Oberrhein 124 (N.F. 85), 1976, S. 1 ff.

Kessler 2001

Kessler, Oliver: Der spätantik-frühmittelalterliche Handel zwischen Europa und Asien und die Bedeutung des Almandins als Fernhandelsgut. In: Archäologisches Zellwerk. Festschrift für Helmut Roth zum 60. Geburtstag (Rahden/Westf. 2001) S. 113-128.

Kessler 2002

Kessler, Hansjürgen: Lorsch, Dornheim – und Käfertal? Mannheimer Geschichtsblätter NF 9, 2002, S. 65-76

Klein-Pfeuffer 1993

Klein-Pfeuffer, Margarete: Merowingerzeitliche Fibeln und Anhänger aus Preßblech. Marburger Studien zur Vor- und Frühgeschichte 14 (Marburg 1993).

Klenk 1982

Klenk, Robert: Früh- und hochmittelalterliche Grä-

ber von Kudyrge im Altai. AVA Materialien 3 (München 1982).

Kluge 1997

Kluge, Bernd: Münzen der Merowingerzeit. In: Die Franken Les Francs (Mainz, 2. Auflage 1997) S. 1127-1139.

Knaut 1994

Knaut, Matthias: Goldblattkreuze und andere Kreuzzeichen. Gedanken zu einer süddeutsch-italischen Beigabensitte. In: Festschrift für Otto-Herman Frey. Marburger Stud. Vor- und Frühgesch. 16 (Hitzeroth 1994) S. 317ff.

Knaut 2001

Knaut, Matthias: Merowingerzeitliche Feinwaagen. Neue Funde und Anregungen. In: Archäologisches Zellwerk. Festschrift für Helmut Roth. Studia honoraria 16 (Rahden/Westf. 2001) S. 405-416.

Knöchlein 1997

Knöchlein, Ronald: Das Reihengräberfeld von Waging am See. Schriftenreihe des Bajuwarenmuseums 1 (Waging am See 1996).

Koch A. 1998

Koch, Alexander, Bügelfibeln der Merowingerzeit im westlichen Frankenreich. RGZM Monographien 41 (Mainz 1998).

Koch R. 1967

Koch, Robert: Bodenfunde der Völkerwanderungszeit aus dem Main-Tauber-Gebiet. German. Denkmäler Völkerwanderungszeit A 8 (Berlin 1967).

Koch R. 1969

Koch, Robert: Katalog Esslingen Die vor und frühgeschichtlichen Funde im Heimatmuseum. Teil II: Die merowingischen Funde (Stuttgart 1969).

Koch R. 1971

Koch, Robert: Die merowingerzeitlichen Grabfunde aus St. Martin zu Kirchheim unter Teck (Kr. Nürtingen). Fundberichte Schwaben N.F. 19, 1971, S. 309-337.

Koch R. 1973

Koch, Robert: Absatzgebiete merowingerzeitlicher Töpfereien des nördlichen Neckargebietes. Jahrbuch Historischer Verein Heilbronn 27, 1973, S. 31 ff.

Koch 1973

Koch, Ursula: Grabräuber als Zeugen frühen Christentums. Archäologische Nachrichten aus Baden 11, 1973, S. 22 ff.

Koch 1977

Koch, Ursula: Das Reihengräberfeld bei Schretzheim. Germanische Denkmäler der Völkerwanderungszeit A 13 (Berlin 1977) Teil 1 Text, Teil 2 Katalog u. Tafeln.

Koch 1982

Koch, Ursula: Die fränkischen Gräberfelder von Bargen und Berghausen in Nordbaden. Forschungen und Berichte zur Vor- u. Frühgeschichte in Baden-Württemberg 12 (Stuttgart 1982).

Koch 1990

Koch, Ursula: Das fränkische Gräberfeld von Klepsau, Hohenlohe-Kreis. Forschungen und Berichte zur Vor- u. Frühgeschichte in Baden-Württemberg 38 (Stuttgart 1990).

Koch 1993

Koch, Ursula: Drei Langsaxe aus Ostbayern. Festschrift Armin Stroh. Bericht der Bayerischen Bodendenkmalpflege 34/35, 1993/94, 181-201.

Koch 1997a

Koch, Ursula: Besiegt, beraubt, vertrieben. Die Folgen der Niederlagen von 496/497 und 506. In: Die Alamannen (Suttgart 1997) S. 191-201.

Koch 1997b

Koch, Ursula: Der Ritt in die Ferne, Erfolgreiche Kriegszüge ins Langobardenreich. In: Die Alamannen (Suttgart 1997) S. 403-415.

Koch 1998

Koch, Ursula in: Reallexikon der Germanischen Alterumskunde² 12 (Berlin New York 1998) S. 153-166. s.v. Glas §§ 5-6 Merowinger-/Karolingerzeit.

Koch 1998a

Koch, Ursula: Fernbeziehungen im Spiegel merowingerzeitlicher Grabfunde – Wer waren die Kontaktpersonen? In: Arch. Nachrichtenbl. 3, 1998, S. 107-117.

Koch 1999

Koch, Ursula: Nordeuropäisches Fundmaterial in Gräbern Süddeutschlands rechts des Rheins. In: Völker an Nord- und Ostsee und die Franken (Bonn 1999) S. 175-194.

Koch 2000

Koch, Ursula: Der Beginn fränkischer Besiedlung im Rhein-Neckar-Raum - Gräber von Mannheim-Vogelstang und Mannheim-Straßenheim. Mannheimer Geschichtsblätter Neue Folge 7, 2000, S. 57-106.

Koch 2001

Koch, Ursula: Das alamannisch-fränkische Gräberfeld bei Pleidelsheim, Kr. Ludwigsburg. Forschungen und Berichte zur Vor- und Frühgeschichte in Baden-Württemberg 60 (Stuttgart 2001).

Koch 2004

Koch, Ursula: Das merowingerzeitliche Gräberfeld im Hermsheimer Bösfeld, Mannheim-Seckenheim. Arch. Ausgr. Baden-Württemberg 2003 (Stuttgart 2004) S. 155-157.

Koch 2004a

Koch, Ursula: Polyethnische Gefolgschaften in Schretzheim – die Abhängigkeit der Interpretation vom Chronologiemodell. Archäologisches Korrespondenzblatt 34, 2004, H. 4, S. 559-570.

Koch 2005

Koch, Ursula: Frauen in verantwortungsvoller Position: drei Frauen – zwei Gräber von Mannheim-Vogelstang. In: Reliquiae Gentium – Teil 1. Festschrift für Horst Wolfgang Böhme. Internationale Archäologie. Studia honoraria 23 (Rahden/Westf. 2005) S. 263-272.

Koch/Wirth 2005

Koch, Ursula/Wirth, Klaus: Gefolgschaftskrieger des fränkischen Königs – das Gräberfeld auf dem Hermsheimer Bösfeld in Mannheim-Seckenheim. Arch. Ausgr. Baden-Württemberg 2004 (Stuttgart 2005) S. 199-202.

Kraft 1932

Kraft, Georg: Der Alamannenfriedhof von Lörrach-Stetten. Bad. Fundber. 2, 1929-1932, S. 21-39.

Kraft 1979

Kraft, Hans-Peter: Frühe christliche Darstellungen auf fränkischen Bronzen. Archäologische Nachrichten Baden Heft 22, 1979, S. 51-55.

Krohn 2002

Krohn, Niklot: Memoria, fanum und Friedhofskapelle. Zur archäologischen und religionsgeschichtlichen Interpretation von Holzpfostenkonstruktionen auf frühmittelalterlichen Bestattungsplätzen. In: Regio Archaeologica. Festschrift für Gerhard Fingerlin. Internationale Archäologie Studia honoraria 18 (Rahden/Westf. 2002) S. 311-335.

Kühn 1939

Kühn, Herbert: Die großen Adlerfibeln der Völkerwanderungszeit. Ipek 1939-1940, S. 126-145.

Kühn 1940

Kühn, Herbert: Die germanischen Bügelfibeln der Völkerwanderungszeit in der Rheinprovinz (Bonn 1940).

Kühn 1974

Kühn, Herbert: Die germanischen Bügelfibeln der Völkerwanderungszeit in Süddeutschland. (Graz 1974).

Kyll 1972

Kyll, Nicholaus: Tod, Grab, Begräbnisplatz, Totenfeier. Rheinisches Archiv 81 (Bonn 1972).

Legoux 2005

Legoux, René: La Nécropole Mérovingienne de Cutry, Meurthe-et-Moselle (Saint-Germain-en-Laye 2005).

Leicht 2002

Leicht, Jakob: Die spätkaiserzeitlichen Kammergräber. In: Burzler, Anke u.a., Das Frühmittelalterliche Schleitheim – Siedlung, Gräberfeld und Kirche (Schaffhausen 2002) S. 79-121.

Lennartz 2001

Lennartz, Annette: Die Rolle Ägyptens im mediterranen Fernhandel vom Ende des 6. Jahrhunderts bis zu seiner arabischen Eroberung. In: Archäologisches Zellwerk. Festschrift für Helmut Roth zum 60.Geburtstag (Rahden/Westf. 2001) S. 267-280.

Lindenschmit 1848

Lindenschmit, Wilhelm und Ludwig: Das germanische Todtenlager bei Selzen. (Mainz 1848, Nachdruck Mainz 1969).

Lindenschmit 1889

Lindenschmit, Ludwig: Die Alterthümer der merowingischen Zeit. Handbuch der deutschen Alterthumskunde erster Theil (Braunschweig 1880-1889).

Lindner 1972

Lindner Klaus: Untersuchungen zur Frühgeschichte des Bistums Würzburg und des Würzburger Raumes. Veröff. Max-Planck-Inst. Gesch. 35 (Göttingen 1972).

Lohrke 2004

Lohrke, Brigitte: Kinder in der Merowingerzeit. Gräber von Mädchen und Jungen in der Alamannia. Freiburger Beiträge zur Archäologie und Geschichte des ersten Jahrtausends (Rahden/Westf. 2004).

Longobardi 1990

Ausstellungskatalog Cividale del Friuli: I Longobardi (Milano 1990).

Lorenz 1999

Lorenz, Sönke: Die Alamannen auf dem Weg zum Christentum Zeugnisse eines kulturellen Umbruchs. In: S. Lorenz/B. Scholkmann u.a. (Hrsg.), Die Alamannen und das Christentum (Leinfelden-Echterdingen 1999).

Losert 2003

Losert, Hans: Das frühmittelalterliche Gräberfeld von Altenerding in Oberbayern und die «Ethnogenese» der Bajuwaren. = Hans Losert und Andrej Pleterski: Altenerding in Oberbayern. Struktur des frühmittelalterlichen Gräberfeldes und «Ethogenese» der Bajuwaren (Berlin Bamberg Ljubljana 2003) Teil I.

Löwe 1973

Löwe Heinz: Deutschland im fränkischen Reich. Gebhardt Handbuch der deutschen Geschichte 2. dtv Wissenschaftliche Reihe (München 1973).

Ludwig 1943

Ludwig, F.A.: Die Wüstungen in Nordbaden. (Masch.Schr.) Phil. Diss. Heidelberg (1943).

Lutz 1991

Lutz, Dietrich Lutz: Eine abgegangene Siedlung bei Mannheim-Wallstadt. Arch. Ausgrabungen Baden-Württemberg 1990 (Stuttgart 1991) S. 228-232.

Marti 1990

Marti, Reto: Das frühmittelalterliche Gräberfeld von Saint-Sulpice VD (Lausanne 1990).

Martin 1990

Martin, Max: Bemerkungen zur Ausstattung der Frauengräber und zur Interpretation der Doppelgräber und Nachbestattungen im frühen Mittelalter. In: Werner Affeldt (Hrsg.), Frauen in Spätantike und Frühmittelalter (Sigmaringen 1990) S. 99-103.

Martin 1991

Martin Max: Tradition und Wandel der fibelgeschmückten frühmittelalterlichen Frauenkleidung. Jahrb. RGZM 38, 1991, S. 629-646.

Martin 1991a

Martin, Max: Zur frühmittelalterlichen Gürteltracht der Frau in der Burgundia, Francia und Aquitania. In: L'Art des Invasions en Hongrie et en Wallonie. Actes du colloque tenue au Musée royal de Mariemont 1979 (Mariemont 1991) S. 31-82.

Martin 1993

Martin, Max: Observations sur l'armement de l'époque mérovingienne précoce. In: L'Armée Romaine et les Barbares du IIIe au VIIe siècle (Paris 1993) S. 395-409.

Martin 2000

Martin, Max: Mit Sax und Gürtel ausgestattete Männergräber des 6. Jahrhunderts in der Nekropole von Kranj (Slowenien). In: Rajko Bratoz (Hrsg.), Slowenien und die Nachbarländer zwischen Antike und karolingischer Epoche. Anfänge der slowenischen Ethnogenese (Ljubljana 2000) S. 141-196.

Martin 2004

Martin, Max: Childerichs Denare – Zum Rückstrom römischer Silbermünzen ins Merowingerreich. In: Herwig Friesinger/Alois Stuppner (Hrsg.), Zentrum und Peripherie – Gesellschaftliche Phänomene in der Frühgeschichte. Materialien des 13. Internationalen Symposiums „Grundprobleme der frühgeschichtlichen Entwicklung im mittleren Donauraum. Zwettl 2000 (Wien 2004) S. 241-278.

Martin 2005

Martin, Max: Thüringer in Schretzheim. Reliquiae Gentium – Teil 1. Festschrift für Horst Wolfgang Böhme. Internationale Archäologie. Studia honoraria 23 (Rahden/Westf. 2005) S. 285-302.

Martin-Kilcher 1976

Martin-Kilcher, Stefanie: Das römische Gräberfeld von Courroux im Berner Jura. Basler Beiträge zur Vor- und Frühgeschichte 2 (Basel 1976).

Martinez Santa-Olalla 1936

Martínez Santa-Olalla, Julio: Westgotische Adlerfibeln aus Spanien. Germania 20, 1936, S.47-52.

Maul 2002

Maul, Birgit: Frühmittelalterliche Gläser des 5.-7. Jahrhunderts n. Chr. Sturzbecher, glockenförmige Becher, Tummler und Glockentummler. Universitätsforschungen zur Prähistorischen Archäologie 84 (Bonn 2002).

Maurer 1907

Heinrich Maurer, Alte Neckarläufe und das römische Kastell bei Mannheim. Mannheimer Geschbl. 8, 1907, S. 77-81.

Menghin 1983

Menghin, Wilfried: Das Schwert im frühen Mittelalter. Wiss. Beibd. Anzeiger German. Nationalmuseum 1 (Stuttgart 1983).

Muhl 1994

Muhl, Arnold: Ornamentik und Bildprogramm merowingerzeitlicher Tauschierungen. In: Wilfried Menghin (Hrsg.), Tauschierarbeiten der Merowingerzeit. Bestandskatalog 2 (Berlin 1994) S. 33-71.

Müller-Wille 1996

Müller-Wille, Michael: Königtum und Adel im Spiegel der Grabfunde. In: Franken 1996, S. 206-221.

Müssemeier u.a. 2003

Müssemeier Ulrike/Elke Nieveler, Ruth Plum/Heike Pöppelmann: Chronologie der merowingerzeitlichen Grabfunde vom linken Niederrhein bis zur nördlichen Eifel. Materialien zur Bodendenkmalpflege im Rheinland 15 (Bonn 2003).

Myres 1977

Myres, J.N.L.: A Corpus of Anglo-Saxon Pottery of the Pagan Period (Cambridge 1977).

Nagy 2002

Nagy, Margit: Synkretistische Elemente in der frühawarenzeitlichen Ornamentik. Zur Frage der awarenzeitlichen Variante des Motivs „Maske bzw. Menschengesicht zwischen zwei Tieren". Zalai Múzeum 11, 2002, S. 153-178.

Nawroth 2001

Nawroth, Manfred: Das Gräberfeld von Pfahlheim. Wiss. Beibände zum Anzeiger German. Nationalmuseum 19 (Nürnberg 2001).

Nehlsen, Hermann: Der Grabfrevel in den germanischen Rechtsaufzeichnungen. Zum Grabfrevel in vor- und frühgeschichtlicher Zeit. Abhandl. Akad. Wiss. Göttingen Phil.-Hist. Kl. 3:113 (1978) S. 107-168.

Neuffer-Müller/Ament 1973

Neuffer-Müller, Christiane/Hermann Ament: Das fränkische Gräberfeld von Rübenach, Stadt Koblenz. Germ. Denkmäler Völkerwanderungszeit B7 (Berlin 1973).

Oexle 1984

Oexle, Judith: Merowingerzeitliche Pferdebestattungen – Opfer oder Beigaben? Frühmittelalterliche Studien 18, 1984, S. 122-172.

Oexle 1992

Oexle, Judith: Studien zu merowingerzeitlichem Pferdegeschirr am Beispiel der Trensen. Germanische Denkmäler der Völkerwanderungszeit A 16 (Mainz 1992).

Päffgen 1992

Päffgen, Bernd: Die Ausgrabungen in St. Severin zu Köln. Kölner Forschungen Band 5 (Mainz 1992).

Partheil 2005

Partheil, Svenja: Anthropologische Untersuchung der menschlichen Skelettfunde aus dem Merowinger Gräberfeld Mannheim-Sandhofen, Baden-Württemberg. Diplom-Arbeit Gießen 2005.

Passard/Urlacher 2003

Passard, Françoise/Jean-Pierre Urlacher: Architectures Funéraires de la nécropole de Saint-Vit (Doubs). Des Significations sociales et Culturelles? In: Burgondes, Alamans et Romains. Actes des XXIe Journées Internationales d'Archéologie Mérovingienne Besançon 2000 (2003).

Pause 1996

Pause, Carl: Merowingerzeitliche Millefioriglasperlen. Bemerkungen zur Herstellung und Herkunft der Perlen. Das Rheinische Landesmuseum (Bonn 1996) S. 63-65.

Périn 1968

Périn, Patrick: Le cimetière mérovingien de l'hôpital de Mézières. Études Ardennaises 55, 1968, S. 7 ff.

Périn 1998

Périn, Patrick: La progression des Francs en Gaule du Nord au Ve siècle. Histoire et archéologie. In: Dieter Geuenich (Hrsg.), Die Franken und die Alemannen bis zur „Schlacht bei Zülpich". Ergbd. RGA 19 (Berlin, New York 1998) S. 59-81.

Périn 2001

Périn, Patrick: L'applique de Limons (Puy-de-Dôme): Un chef d'oeuvre de l'Art mérovingien. In: Archäologisches Zellwerk. Festschrift für Helmut Roth (Rahden/Westf. 2001) S. 375-385.

Pesch 2002

Pesch, Alexandra in: Reallexikon Germanische Altertumskunde² 22 (Berlin 2002) S. 136-137. s.v. Orakel. § 3. Tiermantik.

Pesch 2003

Pesch, Alexandra: Bildkopie als Ausdruck weltanschaulicher Überzeugung. In: Paganisme et Christianisme en Europe de l'Ouest et du Nord. Résumés des Communications. 54e Sachsensymposium (Saint-Germain-en-Laye 6-10 septembre 2003) S. 53.

Pescheck 1970

Pescheck, Christian: Holzkästchen aus dem Germanenfriedhof Altendorf. 106. Ber. Hist. Ver. Bamberg 1970, S. 5-11.

Pescheck 1996

Pescheck, Christian: Das fränkische Reihengräberfeld von Kleinlangheim, Lkr. Kitzingen/Nordbayern. German. Denkmäler Völkerwanderungszeit A 17 (Mainz 1996).

Petitjean 1995

Petitjean, Michel: Les peignes en os à l'époque mérovingienne. Evolution depuis l'antiquité tradive. Antiquités Nationales 27, 1995.

Picardie 1986

Catalogue de l'exposition: La Picardie, berceau de la France. Clovis et les derniers Romains. 1500ème anniversaire de la bataille de Soissons 486-1986 (Soissons 1986).

Pieta 2002

Pieta, Karol: Neue Erkenntnisse zum Grab von Sikenica-Veľký Pesek. In: J. Tejral (Hrsg.), Probleme der frühen Merowingerzeit im Mitteldonauraum (Brno 2002) S. 237-245.

Pilet 1980

Pilet, Christian: La Nécropole de Frénouville. BAR Internat. Ser. 83 (1980).

Pilet 1994

Pilet, Christian: La nécropole de Saint-Martin-de-Fontenay. 42 supplément à Gallia (Paris 1994).

Pilet u.a. 1990

Pilet, Christian u.a.: Les nécropoles de Giberville (Calvados). Fin du Ve siècle - fin du VIIe siècle après J.-C. Arch. Médiévale 20, 1990, S. 4 ff.

Pilet u.a. 1992

Pilet, Christian/Armelle Alduc-Le Bagousse/Joël Blondiaux/Luc Buchet/Jacqueline Pilet-Lemière: Le village de Sannerville, «Lirose» Fin de la période gauloise au VIIe siècle ap. J.-C. Archéologie Médiévale 22, 1992, S. 1-189.

Piton, Daniel: La Nécropole de Nouvion-en-Ponthieu. Dossiers Arch. Hist. Culturels du Nord et du Pas-de-Calais 20 (Berck-sur-Mer 1985).

Plumier 1997

Plumier, Jean/Sophie Plumier-Torfs: Namur. L'artisanat mérovingienne au «Grognon». In: Le Patrimoine archéologique de Wallonie. (Namur 1997) S. 422-424.

Pohl 1996

Pohl, Walter: Geschichte der Awaren. In: Falko Daim (Hrsg.) Reitervölker aus dem Osten. Burgenländische Landesausstellung Schloß Halbturn (Bad Vöslau 1996) S. 197-199.

Polenz 1988

Polenz, Helga: Katalog der merowingerzeitlichen Funde in der Pfalz. German. Denkmäler Völkerwanderungszeit B 12 (Stuttgart 1988).

Prinz 1965

Prinz, Friedrich: Frühes Mönchtum im Frankenreich (München – Wien 1965).

Probst 1981

Probst, Hansjörg: Seckenheim. Geschichte eines kurpfälzer Dorfes (Mannheim 1981).

Quast 1993

Quast, Dieter: Das hölzerne Sattelgestell aus Oberflacht Grab 211 – Bemerkungen zu merowingerzeitlichen Sätteln. Fundber. Baden-Württemberg 18, 1993, S. 437-464.

Quast 1995

Quast, Dieter: Bemerkungen zum merowingerzeitlichen Gräberfeld bei Fridingen an der Donau, Kreis Tuttlingen. Fundber. Baden-Württemberg 20, 1995, S. 803-836.

Quast 1996

Quast, Dieter: Ein byzantinischer Gürtelbeschlag der Zeit um 500 aus Weingarten (Lkr. Ravensburg) Grab 189. Fundber. Baden-Württemberg 21, 1996, S. 527-539.

Quast 1996a

Quast, Dieter: Schmuckstein- und Glasschnallen des 5. und frühen 6. Jahrhunderts aus dem östlichen Mittelmeergebiet und dem Sassanidenreich. Arch. Korrbl. 26, 1996, S. 333-345.

Quast 1999

Quast, Dieter: Cloisonnierte Scheibenfibeln aus Achmim-Panopolis (Ägypten). Arch. Korrbl. 29, 1999, S. 111-124.

Quast/Schüssler 2000

Quast Dieter/Ulrich Schüssler: Mineralogische Untersuchungen zur Herkunft der Granate merowingerzeitlicher Cloisonnéarbeiten. Germania 78, 2000, S. 75-96.

Quellen III

Quellen zur Geschichte der Alamannen von Marius von Avenches bis Paulus Diaconus. Übersetzt von C. Dirlmeier, durchgesehen und mit Anmerkungen versehen von K. Sprigade. (Heidelberg/Sigmaringen 1979).

Renner 1970

Renner, Dorothea: Die durchbrochenen Zierscheiben der Merowingerzeit. RGZM Kataloge vor- und frühgeschichtlicher Altertümer 18 (Mainz 1970).

Rettner 1992

Rettner, Arno: Grabhäuser – Ausdrucksform christlicher Glaubensvorstellungen? In: Lenssen, Jürgen/Ludwig Wamser (Hrsg.), 1250 Jahre Bistum Würzburg. Archäologisch-historische Zeugnisse der Frühzeit (Würzburg 1992) S. 103-110.

Rettner 1997

Rettner Arno: Sporen der Älteren Merowingerzeit. Germania 75, 1997, S. 133-157.

Rettner 1998

Rettner, Arno: Thüringisches und Fränkisches in

Zeuzleben. Acta Praehist. et Arch. 30, 1998, S. 113-125.

Ripoll-Lopez 1985

Ripoll-Lopez, Gisela: Materiales Funerarios de la Hispania Visigoda: Problemas de Croniologia y Tipologia. In: Patrick Périn (Hrsg.) Gallo-Romains, Wisigoths et Francs en Aquitaine, Septimanie et Espagne. Actes des VIIe Journées internationales d'Arch. mérovingienne Toulouse 1985 (Rouen 1991) S. 111 ff.

Rodríguez Martín u.a. 2000

Rodríguez Martín, Francisco Germán/Jorge L. Quiroga/Mónica R. Lovelle/Antonel Jepure: Fíbula Aquiliforme tipo „cloisonné" de la Villa Romana de Torre Águila, Barbaño (Badajoz). Madrider Mitteilungen 41, 2000, S. 395-409.

Rösener 2006

Rösener, Werner: Vom Sklaven zum Bauern. Zur Stellung der Hörigen in der frühmittelalterlichen Grundherrschaft. In: Brigitte Kasten (Hrsg.), Tätigkeitsfelder und Erfahrungshorizonte des ländlichen Menschen in der frühmittelalterlichen Grundherrschaft (bis ca. 1000). Festschrift für Dieter Hägermann zum 65. Geburtstag. VSWG-Beiheft 184, 2006, S. 71-89.

Rösing 1975

Rösing, Friedrich W.: Die fränkische Bevölkerung von Mannheim-Vogelstang (6.-7. Jh.) und die merowingerzeitlichen Germanengruppen Europas (Dissertationsdruck Hamburg 1975).

Roosens 1983

Roosens, Heli: Merovingische Zwaardriemen van Anderlecht. Archaeologie Belgica 256 (Bruxelles 1983).

Ross 1961

Ross, Marvin Chauncey: Arts of the Migration Period in the Walters Art Gallery (Baltimore 1961).

Roth 1986

Roth, Helmut: Stil II – Deutungsprobleme. Skizzen zu Pferdemotiven und zur Motivkoppelung. In: Helmuth Roth (Hrsg.), Zum Problem der Deutung frühmittelalterlicher Bildinhalte (Sigmaringen 1986) S. 111-128.

Roth 1990

Roth, Helmut: Kleine cloisonnierte Adlerfibeln. Bemerkungen zu den frühmittelalterlichen Gräbern 473, 736, 769 von Weingarten, Kr. Ravensburg. In: F.M. Andraschko/W.-R. Teegen (Hrsg.), Gedenkschrift für Jürgen Driehaus (Mainz 1990) S. 267 ff.

Roth/Theune 1995

Roth, Helmut/Claudia Theune: Das frühmittelalterliche Gräberfeld Weingarten I (Stuttgart 1995).

Roth/Wamers 1984
Roth, Helmut/Egon Wamers (Hrsg.): Hessen im Frühmittelalter. Archäologie und Kunst (Sigmaringen 1984).

Roth 1982
Roth, Helmut: Ein Reihengräberfeld bei Fellbach-Schmiden, Rems-Murr-Kreis. Fundber. Baden-Württ. 7, 1982, S. 491ff.

Sablerolles u.a. 1997
Sablerolles Yvette/Julian Henderson/Wim Dijkman: Early medieval glass bead making in Maastricht (Jodenstraat 30), The Netherlands. An archaeological scientificic investigation. In: Uta von Freeden/Alfried Wieczorek: Perlen. Archäologie, Techniken, Analysen. Kolloquien zur Vor-u. Frühgeschichte 1 (Bonn 1997) S. 293-313.

Sage 1984
Sage, Walter: Das Reihengräberfeld von Altenerding in Oberbayern. German. Denkmäler Völkerwanderungszeit A 14 (Berlin 1984):

Salin 1922
Salin, Édouard, Le cimetière barbare de Lezéville (Strasbourg 1922).

Salin 1935
Salin, Bernhard, Die Altgermanische Thierornamentik, aus dem schwedischen Manuskript übersetzt von **J. Mestorf.** (2. Aufl. Stockholm 1935).

Schaab, Meinrad: Grundherrschaft. In: Die Stadt und Landkreise Heidelberg und Mannheim I (1966) S. 250 ff.

Schach-Dörges 2004
Schach-Dörges, Helga: Das frühmittelalterliche Gräberfeld bei Aldingen am mittleren Neckar. Materialhefte zur Archäologie in Baden-Württemberg 74 (2004).

Schäfer 2005
Schäfer, Michael: Ein Gräberfeld der Merowingerzeit bei Bad Mingolsheim, Gemeinde Bad Schönborn, Landkreis Karlsruhe. Fundberichte Baden-Württemberg 28/1, 2005, S. 319-546.

Schellhas 1994
Schellhas, Uwe: Amulettkapsel und Brustschmuck – Neue Beobachtungen zur rheinischen Frauenkleidung des 7. Jahrhunderts. Mainzer Zeitschr. 1, 1994, S. 73-155.

Schlemmer 2004
Schlemmer, Patricia: Der Bügelsporn der jüngeren Merowingerzeit. Überlegungen zu seiner Herkunft und zur Sitte der Sporenbeigabe auf alamannischem und bajuwarischem Stammesgebiet. In: Hüben und Drüben. Räume und Grenzen in der Archäologie des Frühmittelalters. Festschrift für Max Martin. Archäologie und Museum Bd. 48 (Liestal 2004) S. 91-109.

Schmidt 1961
Schmidt, Berthold: Die späte Völkerwanderungszeit in Mitteldeutschland. Veröffentl. Landesmus. Vorgesch. Halle 18 (Halle 1961).

Schmidt 1970
Schmidt, Berthold: Die späte Völkerwanderungszeit in Mitteldeutschland. Katalog Südteil. Veröffentl. Landesmus. Vorgesch. Halle 25 (Berlin 1970).

Schmidt 1973
Schmidt, Berthold: Kunst und Metallwerkstätten bei den Thüringern der Völkerwanderungszeit. Early Medieval Studies Antikvariskt Arkiv 54, 1973, S. 25-46.

Schmidt 1997
Schmidt, Berthold: Thüringische Einflüsse in Niedersachsen während des 5./6. Jahrhunderts n.Chr. – Issendorf, Ldkr. Stade, Grab 3575. In: Studien zur Sachsenforschung 10, 1997, S. 241-251.

Schneider 1983
Schneider, Johannes: Deersheim. Ein völkerwanderungszeitliches Gräberfeld im Nordharzvorland. Jahresschrift Halle 66, 1983, S. 75-358.

Schnurbein 1974
von Schnurbein, Siegmar: Zum Ango. In: Studien zur Vor- und Frühgeschichte. Festschrift Joachim Werner (München 1974) S. 411-433.

Scholz 2002
Scholz, Ulrike: Steinplattengräber im bayerischen Raum. Archäologisch-historische Studie zu einem frühmittelalterlichen Grabtypus. (Bonn 2002).

Schulze 1984
Schulze, H.K.: Ostfranken und Alemannien in der Politik des fränkischen Reiches. In: Alemannien und Ostfranken. Veröff. Alemann. Inst. Freiburg 48 (Freiburg 1984) S. 13 ff.

Schulze 1984
Schulze, Mechthild: Frühmittelalterliche Kettenohrringe. Arch. Korrespondenzbl. 14, 1984, S. 325-335.

Schulze-Dörrlamm 2002

Schulze-Dörrlamm, Mechthild: Byzantinische Gürtelschnallen und Gürtelbeschläge im Römisch-Germanischen Zentralmuseum Teil I (Mainz 2002).

Schumacher 1925

Schumacher, Karl: Siedlungs- und Kulturgeschichte der Rheinlande von der Urzeit bis in das Mittelalter III Band: Die merowingische und karolingische Zeit (Mainz 1925).

Schwarz 2004

Schwarz, Wolfgang: „Civezzano" – und kein Ende? Bemerkungen zu Herkunft, Zeitstellung und Verbreitung tauschierter Spathagurte der jüngeren Merowingerzeit. In: Hüben und Drüben – Räume und Grenzen in der Archäologie des Frühmittelalters. Festschrift Max Martin. Archäologie und Museum Band 48 (Liestal 2004) S. 63-90.

Scull 1990

Scull, Christopher: Scales and Weights in Early anglo-Saxon England. Archaeol. J. 147, 1990, S. 183-215.

Scuvée 1973

Scuvée, Frédéric: Le cimetière barbare de Réville (Manche). Fouilles 1959-1966. (Caen 1973).

Siegmund 1996

Siegmund, Frank: Kleidung und Bewaffnung der Männer im östlichen Frankenreich. In: Franken 1996, S. 691-706.

Siegmund 1998

Siegmund, Frank: Merowingerzeit am Niederrhein. Die frühmittelalterlichen Funde aus dem Regierungsbezirk Düsseldorf und aus dem Kreis Heinsberg. Rheinische Ausgrabungen 34 (Köln 1998).

Siegmund 2000

Siegmund, Frank: Alemannen und Franken. Ergänzungsbände zum Reallexikon der germanischen Altertumskunde 23 (Berlin 2000).

Siegmund/Weiss 1989

Siegmund, Frank/M. Weiss, Perlen aus Muschelscheibchen im merowingerzeitlichen Mitteleuropa. Arch. Korrbl. 19, 1989, S. 297-307

Sippel 1987

Sippel, Klaus: Ein merowingisches Kammergrab mit Pferdegeschirr aus Eschwege, Werra-Meißner-Kreis (Hessen). Germania 65, 1987, S. 135-158.

Sprandel 1957

Sprandel, Rolf: Der merowingische Adel und die Gebiete östlich des Rheins. Forschungen zur oberrheinischen Landesgeschichte 5 (Freiburg im Breisgau 1957).

Staab 1994

Staab, Franz: Zur Kontinuität zwischen Antike und Mittelalter am Oberrhein. Oberrheinische Studien 11 (Sigmaringen 1994) S. 117-152.

Stadt und Landkreis I

Die Stadt und Landkreise Heidelberg und Mannheim I (Mannheim 1966) S. 250 ff.

Stadt- und Landkreis III

Die Stadt- und die Landkreise Heidelberg und Mannheim. Amtliche Kreisbeschreibung Bd. III. Die Stadt Mannheim und die Gemeinden des Landkreises Mannheim (Karlsruhe 1970).

Stahl 1994

Stahl, Alan M.: Collections Numismatiques. Mérovingiens et Royaume Barbares (Paris 1994).

Steeger 1948

Steeger, Albert: Der fränkische Friedhof in Rill bei Xanten. Bonner Jahrb.148, 1948, S. 249-296.

Steidle 1989

Steidle, Hans: Die Entstehung der frühmittelalterlichen Gesellschaft in Ostfranken. Mainfränkische Studien 46 (Würzburg 1989).

Stein 1991

Stein, Frauke: Alamannische Siedlung und Kultur. Das Reihengräberfeld von Gammertingen (1991).

Steuer 1982

Steuer, Heiko: Frühgeschichtliche Sozialstrukturen in Mitteleuropa (Göttingen 1982).

Steuer 1983

Steuer, Heiko: Schlüsselpaare in frühgeschichtlichen Gräbern. – Zur Deutung einer Amulett-Beigabe. Studien zur Sachsenforschung 3 (Hildesheim 1983) S. 185ff.

Steuer 1987a

Steuer, Heiko: Herrschaft auf der Höhe. In: Die Alamannen (Stuttgart 1987) S. 149-162.

Steuer 1987b

Steuer, Heiko: Gewichtsgeldwirtschaften im frühgeschichtlichen Europa. Untersuchungen zu Handel und Verkehr der vor- und frühgeschichtlichen Zeit in Mittel- und Nordeuropa IV (1987) S. 405-523.

Steuer 1997

Steuer, Heiko: Handel und Fernbeziehungen. Tausch, Raub und Geschenk. In: Die Alamannen (Stuttgart

1997) S. 389-402.

Steuer 2004

Steuer, Heiko: Adelsgräber, Hofgrablegen und Grabraub um 700 im östlichen Merowingerreich – Widerspiegelung eines gesellschaftlichen Umbruchs. In: Der Südwesten im 8. Jahrhundert aus historischer und archäologischer Sicht. Archäologie und Geschichte 13 (Ostfildern 2004) S. 193-217.

Steuer 2006

Steuer, Heiko: Die Alamannia und die alamannische Besiedlung des rechtsrheinischen Hinterlands. In: Imperium Romanum. Römer, Christen, Alamannen – Die Spätantike am Oberrhein. (Karlsruhe 2006) S. 26-41.

Stoll 1939

Stoll, Hermann: Die Alamannengräber von Hailfingen in Württemberg. Germ. Denkmäler Völkerwanderungszeit 4 (Berlin 1939).

Stoll 1941

Stoll, Hermann: Das alamannische Gräberfeld von Grimmelshofen. Bad. Fundber. 17, 1941-47, 196-224

Stork 1997

Stork, Ingo: Friedhof und Dorf, Herrenhof und Adelsgrab. In: Die Alamannen (Stuttgart 1997) S. 290-310.

Svennung 1968

Svennung J.: Schweden und der Norden in alter Zeit nach den Berichten griechischer und lateinischer Schriftsteller. In: Sveagold und Wikingerschmuck (Mainz 1968) S. 1-13.

Svoboda 1965

Svoboda, Bedrich: Čechy v Době Stěhování národů. Böhmen in der Völkerwanderungszeit. Mon. Arch. 13 (Prag 1965).

Teichmann 2004

Teichmann, Mandy: Zahn- und Kieferbefunde an Schädeln aus dem merowingerzeitlichen Gräberfeld Mannheim-Sandhofen, Baden-Württemberg. Diplomarbeit Gießen 2004.

Tejral 1972

Tejral, Jaroslav: Mähren im 5. Jahrhundert. Sudie Archeologického Ústavu Českolslovensé Akademie věd v Brně 3 (Brno 1972).

Tejral 1988

Tejral, Jaroslav: Die Langobarden nördlich der mittleren Donau. In: Ralf Busch (Hrsg.), Die Langobarden. Von der Unterelbe nach Italien (Neumünster 1988) S. 39-53.

Tempelmann-Maczynska 1985

Tempelmann-Maczynska, Magdalena: Die Perlen der römischen Kaiserzeit und der frühen Phase der Völkerwanderungszeit im mittleren Barbaricum. Römisch-Germanische Forschungen 43 (1985).

Theune-Grosskopf 1997a

Theune-Grosskopf, Barbara: Die Kontrolle der Verkehrswege. Ein Schlüssel zur fränkischen Herrschaftssicherung. In: Die Alamannen (Stuttgart 1997) S. 237-242.

Theune-Grosskopf 1997

Theune-Grosskopf, Barbara: Der lange Weg zum Kirchhof. Wandel der germanischen Bestattungstradition. In: Die Alamannen (Stuttgart 1997) S. 471-480

Theune-Großkopf 2002

Theune-Großkopf, Barbara: Ein merowingerzeitlicher Kreuzanhänger von Neudingen, Schwarzwald-Baar-Kreis. Überlegungen zur Trageweise von Kreuzanhängern der jüngeren Merowingerzeit nördlich der Alpen. In: Regio Archaeologica. Festschrift Gerhard Fingerlin. Studia Honoraria 18 (Rahden/Westf. 2002) S. 257-268.

Thieme 1978

Thieme, Bettina: Filigranscheibenfibeln der Merowingerzeit aus Deutschland. Ber. RGK 59, 1978, S. 381-500.

Thiry 1939

Thiry, Gertrud: Die Vogelfibeln der Germanischen Völkerwanderungszeit. Rheinische Forsch. Vorgesch. 3 (Bonn 1939).

Timpel 1980

Timpel, Wolfgang: Das Altthüringische Wagengrab von Erfurt-Gispersleben. Alt-Thüringen 17, 1980. 181-238.

Timpel 1999

Timpel, Wolfgang: Thüringer. Ein bedeutendes Volk und Reich in Mitteleuropa. In: Dušek, Sigrid (Hrsg.): Ur- und Frühgeschichte Thüringens. Ergebnisse archäologischer Forschung in Text und Bild (Weimar/Stuttgart 1999) S. 143-166.

Van Es/Ypey 1977

Van Es, W.A./Jaap Ypey: Das Grab der „Prinzessin" von Zweeloo und seine Bedeutung im Rahmen des Gräberfeldes. Studien Sachsenforschung 1 (Hildesheim 1977) S. 97-126.

Vielitz 2003

Vielitz, Kathrin: Die Granatscheibenfibeln der Merowingerzeit. Europe médiévale 3 (Montagnac 2003).

Vogt 1930

Vogt, Emil: Das alamannische Gräberfeld am alten Gotterbarmweg in Basel. Anzeiger Schweiz. Altertumskunde 32, 1930, S. 10ff.

Wagner 1911

Wagner, Ernst: Fundstätten und Funde aus vorgeschichtlicher, römischer und alamannisch-fränkischer Zeit im Großherzogtum Baden 2 (Freiburg 1911).

Wamers 1986

Wamers, Egon: Schmuck des frühen Mittelalters im Frankfurter Museum für Vor- und Frühgeschichte (Frankfurt a. M. 1986).

Wamers 2003

Wamers, Egon: Io triumphe! Die Gebärde mit der ausgestreckten Hand in der germanischen Kunst. Runica – Germanica – Mediaevalia. RGA-Ergbd. 37, Berlin 2003, S. 905-931.

Wamser 1984

Wamser, Ludwig: Eine thüringisch-fränkische Adels- und Gefolgschaftsgrablege des 6./7. Jahrhunderts bei Zeuzleben. Wegweiser zu vor- und frühgeschichtlichen Stätten Mittelfrankens 5 (Würzburg 1984).

Wand 1982

Wand, Gabriele: Beobachtungen zu Bestattungssitten auf frühgeschichtlichen Gräberfeldern Westfalens. Studien zur Sachsenforschung 3 (Hildesheim 1982) S. 249-314.

Wedepohl 1998

Wedepohl, K.H. in: Reallexikon der Germanischen Alterumskunde² 12 (Berlin New York 1998) S. 142-143. s.v. Glas §2 Rohstoffe, Herstellung.

Weidemann 1982

Weidemann, Margarete: Kulturgeschichte der Merowingerzeit nach den Werken Gregors von Tours. Monographien RGZM 3 (Mainz 1982).

Wernard 1998

Wernard, Jo: „Hic scramasaxi loquuntur". Typologisch-chronologische Studie zum einschneidigen Schwert der Merowingerzeit. Germania 76, 1998, S. 747-787

Werner 1935

Werner, Joachim: Münzdatierte austrasische Grabfunde. German. Denkmäler Völkerwanderungszeit 3 (Berlin/Leipzig 1935).

Werner 1950

Werner, Joachim: Das alamannische Fürstengrab von Wittislingen. Münchner Beiträge zur Vor- und Frühgeschichte 2 (München 1950).

Werner 1951

Werner, Joachim: Ein langobardischer Schild von Ischl an der Alz- Bayer. Vorgschbl. 18/19, 1951, S. 45-58.

Werner 1953

Werner, Joachim: Zu fränkischen Schwertern des 5. Jahrhunderts (Oberlörick-Samson-Abingdon). Germania 31, 1953, S. 38-44.

Werner 1961

Werner, Joachim: Katalog der Sammlung Diergardt. Völkerwanderungszeitlicher Schmuck 1. Die Fibeln (Berlin 1961).

Werner 1962

Werner, Joachim: Die Langobarden in Pannonien. Beiträge zur Kenntnis der langobardischen Bodenfunde vor 568. Abhandl. Bayer. Akad. Wiss. Phil.-Hist. Kl. N.F. 55 (München 1962).

Werner 1988

Werner, Joachim: Adelsgräber von Niedersotzingen bei Ulm und von Bkchondong in Südkorea. Bayer. Akad. Wiss. Phil.-Hist. Kl. NF. 100 (München 1988).

Wieczorek 1989

Wieczorek, Alfried, Mitteldeutsche Siedler bei der fränkischen Landnahme in Rheinhessen. Eine Untersuchung zur handgeformten Keramik. In: Das Dorf am Mittelrhein. Fünftes Alzeyer Kolloquium. (Stuttgart 1989) S. 11-101.

Wieczorek 1995

Wieczorek, Alfried: Zu den spätrömischen Befestigungen des Neckarmündungsgebietes. Mannheimer Geschichtsbl. 2, 1995, 9-90.

Wieczorek 1996

Wieczorek Alfried: Die Ausbreitung der fränkischen Herrschaft in den Rheinlanden vor und seit Chlodwig I. In: Die Franken, Wegbereiter Europas (Mainz 1996) S. 241-260.

Wielandt 1948

Wielandt, Friedrich: Ein fränkischer Triens aus Rheinsheim, Ldkr. Bruchsal. Bad. Fundber. 18, 1948–50, 105 ff.

Wilhelmi 1834

Vierter Jahresbericht an die Mitglieder der Sinsheimer Gesellschaft zur Erforschung der vaterländischen Denkmale der Vorzeit von Stadtpfarrer **K. Wilhelmi** in Sinsheim (Sinsheim 1834).

Will 2004

Will, Mathias: Merowingerzeitliche Knickwandtöpfe des nördlichen Oberrheingebietes. Universitätsforschungen zur Prähistorischen Archäologie (Bonn 2004).

Willems 1971

Willems, J.: Le quartier artisanal Gallo-Romain et Mérovingien de "Batta" à Huy. Bulletin du Cercle Archéologique Hesbaye-Condroz 11, 1971 = Archaeologia Belgica 148, 1973.

Windler 1994

Windler, Renata: Das Gräberfeld von Elgg und die Besiedlung der Nordostschweiz im 5.-7. Jh. Zürcher Denkmalpflege Archäologische Monographien 13 (Zürich und Egg 1994).

Winkelmann 1984

Winkelmann, Wilhelm: Beiträge zur Frühgeschichte Westfalens (Münster 1984).

Zeiß 1936

Zeiß, Hans: Die Grabfunde aus dem spanischen Westgotenreich. German. Denkmäler Völkerwanderungszeit 2 (Berlin-Leipzig 1934).

Zeller 1972

Zeller-Zimmermann, Gudula: Das fränkische Gräberfeld von Hahnheim. Mainzer Zeitschrift 67, 1972, S. 330-367.

Zeller 1974

Zeller, Gudula: Ein Steigbügel des 6. Jahrhunderts aus Budenheim bei Mainz. Arch. Korrbl. 4, 1974, S. 257-258 Taf. 68.

Zeller 1992

Zeller, Gudula, Die fränkischen Altertümer des nördlichen Rheinhessen. German. Denkmäler Völkerwanderungszeit B 15 (Stuttgart 1992).

Zeller 2002

Zeller, Gudula: Ein Reitergrab aus dem merowingerzeitlichen Reihengräberfeld von Langenlonsheim, Kreis Bad Kreuznach. Acta Praehistorica et Archaeologica 34, 2002, S. 151-161.

Zeman 1958

Zeman, Jiři: Pohřebiště z Doby stěhování národů v Mochově. Das völkerwanderungszeitliche Gräberfeld in Mochov. Památky Archeologické 49, 1958, S. 423-471.

Zuckermann 2001

Zuckermann, Constantin: Notitia dignitatum imperii romani. In: Das Gold der Barbarenfürsten. Publikationen des Reiss-Museums Bd. 3 (Stuttgart 2001) S. 27-32.

Bildnachweis

Fotos **Grabungsdokumentation Archäologische Denkmalpflege REM**: Kap. 3 Abb. 46-52, 54, 56-58; 67; 72; Kap. 4 Abb. 38; 45-46; 53; 70; Kap. 9 Abb. 38; 40.

Fotos **Jean Christen, REM**: Kap. 3 Abb. 83; Kap. 4 Abb. 26; 88; Kap. 5 Abb. 1; 11,13; 15; Kap. 6 Abb. 22,1-2.7; Kap. 8 Abb. 58.

Fotos **Bernd Hoffmann-Schimpf, REM**: Kap. 3 Abb. 41; Kap. 4 Abb. 15; 36; 39-40; 42; 47; 78; Kap. 9 Abb. 23.

Röntgenfotos **Bernd Hoffmann-Schimpf, REM**: Kap. 4 Abb. 27,1; 60; 80; 82; 83,4; 84; Kap. 6 Abb. 27; 82; 85; 90; 103; 105-108; Kap. 9 Abb. 16; 17; 19; 21,2.

Röntgenfotos **Peter Will, REM**: Kap. 3 Abb. 77-79; Kap. 9 Abb. 18.

Keramik-Zeichnung **Walter Schifferdecker, REM**: Kap. 3 Abb. 5-7; 60,3; 61,3; 64; 86; 97; 122,2; Kap. 4 Abb. 103-111; Kap. 5 Abb. 3; 11,14-15; 16,6; 19; 20,12; 21,10-11; 22,4; Kap. 6 Abb. 3,9-12; 4,17; 6,7; 14,2; 19,2; 22,5; 35,10; 42,7; 63,14-15; 64; 81,12; Kap. 7, Abb. 4-7; 13; 14; 16; 19; 22; 26; 27; 29; 42; Kap. 8 Abb. 20,4; 47; 54.

Zeichnung **Michael Weitzel, REM**: Kap. 2 Abb. 8; Kap. 3 Abb. 1; 13; 17; 27-30; 34,1; 35; 59; 60,1-2; 61,1; 62,2-14; 87; 89-92; 94-95; 101-104; 122,1; 123,1; 127; Kap. 4 Abb. 24; 32-34; 37; 43,6-10; 49-50; 69; 71-77; 79; 102; Kap. 5 Abb. 8,7-12; 14,11-12.19; 16,4-5; 17,1-5.7-9; 18,2-10; 20,9-10; 21,5-8; 22,1-3; Kap. 6 Ab. 3,3-6; 4,1-12.15; 5; 6,5-6; 15,1-3; 18,1.3-8; 20,1.10-13; 22,6; 23,2.6-16; 24-25; 28,1-7; 31,2-8; 32,5; 34,1-2; 35,1-9; 38,2-3; 41,1-6; 42; 43,2-7; 44,2-7; 45,2-3; 53; 54; 55,2-4; 56; 58,4-11; 59,1; 60,1-6; 63,6-13; 65,4; 67,2.4-6; 70,3-11; 74,5-18; 76,165; 81,3-6; 86-87; 93,3-9; 95,4.10; 96,5-14; 98,1-2.7; 99; 102; 104; 109; 111,1; Kap. 7, Abb. 3; 18; 21; 23; 24; 26; 27; 34-38; 41-43; Kap. 8 Abb. 8 Legende; 13; 14; 16; 18,4-5; 54 (2 Ex.); Kap. 9 Abb. 10; 28; 30; 36; 37.

Nach **Baumann** 1907: Kap. 3 Abb. 42; Kap. 4 Abb. 28.

Nach **Gropengießer** 1927: Kap. 3 Abb. 4; 43.

Nach **Haseloff** 1981: Kap. 9 Abb. 13,3.

Nach **Koch** 1977: Kap. 3 Abb. 34,2.

Nach **Lindenschmit** AuhV I (Mainz 1859 ff.): Kap. 3 Abb. 115.

Nach **Lindenschmit** AuhV II (Mainz 1870 ff.): Kap. 3 Abb. 116; 117.

Nach **Lindenschmit** 1889: Kap. 4 Abb. 27,2; 55; Kap. 8 Abb. 12.

Nach **Maul** 2002 Zeichnungen von Glasgefäßen: Kap. 2 Abb. 8; Kap. 6 Abb. 3,7-8; 4,16; 14,1; 38,1; 55,1.5; 76,188.115; 79; Kap. 7 Abb. 14; 41.

Nach **Neuffer-Müller/Ament** 1973: Kap. 4 Abb. 12,2.

Nach **Renner** 1974: Kap. 3 Abb. 44; Kap. 9 Abb. 32,2-3.

Nach **Wagner** 1911: Kap. 3 Abb. 3; 8.

Nach **Zeller** 2002 Kap. 8,2.

Graphische Veränderungen von Karten und Gräberfeldplänen, thematische Veränderungen auf Fotos, Umzeichnungen der Grabpläne, Fotos, Farbscanns und Zeichnungen soweit nicht anders angegeben Ursula Koch.

Hansjörg Probst

Aus der Mannheimer Namenkunde

Vorbemerkung

Unter einer Mannheimer Namenkunde verstehen wir alle *Toponyme* = Örtlichkeitsnamen, aber keine Personennamen. Was eine solche Mannheimer Namenkunde als Beitrag zu einem Sammelwerke wie dem vorliegenden nicht leisten kann, ist eine vollständige und umfassende Darstellung der mehr als 1200 historischen und aktuellen Namen auf der heutigen Mannheimer Gesamtgemarkung. Eine solche würde den Rahmen eines Sammelwerkes bei weitem sprengen. Erhebung aus den Quellen und Bereitstellung eines derart umfangreichen namenkundlichen Materials ist eine zeitraubende und natürlich notwendige Forschungsaufgabe, mit der sich der Verfasser seit vielen Jahren beschäftigt. Ich hoffe, dass ich diese Sammlung in absehbarer Zeit abschließen und als Einzelwerk vorlegen kann.

In diesem Beitrag zu unserem Sammelwerk handelt es sich um eine charakteristische Auswahl aus den Mannheimer Toponymen (Örtlichkeitsnamen), charakteristisch deshalb, weil hier exemplarisch die historische Aussagekraft der Toponyme verschiedener Zeitstellung und unter verschiedenem methodischen Ansatz ausgewählt, zusammengestellt und dargeboten wird. Zuerst erfolgt eine vollständige Übersicht über alle Siedlungsnamen der Stadt selbst, ihrer Vororte und Stadtteile, aber auch der alten Wüstungen. Daraus kann der Leser erkennen, dass Namengebung nicht nur eine alte Erscheinung ist, sondern ein ständiger Vorgang bis in die Gegenwart. Unter den Mannheimer Siedlungsnamen finden sich damit sehr alte und bis heute gebrauchte, ganz junge, aber auch schon lange untergegangene Namen nebeneinander. In einem zweiten methodischen Ansatz wird gezeigt, für welche historischen Tatsachen Flurnamen als die zahlreichsten Toponyme überhaupt Quellenwert

haben können, indem sie z. B. Hinweise auf die Verteilung von Wasser und Land, das Aussehen der Landschaft, auf die sozialen und politischen Verhältnisse ebenso bringen wie auch auf die ehemalige Wirtschaftsstruktur. Und schließlich soll in einer Übersicht über den Namenbestand eines begrenzten Gemarkungsteils gezeigt werden, wie Namen im Zusammenhang mit Ergebnissen der Forschung in Nachbarwissenschaften zum Sprechen gebracht werden können.

Die Mannheimer Siedlungsnamen sind im folgenden geographisch geordnet vom Zentrum aus nach außen und darin nach dem Alphabet. (Abb.1)

1. Mannheim, seit 766

766 bis 785 (CL 548 vom 14.3.766; 550 bis 553, 555 bis 560, 564, 576) als Mannenheim und

766 bis 896 (CL 549 vom 11.3.766; 561 bis 563 bis 565 bis 571, 573, 574, 577 bis 589) als Manninheim

782/785 (CL 575) – manninheimer marca = Mannheimer Gemarkung

826 (Beyer, Mittelrh. Ukb, 1, 65),

877 (CL 40),

1262 (RGP Bd 1, 42) – oppidum Mannheim = der Ort (wohl schon mehr als ein „Dorf") Mannheim

1267 (ZGO 1, S.362), 1357 (ZGO 2, S.76),

1277 (ZGO 4, S.100), 1357 (ZGO 2, 75),

1311 (GLA 67/450) – villa Manhei(y)m = das Dorf Mannheim

1368 (RGP Bd 1, 225) – Manheim

1369 (GLA 66/3480 und ZGO 2, 77) – Manneheim

1369 (GLA 66/3480) – Mannenheim

1387 (MGBII 4, Sp.224)

1488 (ZGO 2, 87) – Manheim

1504 (ZGO 26, 148) – Manheim

Mannheim gehört zu den Ortschaften, die im Lorscher Codex häufig genannt (41mal) werden, was eine gewisse Größe und ein schon längeres Bestehen vor der Erstnennung 766 voraussetzt. Die ahd = althochdeutschen Ortsnamen auf *-heim* sind in unserer Gegend sehr verbreitet und werden nach einer älteren, nicht unbestrittenen Interpretation auf fränkische Gründung zurückgeführt, d. h. auf die merowingische „Landnahme" des 6. und 7. Jhts[1]. Das gotische *haims* hat einen umfassenderen Inhalt

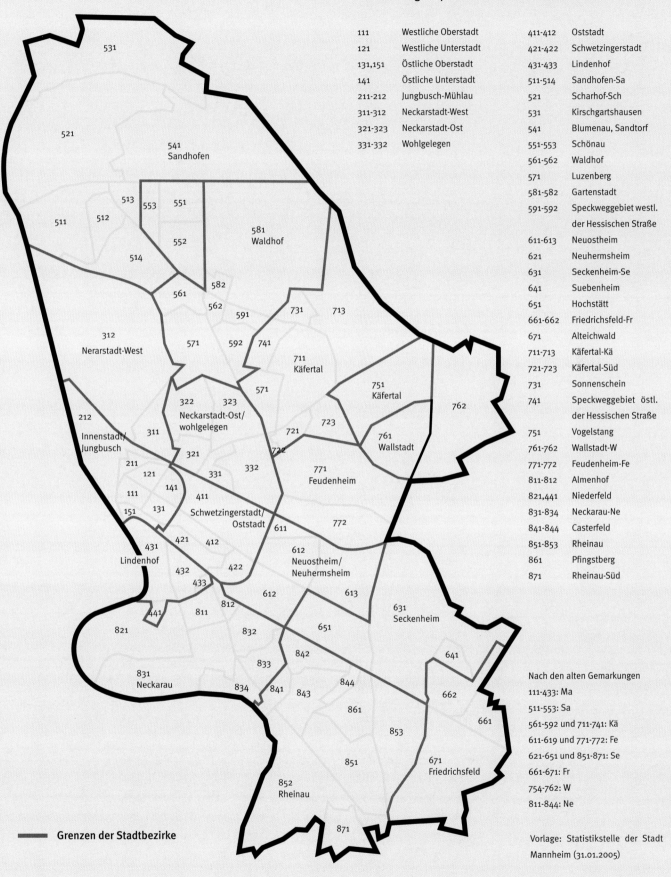

Die derzeitigen 17 Bezirke der Stadt Mannheim

111	Westliche Oberstadt
121	Westliche Unterstadt
131,151	Östliche Oberstadt
141	Östliche Unterstadt
211-212	Jungbusch-Mühlau
311-312	Neckarstadt-West
321-323	Neckarstadt-Ost
331-332	Wohlgelegen

411-412	Oststadt
421-422	Schwetzingerstadt
431-433	Lindenhof
511-514	Sandhofen-Sa
521	Scharhof-Sch
531	Kirschgartshausen
541	Blumenau, Sandtorf
551-553	Schönau
561-562	Waldhof
571	Luzenberg
581-582	Gartenstadt
591-592	Speckweggebiet westl. der Hessischen Straße
611-613	Neuostheim
621	Neuhermsheim
631	Seckenheim-Se
641	Suebenheim
651	Hochstätt
661-662	Friedrichsfeld-Fr
671	Alteichwald
711-713	Käfertal-Kä
721-723	Käfertal-Süd
731	Sonnenschein
741	Speckweggebiet östl. der Hessischen Straße
751	Vogelstang
761-762	Wallstadt-W
771-772	Feudenheim-Fe
811-812	Almenhof
821,441	Niederfeld
831-834	Neckarau-Ne
841-844	Casterfeld
851-853	Rheinau
861	Pfingstberg
871	Rheinau-Süd

Nach den alten Gemarkungen
111-433: Ma
511-553: Sa
561-592 und 711-741: Kä
611-619 und 771-772: Fe
621-651 und 851-871: Se
661-671: Fr
754-762: W
811-844: Ne

Vorlage: Statistikstelle der Stadt Mannheim (31.01.2005)

━━━ **Grenzen der Stadtbezirke**

als unser heutiges nhd *Heim;* es bedeutet Dorf, Flecken, Siedlung. Es mag durchaus zutreffen, dass die Ortsnamensbildung mit dem Grundwort *-heim* auf die fränkische Aufsiedlung zurückzuführen ist (wie *-ingen* auf die alamannische), trotzdem war dieser Namenstyp weit über das ursprünglich fränkische Siedlungsgebiet hinaus erfolgreich, so dass allein im deutschen Sprachraum über 2000 Ortschaften einen *-heim*-Namen tragen.

Unter den Ortsnamen auf *-heim* gibt es zwei Haupttypen: einmal, diejenigen, die einen Personennamen im Genitiv als Bestimmungswort haben und zum zweiten solche, die eine örtliche Besonderheit in ihrem Bestimmungswort anzeigen. In diese Gruppe gehören z. B. *Leimen/Leim-heim* = Dorf am *Leimbach* oder *Ilves-heim* = Dorf an der *Ulvina* (heute Kanzelbach), *Rohr(hof)heim* = Dorf am Röhricht oder *Straßenheim* = Dorf an den Straßen.

Die mit einem Personennamen gebildeten sind in der Überzahl und zeigen sehr häufig einen PN in der Verkleinerungs- oder Koseform wie *Manno* für *Hart-/Hermann*. Diese Substantive sind swm = schwaches/maskulinum und haben als solche einen mit *-n* gebildeten Genitiv: *Manno, Manne/in. Manne/in-heim* heißt also Dorf, Siedlung des Manno.

Mannin– ist die Originalform. Die Variante *Mannen–* ist eine häufige Verdunklung des *i* zu e (vgl *nit* zu *net* in der Mannheimer Mundart).

Bereits im 13. Jht taucht die Kurzform *Mann-heim* auf. Diese wird allerdings bis in den Beginn des 16. Jhts mit einem *-n* als *Manheim* geschrieben. Erst danach setzt sich die heutige Schreibweise mit Doppel-n durch.

1.1 Friedrichsburg 1606 bis 1700
Karten und Pläne des 17. Jhts, siehe REM und StadtA.

1606 ff. errichtete Kurfürst Friedrich IV. von der Pfalz (1592 bis 1610) auf dem Platz des alten Dorfes Mannheim die nach ihm benannte Festung *Friedrichsburg*, der nur rund 90 Jahre Dauer (1606 bis 1689/97) beschieden war. Die Gründung von Friedrichsburg erfolgte im Zusammenhang mit der Aufrüstung der protestantischen Union vor dem 30jährigen Krieg. Festung und Stadt wurden 1622 von Tilly erobert, wechselten im Laufe des langen Krieges mehrmals den Besitzer und waren 1644 völlig

menschenleer. Kurfürst Karl Ludwig (1632 bis 1680) gründete die Stadt und Festung neu und privilegierte die Stadt Mannheim 1652. Im Pfälzischen Erbfolgekrieg wurde Mannheim zweimal von den Franzosen erobert und wieder völlig entvölkert und verbrannt.

1.2 Unterstadt und Oberstadt nach 1700. Älteste Einteilung nach Stadtquartieren.

Diese Einteilung in *Ober-* und *Unterstadt* entstand nach 1709 gemäß den Wiederaufbauplänen Kurfürst Johann Wilhelms: Die von der Stadt abgesonderte Friedrichsburg wurde nicht wieder aufgebaut und damit der ursprüngliche barocke Doppelstern von Festung und Stadt zugunsten einer einheitlichen Festungsstadt beseitigt. Die Unterstadt war also der Gegenstand der Privilegien von 1607 und 1652 und damit der ältere Teil. Die jüngere Oberstadt nahm den Raum der ehemaligen Festung ein und reichte vom Schloss bis zu den *Planken*. Von diesen bis zum Neckar erstreckte sich die Unterstadt. Dabei hatte die Bezeichnung zunächst einen schlichten topographischen Sinn nach der Höhenlage, aber auch sehr bald einen soziologischen, nach dem die Oberstadt die Stadt des kurfürstlichen Residenzschlosses, der Behörden, des Adels in seinen Palais und der Hofbeamten war, die Unterstadt die der einfachen Leute.

2. Die inneren Stadtteile auf der Mannheimer Altgemarkung

2.1 Jungbusch/Mühlau Alte FlN = Flurnamen Ma seit 1606 bzw. 1496, Stadtteil seit 1850.
Junger Busch – 1606 – andere plätz in dem Jungen busch (Kollnig, Kirchheim Nr. 105),
1850 – Jungbusch .... ohnweit der Hafenschleuße im Jungbusch (S. 20).
Mühlau
1496 – der sein fyhe uf oder von der mülauw dribt. (Kollnig, Kirchheim, Nr. 103),
1596 – mülaw, Ober und Unter-Mühlau, uff Mühlauen; uff beiden Mülawen; die Nehen und Nachen so zur Mülaw verordnet, fleißig verwaren...;
1622 – Mühlauw

Jung in FlN heißt frisch, neu, *-busch* ‹ lat(einisch) *boscus* zu mhd mittelhochdeutsch *bo/usch* = Wald, später Verengung auf Busch, Gebüsch: *Jungbusch* ist also junger Wald. *Mühlau* = Mühlinsel oder wassernahes Land als Standort von Mühlen. Um die Mitte des 19. Jhts erste Stadterweiterung über den Ring hinaus in Zusammenhang mit dem Hafenbau auf dem Gelände der ehemaligen *Mühlau,* um 1890 bereits abgeschlossen.

2.2 Lindenhof(vorstadt) seit 1830/70.
1875 – Lindenhof und Lindenhofweg (Heckel, Plan von Mannheim, vor 1875);
1890 – Lindenhofvorstadt.

Der *Lindenhof* war wie der *Rennershof* ein Landgut im Bereich der heutigen Brückenabfahrt an der Rheinseite des Hauptbahnhofs. In den 1880er und 1890er Jahren siedelten sich weiter östlich Industriebetriebe an vor allem die Maschinenfabrik Lanz. In deren Nähe wurden Arbeiterwohnungen in geschlossener Blockbauweise errichtet z. B. Lindenhofstraße. Im westlichen Teil kaufte 1890 Friedrich Engelhorn viel Gelände und verkaufte es an wohlhabende Interessenten weiter. Diese errichteten gehobene Stadtwohnungen z. B. am Stefanienufer. Danach erhielt der ganze Stadtteil westlich des Bahngeländes den Namen Lindenhof.

2.3 Neckar(vor)stadt seit 1872 Planlegung des ersten, vorderen Teils der westlichen Neckarstadt im Anschluss an den Messplatz.
Seit 1770, 1875 – Neckargärten;
1890 – Neckar(vor)stadt.

In den rechts des Neckars = *iwwerm Neggar* liegenden *Neckargärten* errichteten die aus der Stadt vertriebenen Einwohner nach der zweiten Zerstörung Mannheims im Pfälzischen Erbfolgekrieg nach 1689/94 *Neu-Mannheim*. Diese Neugründung wurde 1699 von Kurfürst Johann Wilhelm wieder aufgehoben und die Bewohner auf das alte Stadtareal umgesiedelt und das Gelände den Mannheimern als Neckargärten zur Verfügung gestellt. 1872 wurde zwischen Meßplatz und den weiter westlich liegenden Neckargärten die ersten Straßenzüge der Neckarvorstadt plangelegt mit der Mittelstraße als

Achse. Zwischen Luther- und Gartenfeldstraße ist noch der alte Grundriss der Parzellen der Neckargärten erkennbar. Der Meßplatz ist das Zentrum der *Neckarstadt,* von dem die wichtigsten Straßen in alle Richtungen radial ausgehen: Dammstraße, Langstraße, Mittelstraße, Waldhofstraße, Schimperstraße, Max-Joseph-Straße, Lange-Rötter-Straße und Käfertaler Straße und die Breite- oder Kurpfalzstraße über den Neckar in die Innenstadt hinein. Diese Struktur war bereits vor dem Ersten Weltkrieg grundgelegt. Zwischen Max-Joseph-Straße und Käfertaler Straße liegt die *Neckarstadt-Ost*, die nach dem Ersten Weltkrieg das hauptsächliche Erweiterungsgebiet der Stadt wurde.

2.4 Oststadt seit 1890 östlich der Innenstadt, Planung nach 1871, Wettbewerb 1872

1885 wurde der Plan Baumeisters überarbeitet und um die Otto-Beckstraße als Achse spiegelbildlich erweitert. 1897 wurde der westliche Teil der Planung fertiggestellt. Der zweite Teil östlich der Otto-Beck-straße wurde 1922/23 plangelegt. Von vornherein als exklusives Wohnviertel für die wirtschaftlich und politisch führende Schicht des Mannheimer Großbürgertums geplanter Stadtteil für Villen und Palais, liegt in der Nähe von großen gleichzeitig geplanten Grünanlagen wie Luisenpark und Rennwiese. Höhepunkt und Abschluss dieses geschlossenen Viertels mit Villen und eleganten Geschosswohnungen war die Gartenbauausstellung von 1907 mit der Augustaanlage.

2.5 Schwetzinger (Vor)stadt FlN Ma seit 1740, 1880 südöstliche Vorstadt und Stadtteil
1740 – Schwetzinger Landstraße
1875 – Schwetzinger Gärten im Bereich der alten Augärten
1890 – Schwetzinger Vorstadt.

Einleuchtender Name nach der Lage an der Schwetzinger Landstraße, nach 1870 zusammen mit der Oststadt als Gewerbe- und Industriegebiet mit Arbeiterwohnblocks geplant. Imposanter östlicher Abschluss ist der Möhlblock.

2.6 Wohlgelegen FlN Industrieansiedlung seit 1830.
1830, 1881, 1885, 1890 – Wohlgelegen.
Ursprünglich Industriegelände (Kali-Chemie). Nach 1830 euphemistisch *Wohlgelegen* genannt, zwischen der Neckarstadt Ost, der Feudenheimer Au und Käfertal.

3. Die äußeren alten Vororte

3.1 Feudenheim, seit 766, Eingemeindung am 1.1.1910.
766, bis 960 (vom 18. November CL 516, 517, 518, 40, 251, 520 bis 527, 529 bis 532, 547, 552, 554, 620) – Vitenheim
774 (CL 519), 1358 (ZGO 28, 473), 1369 (GLA 66/3480), 1435 (ZGO 32, 223), 1468 (ZGO 1, 426) als Videnheim
778 bis 799 (CL 324, 528) Vittenheim und
825 (CL 799) Fitenheim
1430 (ZGO 24, 290), 1496 (ZGO 27, 389 und 448) – Fydenheim
1504 (ZGO 26, 149) – Feidenheim, von da an immer so. Seit dem 18. Jht zunehmend Feudenheim

Nach demselben Bildungsgesetz wie bei Mannheim: Heim des *V/Fito,* Kurzform von *Friderich, Friduin* oder *Fridebert.* Das lange i des Mdh wird nhd = neuhochdeutsch zu einem ei wie seit dem ausgehenden 15. Jht vielfach belegt. Auch die Mundart hat diesen richtigen Lautstand: *Feidene.* Im frühen 19. Jht wird *Feidenheim* als dialektbäurische Mundartform missverstanden und zu *Feudenheim* falsch „verhochdeutscht"[2], was seinerseits häufig bei Ortsfremden zu der Bildung Freudenheim mit dem „Sproßlaut" r, der sich leicht einstellt, führt. Noch Krieger verweist unter *Feudenheim* auf das sprachlich richtige *Feidenheim*[3].

3.2 Friedrichsfeld, seit 1682, Eingemeindung am 1.10.1930.

Französische Hugenotten wurden mit Privileg vom 10.10.1682 von Kurfürst Karl auf Öd- und Waldland südlich von Seckenheim und Edingen angesiedelt. Sie wollten ihr neues Dorf nach ihrer Heimat Sedan nennen, was der Kurfürst nicht gestattete, sondern der Ansiedlung den Namen *Friedrichsfeld* gab in Erinnerung an das dortige Schlachtfeld, auf dem am 30.6.1462 Kurfürst Friedrich der Siegreiche seinen berühmten Sieg bei Seckenheim errungen hatte. Die Seckenheimer und die Edinger, die von der Gründung eines Dorfes auf ihre Kosten nicht erbaut waren, nannten das Nachbardorf bis ins 20. Jht *Neidorf* und seine Einwohner *Neiderfler* = Neudörfler[4].

3.3 Friesenheim(er Insel), seit 771
771, 17. März und 799, 14. April (CL 1140 und 1139) als Frisenheim
seit 1864 – Friesenheimer Insel (Rheinkorrektion).

Kann wie im Fall Mannheim von einem Personennamen *Friso* = der Friese (wie CL 2051) oder von dem Stammes- und Volksnamen *Friesen* abgeleitet werden. Friesen waren in der Karolingerzeit überall als Fernhändler anzutreffen, so dass es in allen Städten Friesenviertel gab.
Mit der Rheinbegradigung kam 1863 dieser Teil der Friesenheimer Gemarkung als *Friesenheimer Insel* auf die rechte Rheinseite. Sie wurde zuerst Sandhofen angegliedert.
1884 wurde die Neckarmündung begradigt, so dass der südliche Teil der *Friesenheimer Insel,* die neue Neckarspitze, an Mannheim fiel. Am 1.7.1895 wurde die ganze *Friesenheimer Insel* von Sandhofen nach Mannheim umgemeindet[5].

3.4 Käfertal, seit 916, Eingemeindung am 1.7.1897.
916 – Vicus Gerberti (CL 65 ?)
1230, 1281, 1304, 1338, 1350, 1369, 1381 – Kev(f/ff)er(n)d(t)al (GudSyll 173; GLA 67/52; GLA 66/3480; ZGO 28, 468; GLA 66/9501);
1387 – in Keferndaler marke etc.
1780, 1800 – Keferthal
1881, 1885, 1890, 1897 – Käferthal

Käfertal ist der jüngste der alten Vororte. Käfertal ist keine alte fränkische Siedlung, sondern ein hochmittelalterlicher Ausbauort, was auch seine Lage auf den eher mageren Sandböden des alten *Forehahi* = ahd *forahha* mhd *vorhe* Kollektivbegriff *forchach* = Föhrenhag, -wald erklärt, ein Land, das lange für den Ackerbau uninteressant war.
Für die Herleitung des heutigen Ortsnamens werden

verschiedene Vorschläge diskutiert, wobei das Grundwort -tal unstrittig ist: In der Ebene werden auch kleinste Höhenunterschiede mit *Berg* und *tal* bezeichnet. Ahd *d/tal* › mhd *tal* stn. = „Delle", Tal, Vertiefung, Senke.

1. aus *(vicus) Gerberti* › *Geberendale,* Kef(f)erndal (Minst CL 65)

2. aus ahd *kevar, chevaro* › mhd *kever* = Käfer (Krieger I, 1114)

3. aus mhd *kie(n)-vorhe(n)dal* › *Kev(f)er(n)dal* = Kiefer(n)tal.

Zu 1: Der Personenname *Gerbert* müsste hier zu *Kefer(n)* werden, was sprachlich schwerlich möglich ist: ahd *g* und *b* bleiben *g* und *b; darüber hinaus müsste das erste *r* verschwinden und ein *n* dazukommen!

Zu 2: Sprachlich eher möglich bis auf das unmotivierte *n; denn der Plural von Käfer hat nie ein *n*. Sachlich ist nicht zu erkennen zu welcher namengebenden Erscheinung Käfer werden könnten, vielleicht Maikäfer alle vier Jahre. Doch das betraf wohl den ganzen *Forehahi,* wäre also ein zu allgemeines Phänomen.

Zu 3: Am leichtesten möglich ist die sprachliche Ableitung von *Kien-Föhre.* Im Rheinfränkisch-Pfälzischen gibt es für diesen Waldbaum die Namen *Kien, Föhre* oder *Forle* und als jüngste und heute verbreitetste Bildung *Kiefer,* gerade auch in FlN. *Kien* gibt es häufig mit nasaliertem oder ausgefallenem *ñ,* also *Kieñ* und Verdunklung des langen *i* zu *e,* was den Wegfall des ersten *n* erklärt. Umgekehrt folgert das von allem Anfang an vorhandene und lange erhaltene zweite *n* aus dem Plural *Kiefern.* Sachlich ist diese Ableitung ebenfalls sehr einleuchtend als Rodungssenke im alten *Forehahi.* Aus der Dialektform: *Kefferdal* wurde auch hier schon sehr früh eine der häufigen falschen Verhochdeutschungen *Käfer-.* Sprachlich und sachlich ist also die dritte Ableitung am zwingendsten, zu der ich neige.

3.5 Kirschgartshausen, seit 1247, Eingemeindung am 1.10.1930

1247, 1282, 1424 – Husen (GudSyll 260 und 276; ZGO 32, 223)

1284, 16. Jht – schloß Hausen (GLA 67/1304; RPR I, 64)

1385, 1413 – Kirsgartershusen der hof, kirsgerthu-

sen (GLA 67/807; RPR I, 275)

1425, 1425, 1435, 1496 – Kirsgarttenh(a)usen (ZGO 32, 223)

1514 – Kirßgartßhausen (GLA 67/907)

Mhd *husen,* nhd *Hausen,* Dat.Pl. als Lokativ = bei den Häusern, häufiges Grundwort von Toponymen wie Weiler oder kleinere Gruppen von Höfen. Das Hofgut ist im 13. Jht vom Wormser Bischof im *Forehahi* angelegt und 1275 dem Wormser Frauenkloster *Am Kirschgarten* verkauft worden, in dessen Besitz es bis 1422 war.

3.6 Neckarau, seit 871, Eingemeindung am 1.1.1899.

871 – villa Naucrauia (u = v)- das Dorf Neckarau

873 – in fisco Neckrauuua (uu = w)- im Königshof Neckarau

882 – curtem ... Nechkarauuua – den Königshof Neckarau

893 – Neccroye oder Neccrohe – Neckarau

1090 – Neckerouua

1212, 1261, 1279, 1288, 1310, 1311, 1357, 1393, 1403, 1496, 1559 – Neckaraw(e)(en)

1232, 1243, 1250, 1283, 1287, 1291, 1314, 1361 – Neck/ggerow(e)

1233 – Neckirw(e)

1279, 1349, 1369, 1429, 1514 – Neckarauwe(en)

1504 – Neckarau

Dieser Ortsname besteht aus dem Grundwort – *au(e)* und dem Bestimmungswort *Neckar.* Ahd *o/auwa,* mhd *ouwe* stf = starkes femininum – von Wasser umflossenes, am Wasser liegendes Land, Insel. So bedeutet der Ortsname Neckarinsel, Feuchtland am Neckar. Eine Schwierigkeit liegt in der Schreibung des *w,* das es ja bekanntlich im lateinischen Alphabet nicht gibt. Dort fällt phonetisch und grafisch *u* und *v* = *w* zusammen. Um ein deutsches *w* zu kennzeichnen, schreibt man *uu,* was grafisch ein ineinander geschriebenes *u* ist, vgl das englische *double-u* = *w.* Dieses orthografische Problem zeigt auch die sehr schwankende Schreibweise von Neckarau. Ein früher Schreiber schreibt sogar *uuu = u + w.* Zur Abstoßung des Schluss-*e* kommt es 1311, als zum ersten mal in *Neckeraw* die heutige Lautung des Ortsnamens zu erkennen ist. So kann man davon ausgehen, dass seitdem der Ortsname so wie heute ausgesprochen wird. Die Schreibung Neckarau hat sich erst vor 150 Jahren amtlich endgültig durchgesetzt[6].

3.7 Sandhofen, seit 888, Eingemeindung am 1.1.1913.

888, 900 – in villa/loco Sunthove (CL 47, 55)
1227, 1236, 1277, 1282, 1285, 1300, 1338, 1504 – Su/onthov(f)en (RPR, 1,12 und 62; GudSyll 187, 275, 282, ZGO 18, 413)
1527, 1559 – das dorff zu Sandthoff(ven) (GLA 67/7703)

Das Grundwort ist klar: Dativ Pl -hofen als Lokativ von Hof = Bei den Höfen. SN mit dem Grundwort -hofen bezeichnen vom 9. Jht an Ausbauorte, besonders auch in Zusammenhang mit den Land- und Wirtschaftsreformen der Zisterzienser (vgl Neuhofen bei Altrip und Rohrhof), hier in Schar der Mönche von Schönau. Wie die alten Belege zeigen, hat das Bestimmungswort nichts mit Sand zu tun, sondern kommt von ahd sund(ar) = Süden, südlich, vgl. auch Sundgau = Südgau so dass wir die Bedeutung: Bei den Südhöfen erhalten. Der nördliche Bezugspunkt ist Schar, von wo aus die ausgesiedelten Höfe südlich liegen. Sandhofen hat damit einen bei deutschen Toponymen sehr häufigen Namen nach einer Himmelsrichtung.

3.8 Sandtorf, seit 1571, Eingemeindung am 1.1.1930.

1571 – Sandt FlN von Sandhofen (Kollnig: Zent Schriesheim, S. 240)
1786 – Sandtorf (Widder I, S. 318)
1810, 1881, 1885 – San(d)tdorf

Dieser Name kommt vom Torfabbau, der im 18. Jht im Sandhöfer Gemarkungsteil Sand begonnen wurde.

3.9 Schar(hof), seit 764, Eingemeindung am 1.1.1913.

764, 772, 895 bis 909, 1226 – scar(r)a (CL 53, 77, 598/99; RPR 1, 12 und 13)
1204, , 1231 – Scharra (GudSyll 62; ; Gatt App;)
1216, 1254, 1276, 1282 – in Scharren (Boos: QdStWo 1, 92; Gatt App; GudSyll 275)
1247 – insula prope Scharren in Rheni flumine col-

locata = eine Insel bei Schar, im Rheinfluss gelegen (Schannat 2, 123)
1800, 1830, 1881, 1885 – Scha(a)rhof.

Ahd skara stf, mhd und nhd Schar = Abteilung von Menschen, häufig Trupp von Dienstleuten oder Bewaffneten im Dienste des Königs oder von geistlichen und weltlichen Großen, auch Abschnitt vgl engl shire = Gerichtsbezirk; Scharwerk ist die Arbeit von Abhängigen für den Herrn = Herrenarbeit, später Fron.
Schar(hof) war die Ansiedlung von fränkischen Königsleuten auf herrschaftlichem, ursprünglich königlichem Land, was dem Grundeigentum nach dem CL entspricht.

3.10 Seckenheim, seit 766, Eingemeindung am 1.10.1930.

766 bis 1151 – 60 mal, und zwar in der Form Sickenheim 36 mal, Sikkenheim 13 mal, Sicchenheim 6 mal und Siggenheim 5 mal (CL 22, 135, 157, 315, 322, 366, 408, 414, 498, 525, 617 bis 626, 629 bis 661, 678, 735, 767, 794, 2590, 3651, 3664 und 3670)
776, 777, 782, 791 – Sigirichesheim (CL 627, 628, 502, 506)
1274 bis 1439 – 54 mal Sicke/inheim, Sickenheimer Riet (67/1302 Bl 95 u.v.a. bis 183 vom 4.9.1439)
1404 – Seckinheim (Toepke, matrikel I, S. 94)
1429 et passim – Seckenheim (66/6560)

Der SN Seckenheim hat das reichste sprachliche Material in seiner urkundlichen Überlieferung unter den hier vorgestellten Beispielen, so dass man an ihm die Tragfähigkeit der Gesetzmäßigkeiten und der historischen Aussagekraft der Sprachentwicklung exemplarisch darstellen kann.
Dabei ist besonders erfreulich, dass am Beispiel Seckenheim die in fränkisch-ahd Zeit nebeneinander mögliche Bildung des Toponyms aus Lang- und aus der Kurzform eines Personennamens + -heim anhand der Quellen an ein- und demselben Ortsnamen belegt ist: Sigirich und Sikko bilden Sigirichesheim und Sikkenheim.
Ferner zeigt das Lorscher Material die schwankende Veränderung des k-Lautes im Wortinnern: kk-ck, cch und gg. Der verschärfte Guttural k(k) wird einmal wie im Alamannischen zur Affrikata c(kk)ch,

aber auch wie im Mitteldeutsch-Rheinfränkischen zu *gg*. Die letzte Form hat sich in der Mundart bis heute erhalten. Die Abschwächung des Stammvokals *-i-* zu *-e-* in *Sick-* zu *Seck-* erfolgt im 15. Jht beim Übergang vom Mhd zum Nhd. Am Sprachmaterial zu Seckenheim lässt sich aber auch noch einiges Sachliche herausarbeiten, nämlich an der Bezeichnung der Ortsbewohner: Seckenheimer.

Für 788 (CL 638) heißt es *Sicchenheimero Marca in Norderowa* = Die Mark der Seckenheimer in Norderau. Analoge Bildungen sind *Edingero marca 778*[7] und *clopheimermarca 797* und *801*[8]. Damit werden die Gemarkungen nach den Ortsbewohnern genannt; denn *Sicchemheimero* ist der Genetiv Plural zu *Sicchenheimer*. Darin spiegelt sich die Vorstellung, dass die Dorfbewohner eine besondere Einheit bilden, die ihre wirtschaftliche Basis in der Gemarkung hat. Ein weiterer Hinweis auf den „Landnahme"- oder Siedlungsprozess durch die Franken überhaupt, worauf auch die Benennung von Ortschaften nach Personen hinweist.

Die *villa Sikkenheim* ist demgegenüber der zugehörige Wohnplatz. Auf der Mark haben die „Markgenossen" ihren Besitz, aber auch gemeinsame Rechte, die *pertinentia* = Allmend, und je wertvoller diese Rechte durch die Intensivierung ihrer Nutzung werden, umso stärker muss „das Bewusstsein gemeinschaftlicher Berechtigung werden"[9].

Parallel dazu entwickelte sich seit dem 14. Jht die Benennung *Seckenheimer Ried* für das von der *Riedgemeinde der 48 Stämme* genossenschaftlich genutzte *Hintere Ried*. Das *Vordere* und *Obere Ried* wurden nie so genannt, obwohl sie natürlich auch auf Seckenheimer Gemarkung lagen. Es ist dafür bezeichnend, dass in der letzten Erwähnung des *Seckenheimer Riedes* von Altrip aus im Jahr 1805 die Mitglieder der Riedgemeinde einfach die *Seckenheimer* heißen[10]. Es erübrigt sich zu sagen, dass sich aus dem Substantiv für die Ortsbewohner auch das gebräuchliche Adjekt zu den jeweiligen Ortschaften gebildet hat.

3.11 Straßenheim Toponym, seit 903, Eingemeindung am 1.10.1930.

903, 916, 1071, 1095, 1103 – (villa) Straz(z,ß,ss)heim (CL 58, 65, 132, 141, 3823,)

1408 – der lieben sant Marien magdalenen die Capelle zu Straßheim in Wormser Bischtum gelegen (GLA 67/Pfalz)

1409 – capell sita in villa Straßheim Wormatiensis dioecesis (Schannat 1,36)

1415 – Harman von Hentschuhsheim hat Straßheim das dorff und gerichte by Laudenburg gelegen ...(StA Darmstadt: Kopialbuch der Herren zu Hirschhorn)

1432 – Straßheimer marck (GLA 66/6560)

1484 – hubgericht zu Strossen (GLA 67/1533)

Ahd *strâza* aus lat *(via) strata* = gepflasterte Straße, Kunststraße im Gegensatz zu einem bloß gebahnten Weg. Damit ist *Straß(en)heim* der Wohnplatz an den Straßen, an dem sich die Straße von Ladenburg nach Groß Gerau – Mainz-*Kastel* und nach Worms gabelt. Im Frankenreich wurden die römischen Straßen weiter benutzt, und eine solche überregional bedeutende Gabelung lädt zur Ansiedlung ein. Dass diese Straßengabelung lange Bedeutung als eine Wegmarke hatte, zeigt die Grenzziehung für den Viernheimer Wald, die Gaugraf Lütfrid 916 durchführte und in der Straßenheim als markanter Grenzpunkt gewählt wurde.

3.12 Wallstadt, seit 765, Eingemeindung am 1.7.1929.

a) 765, 777, 803, 766 bis 829, 845 – Walahastat(h) (CL 481 bis 483, 485 bis 490, 493 bis 515, 544, 799, 1195, 3651, 3823);

768, 858 – Wal(h)estat (CL 32, 484);

1253, 1269, 1369, 1480, 1496 – Walstat(t) (GudSyll 218; 258; GLA 66/3480; WS in ZGO 27, 388);

1288 – Walchstat (QuErört z bay u dt Gesch 5, 431);

b) 767 – in Walahstat superiore et inferiori = in Ober- und Unterwallstadt (CL 487);

781 – in duabus villis quae dicuntur Walahastat = in den beiden Dörfern, die Wallstadt heißen (CL 501);

788 – villa vel marcha quae dicitur Walahastat superior = Das Dorf oder die Gemarkung, die Oberwallstadt heißt (CL 505).

Wohnstatt oder Wohnort der Welschen, nach Krieger: *Welschstatt*[11]: Eine von den 27 Ortschaften in Baden-Württemberg, die in ihrem Bestimmungswort auf welsche Bewohner, d.h. Romanen hinweisen. Bezeichnenderweise sind es meist keine -ingen oder -heimnamen[12]. Neben Straßenheim,

Schar und Neckarau ist Wallstadt der vierte Ort auf Mannheimer Gemarkung, der in der engsten Nachbarschaft zu Ladenburg auf romanische Restbevölkerung hinweist.

4. Die äußeren jüngeren Stadtteile

4.1 Almenhof, FlN Ne seit 1348, Stadtteil seit 1920, Eingemeindung mit Neckarau.
1348, 1403 und 1570 – Almen, Almendstücke und Almengewann (GLA 43/166 von 1348, August 19.; 42/215 von 1403, Januar 7. und 66/7704, vgl Hansjörg PROBST: Neckarau I Von den Anfängen bis ins 18. Jht, S. 48/49).

Almen ist die Verkürzung von *Allmende*. Damit wird dasjenige Land bezeichnet, das der Gemeinde gehörte und jährlich an die Gemeindebürger zur Nutzung ausgegeben wurde. Zur *Allmende* zählten Wald, Weideflächen, aber auch Ackerland. Auf Neckarauer Gemarkung wurden die Allmendäcker an der Grenze zur Mannheimer Gemarkung im Winkel zwischen Neckarauer und Speyerer Straße als Baugelände zur Verfügung gestellt. 1922 bis 1925 erhielt die Gartenstadtgenossenschaft dort Gemeindeland in Erbpacht und errichtete bis 1927 im *Almenhof* die ersten Häuser.

4.2 Alteichwald m FlN Se UD, seit 1735, 1933 Siedlungsname, Eingemeindung mit Seckenheim.
1735 – (GLA 229/96485 plus Plan) Seckenheimer Eichwald
1879 – Alteichwald

In diesem unmittelbar südlich von Friedrichsfeld, aber auf Seckenheimer Gemarkung gelegenen Flurstück *Alteichwald* wurde 1933 ein großes Siedlungsgebiet geplant, das aber nur in viel kleinerem Rahmen östlich der Bahnlinie Friedrichsfeld – Schwetzingen verwirklicht wurde[13]. In den 1960er Jahren kamen sechs Aussiedlerhöfe dazu.

4.3 Blumenau, nach 1938, vorher seit 1930 Sandtorf, Eingemeindung mit Sandhofen.
1930 errichtete der Gärtnermeister Fritz Liefhold im Sandtorfer Bruch auf ehemals Sandhöfer Gemar-

kung ein Terrassenrestaurant mit dem Namen *Blumenau*. Ein weiterer Siedlungskern war das Kinderheim Sandtorf, nach 1933 (Reichs)Arbeitsdienstlager, das Wasserwerk der Zellstofffabrik Waldhof und eine Bahnstation. Seit 1934 begannen 24 Siedler, in Selbsthilfegruppen Häuser zu bauen, 1936/37 kamen noch 28 Siedler dazu. 1937 waren die meisten Häuser bezugsfertig. Damit bürgerte sich auch der Namen Blumenau ein.

4.4 Gartenstadt, seit 1910 am Käfertaler Wald, Eingemeindung mit Käfertal.
1902 – Deutsche Gartenstadtgesellschaft
1910 – Gründung der Gartenvorstadt-Genossenschaft Mannheim
1913/1919 – Planung und Baubeginn

In England, dem Mutterland der europäischen Industriellen Revolution, entstand die sozialreformerische Gartenstadtbewegung, um dem großstädtischen Wohnungselend des Industrieproletariats abzuhelfen. Um die Jahrhundertwende sprang diese Bewegung nach Deutschland über und breitete sich schnell in ganz Deutschland aus[14]. Erste Planung 1910, Hauptbauphase nach 1929.

4.5 Hochstätt FlN Se, seit 1394, als Ortsteil seit 1965, Eingemeindung mit Seckenheim.
1394 – 1798 (GLA 43/233 vom 10.10.u.v.a.) als (a)auf(f) den hoffsted(t)en/Hoffstätten
1570 – vf den hofstetten vf den hohen Rein
seit 1590 – vff der Hochstetten
1754 – auf der Hochstätt
1880 – Hochstätt
1965 – Hochstätt als Stadtteil

Die ursprüngliche und sehr lange einzige Bezeichnung lautete *Auf den Hofstätten (bei der Kloppenheimer Kirche)* und meinte damit die Hofplätze des schon früh wüst gewordenen Dorfes *Kloppenheim*. Deren Lage auf einer hohen Kante des Hochufers, *dem hohen Rain,* tauchte bald als genauere zusätzliche Ortsangabe auf, so dass die Klammerform *Hochstätt* nahelag. 200 Jahre lang wurden beide Formen nebeneinander gebraucht, bis sich um 1800 *Hochstätt* allein durchsetzte. Die Form *–stätt* statt *–stadt* zeigt noch heute ihren Ursprung von den *Hof-*

stätten an.

Als 1876 die erste Seckenheimer Bahnstation an der Eisenbahnlinie Heidelberg – Mannheim eingerichtet wurde, hießen die wenigen Häuser neben dem Bahnhof *Station*. Dieser Name hatte Bestand bis 1965. Damals wurden die wenigen Häuser der *Station* um einen ganzen Stadtteil erweitert, dem man den alten FlN *Hochstätt* gab[15]. Vgl auch Hohenstad.

4.6 Luzenberg seit 1800, Eingemeindung mit Käfertal.

1856, 1882 – Luzienberg

1890 – Luzenberg

Ursprünglich Name eines Einzelhofes

1. Ahd luzil mhd lützel, die Beseitigung des l ist ungewöhnlich, s. Lützelsachsen! = klein; Kleiner Berg.

2. Mhd lûz, allerdings mit langem û, das nhd zu au werden muss = Versteck, Schlupfwinkel fürs Wild.

3. Mhd stswf lôse, laus = Muttersau, der Form nach zu Berg der Lô/usen, Schweineweide für Mutterschweine mit Ferkeln, siehe Lushardt, der ein Schweinewald war für über 40.000 Schweine oder

4. Ahd stm lôz, luz, hluz, mhd lüss, PL. lussen = Los, Anteil, also ein Allmendstück, das verlost wurde.

5. Lussen ‹ mhd laus, lichs, lische = Farn; Binse.

6. Nach einem Besitzer Lutz(i/y), Lutz.

Um 1800 rodete ein gewisser Lutz diese öde Fläche, um 500 Obstbäume zu pflanzen. Das Gelände hieß Lutzsches Gut. Dieses geriet bald in Schwierigkeiten und wurde an Theodor von Traitteur verkauft. Die Entscheidung fällt zwischen 4 und 6 nach dem Alter der Belege; taucht ein Beleg vor 1800 auf, dann gilt die Herleitung 4.

4.7 Neuostheim, seit 1905, 1910 Eingemeindung mit Feudenheim.

Kunstname im Anschluss an die Oststadt. Auf ehemals Feudenheimer Gemarkung links des Neckars ein 1905-10 teils durch private Erschließer (Süddeutsche Diskonotgesellschaft) einheitlich geplanter Villenvorort im Niederungsgelände der alten Neckarläufe, ein Dreieck zwischen Riedbahn, Neckar und Seckenheimer Landstraße. Mit dem Bauen

wurde kurz vor dem Ersten Weltkrieg begonnen.

4.8 Niederfeld FlN Ne seit 1348, Stadtteil seit 1960 ff. Eingemeindung mit Neckarau.

1348 – zu Neckerawe in deme niderfelde. (GLA 43/166 von 1348, August 19.; vgl PROBST: Neckarau I, S. 92/93).

In der Rheineben werden diejenigen Gemarkungsteile, die vom Dorf aus gesehen zum Rhein hin liegen als *Nieder-* (oder *Unter-)feld* bezeichnet. Es lag westlich des Dorfes und war vom Gießen umschlossen und durch Deiche vor Überschwemmungen geschützt. Es wurde noch bis in die 60er Jahre des 20. Jhts landwirtschaftlich genutzt. Von dieser Zeit an begann allmählich die Bebauung, und zwar im Anschluss an den Lindenhof südlich der Speyerer Straße. Von den 70er Jahren an bis zur Jahrhundertwende wuchs das *Niederfeld* zu einem geschlossenen Wohnviertel gehobenen Charakters an.

4.9 Pfingstberg FlN Se, seit 1476, seit 1924 Stadtteilname, Eingemeindung mit Rheinau am 1.1.1913.

1476 bis 1924 (GLA 66/3484) – häufig als FlN Pfingstberg

1924 als Eisenbahnersiedlung und Stadtteil – Pfingstberg

FlN mit dem Bestimmungswort Pfingst- sind außerordentlich häufig. Neben unserem *Pfingstberg* gibt es *Pfingstwiese, -wasen, -heide* und *Pfingstweide*. Diese FlN hängen mit dem Pfingstbrauch des Viehaustreibens zusammen, das auf einem bestimmten markanten Flurstück seinen Anfang nahm. Dass es nach Christmann (Ernst Christmann: Flurnamen zwischen Rhein und Saar,) allein im pfälzischen Sprachraum über 70 FlN mit Pfingst- gibt, zeigt an, dass bis ins ausgehende 18. Jht überall in der Pfalz eine beachtliche Weidewirtschaft gegeben hat. Erst damals wich der mit allerlei Bräuchen geschmückte Weidebetrieb (vgl Pfingstochse) der Stallhaltung des Viehs im Zusammenhang mit der Intensivierung der Landwirtschaft hierzulande.

Wie die Seckenheimer *Station* war auch der *Pfingstberg* zuerst eine Eisenbahnersiedlung, die sich aus dem Betrieb des seit 1906 bestehenden großen Rangierbahnhofes ergab[16].

4.10 Neuhermsheim, seit 1936, Eingemeindung mit Neckarau am 1.1.1899.

In Anlehnung an die Wüstung Hermsheim, auf deren 1936 und wieder 2004 archäologisch gesichertem Standort die neue Siedlung errichtet wurde.

4.11 Rheinau f FlN Se, seit 1872 Fabrikname, seit 1900 Ortsname, Eingemeindung 1.1.1913.
1872 bis 1886 als Chemische Fabrik Rheinau
1875 – als Bahnstation Rheinau
1900 – Rheinau als Seckenheimer Nebenort
1895 bis 1902 – als Rheinaugesellschaft
1906 – als neue Rheinau-AG

Seit den 70er Jahren des 19. Jhts entwickelte sich auf dem Seckenheimer Gemarkungsteil *Sand,* wo bereits seit 1740 (Relaishaus) einige Anwesen errichtet worden waren, ein zuerst noch namensloses Industriegebiet. Das größte Unternehmen dort, eine chemische Fabrik, nahm den Namen *Rheinau* in Analogie zum benachbarten und viel älteren *Neckarau* an, der seitdem immer wieder aufgegriffen wurde, bis er 1900 offiziell wurde. Seine Herkunft von der Fabrik und der Rheinaugesellschaft und damit seine späte Entstehung verrät der Sprachgebrauch bis heute, indem man *„die" Rheinau* sagt[17].

4.12 Schönau seit 1933, nach der Abtei und der späteren Pflege Schönau, Eingemeindung mit Sandhofen am 1.1.1913.

Planungen nach dem Ersten Weltkrieg. Die Gemeinnützige Baugesellschaft erstellte seit 1933 auf dem Gelände des sogenannten Kollekturwaldes der Pflege Schönau, daher der Name, auf 600 qm großen Parzellen 76 Siedlerhäuser. Das ist der Anfang des Stadtteils Schönau.

4.13 Suebenheim, seit 1935/36 Kunstname, Eingemeindung mit Seckenheim am 1.10.1930.

1929 fasste der Seckenheimer Gemeinderat den Beschluss, zur Behebung der großen Wohnungsnot an der *Waldspitze* beim Seckenheimer Friedhof nach dem Reichsheimstättengesetz Land für Siedlungshäuser zur Verfügung zu stellen. 1930 wurden die ersten Häuser gebaut. Dieser Ortsteil hieß zuerst und noch lange einfach *Siedlung.* Als beim Autobahnbau 1935/36 römische und vor allem neckarswebische Gebäude ausgegraben wurden, regte der damalige Ausgräber und Denkmalspfleger, Hermann Großengießer, an, die benachbarte neue Siedlung *Suebenheim* zu nennen[18].

4.14 Vogelstang f FlN Wa und Se, seit dem Mittelalter, seit 1965 neuer, geschlossen geplanter Stadtteil, Eingemeindung am 1.7.1929 als Teil der Gemarkung von Wallstadt.

Vogelstangen sind Stangen oder Latten, in die Löcher für Leimruten gebohrt wurden, so dass die Vogelstangen eine Art klebriges Sperrgitter bildeten, in dem die Vögel hängen blieben.

4.15 Waldhof FlN Kä, seit 1850 Fabrikgelände und Ortsteil von und Eingemeindung mit Käfertal am 1.7.1897. Seit 1856 Waldhof

Ein ehemaliger „Aussiedlerhof" von Käfertal, bei dem sich 1850 die Spiegelfabrik ansiedelte. Ursprung ist die Siedlung der Spiegelmanufaktur mit Laubenganghäusern als Arbeiterwohnungen. Andere Großbetriebe wie Bopp & Reuther und Benz folgten mit ihren Arbeiterhäusern.

5. Wüstungen und Ausbauorte

Wüstungen oder Ödungen sind Siedlungsplätze und Gemarkungen, die bis ins 13. Jht – selten später wie z.B. im Dreißigjährigen Krieg – von den Bewohnern verlassen wurden. Die Gründe sind ganz verschieden, in der Regel ein Bevölkerungsrückgang bzw. Bevölkerungskonzentration in größeren Einheiten, aber auch örtliche Naturkatastrophen wie Überschwemmungen, Kriege und Seuchen können Ursache einer Wüstung sein. Schließlich führen, und das ist sicher der häufigste Fall, auch Verwaltungsmaßnahmen der Grundherren zur Aufgabe oder Reduzierung eines Wohnplatzes.
Wird nur der Ort aufgegeben, sprechen wir von einer Ortswüstung, fällt die gesamte Gemarkung wüst, handelt es sich um eine Totalwüstung. Auf Mann-

heimer Gemarkung gibt es eine Anzahl Ortswüstungen. Die Siedlungen sind zu verschiedenen Zeiten und aus unterschiedlichen Ursachen aufgegeben worden. Die urbaren Felder blieben immer im Anbau.

Eine Sonderform von (Teil)wüstungen sind die Reduzierungen von ehemals selbständigen Dörfern zu Hofgütern, die auf die Tätigkeit der Zisterziensermönche von Schönau zurückzuführen ist, die sogenannten *Grangien*. Die Schönauer Mönche erwarben in den alten Dörfern erst einzelne Höfe, die sie im Laufe der Zeit durch Zuerwerbungen arrondierten, allmählich die Selbstverwaltungsorgane abschafften und eine neue, vom Kloster abhängige und sehr effektive Wirtschaftseinheit, die Grangie, schufen. So ist das bei Schar(hof), dem Straßenheim(er Hof), dem Rohr(hof) und dem Grenz(hof) geschehen, früher Straßenheim, Rohrheim und Grenzheim.

Daneben gibt es aber auch eine Gegenströmung, die im 13. Jht einsetzt, als die Bevölkerung zunahm und neues Ackerland unter den Pflug genommen werden musste. Beispiele für solche Ausbauorte auf Mannheimer Gemarkung sind Käfertal und Sandhofen.

5.1. Dornheim, Toponym, 766 – vor 1300

767, 779 – Thornheim (CL 534 und 544)
766, 767, 770, 773, 776, 783, 784, 796, 800, 815, 847 – Dornheim (CL 533 – 546 und 40)
1236 – inter Sunthoven et Dornheim (Gud. Syll. 187)
Ende 13. Jht – ad Dornheim ... (ZEUSS, TradWizz 288)

Erscheint in dreizehn Urkunden in der Nachbarschaft und einige Male auch zusammen mit Mannheim. Es wird als am Neckar liegend bezeichnet, wobei man wissen muss, dass der Neckar in der Karolingerzeit zwischen Neckarau und Mannheim in den Rhein mündete, Mannheim und Dornheim waren also rechtsneckarisch. Da auch Wallstadt und Feudenheim in der Nachbarschaft genannt werden, muss Dornheim dort gesucht werden. Um 1800 lag am damals abgeschnittenen nördlichen Neckarbogen der FlN *Dornhamm*[19]. Dass Dornheim schon in der 2. Hälfte des 13. Jhts wüst geworden war, zeigt die letzte Quelle mit dem Satz: *Ad Dornheim de terra salica ... quod totum desertum est* = Zu Dornheim

ein Salland (Herrschaftsland), das ganz verlassen ist. Dornheims Untergang wird gemeinhin mit der grossen Überschwemmung von 1275 verbunden, in der Hauptlauf des Neckars nördlich von Mannheim durchbrach. Andererseits weist der Name Dornheim aber auf unfruchtbares, dorniges Ödland hin[20].

5.2 Eichelsheim

1270 – castrum in opposito illa parte Rheni vocatum Eschesheim (AnnWor in: QuStWorms 3, S, 161)
1353/54 – daz bergfrit, daz Go/auchelingen genannt ist (RPR I, Nr. 169)
1622 – Eichelsheim
1663 – Eycholsheim demoliert
1775 – Eichelsheimer Schloss
1780 – Rudera (Überreste) des Eichelsheimer Schlosses
1891 bis 96 – Eichelsheimer Straße (Plan 112)

Die Pfalzgrafen hatten 1265 ihren Rheinzoll in die neu errichtete Zollburg *Gouchelingen > (G)ou/oy/ eichel(ingen)sheim* = gehässiger Spottname = Schmarotzendes Kuckucksnest, mhd *Go/auch* = Kuckuck, verlegt. Ich leite übrigens sprachlich Ei/Oychelsheim von diesem *(G)ouchel(ingen)* ab. Diese Burg wurde gleich 1270 von den benachbarten Fürsten zerstört, die wohl das Verlanden von Rheinhausen als Beendigung des pfälzischen Zollrechts interpretierten. Diese neue Burg lag auf Mannheimer Gemarkung, und zwar an einer weiteren alten Ausmündung des Neckars, südlich des Schnickenlochs und hieß deshalb offiziell immer *Mannheim die vesten off dem Ryn gelegen* (1317, 1369 u. a.). Der alte Rheinhäuser Neckararm war am Schnickenloch noch Hafen für die Zollburg, deren Mannschaft sich natürlich ständig auf dem Rhein bewegen musste, um die Schiffe anzuhalten und zu kontrollieren. Im 16. Jht, siehe auch Jagdakten, hieß der alte Neckarmündungsarm *Kalkofengraben* (Kalkofen setzt den kalkreichen Neckarlehm voraus!) und ist im Stich von 1622 als der Mannheimer Hafen ausgewiesen. Noch im 19. Jht wurde das Schnickenloch als Winterhafen für kleine Fischerboote benutzt. Der Neckarhafen unterhalb der neuen Stadt war (Deyls *Cranen*) natürlich bei der späteren Neckarmündung viel günstiger und für den Bedarf der Stadt nach dem 30-jährigen Krieg hier notwendig. Deyl zeigt übrigens den verlandenden Rheinhäuser Stummel, als Festungsgraben umgenutzt, mit der bereits in den Jagdakten bezeugten Brücke vor Eichelsheim sehr gut.

5.3 Vicus Gerberti (s. auch Käfertal), Toponym 917
Gerolves-, Geroldisheim, Toponym, 1203 bis 1285

917 – vicus Gerberti (CL 65)
1203, 1230 – Gerolvesheim (Würdtwein Chron 37 und GudSyll 172)
1208, 1227 – Geroldi/esheim (GudSyll 72, 148)
1282, 1285 – Geroltsheim (Gud Syll 276 und 282)

Wenn *Geroldesheim* und *vicus Gerberti* identisch sind, lag es nördlich von Käfertal an der Flur *Weiherspitz* = Weilerspitz. Die späten Nennungen machen eher eine Lage südwestlich von Schar in Rheinnähe wahrscheinlich. Dann wäre *Gerold/vsheim* auch ein Opfer des Rheins geworden.

5.4 Godenowa und Hoh(en)stad, Toponym 777 bis 782

777 – infra finem Hohstatt in loco cognominante Godenowa in fluvio Rheno = unterhalb des Gebietes am Hochgestade an einem Ort mit dem Namen Godenowa am Rhein (CL 8)
778, 782 – inter Mannheim et inter Hohensteter marca, in Hohstade = zwischen Mannheim und der Hohstätter Gemarkung, am hohen Gestade (CL 457, 463)
815 – Hostat (CL 466)

Nach der Urkunde lag *Godenowa* am Rhein, Lorsch hatte das Recht, dort ein Wehr zu bauen und durch den umgebenden Föhrenwald einen Zugangsweg anzulegen. Diese Insel war Teil der Gemarkung *Hohenstad.* Der Bezug zum *Gutemanngraben* wurde schon früh vermutet[21], kann aber nicht weiter festgemacht werden.
Noch rätselhafter ist die Lage von *Hohenstad.* Es erscheint zweimal in Zusammenhang mit Ilvesheim. Es ist dort von Ilvesheimer Land die Rede, das bis in den Rhein reicht und zwischen Mannheim und Hohenstad liegt. Wahrscheinlich handelt es sich um einen Ilvesheimer Landanteil an den Rheinwiesen wie es z. B. im Süden die Riedanteile von Edingen, Seckenheim und Schwetzingen sind. Beide Siedlungen werden später nicht mehr erwähnt und sind wohl Opfer des Rheins geworden.

Aufschlussreich ist noch der Vergleich zwischen Hohstatt und Hochstätt.
1. Das scheinbar gleiche Grundwort geht auf verschiedene Wurzeln zurück: Bei *Hohenstad* auf mhd stn *ge-stad,* Pl *gestade,* alter O-Stamm = Ufer, Gestade, *Hohenstad* = Hochufer,
2. bei Hochstätt auf das ahd *stat* stf, alter i-Stamm = Platz, Stelle, Ort zurück (Die nhd Schreibungen Stadt, Statt, -statt sind sekundär und sprachgeschichtlich ohne Belang). Der ahd Plural von *stat* ist *stä/ette.* Aus diesem Plural wird erst in nhd Zeit ein neues Substantiv als Sg rückgebildet: die *Stätte,* z. B. *Werk-, Hofstätte.* Dazu gibt es einen neuen Plural: *Stätten.* Nach dem Lautstand ist *Hohstad* ahd, während *Hochstätt* eine spätere nhd Neubildung ist, abgeleitet von dem alten Plural *(Hof)ste(ä)tten..,* wie das auch die Belege zeigen.

5.5 Hermsheim, Toponym 771 bis 1283, Ne FlN seit 1300

771, 784 – Herimundesheim (CL 600, 607)
772 bis 844 – Herimundisheim (CL 601 bis 606, 608)
877 – Herimuntesheim (CL 40)
952 – Hermundesheim (CL 660)
1152, 1206, 1283 – Hermensheim (GudSyll 14 und 70)
1198, 1439, 1580 – Hermes/yßheim, Hermesheimer Gerichtsschöffen
1243 – Herminsheim (Franz Xaver REMLING: Urkundenbuch zur Geschichte der Bischöfe von Speyer, Bd 1, Nr. 226)
1318, 1570, 1582 – Herm(b)sheim
1559, 1595 – Herns/ßheimer Markung

Hermsheim ist Wohnplatz *Herimunds,* Herimundes Heim. Damit gehört auch Hermsheim zu der großen Gruppe fränkischer Ortsnamen, die als Bestimmungswort einen Personennamen haben, und zwar hier, nicht wie bei Mannheim, Seckenheim oder Feudenheim einen solchen in der Kurzform, sondern in der zwei- bis dreisilbigen Langform mit einem Genetiv-s wie bei Oftersheim oder Heddesheim. Ahd *heri* = Heer, *munt/d* = Schützer, wie wir das noch im nhd *Vormund* haben. Herimund ist also der Schützer des Heeres. Im Lorscher Kodex wird dieser Personenname dreimal belegt.

Die Veränderung des Lautstandes bis ins Neuhochdeutsche geht über *Hermundes* und *Hermens* zu *Herms.*

Hermsheim wird im späten 13. Jht planmäßig aufgegeben, die Bewohner ziehen nach Neckarau, die Gemarkung wird mit der Neckarauer vereinigt. Die Hermsheimer bilden in Neckarau bis ins Ende des 18. Jhts eine eigene Gemeinde mit Schultheiß und Gericht, die zusammentrat, wenn eine Angelegenheit auf der alten Hermsheimer Gemarkung zu behandeln war. Bis heute lebt der Name in FlN fort: *Hermsheimer Bösfeld, Hermsheimer Gewann, Hermsheimer Großfeld, Hermsheimer Hecke, bei der Hermsheimer Kirche, Hermsheimer Weg* und *Hermsheimer Wiesen.*

Der auf der alten Gemarkung am Eisenbahnkreuz in den 30er Jahren gegründete Stadtteil nahm in Neu-Hermsheim den alten Namen wieder auf.

5.6 Husen, Rheinhausen Toponym, 1188 bis 1284 Husen, dann (1287) Rynhusen, Rheinhausen.

1367 – zolle off dem Rîne zu Mannheim ... und von dem Neckerzolle und dar zu von dem hoffe zu Rinhusen und von Neckerauw und von der mulen zu Fydenheim und allen frefelen, die yme von Neckarau gefallen sind, (RPR Bd I, 219).

1369 – Rynhusen (GLA 67/3480).

seit 1622 – Rheinhausen

1663 – Rheinhäuser Hof und Rheinhäuser Feldt

Die Sondergemarkung *Rheinhausen* ist bis ins 19. Jht ausgewiesen; noch die Renovatoren des späten 18. Jhts wie Dewarat stellen sie gesondert dar. Die SN auf *-husen/-hausen* sind adlige oder landesherrliche Gründungen des weiteren Landesausbaus im hohen Mittelalter. Sie umfassen wenige, häufig nur ein einziges Gehöft. Dieses *Husen* war Reichsgut und Herrschaftsmittelpunkt über Mannheim und Dornheim mindestens seit 1188 wie seine Verlehnung an die bekannte Reichsministerialenfamilie (Marquard) von Annweiler noch im ausgehenden 12. Jht zeigt und die häufigen Verpfändungen bis ins 14. Jht. Schaab hat[22] die komplizierten Lehensverhältnisse und die Begründung der pfälzischen Oberhoheit von der Mitte des 13. Jhts an

nach dem Quellenstand gültig dargelegt. Wertvoll und sehr anziehend war dieser Bereich Husen, vgl den Minnesänger Dietrich von Husen, erst nach 1300 „Rhein"husen, wegen des Zollrechts auf Rhein und Neckar, dann 1267 die Katzenelnbogen und ab 1273 die Pfalzgrafen, 1287 endgültig, aber als Domäne; als Zollburg war Rheinhausen bedeutungslos geworden, da sich die Neckarmündung verlagert hatte und man von da nicht mehr schnell zu Schiff in den Rhein kam zum viel ertragreicheren Rheinzoll.

5.7 Kloppenheim, Toponym 782 bis 806 Se und Ne FlN seit 1297.

782, 792, 822, 9 Jht – Clopheim (CL 613 bis 616, 3651)

797, 801 – Clopheimer marca (CL 648, 649)

806 Cloppenheim (CL 259)

als FlN

ab 1297 – Kloppenheimer Feld, Hermsheimer Kloppenheimer Feld (Neckarau), Kloppenheimer Weg (Neckarau und Seckenheim) und Kloppenheimer Winkel, Kloppenheimer Brunnen, Klopfenlache, Bei der Kloppenheimer Kirche (Seckenheim)

Auch hier ein Beispiel für die gängigste Ortsnamensbildung Kurzform eines Personennamens + *-heim.* Hier liegt *Clop(f)o* als Kurzform für Chlodwig, Chlodbald oder Chlodfrid vor.

5.8 Mallau 771 bis 788 Wüstung, 1297 Flurstück im Südwesten der Seckenheimer Gemarkung, 1913 mit Rheinau nach Mannheim eingemeindet, seit 1970 Industriegebiet.

771, 782 – in malinowa;

788 – in mulino marca;

1297 – in campo dicto mallauwe;

1329, 1394 – in malno(au)we;

1329, 1429, 1436, 1468, 1496, 1512, 1553, 1570, 1585, 1592, 1595, 1601, 1611, 1620, 1635, 1660, 1713, 1735, 1764, 1756, 1780, 1782, 1798, 1879 – in der M(m)alla(u)w(e), Mallau 60 x:

1512, 1570 – in der Molaw 4 x;

1754 – in der Mühlaw;

Seit 18. Jh. – Mallau.

Das Grundwort *–owa, –ouwe* in diesem sehr alten und häufig genannten FlN ist als *–au* = Insel geläufig. Das Bestimmungswort *malin,* ablautend zu ahd swf *mulin* mhd *mül* kommt aus dem lat *mola* = Mühlstein und *molere* = mahlen. Das ahd malin kommt direkt von *Molinae* oder *molendinum,* einer spätlat Weiterbildung für Mühle. Mallau ist also die Mühlinsel wie die spätere Bildung Mühlau, und damit Hinweis auf eine frühe Wassermühle. Lage: Südwestliche Ausbuchtung der Seckenheimer in die Neckarauser Gemarkung, heute größtenteils Rangierbahnhof und Industriegebiet.

5.9 Norderau, Ornauer Weg, Beim, Toponym 788 – 875, Se Niederfeld FlN seit 1297.

788, 825 – Norderowa oder Nordi(o)nowa 4 x;

805 = in den beiden Ortschaften (villis) Seckenheim und Nordinowa Wiesen (prata).

875 – eine Wiese in Nordowen;

1297 – super viam nordelau 2 x = Über dem Weg nach Norderau

1350 – uff der Norderauwe by dem graswege – uff den Norderauer weg ziehet nahe dem vydenheimer felt

1394, 1429, 1436 – vber ..., off den norderauwer weg 6 x;

1476, 1496, 1512, 1570, 1595, 1754 – vf ..., neben dem (n)Ordenawer w(W)eg 26 x;

1611 – ordenauer weg, so nur ein ackerweg 6 x;

1585, 1595, 1620, 1660, 1713, 1798, 1879 – auf(f) ..., neben dem(n) ..., beim (N) Ornau(w)er W(w)eg 37 x;

Der sprachliche Zusammenhang zwischen *Norderowa* im CL und Ornau ist durch die Belege eindeutig gegeben. So sind *Ornau* und *Mallau* die ältesten FlN auf der Seckenheimer Gemarkung. *Ornau* erscheint im CL als *Norderowa* oder *Nordi(o)nowa.* Das ahd *owa* stf (vgl Nr. 3). mhd *ouwe* ist im Nhd zu *Au(e)* geworden und heißt ursprünglich Wasser vgl lat *aqua,* davon Insel, Halbinsel, Land am Wasser. Alle alten Orts- und Flurnamen mit der Endung *-au* weisen somit auf ihre Lage am Wasser hin. Das Bestimmungswort *Nord(er)* ist klar, so dass *Norderowa* Nordinsel heißt.

Wenn eine Himmelsrichtung angegeben ist so wie hier, müssen wir einen Bezugspunkt suchen. Dieser ist in den beiden anderen *Auwen* = Inseln vorhanden, die im Neckardelta südlich der *Norderowa* lagen, nämlich *Mallau* und *Neckarau.* Ein Hauptarm des Neckars floss bis ins hohe Mittelalter unterhalb Seckenheims in einem Linksbogen in mehreren

Mündungsarmen in den Rhein. Seckenheim war das letzte linksneckarische Dorf, Mannheim lag damals rechts des Neckars. Die Flussarme umschlossen Inseln und Halbinseln. Diese Inseln waren besiedelt, wie es bei Neckarau immer zutraf und es für *Mallau* aus dem Urkundenbefund anzunehmen ist, ebenso gab es eine Siedlung *Norderau.* Inzwischen wurde sie beim Bau der Randerschließungstraße um Seckenheim Anfang der 1990er Jahre im Bereich des *Ornauer Weges* gefunden! Seit 1394 ist nicht mehr von *Norderau* die Rede, sondern von dem *Norderauer Weg.* Ein Weg führt in der Regel zu einer Siedlung. So wundert sich 1611 der Berainschreiber, dass der *Norderauer Weg* nur noch ein Ackerweg ohne Zielort ist.

5.10 Wilare, Weiherhof (CL 40 vom 1.10.877)
Schenkung von drei Hörigenhuben durch Graf Lüther im Zusammenhang mit der großen Schenkung von (Leuters)Hausen, Lage unbekannt, wahrscheinlich auf der späteren Käfertaler Gemarkung

6. Typologischer Überblick

Abkürzungen: SN = Siedlungsnamen (Toponyme); FlN = Flurnamen; PN = Personennamen; W = Wüstung.

1. SN, die auf gallorömische Wurzeln verweisen:
 Casterfeld (FlN 1348 sehr häufig, 1964); Mallau (W 771 bis 788, FlN 1297 sehr häufig nach 1960); Schar(hof) (764); Straßenheim (903); Wallstadt (765); weitere Beispiele aus der Umgebung: Ladenburg, Altrip.

2. Fränkisch-althochdeutsche PN in Kurzform auf –heim:
Feudenheim (766), Friesenheim (771), Kloppenheim (W 770 bis 822), Mannheim (766), Seckenheim; weitere Beispiele aus der Umgebung: Weinheim, Schriesheim, Eppelheim

3. Fränkisch-althochdeutsche PN in Langform: Herimundesheim › Hermsheim (W 771 bis 1283, FlN sehr häufig, Neu-Hermsheim seit 1935); Gerolvesheim (W?). Weitere Beispiele aus der Umgebung: Handschuhsheim, Oftersheim, Heddesheim.

4. SN mit Hinweisen auf örtliche Besonderheiten: Dornheim (W 766 bis 1300); Neckarau (871); Stra-

ßenheim (s. o.); weitere Beispiele aus der Umgebung: Ilvesheim (766), Leimen ‹ Leimheim (791), Dossenheim (766).

5. Ausbauorte:

Friedrichsburg (W 1606 bis 1694); Friedrichsfeld (1682); Käfertal (1230); Kirschgarthausen (1237), Sandhofen (888/1227); Sandtorf (1571).

6. Neuzeitliche Namensbildung für Stadtteile:

Almenhof (FlN 1348, seit 1920); Alteichwaldsiedlung (FlN 1935); Blumenau (1935); Garten(vor)stadt (1910); Herzogenried (FlN seit 1875); Hochstätt (FlN 1394, seit 1964); Jungbusch (FlN 1606); Lindenhof (FlN 1830); Luzenberg (FlN 1800, seit 1856); Mühlau (FlN 1496); Neckar(vor)stadt (1872); Neuostheim (1905); Niederfeld (FlN 1348, seit 1960); Ober- und Unterstadt (nach 1700); Oststadt (1872); Pfingstberg (FlN 1476, seit 1924); Rheinau (1872); Schönau (1933); Schwetzinger (Vor)stadt (1875); Speckweg (FlN, seit 1960); Suebenheim (1935); Vogelstang (FlN 1500, seit 1965); Waldhof (FlN 1800, seit 1850); Wohlgelegen (FlN 1830).

7. Die Aussage der Siedlungsnamen

Die merowingische Wirklichkeit zwischen 500 und 750 – und darum geht es – ist auch sprachgeschichtlich viel komplizierter als es unsere heutigen großflächigen Sprachlandschaften erscheinen lassen. Es ist zu grob und oberflächlich, diese einfach nach rückwärts zu verlängern. Hier gilt, was Franz Staab so formuliert: *Jede Region kann etwas anderes bieten und muss deshalb jeweils für sich nach den Befunden der Orts- und Landschaftnamen, des Verhältnisses zwischen Städten, Kastellen, villa rusticae der Römer einerseits und späteren (das heißt hier alamannisch-fränkischen) Siedlung andererseits, der Verbreitung und Inventare der Reihengräber usw. untersucht werden*[23]. Wir haben das Glück, dass unsere Region, die Mannheimer Gesamtgemarkung im Lobdengau, einen außerordentlich reichhaltigen Bestand an Namen verschiedenster Zeitstellung aufweist. So ist Besiedlungsgeschichte des unteren Neckarlandes ein gutes Beispiel für die Staabsche „Patchwork-Theorie"[24]. Die deutschen Siedlungs- und Flurnamen, die uns auch inhaltliche Aussagen erlauben, herrschen vor.

Es ist seit über 100 Jahren Stand der Forschung, dass die SN auf -ingen und -heim in die Zeit der ersten „Landnahme" gehören[25]. Schon 440 und 475 waren Trier und Metz in fränkischem Besitz. Mainz und Worms waren 450 und 451 nach dem Untergang des Burgunderreiches um Worms 436 und deren Umsiedlung nach Sapaudien (Savoyen und Bourgogne) in alamannischen Besitz gekommen. Die Rheinfranken stießen an der Rheinlinie auf diese früher eingewanderten Alamannen, mit denen sie um den Besitz des Landes kämpften. Rechtsrheinisch drangen sie in den Rheingau und in die Wetterau vor. Dabei handelt es sich fürs erste um die Ausdehnung der fränkischen Herrschaft in der *Francia Rhinensis* = Rheinfranken, weniger um einen Bevölkerungswechsel. Die Siege des Königs der salischen Franken Chlodwig über die Alamannen 496 und 507 brachten den Abschluss und die Entscheidung zugunsten der Franken und öffneten ihnen den Weg für eine starke Einwanderung am nördlichen Oberrhein. *Noch unter Chlodwig setzt nun eine planmäßige Erfassung der neuerworbenen rheinfränkischen und der eroberten alamannischen Gebiete ein durch eine flächendeckende Aufsiedlung mit eigenen oder verbündeten Personengruppen. Die auf diese Weise in Besitz genommenen Regionen erhalten zu jener Zeit die noch heute weitgehend erhaltene Siedlungsstruktur*[26]. Von da an drängten die Franken die Alamannen bis auf die Murglinie zurück. Eugen Ewig schrieb dazu: *Die Völkerwanderung (ist) in der rheinischen Geschichte keine Caesur, leitet aber eine neue Epoche ein. Das gesamte Rheingebiet wurde dem fränkischen Reich eingegliedert, jedoch nicht gleichmäßig besiedelt. Südlich von Speyer behaupten sich (Gruppen von) Alamannen*[27].

Ein Niederschlag dieser Ereignisse sind die zahlreichen fränkischen Ortsgründungen dieser Landnahme. Für die Germanen auffällig ist der Mangel an „echten" Siedlungsnamen, so sind die Siedlungsnamen der ersten Ankömmlinge zum allergrößten Teil personenbezogen. Sie sind mit den Suffixen -ingen oder -heim gebildet. Dabei bedeutet der lokativische Dativplural -ingen bei den Leuten von, -heim Haus, Wohnsitz, Dorf, Gemeinde im Sinn eines genossenschaftlich strukturierten Wohnplatzes, nicht als zufällige Zusammensiedlung. In beiden Fällen ist das Bestimmungswort ein Personenname. *Edingun* › Edingen, *Wibilinga* › Wieblingen und *Swezzingen* › Schwetzingen bedeutet bei den Leuten von Edo, Wibilo und Swezzo. Diese Namensgeber waren Sippenälteste oder Grundherren, vornehme Gefolgsleute des Frankenkönigs. Die früher häufig geäußerte Annahme, dass die -ingen-Namen auf die Alamannen und die -heim-Namen auf die Franken zurückgehen, wird heute nicht mehr vertreten. Der Namenforscher Christmann verweist für den Westrich, das Saarland und Lothringen, also im fränkischen Siedlungsgebiet, eine sehr große geschlossene Gruppe von -ingen-Gründungen nach, in Rheinhessen, der Vorderpfalz, aber auch im alemannischen Elsaß und deren rechtsrheinischen Pendants eine ebenso große Gruppe von -heim-Siedlungen. Beide Gruppen müssen nach dem gleichartigen Zeugnis ihrer Namen in einem relativ kurzen Zeitraum, nämlich in den Jahrzehnten um 550, entstanden sein. Sicherlich war diese Form der Ortsnamenbildung auch einfach modisch geworden[28].

Im Stadtkreis Mannheim gehören zu der Gründungswelle der allerersten fränkischen (und alamannischen) „Landnahme" zwischen 500 und 600 neben Mannheim auch Feudenheim und Seckenheim und die Wüstungen Kloppenheim, Hermsheim und Gerolzheim. Deren Namen sind personenbezogen. Der kleine Vorort Straßenheim weist in seinem lateinischen Namen auf die gallo-römische Zeit und den Fortbestand der römischen Straßen hin. Die Wüstung Dornheim hat in ihrem Namen keinen Personenbezug, gehört also zu der etwas späteren Gruppe der -heim-Orte mit lokalem Bezug (um 700). Namen nach dem Typ Manninheim = Wohnsitz des Manno verweisen uns direkt auf die Sozialstruktur der Franken in der Völkerwanderungszeit: Ein adliger oder freier Franke nimmt mit seinen Gefolgsleuten Ackerland in Besitz. Denn das Verbreitungsgebiet der -ingen und -heim-Orte ist das alte, bereits von den Römern und früher erschlossene, fruchtbare Ackerland mit den besten Böden. In die gleiche Zeit gehören auch die Bildungen auf -statt, die vor allem auf Reste der Gallo-Romanen verweisen, hier Ober- und Unterwallstadt, das die Walchen oder Welschen in darüber hinaus noch in seinem Bestimmungswort anzeigt. Direkt

auf den fränkischen König und seine Herrschaft beziehen sich der in den Urkunden so genannte *fiscus* oder die *curtis* Neckarau und die *villa* Schar, welches Wort allein schon einfach Königsleute bedeutet, die sogenannten *Liten* oder *Laezen*. Auch in Neckarau handelt es sich um diese ausdrücklich. Nach dem Goldenen Buch von Prüm aus dem Jahr 895 gibt es in Neckarau allein 30 Litenhuben. Diese Quelle ist besonders kompetent, weil ihr Verfasser, der Prümer Abt Regino, aus Altrip stammt, also in unserer Gegend zu Hause ist. Das fränkische Königsgut folgt hier dem römischen Staatsgut = fiscus direkt nach. Die Namengruppe Wallstadt = Welschensiedlung, Straßenheim = Straße, Schar = Siedlung von Königsleuten und Neckarau = Insel an der Neckarmündung zusammen mit den Eckpfeilern Altrip und Ladenburg zeigt eine relativ konzentrierte galloömisch-germanische Kontinuität an. Dazu gesellen sich die alamannisch-fränkischen Siedlungen.

Durch die Art der Schenkungen im Lorscher Kodex wird diese Beobachtung bestätigt: Gut 250 Jahre nach der Gründung in der Landnahmezeit schenken in Mannheim 41, in Feudenheim 32 und in Seckenheim 44 freie Franken dem Kloster Güter, in Neckarau keiner und in Schar neben der Gaugräfin des Oberrheingaus Wilisuint nur ein weiterer. Beide Ortschaften kamen geschlossen – logischerweise aus Königsgut – in Klosterbesitz, bei Neckarau handelt es sich um Prüm, bei Schar um Lorsch. Wie schon bei Neckarau zu sehen, sind unsere -au-Siedlungen früh; sie sind wassernah und nutzen es z.B. für Fischerei, Mühlen oder Viehzucht; sie bilden keine genossenschaftlich organisierte Gemeinde wie die -heim-Orte, sondern königliche und später die daraus erwachsenen geistlichen Grundherrschaften. Neben Neckarau gab es in der Merowingerzeit Mallau, Norderau und Godenau. Schon in der Zeit der Lorscher Urkunden waren diese wohl sehr kleinen Siedlungen Mallau und Norderau, die immerhin eine eigene Gemarkung hatten, in Auflösung zugunsten von Seckenheim begriffen. Das nur einmal, nämlich 777, erwähnte Godenau wird schon als ein Teil von Hohenstad gesehen und teilt dessen Schicksal.

Diese ursprünglichen Verhältnisse, wie sie uns in den Quellen des 8./9. Jhts begegnen, veränderten sich natürlich im Laufe der Zeit. Ortschaften wurden aufgegeben, die sogenannten Wüstungen, im Landesausbau wurde Neuland erschlossen, eine eigentlich gegenläufige Entwicklung. Die hohe Zahl der Wüstungen ist erklärungsbedürftig. Falsch ist die populäre und immer wieder zu hörende Meinung, die Wüstungen seien eine Folge des 30jährigen Krieges. Der Wüstungsvorgang liegt vielmehr mehrere Jahrhunderte früher. Von den Dörfern der Landnahmezeit des 6. Jhts verschwanden neben den oben genannten Kloppenheim (770 bis 826) Hermsheim (771 bis 1318), Dornheim (766 bis vor 1300) Gerolzheim (nach 1285) Hohenstad (777 bis 815) und Zeilsheim und Botzheim um 1250. Ober- und Unterwallstadt verschmolzen nach 781 zu einer Ortschaft. Bei allen hier genannten ist als Ursache des Wüstwerdens eine Tendenz zur Zusammensiedlung zu beobachten, wobei in den Zielorten der aufgelassenen Dörfer das Bewusstsein für diesen Vorgang durchaus erhalten blieb, am klarsten in Neckarau, wo sogar bis zum Ende der pfälzischen Zeit 1803 im Hermsheimer Gericht und Schultheißen die Gemeinde Hermsheim juristisch weiterexistierte. Kirchen blieben oft jahrhundertelang, wenn auch ruinös stehen wie in Schar, in Kloppenheim und in Hermsheim. In Kloppenheim wird noch 1496 die alte Pfarrkirche St. Alban erwähnt, 400 bis 500 Jahre nach dem Wüstwerden des Dorfes. Auch verraten Flurnamen die Herkunft von Gemarkungsteilen.

Die Gründe für das Wüstwerden von Dörfern sind sicher in der Ungunst der natürlichen Lage zu suchen wie in schlechtem, ertragsarmem Land auf Sandböden (Kloppenheim, Dornheim) oder in der Gefährdung durch Überschwemmungen und Flusslaufverlagerungen (Hermsheim, Hohenstad, Bischofsheim, Mallau, Norderau, Godenau). Aber auch ein effektiver Aufbau der Grundherrschaft zwang zur Zusammensiedlung wie die Errichtung der Seckenheimer *Vilikation* = Güterverband, Gutsverwaltung im Sinne eines landwirtschaftlichen Großbetriebs um den Lorscher Gutshof, den späteren pfalzgräflichen Bauhof. Auch in Mannheim gab es wohl so eine Vilikation. Für die Umsiedlung auf Anordnung der „Obrigkeit" stehen in der Umgebung

die Aufhebung von Zeilsheim und Botzheim zugunsten von Ladenburg im 13. Jht und 1394, noch sehr spät, die Aufhebung von Bergheim mit der geplanten Ansiedlung seiner Einwohner in der westlichen neuen Vorstadt von Heidelberg. Ein besonders spektakulärer und gut dokumentierter Fall dafür ist Schar. Dieses Dorf wurde von den Zisterziensern der Abtei Schönau im Ausgang des 12. Jhts planmäßig wüst gelegt und seine Einwohner nach Süden, nach *Sandhofen*, abgedrängt. Die Grangie Schar"hof" entstand als reiner Klosterhof rund 1 km östlich des alten Schar neu, nun unter strenger Regie der Abtei Schönau. Damit war der Wohnplatz der alten merowingischen Gründung „Schar" endgültig entvölkert.

Wüstwerden bzw. -legen und Siedlungsausbau laufen zeitlich versetzt neben- und nacheinander her: Zuerst überwiegen die Wüstungen, vom 13. Jht an durch den wachsenden Bevölkerungsdruck die Ausbaubewegung. Siedlungen mit den Grundwörtern -hofen, -hausen und -tal fallen in diese Ausbauphase der Ansiedlung. d.h. die günstigen, weil schon gerodeten Flächen waren in der frühen Landnahmezeit besetzt worden, während ungünstigere Flächen wie Wälder, Höhen, Hänge, Flussauen später gerodet wurden. In Mannheim haben wir auch dafür Beispiele. Über Sandhofen haben wir schon gesprochen: Die Höfe im Sand oder Sund = Süden, von Schar aus gesehen, waren die Höfe der aus Schar verdrängten Bauern. 888 wird Sandhofen zwar zum ersten Mal erwähnt, seine eigentlichen Anfänge liegen aber wesentlich später, nämlich nach 1227. Dass es sich hierbei um eine Ausbausiedlung handelt, zeigt sich auch daran, dass Pfarrkirche und Kirchhof, der zentrale Teil einer Gemeinde, bis ins ausgehende 15. Jht in Schar blieben. Die beiden -hausen auf Mannheimer Gemarkung: Rhein- und Kirschgartshausen wurden überhaupt keine Vollgemeinden. Kirschgartshausen, zum ersten Mal 1247 erwähnt, war ein Klosterhof des Wormser Klosters Kirschgarten, „Husen" = Rheinhausen war Reichsgut und Sitz eines Reichsministerialen im 12. Jht und später kurpfälzische Zollburg und Domäne. Käfertal erscheint unter diesem Namen ebenfalls erst 1230 und ist ein typischer Ausbauort. Auf vorherrschenden Sandböden in den

Ausläufern des riesigen Föhrenwaldes, des „Fore-hahi", der sich vom Neckar bis zum Main erstreckte. Es verrät das in seinem Namen: Tal in den Kiefern. Käfertal trat zusammen mit Mannheim die Nachfolge der aufgegebenen Altgründung Dornheim an. Eine ganz späte frühneuzeitliche Gründung ist Friedrichsfeld, 1682 von französischen Hugenotten gegründet und von der pfälzischen Regierung in Erinnerung an das nahe dabei gelegene Schlachtfeld der Schlacht bei Seckenheim und den damaligen Sieger Friedrich den Siegreichen „Friedrichsfeld" genannt.

Die Namen der jüngeren Stadtteile sind eher zufällig. Häufig sind Namensgeber sehr alte Flur- bzw. Wüstungsnamen wie Jungbusch, Pfingstberg, Niederfeld, Vogelstang, Hochstätt, Almen(hof), (Neu)-Hermsheim und Mallau. Modernen lokalen Gegebenheiten verpflichtet sind Neckarstadt, Schwetzinger Stadt, Oststadt und Neuostheim. Wohlgelegen, Lindenhof, Waldhof und Luzenberg gehen auf Einzelhöfe zurück.

8. Verständnishilfen für gängige, in der Regel deutsche Flurnamen

8.1 Gewässernamen

8.1.1 Fließgewässer

Argen(t)z/s
f Hydronym und FlN
Erstaunlich ist, dass dieser uralte Flussname als f unverändert so lange bewahrt wurde, in den Texten oft durch lateinische Buchstaben aus der üblichen deutschen Schrift herausgehoben so z. B. 1620; er wurde also immer als Fremdwort verstanden.
Alteuropäisches Hydronym und ein ähnlich alter Flussname wie Rhein und Neckar mit dem kennzeichnenden alteuropäischen Leitsuffix *-antia, das nach Krahe[28a] bis ins zweite Jahrtausend vor Chr. hinaufreicht.
Argentz = weißer, silberheller Fluss: *arg = weiß, hell, silbrig (alteuropäisch) vgl lat. argentum = Silber, kelt. argat, arget (altirisch), griech. argos = weiß. Das alteuropäische, sehr häufige Flussna-

mensuffix (-endung) *-antia ist zu mhd -en(t)ze verschoben.
Häufig in Orts- und Flussnamen: vgl die Parallelen: *Arguna idg Argen › Nebenfluss des Bodensees a 839 › Argunam; Argentorate = Straßburg, Argenteus,[29]. Ne: Argenz am Morchfeld: 1261/97 bis 1786 über 50 Belege!!
Ursprünglich war wohl der ganze Gießen gemeint, ein Seitenarm des Rheins, im Hinblick auf das helle Rheinwasser im Unterschied zum dunkleren Neckarwasser, der ja in dieser sehr frühen Zeit der Entstehung des Flussnamens vor rund 4.000 Jahren hier in den Rhein mündete. Dass man noch im Mittelalter diesen Namen als Flussnamen tradierte zeigen die Hinweise auf Deiche in der Nähe der Flur. Nach Denis 1780 lag damals die Argens in der Weggabelung zwischen dem Seckenheimer (Breiten) und dem Hermsheimer Gerichtsstuhlweg am Zusammenfluss der beiden Mallaugräben, die in den Gießen entwässerten, hier offensichtlich eine Reduktion des alten Flussnamens auf eine Flur.

Bach
stm, in der Pfalz f, ahd und mhd ba(c)h
Ne: credenbecher acker (1297 – 1430) = Krötenbach

Ballauf
ahd -apa/-af(f)(a) Suffix zur Bildung von Gewässernamen wie Ennepe oder Aschaff, Honnef, Wieslauf. Sa: Großer …, Kleiner …, Ballaufspitze.

Dol(l), Dole.
mhd swstf t(d)ole, t(d)ol = Durchfluss, Wassergraben, häufig künstlich angelegt: Abzugskanal oder -rinne; im Bergwesen auch Stollen, Mine, Erdgang. Ne: Angeldo(h)l, In der (seit 1700); In der Angel = Abzugs- oder Wassergraben an der Angel = angaria, in Ne als Straßenname Angelstraße weitergeführt.
Dohllache, Dohlplatte = Abzugsgraben (seit 1760).

Gießen
mhd swm gieze, zu dem Verbum giezen = schnell fließendes Wasser; schmaler, tiefer Flussarm, Gießbach, auch Mühlbach, Wassersturz.
Ne: (in Neckarau weit über 100 Nennungen seit 1344).

Überall im Rheinland wurden und werden durchströmte Seitenarme des Rheinstroms als *Gießen* bezeichnet. Der Neckarauer *Gießen* hatte seinen Einfluss an der *Plinau* und seinen Ausfluss an der Mannheimer bzw. Rheinhäuser Gemarkungsgrenze. Er wird in seinem geteilten Lauf unterschiedlich bezeichnet: Der ungeteilte Oberlauf ist der *Obere Gießen* (seit 1760). Nach dessen Gabelung hieß der südliche Gießenarm *Niedergießen* (seit 1490), der vom *Niederbrückl,* eigentlich *Niedergießenbrückl* (sprachwissenschaftlich eine sogenannte Klammerform, bei der das Mittelstück ausgelassen wird), überquert wird. Der nördliche Lauf hieß *Brückgießen* (seit 1369) im Hinblick auf den bis ins 19. Jht einzigen Ortseingang, die bekannte Brücke. Unterhalb dieser Brücke bekam der Gießenarm den Namen *Rauhgießen* (seit 1490): mhd *rouch* = rauh, struppig, bewachsen. Offensichtlich waren die Ufer dieses Gießenarms mit Gebüsch bewachsen. Dementsprechend hieß der südliche Arm *Buschgießen* (seit 1490), weil am Neckarauer *Busch* = Wald entlangfloss und diesen vom Niederfeld trennte. Das vereinte Endstück des Gießen hieß bis zur Mündung *Säugießen* (seit 1620), weil er als Schweineweide benutzt wurde. Felder am Gießen hießen *Gießenstücker.* Wahrscheinlich ist der *Gießen* mit der *Argens* identisch.

Graben

mhd swm *grabe,* zu dem Verbum *graben* = künstlicher oder natürlicher Wasserlauf (vielfach seit 1297). In der Rheinebene sehr häufige Bezeichnung für die kleinsten Nebenflüsse des Rheins; *Graben* wohl deshalb, weil sie schon immer Gegenstand menschlicher Korrekturen waren.

Ma: *Graben, das wazzer der Gutman genannt* (seit 1596) *Gutemann* ist vielleicht aus der Wüstung *Godenowa*[30] abzuleiten; Ne: *greven(acker), Affengraben, Geheugraben, Loßgraben, Hertwigsgraben,* (alle seit 1490) *Katzengraben, Hermsheimer Graben,* dazu die *Greven* (=Gräben-)*äcker.* Sa: *Fe(r)chgraben* (1571) = ; Sch: *Erlengraben, Kellereigraben, Rohrlachgraben;* Se: die beiden *Mallaugräben* mit *Grabengewann* und *Grabenweg, Sporwörthgraben, Mühlgraben* (Se).

Affen- oder *Effen* = Ulmen oder Rüster; *Geheu* mhd *gehey, Kay, Geheis* = entweder von *haien* in der

Bedeutung hegen, dann lag dieser Graben an oder um ein Gehege oder von der abgeleiteten Bedeutung *haien* = einrammen. Dann hätten wir es hier mit einem durch eingerammte Pfähle gesicherten hochliegenden Weg, niederdeutsch *Kai,* an dem Graben entlang zu tun. Bei dem *Geheugraben* handelt es sich um eine alte Neckarmündung; er setzt in gebogenem Lauf den *Sporwörthgraben* fort bis zum Rhein. *Lose* mhd swf = Mutterschwein, Zuchtsau; mhd stn *fa/ärch* = Jungschwein, Ferkel, ebenfalls Schweinegraben; *Hertwig* ist wohl ein Personenname; die *Mallau* und der *Sporwörth* zeigen ihren Inselcharakter nicht zuletzt dadurch, dass sie von Gräben umflossen werden. Diese Gräben sind noch auf der Karte von Denis eingezeichnet.

Grüb(e), Obere und Untere, Grübgewann, Pfundgrübe

(seit 1297) mhd stswf *gruobe* = Grube, Nebenform zu graben ist *grübelen* = bis ins letzte graben = künstlich geschaffene Höhlung, Loch, auch Bauwerk. Ne: (seit 1570) Im Neckarauer *Casterfeld* ein rund 500 m langer, bogenförmiger Geländeeinschnitt, der in den Rhein mündete und zeitweilig Wasser führte. Sie wurde durch die Chaussee seit 1740 in die *Obere* und *Untere Grüb* geteilt. Ihre Mündung war das *Heidenloch.* Heiden ist häufig Hinweis auf römische Überreste, wodurch sich eine Verbindung zum Burgus denken lässt, wahrscheinlich eine Neckarmündung zur Römerzeit.

Kehl(e)

swf ahd *kela* mhd *kel* = 1. (Hals)Kehle, aber auch jede (Hohl)kehle, längliche Einbuchtung, 2. von lat *canalis* = Kanal, Wasserrinne oder Verbindungsgraben

Ma: *Schwa/enkele* und *Doel* = Kehle, auf der Schwäne hausen, und Dohl = überdeckter Abzugsgraben; Se: *Uff die Kehl, Im Seckenheimer Riedt bey der Keelen gelegen, zwischen dem Schleim und dem Horrer eine Köhl* (seit 1535).

Krappen, Bellenkrappen, Krappenstück

mhd *kra(m)pe* = krummes Eisenstück, Klammer, Übertragung auf einen gebogenen Wasserlauf.

Se: seit 1580 *Krappen* und *Krappenstück* lagen im *Seckenheimer Hinteren Ried;* seit 1880 Ne: der

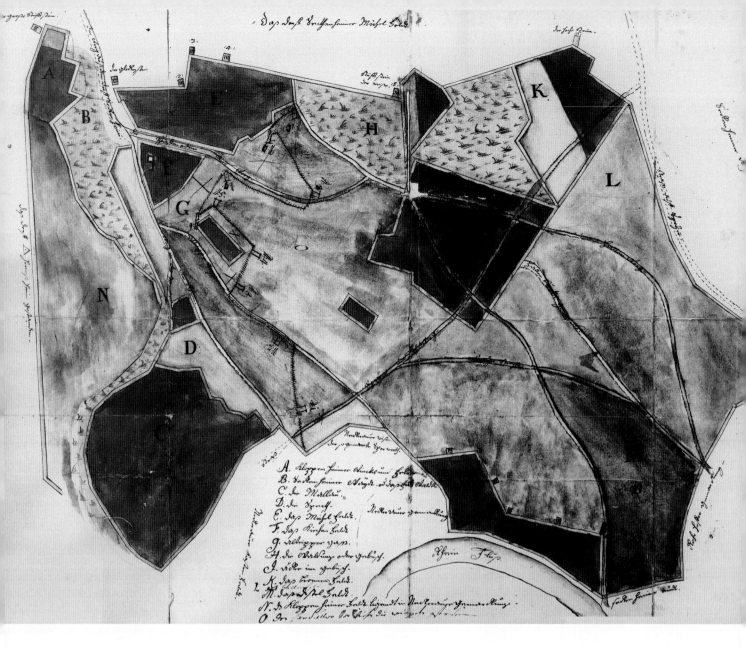

Flurkarte der Seckenheimer Gemarkungsteile *Sand* und *Mallau*.
Ältester Plan eines Teils der Seckenheimer Gemarkung.
Die Karte von 1732 ist geostet (GAL 229/96485).

(Originallegende:)

A– Kloppenheimer Winkel und Eichwäldchen

B– Seckenheimer Waydt (Weide) oder das Eichwäldchen

C – Die Mallau

D – Die Speckh

E – Daß Michel (Mittel) Feldt

F – Daß Kirchen Feldt (gemeint ist die eingezeichnete Ruine der
    Kloppenheimer Albanskirche)

G – Altripper Gaß

H – Waldungen oder Gebüsch

J – Äcker im Gebüsch

K – Daß Brunnen Feldt

L – Daß Hallen Feldt

M – Daß Distelfeld

N – Daß Kloppenheimer Feldt liegendt in Neckarauer Gemarkung

O – Dar sind allwo vor diesem die wingert gestanden

Beschriftung auf der Karte (Wege):
Der Weg aus dem Dorf Seckenheim, Der Pfaffen- oder Riedweg
Hallen Weg, Hallen Buckel Gewandt, Speyerer Straß, Altripper
weg, Straß auf Speyer und Heydelberg, Weg nach dem Rhein, Weg
auf die Mallau

Grenzsteine des St. Martiner Zehntbezirks; Der hohe Stein, der
weiße Stüfftstein, der glockenstein; weiter Grenzsteine 1-10 mit
den drei Strichen für das große M.

Felder und Gemarkungen:
Daß Dorff Seckenheimer Michel Feldt, Seckenheimer Rieth Waldt,
Rohrhofer gemarkung, Seckenheimer Rüth, Neckarauer Kasten
Feldt, Neckarauer Wiesen der sogenannte sporwerth, Wo das Dorff
Hermsheim gestanden, Rhein Fluß.

Ausschnitt aus dem großen Seckenheimer Gemarkungsplan von
1770 (GLA HI Seckenheim Nr. 2); er beinhaltet die Gemarkungsteile am Rhein Sand, Mallau, Sporwörth, Dossenwald, Riemen,
Rotloch, Brunnenfeld, Vorderers Ried.
Der Plan ist geostet, um einen Vergleich mit dem links nebenste-
henden älteren Plan zu erleichtern, links oben ist das Mittelfeld,
der Ortsetter und ein Teil des Niederfeldes zu sehen.

Beschriftung auf der Karte:
Geometrischer Plan
Über die Seckenheimer Gemarckung
Welche benebst dem Dorf und Gaerten
folgend Fluhren in sich haelt
Das Obere- Mittel und Niedere Feld
Die sogenannte Mallau das Sandfeld den Wald
und das sogenannte Vordere Ried

Bellenkrappen, Belle = Pappeln, im Neckarauer Wald, heute Waldpark.

Kreck

and-altsächsisch *crecca* stf = Bach, vgl engl *creek*. Ma: seit 1596 – *wie er dann selbigen Graben mitt (be)sonderm vleiß am Kreckzaun .... gleich dem Altwasser des Kalckoffens;* 1772 – *Krecken.*

Pli(u/ü)n-au

mhd stf *plîe* = Fischart, hier Einfluss des Gießens, später verlandet
Ne: seit 1549 *Plinau.*

Rhein

sehr häufiger Hinweis auf den Rhein.
Ma, Ne, Sa, Sch, Se: *uff den Ryn, uff die Ryngewand* (1369), *Die Rheingewanden* (1780) etc.

Schlauch

mhd stm *slû(o)ch* = eigentlich Schlangenhaut, übertragen Röhre, Schlauch, auch schmaler Wasserlauf.
Ne: seit 1880 einmal der noch heute im Waldpark vorhandene, außen am Rheindamm entlangführende Wassergraben; Se: 1429 im Seckenheimer *Oberfeld,* wohl ein Neckarrest, im 18. Jht verschwunden.

8.1.2 Altgewässer und stehende Gewässer

Alt-Neckar, -Rhein, -wasser

(s. auch Wasser) ahd mhd = *alt,* Gegensatz zu jung, häufig *Altwasser* für vom Hauptstrom abgeschnittene Wasserläufe.
Ma: 1. Altrhein – *daz alte wazzer in dem Rine* (1369); 2. Altneckar – *Vff den alten Neckar* (1387/1447) *Der Alte Neckar* (1780); 3. Altwasser – *Item das Altwasser jenseits dem necker* (1549), *dass Altwasser über der Neckarbrücke* (1596), *Altwasser* (seit 1770).

Brunnen

mhd swm *brunne,* Nebenformen *bronn, born* und *burn* md/nd = Quell, Quellwasser, Brunnen. Sehr häufiger Bestandteil von Toponymen. Die Wortstamm ist derselbe wie bei *brennen* im Sinne von sieden, wallen. Brunnen sind in der Ebene ein Grundwasseraustritt als Quellbrunnen oder später ein erbohrter Schacht, die Ziehbrunnen. So sind sie bei Denis markiert. Sie dienen in erster Linie als Viehtränken. Ne seit 1580/1619: *Brunnengewanne* (seit 1297 bzw. 1348 und 1420) liegen in vier Feldern und beziehen sich auf dem *Hermsheimer* (Dorf) *brunnen* (Hermsheimer *Bösfeld* und *Kloppenheimer Feld*) und den am *Feudenheimer Weg* (Neckarauer und *Hermsheimer Großfeld*). *Brunnenweg* (seit 1420) wohl auf den *Hermsheimer Brunnen* bezogen, vielleicht der *Breite Weg.*
Se: *Bei den -,* (im *Mittelfeld* 1879), *Brunnengewann* (im *Niederfeld* 1879) Von Feldbrunnen, die Anfang des 19. Jhts niedergebracht worden sind. *Brunnenfeld* (seit 1735) und *Brunnenstücker* sind Lichtungen im Wald an der alten *Heidelberger Straße;* heute liegen dort die Tiefbrunnen des Wasserwerks Rheinau. Der Name ist jedoch älter, er bezieht sich auf den *Küh-* oder *Hirtenbrunnen,* genau wie der *Kühbrunnenweg* (seit 1780). Der *Morchbrunnen* (seit 1496) liegt am Westende der *Mallau* gegen das Neckarauer *Morchfeld. Kloppenheimer Brunnen* (1590 bis 1798), *Wetzbrunnen* (1429 bis 1595) auch *Klopfenlache* (1394 bis 1585) oder *Wasenweiher* (1590 bis 1798), vier Namen für den alten Kloppenheimer Dorfbrunnen oder -weiher an der Weggabel *Kloppenheimer Straße – Pfaffenweg,* wo heute noch ein Wasseranschluss für die Landwirtschaft ist. Der Wasen erstreckt sich als feuchte Niederung den *Wasenweg* = Kloppenheimer Straße entlang bis an das *Foßloch,* heute Seckenheimer Wasserturm. *Wetz(el)* oder *weß(el)* ist im Pfälzischen eine Verkleinerungsform von *Wasen* = Brunnen am kleinen Wasen. W: *Brunnenpfad, Auf der Nachtsseite des -, Rechts des -, Links des-.*

Dumpfel, Stimbel

ahd *tumfilo* stm, mhd *tümpfel* = tiefe Stelle, Strudel, in stehendem oder fließenden Wasser, pfälzisch *Dimbel* = kleines Wasserloch, in dem sich Wassergeflügel tummelt. „Häufiger FlN für ein Gelände, das an einem Tümpel liegt oder einmal eine nasse Vertiefung war"[31].
Kä: *Im Stimbel;* Ne: *In ..., an den ..., uff dem Dumpfel, uf die dumpfeln* (im Kloppenheimer Hermsheimer Feld) (1297 bis 1619) schon früh in den Dialektformen: *Dimpel* = In, An den Tümpel , Auf die Tümpel(n). *Die kurze Dümpflein* =Die kurzen Tümpel (n) im Niederfeld (1570 bis 1732/54) wird auch

als *Grund* oder *Gründel* bezeichnet. Wa: *Kleiner Stümpel, Mittelstümpel.*

Lache, Lach

ahd *lachha* stswf, mhd *lache,* zu lat *lacus,* kelt *loch* = See; Lache, Pfütze. Fe: *Lach;* Ma: *Lachen oder Sumpff gemeinschaftlich mit Neckarau (Hader-, Horlach), Lach in der Ochsenwaydt; Lach in denen grummne Grund äckern, Lach in denen Meerwiesen äckern, die kleinen Rheinhäuser Lache* (seit 1772); Kä: *Rindlach;* Ma: *Rheinhäuser Lache; Breite Lache* (1369); Ma und Ne: *Hader/llach, Horlach* (1348 bis 1684) *Auf die Ha/o/errlach* (seit 1570) im Hermsheimer Großfeld; *Hadellacher* oder *Harrlacher Weg* im Neckarauer Großfeld (seit 1381) und *Harrlacher Deich* ebendort (1606 bis 1780). Weitere Verbindungen sind *Harrlacher Brunnen* (19.Jht), -*Fallthor* (1381 bis 1686) und -*Wiesen* (1350 bis 1619).

Zu *Harrlach:* Die älteste Lesart *Hader/l* (lach) verbietet an das naheliegende ahd *horro* und mhd *hor, horwes* = kotiger Boden, Dreck, Schmutz und damit an schlammige, kotige Lache zu denken, sondern verweist entweder 1. auf mhd *hatele* stf, pfälzisch *Hattel* = Ziege oder 2. mhd *hader* = Streit, Zank. Dann bedeutet *Hadellach* Ziegenlache, Lache, an der Ziegen weideten, oder *haderlach* = Streit- oder Zanklache, also Lache, die umstritten ist, nämlich zwischen Mannheim und Neckarau, auf deren Gemarkungsgrenze sie lag. Jedenfalls ist die *Harrlach* ein Neckaraltarm.

Ne: *Die große Lache* (1570 bis 19. Jht); Sch: *Almenlach* = Lache, die zur Allmend gehört.

Se: *Dieterslanglach* und *Langlach* sind im Seckenheimer Oberfeld (seit 1329) als die lange Lache eindeutig belegt. Dabei sind anscheinend zwei *Langlachen* vorhanden, von denen die eine zuerst *Dieppers* oder *Dieters Lache,* Hinweis auf einen Anlieger, später *Dieterslanglach* heißt. Auf der Karte von Denis von 1780 sind Lage und Verlauf der *langen Lachen* als frühere Neckarläufe deutlich erkennbar. *Langlachstücke* (seit 19.Jht) ziehen auf die *Langlach,* deren Krümmung noch heute die Straße Seckenheim – Friedrichsfeld folgt.

Klopfenlache und *Rohrlach* sind Reste eines anderen Neckarlaufs Richtung Neckarau am Hochufer zwischen dem Seckenheimer Mittel- und Niederfeld entlang. *Klopfenlache* (oder -*weiher*) (1394 bis 1585)

verweist auf Kloppenheim, die *Rohrlach* (seit 1436) ist wohl mit dieser identisch und beschreibt das Röhricht in dieser verlandenden Lache.

Schäferslache spricht für sich, *Scheidlach* (seit 1620) lag im Vorderen Ried auf der Grenze = mhd *Scheit* stm zwischen dem Seckenheimer und dem Rohrhöfer Ried, heißt also Grenzlach.

Str: *Rindlach* = Lache in der Rinderweide.

Loch

ahd stn *loh,* mhd *loch* = eigentlich zu verschließende, also gähnende Öffnung, Verschluss, verborgener Aufenthaltsort, Gefängnis = Loch, Höhle, Öffnung im Boden, in der Landschaft oft mit Wasser gefüllt.

Fr: *Im Wasserloch;* Ma: *Teufelsloch, Kleines Teufelsloch* = ahd *tiof,* mhd *tief* = tief, hohl, dazu gehören Tümpel, Topf, Tobel, taufen, also tiefes Loch, volkstümliche Umdeutung zu Teufel. Ne: *Heidenloch, Sauloch, Spiegelsloch* (19. Jht), *Wasserloch;* Se: *Foßloch* = entweder von *Fuchs, Voß,* dann also *Fuchloch* oder von mhd alemannisch nach Buck *Foz* = Sumpf, dann also Sumpfloch, was nahe liegt. *Fröschloch, Großes - , Rotloch, Sauloch.*

Meer

ahd *meri* mhd *mer* stn = (stehendes) Wasser, Teich, See (vgl niederländisch), seit dem 16. Jht (Luther) im Deutschen nur noch Meer.

Ma (Rh): *Meerfeld* (seit 1369), *Meeräcker* (seit 1772), *Meerwiesen* (1369), *Merzel* = Kleines Wasser (seit 1369), *Meeräcker-, Meerfeld-, Meerwiesen, Große Merzelstraße.*

Tränk

mhd *trenke* stf = Tränke, Substantiv zu mhd *trenken* = tränken, also trinken lassen oder machen, vor allem vom Vieh gesagt. Setzt natürlich eine Wasserstelle voraus.

Se: *Lämmertränk* im Seckenheimer Oberfeld (seit 1476) und *Tränkgrund* (seit 1297) im Hermsheimer Bösfeld, beide Tränken sind Neckarreste.

Wasser

s. auch Altwasser. In der Regel nicht Bezeichnung für Fließgewässer, sondern für Altwasser.

Fe: *Egelwasser* mhd swf *egel(e)* = Blutegel, wichtig für medizinische Zwecke, *Wasserbett* (1770), Fr: *Im*

Wasserloch; Ma: *Altwasser* (seit 1549) Wa: *Wassergärten, Wasserlöcher, Wasserwiese*

Weiher

ahd *wiwari* aus lat. *vivarium* = Gehege, hier Fischteich, mhd stm *wiwaere, wîwer, wîher, wîger, wîaere, wîer* = Fischweiher, Weiher, hauptsächlich in Südwestdeutschland auch Bestandteil von Ortsnamen, wobei dann Wei(l)er als Grundwort anzusetzen ist. In Käfertal könnte dies bei Weiherweg auch zutreffen, zumal dieser nach Norden in den Wald hineinführt, und damit dann eine Erinnerung an den *vicus Gerberti* = Gerbertsweiler vorliegen könnte.
Wa und Kä: *Wasenweiher; Weiherweg, Rechts des -, Links des - , Sauweiher.*

8.1.3 Sumpf, Moor

Bruch

ahd *bruoh* stm oder stn, mhd *bruoch,* md *brûch,* niederdt *brôc* oder *broich* = Moor, Sumpf, Moorboden, feuchtes Gelände.
Sa und Sch: *Großer und Kleiner Bruch, Bruchrainstücker, Bruchwiese* (seit 1610).

Dreck

ahd, mhd stm *drec(k)* = Dreck, Schlamm, Kot, Schmutz.
Kä: *Dreckgewann.*

Hor(r)

ahd stn *horo,* mhd *hor(b), horwes* = Kot, kotiger Boden, Schlamm, Schlick, Schmutz.
Ma und Ne: *Harrlach(?);* Se: *Horren.*

Moras

mnd *moras,* frz *marais,* fränkisch *marisk* › Marsch, › mlat *mariscus* stm, seit dem 17. Jht ins Hochdeutsche als Morast.
Ma: *Moras* (1622) = Reste des Rheinhäuser Neckars.

Morch

ahd, mhd stm *mos(r)* stn = Moor, Sumpf; Adjektiv *morch* = sumpfig, moorig.
Ne: *Inn der Morch* (seit 1297), *Morchdeich* (1606 bis 1732), *Morchfeld* (seit 1297), *Morchgrund, Morchlach* (1570 bis 1763), *Morchschlüssel, Morchwasen, -wiesen* (1570 bis 1764).

Schleim

ahd *slimho,* mhd *slîm,* urverwandt mit lat *limus,* stm = Schleim, Schlamm, klebrige Flüssigkeit.
Fe, Ne, Se: *Altriper -, Feudenheimer -, Seckenheimer Schleim.*

Streit

ahd *struot* stf mhd *struot, strût* = Sumpf, auch Niedergebüsch, Sumpfdickicht, vgl Flußname *Unstrut.*
Ma: *Streitwiese* = Wiese am Sumpf oder sumpfige Wiesen; Kä und Se: *Streitäcker* = Äcker am Sumpf, sumpfige Äcker; *Streitlach* = Sumpflache.

8.1.4 Inseln, Land am Wasser, Verlandungen

Au(e)

s. Mühlau und Mallau – ahd *ouwa,* mhd *ouwe,* urverwandt mit lat *aqua,* verwandt mit *a(c)h(e)* stf = 1. Wasser, Strom; 2. von Wasser umflossenes Land, Insel oder Halbinsel; 3. wasserreiches Wiesenland.
Fe: *in Videnheimer Auwe* (seit 1369), *Au; Augasse;* Ma: *Au,* (seit 1309), *Hinter -, Vordere -, Vordere- und Sanduhr* = Sand-Au, *Oberhelling bei der -, Auspitz;* Ne: *Atzelau, Aufeld, Auweg, Plinau;* Sch: *Au, Bonau, Scharau* (seit 1571) Se: *Mallau* (seit 771), *Norderau* (seit 788) › *Ornauer Weg;* Str: *Aue.*

Bank

mhd *banc,* Pl *benke* swf aus ital *banca* = 1. Bank, Tisch, Schemel; 2. bankähnliche Erhebung im oder am Wasser aus Sand(bank) oder Kies(bank), auch Ufer(bank).

Gestade

stm oder stn mhd *(ge)stat, gestade zu stân* = stehen, Gestade, Ufer, Landeplatz
Wüstung *Hohenstad* und Ne: *off den hohen staden, -stat* (1348 bis 1464).

Grien

md *grîn* stn = Kiessand, sandiges Ufer, zu ahd *grioz,* mhd *griez* = „Grieß" oder Grus, Sand, Sandkorn, auch Meeresstrand und sandiger Grund in einem Wasserlauf, volksetymologisch zu *Grün* oder *Grü/und* geworden;
Ne: *Grüngewann, Nasengrien.*

Grund

ahd und mhd *grunt* stm = 1. tiefe, unterste, oft feuchte Fläche (Abgrund), Fluss-, See- oder Wasserboden; 2. Vertiefung, Fundament; 3. Niederung, Ebene; 4. Ursprung, Ursache, oft nicht von ursprünglich *grien* zu trennen.

Fr: *Im grund;* Ma: *Nieder Grund* = Insel zwischen der Mühlau und der Stadt, dazwischen der sogenannte Kleine Rhein mit starker Strömung (seit 1622); Ne: *Altersgrund, Nasengrund;* Sa: *Durch den Grund,* Sch: *Grund;* Se: *Grund* (seit 1329); Wa: *Im Hintern Grund, Im Vordern -, Junger Grund.*

Hamm

md *hamm* oder *hammen* swm = 1. Grasiger Abhang, 2. Flussufer.

Ma: *Dornhamm;* Se: *Hoher Hamm (seit 1782).*

Kies

ahd mhd stm *kis* = Kies, grober Sand, Verkleinerungsform *kiesel* = kleiner Kieshaufen, Kiesel, sehr häufiger Bestandteil von FlN als Bezeichnung für die Bodenbeschaffenheit.

Ne: *der tumpfel in dem kyse* = der Tümpel am Kies (1350); *in den kieseln* (1403); *in dem kieslichten gewend* (1420), *vor der Kieselgewann* (1620 bis 1731), *im Kies(yß)elgrund(t)* (sehr häufig seit 1580), *Beim Kiesloch* (seit 1884) Se: *vf dem -, obig dem Kieß* (1429 bis 1660), *vff das Kißlich* wohl Kießloch (sehr häufig); *Kieselgrund* (seit 1394), *Kiesweg* (seit 1754), *Kißler Kappes* = Kappesgarten am Kiesloch (seit 1566).

Mühlau

Mühlinsel, Standort von Wassermühlen, entweder am Ufer mit einem Zulaufkanal oder als Schiffsmühlen im strömenden Wasser.

Ma: *mülauw* (seit 1496), *mülaw, Ober- und Unter-Mühlau, uff beiden Mühlauen; die Nehen* (Kähne) und *Nachen* (kleine Neh), *so* (die) *zur Mühlau verordnet* (gehören), *fleißig* (sorgfältig) *verwa(h)ren* (1596), *alte und neue Mühlaue* (1780). Se: siehe *Mallau.*

Placke, Pläckel

mhd swm *placke,* lautlich nahe bei Platte = 1. Fleck, Gegend, kleines Stück Land; 2. freier Platz am Ufer,
Landeplatz.

Sch: *Rheinpläckel.*

Platte

stf von Niederländisch *plat* = höher gelegene, ebene, unbewachsene Fläche, oft am Ufer.

Fe: *Neckarplatte;* Fr: *Freie Platte;* Ma: *Kuhplatte rechts, - links;* Ne: *Blättel.*

Sand

stm ahd und mhd *sant* = 1. Sand; 2. Ufersand, Strand, Gestade; 3. Arena, sandige Fläche. Kampfplatz.

Ma: *Weißer Sand;* Se: *Sand, tiefer Sand, (seit 1394).*

Schit

swmfn mhd *schüt(e)* = 1. Anlage, Anschwemmung, angeschwemmtes Erdreich, kleine Insel; 2. Anschüttung, Damm.

Se: *uff den/das schit, (seit 1394).*

Stollen

mhd *stolle* swm = 1. Gestell, Stütze, Zacke, Pfosten oder Fuß, 2. Minengang, Stollen, 3. großes Stück.

Ne: *Stollenwörth* = Lange, stollenförmige Insel (seit 1490), im 19. Jht gerodet und dann als Kiesgrube ausgebeutet, heute entgegen dem ursprünglichen Wortsinn ein Weiher.

Wörth

niederdeutsch *Werder,* Verkleinerungsform *Wörthel,* ahd *warid* mhd *wert* stm = Insel, Flussinsel, Halbinsel, erhöhtes wasserfreies Land zwischen Sümpfen.

Fe: *Wörthgraben;* Ma: *Bellenwerth* (1622), Ne: *Alt(b)erswörth, Bannwörth, Floßwörth* = mhd *v/flôz* = Fluss, Altwasser (seit 1381), *Kaiserswörth, Mönchwörth, Prinz-Carl-Wörth* (seit 1763), *Schlangenwörth, Schweinswörth, Stollenwörth, Taubenwörthel;* Sa: *Förcher Wörth, Grafenwörth, Kuhwörth, Mittelwörth, Wilhelmswörth, Wilhelmswörthkopf, Wilhelmswörthspitz, Wörthel,* Sch: *Hoher Wörth, Wörth;* Se: *Wörth, Wörthel, Äußer(Eisen)wörth, Sporwörth (seit 1394).*

Wasen(m)

niederdeutsch *wrasen,* von da nhd *Rasen,* swm ahd

waso, mhd *wase(m)* = 1. grasbewachsene Fläche, Rasen, feuchte Wiese; 2. Schindanger, vgl *Wasenmeister* = Schinder, Abdecker.

Ne: *Wasen* (seit 1610 bis 1772), *Brückeswasen* (1520); Se: *Wasenkappes, Wasenstücke (seit 1436),* W: *Wasenstücke.*

8.1.5 Wassernahe Vegetation

Aubäume
Wäldchen auf dem Aufeld.
Ne: gegen den Aubaum (seit 1570).

Belle(nbaum)
populus nigra et alba stf = (Schwarz- und Weiß- oder Silber-)pappel, wächst bevorzugt im Auwald.
Fe: *Bell, Hinter der -,* Ne: *Bellenkrappen, Silberpappel (seit 1582).*

Binsen
ahd *binuz* mhd *binez, binz* ‹ bei dem Nassen? stm und stf = Binsen, Riedgras, Röhricht.
Ne: *Auf den -(seit 1297).*

Brühl
ahd *brugil* mhd *brüel* stm oder stn lat *brogilus* › ital *broglio* › franz *breuil* = sumpfige, bewässerte, buschige Wiese, Aue, oft herrschaftlicher Besitz. Häufig als FlN, auch Siedlungsname.
Ma, Ne, Sa und Se: *Briel. Brühl* (seit 1300).

Lie/usche
swf ahd *lus* mhd *liesch(e),* 1. wassernahe Grasart, Sauergras; 2. rheinisch *liese, laß, läß* = wasserführende Rinne, Spalt.
Fr: *Die lange Liese;* Kä: *Luzzenberg;* Ne: *In den luzzen, Kreißlußen, an des kreisches lische* (1297 bis 1429).

Ried
ahd *(h)riot,* mhd *riet* stn, niederdeutsch *reet* = Schilfrohr, mit Schilf bewachsenes Sumpfland, Niederungsland, hier am Rhein.
Fr: *Im Riedweg;* Ma: *in dem riede* (1387/1447), *Das Riedfeld* (1780). *Riedfeldstraße.* Se: *Hinteres -oder Seckenheimer -, Oberes -, Vorderes -, Riedwiesen* (seit 1429); W: *Auf dem Sand auf dem Ried.*

Rohr
ahd und mhd *rôr* stn = 1. Schilfrohr; 2. Röhricht, mit Schilfrohr bewachsene Fläche.
Ma: *Uff den Rorebusch* = Wald am Röhricht (1387, 1447); Se: *In der Rorlachen, Rohrlach* = Lache im Röhricht (sehr häufig seit 1348).

Schlädich
mhd swf *slâte* = Schilfrohr, *-ich* = Gruppe von Gewächsen, hier Schilfdickicht.
Ma: *Hinterschlädig,* verballhornt zu *Hinterschlegel;* (seit 1780); Sch: *Herrenschlägel.*

Send(n)
stf mhd *semede, semde* = Schilf, Ried, Binse.
Ne: *Send, Untersenn, -teich* (seit 1350).

Weide
(Baum) ahd *wîda* mhd *wîde* swf *salix caprea* = (Sal/Sell)weide wasserliebender Baum, dessen Ruten zur Herstellung von Korbwaren u. ä. verwendet wurden, wodurch der Baum die typische Form einer Kopfweide erhielt. Ein *Weidich* ist eine Gruppe von Weiden.
Fe: *Sellweiden* = Salweide; Ma: *Weidich;* Neckarau: *Schwarze Weide, Weidenplatte, Unter den Weiden;* Se: *vff daz wîdch, Weidich, Weidichhag* (seit 1394).

Wel(s)che
mhd stf *wi(e)lge* = Weidenbaum, salix alba oder salix viminalis.
Ma: *Welsche Gärten.*

Zahnig
mhd swm *zein* = Reis, Rute, Rohr, die Endung *-ich* bei Pflanzen bedeutet Gruppe gleicher Gewächse, wie Röhricht, von *zein.*
Ne: *Im Zeynich* (1381), *Zahnig* (seit 1570).

8.1.6 Wasserbauten und Brücken

Brücke(n)
stf ahd *brucka* mhd *bruck, brügge, brücke* = Brücke.
Ne: In Neckarau erscheinen drei Brücken in FlN: Die *Gießenbrücke* als Ortseingang, die *Niederbrücke* als unterer Ortsausgang und die *Brücklsbrücke* über den *Brückgießen* an der *Mallau. Brü/ick, Brückgie-*

ßen, Auf den -, Am Brückgießen (seit 1369) – Brücke über den Hauptarm des Gießen und Ortseingang Neckarau. *Niederbrückl* – Im Unterschied zur Gießenbrücke, dem Hauptortseingang, eine zweite kleinere (Brückel) Gießenbrücke (seit 1620) niederwärts gegen den Rhein zu gelegen bildet den hinteren Ortsausgang; *Brückgießen* (seit 1369), *Brükke(l)s/gießwasen, Langer -, Auf den breiten -, Brückeswasenweg* (seit 1520) = Eine Klammerform aus *Brücke(l)s(brück)wasen*.

Se, Ne: *Scha(o)fbrücke* (seit 1429): führte über den Mallaugraben ins Hermsheimer Feld, benannt nach der Nutzung durch die Schafherden.

Damm

stm mhd *tam, tammes* engl *dam* = Damm, Deich.
Ne: *Der Rhein, so wie itzt gemelt, umb das Altersgrundt geflossen, ist nunmehr verdeicht und ein Altwasser daraus gemacht worden...*[32]. Errichtet wurde dieser *Haubt Rhein Damm alleinig von Churpfaltz die übrigen Dämme aber (durch) die gemeinde und die Neckerawer Einwohner* (GLA 229/70953 l, S. 21, um 1600). Gemeint ist damit der noch heute vorhandene Hauptdamm von oberhalb Neckarau bis zum Stephanienufer. Vorher hatte Neckarau seine Gemarkung durch ein ganzes Deichsystem gesichert. Der Streit um den neuen Hauptdamm ging seit 1570[33].

D/Teich

stm < franz *digue*, > engl *dike*, > mhd *tîch, dîch* = Deich, Schutzdamm.
Ma: *Deich* (1780); Ne: *Unter-Sennteich* (seit 1620) wird 1620 wie folgt erklärt: *im Untersenn vbern neuen Teich* (1620), dabei ist *senn* mhd stn *semede* oder *semde* = Binse, Schilf, Riedgras, in dem *sendeten gewande* (1403), also heißt *Untersennteich* = Am unteren Binsendickicht am neuen Deich.

Do(h)l

swf mhd *tol(e)* = Abzugsgraben, Kanal.
Ne: *Dohllache* (1760 bis 1900), vgl *Angeldol*.

Fahrweg

stn mhd *vâr, zu fahren* = 1. Weg oder Bahn zum Fahren, auch 2. Ufer oder Platz, wo man überfährt oder landet > Fähre, vgl auch *Naweg*. 3. Ableitung vom männlichen Zuchtstier, dem Farren.

Ma: *vom rinfar* (1496), *Farre Lach, Fahrlach* (1772); Fe und Ne: *Fahr,* (1496) *Fahrweg* (seit 1760) = *Oberer und Mittlerer Fahrweg* an den Rhein, heute *Kiesteichweg.* Se und Ne: *Altes, Altriper Fahr* (seit 1549) = Weg und Fähre nach Altrip. Ma: *[Fahrlach]* von 3: *Farrenlache* = Weideplatz der Farren.

Helling

stf mnd *heldinge*, niederdt Nebenform zu Ha/elde, geneigte Ebene, schiefe Ebene, künstlicher Abhang in einer Werft zum Hinabgleiten der Schiffe.
Ma: *in der obern helungen, in der nydern helungen biss an Neckarauwer weg* (seit 1369), *ein Wald, genannt der Helling* (1549), *Die Ober Helling, die Unter Helling* (1780). Liegt zwischen Rheinhausen und dem Schnickenloch, einer alten Neckarmündung und ersten Mannheimer Hafen, an der *Kreck.* Da Mannheim mit die wichtigste kurpfälzische Zollstation war, wurden da auch Rheinschiffe gebaut.

Mühle

ahd stf *mulî, mulîn*, Lehnwort aus dem Lat *mola* = Mühlstein, *molina, molendina* = Mühlwerk, mhd *mül, müle* = Mühle.
Fe: *Mühlfeld* (seit 1420) = Hinweis auf die Feudenheimer Mühle am Neckarübergang Richtung Neckarau, Ne: *Mühlweg* (seit 1297): 1. *Mühl- oder Feudenheimer Weg* = Weg von Neckarau nach Feudenheim an der Feudenheimer Mühle vorbei und 2. *Mühlweg* (seit 19. Jht) = Weg an den Rhein, *Kiesteichweg* = von einer kurzzeitigen dort befindlichen Schiffsmühle; *Mühlhecke* (seit 1381) = Hecke am Feudenheimer Mühlweg; Se: *Mühldeich, Mühlgraben, Mühlbach* (seit 1481) im Seckenheimer *Vorderen Ried,* wohl Hinweis auf eine ehemalige Schiffs- oder Wassermühle. Vgl auch *Mallau.*

Naweg

lat *navis* = Schiff, stf mhd *nâwe, naewe, nâ, nê,* Verkleinerungsform *Nachen* = kleineres Schiff, Fährschiff.
Ne: *Naweg auf den stat* (seit 1310) = Fährweg aufs Gestade = Weg zur Anlegestelle der Fähre (nach Altrip).

Reff

stn mhd *ref, reffes;* Verkleinerungsformel *Raffel* =

Grundbedeutung Parallel angeordnete Stangen =
1. Stabgestell zum Tragen von Lasten auf dem Rükken; 2. Heugitter über der Futterkrippe im Stall;
3. Vorrichtung an der Sense, um das Auseinander-
fallen der Halme zu verhindern; 4. Stabwerk oder
Quergitter im Bach, um das Mühlrad vor an-
geschwemmtem Unrat zu bewahren. Bei FlN ist die
4. Bedeutung relevant.
Ne: *Im Reff* (seit 1761).

Schleuse

seit dem 16. Jht aus dem Niederdeutschen *slüse* swf
= verschließbarer Wasserdurchlaß.
Ne: *Bei der Schleuse* (19. Jht).

Speck, Speich

swf mhd *speich* und mnd *specke* = Knüppeldamm,
Knüppelbrücke; *Speckweg* ist ein Knüppelweg auf
morastigem Grund.
Ma: *Speich* (1549); Kä: *Speckweg, Auf den Speck-
und Sandhofer Weg;* Se: *Die Speck* (seit 1540) =
wohl teilweise mit dem *Mallauer Hauptweg* identisch, zeigt den feuchten Charakter der *Mallau.*

Staden

swm mhd *stade* = Gestade, Hoher Staden, Ufer,
s. *Naweg.*

Wirbel, Würfel

ahd zwei einander lautlich nahestehende ahd Ver-
ben: 1. *werban* = sich drehen, sich umtun und
2. *werfan* = werfen, die zugehörigen Substantive
stm sind 1. *Wirbel,* vgl nd *We/arf(t)* = Arbeitsplatz,
Hügel, Damm, künstlicher Erdhügel oder Erdaufwurf
zum Hochwasserschutz und 2. Würfel = viereckig-
quadratischer Körper.
Ne: *Wirbel, Beim -, im Würffel* (seit 1381). Für die
Bedeutung Erdaufwurf spricht, dass der *„Vier-
eckichte"*Wiesenplatz (1570) mit 98,4 über NN 1884
als die höchste Stelle im Casterfeld ausgewiesen
ist.

Erstaunlich ist die große Menge und Vielfalt von
Gewässerbezeichnungen und die vielen verschie-
denartigen Hinweise auf wassernahe Vegetation
und Wasserbauten wie Brücken, Deiche, Dämme,
Schließen, Furten und Fähren. Ein sehr großer Teil

dieses Sprachgutes ist im Neuhochdeutschen
längst ausgestorben, weist also auf ein hohes Alter
hin. Auch nicht seltene niederdeutsche oder nieder-
ländische Namen weisen in diese Richtung. Es
bietet sich an, diese alten wasserbezogenen FlN
mit der formelhaften Aufzählung zu tradierender
Güter in den Lorscher Urkunden zu verbinden. Dort
erscheinen regelmäßig *aquis (aquae* = Wasser(stellen) und *aquarum decursibus (aquarum decursus*
= Wasserläufe), und zwar in Seckenheim 11 x, Dornheim 7 x, Feudenheim 5 x, Hermsheim, Ilvesheim 5 x
und piscatio = Fischteich, Kloppenheim, Mannheim
7 x, Schar 2 x und *piscatio et molendinum* = Fischteich und Mühle, Seckenheim 9 x, Wallstadt 4 x.
Diese stehenden Gewässer und Wasserläufe, einige Male als Fischteiche und Mühlbäche definiert,
werden dann in den Urkunden erwähnt, wenn ganze
Huben tradiert werden und damit ein Anspruch auf
die Nutzung der Allmende erhoben wird, zu der die
Aquae gehören.

Der Rhein und das Neckerdelta mit ihren Wasserarmen, Rinnen, Altwassern, Seen, Lachen, Löchern,
Teichen und Tümpeln, aber auch Sümpfen und mehr
oder weniger nassen Feuchtwiesen machten die
Landschaft zu einer amphibischen, die immer wieder überschwemmt und durch neue Wasserläufe
und -durchbrüche verändert wurde. Genutzt wurden
diese Gewässer zum Fischfang, zur Fischzucht, aber
auch zum Antrieb von Mühlrädern. Die Gemarkungen bestanden aus solchen Gewässern und
immer oder zeitweise trockenem Land in Inseln und
Halbinseln. Feudenheim lag auf den „sieben Bergen", die nicht überschwemmt wurden, Schar, Wallstadt und Kloppenheim ganz oder teilweise wie Seckenheim auf dem hochwassersicheren Hochufer,
das Seckenheimer Unterdorf, Mannheim, Hermsheim
und vor allem Neckarau lagen auf Inseln, was bei
Neckarau noch für den Anfang des 17. Jhts quellen-
mäßig bezeugt ist und in Mannheim noch nach der
Stadtgründung Probleme machte, nachdem die
alten Mannheimer ihr Dorf auf dem höchsten Punkt
der Gemarkung aufgeben mussten, auf dem dann
die Festung Friedrichsburg, heute das Schloss, errichtet wurde. Die ihnen zugewiesene Unterstadt
(Jungbusch) wurde nämlich immer wieder bis ins
19. Jht überschwemmt. Vor diesem Hintergrund

gewinnen die wasserbezogenen Flurnamen ihre Aussagekraft.

8.2. Landschaft (ohne Wasserbezug)

8.2.1 Natürliche Beschaffenheiten des Geländes

Berg und Tal

Häufige FlN. In der Rheinebene werden schon kleine Erhebungen und Senken als Berg und Tal bezeichnet.

Ne: *Übelthal* (1570 bis 1732). Se: *In den brummgen Morgen, Bra/o/um(m)berg, Bronnberg* (1329 bis 1798). Bestimmungswort ist ahd *bramo* mhd swm *brame* = Dornstrauch vgl Brombeere, der den *Bramberg*, eine trockene, sandige Dünenhalde bedeckte, im 18. Jht verballhornt zu *Bronn-* oder gar *Brunnenberg.* Weitere „Berge": *Bey dem Eychelberg* (1590 bis 1790), *Pfingstberg* (seit 1394), *Sandberg, Schönberg* (seit 1394), Spitzen*berg* (seit 1394).

Bühel, Böhl, Buckel

ahd *buhil* mhd *bühel* stm = Hügel, Anhöhe.

Ne: *Lörkel Böhel* (1420 bis 1717) *Löe/rke* oder *Lerkel* ist die Lerche, so dass dieser *Böhl* Lerchenhügel hieß; Ne: *Gein dem buhel, Außer dem Böhl, Uffm Böhl gegen den Steinsweg.* (drei FlN im Großfeld, im Niederfeld und im Kloppenheimer Feld seit 1348) Se: *vff dem buhe/el, Vf den Büechel* (1429 bis 1512), wahrscheinlich der spätere *Bernauer Buckel,* auf dem heute der Seckenheimer Friedhof liegt.

Erdbrust, Erdfall, Erdende

ahd mhd stf *ertbrust* lat *pectusculum terrae, tumulus terrae* = Erdabbruch, Erdabfall, auch Grenze.

Ne: *Apud ertbruste* = bei der Erdbrust, *ex altera parte ertbruste* = von der anderen Seite eine Erdbrust (1297) *ertfal und ertbrust* (1297 bis 1606); Se: *In die -, off die -, Gegen die Erdbruste, Im gewende von der erdbrüste* (sehr häufig 1329 bis 1798).

Halde, Hall, Helling

ahd *halda* stf *halde, helde* wird im Pfälzischen *Hall* oder *Hell* = Halde, Bergabhang, auch Schutthalde außerordentlich häufiger FlN.

Ma: *Helling; Ober- und Unterhelling, in der obern helungen, in der nydern helungen biß an Neckarauwer weg* (1369); Se: *Hall, Obere -, Untere Hall, Hallenweg, Kleiner -, Großer Hallenbuckel* (sehr häufig seit 1429) *Rheinschall* (sehr häufig seit 1394) ist Rains-(c)halde, also der *Rain* am Beginn der langgestreckten *Hall.*

Hang

mhd stm/f *hanc* späte Neubildung von *hangen* = Abhang, abschüssiges Gelände, als Femininum die abschüssige Deichseite, was in Neckarau mit seinen vielen Deichen gut möglich ist, zumal dieser FlN im Zusammenhang mit dem Untersennteich erwähnt wird.

Ne: *Im -, Uff die -, In der Hang* (seit 1547).

Hoch, Höhe

ahd *hôh,* mhd *hôch* = hoch, steckt naturgemäß in vielen Örtlichkeitsbezeichnungen wie Hügel, Hannover, Hanstein, Hoheneck u.v.a.m.

Ne: *uff ho(h)en stat/staden* = Hochgestade, hohes Ufer (gemeint ist das des Rheins 1348 bis 1464); *Uff den hohen W/weg, Am hohen Weg* (seit 1580); Se: *vff der Hohe in dem kyeser gegen der norterawe* = Auf der Höhe in dem Kies(bank?) gegen die Norderau (1350); vff die *Hohe angewanden, – anwender by dem rietwege* = wohl die spätere *Rheinschall* (1393 bis 1496), *Hoher Hamm* = Hohes Ufer, im Rheinischen bedeutet Hamm Ufer, *Hoher Acker,* im Hinteren Ried (1590); *Hoher Stein* Grenzstein, vgl Weißer Stein oder Glockenstein (1660 bis 1735).

Kegel

mhd *käche, köche* = Der Name wird erklärt: *Auff den Pfaffenweeg und den Gemeinen Sandtbuckel der Kögel genannt* (1754) = Erdaufwurf, kleiner Hügel. Se: *Auf dem Kegel* (seit 1581).

Kies

ahd *chis* mhd *kis* stm = Kies, grober Sand, dazu ahd *chisili* mhd *kisel* = Kieselstein, Hagelstein, Schlosse, Hinweis auf Überschwemmungen.

Ma: *Kieseläcker* (1780); Ne: *Kies, Kiesel, Kieselgewann* (seit 1350), *Kieselgrund* (seit 1580), *Beim Kiesloch;* Se: *Kies* (1429), *Kieselgrund* (1394), *Kiesweg* (1754), *Kießlich* (1329), *Kißler Kappes* (1566).

Mu(e,i)lde, mu/olt

ahd mhd stf mo/ulte nhd Mulch, Müll = Staub, Erde (zu mahlen, vgl auch Maulwurf = Erd(hügel)werfer).
Se: Vf der muld/ten, in der mult, Auf der –, In der Mulde (seit 1620) = nach der Bodenbeschaffenheit: weiche, krümelige Erde, wird seit dem 18. Jht mit Mulde, von lat mulctera = Trog zusammengeworfen, da das Wort mult untergegangen war.

Rain

stm ahd, mhd rein = Acker- oder Wiesen- grenze, oft kleiner grasbewachsener Abhang oder auch Wegrain.
Se: Rheinschall, gegen den Rhein schalten (seit 1394) = Der Rain der Halde = Hall; Sandrain, (Mittel)Gewann unter dem - (seit 1394).

Sand

ahd mhd stm sant = Sand, Hinweis auf unfruchtbares Land, häufig.
Ma: uf dem sand (seit 1369), uff dem Sande jensît Neckers (1387, 1447), Im Weißen Sand, Die Sand Uhr (1780) Sanduhr = Sandau; Se: ußwendig des diffen sandes (1394), Sand(t) (sehr häufig seit 1429) = Gemarkungsteil, auf dem Rheinau entstand; Distelsand (1735); Herrensand (seit 1719) Sandacker, Sandberg, Sandbuckel, Sandfeld (seit 1476) Teile des Sandes.

Säß

mhd sêz stn = Sitz, Wohnsitz, übertragen auf die Flur.
Se: in dem seße (1394), im seeß = grasbewachsener, bankartiger Absatz im Gelände, abgestufter Rain (sehr häufig seit 1394).

Scheid

ahd sceita mhd scheide swf = Scheide; Grenze, in dieser Bedeutung häufiger Bestandteil von Orts- und Flurnamen.
Se: Scheidlach = Grenzlache (1620 bis 1754). Das aus dem Polnischen übernommene ostmitteldeutsche granica › Grenze wird von Luther bevorzugt und verdrängt das deutsche Wort Scheid(e).

Schwarz

ahd mhd swarz = schwarz, dunkelfarben, schmutzig.

Ne: Äußere und Innere Schwarzgewann (seit 1620), bey der schwarzen wey(i)de (1580 bis 1754).

Tief

ahd tiof mhd tiuf, tief = tief, hohl, verwandt mit Tümpel, Topf, Tobel.
Ma und Ne: Teufelsloch = tiefes Loch, volksetymologisch zu Teufelsloch (seit 1780) siehe oben, aber auch Ne: Tiefgewann (seit 1732).

Umgang

mhd umbegang = Umgang, Prozession, hier Grenzbegehung, Grenzweg.
Ne und Se: vf den umbgang, Umgang (1348 bis 1826) = Begrenzung der Mallau.

8.2.2 Vegetation, Wald, Gehölz, Baumbestand, Heide

A(E)ffen

mhd epf(ich), niederdt iep pfälzisch effe swf = Ulme, Rüster.
Ne: Affengraben, -wiesen wird auch mit dem Katzengraben ‹ aus Kurzer Graben, im Pfälzischen Kårzer Grawe, zusammengeworfen. (seit 1490).

Bäume

Ma: Bellenwerth (1622) Bellen = Pappeln;
Ne: Birnbaum, Erle, Nußbaum, Schwarzer Baum, Weide; Se: Bei den Nußbäumchen, Peterlesbaum, Beim Apfelbaum.

Bre(a)me

ahd brâmo mhd swm brâme = Dornstrauch, vgl Brombeere.
Ne: Bremenstall = Viehunterstand, der durch Bremen = Dorngesträuch eingezäun ist (seit 1760); Se: Brom/nnberg = mit Bremen = Brombeeren bewachsener Hügel; Vff der Breme über den Syckenheimer wege, Brennacker, Brennstücke = mit Bremen bewachsene Stücke, bzw Äcker (seit 1350) vgl Brunnen.

Bo/usch

mhd stm bo/usch = 1. Busch, Gesträuch, 2. Gehölz, Wald.
Ma: Jungbusch, Wer(d)busch (1549) = Wäldchen auf einem Wört oder an einem (Mühl)wehr; Ne:

nach dem Busch zu, gegen Busch = gemeint ist hier immer der Neckarauer Wald (1570 bis 1754); Se: *iuxta = neben dem eichenbosse* (1329), *Beim Dornbusch* = Teil des Dossenwaldes (seit 1879);

Distel

ahd *distil* mhd *distel* stm/f = Distel.
Se: *Distelsand* = heideartiger Teil des Dossenwaldes (seit 1780), vgl auch *Dornbusch*.

Eiche

ahd *eihha* mhd *eich/he* stf = Eiche.
Ne und Se: *Eichwäldchen, eichwälder Weeg* (seit 1735); Se: *eichenbosse, bi den eichenbuschen* = Eichwald (1329 bis 1468), *Eichelberg* (1619), *Eichenhorst* = Eichengehölz (1611 bis 1798), *Eichwald, Alt- und Neueichwaldtücke* (seit 1735 bzw 1879).

Gras

ahd mhd *gras* = Gras, Grasbewuchs, begraster Platz.
Ne: *Am Grasweg* (seit 1297) Se: *Grasäcker, Grasweg* (seit 1429).

Hag, Hecke

ahd mhd *hac* stm und *hecka* mhd *hecke* stf = Dorngesträuch, -hecke, Einfriedigung, gewachsener Zaun.
Ne: *Auf den Hag* = Definition von 1663: *vff den Haag oder Zaun* (1580 bis 1663), *gegen der hagenfart* = Fahrweg am Hag (1429 bis 1732) *Hafenfahrt, Auf die –* = (sinnlose Verschreibung seit 1886); Se: *Heckweg* = Weg an der Hecke (sehr häufig seit 1394), *apud viam bernhowe* = beim Weg am Bernhag = Beerenhag von mhd *bere* = Beere (1329) *Bernau* (hag), *Bernauer Buckel* (sehr häufig seit 1429) = Platz des heutigen Seckenheimer Friedhofs.

Heis(ter)

ahd mhd *heis-* stm = Junger Buchenwald, Buchenschonung, die Nachsilbe *-ter* heißt Baum, vgl englisch *tree*. Alte Baumnamen sind Affol-ter = Apfelbaum, Rüs-ter, Hollun-der, Wachol-der und auch Heis-ter = Buchenbaum, Buchenstamm.
Ne: *In der Heißen gewann, Heißgewann* = Gewann am Buchengehölz (seit 1580, häufig in Toponymen).

Holler, Holder, Holunder

ahd *holuntar* mhd *holunter, Holler* stm = Holunder.
Ma: *Holder* (1549); Ne: *Beim Hollerstock, Im Holderstöckl* (seit 1619), Se: *4 manßmatt der Hollerbomer genandt … in terminis ville Syckenheim* = Vier Mannsmahd Wiesen der Holunderbaum genannt … in Seckenheimer Gemarkung (1329), *Hollerspitz, Bei der Holderspitz.* (seit 1512).

Holz

ahd mhd *holz* stn = Wald, Gehölz, Holz.
Se: *Fronholtz* = Herrenwald, Herrschaftsanteil am Dossenwald (1548); *Holzweg* = Waldweg (seit 1619).

Horst

ahd und mhd stm *ho/urst*: = 1. Gehölz, Buschwald; 2. Mit Hecken Bewachsener Hügel oder Abhang, wohin man gerne weidende Tiere trieb.
Ma: *Huthorst* = Horst zum Viehhüten (seit 1369); Ne: *Kuhunterhorst* = Horst zum Unteren (mhd stm *unt/dern* = Mittag, Zwischenzeit) der Kühe, *Schweinshorst, Eichenhorst, Hummelhorst* = pfälz. *hummel* = Zuchtstier, Farre.

Judesgehäu

ahd *hegan* mhd *hegen* = hegen, davon mhd stn *geheie* = Gehege, Hegung, Pflege, eingehegter Wald, Schonung, auch Fischhege vgl *Geheugraben*. Das Bestimmungswort für dieses Gehäu ist der Judasdorn oder Judasstrauch, die Hundsrose (rosa canina), an der sich der Legende nach Judas nach seinem Verrat an Jesus erhängt haben soll, weshalb die Hundsrose und ihre Früchte, die Hagebutten, errötet seien. Dann läge bei dem FlN eine Klammerform vor, bei der das Mittelstück von *-dorn-* oder *-strauch-* abgestoßen wurde. Damit bedeutet der FlN *Judas-(dorn)-gehäu*, eine Schonung von üppigem Hundsrosenbewuchs umschlossen.
Se: *Judesgehäu* (seit 1724).

Jungbusch

junger Wald, Schonung.
Ma: *andere Plätz in dem jungen busch*, heute Stadtteil (seit 1609).

Käs

aus gallorömisch *cassanus* = Eiche oder *casninuns* = mit Eichen bestanden, mhd im Rheinland (vgl den

Lorscher FlN Kessenau), Eifel, Westrich, Lothringen *kä/as, kos, ke/ais* = Eichenbestand (vgl sehr überzeugend Christmann: Siedlungsnamen l, S 306.) *In dem kesenloche* = in dem „Käs"wäldchen (1329). Aus eigener Erfahrung kann ich den FlN *Käswasserweg* aus Eiterbach-Heiligkreuzsteinach im Odenwald beifügen, der tatsächlich in einen eichenbewachsenen Quellhorizont führt.

Ma: *Die Kaeß Wieß, Käßwiesen liegt über dem Necker* (1772); Sa: *Käsacker;* Se: Wahrscheinlich *Kaisergewann* (seit 1394) wie auch die zahlreichen rheinischen *Kaiserwörthe* mit den wasserliebenden Eichen; dann ist das die Verballhornung des längst unverstandenen *Käs* oder *Kais* zu *Kaiser.*

Lo(c)h

mhd stmn *lôch* = Gebüsch, Wäldchen, (Feld)gehölz, häufig mit Eichenbestand, aus deren Rinde man ahd mhd *lô* = Gerberlohe herstellte und das deshalb nicht gerodet werden durfte, vgl auch den *Lohgerber* oder *Loher, Löhr.*
Ne: *Am -, gegen -, Im Lohr* (seit 1620).

Pap(p)elrausch

lat *populus* mhd stf *papel* und mhd *rusch,* pfälz FlN. *Rausche* f Laubhecke, Laubgehölz auch Waldabteilung, vielleicht = Pappelrauschen, wahrscheinlich die inständiger Bewegung befindliche Zitterpapel. Ne: *Im Popelrausch, die Pappelrausch genant* (1606 bis 1747).

Riesten/r

nhd *rust* stf, pfälz *Rüste, Rüster* oder *Rustenbaum* = Ulme.
Ne: *In den Rüsten, Riestengewann* (1570 – 1754); Se: *Auff die ..., bey den Rüsten, Riestenstücke* (seit 1660); *bey den drei Riesten* (seit 1780).

Sellweide

Salweide oder Kopfweide, allgegenwärtiger Baum in Wassernähe. Die Untertanen waren verpflichtet, auf neuen Anlagen sofort Salweiden anzupflanzen zur Bodensicherung und zur Gewinnung von Weidenruten für Korbwaren und Faschinen, Weidengeflecht zur Uferbefestigung.
Fe und Ma: *in der zilweiden, uff den alten Zelwyden einsit der Pfafengrund andersit der necker* (seit 1369).

Stube

eigentlich heizbarer Raum, Abteilung, Gemach, im Pfälzischen Bezeichnung für einen umschlossenen Bezirk, häufiger FlN.
Se: *Große Stube* für den hinteren, großen Teil des Dossenwaldes (seit 1757).

Wald

ahd mhd stm *walt, welde* = Wald, eigentlich zu *wild* = Wildnis im Gegensatz zum (angebauten) Feld.
Ne: *der gemein wälde, gegen Waltbüsche, Neckarauer Wald* (seit 1549), *Waldweg* (19. Jht), *Waldpark* (20. Jht); Se: *Tossenwald, der Doße Wald, die lange Doßen, Unterer Dossenwald* (im Pfälzischen häufiger FlN), pfälz *Tachse-* oder *Tachsen-, Dossenbaum* = Kiefer von lat *taxus,* also Kiefernwald (seit 1713); *neben dem eichenbosse, Eichenbusch,* (1329 bis 1590) *Seckenheimer Eichwald* (1780 im Unterschied zum Dossenwald) *Alteichwaldstücke, Neueichwaldstücke* (seit 19. Jht nach der Rodung des Eichwalds), *An die Grenzhöfer Doßen, Grenzhöfer Wald* (seit 1757), *Münchwälder* = Mönchwälder, ursprünglicher Schönauer Besitz. *Waldspitz(e)* (seit 19. Jht) = Ende des Waldes am Friedhof.

Weide

ahd *wîda* mhd swf *wîde* = Weidenbaum, im nhd durch die Diphthongierung des langen î › ei zu Weide, daher leicht mit Viehweide verwechselt.
Ne: *Bei der schwarzen Weide* (1580 bis 1747), *Unter den Weiden, Weidenplatte* (seit 1780); Se: *gen dem wydich* = gegen den Weidenbestand, Weidengruppe (1394 – 1476), *Vf das Weydach, naher dem Weidich, Weidich*(hag) = Weidendickicht (sehr häufig seit 1512).

Werbusch, siehe Wörth/Wert.

8.2.3. Bewirtschaftung/Nutzung und Nutzungsrecht

Anwender

mhd stm = Ackergrenze, wo der Pflug gewendet wird.
Fe: *anewendel* (1369); Se: *Heiligenanwänder* (seit 1620) = Sein Ertrag steht dem Allerheiligenpfründaltar zu;

Atzel/Etz

mhd stf *etze* = Weideplatz, -bezirk, *ä/etzen* oder *äsen* = abweiden, fressen lassen.

Kä: *Atzelhof;* Ilvesheim an der Grenze zu Wallstadt: *Atzelbuckel.*

Bau

von ahd *bûan* mhd *bûwen* = bauen, anbauen, als Substantiv der Anbau, vgl Bauer oder Baumann.
Ne: *Bauweg* = der Weg zum Anbau (1660). Se: *Bauwald* = Wald im Anbau, d.h. der forstlich genutzt wird und damit Ertrag gibt (Begriff des 18. Jhts).

Bärloch

ahd *ebur* mhd *bêr* = Eber, Zuchteber *-lôch* (s.o) = Eberwäldchen, Eichengehölz, in dem die Zuchteber gehalten wurden.
Se: *in dem berlo/ach* (1429 bis 1570) *Im Grund durch das Bärloch* (1595 und 17. Jht), *Bärloch* (sehr häufig seit 1620).

Bitter

ahd *bittar* mhd *bitter* = bitter, beißend.
Kä und Se: *In den(r) b(B)ittern* (häufig seit 1476). Es gibt zwei Möglichkeiten: 1. Bitter im Sinn von schlecht, für das Vieh ungenießbar. Im Mhd gibt es den Beleg von einem *„Veigenboum bî bittern weiden"* = einem Feigenbaum bei/an bitteren Vieh-Weiden (nicht der Baum, der müsste *wîde* heißen)! 2. Das alte Adjektiv *bittar* müsste im Hochdeutschen zu *bitzer* verschoben werden wie *beitan* zu *beißen,* was im Md bei *bitze, biziune* = eingezäuntes Grundstück, Baumgarten vorhanden ist.

Bös

1. ahd *bosi* = nichtig, schwach mhd *boese* oder *bôse* schlecht, mangelhaft, geringwertig, als FlN bezeichnet es im Pfälzischen minderwertiges Ackerland, trifft aber für das Bösfeld gerade nicht zu!
2. Die anlässlich des Arenabaus gefundenen, sehr zahlreichen merowingischen Gräber, einschließlich Adels- und Pferdegräbern könnten das dortige Ackerland als *böse* im Sinne von verflucht, schlecht, sündig bezeichnet und gefürchtet worden sein.
3. Lat *bu/oscus,* ahd mhd swm *bo/usche* = Busch, Gehölz; Flachs- oder Strohbündel, - *buschel* ist im Pfälzischen als *Boßen* (mit langem o und scharfem

ß) mit den Varianten *Boße, Bouße, Buße, Bauße* und *Boßem* und in der Verkleinerungsform *Beßel, Beßelche* in derselben Bedeutung sehr häufig. Dazu gibt es viele Zusammensetzungen wie *Stroh-, Korn-, Roggen-* oder *Spelzenboßen.* Damit ist in der Schreibung oe ursprünglich das e als Dehnungszeichen für das lange o und nicht als Umlautzeichen zu verstehen. Das *Bösfeld* kann also auch, wie die frühesten Belege es ausweisen, ein altes *Boßenfeld,* ein Flurteil, der für den Getreideanbau benutzt wurde und in der Erntezeit mit *Boßen* bestanden war. Eine fugenlose Verbindung zweier Substantive ist darüber hinaus alt und üblich: *Bossenfeld* und *Boßfeld.* Vgl auch *Bösheck.*
Ne: *In Hermeßheimer gewanden vff beyde sijten die bosin* = Im Hermsheimer Gewann auf beiden Seiten die bösen - (1350), *uff das -, in dem -, im bosen felt* (1403 bis 1614), *vff das Neckerauwer Boßfelt, Bös/ßfeld/dt Hermsheimer Bosfeldt, auch im bösen feldt,* (sehr häufig seit 1595), *Hinter der -, bey der -, Vor bösen Heckhen, bei der Bösheck* = wahrscheinlich eine Klammerform aus Bös(feld)hecke, also Hecke am Bösfeld (seit 1564).

Breche

ahd *brehha* mhd *breche* stf = Flachsbreche (Gerät).
Ne: Bei den *Brechlöchern* = Grube oder Kaute, in der der Flachs vor dem Brechen geröstet wurde, damit die Hülle über den Fäden leicht zerbrach (seit 19. Jht).

Breite s. breit

Bütte

ahd *butin* mhd *bûte* = Bütte, Bottich, Fass.
Se: *An der zehnten Bütte* = Die Bütte, die für den (Wein)zehnten bestimmt war (Weinbau bis 17. Jht).

Dreschen

ahd *drescan* mhd *dreschen* = dreschen.
Ne: *Bei der Dreschhalle* (1886 – 1950)

Esel

ahd *esil* mhd stm *esel* = Esel, früher sehr häufiges Haustier in der Landwirtschaft.
Se: *Eselpfad* (seit 19. Jht).

Falltor

mhd *valletor, valtor, valter* = von selbst zufallendes Tor in einem Zaun oder am Dorfetter, entweder als Hängetor in einem gezimmerten Rahmen und Gegengewicht oder mit schrägstehenden Holmen, damit bei Weiden das Vieh zwar hinein-, aber nicht von allein herauskommen kann. Sehr häufig an den verschiedensten Standorten.

Ne: *Im Hadelicher, Haitlocher, Harlacher Fallthor* (1381 bis 1747), *ufs Awfalthor, über Aw beim Valthor* (1620 bis 1663), *Im Kleinen Feldt beim Sewgießen Falthor* (1620 1663); Se: *Beym Mittel fallthor* (1595 bis 1798), *Im obern Fallthor* (seit 19. Jht).

Fisch(er)

ahd *fisc* mhd *visch, vischer* = Fisch, Fischer, häufig am Rhein.

Ne: *Fischer Werth, genant die Alment Gewandt* = Fischerinsel, Allmende, die den Neckarauer Fischern zusteht (1570), *Vischanwender, Fischstück* (1570 bis 1620). Auch einzelne Fischarten wie Pleie › *Plinau* oder Nasen und Salme › *Nasen-* oder *Salmgrund*.

Flachs

ahd und mhd stm *flahs* stm = Flachs.

Ne: *Flachsgewann* (seit 1606) wie *Brechlöcher* Hinweis auf Flachsanbau.

Fuchs

ahd und mhd *f/vuhs* stm, Nebenform und nd *f/vos* = Fuchs, sehr häufiger FlN.

Ne: *Fuchsenanwänder* = Anwänder mit Fuchsbauten (seit 1886);

Se: *vff das Foßloch* (seit 1590 bis 1713), *uffs Fuchsloch, etwan die Schelmengaß genant* (1595 bis 1754), *Foßgaß* (1780 bis 19. Jht) *Foßlochweg* (19. Jht). Da das *Foßloch* am heutigen Seckenheimer Wasserturm noch im ausgehenden 19. Jht ein Tümpel mit Schweineweide war und in früherer Zeit ein Platz für den Abdecker, wird es viele Füchse und Fuchslöcher dort gegeben haben.

Füllen, Fohlen

ahd *fulin* mhd swn *vûlin* = Fohlen, Füllen vom Pferd oder Esel.

Ne: *Fohlenweide* (20. Jht); Se: *Auf der Füll(er)weide, Füllweidstück* (seit 18. bis 20. Jht).

Gans

ahd mhd stf *gans* = Gans.

Ne: *Gansweide* (19. Jht);

Se: *Ga/än(n)ßweidt, Gänsweide* (seit 1512).

Garten

ahd *garto* mhd *garte* = Garten, eingefriedetes Land, das einer Sondernutzung unterworfen ist und damit nicht in die Dreifelderwirtschaft mit dem Flurzwang fällt, liegt meist in Dorfnähe, die Sondernutzung wird im Namen angezeigt.

Ma: *Augarten* = Vorläufer der Schwetzinger Stadt (seit 1880), *Neckar- oder Stadtgärten* = Vorläufer der Neckarstadt-West (seit 1700), *Baumgarten* (1663), *Rosengarten* (1663), *Thiergarten* (1622); Ne: *Baumgartengründel, Bau/oomgarten* (seit 1570), *Kappesgarten* (seit 1610) *Beym Pfarrgarten, Bei den Dorfgärten, Gärten im Eck* (seit 1620), *Rheingärten* (seit 1732) Se: *lotzen garten* (1394), *Hinter dem Dorf der Gaißgarten* (1570), *auff Jörg Reisens Weingarten* (1660) *Hinter den Dorfgärten* (seit 1611), *Kay-, Keutgarten* = Kai oder Keut sind die jungen Krautpflanzen oder -setzlinge, diese Gärten dienen ihrer Anzucht, *Krautgarten, Krautgartenweg* (seit 1660).

Hase

ahd *haso* mhd swm *hase* = Hase.

Ne: *Hasenweg, Hasenäcker* (1348; 1886); Sch: *Hasenlipsgraben*. Meist Schutzzone für das Niederwild.

Heu

ahd *hewi* mhd *höuwe, höu* stn = Heu.

Se: *Über den Heuweg* (19. Jht).

Hirte

ahd *hirti* mhd *hirte* swm = Hirte.

Ma: *Hirtenhäusgen* (1780); Se: *Hirtenbrunnen* (18. Jht).

Holzhof, Holzgaß

Ma: *Holzhoff* am Platz von Rheinhausen (seit 1770), *Holtzgaß, Die Holtzgaßsäcker* (1772). Holzhofstraße.

Hummel

ahd *humbal* mhd *hummel* = Hummel, schwäb und pfälz. Zuchtstier, Farre.

Ne: *Auf den Hummelhorst* = Gehölz zur Haltung der Farren (19. Jht).

Kalkofen

ahd *chalch* mhd *kalc* stm Kalk und *kalcoven* = Kalk-
brennerei.
Ma: *Kalckofen; Wasser genant der Kalckofen, kalck-
ofengraben, Brück über den Kalckofen gemacht*
(1596) = alte Neckarmündung bei Eichelsheim.

Kappen

mhd *kapûn, kappen* = Kapaun, kastriertes Hähn-
chen.
Ne: *Von eym Wiesen genant kappenmorgen* (1496).

Kappes

ahd *kabuz* mhd *kappaz, kappiz, kaps, kabbes* =
Weißkohl(kopf).
Ma: *Kappesgarten am far gelegen* (seit 1369); Ne:
Kappes (seit 1763, heute Ortsteil von Neckarau),
Kappesgarten, Seckenheimer – (1610 bis 1764); Se:
Kappes, Kappesgarten (sehr häufig seit 1476), *Kap-
pesweg, -pfadt* (1590 bis 1798), *alter Kappesacker*
(1754), *Wasenkappes* (seit 1590).

Keidel, Kaid

stn pfälz *Keidel, Keidchen* = Krautpflänzchen, Kraut-
anzuchtsgut.
Se: *Vff den Ke/äutt-, Kai/y(d/t)garten(werg)* (seit
1660).

Krappmühle

Krapp = Rubia Tinctorum, Färberröte. Die getrock-
nete Wurzel des Krapp wird gemahlen, um den
darin befindlichen roten Farbstoff, das Alizerin, zu
gewinnen. Nach der künstlichen Entwicklung des
Alizerins aus Steinkohlenteer (Anilin) wurde der
breitflächige Krappanbau eingestellt.
Ma: *Krabmühle* (seit 1779/80), *Krappmühlstraße.*

Kuh

ahd und mhd *chuo, kuo* stf = Kuh.
Ma: *Auf der Kühplatte, Die Kühewaidt* (seit 1770);
Se: *Kühbrunnen, -weg* (seit 1780 mit Hirtenbrunnen
identisch); Ne: *Kuhunterhorst* = Gehölz zum Untern
(Ausruhen) der Kühe (19. Jht. s. Horst)

Lamm

ahd und mhd *lamp/b* stn = Lamm.
Se: *vff die lemmerdrenck, Lämmertränk* = Lamm-

tränke (seit 1476).

Leimen/Lehm

die niederdeutsche Form ist *Lehm,* die oberdeut-
sche *Leimen,* ahd *leimo* mhd *leim* stm.
Ne: *Leimengrup* mhd *leimengruobe* oder *leimkûte*
liefert das Baumaterial für die Gefache der gezimmerten Fachwerkhäuser, der vorherrschenden
Bauweise bis ins 18. Jht.

Mager

1. ahd *magar,* = urverwandt lat *macer* = mager.
Ma (Rh): *Mageräcker* (1772) oder 2. von lat *maceria*
= Lehmmauer, Gartenmauer, Verschanzung.

Pferch

ahd stm *pferrich* von lat *parricus, parcus* (Park) =
Umhegung. Ma: Ochsenpferch; Ne: Stumperich =
Stutenpferch (seit 1381).

Pfingstberg, Pfingstweide

griech *pentekoste* = der 50 Tag (nach Ostern) mhd
pfingeste, pfing(e)sten = Pfingsten. Der Hinweis
auf Pfingsten, der in sehr vielen FlN zu finden ist,
deutet auf den Weidebetrieb, der zu Pfingsten eröff-
net wurde, wenn man das Vieh aus den Ställen auf
die Sommerweide trieb. Der Hütebetrieb wurde von
der Gemeinde für alle gemeinsam organisiert. Auf
den Pfingstweiden wurden die Herden verteilt, auch
in der Rheinebene eine Art Sennerei.
Ne (Gf): *Pfingstweid, gegen Neckaraw zu die
gemeinweidt, die Pfingstweidt genant* (1620), *-hag*
(17. Jht), *-weg* (1763); Se (S/M): *Item IIII morgen san-
dackers Ußwendig des pfingstberkes* (1476) *Sandberg* oder *Pfingstberg* (häufig seit 1429).

Pflüger

Hinweis auf umgebrochenes, „gepflügtes" land,
vorher Feuchtland oder ein „Grund".
Ma. *Item ein Wald, gnant am Pfligersgrund* (seit
1549).

Rain

ahd mhd stm *rein* = Rain, Feldrain, Ackergrenze,
Sandrain (Se 1713) = der durch den Abbruch des
Sandes gegen die Mallau und das Neckarauer
Casterfeld gebildete hohe Rain.

Se: *Vff den hohen reyn* (1394), *gegen den Rhein-schaltten, Rheinschall* (seit 1570) = der Rain an der Halde, s. Halde

Roß, Pferd, Gaul, Stute, Fohlen

Ma: *Gaul Wörthel* (1770), *Roßengarten* (seit 1663), *Der Rosengarten* (1770 mit Hirtenhaus);
Ne: *die gewande off den Stumperich* = Stutenpferch (seit 1381), *Fohlenweide* (19. Jht).

Rott

ahd *hriuta* mhd *riute* = Rodung, urbar gemachtes Land aus ausgestocktem Wald, aber auch aus umgebrochenen Weiden, zu od *reuten* und nd *roden*, s. *Reite* und *Gereut*. Die Häufigkeit des Rodens erklärt die vielen FlN mit näheren Bestimmungen.
Ma: *Lange Röd/tter* (seit 1780), *Lange Rötter Straße.* Ne: Neurott, *Beckers Hansen Rott* (seit 1663), *Rottfeld* = im 19. Jht gerodeter Teil des Neckarauer Waldes (19. Jht); Se: *in agris dictis diz roht sitis ame rorheimer wege* = auf den Äckern, die Rott genannt werden, am Wege nach Rohrhof (1274) Rotloch = Rodung am Wäldchen (lôh) oder am Loch, gemeint wäre dann das heute noch vorhandene tiefe Loch am Hirtenbrunnen (Grundwasser) (seit 1780), *supra rot, vff dem rode, zuschen zwei rödern* (1329 bis 1611), *vff dem vßern Roden* (1394), *in dem Niedern/vndern Ro(h)dt* (1570 bis 1798)., *Vffm .-, Im oberen Rott* (seit 1620), *Neurott* = im 19. Jht gerodeter Teil des Seckenheimer Eichwaldes (19. Jht).

Rübe

ahd *ruoba* mhd swf *ruo/ebe* = Rübe, Wurzel, Hackfrucht.
Ne: *Rübengewann* (19. Jht); Se: *in der zweyten .-, in der nechsten Rüben gewannen, Rübengewann* (seit 1620).

Salm

lat *salire* = springen, ahd *salmo* mhd *salme* swm = Salm, Lachs.
Se: (alte) *Salmenhütte* = Hinweis auf säsonalen Salmenfang am Rhein zur Laichzeit (1436).

Sau

ahd mhd stf *sû* = Sau, weibliches Schwein.

Ne: *beim Sew Pförch, Saupferch* (seit 1620), *Sei(äu)berger Weg* = ist Verballhornung von Schauenburger Weg (1763), *Saumorgen, Saumagen* (seit 1732), *Beim Sauloch* (19. Jht); Se: *Sauloch* (19. Jht).

Schaf

ahd *scaf* mhd *schâf* stn = Schaf.
Ne und Se: *gegen die Schaffbrücken, Schafbrückel Schaf(brückl)weg* (1560 bis 19. Jht); Ne: *an der Schäfferlachen, Schäferslache* (1570 bis 1747)

Schelm

ahd *scalmo*, mhd swm *schelme* = Seuche, Pest, Aas, Kadaver und der, der gefallenes Vieh beseitigt: Abdecker, ein „unehrenhafter" Mensch, übertragen auch Bösewicht. Erst im Nhd die freundliche Bedeutung parallel zum gleichen Bedeutungswandel bei *Schalk*. Als FlN der Abdeckplatz und auch das Gut, das dem Abdecker oder Wasenmeister zusteht.
Ne: *Schelmenanwender, -hecken, -morgen* (1381); Se: *Schelmengaß* (1394 bis 1798), *Schelmenkraut* = Abdeckgrube (seit 1660), lange mit dem *Foßloch* identisch.

Schind-

ahd *scintan* mhd *schinden* = enthäuten, semantisch mit *Schelm* identisch.
Ne: *Schindkaut* (Af seit 19. Jht).

Schwein

ahd mahd *swîn* stn = Schwein, wichtigstes Haustier.
Ne: *gegen der Mallowen oder Schweinswerth zu, Schweinswörth* (Cf seit 1580), *ein Horstel genant Schwynshorstel, Schweinshorst* (1381 bis 1684).

Spelzengärten

stm lat-ahd *spelta* mhd *spelze* = eigentlich gespaltenes, doppeltes Korn, bis ins 19. Jht gängige Weizenart.
Ma: *Die Speltzen Gärten* (1770).

Stute

ahd mhd *stuot* swf = 1. Pferdeherde, Gestüt, 2. weibliches Pferd.
Ne: *vber Awen gegen stümperich, auf den Stumpf-*

rich Hag, Stump(f,e)rich = Stutenpferch, Pferde-weide (im Af, durch einen Hag gesichert, seit 1381).

Vieh
ahd *feho* mhd *vihe* stn, urverwandt mit lat *pecus* = Vieh.
Ma: *Viehunterhorst* = Horst zum Untern (Ausruhen) des Viehs, *Viehunter, Viehweide* (1780); Ne: *vber den fieweg, Viehweg* (seit 1381), *Viehweide* (1780); Se: *Viehtrieb* (UD 1780).

Vogel
ahd *fogal* nhd *vogel* stm = Vogel.
Ne: *Vogelanwänder* (Bf 19. Jht); Se: *Vogelstang* = Stange, die mit Leimruten besteckt war, um Vögel zu fangen (19. Jht) ‹Vogelsang.

Weide
ahd *weida* mhd stf *weide, weid* = Futter, Speise, Wei-deplatz.
Ma (Rh): *Mittagsweid* (seit 1772), *Nachtweid* (seit 1549), *Ochsenweid* (seit 1772); Ne: *zwuschen Ne-ckerawer und Seckenheimer weyd lyt ein Horstel, vff die Wey(i)de, neben der Weyd* (Klf 1381), *Weid-gärten* (Gf 1747 bis 1763); Se: *vf die Newwaidt, Neu-weidstücke* (seit 1512), *vff die Nachtwaidt* (seit 1160), *Tagweydt* (1754), *Weidstücke* (19. Jht), *Gänsweid* s. o.

Wiese
ahd *wisa* mhd *wise* stf = Wiese, außerordentlich häufiger FlN.
Ma: *Die neu Wieß* (1770); Ne: *an der wiesen bi hannemanne* = an Hanemanns W. (Nf seit 1348), *in den alten W., uff unseres Herren wissen* (Cf 1490), *vff die vergrabene wiesen, die begrabten Hermes-heimer Wiesen* = W. am Graben (1348), *Gezäunte Wiesen* = umzäunte W. (1580 bis 1671), *von der hohen Wiesen und brist* = Hohe W. an der Erd-brust (1429 bis 1496), *Neue Wiesen* (19. Jht) *Schei-blechte Wiese* = Scheiboldts oder Schilbocks W. (1580 bis 1732), *Wiesengewann* (seit 1344); Se: *in dem Wießen gewändt vf den Neckweg* = Im Wiesen-gewann auf den Weg zum Neckar, *Wiesengewann, neben der wießen* (1394), *an der wißen Brüst* = an der Wiesenbrüstung (1429), *die Riedwiesen: Dürre*

Wiesen, wüste wießen, die Wissen diesseith des Rheins, an Wissen im vordern Ried (seit 1432), *off die roßwißen* (1468), *bey der re/öschen wießen* = Verballhornung zu Rößwiesen? (1512 bis 1595), *vff die newe wießen* (1476 bis 1756), *Altripper Wießen* (1782), *die wissen überrhein* (1736).

Wingert
mhd *wingart* swm = Weingarten, Wingert.
Ma: *Der Herren Wingert* (1780); Ne: *die Weingärten, hinter dem Weingarten, in den Wingert* (1732 bis 1780), *Wingertstücker* (19. Jht); Se: *uf die Wingerts-gaß, uff des kleine Wingertsgässel, Wingertsgaß* (seit 1620).

8.3 Denkmale, historische Ereignisse,

Casterfeld
lat *castra, castellum* ahd mhd *kástel* = befestigtes Lager, kleine Festung
Ne: *In dem -, beim Casterfeld, Cástellfeld* (seit 1348) Gemarkungsteil oberhalb Neckaraus am Rhein.

Chaussee
franz Kunststraße mit Kofferung und planiertem Fahrdamm.
Ne: *Bei den Chausseegärten* (seit 1741). Kurfürst Karl Philipp begann in der Kurpfalz mit Infrastrukturmaß-nahmen, indem er das Straßennetz auf die neue Hauptstadt Mannheim hin ausrichtete. Für die wich-tigsten Überlandstraßen wurde der in Frankreich entwickelte Chausseebau übernommen. *Chausseen* waren die ersten Kunststraßen seit der Römerzeit. Sie wurden ohne Rücksicht auf das gewachsene Gelände möglichst gerade über Land geführt, Grä-ben mit Brücken überschritten, Dämme aufgewor-fen und in Bodenwellen Einschnitte gelegt. *Chaus-seen* waren gekoffert und durch Straßengräben ent-wässert. Die erste *Chaussee* war die heutige B 36 von Mannheim nach Schwetzingen. Die heutigen Straßen Schwetzinger Straße, Neckarauer Straße, Rhenaniastraße und Relaisstraße liegen auf der Trasse der alten Chaussee.

Dänischer Tisch
Im Polnischen Thronfolgekrieg (1733 bis 35) stellte Dänemark als Verbündeter Österreichs und Ruß-

lands gegen Frankreich ein Truppenkontingent, das im Frühherbst 1734 einige Zeit auf dem Sand biwakierte, vgl auch *Franzosenhäusel* und *Franzosenweg.* 1780 ist bei Denis unter dieser Bezeichnung ein kleiner Kreis eingezeichnet, wahrscheinlich Reste einer Schanze, 1879 war diese Stelle bewaldet, heute Straßenname in Rheinau.
Se: *Ober dem -, Beim Dänischen (Spielt)isch* (seit 1780)

Exerzierplatz

Nach 1815 wurde das brachliegende Heideland des zentralen Sandes vom badischen Staat als Exerziergelände für die Mannheimer Garnisonen eingerichtet, wegen der relativen Abgelegenheit von den Kasernen im Stadtbereich aber bald nicht mehr genutzt und nach rund 60 Jahren für industrielle Nutzung verkauft: Die Keimzelle des Rheinauer Industriegebiets.
Se: *Beim Exerzierplatz* (seit 1820).

Franzosen

Auch diese Bezeichnungen stammen aus dem Polnischen Thronfolgekrieg von 1733 bis 1735. Damals standen Truppen des Prinzen Eugen zwischen Bruchsal und Philippsburg, um einen Rheinübergang der Franzosen zu verhindern. Kurfürst Karl Philipp, der neutral war, ließ die Franzosen bei Neckarau über den Rhein kommen, daher Franzosenweg, was die Dänen nicht verhindern konnten. Die Franzosen biwakierten am Franzosenbuckel gegen die Truppen des Prinzen Eugen.
Ne: *Franzosenweg* (seit 1734); Se: *Franzosenbuckel* (seit 1780), *Beim Franzosenhäusel* (seit 1879) vgl *Dänischer Tisch.*

Hecker

Anspielung auf die Rodung des ehemaligen Allmendlandes Eichwald durch Bürgermeister Hörner, der Anhänger der badischen Liberalen war und unter dem Einfluss von Friedrich Hecker und seinen Freunden diese Rodung zugunsten der landlosen Tagelöhner durchsetzte. Wie der inoffizielle, volkstümliche Namen zeigt, wusste man in Seckenheim genau, wem diese Tatsache zu verdanken war.
Se: *Heckerstücke* (seit 1835). Volkstümliche Bezeichnung der *Alt-* und *Neueichwaldstücke* und der

Neurottstücke im Eichwald an der Landstraße 597 nach Schwetzingen.

Heerstraße

Im Seckenheimer Oberfeld markiert dieser FlN die alte Überlandverbindung nach Heidelberg. Diese mündete auf den *Heckweg,* lief südlich Seckenheims entlang auf der Trasse der heutigen Zähringer Straße und setzte sich als *(Alter) Mannheimer Weg* Richtung Mannheim fort.
Se: *Bei der Hirschstraße, vff die Hörrstraß, außwendig der Heerstraßen* (seit 1611).

Kaiserhütte

Im Unterschied zu Kaiserwörth oder Kaisergewann ein echter Bezug auf die Übernachtung Kaiser Josephs II. bei einer Reise nach Frankreich.
Ma: *Kayserhütte* (1780);

Kreuz

Hinweis auf das nach der Schlacht bei Seckenheim 1462 auf dem Schlachtfeld von Kurfürst Friedrich dem Siegreichen errichtete Gedenkkreuz. 1732 drohte es zusammenzubrechen. Es wurde 1732 und 1743 von den Kurfürsten Karl Philipp und Karl Theodor erneuert. 1780 ließ Karl Theodor das Original ins Lapidarium des Mannheimer Schlosses bringen und eine Kopie aufstellen. 1823 wurde die Kopie umgestürzt, das Denkmal abgetragen und 1980 vom Mannheimer Altertumsverein durch eine Pyramide ersetzt. Das Kreuz wurde im Mannheimer Schlossmuseum aufbewahrt und im Zweiten Weltkrieg zerstört.
Ne: *Kreuzgewann* (1570 bis 1619). Kleines Gewann im Casterfeld, wohl von einem Bildstock abgeleitet.
Se: *Beim -, Auswendig dem Kreu(t)z,* (seit 1620), *Kreuzweg* (seit 1879).

Mechthilder Grund

1713 wird der unverständlich gewordenen Name folgendermaßen lokalisiert: *vor alters im Mechstillern grund genant anjetzo auf den Cappespfadt gelegen* (im Niederfeld). Gemeint sind die Güter, die die 1319 verwitwete Pfalzgräfin Mechthild von Nassau als Wittum auch auf Seckenheimer Gemarkung erhalten hatte. In der Urkunde ist von der Mühle zu Seckenheim (Feudenheim), einem Hof zu Rheinhau-

sen und einer Abgabe aus Neckarau und Secken-
heim die Rede.
Se: (1394 bis 1713), *in der mechthilde gründe – im
Grund der Mechthild.*

Pestbuckel

bezeichnet den Pestfriedhof bei der letzten Pestepi-
demie von 1666/67, vor den Mauern nordwestlich
der Unterstadt.
Ma. *Pest Buckel* (1770).

Relais

Franz. Pferdewechsel, Umspannort, Raststelle. Im
Zusammenhang mit dem Chausseebau errichtete
Raststätte am heutigen Karlsplatz, später weiter
südlich an die heutige Stelle an der Relaisstraße ver-
legt. Diente erst als kurfürstliches Rasthaus auf dem
Weg vom Mannheimer zum Schwetzinger Schloss,
später Jagdhaus und schließlich eine Gaststätte.
Se: *Relaishaus* (seit 1750).

Römerbrunnen

Neuer FlN, von dem Entdecker der römerzeitlichen
und neckarsuebischen Ansiedlung an der alten Sek-
kenheimer Waldspitze, Hermann Gropengießer, vorgeschlagen, ebenso wie der Name *Suebenheim* für
die neuzeitliche Siedlung an dieser Stelle.
Se: *Am Römerbrunnen* (seit 1930).

Schanz

Seit 1500 aus dem Italienischen *scansi* = Abwehr,
über ndl *schans.* Hinweis auf die Schanzen, die im
Dreißigjährigen Krieg und später auf Seckenheimer
und Neckarauer Gemarkung von den Belagerungs-
truppen für die Belagerung Mannheims errichtet
wurden, besonders auffällig und umfangreich
während der Belagerung Mannheims durch Tilly im
Oktober 1622.
Ma: *Neckar Schantz* (1622, 1770) (Stern)*schanze
auf der Mühlau*; Ne: *Schanz* (19. Jht); Se: *Auf die
Schanz* (seit 1660).

Windberg

Verballhornung aus mhd *Wimp(b)erg* = Kirchentor
mit gotischem Ziergiebel, Standort der ehemaligen
St. Germankirche von Schar.
Sch: *Windberg.*

8.4 Recht und Gemeindegut, Private Grundbesitzer

Almen

ahd *alagimainida* mhd *almende* Kurzform *Almen* =
Gemeindetrift, -land.
Ma: *Alment* (1770); Ne: *Almen(d)stücke, Almenge-
wann, Almen, Almenhof* (seit 1429) vgl -reite.

Ambrosius, Brosy, Ambros

Name eines Eigentümers.
Ne: *Amb/Brosiusgarten, Brosels-, Brosy garten*
(1620 bis 1754).

Bauer, Bauernschaft

Grundstücke im genossenschaftlichem Besitz einer
Gruppe von Bauern, in Hermsheim waren es 12
Genossen, die als Bauernschaft bezeichnet wurden.
Ne: *Bei der Bauernschaft* (häufig seit 1580), *Bauern-
schaftsanwender* (seit 1429); Se: *Bauerspfad* (seit
1512).

Bende(r)

mhd swf *biunte, beunte, beund* – eingehegtes,
meist der Herrschaft vorbehaltenes, in Dorfnähe lie-
gendes Grundstück.
Ne: *Budtruten, beuten grund* (1490 bis 1606);
Die Ruten (Kleines Flächenmaß) der *Beu(n)d*; Se:
Auf die große –, kleine Bendersgaß (seit 1394); In
Seckenheim gehörte die Beunde zum herrschaftli-
chen Hubhof.

Bonadies

Wahrscheinlich von einem dort begüterten Wallo-
nen namens Bonadier.
Ma (seit 1875): *-insel,* später *-hafen.*

Bürgeräcker

Ma: *Die Burger aecker* (1780) = Almendland.

Büttelswiese

ahd *butil* mhd *bütel* stm = unterer Gerichts- und
Polizeidiener.
Ma: *Die Bittelswiese* (1780)

Eigen-

Grundeigentum eines Eigenmannes oder Leibeigenen, in Neckarau wohl die Nachfolger der ehemali-

gen Hübner

Ne: *Eigenacker, Eigengewann* (1570 bis 1747)

Ennich, eng

siehe Mönch!

Gereute

siehe Reite

Gericht

Das Dorf Hermsheim wurde als Wohnstätte im 13. Jht zwar aufgegeben, blieb aber als juristische Einheit erhalten. In Neckarau, wohin die Hermsheimer gezogen waren, gab es bis zum Untergang der Kurpfalz 1803 einen Hermsheimer Schultheiß und ein Hermsheimer Gericht, die alle Angelegenheiten der ehemaligen Hermsheimer Gemarkung zu verhandeln hatten. Verhandlungsplatz war das *Hermsheimer Gericht*, zu dem der *Gerichtsstuhlweg* führte.

Ne: *In der Gerichtsstätte* (19. Jht), *Beim –, Auf dem Gerichtsstuhl, Gerichtsstuhlweg* (seit 1580) Tagungsstätte des Hermsheimer Gerichts.

Hausarme

mhd *hûsarmer* = Armer Mensch, der kein Haus und Obdach hat. Kleines Gewann am Neckarauer Breiten Weg. Die Erträge dieses kleinen Gewanns dienten dem Almosen für ortsfremde und Heimatlose im Unterschied zu den ortsansässigen Armen, die eben eine feste Unterkunft hatten.

Se: *Hauß Anne Äcker, Hausammenacker* (seit 1620).

Hube, Hufe, Hübner

ahd *huoba* mhd swf *huobe* = Hofstelle (rd 30 Morgen) des Hübners = Hörigen oder später Pächters.

Ne: *Bei Hinterhofen* (seit 1620). Sch: *Hubhecke*; Se: *Die 48 (Hübner)* des Seckenheimer Hinteren Riedes waren die Genossenschaft der Hintersassen des Speyerer Bischofs, später bis 1600 des Junkers von Handschuhsheim, zur Bewirtschaftlung dieses großen Riedteils von über 900 Morgen, seit 1803 Teil der Altriper Gemarkung, heute Bereich des Naherholungsgebietes „Blaue Adria".

Klumb/p

Name eines Eigentümers.

Se: *Hinters Klumben Garten, Beim Klumpenloch*

(seit 1884).

Pfeiffer

nach einem Eigentümer, von 1500 an ist eine Familie Pfeiffer in Sandhofen nachgewiesen (Schaaf). Ma und Fe: *Pfeiffers werdt, Pfeifferswörth* (seit 1663).

Rabenstein

mhd stm *raben stein – houptstat der enthouptung vel rabenstein* = Richtstätte, von Raben bewohnt. Ma: *Der Rabenstein* (seit 18. Jht).

-reite, Gereute

mhd *hove-reite* swf = gesonderter Hofraum, Hofplatz, Hofreite eines einzelnen Bauern im Gegensatz zu *heimgeraeite, -geräte* vgl die pfälzischen *Haingeraide* = Allmendland, Markgenossenschaft.

Ne: *Uff das gerewde, gereite, gereden* (seit 1381) *Große* und *kleine Hindergeraidt, Hintergertz, Hintergereute* (1763). Hermsheimer Gemeindeland im *Hermsheimer Bösfeld*, vgl *Almen*.

Remise

franz von lat *remissa* – Wagenschuppen, hier Rückzugs- oder Schlupfgebüsch für das Niederwild.

Se: *Remisenacker* (1754 bis 1798)

Ring

ahd mhd *(h)rinc* = Kreisförmiger Platz = Ring für das D(Th)ing, Hinweis auf einen mittelalterlichen Gerichtsplatz.

Ne: *Ringesdinge, Rindszunge* (seit 1348), wahrscheinlich für die Wüstung Hermsheim, später unverständlich geworden und zu *Rindszunge* verballhornt.

Schilbock

Name des Eigentümers.

Ne: *Schil(t)bocks Garten* (1570 bis 1754), verballhornt zu *scheiblecht, scheibicht, scheubelichten Wiesen* (1580 bis 1732)

Schultheiß

ahd swm *sculdheizo*, mhd *schultheizze*, latinisiert *scultetus*, Kurzform *Schulze*, nd *Schulte* = der die Schuld (Verpflichtung) heißt (feststellt und einfordert), Richter war der vom Grund-, später Landesherrn ernannte Ortsvorstand, stand über dem Bürgermeister. Das Amt war ein Ehrenamt mit einer Aufwandsentschädigung, das Vermögen voraussetzte, mit dem der Schultheiß auch haften musste. Die Aufwandsentschädigung war an ein gemeindeeigenes Gut gebunden.

Se: *Bey der –, aus/ßwendig der Schultheißen Hecken, des Schultheißen Hecken, In den Schulzen Hecken* (seit 1394, bzw 1619).

Stein, Steinsweg

Dieser alte FlN bezeichnet den Weg vom Rhein an das südwestliche Ende von Neckarau und verweist auf eine (römerzeitliche) Steinstückung. Damit ist ein weiterer Hinweis auf die Bedeutung des Rheinübergangs bei Neckarau in der Römerzeit gegeben.
1. Ne: *Steinsweg* (seit 1297) *Steinsweg – (Rheingold) Straße – Hoher Weg* im Neckarauer Großfeld sind Hinweise auf diese römische Straßenverbindung vom Rhein nach Ladenburg. *Bey dem großen Steyn* (1403 bis 1619);
2. Se: *Bey dem -, Auf den Glockenstein, Hoher Stein, Weißer Stein* (seit dem 15. Jht) *Die Hohen Steine,* von denen der *Weiße Stein* im Dossenwald am Umspannwerk mit rund 2m Höhe der spektakulärste war, sind nach den Gemarkungskarten des 18. Jhts die Grenzmarkierung des Zehntbezirks des St. Martinsstiftes in Worms. Darauf deutet auch das gotische M = Martin hin, das auf dem Weißen Stein deutlich zu sehen ist. Über diesen Zehntbezirk entstanden nach der Reformation zwischen dem Wormser Stift und Kurpfalz ein heftiger Streit. FlN wie *Glockenstein, Pfaffenweg,* und *Am Pfaffenweg* weisen auch auf den geistlichen Besitz hin.

Straßenheimer

Neckarauer Familie als Eigentümer in Seckenheim.
Se: *Des Straßheimers Hag, Beim Straß(en)heimer Haag* (seit 1713).

Taubenhütte, -wörthel

Die naheliegende Erklärung als Kleine Insel, bzw Hütte für die Tauben (Vögel) wird durch den dialektalen Befund abgewiesen. Er lautet nämlich *Dåwewerdel* und *Dåwehitt.* Damit kommt der Wortbestand *taub-* von dem Adjektiv *taub* = gefühllos, untüchtig, pfälzisch *dåb* und nicht von Taube, pfälzisch *Dauwe.* Hier haben wir wieder eine Volksety-

mologie des 18. Jhts, die mit dem mittelalterlichen Wort *taub = dåb* für aussätzig nichts mehr anfangen konnte. Die im Mittelalter nicht seltene Lepra bzw das sehr verbreitete, durch das Mutterkorn ausgelöste Antoniusfeuer führte zur Aussetzung der Befallenen, den *Gutleuten,* in ein *Gutleutehaus, -hütte, -insel* oder eben *Taubenhaus* etc.
Ne: am Ende der Mallau beim Zusammenfluss der beiden Mallaugräben (seit 1620), *Taubenwörthel;* Se: *Bei der Taubenwörthel,* (seit 1780) im Oberfeld am *Judesgehäu.*

Zahl

ahd mhd stm *sal* = Saal, Palast, zum Herrn gehörig wie z.B. *Sa/elhof.*
Ne: *Zahläcker* (1663)

Zehnt

Hinweis auf die gängigste und wichtigste Steuer, den Zehnten. Da der Zehnte von allem fiel, bezeichnet die besondere Nennung eines Grundstücks, dass dieses einem Sonderzehnten unterworfen ist.
Ne: *Zehntacker, Zehntwiese* (1580); Se: *An der Zeh(e)ndbütte* (18.Jht).

Gemeindeland, Gemeinderecht:
Almen(de), Allmendgut, Allmendspitzäcker = Gemarkungsteil der allen gemein ist, das ältere Wort dafür ist *(ge)reute* oder *reite,* auch *Bauernschaft,* auch *Los* oder *Loeß, Hubhecke.*
Auf das Sozialwesen verweisen *Taubenhütte* oder *-wörthel* (Taube = Aussätzige) und *Hausarmenacker.*
Das Gegenteil zur Allmende ist das bäuerliche Eigentum:
die *Eigenäcker* oder *Bürgeräcker,* auch solche, die mit Personennamen bezeichnet sind: *Hinter Klumpens Garten; Ambrosiusgarten; Bonadies-Insel; Lamprechtsacker; Pfeifferswörth; Schilbocks Garten,* verballhornt zu *scheiblecht, scheublicht* oder *scheibicht* und *Straßheimers Hag.*
Die Ämter in der dörflichen Selbstverwaltung scheinen auf in:
Schulzen- oder *Schultheißenhecke, Schultheißenberg; Büttelwiese; Gerichtsstuhl; Ringesdinge* = Ring für das Ding (Gericht), *Hirtenbrunnen* und *-wiese, Kellereigraben*

8.5 Kirchliche Rechte und Kirchenbesitz

Fabrik

1. lat *fabrica* = (Kirchen)fabrik, im MA der örtlichen Kirchenfonds zur baulichen Erhaltung von Kirche und Pfarrhaus.

2. Werkstadt, Betrieb.

Ne: *Hinter der Gummifabrik* im Anschluss an das umfangreiche Fabrikgelände der Rheinischen Gummi- und Celluloidfabrik (1874 bis 1920); Se: *Bei der Cementfabrik* (1879). Teil des Oberfeldes an der Espenschiedschen Zementfabrik, später Steinzeug, heute im Firmengelände der FRIATEC.

Frühmeß

wie Wittum, Heiligengut oder Pfaffengut diente das Frühmeßgut dem Unterhalt der im späten MA aufkommenden Frühmeßpriester.

Se: *Bei der Frühmeß, -stück* (seit 15. Jht)

Glocke, Glöckner

diese Grundstücke dienten dem Unterhalt des Glöckners, später auch des Lehrers, da beide zuerst identisch waren.

Se: *Beim Glockacker* (seit sehr häufig 1590).

Heiland

ahd, nhd *heilant* (Partizip zu heilen: der Heilende), Beinamen Jesu.

Se: *Der Haylandt* (1512 bis 1754) wohl identisch mit dem *Heiligen Häusel* oder der *Kapelle.* Bezeichnet eine Feldkapelle an der großen Wegkreuzung südwestlich von Seckenheim am heutigen Wasserturm.

Johann-

Hinweis auf die im Bereich des ehemaligen Burgus befindliche fränkische Taufkirche, die wie üblich Johannes dem Täufer geweiht war. Kirchhöfe wurden auch nach Aufhebung der zugehörigen Kirche nicht gestört, sondern blieben von der Nutzung lange ausgespart und haben so den Namen jahrhundertelang transportiert.

Ne: *bey dem Gehann Kirchhoff, beim Johannkirchhof* (seit 1620) Im Neckarauer *Casterfeld*

Kapelle

Eine mittelalterliche Feldkapelle an der alten Wegkreuzung am heutigen Wasserturm in Seckenheim, die beim Bildersturm nach 1556 vernichtet und 1763 wieder errichtet wurde. Heute im Namen der Gaststätte „Zur Kapelle" und in der Kapellenstraße weitergeführt. Siehe auch Heiland.

Se: *Bei der Kapelle* (seit 1780), *Bei dem heilgen huslin, -dem Heiligen Häusel* (1476 bis 1798).

Kunkelmann

1. Ahd *chunchla* ‹ lat *conucula* ‹ Verkleinerungsform von *colus* › mhd stf *kunkel* = Spinnrocken oder

2. von dessen länglicher Form abgeleitet am Oberrhein, in der Pfalz, dem Elsaß und Lothringen = Landmarke, hoher Grenzstein (s.S. 422).

Se: *Bey -, hinter -, uff den Gu/impelmanns G/garten* (1581 bis 1798), *Kunkelmann* (seit 19.Jht). Grenzstein, der auch *Langer Stein* genannt Grenzstein zum Zehntbezirk des St. Matin-Stiftes auf der Hochstätt. Auf einer Handzeichnung von 1732 sind mehrere Lange- oder Kunkelsteine um den Martins-Zehnt-Bezirk verzeichnet.

Lamprecht, Lambert

Hinweis auf St. Lambert.

Ne: Alte Definition von 1570: *Neun Morgen Ackhers Ann Einem Stückh, welche man Sanct Lamprechts Eckher nennen thut.*

Mönch

1. ahd *munich*, mhd *mü/önch* von griech. *monachos* = allein lebend, also eigentlich Eremit, später Mönch, Klosterinsasse. Als Bestimmungswort bei FlN bezeichnet in unserem Gebiet *Mönch-* Grundeigentum des Klosters Schönau.

Ne: *apud monachorum anwender* (1297), *Müniche Anwender* (1348); Se: *Münchwälder* (seit dem 18. Jht).

2. Dieses Bestimmungswort verschmolz, wie Belege zeigen, mit dem ahd *enko, eincho*, oberdeutsch *enke* = Viehhirte, Hütejunge, so dass es sich beim *Mönchwörth* ursprünglich um eine Hüteinsel gehandelt hat, auf die das Herrenvieh von Viehknechten oder Hütejungen getrieben wurde. Als dieses Wort untergegangen war und nicht mehr verstanden wurde, erklärte man es teilweise mit *innig, eng* oder mit *Mönch.*

Ne: So kam die Flur *Mönchwörth* zu den Namen: *Emicher wirth* (1381) *Ennchen werth* (1570),

Em(i)chen werth (1620, 1684), *Inniger Wörth, Enger Wörth* (1763), davon abgeleitet der daneben liegende *Enger Weg.* Seit 1750 wird dieser unverstandene Name mit Mönchwörth erklärt.

Peterslache

Nach einem Eigentümer, vielleicht dem Wormser Petersdom.

Ma: *Peters und andere Lachen uff beiden (Mühl)-auen* (1596).

Pfaffen-

ahd *pfaffo*, mhd *pfaffe* von griech *papas* (vgl russ. *Pope*) = Priester, Geistlicher. Eine wichtige Querverbindung zum Sand und zum Ried ist der *Pfaffenweg.* Als Fortsetzung des *Riedweges* war er zugleich Grenze des Zehntbezirks des Wormser St. Martinsstiftes (s. *Weißer Stein, Kunkelmann*). Pfaffen, im Mittelalter noch ohne negativen Beigeschmack, waren alle Geistlichen, ihr Besitz Pfaffengut.

Se: *Pfaffenweg, Am -, Über dem -uff den Pfaffenwe(e)g* (seit 1429) außerordentlich häufige Nennungen.

Stock

ahd mhd *stoc(k)* = Pfahl, Pfosten, Baumstamm, Baumstumpf, hier Bildstock.

Am östlichen Ortsausgang Seckenheims an der Straßengabelung zwischen der Heidelberger Chaussee und der Landstraße nach Friedrichsfeld stand seit der Mitte des 18. Jhts eine Nepomukfigur, das *Johannesbild.* Dieser Bildstock, der im Zusammenhang mit der späten pfälzischen Gegenreformation zu sehen ist, wurde im Dritten Reich (1938) mit Teer übergossen und von der katholischen Pfarrei abgebaut. Der Bildstock wurde nach dem Zweiten Weltkrieg hinter der Kirche aufgestellt.

Se: *Beim Stock* (19. Jht).

Weitere kirchliche Flurnamen: *Frühmeß; Glöckner; Glockacker; Heiland; Heiligenhäusel; Heiligenanwender; Kapelle; Kirchfeld, Kirchenweg, Kollekturwald, Kreuz; Mönchäcker, Münchwälder, Pfaffenäcker, Pfaffenweg; Pfarrgärten, Pfarrweglänge; Widdum, Zehntweg, Zehende Bütt* = Pfarrgut sowie die Pfründgüter.

8.6 Landesherr und Adlige als Eigentümer

Bannwald

ahd, mhd stm *ban* = Gebot, Verbot, Etwas, was dem Herrn vorbehalten ist. Ausdruck der Herrschaft wie Gerichts- oder Heerbann.

Se: *Bannwald* (seit dem 16. Jht). Eine Bezeichnung des *Unteren Dossenwaldes*, die auf das Recht des Landesherrn auf den Wildbann = Jagd und Hege hinwies.

Ne: *Der große -, der kleine Bannwörth* (seit 1760) Rheininseln im Besitz des Landesherrn

Breite

mhd breite stf = breiter (großer) Teil, Herrenteil.

Se: *vnder dem berge vff die breide weide* (1394).

Fron

F/Vrône stf mhd = Herrschaft und das Adjektiv *vrône* = alles, was zur Herrschaft gehört.

Ne: *Frohnäcker, frone wiesen, Frohnmorgen* (seit 1381); Se: *Beim Fronacker* (1429 bis 1780), *Frongärten* (seit 1780), *Fronholz* (1394). Der häufige FlN weist auf landesherrlichen Besitz hin. Spätere Bezeichnungen dafür *Herrengarten* (seit 1720) oder *Herrensand* (seit 1719), vgl Eigen-.

Herr oder Herzog

Eigentum des Landesherrn.

Ma: *Herrenwingert* (1780), *Herzogenried* (1496); Se: *Herrensand.*

Karl(s)stern und Jägerhaus

Kä: (seit 1747). Von Kurfürst Karl Theodor Jagdhaus für die Parforcejagd, 1747 errichtet.

Landteil

Abgabe, die über den Zehnten hinausgeht, Vorrecht für den Landesherrn.

Ma: *Landteil, Landteiläcker* (seit 1369) *Landteilstraße.*

Leopoldsbusch

Wald nördlich des Neckars, in dem sich bei der Belagerung Mannheims 1622 das Kontingent des Erzherzogs Leopold aufhielt.

Ma: *Leopoldsbusch* (seit 17. Jht).

Lustjagen

mhd *lust* = Wohlgefallen, Vergnügen, Freude.
Se: *Im Lustjagen* (1549) Herrschaftlicher Waldbezirk
im Unteren Dossenwald, für die Jagd „lust" des
Landesherrn reserviert.

Prinz Carls Werthel

Ne: (seit 1763). Prinz Carl, wohl einer der pfälzischen
Kurprinzen, wahrscheinlich der spätere Kurfürst Karl
(1680 bis 1685). Rheininseln zwischen Neckarau
und Altrip.

Schadenger

ahd mhd stm *gêr, gêre*
1. Wurfspieß, Ger; 2. Keilförmiges Stück Stoff oder
auch Land, bzw Grundstück, Zwickel, s. Ger. *Schad*
= Landschad von Steinach, ein Adelsgeschlecht
aus Neckarsteinach: Landschad von Steinach.
Ne: *vf den Schaden geren, vff Schadenger, genant*
der ger bij der Almenden. vf den Sündiger (1261 bis
1600) Diese waren in Neckarau begütert und ver-
kauften 1261 ihre liegenden Güter in Hermsheim
und Neckarau an das St. Guidostift in Speyer.

Schönberger Gewann

hier liegt wohl ehemaliger Besitz des einflussreichen Adelsgeschlechts der Schauenburg zugrunde.
Da dieses Geschlecht bereits Mitte des 13. Jhts
ausgestorben war, wurde der Name sehr verballhornt.
Se: *Neben dem sch(a)uwenberge, uff den Schau-*
benberg, In der Schauwenburg, (1394 bis 1570),
Schauberger -, Sauberger -(sehr häufig 1512 bis
1797), *Schönberger Gewann* (seit 1798).

Schwin-

Die Weinheimer Adelsfamilie Swende von Wein-
heim (13. Jht), hatten in Neckarau ein Gütchen von
30 Morgen, auf das der längst verballhornte FlN
Schwingewann zurückgeht.
Ne: *Schwende, in den Schwinden* (seit 1381),
Schwingewann l und ll, (seit 19. Jht) *Schwendengut,*
Schwendenanwender im *Aufeld* (seit 1620).

Schweikert

Alte Definition: *güter in der Seckenheimer gemar-*
kung, die vorzeiten (gemeint ist das 13. Jh) *Schwei-*
kerts eines Edelknechts von Handschuhsheim
geweßen und noch die Schweikerischen güter
genant werden. Diese Erklärung stammt von 1570
und bezieht sich auf eine Schönauer Urkunde von
1289.
Se: *Uff den Schweinker, auf die Schweigert*
(1289/1570 bis 1756).

Sporn-

Wörth der Sporo
Se: *Sporwörth, Auf den Sporwörth* (seit 1394) Die
Weinheimer Adelsfamilie Sporo.

Stengel

Se: Stengelhof (seit 1780). Weist auf den großen
Besitz des kurpfälzischen Staatsrats Georg Friedrich
von Stengel hin, der 1760 ff auf Kameralland und
Seckenheimer Allmendland im *Sand* ein landwirt-
schaftliches Mustergut errichtete, das nach 1803 in
andere Hände geriet. Heute steht noch am Karlsplatz ein Teil des ehemaligen Stengelhofes.

Der Landesherr und Mitglieder seiner Familie erscheinen ebenfalls, vor allem als Inhaber der hohen
Jagd. *Gravenwörth, Herrensand, Herrenschlägel,*
Herrschaftswald und *Herzogenried; Fronholz* und
Bannwald; Breite = Herrenanteil; *Karlstern* = Jagdhaus Karl Theodors; *Landteiläckerr* = Herrensteuer;
Karl-Ludwigs-Wörth, Leopoldsbusch; Prinz Carls-
wörthel; Mechthilder Grund zu *Mechstiller* verballhornt, *Remise* = Ruhefläche für Niederwild, *Kugel-*
fang. Lustjagen, Reiherbuckel, Entenfang oder
Schießstand, Schießstätte = Hinterer Abschluss,
meist ein Erdwall, bei der eingestellten Jagd, wo das
Wild aufs Abschussgelände getrieben wird, ebenso *Tiergarten, Hirschgewann* oder *-länder, Wolfs-*
morgen, Fuchslöcher auf dem *Wolfsberg, Sau-*
pferch, Wilhelmswörth = alles Tiergehege für die
Hochwildjagd.

Adlige Namen verweisen auf Adelsbesitz, auch wenn das betreffende Geschlecht schon seit Jahrhunderten ausgestorben ist und der Name durch Verballhornung verdorben ist. In dieser Namengruppe haben wir einen Beweis für die lange Lebensdauer von FlN. Bis auf die Stengel stammen die genannten adligen Landbesitzer aus dem 11./13. Jht. Danach sind die meisten Familien ausgestorben. Trotzdem blieben ihre Namen jahrhundertelang in Gebrauch. *Bonau* = Au der Bonner von Wachenheim; *Kreisgut* = von den Kreis von Lindenfels; *Schadenger* = Der Ger (keilförmiges Stück Land) des Landschaden von Steinach; *Schönberger Gewann* = Schauenburger Gewann; *Schweinker* oder *Schweigert* =Schweikert ein Edelknecht von Handschuhsheim; *Schwingewann* = die Swende von Weinheim und *Sporwörth* = die *Sporo* von Weinheim, *Stengelhof* = Freiherrn von Stengel, *Wamboldstücke* = die Wambolt von Umstadt.

8.7 Ortsangaben: Lage, Wege- und Straßen, Fähren

Altrip

Ne: *Altriper Fahr, Altriper Fahrweg* (häufig 1570 bis 19.Jht). Se: *Altriper Gaß, - Weg* = Weg zwischen Seckenheim und der Altriper Fähre (sehr häufig 1588 bis 20. Jht), heute *Kloppenheimer Straße, Wachenburg-, Stengelhofstraße.*

Edingen

Se: *Edinger Riedweg, Alter Edinger Riedweg* (seit 1394)

Feudenheim

Ma: *Feudenheimer Weeg* (1770); Ne und Se: *Beim Feudenheimer Feld* (seit 1297, bzw 1436), Ne: *Feudenheimer Schleim* (seit 1580).

Frankfurt

Ma, Kä: *Die (alte) Frankfurter Straße* (seit 1770).

Friedrichsfeld

Se: *Friedrichsfelder Fußpfad, -Weg, Friedrichsfelder Eck,* auch *Neudörfer Weg* nach der Seckenheimer Bezeichnung für Friedrichsfeld: Neudorf (seit 1754).

Friesenheim

Ma: *Frieslach* (1387).

Grenzhof

Se: *Grensheimer Bäume, Grenßheimer Weg, Grenzhöfer Wald, Grenzhöfer Weggewann, Neue -, Der neue Grenzhöfer Weg* (sehr häufig seit 1394).

Heidelberg

Ma: *Stras von Heydelberg* (1622); Ne und Se: *Heidelberger Straße, -Weg, Alter Heidelberger Weg* (1653 bis 1780) = Weg von Neckarau durch den *Sand* und den Dossenwald nach Heidelberg; Se: *Heidelberger (Heer)straße, Heidelberger Chaussee,* heute B 37. (seit 1553).

Hemshof

ursprünglich *Heymens-, Hemmis-* oder *Hembsheim,* heute Stadtteil von Ludwigshafen
Ma: (seit 1369).

Hermsheim

Se und Ne: *Hermsheimer Wiesen* (seit 1350); Ne: *Hermsheimer Bösfeld* (seit 1350), *-Gewann* (seit 1350); *-Großfeld* (seit 1297), *-Hecke* (1429 bis 1732), *Bei der Hermsheimer Kirche* (seit 1207) *Hermsheimer Gerichtsstuhlweg, -Weg* (1344 bis 1747).

Hoch

Ma: *Auf der Höhe, Hohe Wiese* (seit 1770), *Hohwiesenstraße*

Hochstätt ‹ Hofstätten

Se: *(A)uf(f) den Hofstätten* (sehr häufig 1394 bis 1754), *Hoffstadt, Hochstätt* (seit 1754).

Käfertaler Wiesen

Ma: *den Kef(f)ernd(th)aler Weeg* (1387); *Kefferthaler Wiesen* (seit 1770)

Kloppenheim

Ne: *(Hermsheimer)Kloppenheimer Feld* (sehr häufig seit 1297), *-Weg* (seit 1403); Se: *Kloppenheimer Weg* (seit 1394), heute *Kloppenheimer Straße, Im Kloppenheimer Winkel;* (seit 1429).

Mannheim

Ne: *Der alte Mannheimer Weg, Der neue -*(18. und 19. Jht) heute *Neckarauer Straße;* Se: *Der alte -, Am alten Mannheimer Weg,* (sehr häufig seit 1476)

Auf die Mannheimer Straße (1713), heute B 37.

Neckar

Ne: *Auf den Neckar* (13. und 14. Jht); Se: *Neckarstücke* (seit 1394).

Neckarau

Ma (Rh): *Neckerauwer wege* (1369); Se: *Neckarauer breite Weg,* (sehr häufig seit 1329), *Neckarauer Fußpfad* (seit 16.Jht).

Pfad

ahd mhd stm *pfat* = Fußweg, Pfad.
Ne: *Schmaler Pfad, Fußpfad, Seckenheimer Fußpfad* (seit 1297) *Pfadgewann* (seit 1348); Se: *Pfadgewann* (seit 1394), *Bauerspfad* (seit 1512), *Eselspfad* (19. Jht).

Pfingstberg

Se: *Unter dem -, auswendig dem Pfingstberg* (sehr häufig seit 1394).

Rhein

Ne: *Auf den Rhein* (19. Jht); *Rheingärten, Bei den –* (seit 1732), Se: *Rheinstücke* (seit 1736).

Rheinhausen

Ne: *Rheinhäuser Busch, -Lache* (1550 bis 1741)

Ried

Se: *Riedweg* (sehr häufig seit 1394).

Schlittweg

ahd *slita* mhd swm *slite* = Gleitfahrzeug, Schlitten = Feldweg, auf dem man im Unterschied zu einem Fahrweg die Ackergeräte schleifen konnte, vgl Schlitten; sie endeten vor den Flurbereinigungen blind in der Ackerflur.
Ne: zwei bis drei *Schlittwege* (1580 bis 1780). Se: *Schlittweg* (seit 1329).

Seckenheim

Ne: *Seckenheimer (Fuß)pfad, schmaler -*(1297 bis 19. Jht), *Seckenheimer Bahnübergang* (19. Jht), *-Weg, Auf den -, Rechts dem -*(seit 1350). *Seckenheimer* bzw *Altriper Schleim* (seit 1667).

Speyer

Se: *Speyerer Straße* (1713 bis 1798), alte Straße durch den Dossenwald Ladenburg – Speyer, kreuzt am *Hirten- oder Kühbrunnen* die alte *Heidelberger Straße.*

Wallstadt

Ma: *Wallstadter Weeg* (1770).

8.8 Äußere Form und Maße

Backofen

Kä: *Beckerweg;* Se: *Backofen, Backofenwörth* (1607 bis 1907) In den Protokollen der kurpfälzischen Rheinbefahrungen ist die Entstehung des Wörths und seines Namens festgehalten: *Vnder diesem ligit ein kleines Werthlein Backofen genannt, ist Churpfaltz zuständig* (1607).
1. Es war also eine kleine Insel, deren Holzbewuchs den Seckenheimer Bäckern zum Brotbacken zustand.
2. von der gewölbten Form der Insel oder
3. Ziegelbrennerei.
1667 waren aus dem kleinen *wertlein* zwei Wörthe geworden, der *große* und der *kleine Backofen.* Heute liegen die Rheinauer Hafenbecken größenteils auf dem ehemaligen *Backofen, vgl. auch Kalkofen.* Kä: *Beckerweg;* Se: *Backofen, Backofenwörth* (1607 bis 1907).

Breit

1. ahd mhd = ausgedehnt, breit; 2. breite mhd stf = großes Feldstück von 3 bis 50 Morgen, meist Herrenbesitz.
Fe: *Breitgewann;* Ne und Se: *Breiter Weg, Auf den Breiten Weg* (sehr häufig seit 1329), Verbindungsweg zwischen Neckarau und Seckenheim: Neckarauer bzw Seckenheimer Weg. Verbindungsweg zwischen Neckarau und Seckenheim: Neckarauer bzw Seckenheimer Weg.

Eck

Fe: *Eckgewann.*

Eckspitt

die Ecksbidder wird in der Mundart so gebraucht. Zugrunde liegt das mhd *spidel/spedel* stm = Fetzen, Lappen als Grundwort (1429, 1436) auf das der scheinbare Plural in der Mundform *Die Eckspitter*

(1590) noch hinweist: sie wurde als Plural auf die beiden Fluren gleichen Namens bezogen und so erhalten. Wir haben hier einen der nicht seltenen FlN, die von der ungewöhnlichen Form einer Flur ausgehen. Ein solcher Lappen Landes liegt entlang des *Nick, Neck, Necker,* (häufig 1429 bis 1754), also des Neckars, bzw eines alten Neckarlaufes. Die richtige Lesart ist *neck(er)-spidel.* Dieser Zusammenhang wurde seit 1713 nicht mehr gesehen, so dass aus dem *Neck(er)* ein *Eck* wurde. Da man *spidel* auch nicht mehr verstand, machte aus dem ganzen eine *Eckspitze.* Aus den Belegen ergeben sich zwei *Eckspitter,* ein vorderes größeres, auf den *Grenzhöfer Weg* reichendes und ein hinteres am *Hausemer Feld.* Beide werden noch auf der großen Gemarkungskarte von 1879 getrennt ausgewiesen und liegen entlang der Hochuferkante des Neckars. Se sehr häufig seit 1429: Zwei schmale Streifen zwischen der alten *Heidelberger Chaussee* (B 37).

Fleischbeil

Ne: *Fleischbeil* (seit 1886), nach der äußeren Form.

Gêre, Gerung

Ne: Im Cl, Nr, 3817 wird definiert: Lat = vom Spitzäckerchen, welches *Gere* genannt wird. Also *Gere* ist ein keilförmiges, spitzes Stück Land. Ma: *Ger* (1387), Sch: *Großer und Kleiner Gehren.*

Groß und Klein

Ma: *Kleinfeld* (seit 1369); Ne: *Neckarauer Großfeld, Das kleine Feld, Kleinfeldstücker* (seit 1348) Se: *Große Stube* (seit 1737) Zentraler Teil des Dossenwaldes.

Haupt s. Kopf

Hausgiebel

nach der äußeren Form.
Ne: *Beim Hausgiebel* (seit dem 19. Jht).

Kopf, Köppel

Spitze, Anfang einer Insel, eines Waldes oder eines Ackers.
Fe, Ma: *Kopf, Köpfel* (1780).

Krähenflügel

Sa: *Krähenflügel, Krähflügelweg.*

Krumm

Ma: *Krummer Grund* (1772); Kä: *Krummgewann;* Se: *Auf den krummen Morgen* (1394 bis 1798).

(relative) Lage

Ma: *Der Mittel Weeg* (1780); Ne: *Mittelgewann* (seit 1381); Se: *Mittelfeld* (sehr häufig seit 1329) *Mittelweg,* (seit 1879), *Mittelgewann unter dem Sandrain* (seit 1713) im Rahmen der Dreifelderwirtschaft das mittlere der drei Felder einer Gemarkung. Ne und Se: *Niederfeld* (seit 1348 und 1329), *Niederweide* (16. Jht); Ne: *Oberteil* (19. Jht); Se: *Oberfeld* (seit 1329) im Hinblick auf ihre Lage zum Rhein, das Niederfeld liegt rheinwärts, das Oberfeld bergstraßenwärts. Se: *Das vordere Ried* (seit 1394), *Das hintere Ried* (1405 bis 19. Jht) *Auf dem äußeren Wörth, Eiserwörth* = Die Insel im äußersten Bogen des Neuhofener Altrheins, von Seckenheim aus gesehen.

Lang und Kurz

Fe: *Langgewann;* Fr: *Lange Liese;* Ma: *Langgewann* (1387) *Lange Rötter* (seit 1780); Ne: *Kurzes Gewann* (1570 bis 1732), *Langgewann* (1620 bis 1732); Se: *Langgewann* (seit 1716).

Morgen

Ne: *Neunmorgen, -gewann* (seit 1764), *Vier Morgen* (seit 1570); Se: *In den 28 Morgen, In den 40 Morgen* (seit 1795).

Ordnungszahlen

Ne: *Erste* - und *Zweite Gewann* (seit 19. Jht); Se: *Nächste* - und *Zweite Rübengewann* (seit 1595).

Riemen

ahd *riomo* mhd swm *rieme* = Lederstreifen, häufiger FlN in übertragener Bedeutung schmaler Grasstreifen oder Acker, auch Waldstreifen.
Se: *Riemen, Im vorderen -, Im hinteren -, Riemenweg* (seit 1719).

Spitz

Fe, Ne: *Spitzgewann, -morgen* (1297 bis 1754); Se: *Spitzenberg* (seit 1394), *Spitzgewann* (seit 1472)

9. Beispiele einer Auswertung von FlN

9.1 Zur Wirtschaftsform

In der Regel kann man aus den Flurnamen die dörflich Wirtschaft vergangener Jahrhunderte herauslesen. So erfährt man z. B., dass im Neckarmündungsgebiet die Viehzucht lange überwogen hat, was sich wieder aus dem feuchten Wiesenland des Überschwemmungsbereichs erklärt, ein überraschender Befund nur dann, wenn man die bescheidene Rolle der Viehzucht in der modernen Landwirtschaft unserer Gegend vor Augen hat und die tiefgreifende Agrarreform um 1800 übersieht. An der Spitze der Nutzung durch das Vieh steht der Weidebetrieb auf dem *Ried* längs des Rheins, das ganz der Viehzucht diente. Dafür stehen die direkten Rheinanlieger Seckenheim, Neckarau, Mannheim, Käfertal, Sandhofen, Schar und Kirschgartshausen. In Seckenheim gab es das *Obere,* das *Vordere* und das sehr große *Hintere Ried,* das seinerseits von der „Seckenheimer Riedgenossenschaft der 48 Stämme" bewirtschaftet wurde. Mindestens 25 *Wiesen* und 18 *Weiden* werden namentlich unterschieden: Die Wiesen dienen der Heugewinnung – *Heuweg* – für die Überwinterung des Viehs in Ställen, die Weiden der sommerlichen Nahrung des Hüteviehs. Dieses wird durchaus im Sennbetrieb gehalten. Die Angaben daraus werden in Käse geleistet. Die Hirten leben in den *Hirtenhäuschen.*

Aber auch außerhalb des Riedes gibt es viel Grasland in tiefen Lagen und immer oder zeitweise trocken gefallenem Altwassern aller Gemarkungen im Neckardelta. *Horste* sind Schutzgehölze fürs Vieh gegen Witterungsunbilden und brennende Sonne, wo das Vieh *untern* = ausruhen kann. *Hummelhorst* = Hummel ist ein kleine, kurzhörnige, winterharte Rinderart, *Huthorst* = Hütehorst, *Kuhunterhorst.* Weiden besonderer Art sind die *Pferche* und *Atzel* wie *Ochsen-* oder *Stuperich* = *Stutenpferch, Atzelhof* oder *Atzelbuckel* = *Atzel* von *atzen* = ernähren, also eine Sonderweide. *Lôh* (Gehölz), *Löcher* und *Gräben* dienen in der Regel der Schweineweide: *Bärloch, Foßloch, Losgraben, Schweinegraben, Saugießen.* Weiden jeder Art sind häufig durch Fall-

tore gesichert: *Harlacher Falltor, Aufalltor, Säugießen Falltor, Mittel-* und *Oberfalltor.* Auch die Wege zu den entlegenen Weiden sind sprechende Namen wie *Viehtrieb, Rindweg, Viehweg, Heckweg.* Viehtränken sind *Lämmertränk* und *Hirtenbrunnen.* Jede Art von Hütevieh ist namentlich vertreten: *Eselspfad, Fohlenweide, Gänsweide, Farrenweide* oder *Farlach, Ochsenpferch, Schafbrückl, Schäferslache, Rosengarten, Roßwiese, Pferde-* oder *Gäulsweide, Kuhweide, Kühplatte, Kühbrunnen, Schweinswörth, Schweinshorstel.* An den Tod des Viehs und die Beseitigung der gefallenen Tiere erinnern der *Schelmenpfad,* der *Schelmenbuckel* und die *Schindkaut* oder der *Schindanger. Rübengewanne* und *Kleeäcker* sind jüngere FlN, da sie auf die Agrarreform des ausgehenden 18. Jhts mit der Einführung der ganzjährigen Stallfütterung zurückgehen.

Auf den Ackerbau, was bis ins 18. Jht fast ausschließlich Getreideanbau bedeutete, verweisen Aussagen über die Bodenqualität wie *In den Bittern, Bösfeld(?), Melde, Mulde, In den Milben, Sandgewann, Tiefer* oder *Weißer Sand, Dürrwiese, Altdörr, Mageracker(?). Rott* oder *Röder* bezeichnen gerodete Wälder, aber auch nach 1770 häufig zu Ackerland umgebrochene Wiesen und Weiden: *Lange Rötter, Neurott* (mehrmals), *Rott, Rottfeld, Rotloch, Zwischen den Rödern, Nieder-, Mittel-* und *Oberrott,* aber auch negativ ausgedrückt im Hinweis auf nicht mehr vorhandene Wälder wie *Pflügersgrund* und *Alteichwald.* Sonderkulturen sind *Spelzengärten* und *Wingerte, Wingertsstücker, Wingerts-* oder *Weingaß, Rübengewann, Zehndte Bütt, Mo(h)näcker, Flachsgewann* und *Brechlöcher, Kait-* und *Kappesgärten* sowie *Krappmühle.*

9.2 Neckarau als Komplex verschiedener Namensschichten

Ihren vollen Quellenwert erreichen Toponyme natürlich erst in Zusammenhang und Kombination mit anderen Quellen archäologischer oder dokumentarischer Art, was auf Mannheimer Gemarkung in sehr glücklicher Weise für Neckarau zutrifft. Neckarau ist die älteste Siedlung auf Mannheimer Gemarkung. Der Neckarauer Flurname *Argens* ist ein alteuropäischer Gewässername und reicht wie *Rhein* und

Neckar weit in die vorrömische Zeit ins zweite vorchristliche Jahrtausend. Neckarau ist die Siedlung, die für Kontinuität aus der römischen Zeit steht, was archäologisch reich gesichert ist: Funde aus der frühen römischen Kaiserzeit im Ortsetter und einer Jupiter-Giganten-Säule auf der Flur *Hermsheimer Kirche* sowie einer römischen Straßenkofferung im Zuge der durch die FlN bezeichneten Trasse *Steinsweg – Straße* (heute Rheingoldstraße) – *Hoher Weg*[34]. Viel bedeutender ist der Neckarauer Burgus = Castellum, das nicht nur archäologisch und durch hochinteressante antike Schriftquellen gesichert ist, sondern auch durch FlN längst nachgewiesen war: *Casterfeld* (spätantik), *Beim Johannkirchhof* (frühmittelalterlich), *Spiegelloch, Heidenloch* und vielleicht *Grübe* sind hier zu nennen, alte Hinweise auf die Existenz eines römischen Castells *(Burgus)* mit Hafen und einer frühmittelalterlichen Taufkirche gegenüber von *Altrip.* Das veranlasste schließlich Hermann Gropengießer 1936, gezielt und systematisch in der Flur *Johannkirchhof* zu graben.

Diese Grabung erbrachte den Nachweis des valentinianischen Burgus mit seiner Schiffslände *(Grüb, Spiegelloch, Heidenloch),* ja ließ durch den Befund erkennen, dass dessen Mauerwerk in karolingischer Zeit (9. Jht) abgebrochen und die Steine als Spolien neu an einem anderen Ort verwendet wurden. Bis dahin wurde der valentinianische Burgus von 369/70 n.Chr. als Taufkirche der *curtis Naucravia* = des Königshofs Neckarau benutzt, wie der FlN *Johannkirchhof* verrät. Frühe merowingische Taufkirchen lagen in Verbindung mit Königsgütern an Flüssen und hatten als Patron Johannes den Täufer. Dadurch wird auch die bisher fälschlicherweise auf Altrip bezogene Nachricht von der Kirchenverlegung in den Königshof Neckarau in der Urkunde Ludwigs des Deutschen von 873 berichtigt.

An den Charakter von Neckarau als eines merowingisch-karolingischen *fiscus/* oder *curtis* erinnern einige Flurnamen: *Angel* aus *Anger/l* ‹ *angariae* = Herrendienst; *Bannwörth* ‹ Bann = Herrschaft; *Brühl* ‹ brogilus = eingehegtes, meist herrschaftliches Wiesenland; *Beuten Grund* oder *Budtruten* ‹ Beunde = Herrengut; *Fronäcker* ‹ frô = Herr; *Gerichtsstuhl, Herrengewann, Herrenäcker, Herrenwiesen; huobe*

und *hübner* = Hintersasse eines Hub-, Herrenhofs oder Salhofes; *Engen(weg)stücker* ‹ enko, ennchen, = Knecht, Höriger eines solchen Hofes; *Mallau* ‹ molinda, mulin = Großmühle, ein Regal = herrschaftliches Vorrecht; *Morter* = Kalkofen, Kalkpfanne, ebenfalls ein Regal; *Naweg* von nah oder näh aus lat navis zum *far* = herrschaftliche Fähre, *Übelthal* ‹ ovilestall = Schafstall; *Zahläcker* ‹ Seläcker, die zum *Sal-* oder *Selhof* = Herrenhof gehörten. Dazu gab es den *Selzehnten* als einen Sonderzehnten neben dem normalen. Damit ist die Grundherrschaft mehr als nur angedeutet.

Dazu kommt der Siedlungsname Neckarau, der die Lage des Königshofes an der Neckarmündung oder im Neckardelta anzeigt. Weitere Wassernamen weisen die immerwährende wassernahe Existenz Neckaraus (und angrenzender Gemarkungen) nach. Einige Beispiele schon aus vorlateinischer und lateinischer Zeit:

Sehr alte vordeutsche FlN: *Argens* = silberheller Fluß; *Kehl* ‹ canalis = Kanal; *Kreck* ‹ altsächsisch crecca = Bach; *Käs, Kais(er)* ‹ cassanus = Eichengehölz im Auwald.

Althochdeutsche, schon nach 1200 als Appellativa ausgestorbene Namen für Wasser, Wasserbau oder wassernahe Vegetation: *A/Ouwe* = Insel; *gehais, geheu* = Kai; *grien* = Sand-, Kiesbank; *hor* = Schlamm, nasser Grund; *meri* = See, Teich; *morch, mörich* = Sumpf, sumpfig; *schleim* ‹ slîm = Morast, Moor; *streit* ‹ struot = Sumpf(wiese), Sauer(wiese); *hamm* = Deich; *pla/ock, platte* = Hochufer, Landestelle; *schit* ‹ schütten = künstliche Insel, Aufschüttung; *lie/usche* = Sumpfgras; *schlädich* ‹ slâte, *senn* ‹ semde, *zahnig* ‹ zain = Schilf-, Binsengestrüpp; *helli/ung* ‹ halde, hall = künstlicher Abhang, Gleithang, Ufer; *reff* = Fischgitter; *speck* ‹ spîch, speich = Knüppeldamm durch Morast; *teich* = Deich, Damm.

Die neueren, noch verständlichen Flurnamen dieser Kategorie können leicht aus der Liste entnommen werden.

10. Zu den Mannheimer Straßennamen

10.1 Straßennamen als Beispiel moderner Namensgebung

Auch Straßennamen sind Toponyme, teils sehr alte, teils jüngst entstandene. In jedem Fall kann man an ihnen beobachten, wie die Toponyme entstehen. Sehr klar wird auch, dass Namen immer einen Sinnbezug haben und zu jeder Zeit hatten. Ursprünglich waren die Namen von innerörtlichen Straßen, Plätzen und Gassen der alten Gemeinden genauso wie die Flurnamen der Gemarkunge einfach vorhanden. Die Benennung war zu einem sehr frühen, längst vergessenen Zeitpunkt und Anlass erfolgt. Solche alten Gassennamen waren schon seit Jahrhunderten in Gebrauch. In diese Gruppe gehören die ältesten Namen in den alten Vororten wie *Fischerstraße/-gasse, Wassergasse,* heute Friedrichstraße, *Hintergasse,* heute Luisenstraße, *Neugasse* (Ne: seit 15. Jht), *Ausgasse, Untergasse, Obergasse, Hintergasse* (Sa). Die meisten ursprünglichen Namen wurden allerdings schon in den letzten Jahren der Selbständigkeit durch modisch-aktuelle Namen ersetzt. In der Gegenwart ist die Benennung von Straßen ein hoheitlicher Verwaltungsakt und erfolgt durch einen Gemeinderatsbeschluss auf Vorschlag des Städtischen Amtes für Geoinformation und Vermessung, des ehemaligen Vermessungsamtes. Die Auswahl der Straßennamen erfolgt in Absprache mit Vertretern der betreffenden Stadtteile, dem Stadtarchiv wegen der historischen Richtigkeit und ortskundigen Bürgern.

Bereits 1912 machte Friedrich Walter den Vorschlag, Straßennamen nach „Taufbezirken" zu vergeben, um die Lage und die Zusammengehörigkeit von Namengruppen zu dokumentieren[35]. Diese bewährte Praxis wird immer noch befolgt. So gibt es in der Oststadt ein Philosophen- und Musikerviertel, in Neuostheim finden sich deutsche Maler, in Feudenheim Dichterviertel der Romantik, ein Viertel mit Künstlern des Nationaltheaters und Mannheimer Geschichtsforschern, in Wallstadt verwendet man Ortsnamen aus dem Bauland, in Seckenheim oberbadische Ortsnamen, in Rheinau mittelbadische und pfälzische, in Käfertal-Süd begegnen uns bekannte Weinbaugemeinden, in Rheinau-Süd bayerische Seen und im Neckarauer Industriegebiet bayerische Flüsse.

Doppelbenennungen sollen in jedem Fall vermieden werden. Die Namensfindung ist bei reinen Neubaugebieten relativ einfach, schwieriger war (und wäre) sie bei den Eingemeindungen alter selbständiger Gemeinden mit eigener historischer Straßenbenennung. Das führte zu Umbenennungen. Obwohl man alte Straßennamen zu erhalten wünschte, mussten bei doppeltem Vorkommen von Namen die später eingemeindeten alten Vororte ihren überkommenen Bestand häufig fast ganz aufgeben. Dabei konnte natürlich die ehemals selbständige Gemeinde in der Straßenumbenennung schon vorangegangen sein, als man vor 1900, in einer Phase starken Bevölkerungswachstums und großer patriotischer Begeisterung, die historisch gewachsenen Gassennamen zugunsten neuer Straßennamen nach den deutschen Fürsten, populären Politikern oder von siegreichen Schlachten im Krieg von 1870/71 aufgab. Diese Mode hatte bereits in der Regel zur bedauerlichen Verdrängung des Begriffs „Gasse" aus dem Sprachgebrauch und zum inflationären Gebrauch von immer denselben Namen wie Wilhelm, Luise, Friedrich, Bismarck, Moltke, Werder u.ä. geführt. Umbenennungen wurden aber auch nach 1918, nach 1933 und wieder nach 1945 im ganzen Stadtgebiet vorgenommen. Die Straßenbenennung der Quadrate in der Mannheimer Innenstadt ist darüber hinaus noch ein besonders interessantes namenkundliches Kapitel.

Die Umbenennungen von 1918/19, 1933 und wieder 1945/46 zeigten unübersehbar politische Implikationen der Namengebung von öffentlichen Straßen, die wie gesagt, nach dem Krieg von 1870/71 um 1890 bereits allmählich begonnen hatten, als die deutschen Fürsten, Militärs und von den Politikern nur Bismarck die gängigen Namenspatrone wurden. Im Mannheimer Fall wurde dem nicht nur in der neuen Oststadt mit *Bismarck, Moltke, Roon, Werder* u. a. Rechnung getragen, sondern auch in allen noch nicht eingemeindeten Vororten. In diesen Fällen fielen die patriotischen Namen bei der Eingemeindung dahin, während sie in der Stadt selbst erhalten blieben. Nach dem Ersten Weltkrieg und wieder nach dem Zweiten kamen demokratische (Partei)politiker zum Zuge wie in der Innenstadt *Ebert, Stresemann, Rathenau* und *Erzberger,* in Neckarau Politiker der Kaiserzeit *Richter, Rickert* oder *Naumann.* Der neu entstehende Almenhof erhielt die Namen von Revolutionsführern der 1848/49er Revolution *Hecker, Struve, Hoff, Sigel, Streuber, Brentano* u. a., denen sich die Weimarer Republik verpflichtet fühlte, und von sozialdemokratischen Führern *Bebel, Marx, Lassalle, Dreesbach, Frank.* Diese Namenswahl stieß 1933 auf das Missfallen der neuen nationalsozialistischen Machthaber. Die Namen auf dem Almenhof wurden fast völlig ausgewechselt – nur *Hecker* wurde in Dienst genommen – und durch Naziführer *Eckart, Schlageter* sowie Schlachtorte und Kriegshelden aus dem Ersten Weltkrieg ersetzt, was dann wieder 1945/46 rückgängig gemacht wurde zugunsten der ursprünglichen Benennungen. In den Jahrzehnten nach dem Zweiten Weltkrieg rückten in den vielen Neubaugebieten die Gründungsväter der Nachkriegsdemokratie als Namensgeber ein wie *Adenauer, Schumacher, Theodor Heuß,* aber auch die Helden des Widerstandes gegen das Naziregime aus der Arbeiterbewegung um *Georg Lechleiter,* besonders auf der Schönau; der Kreisauer Kreis und der 20. Juli 1944 tauchten im Niederfeld auf mit *Elisabeth von Thadden, Alfred Delp, Goerdeler, Witzleben, Stauffenberg* u. a.

Aber auch allgemein gesellschaftliche Strömungen begleiteten die unmittelbar politischen Motive und Absichten der Namensgebung. In der Zwischenkriegszeit bekam die Gartenstadt- und Genossenschaftsbewegung breite Unterstützung. Die davon geprägten Stadtteile erhielten positiv besetzte Naturnamen: allein beinahe 30 Wald- und Dünennamen wie *Waldrand, Waldblick, Waldwinkel, Waldpforte, Waldspitze, Dünenweg, Dünenrand, Sandhang* und noch mehr Baumnamen, ebenso Namen von Wild- und Gartenblumen. Ein sehr junger Zweig dieser Mode ist die Ökologie wie in Wallstadt. Auch Vögel sind sehr beliebt. Dazu kamen ausgesprochen moralisch-freundliche Straßennamen in imperativischer Form: *Große Ausdauer, Guter Fortschritt, Gute Erde, Zuflucht, Obhut, Stiller Weg* u.v.m. Die

Frauenbewegung wurde immer wieder berücksichtigt von *Gertrud Bäumer* bis *Käthe Kollwitz,* von *Anna Sieveking* bis *Lena Maurer.*

Ein interessantes Phänomen ist die Namensgebung auf der Schönau und auf der Vogelstang. Die Schönau führte Namen von Städten aus den nach den beiden Weltkriegen verlorenen deutschen Ostgebieten wie *Posen, Graudenz, Bromberg, Kulm, Kattowitz* und *Königsberg, Tilsit, Elbing, Marienburg, Stettin* u. a. Dieses Motiv begann schon in der Zwischenkriegszeit, als man Städtenamen aus den schon nach dem Ersten Weltkrieg verlorenen Gebieten Nordschleswig, Posen-Westpreußen, Memelland und Ostoberschlesien wählte. Die in den frühen 1960er Jahren errichtete Vogelstang beherbergt ausschließlich Namen aus den Ländern der damaligen DDR, geordnet nach Brandenburg, Thüringen, Sachsen, Sachsen-Anhalt und Mecklenburg-Vorpommern. Wie weit diese Namen als politischer Anspruch zu verstehen sind oder nur als Erinnerung an die Herkunft der oft vertriebenen Erstbewohner dieser neueren Stadtteile, mag dahingestellt bleiben.

Sicher nur am Rande politisch sind Namen aus der deutschen Kulturgeschichte, wenn man auf die Nennung eher konservativer Dichter, Literaten, Philosophen und Musiker wie *Scheffel, Uhland, Lenau, Körner, Grillparzer* aus den Jahren vor dem Ersten Weltkrieg blickt oder *Hesse* oder *Thomas Mann* in jüngerer Zeit. Eine linke Richtung sucht man allerdings hier vergebens. In Neuostheim sind altdeutsche Maler und solche der Romantik und aus dem 19. Jht versammelt wie *Dürer, Holbein, Schwind, Rethel, Böcklin* und *Feuerbach.* Lokalen Größen aus Wirtschaft, Politik und Kultur als Namensgebern zu begegnen ist selbstverständlich. Dabei herrschen in den Industrievierteln und Hafengebieten verständlicherweise Naturwissenschaftler, Techniker und Erfinder vor, im bildungsbürgerlichen Feudenheim prominente zeitweilige und langjährige Mitglieder Mitglieder des Nationaltheaters. Reichlich wurden und werden wieder die alten, durch die Neubaugebiete verdrängten Flurnamen verwendet.

10.2 Innenstadt oder Altstadt innerhalb des Rings

Die Benennung der Mannheimer Innenstadtstraßen ist absolut merkwürdig, nicht nur weil etwa ganz im Unterschied zur allgemeinen Übung nicht die Gasse (Straße) als Leerraum zwischen Häuserzeilen benannt wird. sondern weil die Häuserblöcke als Quadrate bezeichnet und nach Buchstaben und Zahlen geordnet werden und die dazwischen liegenden Straßen bei dieser Methode namenlos bleiben müssen. Aber nicht nur das: Denn diese *Literierung* = Bezeichnung mit Buchstaben war keineswegs die einzige oder gar ursprüngliche Übung, sondern es gab durchaus normale Gassennamen, und zwar von allem Anfang an. Das ist auch heute noch so, wobei der Öffentlichkeit nur die Namen der Hauptstraßen wie Planken und Breite Straße, geläufig sind und diese allerdings fast ausschließlich benutzt werden.

10.2.1 Innenstadt A-K 68159, L-U 68161

Gassen- und Straßennahmen

Im 17. Jht nach den Planzeichnungen von 1622 und 1663 (van Deyl) umfasst nur die Unterstadt das eigentliche Mannheim, nicht die Friedrichsburg. Die *Breite Straße* ist die eigentliche Hauptstraße, damals erst von den späteren Planken zum Neckartor, und hieß *Friedrichsgaß* (nach dem Stadtgründer Kurfürst Friedrich IV. von der Pfalz (*1574/1592 bis 1610). Daher hieß auch die erste feste „Kettenbrücke" von 1845 über den Neckar in Fortsetzung der Friedrichsgaß *Friedrichsbrücke,* diesmal wohl nach dem badischen Großherzog gleichen Namens.

1. Östliche Parallelstraße, später Q 1/2 bis S 1/2, *Weynheimer Gaß.*

2. östliche Parallelstraße, später Q 2/3 und S 2/3, *Kirch Gaß* = bis heute der Kirchplatz der Konkordienkirche.

3. östliche Parallelstraße, später Q 3/4 und S 3/4, *Bensheimer Gaß.*

4. östliche Parallelstraße, später Q 4/5 und R 4/5, *Ladenburger Gaß.*

5. östliche Parallelstraße, später Q 5/6 und R 5/6, *Neustatter Gaß.*

6. Innerhalb der Befestigung *Wallgasse.*

1. westliche Parallelstraße, später F 1/2 und J 1/2, *Speyrer Gaß.*

2. westliche Parallelstraße, später F 2/3 und J 2/3, *Wormbser Gaß.*

3. westliche Parallelstraße, später F 3/4 und J 3/4, *Frankenthaler Gaß* und *Geiger Gaß.*

4. westliche Parallelstraße, später H 4/5 und J 4/5, *Ackergaß* und *Vergen* = Fährchen (Fährmann)-*Gaß.*

5. westliche Parallelstraße, später H 5/6 und J 5/6,

Schreinergaß, Klein- und *Groß-Knappengaß.* Dazu die *Heydelberger-, Rhein-* und *Neckarspfort,* sowie gegen Friedrichsburg die *Untere* und *Obere Citadell-pfort.*

Die spätere zweite Hauptstraße verlief ursprünglich zwischen der Stadt Mannheim (Unterstadt) und der Festung Friedrichsburg, die heutigen *Planken.* Sie war in ihrem inneren Teil (bis zu den 5er Quadraten) vor der Befestigungsanlage als Glacis freigehalten, weshalb diese Strecke *Sand* hieß. Im 18. Jht hieß sie *Alarmgaß,* weil sie im Belagerungsfall zusammen mit dem *Alarm-,* später *Paradeplatz* zur Aufstellung der Truppen diente. In den 70er Jahren des 18. Jht wurden in zwei Reihen Bäume gepflanzt, die durch Planken(zäune) geschützt wurden. Daher wohl die

Der älteste Mannheimer Stadtplan 1663 von J. van Deyl (REM Slg MAV)

Bezeichnung Planken. Walter bemerkt[36], dass bereits 1619 *Planken* aufgekommen sei wegen des Planken- und Pallisadenzaunes an der Stadtseite der Festung, kann aber dafür über mehr als anderthalb Jahrhunderte keinen Beleg mehr beibringen[37]. Ich kann ihm da nicht folgen, zumal es im ausgehenden 18. Jht auch in anderen Orten wie z.B. in Seckenheim zur Anlage von „Planken" = Straßenbäume mit Schutzzäunen kam. Widder, auf den sich merkwürdigerweise Walter hier beruft, erklärt den Namen anders: Einteilung der neuen Stadt durch Coehorn *in vier Hauptquartiere ..., welche der Länge nach vom Schlosse gegen den Neckar durch eine etwas breitere Straße* = die Breite Straße, *der Breite nach aber durch einen vom Heidelberger gegen das Rheinthor angelegten Spaziergang* = Allee, Promenade, wörtlich „Gang zum Spazieren" *den man Planken nennt, sich von selbst ergeben. Von beiden obern oder das Süd- und Westquartier* = Oberstadt *enthält jedes 20, die untere hingegen oder das Nord- und Ostquartier* = Unterstadt *jedes 28 Quadraten.* Das Bild einer Allee oder Promenade, Widders *Spaziergang,* wird auch durch die berühmten Klauberstiche bestätigt[38]. Auch gibt es eine direkte Quellennotiz dafür: 1782 stellte der Stadtrat dem Kurfürsten vor: *die sechs mit Holzgeländer umgebenen Planken-Gärten* (also jeweils die Quadrate 1 bis 3) erforderten jährlich rund 150 fl zur Erhaltung. Der Stadtrat beantragte die Ersetzung der Planken durch steinerne Pilaster mit dazwischen gespannten Ketten, auch um den Unfug der *Buben* zu steuern. 1782/83 wurden dazu die Schlossabsperrung umgesetzt, was rund 1.000 fl kostete[39]. Der Plan von 1875 zeigt noch dieselbe Anlage der 6 Plankengärten. Diese sind erst der Einführung der Straßenbahn um 1900 zum Opfer gefallen.

1663 kommt die Benennung der *Zwerchgassen* = Querstraße dazu.
Westliche Querstraßen:
1. Querstraße, später zwischen E und F, *Drappier Gaß,* franz drapier = Tuchmacher.
2. Querstraße, später zwischen F und G, *Ludwigs Gaß,* nach Kf Karl Ludwig (1649 bis 1680).
3. Querstraße, später zwischen G und H, *Edwarts Gaß* und *Fischer Gaß,* nach Pfalzgraf Eduard von Simmern, Sohn Friedrichs V. (1625 bis 63).

4. Querstraße, später zwischen H und J, *Schlosser-* und *Haffner Gaß.*
Letzte Querstraße, später zwischen J/T und U/K, *Necker Gaß.*
Östliche Querstraßen:
1. Querstraße, später zwischen P und Q, *Mauritz Gaß,* nach Pfalzgraf Moritz, Sohn Friedrichs V., englischer Admiral (1621 bis 1654).
2. Querstraße, später zwischen Q und R, *Carls Gaß,* nach dem Kurprinzen und dem späteren Kurfürsten Karl (*1651/1680 bis 85).
3. Querstraße, später zwischen R und S, *Clignets Gaß,* später verballhornt *Klingelsgaß,* nach dem ersten Mannheimer Stadtdirektor.
4. Querstraße, später zwischen S und T, *Rob/Ruperts Gaß,* nach Pfalzgraf Rupert „der Kavalier", Sohn Karl Ludwigs und royalistischer englischer General (1619 bis 1682).

Nach 1680 kamen noch folgende Namen hinzu für die Endstücke der Gassen an den Wällen: *Rheinhäuser-,* später *Heidelberger Straße* und *Spitalgaß* am *Heidelberger Tor,* nach Rheinhausen und dem Spital, *Rheinthorgaß,* später *Rheinstraße, Stallgaß, Baracken-* oder *Casernengaß* und *Brüdergaß,* nach den polnischen und mährischen Brüdern.

Auch die Bastionen oder Bollwerke des Festungssterns der Stadt hatten ihre Namen, vom *Heidelberger Tor* neckarwärts *Ziegel-, Garten-, Kranen-, Bronnen-, Stein-, Knochen-, Juden-* und *Rheintorbollwerk,* aber auch zwischen 1607 und 1693 die sechs Bastionen der Friedrichsburg: *Heidelberger-, Eichelsheimer Bollwerk, das Belvedere* = Schöne Aussicht, das *Rhein-, Frankenthaler -*und *Bruderbollwerk* = nach den mährischen Brüdern wie oben[39a].

Nach der Aufhebung der Festung Friedrichsburg und dem Wiederaufbau der zerstörten Stadt von 1700 an nach dem Plan von Coehorn[40].

Für die Unterstadt wurden die alten Namen wieder aufgenommen und in die Oberstadt hinein verlängert mit Ausnahme der *Friedrichsgaß,* die in der Oberstadt *Carl-Philippsgaß* hieß. Der Platz vor dem Schloss hieß im 18. Jht *Burgplatz.*

Die neuen Querstraßen heißen:

Zwischen C und D und N und O *Klostergasse,* nach dem Kapuzinerkloster und -kirche

zwischen N 5/6 und O5/ auch *Kapuzinerplanken.*

Zwischen B und C und M und N *Josefsgasse,* nach dem Schwiegersohn Karl Philipps.

Zwischen A und B und L und M *Löwenthaler Gasse,* nach einem gleichnamigen kurpfälzischen Rat, der dort ein Haus hatte, schon 1735 *Herzogsgasse,* nach den Herzögen von Pfalz-Zweibrücken.

Auch die neuen Bastionen hatten Namen, vom Heidelberger Tor beginnend:

Nr. 1 St. Jacobus, Nr. 2 St. Andreas, Nr. 3 St. Petrus, Nr. 4 St. Salvator hinter dem Rittersaal, Nr. 5 Carl Philip, Nr. 6 St. Johann, Nr. 7 St. Thomas am Rheintor, Nr. 8 St. Judas, Nr. 9 St. Michael, Nr. 10 St. Paulus und Nr. 11 St. Mathias links und rechts des Neckartores, *Nr. 12 St. Simon* und *Nr. 13 St. Bartholomäus.*

Straßennamen nach den Angaben von 1850/65 und dem Plan von 1875.

Hauptstraßen:

1875 zwischen den 1er Quadraten vom Schloß bis zu den Planken *Friedrichsstraße,* dann bis zur Neckarbrücke *Neckarstraße,* volkstümlich *Breite Straße,* 1951 *Kurpfalzstraße.*

1875 zwischen den Quadraten O 1/P1 bis O 7/P 7 *Heidelberger Straße* und D 1/E1 und D 7/E7 *Rheinstraße,* seit 1780 volkstümlich *Planken* (von Planken- oder waagrechter Bretterzaun, ursprünglich zum Schutz der Straßenbäume vor Viehtraß, jahrhundertelang war der breite Teil der Planken zwischen den 1er und 4er Quadraten Gelände des Maimarkts. Heute werden die westlichen Planken oft *Verlängerte Planken* genannt, worin sich der Bedeutungsverlust dieses Straßenteils nach dem Zweiten Weltkrieg spiegelt.

„Promenaden- Spaziergang" Planken, links Paradeplatz, Klauber-Stich 1782

1875 *Hafenstraße, Ringstraße* und *Stadtgraben* oder *Schleifbahn.* Seit 1811 zwischen A- und D 7-Quadraten *Parkring,* vom *Schloß-* oder *Friedrichspark,* zwischen E 7 und K1 *Luisenring,* nach der Großherzogin Luise (*1838/56 bis 1907/23), der Frau Friedrichs I., zwischen U 1 und P 7 *Friedrichsring* und zwischen O 7 und Hauptbahnhof *Kaiserring,* nach Kaiser Wilhelm I. (*1797, 1871 bis 1888)

Vor dem Schloss *Carl Theodor-* und *Carl Philippsplatz,* nach den beiden Pfälzer Kurfürfürsten Karl III. Philipp (1716 bis 1742) und Karl IV. Theodor (1743 bis 1799) und seit 1898 *Bismarckstraße* von dem an der Ecke zum Kaiserring errichteten Bismarckdenkmal, heute auf dem *Bismarckplatz.*

Nebenstraßen zwischen den Quadraten (1875):

Südwestlicher Sektor

Zwischen A 1/2 und D 1/2 *Luisenstrasse,* wie oben.

Zwischen A 2/3 und D 2/3 *Theaterstrasse,* nach dem in B3, am Theater- oder seit 1859 Schillerplatz liegenden Nationaltheater.

Zwischen A 3/4 und D 3/4 *Schillerstrasse,* nach dem Dichter Friedrich Schiller (1759 bis 1805).

Zwischen A 4/5 und D 4/5 *Aulastrasse,* nach der Aula des Jesuitenkollegs bzw. des Gymnasiums in A 4, das ganze 19. Jht der wichtigste Saal der Stadt, in dem auch der Bürgerausschuss tagte.

Zwischen B 5/6 und D 5/6 *Kasernenstrasse,* nach der großen Infanterie- oder *Rheintorkaserne* in C 6, die 1903 niedergelegt wurde.

Zwischen C 6/7 und D 6/7 *Am Rheintor,* zwischen C 7 und C 8 *Kurze Strasse.*

Zwischen den A- und B-Quadraten *Ludwigsstrasse,* nach Großherzog Ludwig I. von Baden (*1763/1818 bis 1830) oder volkstümlich zwischen A4 und B 4 *Kalte Gaß* wegen der schattenwerfenden Fassade der Jesuitenkirche.

Zwischen den B- und C-Quadraten *Ifflandstrasse,* nach dem großen Schauspieler und Dramatiker August Wilhelm Iffland (1759 bis 1814).

Zwischen den C- und D-Quadraten *Leopoldstrasse,* nach dem badischen Großherzog Leopold I. (*1790/1830 bis 52), C 5 *Zeughausplatz,* D 5 bis 6 *Zeughausallee* bzw. *-planken.*

Nordwestlicher Sektor

Zwischen E1/2 und K1/2 *Marktstrasse,* nach dem in G 1 daran liegenden Marktplatz.

Zwischen E2/3 und K2/3 *Karlsstrasse,* nach Großherzog Karl (*1786/1811 bis 1818).

Zwischen E3/4 und K3/4 *Katharinenstrasse,* nach der Großherzogin Katharina (1799 bis 1850).

Zwischen E4/5 und K4/5 *Ludwig-Wilhelm-Strasse,* nach dem Prinzen Ludwig-Wilhelm von Baden (1865 bis 1888). Vor E4 der *Fruchtmarkt.*

Zwischen E5/6 und K5/6 *Wilhelmstrasse,* nach Prinz Wilhelm von Baden (1829 bis 1897).

Zwischen E6/7 und F6/7 *Lazarettstrasse,* nach den Lazaretten bzw. Hospitälern.

Zwischen G6/7 und H6/7 *Badgasse,* nach der öffentlichen Badeanstalt *Ludwigsbad,* später der *Badener Hof* und das *Apollotheater,* J6/7 und K6 *Neue Gasse.*

Zwischen den E- und F-Quadraten *Akademiestrasse,* nach der Kurpfälzischen Zeichnungsakademie von 1763 bis 1799 in F6.

Zwischen den F- und G-Quadraten *Kirchenstrasse* nach der Trinitatiskirche.

Zwischen den G- und H-Quadraten *Jungbuschstrasse,* nach dem Jungen Busch.

Zwischen den H- und J-Quadraten *Schifferstrasse,* nach den Rhein- und Neckarschiffern, zwischen H 6 und J 6 *Zuckerstrasse.*

Zwischen den J- und K-Quadraten *Koehornstrasse,* nach dem niederländischen Festungsbaumeister Menno Coehorn (1641 bis 1704).

Südöstlicher Sektor:

Zwischen L 1/2 und O 1/2 *Klosterstrasse,* nach dem Nonnenkloster in L1.

Zwischen L 2/3 und O 2/3 *Stephanienstrasse,* nach der Großherzogin Stephanie (gest. 1860).

Zwischen L 3/4 und O 3/4 *Kurfürstenstrasse.*

Zwischen L 4/5 und O 4/5 *Eichelsheimer Strasse,* nach Schloss Eichelsheim.

Zwischen L 5/6 und O 5/6 *Zähringer Strasse,* nach dem badischen Herrscherhaus.

Zwischen L 6/7 und O 6/7 *Hövelstrasse.* Der badische Justizminister Freiherr von Hövel (1746 bis 1829). Um 1890 zwischen L 8 bis L 10 und L 9 bis 11 *Scheffelstraße,* nach dem Dichter Viktor von Scheffel (1826 bis 1886) und zwischen L 11 bis L 13 und M 6 bis M 7

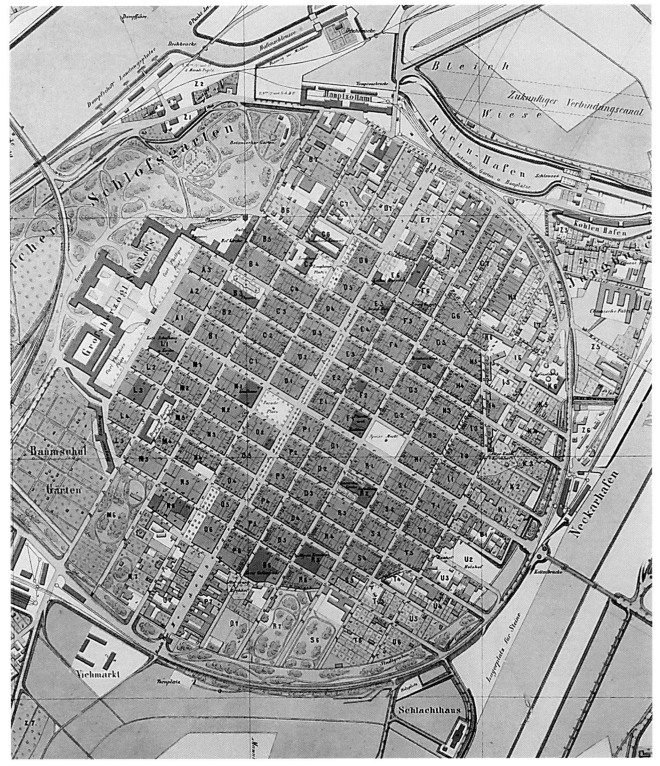

Plan von Mannheim von W. Mayher, Verlag K.F. Heckel, Mannheimer 1875 (REM Slg MAV)

Lauerstraße, nach der Altmannheimer Familie Lauer. Zwischen den L- und M-Quadraten *Bahnhofstrasse* zum Bahnhof am *Tattersall,* früher *Zufahrtstraße.*

Zwischen den M- und N-Quadraten *Marienstrasse.* Die badische Prinzessin Maria (gest. 1888), Protektorin der Waisenanstalt in N 6.

Zwischen den N- und O-Quadraten *Kapuzinerstrasse* und zwischen N 5/6 und O 5/6 *Kapuziner-Planken* (nach dem Kapuzinerkloster), volkstümlich *Kunststraße,* nach der „künstlichen" Holzpflasterung oder wegen der Kunstläden?

Nordöstlicher Sektor:

Zwischen P 1/2 und U 1/2 *Erbprinzenstrasse,* nach dem badischen Kron- oder Erbprinzen, dem Sohn von Großherzog Karl und Stephanie (29.9.1812 bis 16.10.1812).

Zwischen P 2/3 und U 2/3 *Carl Friedrichs Strasse,* nach dem badischen Großherzog Karl Friedrich (*1728/1738/71 bis 1811).

Zwischen P 3/4 und U 3/4 *Schützenstrasse,* nach der Schützengesellschaft von 1744.

Zwischen P 4/5 und U 4/5 *Turner Strasse,* nach der Turnerbewegung des 19. Jhts, Mannheim TG von 1846. Vor P4 Strohmarkt.

Zwischen P 5/6 und U 5/6 *Borromäus Strasse,* nach dem Karl-Borromäus-Hospital in R5 aus dem 18. Jht (Hl. Carlo Borromeo, 1538 bis 1584).

Zwischen P 6/7 und R 6/7 *Müntz Strasse,* nach der Münzprägeanstalt in P6, 20.

Zwischen den P- und Q-Quadraten *Pfälzer Strasse,* im Volksmund *Freßgasse.*

Zwischen den Q- und R-Quadraten *Koncordia Strasse,* nach der *Konkordienkirche* in R 2.

Zwischen den R- und S-Quadraten *Schul Strasse,* nach der Schule in R 2.

Zwischen den S- und T-Quadraten *Anker Strasse,* von der sehr beliebten Wirtschaft „Zum Silbernen Anker" an ihrem Anfang in T 1, dem Gründungs- und Tagungslokal des Mannheimer Altertumsvereins.

Zwischen den T- und U-Quadraten *Bauhof Strasse,* nach dem städtischen Bauhof.

10.2.2 Literierung = Bezeichnung der Quadrate nach Buchstaben

Die Anfänge

1684 verfasste der Renovator Ulmann ein erstes Kataster, dem Grundrissbücher jedes einzelnen „Quadrates" zugrunde lagen. Zum ersten Mal wurde übrigens die Bezeichnung *Quadrat* für einen Häuserblock in den 1670er Jahren verwendet. Diese Quadrate wurden zuerst mit römischen Zahlen bezeichnet, im Osten beim heutigen Quadrat N6 mit rö-

misch I beginnend. Diese Bezeichnung mit römischen Ziffern galt bis ins 18. Jht. Der Begriff Quadrat ist bekanntlich nicht mathematisch genau zu nehmen; eine quadratische Gestalt haben nur wenige „Quadrate" wie F 1 bis 5, G 2 bis 5, H 1 bis 4 und J 1 bis 2 sowie Q 1 bis 5, R 1 bis 5, S 1 bis 4 und T 1 bis 2.

Nach 1700 wurde die Stadt unter Kurfürst Johann Wilhelm neu angelegt und dabei die Friedrichsburg aufgehoben, ihr Gelände größtenteils zur Stadt geschlagen. Bis in die 30er Jahre des 20. Jhts verwiesen noch die breiten Planken zwischen O und P 1 bis 5 und D und E 1 bis 5 auf das stadtseitige Glacis der Zitadellenbefestigung. Dieser Teil der Planken hieß damals *Sand* oder *Alarmgaß* und wurde ursprünglich als Exerzierplatz, später als Platz für den Jahrmarkt, den „Maimarkt" benutzt. Von damals stammt auch die Bezeichnung *Unterstadt* für das erste Mannheim des 17. Jhts und *Oberstadt* für das neue Mannheim des 18. Jhts im Bereich der ehemaligen Friedrichsburg.

1735 legte der *Haubtingenieur J(ohann) G(eorg) Baumgratz* ein neues Kataster an, ein *Accurates News Grundtbuch der Residentz Statt undt Vestung Mannheim*[41], in dem er die ganze Stadt bis ans Schloss durchzählte. Er kam auf 107 Quadrate: von I bis CVII. Jedes Quadrat, auch hier die allerwenigsten in mathematischem Sinn, platzierte und definierte er anhand der Straßennamen. Er teilte die ganze Stadt in fünf Viertel auf:

1. Viertel von I (Q 6) bis XXV (N 7) = 25 Quadrate.

2. Viertel von XXVI (R 6) bis XLI (U 1) = 16 Quadrate.

3. Viertel von XLIV (G 1 Marktplatz) bis LXI (G 6) = 18 Quadrate.

4. Viertel von LXII (C1) bis LXXXVIII (F 7) = 26 Quadrate.

5. Viertel von LXXXIX (A1) bis CVII (A6).

Im 5. Viertel erscheinen Buchstaben für die einzelnen Quadrate von Aa bis Hh. Damit taucht zum ersten Mal noch ganz unsystematisch die Literierung auf. In dem handschriftlichen Kataster sind von einer sehr viel späteren Hand den nummerierten Quadraten die heutigen Buchstaben und Zahlen zugeordnet. Daraus geht hervor, dass die Nummerierung und spätere Literierung der Quadrate ursprünglich nur für Katasterzwecke zur genauen Bezeichnung der Grundstücke und ihrer Lage gebraucht wurde, innerdienstlich sozusagen, wie es Baumgratz schon vorgemacht hatte: Er hatte nämlich die Grundstücke und deren Besitzer nach den einzelnen Quadrate in der Reihenfolge ihrer Nummern aufgeführt, so dass dadurch die Benutzung des Katasters sehr leicht war.

Die Einführung der Literierung nach der Ordnung von 1795, die Dewarat 1799 in seinem Plan festhält:

A 1 bis A 4 wie heute, A 5 bis A 9 = L 1 bis L 5.
B 1 bis B 5 wie heute, B 6 bis B 10 = M 1 bis M 6.
C 1 bis C 7/8 wie heute, C 9 bis C 14 = N 1 bis N 6.
D 1 bis D 6 wie heute, D 7 bis D 12 = O 1 bis O 6.
E 1 bis E 7 wie heute, E 8 bis E 13 = P 1 bis P 6.
F 1 bis F 7 wie heute, F 8 bis F 13 = Q 1 bis Q 6.
G 1 bis G 6 wie heute, G 7 bis G 12 = R 1 bis 6.
H 1 bis H 6 wie heute, H 7 bis H 11 = S 1 bis S 5.
J 1 bis J 4 wie heute, J 5 bis J 8 = T 1 bis T 4.
K 1 bis K 4 wie heute, K 5 bis K 7 = U 1 bis U 3. Damals Reststücke an der Festung entlang hinter der Matthias-, Paulus- und Michaelsbastion.

Bei dieser Einteilung störte der ungleichmäßige Beginn östlich der Breiten Straße, der durch die ungleichmäßigen hinteren Quadrate hervorgerufen wurde. So grenzten an die Breite Straße A 5, B 6, C 9, D 7, E und F 8 G und H 7 und J 5. Im Juli 1811 wurde das aufgehoben und die östlichen Quadrate erhielten die Buchstaben L bis U jeweils mit 1 beginnend. Damit war das heutige System der Literierung erreicht.

1823, Stand 1831, 1850 und 1875: *Quadrate der Stadt, die alten, von Litt. A bis K, dann von L bis U als verbautes Terrain*[42].

Südwestlicher Sektor der Quadrate
A 1 bis 3, A 4 *Jesuiten-* oder *katholische Obere Pfarrkirche* mit *Dechaneigarten, Lyceum* (Gymnasium), *Sternwarte* und *Botanischer Garten*.
B 1 bis 2, B 3 *Hof-* oder *Nationaltheater* mit *Theaterplatz*, B 4 bis 5, 1875 B 6 bis 7.
C 1 bis 4, C 5 *Zeughaus* mit *Zeughausplatz*, C 6 *Kasernen*, 1875 C 7 bis 8.
D 1 bis 6, vor D 5 und 6 *Zeughausplanken*, D 7 *Rheintor*, 1875 Villengrundstücke.

Nordwestlicher Sektor der Quadrate
E 1 bis 4, E 5 *Israelitisches Hospital* und Wohnbebauung, E 6 bis 7 *Rheintor* und Gartenanlagen, 1875 Villengrundstücke.
F 1 an der Nordseite *Rathaus* und *Sebastians-* oder *katholische Untere Pfarrkirche*, F 2 *Synagoge* und Wohnbebauung, F 3 bis 5, F 6 alter protestantisch-reformierter Friedhof und Wohnbebauung, F 7, 1 bis 2 *israelitischer Friedhof* und 1875 Wohnbebauung.
G 1 *Marktplatz*, G 2 bis 4, G 4 *evangelisch-lutherische Trinitatiskirche*, G 4 bis 5, G 6 Bauplätze, G 7 *Scolurische Gärten*, G 8 Gartenplätze, G 6 bis 7 1875 Wohnbebauung.
H 1 bis 5, H 6 bis 7 *Die Meßionier'sche Anlagen*, 1875 Wohnbebauung.
J 1 bis 4, J 5 bis 7 Gartenanlagen, 1875 Wohnbebauung.
K 1 der alte katholische Friedhof K 2 bis 6 Gartenanlagen, 1875 Wohnbebauung, K 6 *Gasfabrik*.

Südöstlicher Sektor der Quadrate
L 1 mit *Nonnen-* oder *Schulkirche*, L 2 bis L 6 *Dragonerstallung*.
M 1 bis 4, M 5 bis 6 Gartenanlagen, 1875 Wohnbebauung, M 7 Parkanlage
N 1 *Kaufhaus*, N 2 bis 4, N 5 bis 6 *Kapuzinerkloster*, bzw. -*planken* und Gartenanlage, 1875 Wohnbebauung, N 7 Villengrundstücke.
O 1 *Paradeplatz*, O 2 bis 6, O 7 Gartenanlagen, 1875 Villengrundstücke.

Nordöstlicher Sektor der Quadrate.
P 1 bis 6, P 7 der *alte protestantisch-lutherische Friedhof* und Gartenanlagen, 1875 Villengrundstücke „vor der Stadt" (!).
Q 1 bis 6, Q 7 Garten- und Parkanlagen.
R 1, R 2 *evangelisch-reformierte Konkordienkirche*, R 3 bis 4, R 5 *Hospital*, R 6, R 7 Garten- und Parkanlagen.
S 1 bis 4, S 5 Kasernen, S 6 Bauplätze und Gärten.
T 1 bis 6 Bauplätze und Gärten, 1875 T 1 bis 4 Wohnbebauung, T 5 bis 6 Gärten.
U 1 bis 6 Bauplätze und Gärten, 1875 U 1 bis 4 lockere Wohnbebauung, U 5 bis 6 Gärten.

Die Ringstraße
Die ehemaligen Stadttore: Das *Heidelberger Tor* am

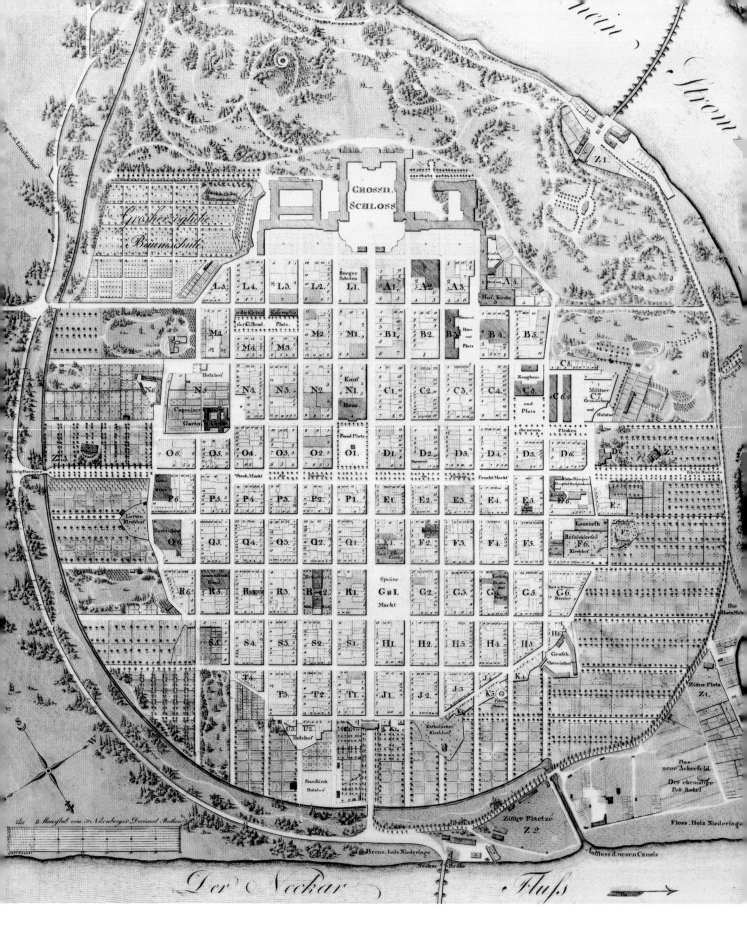

Stadtplan mit Literierung 1811 (REM Slg MAV)

äußeren Ende der Quadrate O 6/P 6, das *Rheintor* am äußeren Ende der Quadrate D 6/E 6 und das *Neckartor* am äußeren Ende der Quadrate J 1/T 1. Die drei Tore markieren den alten Festungs- oder inneren Ring mit den bis heute auffälligen schrägen Quadraten N 6 bis R 6 und E 6 bis F 6. Daran schloss sich eine ringförmige Grünzone, die späteren 6 bis 7 und 8er Quadrate, nach außen abgeschlossen von 1853/54 an durch die sogenannte *Schleifbahn,* eine Gleisverbindung, die vom alten Bahnhof am Heidelberger Tor (Tattersall) um die Stadt zu den Häfen führte. Bis 1879 verlief hier die *Schleifbahn,* auf der die Güterwagen zum Umschlag auf die Schiffe gezogen = geschleift wurden[43]. 1867 war die Eisenbahn über die neue Rheinbrücke nach Ludwigshafen weitergeführt worden, 1877 wurde die kürzere direkte Güterbahnverbindung vom neuen Hauptbahnhof durch den Schlossgarten zum Hauptgüterbahnhof im Hafen geschaffen. Auf diese Weise wurde der Schlosspark von beiden Bahnlinien zerschnitten. Nach 1860 entstand die Innenseite der *Ringstraße,* der spätere mittlere Teil des Luisenrings, als vornehme Alleestraße mit Vorgärten, 1875 der Parkring nach dem Schlosspark und der Luisenring nach der badischen Großherzogin benannt als erste Stadterweiterung für reiche Kaufherren, Fabrikanten und Reeder. Der östliche Ring folgte später. Seit 1880 begann die Aufsiedlung der östlichen Ringstraße, zuerst am Friedrichsring, nach dem badischen Großherzog als Pendant zum Luisenring und dann der Kaiserring im Anschluss an den neuen Hauptbahnhof. Die Reichsgründung 1871 und der neue deutsche Kaiser standen hier Pate. Auch dieser Ringabschnitt ein Nobelviertel.
Versuch, die Literierung über den Ring hinauszuführen.

Außerhalb des Rings und über dem Neckar befanden sich die Quadrate Z 1 bis 9:
Z 1: *Schloßgarten* und Dampferanlegestelle und seit 1864 gleich unterhalb der Rheinbrücke.
Z 2: *Hafenkanal* zum *Mühlauhafen* mit Schleuse und *Hauptzollamt.*
Z 3 bis 5: *Jungbusch, Pestbuckel.*
Z 6: *Neckarhafen* um den *alten Kran.*
Z 7 bis 9: Gebiet der *Augärten* um die *Schwetzinger* und *Heidelberger Chaussee.*

Weitere Literierung in den *Neckargärten* links und rechts der späteren *Mittelstraße:*
Rechts oder nördlich der Mittelstraße A 1 bis N 1, links oder südlich der Mittelstraße A 2 bis M 2.

In den Quadraten befanden sich um 1850 folgende Betriebe und Anlagen: *Die herrschaftliche Baumschule* und *Der naturhistorische Garten* im Schlossgarten, die städtischen Baumschulen an der *Kaiserhütte* vor der Stadt, der *städtische Bauhof* in U 3, 1; die *Cavalleriestallungen* in L 6, 1; die *Dampfmühle* in O 7, 3; *Gärten der Frau Großherzogin Stephanie von Baden* H, I und K; *Lauerscher Garten* in M 6, 1; O 6 das *Kreisgefängnis;* der *Dyckerhoffsche Garten* in R 7, 1; der *Posthalter Fröhlichsche Garten* in S 6, 6; der *Hofrat Mohrsche Garten* in T 4 und 6 und U 6; der *Geheimrat-Dahmensche Garten* in B 7, 1; ehemals *herrschaftlicher Holzhof* in U 3, 6; *Städtische Holzplätze* in U 2, 7 und 8; *Städtischer Materialhof* H 6, 7; *Ökonomiegebäude* C 7; *Pfarreigarten* A 4, 2; ehemaliger *Pulverturm* K 3; *Planken in der Stadt längs D und E 1, 2, 3 und O und P 1, 2, 3* (Lagerbuch 1850); *Sternwarte* A 4, 6; *Zuckerraffinerie* H 6, 7 und daher *Zuckergasse.*

Anmerkungen

[1] Für alle sprachgeschichtlich-linguistische Fragen verweise ich hierauf. Gerhard **Bauer**: Namenkunde des Deutschen, Bern 1983 mit der dort verzeichneten Literatur, vor allem der Wörterbücher.

[2] Wolfgang von **Moers-Messmer**, S. 68.

[3] Albert **Krieger**, Topographisches Wörterbuch des Großherzogtums Baden, 2.A., Heidelberg 1904, Bd I, Sp. 575 und 581.

[4] Friedrich **Walter**: Friedrichsfeld, Geschichte einer pfälzischen Hugenottensiedlung, Mannheim 1903.

[5] Leo Adalbert **Tolxdorff**: Der Aufstieg Mannheims im Bilde seiner Eingemeindungen, Stuttgart 1961, S. 19-25.

[6] Hansjörg **Probst**: Neckarau Band 1 Von den Anfängen bis ins 18. Jht, Mannheim 1988.

[7] CL 629.

[8] CL 648 und 649.

[9] Es ist hier nicht zwingend, die Stringenz der inzwischen relativierten älteren Lehrmeinung von der Markgenossenschaft als Ursprung der frühmittelalterlichen Gemeindeverfassung wieder

einzuführen, aber es ist unleugbar, dass es gewisse Elemente davon schon in dieser frühen Phase gibt. Vgl Karl Hans **Ganahl**: Die Mark in den älteren St. Galler Urkunden, ZfR GA, 61 (1941), S. 37.

[10] Theodor **Maurer** und Dieter **Kirsch**: Altrip – Porträt eines Dorfes, Altrip 1970, S. 151-152.

[11] **Krieger** Bd II, Sp 1449.

[12] **Kleiber** Hist. Atlas BW.

[13] Hansjörg PROBST: Seckenheim Geschichte eines Kurpfälzer Dorfes, Mannheim 1981, S. 91 und 160.

[14] Lothar **Jacob**: Eine Idee macht Geschichte, Mannheim 1985.

[15] **Probst**, Seckenheim, S. 84 und S. 154 – 157.

[16] DERS Seckenheim S. 85/86 und Konstantin **Gross**: Zwischen Grün und Gras – 75 Jahre Mannheimer Ortsteil Pfingstberg, Mannheim 1997.

[17] DERS Seckenheim S. 137-153.

[18] DERS Seckenheim, S. 157-160.

[19] GLA 213/564.

[20] Zu Dornheim neuerdings Hansjürgen **Kessler**: Lorsch, Dornheim und Käfertal?. In: MGBII NF 9, 2002, S. 65-76.

[21] Karl **Christ**: Das Dorf Mannheim 1891, S. 22.

[22] In der AKB Band III, S. 30-33.

[23] Franz **Staab**: Eine ungleiche Gesellschaft. Völker und soziale Schichten im Frankenreich nach schriftlichen Quellen. In: MGBII, 3, 1996, S. 23-36.

[24] DERS Gesellschaft, S. 3.

[25] **Bauer**, Namenkunde, S. 157-159.

[26] Alfried **Wieczorek**: Die Ausbreitung der fränkischen Herrschaft in den Rheinlanden vor und nach Chlodwig. In: Franken-Katalog, 1996, S. 241-260 und Robert und Ursula **Koch**: Die fränkische Expansion ins Main- und Neckargebiet. In: Frankenkatalog, S. 270-284.

[27] Eugen **Ewig**: Die Civitas Ubiorum, die Francia Rinensis und das Land Ribuarien. In: Rheinische Vierteljahresblätter 19 (1954) Hft 1.

[28] Ernst **Christmann**: Die Siedlungsnamen der Pfalz, 3, 1958, S. 21-29. Hier ist ein Wort zu diesem reichhaltigen, vierbändigen Namenswerk Christmanns angebracht. Christmann trifft sehr früh eine ideologisch bestimmte Grundentscheidung im Sinne eines scharfen Kulturbruchs. Die Germanen der Völkerwanderung machten bis tief nach Lothringen hinein, bei ihm zeitbedingt „Westmark, Gau Saar-Pfalz" geheißten, „tabula rasa" und gründeten alles neu, was er aus den Siedlungsnamen schloss. Selbst pfälzische Wal-Namen wie z. B. Walzheim = Waldsee liest er nicht so wie die gleichzeitigen zahlreichen badenwürttembergischen, nämlich als Hinweis auf die Walen oder Welschen. Verblüffend ist im Hinblick auf seine Vorentscheidung, dass die von ihm selbst entwickelte These über die -statt-Namen, die immer an römischen Überresten oder Straßen hängen, folgendes bleibt. Selbst seine späteren FlN-Untersuchungen, in denen er die zahlreichen gallo-römischen Villare = Weiler-, Caminus-, Speculum-, Cataract-, Maceria oder Neh/Näh-Namen beirren ihn nicht. Er konstruiert dafür lieber einen Rückfluss gallischen Sprachguts in die Pfalz, offensichtlich ein logischer Bruch.

[28a] Hans **Krahe**: Unsere ältesten Flussnamen, 1964, S. 19

[29] **Holder**, Altceltischer Sprachschatz.

[30] CL 8, 777.

[31] Pfälz. Wb, II, S. 610.

[32] GLA 77/5711, S. 124-126, um 1600.

[33] **Probst**, Neckarau Bd I, S. 10-20.

[34] DERS, Neckarau, Bd I, S. 123/124.

[35] Straßennamensammlung im Stadtarchiv und Vermessungsamt. Dazu grundlegend Friedrich **Walter** und Fritz **Wichert**: Versuch zur Gewinnung einer Methode der Straßenbenennung mit besonderer Berücksichtigung der Mannheimer Verhältnisse, Mannheim 1912. Darin die Anregung von Taufbezirken für die eingemeindeten Vororte und Neubaugebiete.

[36] **Walter**, Bd I Seite 128.

[37] DERS: Bd I S. 685, Anmerkung.

[38] Johann Goswin **Widder**: Versuch einer vollständigen Geographisch-Historischen Beschreibung der Kurfürstlichen Pfalz am Rhein, Frankfurt und Leipzig 1786, Bd. I, S. 99.

[39] **Walter**: Bd. I S. 886, vgl. auch den Plan **Dewarats** von 1799.

[40] 1735 nach den Angaben von Baumgratz und 1799 nach **Dewarat**.

[41] REM: MAV 323.

[42] Handschriftliches Lagerbuch von Carl **Deurer** 1850, REM: MAV H 40 und Stadtpläne.

[43] Ahd mhd *sleifen* = gleiten machen, schleppen, dazu das Substantiv *sleifa* = Bahn.

ahd = althochdeutsch

CL = Codex Laureshamensis = Lorscher Kodex

FlN = Flurnamen

GLA = Generallandesarchiv Karlsruhe

GudSyll = Gudenus Sylloge = Gudenus Urkunden-
sammlung

Kä = Käfertal

lat = lateinisch

MGBll NF = Mannheimer Geschichtsblätter Neue
Folge

Ma = Mannheim

md = mitteldeutsch

mhd = mittelhochdeutsch

mnd = mittelniederdeutsch

Ne = Neckarau

nhd = neuhochdeutsch

nied = niederländisch

PN = Personenname

RPR = Regesten der Pfalzgrafen bei Rhein

Sa = Sandhofen

Sch = Scharhof

SN = Siedlungsname

stm/f/n = starkes maskulinum/femininum/neu-
trum

swm/f/n = schwaches maskulinum etc

Wa = Wallstadt

ZGO = Zeitschrift für die Geschichte des Oberrheins

Auf der Umschlagseite:
Links: Silberne Scheibenfibel mit Almadineinlagen
aus Mannheim-Vogelstang Grab 147, vom Mantelumhang
einer Hofherrin in der zweiten Hälfte des 6. Jahrhunderts.
Foto: Jean Christen.

Mitte: Eiserner, silber- und messingtauschierter
Vier-Riemen-Verteiler aus Mannheim-Vogelstang Grab 370.
Vom Pferdegeschirr eines Hofherrn in der Mitte des
7. Jahrhunderts.
Scan U. Koch.

Rechts: Eiserner Schildbuckel mit bronzener Kuppenzier aus
Grab 10 von Seckenheim-Hochstätt, dem Gräberfeld der
Ausbausiedlung Clopfheim (Kloppenheim), Mitte des
7. Jahrhunderts.
Foto: U. Koch.

Kartenunterlage: Stadt Mannheim, Quadrateeinteilung 1811

Bibliografische Information der Deutschen Nationalbibliothek
Die Deutsche Nationalbibliothek verzeichnet diese Publikation
in der Deutschen Nationalbibliografie, detaillierte bibliografische
Angaben sind im Internet über http://dnb.d-nb.de/ abrufbar.

Herausgegeben von Hansjörg Probst
im Auftrag der Gesellschaft der Freunde Mannheims und
der ehemaligen Kurpfalz – Mannheimer Altertumsverein
von 1859 – MAV
und der Reiss-Engelhorn-Museen Mannheim – rem

ISBN 978-3-7917-2021-0
ISBN des Gesamtwerkes: 978-3-7917-2074-6
© 2007 by Verlag Friedrich Pustet, Regensburg
Grafik, Layout und Umschlaggestaltung:
magenta, Mannheim
Druck und Bindung: Friedrich Pustet, Regensburg
www.pustet.de
Printed in Germany 2007

Mannheim vor der Stadtgründung

Das vierbändige Werk stellt Natur, Archäologie und Geschichte im Rhein-Neckar-Dreieck dar:

- Mannheim ist sehr viel älter als die vierhundert Jahre einer reinen Stadtgeschichte – seine Ersterwähnung als fränkisches Dorf stammt bereits aus dem Jahr 766.
- Mannheim und seine Vororte sind in einem vielgestaltigen Geschichts- und Kulturraum entstanden; die historischen Spuren mehrerer aufeinander folgenden Kulturen reichen in die Frühe Neuzeit, das Mittelalter und die Antike zurück.
- Immer wieder hat der Boden des Rhein-Neckar-Raumes überraschende Funde aus einer Vorgeschichte von Jahrtausenden bis zum Homo erectus Heidelbergensis freigegeben.
- Seit seiner Gründung im Jahr 1859 hat der Mannheimer Altertumsverein zahllose Zeugnisse dieser versunkenen Zeiten geborgen und erforscht – Zeugnisse, die er in seinen Veröffentlichungen allen Bürgern vorstellt und museal erschließt.

Teil I, Band 1:

Der Naturraum Rhein-Neckar
Ur- und Frühgeschichte bis zur Spätantike
ISBN 978-3-7917-2020-3

Teil I, Band 2:

Die Frankenzeit: Der archäologische Befund
Aus der Mannheimer Namenkunde
ISBN 978-3-7917-2021-0

Teil II, Band 1:

Mittelalter und Frühe Neuzeit im unteren Neckarland.
Das Dorf Mannheim
ISBN 978-3-7917-2019-7

Teil II, Band 2:

Die Geschichte der Mannheimer Vororte und Stadtteile
ISBN 978-3-7917-2022-7
erscheint im Dezember 2007

Verlag Friedrich Pustet

www.pustet.de